밤의 역사

밤의 역사

우리 시대의 고전 25

Storia Notturna

악마의 잔치, 혹은
죽은 자들의 세계로의
여행에 관하여

Una Decifrazione Del Sabba

카를로 긴즈부르그 지음 | 김정하 옮김

Carlo Ginzburg

문학과지성사

우리 시대의 고전 25
밤의 역사
악마의 잔치, 혹은 죽은 자들의 세계로의 여행에 관하여

제1판 제1쇄 2020년 7월 6일
제1판 제4쇄 2023년 11월 6일

지은이 카를로 긴즈부르그
옮긴이 김정하
펴낸이 이광호
주간 이근혜
편집 최대연 김현주
펴낸곳 ㈜문학과지성사
등록번호 제1993-000098호
주소 04034 서울 마포구 잔다리로7길 18(서교동 377-20)
전화 02)338-7224
팩스 02)323-4180(편집) 02)338-7221(영업)
전자우편 moonji@moonji.com
홈페이지 www.moonji.com

ISBN 978-89-320-3749-3 93920

이 도서의 국립중앙도서관 출판예정도서목록(CIP)은 서지정보유통지원시스템 홈페이지(http://seoji.nl.go.kr)와
국가자료공동목록시스템(http://www.nl.go.kr/kolisnet)에서 이용하실 수 있습니다.(CIP제어번호: CIP2020024652)

나의 아버지와 어머니를 기억하며

일러두기

* 각 장의 말미에 있는 미주는 원저자의 것이며, 본문 하단의 각주는 모두 옮긴이의 것
  이다.
* 인명, 지명 등의 외래어는 국립국어원의 외래어표기법에 따라 표기하는 것을 원칙으
  로 했으나, 몇몇 경우에는 예외를 두었다. 예를 들어 그리스어 인명 표기는 해당 원
  칙에 따르되 원서상의 이탈리아식 표기를 병기해둔 경우도 있고, 독일어권 지명이지
  만 맥락에 따라 프랑스어 발음대로 표기한 경우도 있다.

감사의 말

이 연구를 처음 계획한 것은 1964년 또는 1965년으로 거슬러 올라간다. 하지만 본격적으로 연구를 시작한 것은 1975년이다. 그 이후 연구는 여러 차례의 중단과 오랜 휴식기, 그리고 궤도 이탈을 반복했다. 나는 자크 르 고프Jacques Le Goff(프랑스 고등연구원), 장-피에르 베르낭Jean-Pierre Vernant(고대사회 비교연구센터), 키스 토머스Keith Thomas(옥스퍼드 대학)가 주최한 일련의 세미나에서, 그리고 예후다 엘카나Yehuda Elkana의 초청으로 예루살렘의 반 리어 재단에서 한 강연들과 앙드레 샤스텔André Chastel과 에마뉘엘 르루아 라뒤리Emmanuel Le Roy Ladurie의 초청으로 콜레주 드 프랑스에서 한 강연들에서, 브로니스와프 바치코Bronislaw Baczko의 초청으로 제네바 대학에서, 프린스턴 대학 역사학부에서, 에딘버러 고고학 강의에서, 예일 대학(1983)과 볼로냐 대학(1975~76, 1979~80, 1986~87)의 학생들을 대상으로 개최된 세미나에서 중간 성과를 발표했다. 나는 이러한 일련의 기회와 토론을 통해 상당히 많은 것을 배웠다. 동시에 1983년 가을 역사연구센터(프랑스 파리)와 예일 대학의 휘트니 인문학센터에서, 1986년 겨울 프린스턴 대학의 고등연구소에서, 같은 해 봄 샌타모니카의 예술사와 인문학 게티 연구센터에서 연구를 하며 보낸 귀중한 시간들이 없었다면 이 책은 결코 완성되지 못했을 것이다.

나는 이 연구를 진행하면서 처음에는 스테파노 레비 델라 토레Stefano Levi Della Torre와 장 레비Jean Lévi, 그다음에는 시모나 체루티Simona Cerutti, 조반니 레비Giovanni Levi와 열띤 토론을 했다. 이들의 비평과 제안은 매우 소중했다. 살바토레 세티스Salvatore Settis는 연구의 질을 높이는 데 많은 도움을 주었다. 오랜 세월 충고와 제안을 통해 많은 도움을 준 분들에게 감사의 마음을 전한다. 그리고 이탈로 칼비노Italo Calvino와 아르날도 모밀리아노Arnaldo Momigliano에게 각별한 애정과 감사의 마음을 전한다.

차례

서론

1

마녀와 주술사 들은 밤 시간을 이용해 주로 외진 곳이나 들녘 또는 산에서 모임을 가졌다. 때로는 몸에 기름을 바르고 지팡이나 빗자루를 타고 하늘을 날아 모임에 참가했다. 이들은 동물의 잔등이에 올라타거나 동물로 둔갑한 채 모습을 드러냈다. 모임에 처음 참가하는 자는 기독교 신앙을 부정하고 신성을 모독하면서, 인간의 외모나 동물 또는 반인 반수의 모습으로 분장한 악마에게 경의를 표해야만 했다. 이들은 만찬과 춤 그리고 섹스의 향연을 벌였다. 마녀와 주술사 들은 모임이 끝나고 각자 자기 집으로 돌아가기 전에 어린아이의 육신을 쥐어짜서 만든 기름에 다른 재료들을 섞어 제조한 악의 기름을 제공받았다.

위의 내용은 악마의 잔치를 생각하면 떠오르는 기본적인 특징들이다. 지역적 다양성, 특히 악마의 회합을 가리키는 명칭은 매우 다양했다. 어원이 확실하지 않을 뿐만 아니라 시기적으로 늦게 확산된 '사바트*sabbat*' 외에도, '스트리아츠*striaz*' '바를로트*barlòtt*' '아켈라레*akelarre*' 등 여러 대중적인 어휘들로 해석되는 '사가룸 시나고가*sagarum synagoga*' 또는 '스트리지아룸 콘벤투스*strigiarum conventus*'와 같은 식자의 용어들이 존재한다.[1] 그러나 이러한 용어의 다양성에도 불구하고, 야간 모임에 참석한 자들의 자백은 지극히 획일적이었다. 15세기 초부터 17세기 말까지 유럽의 전 지역에서 진행된 마녀재판과 이러한 재판들에 직간접적으로 근거한 악마론 저술들로부터 근본적으로는 위에서 요약 기술한 내용과 유사한 악마의 잔치 이미지가 나타났다. 이러한 묘사는 당대 사람들에게 수 세기 전부터 알려진 주술사나 요술사보다 훨씬 위험한 마녀와 주술사의 집단이 실제로 존재하고 있었음을 암시했다. 획일적인 자백들은 이러한 집단의 추종자들이 도처에 존재하며 특히 끔찍한 의식을 벌이고 있다는 증거로 채택되었다.[2] 악마의 잔치라는 전형은 이단심문관들이 피고인의 육체와 정신에 고문을 가하여 대대적인 마녀사냥을 전개하는 데 필요한 고발을 이끌어낼 수 있게 했다.[3]

그럼 악마의 잔치에 대한 이미지는 어떻게 그리고 무슨 이유로 고정되었을까? 그리고 그 이면에는 무엇이 숨겨져 있었을까? 나의 연구는 위의 두 질문으로부터 시작되었다. 하지만 그 과정은 나를 전혀 뜻밖의 방향으로 이끌었다. 나는 한편으로는 유럽에서 주술에 대한 박해가 쉽게 이루어지도록 한 이념적 메커니즘을, 그리고 다른 한편으로는 주술의 죄목으로 고발당한 남녀의 신앙을 재구성하려고 노력했다. 두 가지 주제는 상호 밀접한 관계에 있었다. 하지만 후자의 주제는 이 연구서가, 1966년에 출간된 『베난단티*I Benandanti*』*에서 이미 시도했듯이, 20여

---

* 16~17세기 이탈리아 동북부 지역인 프리울리를 중심으로 마녀와 주술사로부터 농산물을 지키기 위해 풍년을 기원하는 숭배의식을 거행한 죄로 종교재판에 회부된 인물들을 베난단

년 전부터 역사가들이 벌인 치열한 주술 논쟁의 핵심에서 비껴나 있음을 보여준다. 그 이유는 다시 설명할 것이다.

2

토머스Keith Thomas는 1967년에 "대부분의 역사학자들이 부수적일 뿐만 아니라 이상한 것으로까지 간주했던 한 가지 주제"[4]가 충분한 연구 가치를 가지고 있다는 사실을 다시 한 번 지적했다. 이 주제는 이후 시간이 지나면서 연구 영역의 확대를 별로 탐탁지 않게 여기던 학자들에 의해서도 적극적으로 수용되었다. 이러한 급작스런 관심의 전환은 무엇 때문이었을까?

가장 먼저 생각해볼 수 있는 것은 학문적이면서도 학문 외적인 이유들이다. 한편에서 하부 계층이나 농민, 여성 같은 소외 계층의 행동이나 성향을 연구하려는 경향이 계속 확산되고 있는 가운데,[5] 역사가들은 인류학자들의 주제는 물론, 때로는 방법론과 해석적 범주에도 관심을 집중했다. 영국의 인류학 연구에서 (물론 영국만의 경우는 아니지만) 마술과 주술은 이미 토머스가 언급했듯이, 전통적인 연구의 중심에 위치하고 있었다. 다른 한편, 최근 20년간 여성운동이 급속하게 발전했으며 아울러 기술 발전에 따른 비용과 위험을 감수하지 않으려는 경향이 점차 확대되었다. 역사 연구의 혁신과 페미니즘, 그리고 자본주의로 인해 뒤틀린 문화의 재발견은 다양한 수준과 차원에서 행운이었는데, 말하자면 주술의 역사에 대한 연구 확산에 일정 부분 기여한 것이다.

그럼에도 최근 연구를 좀더 살펴보면, 연결 고리나 강조의 정도가 많

티라 일컫는다.

이 약해지고 있음을 알 수 있다. 특히 극소수의 예외를 제외한다면, 박해 그 자체에만 관심을 집중했던 과거처럼, 오늘날의 연구에서도 피고인들의 태도나 행위에 대해서는 별다른 관심을 보이지 않고 있다.

3

이러한 연구의 초점을 가장 노골적으로 정당화하려는 시도는 트레버-로퍼Hugh Trevor-Roper의 저술에서 찾을 수 있다. 그도 자신의 연구에서 유럽처럼 교화되고 진보된 사회가 소위 과학혁명의 시대에, 중세 후기 성직자들이 일련의 민간신앙을 체계적으로 재연구한 결과인 주술witch-craze이라는 광적인 개념에 근거하여 어떻게 그토록 엄청난 박해를 감행했는지를 묻고 있다. 트레버-로퍼는 민간신앙을 '변덕스러움과 미신' '정신병적 장애' '산악 지역에 거주하는 사람들의 망상' '농민들의 신앙심과 여성의 히스테리로 빚어진 어리석은 이념'이라고 폄하했다. 또한 그는 자신의 학문적 견해와 관련하여 농민들의 사고를 보다 적절하게 연구하지 못한 소치라고 비판하는 사람들에게, 자신은 보편적인 주술신앙witch-beliefs이 아니라 공간적으로나 시간적으로 제한된 주술witch-craze에 관한 이론을 연구한 것이라고 해명했다. 분명 이 둘은 완전히 다르다. 마치 "시온 장로들Savi Anziani의 신화가 유대인에 대한 단순한 적대감과 다른 것처럼 말이다. 참고로 유대인에 대한 적대감은 하부 계층이 동조하는 한 이러한 과오가 순수하며 충분히 고려되어야 한다고 믿는 사람들에 의해 동정적으로 연구될 수 있을 것이다."[6]

과거 트레버-로퍼는 마녀와 유대인이 만연한 사회적 긴장에 따른 희생양이었다고 주장한 바 있었다(이 가설에 대해서는 다시 설명할 것이다). 그러나 마녀에 대한 농민들의 적대감이—민중의 반유대주의와 마찬가지로—이데올로기적 또는 도덕적으로 고려하지 않고서도 그 자체로 분석될 수 있다는 것은 분명하다. 더 중요한 문제는 트레버-로퍼가 주술을 행한 죄로 고발당한 개인들의 태도를 무시했다는 것이다. 트레버-로퍼의 유추에 따르면, 피고인들의 태도는 박해받은 유대인들의 태도에 비유될 수 있다. '환각'과 '농민들의 얄팍한 신앙심, 그리고 여성의 히스테리로 빚어진 어리석은 이념'으로 인식될 수 있는 야간 모임에 대한 믿음은, 이단 심문관이나 악마론자와 같은 '교화된 사람들'이 불완전하고 '전혀 조직적이지 못한 농민들의 얄팍한 신앙심'을 '이상하지만 일관된 지적 체계'로 전환시킨 후에야 비로소 역사 연구의 합법적인 대상으로 등장하게 되었다.[7]

4

1967년에 출판된 트레버-로퍼의 연구는 논쟁적일 뿐만 아니라,[8] 적어도 표면적으로는 이후 20년의 주술 연구와 거리가 있어 보인다. 그의 연구는 일반론적인 수준에서 벗어나지 못했으며, 오만하게도 인류학자들의 연구 결과를 활용할 가능성을 배제한 채 유럽의 주술 박해에 대한 굵직한 흐름만을 추적한 것에 불과했다. 반면, 에번스-프리처드E. E. Evans-Pritchard가 서문을 쓴 맥팔레인Alan Macfarlane의 저술(『튜터 왕조와 스튜어트 왕조 시대 영국의 주술Witchcraft in Tudor and Stuart England』, 1970)은 에식스 지역의 주술에 주목하고 있는데, 이 같은 최근의 연구는 연구 영역을 제한하고 사회과학을 참조했다. 맥팔레인은 아잔데Azande족*의 주술에 대한 연구에서 "사람들은 왜 주술을 믿었을까"를 묻기보다

---

* 아프리카 콩고의 북동부, 수단 남부, 중앙아프리카 공화국의 동남부 지역에 거주하는 원주민.

는 오히려 "악한 본성, 인과관계의 전형, 초자연적 '권력'의 기원에 대한 특정한 사고방식들이 나타나는 상황에서 주술이 어떻게 **작용**했을까"에 관심을 집중했다고 밝혔다. 이러한 분석은 공동체 내부에서 주술에 대한 고발을 촉진하는 메커니즘을 기본으로 다룬다. 다만 맥팔레인은 (토머스의 근간 저술을 언급하면서) "주술신앙의 철학적 기반과 당시의 종교적, 과학적 이념과 주술신앙의 관계에 대한 연구"의 합리성을 의심하지 않았다.[9] 실제로 맥팔레인은 주술의 죄목으로 고발당한 자들의 나이, 성별, 고발 동기, 이웃 및 소속 공동체와의 관계를 조사했다. 그러나 그는 고발당한 남녀들이 믿고 있거나 믿고 있다고 주장한 사실에 대해서는 주목하지 않았다. 그는 인류학 연구를 참조했지만 박해의 희생자들이 품고 있던 믿음에 대한 내적 분석을 시도하지는 않은 것이다. 이 같은 관심의 결여로 생략된 사실들은 악마의 잔치에 대한 수많은 기록을 남긴 1645년의 에식스 종교재판을 통해 밝혀졌다. 머리Margaret Murray는 영국 동남부의 에식스 지역에서 벌어진 재판에 관한 기록물을 토대로 『서유럽의 주술 숭배The Witch-Cult in Western Europe』(1921)라는 책을 집필했다. 여기서 그녀는 악마의 잔치가 흔히 생각하는 주술이 아니라, 기독교 이전 시대에 유럽 전 지역에 확산되어 있던 풍요를 기원하는 종교에 접목된 조직적 숭배의 핵심적인 의식이었다고 주장했다. 맥팔레인은 머리의 주장을 다음과 같이 반박했다. 첫째, 머리는 피고인들이 주술재판에서 진술한 내용을 신앙의 문제가 아닌, 실제 사건의 기록으로 잘못 판단했다. 둘째, 에식스 종교재판의 기록물은 머리가 서술한 것과 같은 조직적 숭배의 증거를 제시하지 않았다. 일반적으로 맥팔레인은 머리가 제시한 "주술 숭배의 전모"가 "당시의 사회에 비추어 보았을 때 지나치게 복잡하고 유기적으로 연결된 것"이라고 평가했다.[10]

맥팔레인의 최종 판단은 트레버-로퍼가 (주술을 행한) 피고인들에 대해 피력한 문화적 우월성을 은연중에 드러내고 있었다. 머리에 대한 지극히 정당한 첫번째 비판은 맥팔레인에게, 악마의 잔치로 고발당한 피고인들의 증언을 담고 있는 1645년의 재판 기록물들에서 사건을 재구성하는 데 필요한 상징적 정황으로 삽입된 복합적인 **믿음들**이라는 역사적 기록을 판독해볼 기회를 제공했다. 이러한 신앙은 도대체 누구의 것이었을까? 피고인들의 것이었을까? 아니면 심문관들의 것이었을까? 그것도 아니면 양측의 공통된 신앙이었을까? 정확한 대답은 불가능해 보인다. 피고인들은 고문을 받지 않았다. 그렇다고 심문관들로부터 문화적으로나 심리적으로 압박을 받지 않은 것은 아니다. 맥팔레인의 연구에 따르면, 이러한 종교재판은 "이례적"이고 "비정상적"일 뿐만 아니라 "말도 안 되는 이상한" 요소들로 가득했으며, "유럽 내륙에서 건너온 이념의 영향"을 받은 것이었다.[11] 이것은 영국에서 악마의 잔치에 관한 증언이 거의 발견되지 않는다는 사실을 감안하면, 사실에 가깝다기보다는 하나의 가설에 불과하다. 그럼에도 피고인들의 증언이 모두 심문관들에 의해 암시된 것이라고 생각할 필요는 없다. 어쨌든 부제에서 "지역적이고 비교에 의한" 연구라는 사실을 밝힌 만큼, 우리는 에식스의 재판에서 드러난 악마의 잔치에 대한 서술과 악마 연구 저술들과 유럽 내륙의 재판 기록들에 실린 서술 사이의 비교 분석을 기대해볼 수 있다. 그러나 맥팔레인이 자신의 저서에서 많은 지면을 할애한 비교 분석은 비유럽권, 특히 아프리카의 관련 자료들에 기초한 것이었다. 이 경우에 예를 들어 아잔데족이 사용한 주술과의 비교가 어떻게 유럽의 주술과의 비교로 치환될 수 있는지는 명확하지 않다. 결론적으로 유럽의 악마론들이 영향을 주었을 것이라는 추측은 맥팔레인 자신이 증명하기도 했듯이, 에식스의 주술재판과 처형이 갑작스레 급증한 것과 일치하는 셈이다.[12] 어쨌든 1645년의 재판에서 피고인들이 보여준 "말도 안 되는 이상한" 특징들은 확실히 과학적인 측면만을 고집하는 사람에게는 전혀 무시해도 좋을 호기심 내지는 "비정상적인 것"이었다.

5

맥팔레인이 수행한 연구의 방향과 한계는 기능주의적 인류학에 지배적 영향을 받은 역사 연구의 전형이다. 따라서 신앙의 상징적 차원에 대해서는 실제로—최근까지도—별다른 관심을 보이지 않았다.[13] 토머스의 방대한 연구인 『종교와 주술의 쇠퇴*Religion and the Decline of Magic*』(1971)도 이러한 경향과 결코 무관하지 않다. 주술, 특히 악마의 잔치의 구체적 양상들은 논쟁의 유무와 상관없이 다시 한 번 흥미로운 사실들을 보여준다.

토머스는 16~17세기 영국의 주술신앙과 관련해 자신이 연구한 다른 현상들의 경우와 마찬가지로, 방대한 자료를 수집했다. 그는 다음의 세 가지 관점, a) 심리적 관점("주술 행위로 고발된 사건에 연루된 사람들의 동기에 대한 설명")과 b) 사회적 관점("고발 당시의 정황에 대한 분석"), c) 지적 관점("고발을 개연성 있게 만드는 개념들에 대한 설명")에서 자료를 수집했다.[14] 여기에는 고발자들과 판사들이 아닌 피고인들에게 있어서 주술신앙이 무엇을 의미했는지에 대한 조사가 누락되어 있다. 이들의 자백에서는(물론 이들이 자백했다는 사실을 전제했을 때) 안도감을 얻고자 하는 심리적 욕구, 지역적인 긴장 관계 또는 당시 영국에 확산되어 있던 인과율 개념으로 환원되지 않는 듯한 상징적 요인들을 심심찮게 찾아볼 수 있다. 물론, (피고인들의) 자백은 유럽 악마론자들의 이론에 부합하는 만큼 토머스가 말한 대로 이단 심문관들이 유도한 결과로 볼 수도 있다. 그러나 토머스는 얼마 후 재판 기록물에 신빙성 있다고 보기에는 지나칠 정도로 '비관습적인' 요인들이 포함되어 있다는 사실을 인정했다.[15] 이러한 요인들에 대한 체계적인 분석을 (실재하는 또는 의심받는) 마녀와 주술사의 입장에서 시도했다면 주술신앙에 대한 그 어떤 이해의 단초를 찾아낼 수 있지 않았을까?

기어츠H. Geertz는 토머스의 『종교와 주술의 쇠퇴』에서 드러난 심리학적 환원주의와 사회학적 기능주의를 비판했다.[16] 이에 대한 답변에서 토머스는 "주술의식의 상징적이고 시적인 의미들"에 무관심했음을 인정했다(톰슨E. P. Thompson도 이와 유사한 반론을 제기한 바 있다).[17] 그러면서 그는 일종의 변명으로, 역사가들은 복잡한 사회구조에 대한 개념에는 친숙하지만 "보이지 않는 정신적 구조, 특히 온전한 기록물로 남아 있지 않고 부분적으로만 잔존하는 거친 사고의 체계"에는 전혀 익숙하지 않다고 말했다. 그러고는 이렇게 덧붙였다. "비록 접근하기에 더욱 어려운 층위이기는 하지만 민중 주술의 상징성을 올바르게 판단해야 한다는 데 충분히 동의한다. 야간 비행, 음산함, 동물로의 변신, 여성의 성 등과 같은 주술의 신화는 피고인들이 신앙을 가지고 살아가던 사회의 가치 기준과 지키려고 애쓰는 경계선 그리고 억제되어야 할 본능적 행위에 대한 정보를 제공한다."[18]

이러한 설명과 더불어, 토머스는 기어츠가 제기한 비판의 영향을 받아 『종교와 주술의 쇠퇴』에서 지나치게 경직된 상태로 묘사된 주술의 이미지를 극복하기 위한 대안을 마련했다.[19] 악마의 잔치에 대한 그의 선택은 분명히 의미 있는 것이었다. 또한 이에 못지않게 악마의 잔치를 통해 민중 주술의 "보이지 않는 정신적 구조"를 이해할 수 있다는 가능성이 암묵적으로 폐기된 것도 의미심장하다. 악마의 잔치는 우리에게 수많은 사실을 전해줄 수 있지만 '더욱 접근하기 어려운' 하나의 문화 층위, 즉 주변 사회의 문화 층위로만 그 범위를 한정한다. 그 사회는 '악마의 잔치'의 상징성을 통해서 자신의 부정적인 가치를 형성한다. 마녀와 주술사 들의 모임을 휘감고 있는 음산한 분위기는 빛의 찬란함을 표현하고, 또 악마적 향연에서 여성의 성적 폭발은 순결에 대한 권고를, 동물로의 변신은 인간과 야수 사이의 분명한 경계를 표현한다.

악마의 잔치를 상징적 반전의 관점에서 해석하는 것은 그럴듯해 보인다.[20] 그러나 이러한 해석은 토머스 자신도 인정했듯이, 상대적으로 피상적인 수준에 머물 뿐이다. 민중 주술이 드러낸 세계관이 일관성이라는 측면에서 신학자들의 그것과는 결코 비교될 수 없다고 주장하기는 쉽지만 다소 선험적인 감이 있다.[21] 사실상 마녀와 주술사 들이 토해낸 자백의 궁극적 의미는 암흑의 심연 속에 감추어져 있다.

6

이상에서 살펴보았듯이, 이 모든 연구는 이제는 일반적으로 수용된 논지에서 출발한다. 즉, 유럽의 주술에 대한 증언들에서는 이질적인 문화 층위, 다시 말해 박식한 지배 문화와 민중 문화의 층위가 상호 교차한다는 것이다. 이 두 층위를 분석적으로 구분하려는 시도는 1976년 『유럽의 마녀재판, 민중 문화와 박식한 문화의 토대, 1300~1500년European Witch-Trials, Their Foundations in Popular and Learned Culture, 1300~1500』을 저술한 키케퍼Richard Kieckhefer에 의해 이루어졌다. 그는 16세기 이전의 문헌들을 학문적 개입의 정도에 따라 구분했다. 그 정도가 가장 높은 부류로는 악마론에 관한 저술들과 종교재판 관련 기록물을, 정도가 가장 낮은 부류로는 특히 피고인들에 대한 위압이 별로 심하지 않았던 영국에서 세속 재판관들이 진행한 재판의 기록물을, 마지막으로 전혀 개입이 없었던 부류로는 고발자들의 증언과 주술을 행한 죄목으로 억울하게 고발당했다고 믿은 자들이 제기한 명예훼손 소송을 선정했다.[22] 한편, 그의 연구에는 16세기 이후의 문헌들은 포함되지 않았는데, 이유는 그 문헌들에 박식함의 요인들과 민중적 요인들이 구분할 수 없을 정도로 뒤섞여 있다고 보았기 때문이다. 이런 사실들을 토대로 그는 사악한 마법과 악마 소환과는 달리 악마의 잔치(악마주의 diabolism)가 민중 문화에서 기원하지 않는다고 결론지었다.[23]

이러한 결론은 후에 악마의 잔치에 부분적으로 유입된, 보편적으로 존재했던 민간신앙과 정면으로 대치된다. 예를 들면 지역에 따라 다양한 명칭으로 불리던 신비의 여성(디아나Diana, 페르히타Perchta, 홀다 Holda, 아분디아Abundia, 아분단티아Abundantia 등)을 추종하면서 탈혼 상태에서 경험했다는 야간 비행에 대한 수많은 기록물이 그것이다. 키케퍼에 따르면, 이러한 증언들은 중세 전반기의 회개(속죄) 규정들이나 교회 기록물에 기록되었을 경우, 주술이 "비정상적으로 방대한" 의미를 갖지 않는 한 주술과는 무관한 것으로 간주되어야 했다. 또한 문학작품에 기록되었을 경우, 민간신앙의 실제적인 확산에 대한 그 어떤 근거도 제공하지 않기에 부적절한 것이 되고, 민속 전통에 의해 전승되었을 경우에도 이전 시대의 상황을 재구성하는 데 별다른 도움을 주지 못한다.[24] 그러나 키케퍼는 예방적인 차원에서 자료를 분류하던 중에 뜻하지 않게 14세기 말 밀라노에서 신비의 부인, 즉 '마돈나 오리엔테Madona Horiente'와 주기적으로 만났다고 자백한 두 여자에 대한 판결문을 찾아냈다. 이 기록물은 문학작품도, 후기 민속 전통의 흔적도, 그렇다고 주술과 무관한 믿음의 증거도 아니었다(참고로 두 여자는 마녀로 지목되어 처벌받았다). 키케퍼는 당혹스러움을 감추지 못하면서 위의 사례가 마법의 범주에도, 악마의 잔치("전형적인 악마주의")의 범주에도 포함되지 않는다고 주장했다. 하지만 실제로는 은근슬쩍 '머리의 주장'을 차용하여 '마돈나 오리엔테'의 모임을 민중의식이나 민중축제에 대한 묘사로 해석했다. 그는 이단 심문관들이 즉시 간파한 것과는 대조적으로, 신비의 부인과 교회법 전통에서 언급되어온 다양한 형태의 여성 신성들(디아나, 홀다, 페르히타 등) 간의 명백히 밀접한 관계를 알아차리지 못했다.[25] 이와 같은 기록들은 심지어 오늘날까지도 유지되고 있는, 악마의 잔치가 전적으로 혹은 거의 전적으로 박해자들이 만들어낸 이미지라는 주장과 정면으로 대치된다.

7

이러한 주장은 콘Norman Cohn에 의해 부분적으로 새롭게 재구성되었다(『유럽의 악마들Europe's Inner Demons』, 1975). 콘은 악마의 잔치 이미지가 1000년 이상의 기간 동안 난교, 식인 의식, 동물 형상의 신 숭배 등과 같은 부정적인 이미지의 전형으로 남아 있었다고 말한다. 이러한 부정적인 혐의들은 지극히 오래되고 대체로 무의식적인 강박관념과 공포를 나타냈을 것이다. 그 혐의들은 유대인과 초기 기독교인 그리고 중세 이단자들에게 퍼부어진 후, 마침내 박해 대상으로 마녀와 주술사 들을 선정했다.

나는 재판관과 이단 심문관 들이 만들어낸 악마의 잔치 이미지가 더욱 정교하게 다듬어지게 된 데는 다른 이유가 있었다고 생각한다. 앞으로 살펴보겠지만(제1부 1~2장), 대부분의 경우 주인공과 시기와 장소가 각양각색이다.[26] 악마의 잔치 이미지는 콘이 규정한 전형과는 분명히 다른 민속에서 기원한 요인들의 유입을 포함한다. 그는 1430년 도피네의 주술재판에 대한 연구에서 이와 같은 요인들을 거의 지나가는 말로 언급했다. 도피네 주술재판 기록물에는 악마의 잔치에 대한 언급이 처음으로 기술되었을지도 모른다(단정적으로 이야기하지 않은 이유는 나중에 다른 연대기를 제시할 것이기 때문이다). 발도파valdesi*의 이단자들을 탄압하는 데 온 힘을 쏟고 있던 교회 권력과 세속 권력은 "탄압 과정에서 수 세기 전부터 이단들의 주장에 완벽하게 부합하는 것들을 신봉하는 사람들(대개 여성들)을 거듭해서 찾아냈다. 이들에 대한 고발의 공통분모는 야만스러운 영아 살해였으며 심지어 이단자들이 야간 모임에서 아이나 신생아를 잡아먹는다는 믿음도 보편화되어 있었다. 이와 유사한 사례로 야간에 여성들이 아이나 신생아를 죽이거나 잡아먹었다는 믿음도 확산되어 있었다. 그리고 일부 여성들은 이것을 사실로 받아들이고 있었다." 위에서 언급한 두 가지 믿음이 '놀라울 정도로 일치'한다는 사실은 재판관들로 하여금 전통적으로 이단자들에게 꼬리표처럼 따라다니는 극악무도한 행위가 사실이라고 믿게 만들었다. 한편 고대의 전형에 대한 확인은 이후 악마의 잔치 이미지를 더욱 정교하게 만들 근거를 제공했다.[27] 콘이 재구성한 내용에 따르면 이것은 중요한 역사

---

* 페트루스 발데스Petrus Valdes(1140~1215)는 리옹의 부유한 상인이었으나 속어로 쓰인 복음서의 한 구절("너의 모든 것을 팔아 가난한 자들에게 나누어 주고 나를 따르라")에 따라 세속의 풍요로운 삶을 포기한 채 모든 재산을 가난한 자들에게 나누어 주고, 몇 명의 친구들과 함께 순회 설교를 시작했다. 발데스와 그의 '문맹인' 추종자들은 도시의 광장들과 집들에서 세속의 모든 재물을 멀리할 것을 설교했다. 이로 인해 발데스는 1179년 제3차 라테라노 공의회에서 이단으로 처벌되었다. 하지만 더 이상의 활동을 금지시키려는 리옹의 대주교와 교황 알렉산드로 3세의 노력이 실패하면서 발도파는 프랑스 남부와 이탈리아, 스페인, 독일, 스위스, 오스트리아, 보헤미아, 헝가리, 폴란드에서 세력을 크게 확장했다.

적 사건이었다. 하지만 이와 같은 논평은, 무엇 때문에 야간에 돌아다니며 신생아를 집어삼킨다고 믿었는지 그 이유를 알 수 없는 '환영에 사로잡힌' 여성들이 바로 뒤이어 언급된 것처럼 분명히 부적절하다. 콘이 하나의 장章으로 정리한 "민중의 상상 속 밤의 마녀La strega notturna nell'immaginazione popolare"는 더 이상 많은 학자들의 주목을 받지 못한다. 여러 학자들이 주장하는 것처럼, 이러한 공상들에 대한 설명을 약학(즉 마녀가 인간 심리에 변화를 일으키는 약을 사용한다는 것)이 아닌 인류학에서 찾아야 한다고 주장하는 것[28]은 해결책 없이 문제만을 키우는 것에 불과하다. 콘은 어둠을 틈타 야만적인 행위를 저질렀다는 한 아프리카 마녀의 자백이 두 경우(유럽과 아프리카의 두 사례) 모두에 있어 단지 순수한 몽상에 불과할 뿐, 머리의 말처럼 실제적이지 않다고 주장했다.

콘은 자신의 저서에서 머리의 옛 논문을 반박하는 데 많은 지면을 할애했지만,[29] 실제로는 유럽에 마녀 집단이 존재하지 않았음을 주장하는 데 모든 노력을 기울였다고 해도 과언이 아니었다. 이 주제는 지금은 당연하게 받아들여지지만 그럼에도 매우 효율적으로 수많은 논쟁에 단초를 제공한다. 끈질긴 논쟁들은 주술의 역사에 대한 수많은 연구에서 드러나는 일방적인 성격의 한 증상인 셈이다. 그럼 지금부터 그 이유를 살펴보자.

8

이집트학의 전문가이자 프레이저J. G. Frazer의 인류학 연구에 관심이 많았던 머리는 『서유럽의 주술 숭배』에서 다음과 같은 사실을 주장했다. 1) 마녀재판에서 드러난 악마의 잔치에 대한 묘사는 재판관들이 조작한 거짓도, 어느 정도의 착각을 동반한 내적 경험의 축적도 아니다. 오히려 실제 의식들에 대한 정확한 서술이다. 2) 재판관들이 악마적인 의미로 변형시킨 의식들은 실제로는 기독교 이전 시대의 풍요에 대한 숭배와 연결되어 있으며 유럽에서는 선사시대부터 근대까지 계속되고 있었다. 여러 비평가들이 정확성이 부족하고 신빙성이 떨어진다는 이유로 혹독하게 비판했음에도 불구하고, 『서유럽의 주술 숭배』는 폭넓은 지지층을 확보해나갔다. 머리(그녀는 점차 자신의 연구를 교리 중심적인 성격으로 바꾸어나갔다)는 『브리태니커 사전Encyclopaedia Britannica』에서 '주술Witchcraft'에 대한 편집을 담당했는데, 이때의 내용은 이후 두번째 판본을 출간할 때까지, 즉 반세기가 넘는 기간 동안 한 번도 수정되지 않았다.[30] 그러나 1962년 머리의 저서가 재출간되자, 이번에는 체계적인 비판이 전개되었고(로즈E. Rose, 『염소를 위한 면도칼A Razor for a Goat』), 이어서 머리와 그의 연구를 지지하는 자들에 대한 신랄한 비판이 쏟아졌다. 오늘날 주술을 연구하는 거의 모든 역사가들은 머리의 저서들을 초기 비평가들의 생각과 같은 맥락에서, 아마추어 수준이며 어리석을 뿐만 아니라 심지어는 아무런 학문적 가치도 없는 것으로 간주한다.[31] 이러한 논쟁은 그 자체로는 정당하지만 그럼에도 학술적 전형의 틀에서 벗어나는 악마의 잔치의 상징적 요인들에 대한 연구를 암묵적으로 침체시키는 역효과를 가져왔다. 이미 살펴보았듯이 토머스와 맥팔레인 같은 역사가들조차도 이러한 연구를 외면했다. 조직적인 마녀 숭배는 존재하지 않았다(또는 적어도 증거가 없다)는 것이 그 이유였다.[32] 머리에 대한 정당한 비판의 이유였던 행위와 믿음의 혼동이 아이러니하게도 이제는 그를 비판한 자들에게 되돌려진 셈이다.

　나는 『베난단티』 서문에서 비록 머리의 논문이 "비합리적인 방식으로 일관된 것"이지만 분명 "핵심적인 진실"을 내포하고 있다고, 내가 여전히 믿고 있는 바를 이야기했다. 그럼으로써 '머리 지지자'라는 (불명예스러운) 평가를 듣게 되었지만 말이다.[33) 그 핵심은 머리의 논문에서 지적된 두 가지 사실 중 첫번째에서는 발견되지 않는다. 머리는 악마의 잔치에 대한 서술에 포함된 사건들이 실제 상황이었다고 주장하기 위해 야간 비행, 동물로의 변신과 같이 지극히 당혹스러운 주제들을 폐기하고 침묵으로 일관했던 것으로 보인다.[34) 물론 몇 가지 경우에 주술의식에 몰입된 남녀들이 섹스의 향연을 벌이기 위해 모임을 가졌을 가능성이 전혀 없지는 않다. 그러나 악마의 잔치에 대한 기술들 중에서 이 같은 사건의 증거로 삼을 수 있는 것은 사실상 없다. 이러한 기술들이 아무런 문서적 가치도 없다는 것은 아니다. 그것은 단지 신화에 대한 기록이지 의식들에 대한 기록이 아닌 것이다.

그렇다면 우리는 다시 한 번 "그럼 누구의 신앙이며 신화인가"를 자문해봐야 한다. 앞서 언급했듯이, 주술재판을 비판하는 계몽주의적 논쟁에서 시작되어 지금까지 유지되고 있는 오랜 전통은 고문과 심리적 압박을 통해 피의자들에게 강요된, 재판관들의 미신과 강박관념이 투사된 마녀들의 자백 내용들을 죽 보아왔다. (머리가 깊이 연구해보지도 않은 채 악마의 잔치에 대한 서술에서 규정했던 기독교 이전 시대의 풍요를 기원하는 숭배의식인) '디아나를 숭배하는 종교'는 실제로는 색다르고 좀더 복잡한 해석을 제안한다.[35)

머리의 논문에서 발견되는 "핵심적인 진실"은 다음과 같다. 좀더 일반적으로 말해, 그것은 야코프 그림Jakob Grimm을 비롯해 훨씬 저명한 (그러나 역설적이게도 무시당한) 선배 연구자들처럼, 모든 합리주의적인 축소에 대항하여 마녀들의 자백을 진지하게 고려하려는 노력에 있다.

그러나 머리는 그들의 자백으로부터 종교의식에 대한 정확한 설명을 찾아내려는, 똑같이 합리주의적인 욕구로 인해 막다른 골목에 들어서고 말았다. 게다가 머리는 여러 세기를 거치면서 재판관들과 이단 심문관들과 악마론자들이 이론적으로나 실제적으로 개입하여 악마의 잔치에 대한 증언들에 덧씌운 외피들을 분리해낼 능력을 가지고 있지 못했다.[36] 머리는 이후에 계속하여 축적된 층위들과 가장 오래된 층위들을 구분하기보다는, 악마의 잔치와 관련하여 이미 굳어진 전형을 연구의 근거로 선택함으로써 자신의 해석까지도 신빙성이 없는 것으로 만들어 버렸다.

9

머리의 논문이 매우 불충분하기는 하지만 그럼에도 내가 그 내용에 반영된 저자의 정확한 직감을 인정하게 된 것은 그가 지난 16~17세기에 프리울리를 중심으로 확산되어 있던 농업 숭배의식의 탈혼 상태라는 특징을 발견했기 때문이다. 50여 건의 종교재판에 기록된 그 특징은 좀 늦은 시기(대략 1575~1675년)에 문화적 변방에서 유래한, 결정적으로 비전형적인 것이었다. 이것은 키케퍼가 당시 지식인들이 덧칠한 부분을 덜어내고 민중 주술의 실제 전모를 밝히기 위해 설정한 모든 기준과 대치되는 것이었다. 그럼에도 머리가 찾아낸 문서들에서는 악마론자들이 설정한 전형과는 확실히 다른 요인들이 발견되었다. 문서로 기록된 증언에서 '베난단티benandanti'로 자처한 남자들과 여자들은, 자신들이 "양막羊膜에 싸인 채con la camicia"(또는 막으로 덮인 채avvolti nell'amnio) 출생했기 때문에 매년 네 차례, 그것도 야밤에 회향풀 다발을 들고 수수다발로 무장한 마녀와 주술사에 대항한 영적인 전투에 참여할 것을 강요받았다고 주장했다. 야간 전투는 농사의 풍요를 위한 것이었다. 이단 심문관들은 피고인들의 증언에 당혹감을 감추지 못하면서 자신들이 듣고 있는 이야기들을 악마의 잔치라는 구도에 끼워 넣으려고 했다. 하지만 이들의 노력에도 불구하고, 베난단티들이 망설임 끝에 생각을 바꿔 결국 재판관들이 요구하는 틀에 맞추어 자백하기로 결정한 것은 반세기가 더 지난 이후의 일이었다.

마녀들의 회합이라는 물리적 실체는 물론이고 그와 유사한 것조차 베난단티들에 대한 재판 기록물에서 전혀 확인되지 못했다. 베난단티들은 한결같이 육신이 활력을 잃은 상태에서 "눈에 보이지 않는 영혼의 상태로" 밤에 외출을 했다고 증언했다. 다만 한 가지, 불가사의한 기절은 실질적, 일상적, 어쩌면 종파적인 관계들이 존재함을 엿보게 해주었다.[37] 베난단티들의 자백을 통해 드러난 것처럼 이들이 개인적으로 환각을 겪기 전에 주기적으로 모임을 가졌을 가능성은 분명하게 확인되지 않았다. 몇몇 학자들이 호기심 가득한 오해로 인해 내 연구의 핵심에 접근하게 된 것이 바로 이 지점이다. 러셀J. B. Russell은 베난단티들을 "주술의 존재를 뒷받침하는 가장 확고한 증거"라고 정의했으며, 미델퍼트H. C. E. Midelfort는 이들이 "유럽의 경우 근대 초기에서 오늘날에 이르기까지 문서로 기록된 유일한 주술 숭배"의 증거라고 했다. '주술의 존재'와 '문서로 기록된 주술 숭배'(이단 심문관들에 의해 변질된 관점을 반영하고 있기에 별로 적절하지 못한 표현이다)는 이러한 표현들이 형성된 정황을 통해 드러나듯이, 신화와 의식 간의, 그리고 확산되고 일관된 신앙과 이를 의식으로 실천했다고 여겨지는 자들의 **조직화된** 집단 간의 (이미 언급된 바 있는) 혼란을 야기한다. 이것은 러셀의 경우 보다 확실하게 드러난다. 그는 "지역 주술신앙에 동참한 자들"과의 야간 전투에 대해 언급하고 있기는 하지만, 베난단티들이 "눈에 보이지 않는 영혼의 상태로" 모임에 참가했다고 증언한 사실을 간과했다. 미델퍼트는 좀더 모호하게 베난단티들의 흔적에서 '집단 의식'의 다른 사례들을 발견하기는 어려웠다고 지적했다.[38] 콘이 나에게 제기한 반론은 "베난단티들의 경험이 모두 최면적 경험trance experiences"이며, "이미 수 세기 이전에 디아나, 에로디아데Erodiade, 홀다를 추종하던 자들의 공통된 경험과 같은 지역적 다양성"을 구성한다는 것이었다. 이러한 반론은 실제로 러셀의 반론과 맥을 같이하며 부분적으로는 미델퍼트의 생각과도 일치한다. 나는 이러한 반론이 내가 나의 저서에서 썼던 표현과 거의 일치하기에 전적으로 수용 가능하다고 생각한다.[39]

프리울리 역사기록물보관소에 소장되어 있는 기록물의 가치는 전혀 다른 방향에서 모색하는 것이 바람직하다. 주술에 관해서 우리가 활용할 수 있는 것은 악마론자, 이단 심문관, 그리고 이들이 작성했거나 영향력을 행사한 적대적인 증언들이 전부다. 피고인들의 목소리는 탄압되고 왜곡되었으며 수정되기도 했다. 그리고 그들이 증언한 많은 내용은 오늘날 더 이상 존재하지 않는다. 이런 이유로 승리자의 입장에서 역사를 지속적으로 기록하기를 원치 않는 자들은 이러한 강요된 역사 기술의 일관성을 약화시키는 예외적인 것들의 중요성과 (비록 매우 드물지만) 때때로 기록물에서 드러나는 모순들의 중요성에 주목한다.[40] 베난단티에 대한 이야기와 이단 심문관들이 만들어낸 전형들이 불일치하는 지점에서 매우 밀도 높은 농민 신화의 심층이 드러난다. 이러한 층위는 점진적으로 적대적인 문화 모델이 투사됨으로써 조금씩 악마의 잔치로 변형되었다. 다른 지역들에서도 이와 유사한 변화들을 찾아볼 수 있을까? 재판 기록물의 관점에서 매우 특별한, 베난단티들의 사례를 어느 정도까지 일반화할 수 있을까? 과거에 나는 이러한 질문들에 대답할 능력을 가지고 있지 않았다. 다만 이러한 질문들은 내게 "주술의 민속적 기원이라는 문제에 대한 매우 새로운 접근"을 제시하는 듯했다.[41]

10

그보다 나는 '악마의 잔치의 민속적 기원'에 대해 말하고자 한다. 하지만 새로운 접근에 대한 판단은 여전히 내게 유효해 보인다. 몇 가지 예외가 있기는 하지만, 주술에 대한 연구는 당시 내가 전망했던 것과는 매우 다른 방향으로 진행되고 있다. 학자들의 관심을 주로 주술에 대한 탄압의 역사로 돌리려는 흐름은 많은 경우 성性과 계급에 대한 편견에서 기인했다.[42] '괴벽과 미신' '우매한 농민들' '여성의 히스테리' '괴이함' '방종'과 같은 용어들은 이미 살펴본 것처럼 매우 권위 있는 연구들에서 흔하게 찾아볼 수 있는데, 이는 이념적 특징이 사전에 설정되었음을 나타낸다. 심지어 라너Christina Larner와 같은 여성학자는 전혀 다른 전제로부터 시작했음에도 결국은 박해의 역사에 자신의 모든 연구 역량을 집중하는 식이 되고 말았다.[43] 연구자가 보여준 희생자들과의 사후 연대적인 태도는 연구 대상의 문화적 저속함에 대한 우월성과는 전혀 다르다. 하지만 마녀사냥에 의해 야기된 지적이고 도덕적인 스캔들이 거의 항상 관심을 독차지했다. 박해받은 남자들과 여자들의 자백은—특히 악마의 잔치와 관련될 경우—특정 사안에 따라 당연히 무관한 것으로 여겨지거나 박해자들의 폭력에 의해 왜곡된 것으로 간주되었다. 자백을 문자 그대로 마치 별개의 여성 중심적인 문화가 지배적으로 드러나는 자료인 것처럼 해석하려고 했던 사람은 신화적인 요소들로 가득한 내용을 완전히 무시했다.[44] 민속과 종교의 역사에서 얻은 분석 도구들

(주술을 연구하는 주요 역사학자들은 이러한 도구들을 가급적 멀리하는데, 그 이유는 곳곳에 함정이 도사리고 있기 때문이다)을 가지고 이러한 증언들에 접근하려는 시도는 극히 드문 것이 사실이다.[45] 감성주의에 빠질 수 있다는 두려움, 주술의 힘에 대한 불신, 그리고 동물로의 변신(뿐만 아니라 조직적인 마녀 집단의 부재)과 같은 믿음의 '거의 보편적인' 특징을 마주했을 때의 당혹감 등은 연구 영역에 대한 극단적이고도 무용한 제한을 정당화하기 위해 제시된 이유들이었다.[46]

반면, 내가 수행하는 연구에서는 박해자들뿐만 아니라 박해를 받은 자들도 중심에 위치한다. 나는 악마의 잔치의 전형에서 '타협적인 문화의 형성,'[47] 즉 민속 문화와 지배계층 문화 간의 갈등이 빚어낸 혼성적 결과를 보게 될 것으로 기대한다.

11

나는 이 책의 차례를 연구 대상의 이질적인 특성들에 근거해 정했다. 이 책은 서론과 세 개의 부部와 결론으로 구성된다. 제1부에서는 악마의 잔치에 대한 종교재판의 이미지가 어떻게 출현했는지 재구성했고, 제2부에서는 신화와 의식의 심오한 층위와 이로부터 악마의 잔치에 활력을 불어넣은 민간신앙이 어떻게 발생되었는지를 기술했다. 제3부에서는 신화와 의식 들이 어떻게 확산되었는지를 설명하려고 노력했으며, 결론에서는 지배계층 문화에서 기원하는 요인들과 민속 문화에서 기원하는 요인들 간의 타협을 통해 악마의 잔치라는 확고한 전형이 성립되었음을 밝혔다. 제1부는 선형적 서술을 따랐다. 즉, 연대기와 지리적인 정황을 바탕으로 연구를 수행했고 관련된 많은 자료들을 인용했다. 제2부에서는 서술의 흐름을 계속적으로 중단했으며 심지어는 연대기적,

공간적 순서도 무시했다. 수천 년의 세월 동안 때로는 수천 킬로미터의 먼 곳으로 확산된 특정한 신화와 의식의 형태들을 유사성의 차원에서 재구성하려고 했기 때문이다. 결론에서는 역사와 형태론이, 이야기에 대한 설명과 (이론적) 개요에 대한 설명이 번갈아 나오고 또 겹치기도 할 것이다.

12

불과 얼마 안 되는 기간 동안 일상의 줄을 타고 정치 차원의 음모가 열풍을 일으켰다. 이후 시간이 지나면서 음모는 예상치 못한 메커니즘으로 발전했다. 불과 반세기 만에 그 음모는 나병환자들과 유대인들에 대한 박해로, 사악한 악마의 잔치를 다룬 초기 재판들로 옮겨 갔다. 이 흐름은 어떤 면에서 마르크 블로크Marc Bloch가 『기적을 행하는 왕들 I re taumaturghi』에서 재구성한 내용과 흡사하다. 프랑스와 영국의 군주들이 연주창(또는 선병) 환자들의 몸에 손을 올려놓아 치유하는 권능을 가지고 있다는 믿음은 두 군주국에 매우 유리하게 작용하면서 널리 확산되었다. 이러한 믿음은 산업화 이전 시대의 유럽에 뿌리를 내린 것으로서, 보호의 필요성과 군주들에게 부여된 주술적인 권능에 의해 고무되었기에 영속적으로 확립되었다.[48] 14세기 초반에 유대인과 나병환자에 대한 음모가 성공을 거둔 근본적인 이유는 다른 데 있었다. 그 원인은 심각한 경제적, 사회적, 정치적, 종교적 위기가 촉발한 불안감뿐만 아니라, 소외된 집단들에 대해 점차 커져가는 적대감, 속죄양에 대한 광적인 탐색 등에 있었다. 그러나 의심의 여지가 없는 두 현상 간의 유사성은 다른 보편적인 문제를 제기한다.

음모와 관련한 사회적 움직임에 대한 설명은 터무니없지는 않더라도 지나치게 단순하기는 하다. 이러한 설명은 18세기 말 예수회 신부 오귀스탱 바뤼엘Augustin Barruel이 프랑스혁명을 일종의 프리메이슨 같은 비밀결사단체의 음모라고 주장한 것에서 기원한다.[49] 하지만 음모는 언제나 존재하며 오늘날에는 일상적인 현실이다. 비밀 기관의 음모, 테러리스트의 음모, 또는 둘 모두의 음모. 이 음모들의 실질적인 중요성이나 무게감은 무엇일까? 어떤 것은 성공하고, 어떤 것은 궁극적인 목표를 달성하지 못한 채 실패한다. 그 이유는 무엇일까? 이러한 현상들과 그 연관성에 대한 고찰은 흥미롭지만 부적절해 보인다. 어쨌든 음모는 매우 복잡한 현상을 캐리커처처럼 단순화한 극단으로서 사회를 바꾸고자(또는 조종하고자) 시도한다. 이러한 혁명적이고 기술정치技術政治적인 계획의 효력과 결과에 대한 증폭된 의심은 사회구조 깊숙이 개입하는 정치 행위의 방식과 사회구조를 바꾸는 그것의 실제 능력을 다시금 생각하게 한다. 경제, 사회운동, 사고방식의 장기적 영향에 주목하는 역사학자들이 정치적이기도 한 사건의 의미에 대해 고찰하기 시작했음을 보여주는 여러 가지 징조들이 나타나고 있다.[50] 악마의 잔치에 대한 이단 재판의 이미지가 만들어진 것과 같은 현상에 대한 분석은 바로 이러한 경향을 드러낸다.

13

하지만 14세기 중반 무렵 알프스 서쪽 지역에서 나타난 악마의 잔치의 전형에서는 보다 방대한 지역에 확산되었던 이단 재판의 이미지와는 다른 민속 요인들을 찾아볼 수 있다. 앞서 살펴보았듯이 주술을 연구하는 역사학자들은 이러한 요인들을 대체로 무시해왔다. 대부분의 경우 역사학자들은 암묵적으로든 노골적으로든 악마론자, 재판관 또는 고발 증인의 범주에서 자신들의 연구 대상을 찾았다. 예를 들어, 라너는 주술을 "초자연적인 기원의 [……] 악을 행하는 힘"[51]과 동일시하며 전혀 중립적이지 않은 정의를 제안했다. 수많은 분쟁을 경험한 사회(추측하건대 모든 사회)에서 한 개인에게 사악한 것은 적에게 좋은 것으로 간주되었다. 그렇다면 악이 무엇인지는 누가 결정하는가? 마녀사냥이 벌어지고 있던 유럽에서 어떤 사람이 '마녀' 또는 '주술사'인지를 누가 결정했을까? 이들의 정체를 밝히는 것은 언제나, 효력이 클수록 그 영향이 세부적으로까지 확산되는 힘들의 관계에 따른 결과였다. 희생자들은 박해자들이 조장한 적대적인 전형을 (부분적으로든 전체적으로든, 점진적으로든 즉각적으로든, 강압적으로든 겉보기에 자발적으로든) 자신에게 투사함으로써 자신의 문화적 정체성을 완전히 잃었다. 이러한 역사적 폭력의 결과를 기록하는 것에 만족하지 않는 사람은 공식적인 성격의 대화가 아닌 다른 무언가가 기록되어 있는 드문 사례들에서 길을 찾아야 한다. 다시 말하면 이러한 극소수의 사례들에서 박해자들이 뿌리 뽑고자 했던 문화의—비교적 왜곡되지 않은—파편들을 발견할 수 있다.[52]

나는 무슨 이유로 프리울리의 재판 사례들이, 겉으로는 그 두께를 짐작할 수 없는 악마의 잔치의 외피들에 새겨진 균열처럼 보였는가에 관해 언급했다. 이 재판 사례들에서는 두 가지 주제가 나타나는데, 죽은 자들의 행렬과 풍요를 위한 전투가 그것이다. 탈혼 상태에서 전투에 참가했다고 자백한 자들 중에서 행렬에 참가했다고 얘기한 사람들은 대부분 여성이었으며, 전투에 나갔다고 하는 사람들은 주로 남성이었다. 두 경우 모두에서 그들은 자신들이 베난단티라고 말했다. 용어의 단일성은 공유된 믿음이라는 배경을 암시한다. 하지만 죽은 자들의 행렬이 분명히 유럽 대부분의 지역에 확산되어 있던 신화와 연결되어 있었다면(디아나의 추종자들, '유령 사냥'), 풍요를 위한 전투는 처음에는 프리울리에 국한된 현상으로 보였다. 그러나 한 가지 특별한 예외가 있었는데, 이는 다름 아닌 리보니아의 늙은 늑대인간이다.[53] 그는 17세기 말에 주술사들에게서 빼앗은 땅에서 과실의 씨앗을 확보하기 위해 동료들과 함께 주기적으로 야간에 나가 주술사들과 전투를 벌였다고 자백했다. 내가 이러한 예상치 못한 접점, 어쩌면 슬라브 문화의 공통된 기층을 설명하기 위해 제시한 가설은 (앞으로 살펴보겠지만) 오직 부분적으로만 정확할 뿐이다. 또한 이러한 가설은 이미 조사 영역의 대폭적인 확대를 암시했다. 그러나 베난단티 신화의 두 가지 버전—농업과 장례—의 근원적 통일성을 불가피하게 인식하기 위해서는 엄청나게 방대한 비교 작업이 필요했다. 두 경우 모두에서 영혼이—야간 전투 또는 방황하는 영혼들의 행렬을 위해—육체에서 분리되어 나오는 것은 샤머니즘적인 탈혼 상태와의 비교를 필연적으로 암시하는 강경증catalettico 증세에 뒤이어 나타났다. 좀더 일반적으로 베난단티들이 자신들의 임무로 간주한 것(죽은 자들의 세계와 접촉하는 것, 공동체의 물질적 생존을 보장하기 위해 주술로 자연의 힘을 통제하는 것)은 샤먼들이 수행한 사회적 기능과 매우 흡사한 것처럼 보였다.

나는 오래전에 이러한 연관성(나중에 엘리아데Mircea Eliade가 증명했다)을 제안하면서 이것이 "유추된 것이 아니라, 실제의 사실"이라고 주장했지만,[54] 이 문제를 직접 다룰 엄두를 내지는 못했다. 이 문제에 수반될 연구의 기나긴 노정을 검토했을 때, 나는 현기증과 비슷한 느낌이 들었다. 나는 순진하게도 미래의 어느 날, 이토록 방대하고 복잡한 주제를 다루는 데 필요한 능력들을 가질 수 있을지 자문했다. 이제는 내가 이 과제를 결코 해결하지 못할 것이라는 사실을 잘 알고 있다. 그러나 우연히 나의 연구의 계기가 된 프리울리의 재판 기록물은 비록 적절하지 못하고 시기적으로 제한된 사료이기는 하지만, 답변이 필요한 질문들을 제기했다. 나는 이 책에서 그 답변을 제시하려고 한다.

14

이 책에서 가장 논쟁적인 부분(제2부와 제3부)은 나에게도 전혀 새로운 내용이다. 이제 나는 이처럼 역사책에는 별로 흔치 않은 분석적이고 해설적인 전략을 어떻게 계획했는가를 설명하려고 한다.

악마의 잔치의 근원에 대한 연구가 민속 문화를 배경으로 비교의 관점에서 진행되어야 한다는 것은 분명한 사실이다. 단지 유럽과의 비교(맥팔레인)나 간략한 비교(토머스)를 제외한다면, 예를 들어 디아나 추종자들의 신앙과 유사한 신앙의 흔적들을 영국에서도 발견할 수 있는가와 같은 질문은 하지 않아도 된다.[55] 그러나 베난단티들의 자백과 리보니아 늑대인간의 자백의 유사성과, 유라시아의 샤머니즘과 관련된 한층 더 강력한 유사성은 이러한 비교의 영역을 주술 박해가 있었던 장소들과는 지역적으로나 시기적으로 다른 곳까지 확대해야 한다는 필요성을 시사해준다. 일련의 기록 속에서 급작스럽게 드러난 신앙(탈혼 상태에서 오리엔테Oriente, 베난단티, 늑대인간 티에스Thiess 등을 추종하던 여성들의 증언)을 이단 심문관과 세속 재판관이 기록한 연도인 1384년, 1575년, 1692년과 일치시키는 것은 분명 부적절한 단순화일 것이다. 가장 최근의 증언들도 가장 오래된 현상들의 흔적을 유지할 수 있으며, 반대로 먼 과거의 증언들은 시기적으로 나중에 있었던 현상들을 이해하는 데 필요한 단서를 제공할 수 있다.[56] 당연하게도 이 가설은 민속 문화에 담긴 내용들을 자동적으로 먼 고대로 투영하는 것을 의미하지는 않는다. 왜냐하면 일련의 연대기들을 연구의 가이드로 삼을 수는 없기 때문이다. 이러한 설명은 지리적인 상황에도 그대로 적용할 수 있다. 즉 거리상으로 멀리 떨어진 지역들에서 유사한 현상들이 나타난다는 것은 매우 오래전에 있었을지도 모르는 문화적 접촉으로 설명될 수 있을 것이다. 한편으로는 극히 점착성이 강하고, 다른 한편으로는 단편적이며 우발적인 방식으로 기록된 문화를 재구성하기 위해서는 잠정적으로나마 역사 연구에 기본이 되는 몇몇 공리들을 제외시켜야 한다. 이들 중에서 가장 먼저 제외해야 할 공리는 단선적이고 균일한 시간이라는 공리다.[57) 재판(기록)에는 두 문화의 충돌 이외에도 근본적으로 이질적인 두 시간대가 공존하고 있다.

여러 해 동안, 나는 베난단티에 대한 여러 재판 기록물에서 시작하여 오직 형식적 유사성을 토대로 신화와 신앙 그리고 의식에 대한 증언들의 연관성을 찾고자 노력했다. 반면 이 증언들을 그럴듯한 역사의 틀에 포함시키는 일에는 별다른 관심을 갖지 않았다. 내가 암흑 속에서 찾아 헤매던 유사성의 성격 그 자체는 시기적으로 훨씬 이후에 가서야 비로소 명백해졌다. 이러한 여정에서 나는 야코프 그림의 빛나는 연구는 물론이고 로셔W. H. Roscher, 닐슨M. P. Nilsson, 루리아Salomon Luria, 프로프 Vladimir Propp, 메울리Karl Meuli, 블라이히슈타이너Robert Bleichsteiner의 연구물을 접했다―긴 목록에서 소수의 이름만 언급한 것이다. 각각의 연구들은 독자적인 방식으로 수행되었지만 결국에는 모든 결과들이 하나의 구심점을 향해 모여들었다. 그러면서 형태론적으로는 매우 단순하고, 연대기적, 지리적, 문화적으로 매우 이질적인 현상들이 드러나기 시작했다. 내가 수집한 신화와 의식 들은 악마의 잔치라는 전형의 외피를 둘러싸고 있는, 그간 해독하기 어렵다고 여겨졌던 민속적 요인들의 상징적 맥락을 밝혀주는 듯했다. 하지만 별다른 의미도 없는 자료들을 수집하고 있고 그 결과 중요하지도 않은 유사성을 추구하고 있다는 의심이 주기적으로 반복되기도 했다.

연구가 꽤 진척된 뒤에야 비로소 나는 오래전부터 진행해오던 연구의 이론적 정당성을 어렵게나마 발견할 수 있었다. 이론적 정당성은 프레이저의 『황금가지』에 관한 비트겐슈타인Ludwig Wittgenstein의 매우 밀도 있는 여러 고찰들 속에 있었다. "역사적 설명, 발전적 가설로서의 설명은 연구 자료(즉 개요)를 수집하기 위한 **하나의** 방식에 지나지 않는다. 이러한 연구 자료들을 그 상호관계에서 보는 것과 연대기적 전개 형태를 가지고 있지 않은 일반적 이미지로 요약하는 것은 똑같이 가능하다." 비트겐슈타인은 이러한 "명쾌한 제시übersichtliche Darstellung"는 "관계를 직시함으로써 비로소 가능해지는 이해를 중재한다. 그러므로 **중간 매개**를 찾는 것이 중요하다"고 지적했다.[58]

15

이것은 내가 인식하지 못한 채로 추구했던 방법이었다. 물론 그 어떤 (종교적, 제도적, 인종적 배경 등과 관련한) 역사적 가설도 이 책의 제2부에서 소개한 예상치 못한 수많은 문서 자료들을 통합하는 데 도움을 주지 못했을지 모른다. 그러나 이렇게 해서 얻은 방대한 결과물들을 역사와 무관하게 드러내는 것으로 충분할까? 이에 대한 비트겐슈타인의 대답은 명료하다. "명쾌한 제시는 a) 덜 독단적이고, b) 입증되지 않은 발전적 가설과는 무관하기 때문에 대안적일 뿐만 아니라, 역사적 설명보다 절대적으로 우수한, 자료 제시 방식이다." 계속해서 그는 "원과 타원의 내적인 관계는 타원이 점차적으로 원의 형태로 바뀌어가는 것"으로 설명되는데, 이는 "특정한 타원이 실제적으로나 역사적으로 원으로부터 시작된다는 것을 주장(발전적 가설)하기 위함이 아니라, 오히려 우리의 눈을 형식적 연관 관계에 민감하게 만들기 위한 것"[59]이라고 언급했다.

이러한 사례는 **매우** 설득력 있어 보였다. 나는 원과 타원(정의상 시간적 맥락에서 벗어나 있는 개체)보다는, 예를 들면 프리울리의 베난단티와 같은 남녀들에 대한 연구에 집중했다. 만약 내가 단순히 형식적인 용어들을 통해 이들이 점차 주술사로 변화된 것을 서술하려고 했다면, 이단 심문관들이 행한 문화적, 심리적 폭력이라는 결정적인 요인을 놓쳐버렸을지도 모른다. 이 주제의 전모는 극히 투명하게 드러났겠지만, 전혀 이해할 수 없게 되었을 것이다. 인간의 사건들에 관한 연구에서 시간적 차원을 제외하면 우리는 모든 권력관계가 지워진 왜곡된 자료를 얻을 수밖에 없을 것이다. 인간의 역사는 이념의 세계에서 전개되는 것이 아니라 달이 보이는 이 세계, 즉 사람들이 태어나고 고통을 받거나 견디다 결국은 죽어가는 세계에서 전개된다.[60]

나는 형태론적인 연구가 지적, 도덕적 이유로 역사의 재구성을 대체하지 못할 것이라고 판단했다. 하지만 이를 촉진할 수는 있을 것이다. 특히 관련 문서들이 별로 남아 있지 않은 지역이나 시대에 대한 연구를 촉진할 수 있을 것이다. 나는 내가 재구성한 상관관계들의 역사적 성격에 대해서 의심하지 않았다. 나는 다른 방향의 연구에서는 드러나지 않았을 심층부를 조사하기 위해서 형태론적 연구를 활용했다.[61] 따라서 비트겐슈타인의 명제는 철회되어야 한다. 즉 (기하학과는 대조적으로) 역사 연구 영역에서는, 형식적 상관관계는 전혀 다른 방식으로 형성된 발전적 가설로, 더 정확하게는 유전학적 가설로 고려될 수 있다. 비교 작업을 통해서 당시까지 내적이고 형식적인 유사성에 근거하여 분류된 자료들을 역사적인 용어들로 번역할 필요가 있었다. 결론적으로, 프로프의 사례에 근거한 그것은 (비록 특정 시대와 관계없을지라도) 통시성通時性을 규명하는 형태론인 셈이었다.[62]

16

이 책의 제3부 1장(유라시아 가설들)의 제목에서도 알 수 있듯이, 이러한 시도의 추론적 성격은 문서 자료들이 충분하지 않았기에 불가피했다. 그럼에도 증언들을 수집하는 과정에서 몇 가지 역사적 연관성을 발견했다. 그중 대표적인 사례는 아시아계 종족으로부터 유래되었으며 탈혼 상태와 관련된 신화와 의식이 고대에 유포되었다는 것이다. 비록 모든 면에서 증명되지는 않았지만 이는 매우 개연성이 크다. 그동안 대체로 무시되었던 현상들이 수면 위로 부상하고 있었다. 하지만 이러한 결과는 분명 잠정적이며 적절해 보이지도 않는다. 또한 그토록 다양한 문화권에서 유사한 신화와 의식이 광범위하게 확산되고 무엇보다도 지속되었다는 점은 설명되지 않은 채 남아 있었다. 유사한 상징적 형태들이 1000년에 걸쳐서, 매우 이질적인 공간과 문화를 배경으로 거듭 출현했다는 것을 순전히 역사적인 용어들로 분석할 수 있을까? 혹시 이것들은 역사라는 직물에서 시간을 초월하는 하나의 씨실로서 극단적인 사례들인 것은 아닐까?

나는 이러한 무방비 상태의 딜레마에 빠져 오랫동안 헤어나지 못하고 있었다.[63] 분명한 것은 오직 이념적 성격의 사전적 판단만이 어떤 방향으로든 이 딜레마를 해결해줄 것처럼 보였다는 점이다. 결국 나는 일종의 실험을 해서(제3부 2장 참고) 이 난관을 빠져나가기 위해 노력했다. 나는 내가 수집한 (불완전할 게 틀림없는) 신화, 전설, 동화, 의식 등의 수수께끼 같은 내용들에서 출발해, 여하간에 높은 수준의 '가족 유사성'을 가진 요소들이 시공간적으로 광범위하게 전파되었음을 증명했다.[64] 그루페Otto Gruppe, 루리아, 브렐리히Angelo Brelich의 연구와 같은 일부 예외들을 제외한다면, 각각의 개별 요소들은 독립적인 실체로서 분석되었다. 나중에 나는, 이를테면 오이디푸스, 아킬레우스, 신데렐라, 신화적인 외발 샌들, 그리고 살해된 짐승의 뼈들을 수습하는 의식을 하나로 묶는 맥락에 대해 이야기할 것이다. 지금으로서는 이러한 일련의 사실들에 대한 복합적인 분석을 통해 초기의 딜레마를 부분적으로 극복하면서, 이론적인 측면에서도 중요하다고 볼 수 있는 결론에 도달했다고 이야기하는 것만으로 충분할 것이다.

17

실험의 풍부한 저력은 앞서 살펴보았듯이, 무엇보다 신화, 전설, 동화, 의식 등의 거의 모든 개별 요소들의 특징이 되는 특별한 시공간적 분포를 통해 드러났다. 내가 알기로는 이 주제를 다루는 어떤 학자도 이러한 특징을 우발적인 현상으로 간주하지 않았다. 많은 학자들은 이러한 특징을 기정 사실로 기록했고, 다른 소수의 학자들은 이러한 특징을 설명하려고 노력했다. 언제나 독자적인 방식으로 공식화되었던 주요 가설들은 다음과 같다.

a) 유사한 현상들의 지속과 확산은 절반쯤 지워진, 그래서 초기의 심리적 반응을 덮어둔 채로 역사의 연속성을 보여줄지 모른다. 메울리에

따르면, 구석기시대 사냥꾼들의 의식(아시아 북부의 샤머니즘에 대한 증언들을 통해 부분적인 재구성이 가능하다)과 그리스의 산제물 의식 간에는 유사성이 존재한다. 부르케르트Walter Burkert는 심리적 연속성의 요인을 강조하며 융Carl Jung의 이론에 근거해 시간을 초월한 원형들을 제시했다. 니덤Rodney Needham도 상이한 문화적 맥락에서 발견되는 반인半人 신화와 관련하여 동일한 견해를 제시했다.

b) 메울리의 가설은 특히 부르케르트의 주장과 관련해, 장-피에르 베르낭J.-P. Vernant과 마르셀 드티엔Marcel Detienne에 의해 거부되었다. 그 이유는 메울리의 가설이 "심리적 원형 또는 어떤 고정주의fixism*적 구조"에 근거할 수밖에 없기 때문이다. 이어서 드티엔과 베르낭은 그리스 문화와 다를 뿐만 아니라 훨씬 오래된 문화를 비교 대상으로 삼은 것도 부적절하다고 주장했다. 이러한 논쟁의 와중에 그들은 한편으로는 "수직적 개념의 역사"에 대한 거부(드티엔)를, 다른 한편으로는 이 책에서 언급된 일련의 사실들에 포함된 신화, 예를 들면 오이디푸스 신화에 대한 수많은 저술 계획을 자극했던 "동시성을 지지하는 성향"(베르낭)[65]을 강조했다.

c) 어느 역사학자(레비-스트로스Claude Lévi-Strauss)는 그 기원이 구석기 시대로까지 거슬러 올라가기 때문에 증명하기 어려워 보이는 방대한 지리적 분포를 주목하며, 신화와 의식 들에 나타난 절뚝거림이라는 주제에 천착했다. 이 점에 대해서는 비록 개괄적이기는 하지만 매우 폭넓은 비교에 근거한 형식적 설명을 소개할 것이다.

d) 나는 현상들 중에서 몇 가지가 선사시대에 기원하는지, 아니면 그

---

* 현대의 동식물 종들이 진화 없이 과거와 동일하다는 비과학적 이론.

이후의 시대에 기원하는지를 조사했는데, 이는 종종 가설로 세워지기도 했다. 그러나 논증되는 경우는 극히 드물었다. 예외가 있다면, 널리 확산된 슈미트Leopold Schmidt의 연구가 있다. 슈미트는 뼈로 동물들을 부활시킨다는 신화와 이에 관련된 신화들의 정확한 역사적, 지리적 체계를 규정하고자 노력했다.

이러한 가설들은 일반적인 전제들과 조사 대상의 확인을 위해 적용된 기준들 그리고 그 함의들이 매우 다르게 정립되었다. 평가를 위해서는 원형으로서의 첫번째 해석과, 두번째와 세번째의 구조주의적 해석, 그리고 확산에 관한 네번째 해석을 확인시켜줄지도 모르는 용이한 이념적 표시에 의존하지 않아야 한다.

사람들은 모호한 방식으로 원형들에 대해 자주 언급하지만 어떤 명확한 설명도 제시하지 못한다. 그러나 용어가 전혀 증명되지 않은 후천적인 문화적 특징들의 유전적 전파에 대해서 다소 구체적으로 드러내지 않는다면(a), 그들의 구체적인 주장은 전혀 근거가 없을 뿐만 아니라, 어쩌면 인종차별적인 것으로까지 보일 수도 있다. 그럼에도 불구하고 나는 제시된 해결 방안이 만족스럽지 못하다고 하여 이 문제를 거부하는 것(b)은 받아들이기 어렵다. 어쨌든 드티엔의 경우처럼 '구석기시대의 유산'에 대해 말하는 것은 임의로 가능한 해결책을 실격 처리해 제한하는 것을 의미한다. 다른 문화권들에서 유사한 현상들의 재출현이 인간 정신의 불변적인 구조와 밀접하다는 가설(c)은 상속도 원형도 아닌, 사실상 본유의 형식적 제약을 암시한다. 그럼에도 앞으로 살펴보겠지만, 구체적인 경우에 대한 설명이 모든 이론적, 실제적 관점을 만족시키지 못한 것은 사실이다. 네번째 가설(d)은 원칙적으로 반론을 이끌어내는데, 이는 확산주의자들의 모든 이론에 적용될 수 있다. 즉, 접촉이나 연속성은 외적인 사건들로서, 문화 현상들의 시공간적 전이를 설명하는 데는 충분하지 못하다. 특히 이러한 전이가 문제의 경우들에서처럼 거시적인 규모일 때 더욱 그러하다.

그럼 지금부터는 연구 대상을 규정하는 데 종종 사용되었던 기준들을 살펴보자. 신화나 의식에 대한 구조주의적 연구를 수행할 때 대상은 처음에 표피를 덮고 있는 것을 제거하는 과정에서, 나중에는 심오한 유질동상(동형)의 그물망에 걸린 일련의 사실들을 모색하는 과정에서 구성(되고 또 재구성)된다.[66] 이러한 가설 정립에서 가장 논쟁적인 부분은 개별 단위들에서 출발해 전이나 계통을 암시하는 유사성에 대한 연구로 나아가는 실증주의적 관례다. 아울러 구조주의 이론가들이 항상 자신들의 원칙을 실재에 적용하지만은 않는다는 것도 사실이다. 그리고 이와는 반대로 실증주의 성향의 학자들이 외형적으로 달라 보이는 신화와 의식 들을 엮어주는 심오한 유사성을 어떻게 파악했는지 증명해 온 것도 사실이다. 그러나 이러한 꼬리표들 너머에서 우리가 추구해야 할 길이 보다 명확하게 드러난다. 즉 유질동상(동형)이 정체성을 형성하는 것은 가능하지만 그 반대는 불가능하다. 이것은 방법은 물론이고 전제의 측면에서 불변의 상징들, 즉 집단 무의식의 출현(융)이나 신성의 원시적 현상들(엘리아데)을 드러내줄지도 모르는 원형들에 대한 직관적 파악을 주장하는 사람들로부터 근본적 차이가 발생함을 암시한다.[67]

결론적으로, 폭넓은 통시성과 방대한 비교에 기초한 연구는, 엉성한 가설(원형들)이나 단순화된 가설(기계적 확산)로 유사한 신화-의식의 연속성과 확산을 설명함으로써 제기된 질문들에 해법을 제시한다. 공시성에 기반을 둔 가설은 비교는 물론이고 그 문제 자체도 회피하기 마련이다. 한편, 레비-스트로스가 약술한 중간적 입장의 해결책, 즉 두 개 이상의 문화에 나타난 현상들에 대한 공시적인 비교 분석은 앞으로 살펴보겠지만, 원칙과 사실의 측면에서 반론을 제기한다. 그러나 각각 수용할 수 없는 반응과 부적절한 질문들을 암시하는 대안들 중에서 선택하는 것은 정말 불가피한 일인가? 통시적인 관점과 엄격한 방법론은 진정 양립할 수 없는 것일까?

18

이러한 질문들은 왜 내가 이 저술(특히 이론적인 제3부 2장)에 때로는 암시적으로 때로는 명시적으로, 단지 부분적으로만 일치하는 관점에서 최근 십여 년 동안 신화 연구(레비-스트로스), 그중에서도 그리스 신화 연구(베르낭과 드티엔)를 새롭게 시도한 학자들과의 대화 내용을 포함시켰는지를 설명해준다. 그럼 이들 학자들과 토론한 내용을 살펴보자.

앞서 언급했듯이, 베르낭은 '가설적 기원의 단계들'을 밝혀내고자 했던 '회고적 비교주의'에 대처하는 의미에서 '공시성에 대한 지지'를 선언했다. 드티엔도 이처럼 분명한 방식으로 '미지의 구석기'를 향해 투사된 '수직적 차원의 역사'를 거부했다. 베르낭과 드티엔이 조사한 문서 자료들은 시공의 차원에서 분명한 한계를 가지며, 텍스트만 다루는 그 영역은 호메로스에서 헬레니즘 신화 작가들에 이른다. 이를 '공시적인' 접근이라고 말할 수 있는 이유는 거의 1000년의 기간 동안 작성된 텍스트 **자료**만을 검토했기 때문이다.[68] 그리스 문명의 독창성에 대한 주장과, 종교와 신화를 '조직된 체계'로 연구하려는 의지는 동일한 프로젝트의 양면에 해당한다.[69] 이러한 관점에서 본다면 베르낭이 정확하게 파악했듯이, 공시성과 통시성의 관계는 해결되지 못한 난제를 나타낸다.[70]

물론 독창성과 토착성은 비슷한 말이 아니다. 과거에 베르낭은 에르빈 로데Erwin Rohde가 처음 주장한 이후 메울리와 다른 학자들이 발전시킨, 탈혼 상태를 동반하는 그리스 종교 현상들이 유라시아의 샤머니즘에 등장한 주제들에서 기원한 이후 변화된 것이라는 가설을 진지하게 고려했다.[71] 내가 형태론에 근거하여 재구성한 일련의 사실들에 따르면, 이러한 연관성은 좀더 방대한 연대기적 관점 속으로 편입된다. 이를테면 이러한 관점은 오리엔테의 추종자들, 프리울리의 베난단티, 리보니아의 늑대인간까지도 포함한다. 여러 문화들 속에서 찾은 구체적인 현상들을 마치 불완전하게 증명되었거나 전혀 증명되지 않은 역사적 관계들의 증거로 여기는 것은 베르낭과 드티엔이 그리스를 배경으로 엄밀하게 공시적으로 수행한 연구로부터 멀어지는 것을 의미한다. 사실 이들이 전개한 '회고적 비교주의'와의 논쟁은 몇 가지 예외를 인정하는데, 그 이유는 양측 모두 조르주 뒤메질Georges Dumézil의 연구와 정도는 다소 약하지만 에밀 뱅베니스트Émile Benveniste의 연구로부터 아이디어를 얻고자 했기 때문이다.[72] 그러나 인도유럽어는 뒤메질과 뱅베니스트에게 역사적 계통이라는 체제에 대한 확실한 증거를 제공했다. 이러한 증거는 우랄어와 인도유럽어의 관계에서는 발견되지 않는다. 만약 내가 초기에 내적 유사성에 기초하여 제시했던 일련의 자료들을 추측의 수준(제3부 1장)에서 역사 용어들로만 번역했다면(제2부), 발생론적 계통과 관계에 기초하여 낡은 확산주의적 해석을 암묵적으로 재생산한다는 비난을 면치 못했을 것이다.[73] 그러나 그 이후의 실험(제3부 2장)에서, 베르낭이 제기한 '공시성에 대한 지지'를 고려하여 한층 복합적인 관점에서 문제 전체를 재검토할 목적으로 주제를 분리했는데 이것이 바로 체계적인 가설이다.

'공시성'과 '시스템'(체계) 사이에 존재하는 불가분의 관계는 레비-스트로스의 공식(가설)들에 앞서 페르디낭 드 소쉬르Ferdinand de Saussure 로부터 유래한 것이 분명하다.[74] 그럼에도 비언어적인 맥락('문화 시스템' '사회 시스템' '신화-종교적 시스템' 등)에서 '시스템'이라는 용어를 유추적으로 사용하는 것은 다소 위험하다. 이 경우 실제로 구성 단위들은 엄격하게 구분되지 않는다. 초기에 레비-스트로스가 소개한 '신화소神話素' 개념과 '음소音素' 개념을 비교하는 것은 언어학으로부터 개념적 모델들을 추론하는 것이 (개념들을) 엄격하게 적용하는 데 충분하지 않음을 분명하게 보여준다.[75] 사어死語(또는 사용되고 있는 언어가 쇠퇴하는 상황)의 음성학적 시스템과 신화의 '잠재적 시스템'[76]은 비록 (고고학, 파피루스학 등의 발견을 통해) 강력하게 확장된다고 할지라도, 내재적으로 제한된 문서 자료들에 기초하여 재구성되어야 한다. 그러나 종종 신화에 관련된 문서 자료들의 우발적이거나 간접적, 단편적인 한계는, 해석에 필요한 핵심적인 요인들이 아직 발견되지 않았거나 영원히 상실되었을―언어적 환경에서는 매우 드문 것이기는 하지만―가능성을 암시한다.[77] 레비-스트로스는 전이 과정의 선별적 메커니즘과 이에 따른 결과가 무엇인지를 처음에는 간과했으나 다행히도 나중에 이러한 지점들을 보충했다.[78]

이러한 사고는 신화-종교적 시스템에 관한 개념을 받아들이는 데 조심스러웠음을 암시한다. 단순히 공시적인 접근을 주장한다면 매우 심각하고 복잡한 상황을 초래할 수 있다. 이러한 방식으로 현상들 전체를 속 빈 강정으로 만들어버릴 위험이 시대적 계승에 전문적 관심을 가지고 있는 역사학자들에 의해서만 지적된 것은 아니었다.[79] 이와 유사한 우려는 유리 로트만J. M. Lotman과 그의 동료들 같은 기호학자들에 의해서도 제기된 바 있었다. 이들 기호학자들은 신화, 의식, 우상, 수제품 등을 포함하는 폭넓은 '텍스트' 개념에 대한 문화 연구를 제안했다. "실존하는 문화의 경우, 새로운 텍스트에는 문화적 전통에 의해 전이되었거나 외부에서 유입된 텍스트들이 항상 영향을 미친다. 이것은 문화의 모든 공시적 상황에 문화의 복수언어주의plurilinguismo라는 특성을 부여한다. 다양한 사회적 층위에서 문화의 발전 속도가 달라지면, 문화의 공시적 층위는 문화의 통시성과 '오래된 텍스트'의 능동적인 재생산을 포함할 수 있다."[80] 이 인용문에는 소쉬르가 정립한 공시성과 통시성 간의 극단적 대립 관계에 대항하여 야콥슨Roman Jakobson이 전개한 반론이 반영되어 있다.[81] 야콥슨은 젊은 시절 민속학자로서의 경험을 돌아보면서 다음과 같이 지적했다. "현재의 민속 집단들이 행하는 주술 행위와 신앙을 체계적이고 공시적으로 해석한다면 [······] 우리의 시대로 전승된 요인들 속에 숨겨져 있는 선사시대의 많은 부분이 확실하게 드러난다. 따라서 우리는 민속 증언들이 그토록 먼 과거의 뿌리에서 비롯되었고 우리가 생각하는 것보다 훨씬 폭넓은 공간으로 확산되었음을 깨닫게 된다. 만약 이러한 결론들이 과거에 좀더 설득력 있게 전개되지 못했다면 그 이유는 기계적으로 진행된 과거의 연구들이 민속 유산의 확산에 대한 구조적 분석을 참작하지 못했기 때문이다."[82] 논쟁의 상황을 기술하고 이해하는 데는 이러한 관점이 '문화적 표상 영역'을 받쳐주는—정적일 뿐 아니라 상당히 획일적인—'하나의 시스템'보다 훨씬 더 적절해 보인다.[83] 어떤 현실이든 그 속을 가로지르는 영역에는, 특히 민속 증언들의 경우, 보다 방대한 공간의 정황들을 나타내는 (서로 다른 시간적 두께를 가진) 여러 과거의 외피들이 존재한다.

19

알다시피, 지난 1940년대 초반에 레비-스트로스는 사회 현상들, 특히 무엇보다 먼저 친족관계의 구조를 분석하기 위해 야콥슨의 음성학 연구를 출발점으로 삼았다. 레비-스트로스가 당시는 물론 그 이후에도, 공시성과 통시성의 대립 관계를 극복해야 한다는 야콥슨의 지적을 간과했다는 사실은 확실히 의미가 있다. 그러나 레비-스트로스의 공시적 관점이 지극히 반反역사적인 태도를 암시한다는 현재의 해석은 피상적이다. 초기에 레비-스트로스는 마르크스Karl Marx의 유명한 문장을 인용하면서, 역사학자는 의식의 차원("인간이 역사를 만든다")을, 고고학자는 무의식의 차원("그러나 인간은 그들이 무엇을 만드는지 모른다")을 연구해야 한다고 지적했다. 다시 말해 심리의 어둡고 무의식적인 현상에 대한 뤼시앵 페브르Lucien Febvre의 연구처럼, 풍요로운 교배의 가능성을 허용하는 영역 분할이었다.[84] 계속해서 레비-스트로스는 양도 논법의 차원에서 고고학과 역사학의 관계를 설정했다. 즉, (적어도 문서의 차원에서) 역사적으로 관련이 없는 문화권들의 상동相同의 신화들을 반복적으로 비교하는 작업은 그때마다 유사한 점들을 문화적 차용이라기보다는 형식적 조건을 추적해 밝히는 것으로 마무리되었다.[85] 반면, 최근에 레비-스트로스는 30년 전의 연구를 상세하게 재검토하면서, 이전에도 그랬듯이 역사학자들과 고고학자들 간의 협력 가능성을 주장했다. "'확산주의'는, 그리고 무엇보다 모든 '역사 연구'는 구조적 분석에 지극히 중요하다. 이러한 관점은 서로 다른 경로와 별개의 방식을 통해, 즉 각각의 전체에 빛을 비추어 표면적으로 이질적인 현상을 이해함으로써 같은 결론에 이르는 경향이 있다. 구조적인 분석은 경험적인 자료들 너머에 있는, 심오한 만큼 과거에는 공동의 유산이었을 심층 구조들을 완전히 이해할 때 역사와 만난다."[86] 이러한 방식은 분기학으로 알려진 생물학적 분류 체계의 도움을 받아 밀도 높은 고찰을 가능하게 해준다. 반면 전통적인 분류가 다소 복잡한 자신들의 특징에 따라 기나긴 진화의 단계를 밟아가는 종들에 관한 것이라면, 분기학은 반드시 계통 관계로 환원되지만은 않는 상동성에 기초한 분기도를 확립한다. 이와 같이 레비-스트로스는 분기학이 인간 종을 연구하는 학자도 이용할 수 있는 "구조의 수준과 사건의 수준 사이의 중재적인 길"을 개척했다고 지적했다. 즉 구조적인 분석 덕분에 확인된 여러 다른 사회 현상들 간의 상응 관계는, 가능성 있는 관련성과 실제 관련성을 가진 상응 관계를 분리해내는 역사학자의 치밀한 검토를 거쳐야 할 것이다.

나의 저술은 레비-스트로스의 연구 계획과 거의 일치하지만 이에 못지않게 차이점도 존재한다. 첫번째 차이점은 레비-스트로스가 역사 연구에 부여했던 제한되고 주변적인 기능을 거부한 것인데, 이에 대해서는 일련의 사실적인 자료 확인을 통해 인류학이 제기한 문제들에 답을 제시할 것이다. 레비-스트로스와는 다르게, 날짜가 있거나 연대 추정이 가능한 문서들을 연구하는 사람은 반대되는 결과에 도달할 수도 있다. 뿐만 아니라 이상에서 소개된 연구에서처럼 형태론과 역사, 공식적인 일치 관계의 발견과 시공간적 맥락들의 재구성은 한 사람이 수행한 것 같은 연구의 측면들을 구성한다. 여기에서 두번째 차이가 유래한다. 이 책의 제2부와 제3부에서 분석된 일련의 유질동상(동형)들은 레비-스트로스가 애용한 구조의 추상적인 깊이와 사건의 표면적 구체성의 중간에 해당한다.[87] 이러한 중간 지대에서, 어쩌면 집중과 반목을 오가며 인류학과 역사학의 진정한 대결이 펼쳐질 것이다.

20

나는 오래전에 인간 본성이란 없음을 역사적인 관점에서 실험적으로 증명하려고 노력한 적이 있었다. 그리고 나는 25년이 지난 지금, 정확하게 그 반대의 주장을 하고 있다. 앞으로 살펴보겠지만, 나의 연구는 어느 시점에서인가—가능한 극단적인 사례를 검토함으로써—역사적 지식의 한계에 대한 성찰로 방향을 전환했다.

하지만 나는 다른 무엇보다 **나 자신의** 인식의 한계를 잘 알고 있다. 통시성과 비교의 관점을 동시에 추구하겠다는 결정은 이러한 한계들을 더욱 심각하게 만들었다. 이는 연구 분야를 "신화의 영역에서, 선택된 인간 집단의 사회적, 정신적, 물질적 삶의 모든 기록에 관련된 정보들 전체"로 확대하는 것을 불가능하게 만들었다.[88] 구체적인 지식에 관해서 지불된 대가는 실험의 한 부분이 되면서 끝나버렸다. 가장 아쉬운 것은 (일부 예외가 있기는 하지만) 종종 무시되었던 차원을 불가피하게도 분석 대상에 포함시키지 않은 것이었는데, 왜냐하면 주관적인 차원은 문서화하기 어렵거나 부적절하다고 잘못 간주했기 때문이다. 내가 찾아낸 증거들 대부분은 단편적이며 특히 간접적인 것들로서, 어떤 것은 3차 또는 4차 문헌이었다. 일반적으로 우리는 배우들이 탈혼 상태에서 재연하는 신화나, 그들이 참여하는 의식에 부여된 의미를 알 수 없다. 이와 관련해서도 베난단티들에 대한 기록물은 매우 중요하다. 이들이 진술한 내용을 읽어보면 각자 고유의 말씨를 가지고, 독특한 방식으로 공통된 신앙의 핵심을 이야기한다. 이러한 삶의 풍부한 내용은 헬레니즘 시대의 신화 작가, 중세 초기 회개(속죄) 규정들의 저자, 또는 19세기 민속학자들이 간략하게 요약한 기록물에서는 전혀 찾아볼 수 없다. 그러나 기록물이 추상적, 형식적 반대자들에 의해 기록될 수는 있겠지

만, 신화들은 뼈와 살을 가진 인간들을 통해 구체적인 사회 상황에 전
승되고 작용한다.

그럼에도 신화는 개인들의 의식과는 별개로 작용한다. 이 점에 있어
불완전한 정의定義로 인한 언어와의 유사성이 필연적으로 드러난다. 그
래서 신화의 개별적인 변형을 각각의 언어적 표현과 비교하고 싶어졌
다. 공간과 시대의 배경을 달리하는 라플란드 지역의 샤먼이나 시베리
아의 주술사, 발트해의 늑대인간, 피레네 지방 아리에주주의 아르미어
armiers, 프리울리의 베난단티, 달마티아의 크레스니키*kresniki*, 루마니
아의 컬루샤리*călușari*, 헝가리의 탈토시*táltos*, 코카서스의 부르쿠드자
우타*burkudzäutä*는 서로 다른 신비한 언어를 사용하지만 지극히 가까운
관계에 있었다. 이들의 신화와 의식의 의미를 개인적인 차원을 초월하
여 재구성하기 위해서는 뱅베니스트가 언어학 영역에서 추적했던 경로
를 따라갈 필요가 있다. "이것은 비교와 통시적인 분석을 통해, 출발 당
시 명칭만 있었던 그곳에 의미를 제시하는 문제다. 시간의 차원은 이렇
게 해서 해석에 적합한 차원으로 탈바꿈한다."[89] 지역적 여건과 결부되
어 있으며 공시적으로 재구성이 가능한 용법(**명칭**) 너머에서, '회고적
비교주의'의 도움으로 뱅베니스트가 '일차적'(**일차적 의미화**)이라고 불
렀던 것의 의미가 나타나는데, 이는 순전히 상대적인 측면에서 도달할
수 있는 가장 오래된 의미다.[90] 이 책에서 언급된 현상들의 경우, 가장
중요한 핵심은 산 자들이 죽은 자들의 세계로 여행을 하는 것이었다.

21

이러한 신화의 핵심은 야간 비행이나 동물로의 변신과 같은 민속적
인 주제들과도 관련되어 있다. 그리고 나병환자, 유대인, 마녀, 주술사

에게 차례차례 투사되었던 적대적 집단의 이미지와 혼합됨으로써 악마의 잔치라는 문화적 형성물이 나타나게 되었다. 이것이 알프스 서쪽 너머로 확산되어 처음으로 구체적인 형태를 띠기 시작한 것은 15세기 초반이었다. 시에나의 성인 베르나르디노San Bernardino의 설교 덕분에, 당시에는 별로 주목을 받지 못하고 있던 집단이 기독교 세계의 중심인 로마에서 발견되었다. 그리고 이와 유사한 발견은 이후 유럽 전역에서 200년 이상 이어졌다. 지역적인 환경과 초지역적인 환경은 그때마다 격화된 마녀사냥을 설명하는 데 사용되었다. (표면적인 차이를 제외하고는 변함이 없었던) 마녀들의 악마의 잔치라는 전형에 어떠한 의심도 없었기 때문에 마녀사냥은 그렇게 격화된 것이다.

박해가 종식되면서 악마의 잔치도 사라졌다. 악마의 잔치는 실제 사건이었음을 부정당한 채, 그리고 더 이상 위협적이지 않은 과거로 평가절하된 채, 화가와 시인, 문헌학자의 상상력을 위한 자양분이 되었다. 그러나 매우 오래전의 신화들은 이러한 복합적인 전형 속에 병합되어, 비교적 짧은 3세기 동안 사라지지 않고 살아남았다. 신화들은 여전히 유효하다. 인류가 신화, 우화, 의식, 탈혼 상태를 통해 수천 년 동안 상징적으로 표현해온 불가해한 경험은 세계에 존재하는 우리의 방식, 즉 우리 문화의 숨겨진 핵심의 한 부분으로 남아 있다. 과거를 알고자 노력하는 것 역시 죽은 자들의 세계로 여행하는 것과 같다.[91]

미주

1) J. Hansen, *Quellen und Untersuchungen zur Geschichte des Hexenwahns und des Hexenverfolgung im Mittelalter*, Bonn 1901. 색인 'Hexensabbat' 항목 참조. '사바트'에 대해서는 P.-F. Fournier, "Etymologie de sabbat 'réunion rituelle de sorciers'," *Bibliothèque de l'École des Chartes*, CXXXIX(1981), pp. 247~49 참조(알프레도 스투시A. Stussi가 제공한 정보로. 이 책은 유대인들의 안식일과 관계가 있다는 가설을 제기하며 'ensabatés,' 즉 발도파와의 연관성을 환기한다). 이 내용에 대해서는 S. J. Honnorat, *Vocabulaire français-provençal*, Digne 1846~47. 'Sabatatz, ensabatz' 참조. 나중에 제시될 재구성에 대한 이야기(제1부 2장)는 두 요인이 서로의 입장을 강화시켜줄 수 있음을 시사한다. 복수의 형태인 '*sabbatha*'가 등장하는 악마론의 초기 저술들 중 하나는 여러 차례 판본을 거듭하며 프랑스어, 독일어, 영어로 번역된 랑베르 다노L. Daneau의 『대화*Dialogo*』이다(*De veneficis, quos vulgo sortiarios vocant...*, Frankfurt am Main, 1581, p. 242). '시나고가synagoga'라는 용어는 이단 모임을 의미하며, 16세기 이후까지 세속 재판관과 이단 심문관 들이 상당히 보편적으로 사용했다(예를 들어 E. W. Monter, *Witchcraft in France and Switzerland*, Ithaca/London 1976, pp. 56~57 참조). 독일에서 발견한 용어는 'Hexentanz'이다. H. C. E. Midelfort, *Witch-Hunting in Southwestern Germany*, 1562~1584, Stanford 1972, p. 248, 주석 92 참조. 이탈리아어의 'striazzo' 또는 'stregozzo'(후자는 아고스티노 베네치아노Agostino Veneziano가 완성한 유명한 판화 작품의 제목이다)에 해당하는 '스트리아츠'는 모데나의 종교재판에서 등장한다. '바를로트'에 대해서는 *Vocabolario dei dialetti della Svizzera italiana*, II, pp. 205~209 참조. 이 사전에 등장하는 용어는 상당히 정확하게 설명되었지만 결론에 있어서는 이론의 여지가 있다(본서, pp. 146~47 참조). '아켈라레'는 바스크어이며 숫양을 의미하는 '아케라akerra'(마녀들의 모임에 참석한 악마의 모습)에서 유래한다. J. Caro Baroja, *Brujeria Vasca*('Estudios Vascos,' V), San Sebastián 1980, p. 79 참조. 그러나 바스크의 여러 지역에서 박해를 받은 자들은 이 용어(아케라)를 모르고 있었다. G. Henningsen, *The Witches' Advocate. Basque Witchcraft and the Spanish Inquisition*, Reno(Nevada) 1980, p. 128 참조.

2) 예를 들어 델 리오M. Del Rio의 글 참조. 이는 C. Ginzburg, *I benandanti. Stregoneria e culti agrari tra Cinquecento e Seicento*(Torino 1974, p. 8, 주석 2와 34, 주석 3)에서

인용한 바 있다.

3) A. Macfarlane, *Witchcraft in Tudor and Stuart England*, London 1970, pp. 58, 139 참조.

4) K. Thomas, "L'importanza dell'antropologia per lo studio storico della stregoneria inglese," *La stregoneria*, M. Douglas 편집, 이탈리아어 판본, Torino 1980, p. 83 참조.

5) A. Momigliano, "Linee per una valutazione della storiografia del quindicennio 1961~1975," *Rivista storica italiana, LXXXIX*(1977), p. 596 참조.

6) H. R. Trevor-Roper, *Protestantesimo e trasformazione sociale*, 이탈리아어 판본, Bari 1969, pp. 145, 149, 160 참조(*La caccia alle steghe in Europa nel Cinquecento e nel Seicento*에서 인용; 번역 과정에서 일부 수정); Trevor-Roper, *The European Witch-Craze of the 16th and 17th Centuries*, London 1969, p. 9 참조.

7) 같은 책.

8) L. Stone, "Magic, Religion and Reason," *The past and the Present*, London 1981, 특히 pp. 165~67 참조.

9) Macfarlane, *Witchcraft* cit., p. 11 참조.

10) 같은 책, p. 10.

11) 같은 책, p. 139.

12) 같은 책, pp. 26~27, 58. 인류학적 비교에 대해서는 pp. 11~12, 211 이하 참조.

13) J. Obelkevich, "'Past and Present.' Marxisme et histoire en Grande Bretagne depuis la guerre," *Le débat*, 1981년 12월 17일, pp. 101~102 참조.

14) K. Thomas, *Religion and the Decline of Magic*, London 1971, p. 469(이탈리아어 판본: *La religione e il declino della magia*, Milano 1985, p. 523; 번역본은 원본과 약간 다르다) 참조.

15) 같은 책, p. 518(이탈리아어 판본: *La religione*, p. 568) 참조.

16) H. Geertz, "An Anthropology of Religion and Magic," *The Journal of Interdisciplinary History*, VI(1975), pp. 71~89 참조.

17) E. P. Thompson, "L'antropologia e la disciplina del contesto storico," *Società patrizia e cultura plebea*, 이탈리아어 판본, Torino 1981, pp. 267~69 참조.

18) K. Thomas, "An Anthropology of Religion and Magic. II," *The Journal of Interdisciplinary History*, VI(1975), pp. 91~109, 특히 p. 106 참조.

19) 같은 책, p. 108.

20) S. Clark, "Inversion, Misrule and the Meaning of Witchcraft," *Past and Present*, 87(1980년 5월), pp. 98~127 참조.

21) Thomas, "An Anthropology," pp. 103~104 참조.

22) R. Kieckhefer, *European Witch-Trials, Their Foundations in Popular and Learned Culture, 1300~1500*, Berkeley 1976, pp. 8, 27 이하 참조.

23) '악마주의diabolism'라는 용어는 별로 적절해 보이지 않는다. 앞으로 살펴보겠지만 악
   마는 기존 신앙들의 층위에 심문관들이 부여한 요인 중 하나이기 때문이다.

24) 같은 책, pp. 39~40.

25) 같은 책, pp. 21~22.

26) 콘이 재구성한 중세 이야기에 유대인이 포함되지 않은 것(J. Trachtenberg, *The Devil
   and the Jews*, New York 1943, 서문 및 p. 261의 주석 참조)은 인상적이다. 왜냐하면
   그는 이전에 출간한 저서에서 내가 지금 추적하고 있는 경로를 다룬 적이 있기 때문이다
   (C. Cohn, *Licenza per un genocidio*, 이탈리아어 판본, Torino 1969, p. 211). 아마도
   콘은 러셀J. B. Russell과의 논쟁에서 이단-마녀의 연관 관계를 우선적인 것으로 지적
   하려고 했을 것이다(나는 이것이 우선적이라고 생각하지 않는다). 러셀은 ─ 가장 전형
   적인 ─ 상반된 (정보의) 자료들을 읽었다. 이들은 수 세기의 흐름 속에서 유대인이 주술
   사로 전환되었다는 추측을 객관적으로 기술하고 있다. 콘은 정당하게도 이러한 해석을
   거부했지만 일련의 동일한 문서들에 집착했다(J. B. Russell, *Witchcraft in the Middle
   Ages*, Ithaca 1972, pp. 86 이하, 특히 pp. 93, 140~42 등; Cohn, *Europe's Inner
   Demons*, pp. 121~23 참조).

27) 같은 책, p. 228.

28) 같은 책, pp. 220 이하.

29) 같은 책, pp. 107 이하.

30) 같은 책, pp. 107~108.

31) 예를 들어 같은 책, pp. 108 이하; Henningsen, *The Witches' Advocate* cit., pp. 70 이
   하; C. Larner, *Witchcraft and Religion. The Politics of Popular Belief*, Oxford 1985,
   pp. 47~48 참조.

32) Thomas, *Religion* cit., pp. 514~17 참조.

33) *I benandanti* cit., pp. IX~XII; Henningsen, *The Witches' Advocate* cit., p. 440, 주
   석 14 참조. 이 주석에서는 머리M. A. Murray의 공상적인 이론을 추종하는 자들로부
   터 몇 명의 유능한 학자들을 구분했는데, 그중 한 사람이 나였다. 나에 대한 콘의 반론
   에 대해서는 아래 주석 39 참조. 머리에 대한 나의 평가에 동조한 것으로는 E. Le Roy
   Ladurie, *La sorcière de Jasmin*, Paris 1983, pp. 13 이하 참조.

34) 철저한 논증에 대해서는 Cohn, *Europe's* cit., pp. 111~15 참조.

35) M. A. Murray, *The Witch-Cult in Western Europe*, Oxford 1962, p. 12(이탈리아어
   판본, Milano 1978) 참조.

36) *I benandanti* cit., p. X 참조.

37) 같은 책, pp. 181~89.

38) Russell, *Witchcraft* cit., pp. 41~42; H. C. E. Midelfort, "Were there Really
   Witches?," *Transition and Revolution. Problems and Issues of European
   Renaissance and Reformation History*, R. M. Kingdon 편집, Minneapolis 1974, p.

204 참조. 미델퍼트의 견해에 대해서는 Midelfort, *Witch-Hunting* cit., pp. 1, 231, 주석 2 참조(미델퍼트는 대화 과정에서 이 주제에 대한 견해를 바꾸었다는 사실을 나에게 알려주었다).

39) Cohn, *Europe's* cit., pp. 223~24 참조(반면 pp. 123~24에서는 비판이 배타적으로 또 상호 모순적으로 러셀에게만 집중되었는데 저자의 관점에 대한 오해 때문이었다).

40) 나는 일반적 관점에서 이러한 사고를 정당화하려고 노력했다. C. Ginzburg, "Spie. Radici di un paradigma indiziario," *Miti emblemi spie*, Torino 1986, pp. 158~209. 또한 Thompson, *Società patrizia* cit., pp. 317, 325 참조.

41) 같은 책, pp. XII~XIII.

42) 나 역시 (비록 그 정도가 심하지는 않지만) 다음과 같은 점에서 책임이 있다고 생각한다. 남성 베난단티와 여성 베난단티를 구분하게 해주는 탈혼 상태의 특수성을 간과했음을 돌이켜 보면, 내가 성 문제에 무지했던 듯하다(C. Ginzburg, *Les batailles nocturnes*, Lagrasse, 1980, p. 231 참조).

43) C. Larner, *Enemies of God. The Witch-Hunt in Scotland*, London 1981; Larner, *Witchcraft and Religion* cit. 참조(이 연구들은 대단히 가치가 높다. 사후에 붙여진 부제 "The Politics of Popular Belief"가 전적으로 언급하는 것은 마녀들의 믿음이 아니라, 마녀들에 대한 믿음이다).

44) L. Muraro, *La signora del gioco*, Milano 1976 참조(그 외에도 이 주제에 대해서는 본서, p. 187 참조).

45) 역사가이며 민속학자인 헤닝센 같은 학자도, 머리의 논문을 반박하는 데 많은 지면을 할애한 후에, 피고인들의 자백에서 합치되는 내용을 철저하게 설명하기 위해서는 피레네산맥 양측의 바스크 민속과 당대의 악마론 저술들을 비교해야 한다고 주장했다. 연구서의 결론(p. 390)에서 피고인들은 전형적인 꿈을 꾸었다고 하는데, 이 때문에 악마의 잔치는 결코 겉으로 드러난 적이 없는 복합적인 성격의 문제로 또다시 제기된다(하지만 이 문제는 오늘날 전혀 다른 관점에서 논의되고 있다. Henningsen, *The Witches' Advocate*, p. 118, 주석 1 참조). 유럽 주술의 문제를 역사-종교적인 관점에서 연구해야 할 필요성은 펄에 의해 제기되었다. J. L. Pearl, "Folklore and Witchcraft in the Sixteenth and Seventeenth Century," *Studies in Religion*, 5(1975~76), p. 386. 펄의 연구는 엘리아데M. Eliade의 연구에 기반하고 있다. M. Eliade, "Some Observations on European Witchcraft," *History of Religions*, 14(1975), pp. 149~72(이탈리아어 판본: *Occultismo, stregoneria e mode culturali*, Firenze 1982, pp. 82 이하). 이러한 관점에서의 가장 대표적인 연구서는 M. Bertolotti, "Le ossa e la pelle dei buoi. Un mito popolare tra agiografia e stregoneria," *Quaderni storici*, n. 41(1979년 5~8월), pp. 470~99 참조(그 외에도 본서 제2부 2장 주석 77 참조). 다른 관점에서 많은 자료들을 분석한 연구서로는 H. P. Duerr, *Traumzeit*, Frankfurt a. M. 1978 참조.

46) Midelfort, *Witch-Hunting* cit., p. 1; Monter, *Witchcraft* cit., p. 145 참조. 민중 주술

신앙의 '보편성'에 대해서는 트레버-로퍼도 같은 주장을 했다(본서, p. 15 참조).

47) C. Ginzburg, "Présomptions sur le sabbat," *Annales E.S.C.*, 39(1984), p. 341 참조 (이 연구의 몇 가지 결과를 예견하고 있다). 프로이트에 대한 암시는 단순히 비교의 가치를 가진다.

48) J. Le Goff, *Les Rois thaumaturges*, Paris 1981, 서문 참조.

49) J. R. von Bieberstein, *Die These von der Verschwörung*, Bern 1976; L. Poliakov, *La causalité diabolique. Essai sur l'origine des persécutions*, Paris 1980, 서문 참조(여러 측면에서 논쟁의 여지가 많은 책이다). *Protocolli dei Savi Anziani di Sion*은 콘에 의해 심층 분석되었다(Cohn, *Licenza per un genocidio* cit.). 전반적으로는 *Changing Conseptions of Conspiracy*, C. F. Graumann & S. Moscovici 편집, New York 1987 참조.

50) 르 고프의 연구에서 대부분의 내용이 하나의 관점에 집중된다는 측면에서 볼 때, 블로크의 『기적을 행하는 왕들*Les Rois Thaumaturges*』은 정치적, 역사적 관점에서 새로워진 인류학 모델에 해당한다(르 고프의 서문 cit., p. XXXVIII). F. Hartog, "Marshall Sahlins et l'anthropologie de l'histoire," *Annales E.S.C.*, 38(1983), pp. 1256~63 또한 참조. *Changing Conceptions* cit.에 수록된 논문들은 (필요하지만 제한적인 목적을 가지고, 어느 정도는 공통된 기반인) 음모 개념의 탈신화화를 목표로 하고 있다.

51) Larner, *Enemies of God* cit., p. 7 참조(이런 사례는 끝없이 늘어날 수 있다).

52) 여기에서 언급된 '대화dialogico'라는 용어는 바흐친M. Bachtin이 도입한 개념으로 사용되었다.

53) *I Benandanti* cit., pp. 47 이하 참조. 리투아노Lituano와 리투아니아Lituania를 각각 (리보니아 주민을 의미하는) 리보네livone와 리보니아Livonia로 수정한다.

54) 같은 책, pp. XIII, 51~52 참조; Eliade, "Some observations" cit., 특히 pp. 153~58 참조. 이 연구에서는 베난단티를 루마니아의 컬루샤리čaluşari와 유사한 것으로 간주하는 경향이 반영되었다(이에 대해서는 본서, pp. 338 이하 참조). 베난단티와 샤먼을 유사한 것으로 간주하려는 경향에 대한 비판은 M. Augé, *Génie du paganisme*, Paris 1982, p. 253 참조. 그러나 마르크 오제는 베난단티와 아샨티Ashanti족 주술사들의 유사성을 제안한 바 있다. 그는 곧이어 아샨티족의 주술사가 '구조적인 측면'에서는 샤먼과 유사하다고 주장했다. 베난단티와 샤먼의 관계는 구조적이며(또는 형태론적이며) 동시에 역사적이기도 하다.

55) Thomas, *Religion* cit., p. X. 맥팔레인이 수행한 비교의 한계에 대해서는 앞서 언급했다.

56) '유령 사냥'과 관련이 있는 한 이러한 가능성은 부정되었다. Kieckhefer, *European* cit., p. 161, 주석 45; 그 외에도 본서, pp. 185 이하 참조.

57) 이 관점에 대해서는 J. Le Goff, *Pour un autre Moyen Âge*, Paris 1978, p. 314, 주석 12 참조.

58) L. Wittgenstein, *Note sul 'Ramo d'oro' di Frazer*, 이탈리아어 판본, Milano 1975, pp.

28~29 참조. 이러한 고찰은 1920년대 말에 다양한 문화적, 학문적 영역에서 등장한 괴테의 형태론적인 글에서 영향을 받은 연구들에 비견될 만하다. "Datazione assoluta e datazione relativa: sul metodo di Roberto Longhi," *Paragone*, 386(1982년 4월), p. 9(V. Propp, *Morfologia della fiaba*; A. Jolles, *Forme semplici*), 그리고 특히 J. Schulte, "Coro e legge. Il metodo morfologico in Goethe e Wittgenstein," *Intersezioni*, II(1982), pp. 99~124 참조.

59) Wittgenstein, *Note* cit., p. 30 참조.

60) A. Momigliano, "Storicismo rivisitato," *Sui-fondamenti della storia antica*, Torino 1984, pp. 459~60. "*Noi studiamo il mutamento, perché siamo mutevoli. Questo ci dà un'esperienza diretta del mutamento: ciò che chiamiamo memoria...*"(페이지 전체 참조).

61) 같은 의미에서 C. Lévi-Strauss, *Il crudo e il cotto*, 이탈리아어 판본, Milano 1966, pp. 22~23 참조.

62) *Morfologia della fiaba*(1928, 이탈리아어 판본, Torino 1966)와 *Le radici storiche delle fiabe di magia*(1946, 이탈리아어 판본 *Le radici storiche dei racconti di fate*, Torino 1949, 1972)는 한 프로젝트를 구성한다. Ginzburg, "Présomptions" cit., pp. 347~48 참조. 유사한 문제들은 다른 학문의 영역에서 독립적으로 다루어졌다. A. Leroi-Gourhan, *Documents pour l'art comparé de l'Eurasie septentrionale*, Paris 1943(예를 들어 p. 90 참조). 이 저술은 앞서 1937~42년에 출간된 연구들을 기반으로 했다.

63) C. Ginzburg, *Miti* cit., 서문 참조.

64) R. Needham, "Polythetic Classification," *Man*, n.s. 10(1975), pp. 349~69.

65) M. Detienne, *Dioniso e la pantera profumata*, 이탈리아어 판본, Bari 1983, pp. 49~50; J.-P. Vernant, "Religione greca, religioni antiche"(1975년 콜레주 드 프랑스 교수 취임 강연문), *Mito e società nell'antica Grecia*, 이탈리아어 판본, Milano 1981, p. 265 참조. 베르낭이 커크G. S. Kirk의 주장을 반박한 글(하지만 이보다는 부르케르트의 입장에 대해 언급한 것처럼 생각된다), B. Gentili & G. Paione 편집, *Il mito greco...*, Roma 1977, p. 400 참조. 부르케르트와의 논쟁은 드티엔과 베르낭(Detienne & Vernant, *La cuisine du sacrifice en pays grec*, Paris 1979)에 의해 폭넓게 다루어졌다.

66) 야콥슨은 자신의 저서(Jakobson, *Autoritratto di un linguista*, 이탈리아어 판본, Bologna 1987, p. 32)에서 브라크의 다음과 같은 문장을 인용했다: "나는 사실들을 믿지 않는다. 나는 그들의 관계를 믿는다." 이와 비슷한 차원에서 레비-스트로스는 구조언어학으로부터 인문학에 도입된 코페르니쿠스적인 혁명에 대해 이야기했다. C. Levis-Strauss, *Le regard éloigné*, Paris 1983, p. 12(이탈리아어 판본, Torino 1984) 참조.

67) 융이 제안한 (신화) 해석에 대해서는 베르낭의 탁월한 고찰을 참조하라(Vernant, *Mito e società* cit., pp. 229~30). 엘리아데는 자신의 저술 *Le mythe de l'éternel retour*의 영

어 판본 서문을 통해서만 융의 원형 개념에 이의를 제기했다(M. Eliade, *Cosmos and History*, New York 1959, pp. VIII~IX). 과거에 그는 자주 이러한 견해를 피력했었다. 예를 들어 M. Eliade, *Trattato di storia delle religioni*, 이탈리아어 판본, Torino 1954, pp. 39, 41, 408, 422 등 참조(서문을 쓴 마르티노E. De Martino의 비판적 고찰 또한 참조. 서문, p. IX).

68) Vernant, *Mito e società* cit., p. 265; Detienne, *Dioniso* cit., p. XI 참조. "이와 같은 해석은 경제적이고 일관적이어야 할 뿐만 아니라——이전에 외부에서 들어온 요인들 간의 명백한 관계를 만들거나, **동일한 사고 체계와 동일한 문화권**의 다른 곳에 새겨졌지만 선명하게 언급된 정보들에 새롭게 접근하는——발견적 가치를 가져야 한다(고딕 강조는 필자)."

69) Vernant, *Mito e società* cit., pp. 223~24; '체계적인 추론'에 대한 언급은 Detienne, *Dioniso* cit., p. XI 참조.

70) Vernant, *Mito e società* cit., pp. 249~50 참조. 조심스럽게 예상되는 해결책("답변은 역사 연구에서도, 통시적인 분석에서도 개별적인 요인들을 찾아볼 수 없지만, 다소 결속력 있게 얽힌 구조들이 드러난다는 것을 증명하는 데 있다…")은 역시 본 연구에 영감을 주었던 야콥슨의 입장과 수렴한다.

71) J.-P. Vernant, "La formazione del pensiero positivo nella Grecia arcaica(1957)," *Mito e pensiero presso i Greci*, 이탈리아어 판본, Torino 1970, 특히 pp. 261 이하 참조.

72) 뒤메질의 탁월한 아이디어는 그의 논문 *Il mito esiodeo delle razze*(*Mito e pensiero* cit., 특히 p. 34 참조)에서 명확하게 드러난다. 뒤메질의 공헌에 대한 종합적인 평가에 대해서는 Vernant, *Ragioni del mito*(in *Mito e società* cit., pp. 235~37); Detienne, *Dioniso* cit., pp. 8~9 참조. *Mito e pensiero*의 서론에서 브라보B. Bravo는 베르낭의 태도가 "언제나 암시적이었고, 때로는 명백하고" "비교 연구적"(p. XVI)이었다고 강조했다. 이 관점에 관해서는 *Religione greca* cit. 참조.

73) Detienne, *Dioniso* cit., pp. 8~9 참조.

74) 스타로뱅스키는 공시성을 지지하는 소쉬르의 선택이 "전설의 오랜 통시성을 들추어내는 데 따른 어려움과 문자 수수께끼적인 구성의 짧은 통시성을 밝혀내는 데 따른 어려움"의 결과였다는 점을 흥미롭게 제안했다(J. Starobinski, *Le parole sotto le parole. Gli anagrammi di Ferdinand de Saussure*, 이탈리아어 판본, Genova 1982, pp. 6~7).

75) G. Mounin, "Lévi-Strauss' Use of Linguistics," *The Unconscious as Culture*, I. Rossi 편집, New York 1974, pp. 31~52; C. Calame, "Philologie et anthropologie structurale. À propos d'un livre récent d'Angelo Brelich," *Quaderni Urbinati*, 11(1971), pp. 7~47 참조.

76) Detienne, *Dioniso* cit., p. 11 참조.

77) 레비-스트로스의 견해는 다르다(*Il crudo e il cotto* cit., pp. 21~22). 그는 다른 연구에서 신화의 모든 버전은 신화에 속하지만 그럼에도 그것은 완전성의 문제가 아니라, 신뢰

성의 문제를 배제한다고 주장했다(C. Lévi-Strauss, *Anthropologie structurale*, Paris 1958, p. 242; 이탈리아어 판본, Milano 1966).

78) 그 외에도 본서 제3부 2장 참조.

79) 핀리는 1975년에 펴낸 저서에서 통시성을 주제로 인류학자들과 논쟁을 벌였다(M. I. Finley, "L'antropologia e i classici," *Uso e abuso della storia*, 이탈리아어 판본, Torino 1981, pp. 149~76, 특히 p. 160). 역사와 인류학의 관계가 확대되면서 상황은 더욱 복잡해졌다. 역사학자들이 공시적인 분석의 우월성을 주장한다면, 인류학자들은 통시적인 관점이 유익하다고 주장한다(B. S. Cohn, "Toward a Rapproachment," *The New History. The 1980's and Beyond*, T. K. Rabb & R. J. Rothberg 편집, Princeton 1982, pp. 227~52 참조). 역사적인 관점과 공시적인 관점의 양립 가능성에 대해서는 G. C. Lepschy, *Mutamenti di prospettiva nella linguistica*, Bologna 1981, pp. 10~11 참조.

80) V. Ivanov & J. Lotman 외, *Tesi sullo studio semiotico della cultura*, 이탈리아어 판본, Parma 1980, pp. 50~51 참조(그리고 pp. 51~52 참조: "폭넓은 유형별 접근으로 공시성과 통시성 사이의 절대적인 대립 관계를 극복할 수 있다").

81) 예를 들어 R. Jakobson, "Antropologi e linguisti"(1953), *Saggi di linguistica generale*, 이탈리아어 판본, Milano 1966, pp. 15~16; R. Jakobson, *Magia della parola*, K. Pomorska 편집, 이탈리아어 판본, Bari 1980, pp. 56~57 참조. 로트만이 야콥슨의 범주들을 선택한 것은 다음 책의 서문에서 강조되었다. D. S. Avalle, *La cultura nella tradizione russa del XIX e XX secolo*, Torino 1982, pp. 11~12.

82) Jakobson, *Magia* cit., pp. 13~14. 우크라이나 민속에 대해서는 보가티레프P. G. Bogatyrëv의 연구 참조. 바로 뒤이어 나오는 "요컨대 나는 집단 창작으로서의 민속이라는 낭만적인 구상이 두드러지게 부활하는 것을 발견했다"라는 문장은 야콥슨과 보가티레프가 함께 쓴 에세이를 암시한다(R. Jakobson & P. G. Bogatyrëv, "Il folklore come forma di creazione autonoma," *Strumenti critici*, I, 1967, pp. 223~40).

83) J.-C. Schmitt, "Les traditions folkloriques dans la culture médiévale. Quelques refléxions de méthode," *Archives de sciences sociales des religions*, 52(1981), pp. 5~20, 특히 pp. 7~10(이탈리아어 판본: *Religione, folklore e società nell'Occidente medievale*, Bari 1988, pp. 28~49) 참조. 반면 베르톨로티(Bertolotti, "Le ossa e la pelle dei buoi" cit., 앞의 주석 45 참조)는 지나치게 통시적인 분석으로 비판을 받았다.

84) C. Lévi-Strauss, "Histoire et ethnologie"(1949), *Anthropologie structurale* cit., pp. 3~33 참조(마르크스K. Marx 인용과 페브르의 *Le problème de l'incroyance*에 대해서는 모두 p. 31 참조).

85) C. Lévi-Strauss, "Elogio dell'antropologia"(1959), *Antropologia strutturale due*, 이탈리아어 판본, Milano 1978, pp. 56 이하; C. Lévi-Strauss, "De Chrétien de Troyes à Richard Wagner"(1975), *Le regard éloigné* cit., Paris 1983, pp. 301 이하(이탈리아어

판본, Torino 1984); C. Lévi-Strauss, "Le Graal en Amérique"(1973~1974), *Paroles données*, Paris 1984, pp. 129 이하; C. Lévi-Strauss, "Hérodote en mer de Chine," *Poikilia Etudes offerts à Jean-Pierre Vernant*, Paris 1987, pp. 25~32 참조.

86) C. Lévi-Strauss, "Histoire et ethnologie," *Annales E.S.C.*, 38(1983), pp. 1217~31(인용된 구절은 p. 1227). 생물학적 분류 체계와 관련해 진행 중인 논쟁에 대해서는 다음의 논문 참조. D. L. Hull, "Cladistic Theory: Hypotheses that Blur and Grow," *Cladistics: Perspectives on the Reconstruction of Evolutionary History*, T. Duncan & T. F. Stuessy 편집, New York 1984, pp. 5~23(참고문헌 포함).

87) 나는 이러한 관점을 리처드 트렉슬러R. Trexler와 나눈 수년 전(1982년 가을) 대화를 통해 확실하게 이해했다. 그에게 고마움을 전한다.

88) Detienne, *Dioniso* cit., p. 13 참조.

89) E. Benveniste, *Il vocabolario delle istituzioni indoeuropee*, 이탈리아어 판본, Torino 1976, I, p. 7 참조. 이탈리아어 판본을 편집한 리보리오M. Liborio는 마지막 문장에 대한 논쟁을 '소쉬르적인 마니교manicheismo saussuriano'라고 정리했다(pp. XIII~XIV). 이 구절은 역시 같은 책에 실린 서문의 다음 문장을 포함한다. "통시성은 공시성의 연속이라는 점에서 진정한 타당성을 회복했다." 베르낭은 이 문장을 인용하면서 언어 외적인 영역으로까지 확대했다(J.-P. Vernant, *Nascita di immagini*, 이탈리아어 판본, Milano 1982, p. 110, 주석 1 참조).

90) Benveniste, *Il vocabolario* cit., I, p. 31 참조.

91) E. Le Roy Ladurie, *Montaillou, village occitan de 1294 à 1314*, Paris 1975, p. 601; A. Prosperi, "Premessa a I vivi e i morti," *Quaderni storici*, 50(1982년 8월), pp. 391~410 참조.

밤의 역사

악마의 잔치, 혹은 죽은 자들의
세계로의 여행에 관하여

"그러나 만약 소[와 말 그리고] 사자들에게 손이 있었다면……"
　— 크세노파네스, 단편 15

"그들의 주변에는 공간도 없었고, 시간은 더더욱 없었다"
　— 괴테, 『파우스트』 제2부, 마드리Madri의 장면

Storia Notturna

제1부

1장
나병환자, 유대인, 무슬림

1

콩동의 성 스테파노 수도원이 소장하고 있는 한 연대기에 따르면, 1321년 2월에 많은 눈이 내렸다. 나병환자들은 전멸되었다. 사순절이 채 절반도 지나기 전에 또다시 큰 눈이 내렸다. 그리고 나서 많은 비가 내렸다.[1]

익명의 한 연대기 작가는 무심한 태도로 이상기후에 대한 소식을 전하듯이 나병환자의 전멸을 언급한다. 동시대의 다른 연대기들은 당시의 상황을 매우 감정적으로 기술하고 있다. 그중 한 연대기 작가는 이렇게 말한다. "나병환자들은 거의 모든 프랑스 영토에서 화형에 처해졌다. 왜냐하면 이들이 주민들을 죽이기 위해 독약을 준비했기 때문이다."[2] 또한 몬테 로토마지의 산타 카테리나 수도원의 한 연대기는 이 사건을 다음과 같이 기술한다. "교황은 프랑스 왕국 전역에서 나병환자들을 붙잡아 투옥했다. 많은 나병환자들이 화형을 당했으며 살아남은 자들은 격리되었다. 어떤 자는 자신들이 모든 건강한 자, 귀족 그리고 여러 다른 신분의 사람들을 죽이고 세계를 지배하려는 음모를 계획했다고 자백했다*ut delerent omnes sanos christianos, tam nobiles quam ignobiles, et ut haberent dominium mundi.*"[3] 도미니크 수도회 소속으로 이단 심문관이었던 베르나르 기Bernard Gui는 당시의 사건에 대해 훨씬 구체적으로 이야기하고 있다. 기에 따르면 "몸과 정신에 병이 든" 나병환자들이 독약 가루를 분수와 우물, 강물에 풀어 건강한 사람들에게 나병을 옮기고 이들을 병들게 하거나 죽게 만들려고 했다. 믿기 힘든 이야기지만 그들이 도시와 농촌을 지배하려는 의도를 가지고 있었으며 더구나 자기들끼리 권력을 나누고 백작 작위와 영주의 직위에 대한 분배 작업을 이미 마친 상태라고 했다. 당시 체포된 많은 나병환자들은 그들의 우두머리들이 이미 2년 전부터 음모를 실행에 옮기기 위해 정기적인 비밀 회합에 참가했다고 자백했다. 그러나 신이 그의 백성들을 가엾게 여겼기에, 많은 도시와 촌락에서 죄인들이 적발되어 화형에 처해졌다. 다른 곳에서는 성난 주민들이 법의 심판이 있기도 전에 나병환자들의 집을 판자로 둘러치고 나병환자들과 함께 집을 모두 불태워버렸다. 그러나 후에 탄압의 양상이 다소 누그러졌고, 이때부터 무고하다고 판단된 나병환자들은 용의주도한 결정에 따라 남은 생애 동안 더 이상 밖으로 나가지 못한 채 영원히 한 장소에 머물러야 했다. 이러한 조치는 더 이상 해를 끼치거나 자식을 낳지 못하게 하려는 의도에 따른 것이었으며 남자와 여자는 엄격하게 분리되었다.[4]

나병환자들에 대한 학살과 격리 조치는 프랑스의 필리프 5세 장신왕 Filippo V il Lungo이 1321년 6월 21일에 공포한 푸아티에 칙령의 결과였다. 나병환자들이 프랑스를 포함한 기독교 세계의 왕국들에서 모든 물과 분수, 우물에 독약을 넣어 건강한 사람들을 죽이려고 했다는 이유로 필리프 5세는 이들을 투옥하고 죄를 자백한 모든 자를 화형에 처했다. 어떤 나병환자들은 처벌을 받지 않았는데 이들에게는 사전에 조치가 취해졌기 때문이다. 그 밖에 살아남은 자들 중에서 죄를 자백한 자는 모두 화형에 처해졌다. 자백을 거부한 자는 고문을 받았고, 이들도 자백을 한 순간 화형에 처해졌다. 자발적이든 고문에 의한 것이든 죄를 실토한 여성 나병환자들은 임산부를 제외하고는 곧바로 화형을 당해야만 했다. 임신한 여성도 출산 후 신생아의 이유기까지는 감금되어 있다가 그 기간이 지나면 화형을 당했다. 이 모든 것에도 불구하고, 범죄에 공모했다고 자백하기를 거부한 나병환자들은 출신지별로 한곳에 모아졌다가 남자와 여자로 나뉘어 격리되었다. 이후에 출생한 자식들도 같은 운명을 피할 수 없었다. 14세 이하의 어린아이들도 한곳에 격리되었는데, 이들의 경우에도 남녀는 엄격하게 구분되었다. 범죄를 자백한 14세 이상의 아이들 역시 화형에 처해졌다. 게다가 나병환자들은 국가에 대한 직접적인 반역죄를 저지른 것이기 때문에 모든 재산은 새로운 지시가 있기 전까지 몰수되었다. 수도사와 수녀, 그리고 나병환자들의 압수된 재산을 얻은 자들은 나병환자들에게 생필품을 주어야 했다. 국왕은 나병환자들에 대한 모든 사법절차를 직접 관장했다.

이러한 조치들은 몇 달이 지난 8월 16일과 18일에 공포된 두 차례의 칙령을 통해 부분적으로 수정되었다. 첫번째 칙령에서, 필리프 5세는 자신들의 관할하에 있는 집단수용소에 격리된 나병환자들의 재산 관리권을 요구하는 고위 성직자, 봉건 영주 그리고 자치도시(주민 공동체)들의 거센 항의에 부딪히자 이들의 재산 몰수 조치를 철회하도록 지시했다. 두번째 칙령에서, 국왕은 나병환자들에 대한 주교들과 하급재판소 판사들의 사법권을 인정하며 반역죄 적용 문제와 같은 (의견이 다를 수 있는) 사안에는 편견을 배제할 것을 지시했다. 이처럼 국왕의 특권이 폐지된 배경에는 죄인들을 신속하게 처벌해야 한다는 필요성이 작용했다. 어쨌든 재판은 계속되었으며 나병환자들의 격리 상태도 풀리지 않았다. 1년 후, 필리프 5세의 왕위를 계승한 샤를 4세Carlo il Bello는 나병환자들의 격리 조치renfermés를 확정했다.[5]

유럽의 역사에서 이토록 대대적인 격리 조치는 처음이었다. 이후의 시기에는 정신병자, 빈자, 범죄자, 유대인 등이 나병환자의 자리를 대체했다.[6] 그러나 맨 앞에서 길을 닦은 것은 나병환자들이었다. 그전까지만 해도, 격리라는 관습적인 조치De leproso amovendo를 불러왔던 전염에 대한 공포심에도 불구하고 나병환자들은, 거의 대부분 종교기관들이 운영하고 있었기에 외부에 개방되어 있고 자발적으로 출입할 수 있는 병원 같은 기관들에 머물고 있었다. 하지만 이후 프랑스에서 나병환자들은 평생 동안 격리된 장소에 모여 살아야만 했다.[7]

2

이러한 전환의 구실이 된 것은, 앞서 살펴보았듯이 신의 섭리로 음모를 발견했기 때문이다. 그러나 어떤 연대기들은 이 사건에 대해 다르게 기술하고 있다.

같은 시대의 한 익명의 연대기 작가(그의 기록은 1328년에 끝난다)는 출처를 알 수는 없지만 나병환자들이 분수와 우물에 독약을 넣으려고 했다는 똑같은 풍문을 기록했다. 그가 덧붙인 새로운 세부 내용은 이들이 권력을 분점하기 위해서 한 명은 프랑스의 왕이, 다른 한 명은 영국의 왕이, 또 다른 한 명은 블루아의 백작이 될 계획을 모의했다는 것이었다. 아울러 그는 전혀 새로운 사실 한 가지를 추가로 언급했다. 그의 기록에 따르면 "이 범죄에서 유대인은 나병환자의 공범이었다. 따라서 나병환자들과 함께 많은 유대인이 화형에 처해졌다. 민중들은 성당참사회의 책임자도, 재판 집행관도 부르지 않은 채 자체적으로 정의의 심판을 내렸다. 민중들은 가축과 가재도구와 함께 그들을 집 안에 가둔 채 불을 질렀다."

이 연대기는 유대인과 나병환자를 음모의 공범으로 지적했다. 그러나 이것은 단발적인 하나의 설명에 불과하다.[8] 연대기 작가들은 지금까지 언급한 내용보다 한층 복잡한, 사건의 다른 버전을 기술한다. 대표적인 인물로는 기욤 드 낭지Guillaume de Nangis와 지라르 드 프라셰Girard de Frachet의 연대기를 계승하여 작성한 무명의 작가들, 연대기 작가 조반니 다 산 비토레Giovanni da San Vittore, 생드니Saint-Denis 연대기의 작가, 연대기 작가 장 두터뫼즈Jean d'Outremeuse, 그리고 『플란드리에 백작의 가계도Genealogia comitum Flandriae』의 작가 등이 있다.[9] 마지막 저자를 제외한 모든 연대기 작가들은 파르트네의 영주인 장 라슈베크Jean l'Archevêque가 국왕 필리프 5세에게 보낸 고해 서신을 명시적으로 인용하고 있다. 장 라슈베크는 국왕에게 보낸 서신에서 나병환자의 우두머리 중 하나가 유대인에게 돈으로 매수되어 분수와 우물에 뿌릴 독약을 넘겨받았다는 사실을 털어놓았다고 했다. 독약의 성분은 인간의 피와 오줌과 잘 알려지지 않은 세 종류의 풀과 성체로서 모두 말린 상태에서 가루로 만든 다음, 가능한 물속 깊은 곳까지 가라앉게 하고자 무거운 주머니에 넣어졌다. 또한 이 음모에 다른 나병환자들을 끌어들이면 더 많은 돈을 받기로 약속되어 있었다고 한다. 그러나 이 음모에 대한 여러 인물의 이야기는 서로 일치하지 않는다. 위에서 언급한 연대기들에 따르면, 가장 잘 알려지고 설득력이 있어 보이는 주장은 그라나다 왕국의 왕에게 이 음모에 대한 책임이 있다는 것이었다. 그라나다의 왕은 무력으로 기독교인들을 물리칠 능력이 없었기에 술수를 동원하여 기독교 세계를 망하게 할 작정을 했다. 그래서 왕은 유대인들에게 막대한 돈을 주면서 기독교 세계를 파괴할 범죄 계획을 수립할 것을 요구했다. 유대인들은 이 제안을 수용은 했지만 자신들이 지나치게 의심받고 있기 때문에 직접 행동에 나설 수 없다고 했다. 대신 그들은 나병환자들이 기독교인들과 계속해서 접촉하는 만큼 별다른 어려움 없이 물에 독약을 탈 수 있으니 그들에게 임무를 위임하는 것이 좋겠다고 했다. 당시 유대인들은 나병환자들의 우두머리 몇 명과 모임을 가졌으며 악마의 도움을 받아 신앙을 부정하고 성체를 오염시킬 수 있는 유해한 물약을 만들도록 했다. 나병환자의 우두머리들은 모든 나병환자 수용소의 대표들이 참석하는 (영국에서 개최된 두 번의 모임을 제외하고도) 네 번의 회합을 소집했다. 이들은 악마의 꼬임에 넘어간 유대인들의 사주를 받은 자들로서, 모임에 참석한 나병환자들에게 다음과 같은 내용의 연설을 했다. "기독교인들은 너희를 불쾌하고 야비한 사람으로 여긴다. 이들 모두를 죽게 하거나 나병에 감염되도록 만들자. 만약 모든 사람이 평등하다면 그 누구도 다른 사람을 멸시하지 않을 것이다." 이러한 범죄 계획은 대다수의 찬성으로 지지를 받았으며, 이 소식은 건강한 자들이 나병에 걸리거나 죽은 다음에 주인을 잃게 될 왕국, 공국, 백작령의 토지를 분배한다는 약속과 함께 각 지역의 나병환자들에게 통보되었다. 벨기에 리에주의 장 두터뫼즈에 따르면, 유대인들에게는 몇몇 군주의 토지가 약속되었다. 기욤 드 낭지의 연대기를 전임자로부터 이어받아 작성한 무명의 한 작가에 따르면, 나병환자들은 이미 손에 넣은 것이나 다름없다고 믿었던 직위에 대한 권리를 주장했다(6월 말 투르에서 화형을 당한 어느 나병환자는 스스로 거대한 수도원의 원장처럼 행세했다). 그러나 음모는 발각되었고 죄가 있는 나병환자들은 화형을 당했으며 나머지 사람들은 왕의 칙령이 규정한 바에 따라 격리되었다. 프랑스의 여러 지역들, 특히 아키텐에서는 유대인들이 무차별적으로 화형을 당했다. 투르 근교의 시농에서는 거대한 웅덩이를 파고 이곳에 160명의 남녀 유대인을 처넣은 다음 불을 질렀다. 연대기 작가는 많은 사람들이 마치 결혼식장에 가는 사람들처럼 노래를 부르며 웅덩이로 뛰어내렸다고 기록했다. 어떤 과부는 불 속에 자신의 아이들을 던져버리기도 했는데, 이는 세례를 받지 못하게 하고 이 광경을 구경하던 귀족들이 자신의 아이를 데려가지 못하게 하기 위해서였다고 한다. 비트리르프랑수아의 근교에서는 투옥된 40명의 유대인들이 기독교인들의 손에 넘어가지 않기 위해 서로를 죽이는 사건이 벌어졌다. 최후의 생존자인 한 젊은이는 죽은 자의 돈 보따리를 가지고 도망치려 했으나 다리가 부러지는 바람에 붙잡혀 역시 죽임을 당했다. 파리에서는 죄가 있는 유대인들이 화형을 당했으며 나머지는 영원히 격리되었다. 부자들은 자신들의 재산을 국고에 헌납하도록 강요받았는데, 그 액수가 15만 리브르에 달했다고 한다.[10] 네덜란드에서는 나병환자들이 (그리고 아마도 유대인들도) 처음에는 투옥되었지만 나중에는 "많은 사람들의 불만에도 불구하고" 석방되었다.[11]

3

정리하면 이 사건을 기록한 버전은 모두 세 가지다. 첫번째는 그라나다의 무슬림 왕의 사주를 받은 유대인들이 나병환자들을 선동했다는 내용이다. 두번째는 나병환자들과 유대인들의 음모였다는 것이며, 세번째는 나병환자들만의 음모였다는 것이다. 그럼 어째서 연대기마다 내용에 차이가 있는 걸까? 이 질문에 답하기 위해서는 음모가 발각된 당시의 연대기와 지리적인 상황을 재검토할 필요가 있다. 그러면 사건의 전모가 매우 명료하게 드러날 것이다.

물에 독약을 넣었다는 첫번째 소문은—이는 곧바로 고발과 투옥, 화형으로 이어졌다—1321년 성목요일(4월 16일) 페리고르에서 시작되었다.[12] 이 소문은 아키텐의 모든 지역으로 빠르게 퍼져나갔다. 이곳에서는 이미 1년 전에 파리에서 온 파스투로Pastoureaux 무리가 폭력적인 만행을 저지른 바 있었다.* 이 집단에 속한 15세 전후의 소년 소녀 들은 맨발에 남루한 옷차림으로 십자가 깃발을 들고 거리를 행진했다. 이들은 성지 팔레스타인에 가기를 원한다고 말했다. 이들에게는 무리를 이끄는 우두머리도, 무기도, 돈도 없었다. 주변의 많은 사람들이 이들에게 신의 이름으로 자비를 베풀고 환대해주었다. 베르나르 기의 기록에 따르면, 파스투로 무리는 아키텐에 도착하자 "민중의 지지를 얻기 위해" 유대인들에게 강제로 세례식을 거행하기 시작했다. 세례를 거부하는 자들은 약탈당하거나 죽임을 당했다. 관계 당국은 이들의 거친 행동에 우려를 표명했다. 예를 들어 카르카손에서는 유대인들을 '왕의 종'으로 간주하여 보호하기 위해 당국이 개입했다. 그러나 이 사실을 연대기에 기록

---

* 파스투로 무리는 1251년과 1320년에 프랑스에서 신비주의에 빠진 광신도들이 일으킨 민중 폭동의 가담자들이다. 최초의 파스투로 무리는 1251년 이슬람교도에 대한 제1차 십자군 원정에서 루이 9세가 패배한 후에 프랑스 북동 지방에서 봉기를 일으킨 농민들이었다. 한편, 필리프 5세의 통치하에서 팔레스타인의 운명에 대한 프랑스 귀족들의 무관심에 절망한 파스투로 무리는 파리와 베리, 아키텐을 약탈했다. 또한 고리대금업에 종사하는 유대인들에게는 특히 심한 적대감을 드러냈으며 지역 주민들의 지지에 크게 고무되기도 했다. 교황 조반니 22세의 파문 소식에 격분한 이들은 아비뇽의 교황청으로 진격했으나 패퇴하여 론강 주변의 늪지대로 밀려나 이곳에서 모두 전멸했다.

한 조반니 다 산 비토레에 따르면, 많은 사람들이 "이교도라는 이유로 그들을 반대할 필요는 없다"고 하면서 파스투로 무리의 만행을 용인했다.[13]

결국 1320년 말경(어쨌든 1321년 2월 이전)에 카르카손에서 영주의 집정관들이 왕에게 항의 서한을 제출했다. 수많은 폭력과 과격한 행위들이 자행되어 자신들이 통치하는 도시들의 질서가 위협받고 있다는 내용이었다. 왕의 신하들은 지방법원들의 특권을 위반하면서까지 그리고 적지 않은 불편과 비용을 무릅쓰면서까지 사태에 원인을 제공한 양측을 재판하기 위해 파리로 소환했다. 뿐만 아니라 부당하게도 상인들에게 고리대금업의 죄를 물어 막대한 벌금을 부과했다. 고리대금업에 만족하지 않던 유대인들은 가난하여 이자를 지불할 수 없는 기독교도의 부인들을 농락하거나 매춘을 강요했고, 나병환자들과 다른 기독교인들로부터 받은 성체를 모독했으며, 신과 신앙을 무시하는 온갖 끔찍한 짓을 저질렀다. 집정관들은 기독교 신자들이 이러한 극악무도한 죄로부터 해를 입지 않도록 왕국에서 유대인들을 내쫓을 것을 요청했다. 또한 집정관들은 "독약, 유해한 물약, 주술을 동원하여" 전염병을 퍼뜨리고자 했던 나병환자들의 사악한 계획을 고발했다. 전염병 확산을 막기 위해 집정관들은 나병환자들을 집단수용소에서 남녀가 엄격하게 분리된 채 살게 할 것을 왕에게 제안했다. 그러면서 이들은 현재와 미래에 그들이 받게 될 수익금과 구호금, 유산을 관리할 준비와 격리된 자들을 부양할 만반의 준비가 되어 있음을 분명히 밝혔다. 이렇게 해서 나병환자들의 세력 확장은 마침내 중단되었다.[14]

4

　유대인들의 독점적인 고리대금업에서 완전히 벗어나고 나병환자 집단수용소들의 막대한 소득을 관리하는 것, 카르카손의 집정관들이 왕에게 전달한 항의문에서는 이 같은 의도가 매우 노골적으로 드러났다. 그러나 불과 몇 달 전에 이 집정관들은 파스투로 무리가 자행한 약탈과 살인으로부터 유대인 공동체를 보호하려고 노력한 바 있었다. 어쨌든 이것은 이해관계를 초월한 인도적 행위는 아니었을 것이다. 프랑스 왕에게 전달한 불만 사항들의 이면에는 더 이상 용납할 수 없는 가장 강력한 경쟁 대상인 유대인을 제거하고자 갈망하던 저돌적인 상인 계층의 과단성이 엿보인다. 당시 필리프 5세가 몇 달 사이에 실행에 옮기려고 했으나 실패로 끝난 중앙집중식 통치 계획은 이러한 긴장 관계를 더욱 고조시켰을 것으로 보인다. 지방의 정체성을 약화시키려는 중앙 조정의 노력은 왕국의 지방에서 가장 소외된 집단들을 향한 적대감을 증폭시켰다.[15]

　아키텐 주민들이 반유대주의적인 조치들을 지지하고 나선 것은 아마도 사실인 듯하다. 앞서 살펴보았듯이 이들은 무질서하고 투박한 파스투로 무리를 환영했다.[16] 1315~18년 사이에 유럽을 휩쓴 끔찍한 기근은 고리대금업으로 폭리를 취하는 유대인들에 대한 적대감을 한층 증폭시켰다.[17] 다른 지역들에서도, 화폐경제가 정착되는 과정에서 발생한 모든 사회계층 간의 긴장 상태는 얼마 전부터 반유대주의적 증오라는 배출구를 찾으려는 경향이 있었다.[18] 유럽의 많은 지역에서 유대인은 우물에 독약을 넣고 인신공양을 하고 성체를 모욕했다는 죄목으로 고발당했다.[19]

　이러한 고발 내용은 카르카손과 주변 도시의 집정관들이 제기한 항의문을 통해 확실하게 드러난다. 이 항의문에서는 독극물로 식수를 오염시킨 유대인들의 공범으로 나병환자들이 지목되었다. 이들이 공범으로 지목된 것은 많은 상징적 암시를 내포하고 있으므로, 이를 나병환자들의 유산을 독식하려는 관계 당국의 노골적인 탐욕으로 해석할 수만은 없다.

5

유대인과 나병환자의 관계는 꽤 오래전으로 거슬러 올라간다. 1세기 무렵 유대인 역사학자인 플라비우스 요세푸스Flavius Josephus는 변증론 저서인 『아피온 반박문Contro Apione』에서 이집트인 마네토Manetho와 논쟁을 했다. 이 논쟁에서 마네토는 유대인의 조상 중에 이집트에서 추방된 나병환자도 있었다고 주장했다. 겉으로 보기에 뒤엉키고 상호 모순된 마네토의 이야기에는 비록 자세한 내용은 전해지지 않았지만, 이집트 지역의 반유대주의 전통이 틀림없이 반영되어 있었다. 중세에 『아피온 반박문』의 유행은 서양에서 반유대주의 선동의 영구적 도구가 될 (마찬가지로 요세푸스가 반박한 당나귀 숭배, 인신공양 같은 다른 전설들과 함께) 파괴적인 전설을 유포시켰다.[20]

이러한 전통이 식자층 문화에 끼친 영향은 실로 엄청나다. 그러나 평범한 사람들에게 훨씬 중요했던 것은 13세기와 14세기 사이에 집중적으로 일어난, 유대인과 나병환자 들을 사회의 주변부로 내몬 경향이었다. 1215년의 라테라노 공의회는 유대인에게 보통은 노란색, 아니면 붉은색이나 녹색의 원형 장식을 옷에 달고 다니도록 했다. 물론 나병환자들도 특별한 옷을 입어야만 했다. 그들은 회색 또는 (드물게는) 검은색 외투를 입고 진홍색 모자를 쓰고, 때로는 나무로 만든 딱따기

cliquette*를 들고 다녀야 했다.[21] 이러한 인식표는 카고cagot** 또는 보통 귓불이 없고 호흡할 때 악취를 풍겨 건강한 사람과 구분되었던 '백색 나병lebbrosi bianchi' 환자(영국에서는 유대인들과 비슷하게 간주되었다)들에게도 확대되었다. 노가레 종교회의(1290)에서는 이들에게 가슴이나 어깨에 붉은 표식을 달고 다니도록 했다.[22] 유대인과 나병환자에게 눈에 쉽게 띄는 표식을 달게 한 마르시아크 종교회의(1330)의 결정은 이제 두 집단에 부여된 불명예라는 공통된 낙인의 정도를 보여준다. 파리의 성 이노센트 공동묘지의 문에는 "유대인이나 나병환자 같은 미치광이와의 우정을 경계하라"라는 문구가 적혀 있다.[23]

의복에 박음질된 낙인은 철저한, 특히 신체적인 소외를 나타냈다. 나병환자들은 '불결했고' 유대인들은 고약한 냄새를 풍겼다. 나병환자들은 전염병을 퍼뜨리고 유대인들은 음식을 오염시켰다.[24] 사람들이 거리를 두게 만든 두 집단에 대한 혐오감은 좀더 복잡하고 모순적인 태도와 접목되었다. 이들을 소외시키려는 경향은 정확히 두 집단에 심각한 영향을 미쳤는데, 그 이유는 이들의 처지가 모호하고 불안정했기 때문이다.[25] 나병환자들은 공포의 대상이었다. 죄의 물리적인 증거로 간주된 질병이 인간의 모습을 지워버리듯 외양을 망가뜨렸기 때문이다. 그러나 아시시의 성 프란체스코Francesco d'Assisi나 루이 9세가 이들에게 보여준 사랑은 성스러움에 대한 숭고한 증거로 여겨졌다.[26] 유대인들은 신을 죽인 민족이지만 신은 이들을 선택해 자신을 드러냈다. 이들의 성서는 기독교인들의 성서와 불가분의 관계다.

---

* 나병환자가 의무적으로 들고 다니며 자신의 존재를 알렸던 물건.

** 프랑스 서부 및 에스파냐 북부 지역(나바라, 피레네산맥, 바스크, 아라곤, 가스코뉴, 브르타뉴)에서 박해와 차별을 받았던 소수집단.

이 모든 것은 나병환자와 유대인을 기독교 세계의 안과 밖에 동시에 머물게 만들었다. 그러나 13세기 말에서 14세기 초반 사이에 소외는 고립으로 바뀌었다. 유럽 전역에서 조금씩 유대인 거주지인 게토가 생겨나기 시작했는데, 처음에는 유대인 공동체들이 적대적인 공격을 피할 목적으로 이 방법을 선택한 것이었다.[27] 그리고 1321년, 놀랍도록 유사한 방식으로 나병환자들도 격리 구금되었다.

<h2 style="text-align:center">6</h2>

이 사건 이후 나병환자와 유대인의 연계는 모든 음모를 설명하는 데 있어 거의 빠짐없이 등장했다. 그럼에도 그 설명 방식이 금세 확고하게 받아들여진 것은 아니었다. 카르카손의 집정관들이 작성한 항의문을 보면, 나병환자들은 신원 미상의 기독교인들과 결탁하여 유대인들에게 성체를 주어 훼손하도록 했다는 이유로 고발당했다. 그러나 독약과 주술로 병을 퍼뜨리려는 나병환자들의 계획에 유대인들이 개입했는지 여부는 전혀 언급되지 않았다. 이러한 침묵은 한 세기 반 이전부터 독약으로 물을 오염시켰다는 유대인들에 대한 고발이 지리적으로 동쪽에서 서쪽으로 서서히 옮겨 오면서 이미 여러 차례 반복되었던 만큼, 놀라운 일이 아닐 수 없다.[28] 음모가 발각된 날이 유대인 대량 학살의 전통적인 기간인 성주간과 일치한다는 사실을 생각하면, 유대인들을 음모의 주모자로 간주하려는 의도가 있었던 듯하다. 하지만 민중의 분노와 당국의 탄압은 다른 곳으로 향했다.

1321년 4월 16일, 성목요일의 날, 페리괴시의 시장은 이미 주변의 나병환자 거주지에 수용되었던 나병환자들을 남자와 여자로 구분한 채한 장소에 모이게 했다. 우물과 분수에 독약을 넣었다는 첫번째 소문은

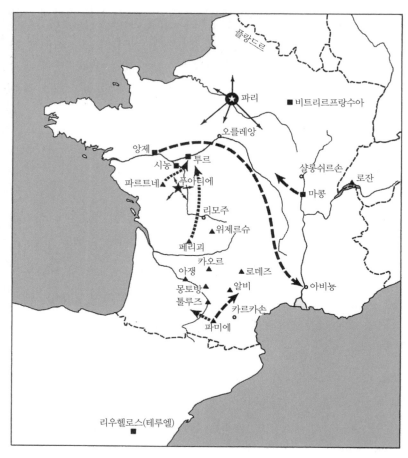

지도 1

1321년 나병환자들과 유대인들의 음모.

▲ 음모에 대한 책임을 나병환자들에게 전가한 지역
■ 음모에 대한 책임을 유대인들에게 전가한 지역
★ 나병환자들에 대한 필리프 5세의 칙령(푸아티에, 1321년 6월 21일)
✪ 유대인들에 대한 필리프 5세의 칙령(파리, 1321년 7월 26일)
┅┅▶ 나병환자들을 탄압하려는 시도
━ ▶ 유대인들을 탄압하려는 시도

누구의 입에서 흘러나온 것인지 알 수는 없지만 이미 널리 알려져 있었다. 나병환자들은 심문에 이어 고문도 받았을 것이다. 재판은 모든 이를 화형에 처하는 것으로 종료되었다(4월 27일). 페리괴시의 대표자들은 어떤 일이 벌어졌는지를 왕에게 알리기 위해 5월 3일 투르를 향해 출발했다.[29] 한편, 부활절 날부터 릴르쉬르타른에서도 독약으로 물을 오염시킨 자들에 대한 조사가 시작되었다. 심문을 한 사람들은 툴루즈, 몽토방, 알비의 시민들이었다. 릴르쉬르타른, 카스텔노 드 몽미랄, 가이야크, 몽토방 등에 있는 나병환자 거주지의 나병환자들과 카고들은 독약을 타고 주술을 행한 죄로 고발되어 심문을 받고 고문을 당했다.[30] 하지만 이 재판의 결과는 알려지지 않았다. 반면 5월과 6월 사이에 작성된 캉의 시정 기록부를 통해서는 프랑스 여러 지역의 도시들은 물론, 툴루즈, 알비, 로데즈, 카오르, 아쟁, 페리괴, 리모주 교구의 나병환자들이 "임신한 여성과 악을 행할 능력이 없는 어린아이들을 제외하고"는 모두 화형을 당했다는 사실이 밝혀졌다.[31] 이런 내용이 진부하고 과장되기는 했지만 크게 허황된 것은 아니라는 사실은 리모주의 위제르슈시에서 있었던 한 재판을 통해 알 수 있다. 이 도시에서 5월 13일에 시작된 재판은 6월 16일에 종료되었는데, 재판 결과 이 지역 나병환자들의 4분의 3에 해당하는 남녀 44명이 죽임을 당했다. 어느 연대기 작가는 어머니들이 요람에서 신생아를 꺼내 가슴에 안고 불구덩이로 뛰어들면서 갓난아이를 화염으로부터 보호하기 위해 온몸으로 부둥켜안았다고 기술했다.[32]

카르카손에서는 나병환자들의 음모가 임박했다는 소문이 확산되었다. 도처에서 범인들이 색출되어 처벌을 받았다. 이들의 자백은 박해를 부채질했다. 소식은 도화선처럼 타들어가며 프랑스를 가로질러 결국

왕에게까지 전달되었다.

7

이들에 대한 탄압에 세속 권력만 가담한 것은 아니었다. 파미에의 주교이며 훗날 교황 베네딕트 12세가 된 자크 푸르니에Jacques Fournier는 자신의 대리인으로 마르크 리벨Marc Rivel을 임명하여 옛 프로방스어(오크어)를 말하는 나병환자들이 도처에 뿌린 '독약과 악의 가루*super pocionibus sive factilliis*'에 대한 조사를 맡겼다. 파미에의 주교는 탄압의 진원지인 카르카손에서 가까운 지역에 머물고 있었다. 이 도시 집정관들은 나병환자들이 '치명적인 독약과 주술'로 악을 퍼뜨리려고 한다는 경고를 가장 먼저 발령했다. 파미에에서는 6월 4일 근처 레스탕에 있는 나병환자 거주지의 행정 책임자인 성직자 기욤 아가사Guillaume Agassa가 피고인으로 리벨이 주재하는 재판정에 출두했다. 기욤에 대한 재판 기록물은 모두 현존한다. 이에 따르면, 1321년 여름 프랑스 전역에서 나병환자들에 대한 수백 건의 재판이 진행되었을 것으로 추정된다. 하지만 이러한 재판들에 대한 관련 기록물은 남아 있지 않거나 아직까지 발견되지 않았다.[33]

아가사는 곧바로 뉘우치는 모습을 보였다. 그는 범죄를 저지른 자들이 처벌되어야 한다고 말한 후에 곧바로 자백을 시작했다. 한 해 전인 1320년 11월 25일, 기욤 노르망Guillaume Normanh과 페르탕 스파놀Fertand Spanhol이라는 두 명의 나병환자가 그의 허락을 받고 툴루즈에 독약을 구하러 갔다. 레스탕으로 돌아온 두 사람은 나병을 퍼뜨리고 사람들을 죽게 하고자 파미에의 우물과 분수, 그리고 흐르는 물에 독약을 풀었다고 그에게 말했다. 또한 그들은 다른 곳에서도 나병환자들이 같은 일을 저질렀다고 말했다.

재판은 일주일 후에 재개되었다. 이번에는 자백 내용이 훨씬 더 구체적이었다. (기록을 담당한 공증인에 따르면) 아가사는 "고문의 위협 때문이 아니라 자발적으로," 한 해 전에 어떤 낯선 젊은이가 툴루즈의 다른 나병환자 거주지를 관리하는 책임자인 아르노-베르나르Arnaud-Bernard가 써준 편지를 들고 왔다고 이야기했다. 그 책임자는 편지에서, 돌아오는 주일에 툴루즈에 와서 명예뿐 아니라 많은 혜택을 얻을 수 있는 일을 함께 논의하자고 제안했다. 약속한 날 모임에는 40여 명이 참석했는데, 이들은 툴루즈와 주변 지역에 있는 나병환자 거주지의 책임자들과 나병환자들이었다. 모두 아가사가 받은 것과 유사한 편지를 손에 들고 있었다. 이 모임을 소집한 자(아가사는 이름을 알지 못했다)는 다음과 같이 말했다. "여러분은 건강한 기독교인들이 우리 병든 자들을 어떻게 멸시하고 있는지 잘 알고 있습니다. 그들은 우리를 저만치 격리시켜놓은 채 조롱하고 증오하며 폭언을 일삼고 있습니다." 기독교 세계의 모든 나병환자 거주지를 지배하는 우두머리들은 나병환자들을 설득하여 건강한 기독교인들을 모조리 죽게 하거나 나병에 걸리게 만들기 위해 독약과 주술 그리고 사악한 가루를 먹일 속셈이었다. 그렇게 되면 나병환자들과 그 우두머리들은 정부와 행정을 장악하고 심지어는 건강한 자들의 토지를 모두 차지할 수 있을 것이었다. 이 모든 것을 얻기 위해서 그들은 그라나다 왕을 자신들의 보호자이자 수호자로 받아들여야만 했는데, 왕은 나병환자들의 우두머리 몇 명과 만난 후에 그 역할을 받아들였다. 연설이 끝나자 의사들의 도움을 받아 기독교 세계의 모든 우물과 분수, 흐르는 물에 넣을 독약이 만들어지기 시작했다. 참석한 모든 사람들은 자신들이 거주하는 지역을 오염시킬 독약이 들어 있는, 가죽 또는 천으로 된 주머니를 받았다. 이들은 일요일과 월요일 이틀에 걸쳐 토론을 계속했다. 토론이 끝나자 모든 사람들이 동의를 했고 자신들에게 주어진 임무를 이행하겠다는 서약을 했다. 그런 다음 그들은 모임을 마쳤다.

아가사는 과거의 첫 심문에서는 자신이 독약을 퍼뜨렸다는 사실을 부정했지만, 이 시점에 이르자 자신이 독약을 퍼뜨린 곳의 지명들을 열거하고 독약 주머니가 물속 깊은 곳까지 가라앉도록 돌멩이를 주머니 속에 넣은 방법까지 자세하게 설명했다. 그리고 함께 모임에 참석했던 다른 공범자들의 이름을 순순히 자백했다. 며칠이 지나 그는 다시 심문을 받기 위해 재판관 앞에 끌려 나왔다. 재판관들 중에는 파미에의 주교 자크 푸르니에도 있었다. 주교가 이단 심문관의 복장으로 재판에 나타남으로써 그전까지의 일반적인 형사재판의 성격은 일순간에 사라졌다. 아가사는 '고문을 받은 직후에' 처음으로 자백을 했으며(이전의 관련 기록물에서는 이와 같은 내용이 전혀 없었다), 고문 없이도 똑같이 자백했다고 진술했다. 그리고 그는 여태까지 진술한 모든 내용이 사실이라고 주장했다. 이후 재개된 심문에서도 그는 툴루즈의 모임에 관한 진술을 반복하면서 새로운 사실들도 적지 않게 털어놓았다. 심문이 계속되는 동안 그는 모임을 소집한 사람의 이름이 주르댕Jourdain이라는 사실을 기억해냈다. 그가 진술한 내용에는 그라나다의 왕 이외에도 바빌로니아의 술탄도 등장했다. 그는 계속해서 모임에 참석한 사람들이 약속했던 내용을 구체적으로 언급했다. 나병환자 거주지의 모든 우두머리는 음모가 성공할 경우 해당 지역을 차지하게 된다는 것이었다. 지원에 대한 대가로 사라센 군주들은 조건을 제시했는데 이 내용은 이전의 증언에서는 진술하지 않은 것이었다. 이렇게 해서 그는 스스로 사건 자체를 이단 재판으로 몰아가고 있었다. 나병환자들의 우두머리들은 "그리스도의 신앙과 율법을 부정하고, 그라나다의 왕과 바빌로니아 술탄의 지시로 보르도에서 제조된, 뱀, 두꺼비, 도마뱀, 초록도마뱀, 박쥐, 인분, 그리고 다른 여러 가지가 성체와 섞인 통에 담긴 독약 가루를 받아야 했다." 만약 누군가 그리스도의 신앙을 부정하는 행위를 거부한다면 모임에 참석한 "동체 갑옷을 입고 투구를 쓰고 언월도로 무장한 키 큰 남자"에 의해 참수되었을 것이었다. 주르댕은 다음번 모임에는 기독교 세계에 있는 모든 나병환자 거주지의 우두머리들은 물론, 그라나다의 왕과 바빌로니아의 술탄이 참석할 것이라고 말했다. 그리고 이들 앞에서 모든 참석자들은 성체와 십자가에 침을 뱉고 발로 짓밟을 것이었다. 이것은 사라센인들과 접촉하고 있던 보르도의 나병환자 거주지 우두머리가 사라센인들의 도움을 이끌어내기 위해 제안한 것이었다. 모임에 참석한 몇 명의 사라센인들은 자신들의 군주에게 이 사실을 알리는 임무를 맡았다. 주르댕은 기독교인들이 모두 죽거나 나병에 전염된 다음에 이들의 모든 영토를 그라나다의 왕과 바빌로니아의 술탄이 차지할 것이라고 말했다.

아가사는 독약이 담긴 통, 독약을 분수와 우물에 넣은 방법, 독약을 퍼뜨린 지역 등 매우 세세한 부분까지 이야기했다. 이번에는 그가 단독으로 범행을 저질렀다고 주장했다. 그는 과거 첫번째 심문에서 언급했던 기욤 노르망과 페르탕 스파뇰에게는 아무런 죄가 없으며 당시 이들을 거짓으로 고발했다고 말했다. 같은 방식으로 그는―툴루즈의 모임에 참석했다고 진술했던―'이미 화형을 당한' 사베르댕의 나병환자 거주지의 우두머리와 운젠트와 푸홀스의 나병환자 거주지 우두머리들에게도 죄가 없다고 주장했다. 그리고 그는 재판관들의 질문에 대답하면서 "아무런 가치도 없다"는 판단하에 그리스도의 신앙과 율법을 부정했다고 증언했다. 그는 3개월 내내 같은 진술만을 반복했다.

5월 20일, 그는 푸르니에 주교와 다른 도미니크 수도회 수사들에게 진실을 말했다고 주장했다. 그리고 자신이 모든 죄를 뉘우치고 있으며 자신에게 부과된 참회를 이행할 준비가 되어 있다고 했다. 이단 재판이 항상 그렇듯이, 그는 신앙에 대한 범죄, 즉 배교, 성체와 십자가에 대한 모독, 모든 이단과 저주만을 부정했다. 독약으로 물을 오염시켰다는 이야기는 더 이상 언급되지 않았다. 1년 후인 1322년 7월 8일, 그는 베긴 수녀회*의 이단적인 교리를 추종하던 남녀 신도들과 함께, '매우 무거운 처벌*in muro stricto in vinculis seu conpedibus*'인 종신형에 처해졌다.[34]

8

이 재판에서 고문과 협박은 결정적인 역할을 했다. 아가사는 심문에 앞서 이미 고문을 받은 상태였다.[35] 그러나 첫 심문의 결과는 실망스러웠다. 아가사는 겨우 몇 명의 공범과 음모의 전반적인 윤곽만을 진술했을 뿐, 이면의 거대한 줄거리는 말하지 않았다. 이후 틀림없이 재판관들의 압력에 의해서야 나병환자들의 모임, 그라나다의 왕과 바빌로니아 술탄의 약속과 같은 음모의 거대한 실체가 점차 그 모습을 드러내기 시작했을 것이다. 마침내 세번째 심문이 시작되면서 전모가 완전히 드러났다. 아가사는 언월도로 무장한 위협적인 무어인이 지켜보는 가운데

---

* 베긴 수녀회는 12세기에 프랑스, 독일, 네덜란드를 중심으로 발생한 종교 현상으로, 여성이 주도권을 행사한 최초의 종교운동 집단이었다. 하지만 그 기원은 정확하게 알려지지 않았는데, 가설에 의하면 중세 네덜란드어로 '기도하다'를 의미하는 '베긴beghen'에서 유래했다고 한다.

신앙을 부정하고 십자가를 짓밟고 성체를 모욕했다고 인정했다. 재판관들은 아가사에게 자백을 강요하기 위해 아마도 목숨만은 살려주겠다고 약속했을 것이다. 그리하여 아가사는 재판이 끝나기 전에 무고한 사람들 또는 적어도 그들의 기억(그중 한 사람은 이미 화형을 당했다)과 관련된 초기의 진술을 번복했다.

재판이 계속되면서 아가사의 진술은 조금씩 재판관들의 주장에 근접해갔다. 당시의 연대기 내용과 비교해본다면, 아가사의 증언은 음모가 오직 나병환자들의 책임이라는 단순한 줄거리와 나병환자들이 이미 그라나다의 왕과 사전 모의를 마친 유대인과 공모했다는, 보다 복잡한 줄거리 사이의 타협인 셈이다. 아가사가 나중에 자백한 내용에는 나병환자들이 바빌로니아의 술탄과 동행했다는 내용이 나온다. 다만 아직까지 유대인은 이러한 이야기와 무관한 상태로 남아 있었다.

실제로 유대인들이 음모에 개입했는지 여부는 상당히 중요하다. 주민들은 나병환자들과 마찬가지로 유대인에게 죄가 있으며 재판을 받고 화형을 당하거나 재판 없이 모두 죽임을 당해야 한다고 생각하고 있었다. 지리적으로 먼 지역에 있는 사라센 군주들은 단지 이야기의 주변부에 머물면서 상징적인 수준에서만 논의되었다. 이와 관련하여 우리는 1322년 7월 8일 아가사에 대해 최종 선고를 내린 재판관들 중에 이단 심문관인 베르나르 기가 포함되어 있음에 주목해야 한다. 그는 이 사건의 재판 기록물을 검토했을 것이다. 그가 당시의 원고 집필 관례에 따라 자신의 저술 『연대기의 꽃*Flores chronicarum*』의 결론부인 1321년의 음모에 대한 이야기를 미리 써놓았는지 여부를 우리는 알 수 없다. 어쨌든 당시는 물론이고 그 이후에도 베르나르 기는 피고인의 자백을 여러 핵심적인 측면, 즉 2년 동안 지속된 나병환자 우두머리들의 비밀 집회, 도시와 농촌 지역에 대한 지배권의 사전 분할, 독약으로 물을 오염시키는 것 등의 측면을 다시 들여다보았음에도 불구하고, 아가사가 언급한 사라센 군주들에 대한 진술을 포함시킬 필요성을 느끼지 못했다. 베르나르기 역시 아가사와 마찬가지로 유대인들의 개입에 대해서는 전혀 언급하지 않았다.[36]

9

6월 21일 푸아티에에서 공포된 왕의 칙령에서도 나병환자들은 음모의 유일한 책임자로 지목되었다. 당시 상황을 보면, 6월 11일부터 투르에서 독약을 퍼뜨린 나병환자들의 공범으로 유대인들이 지목되면서 이들을 대상으로 한 폭동이 발생하여 많은 사람들이 체포되었던 만큼 뜻밖의 칙령이었다.[37] 한 연대기에 따르면, 투르에서 그리 멀지 않은 시농에서는 아마도 같은 시기에 160명의 유대인이 화형을 당한 후 하나의 웅덩이에 같이 매장되는 참극이 벌어졌다. 관계 당국은 아가사의 재판에서 사용했던 것과 유사한 방식으로 유대인들의 유죄 증거를 수집하는 데 열을 올렸다. 앞서 언급했듯이, 죄는 나병환자들의 우두머리 중, 투옥된 후에 파르트네 영주인 장 라슈베크의 영지에서 재판을 받은 한 사람의 자백을 통해 드러났다.[38] 장 라슈베크는 자신의 인장으로 봉인한 문서를 당시 푸아티에에 인접한 마을에 머물고 있던 왕에게 보냈다. 이곳에서는 6월 14일에 대규모 행정 개혁을 논의하기 위한 프랑스 중남부 도시 대표자회의가 열렸다. 파리의 한 연대기에 따르면 회의는 9일간 지속되었으며 6월 19일에는 유대인들이 개입했다는 사실이 왕에게 보고되었다.[39] 만약 이 소식이 정확했다면 무엇 때문에 왕은 이틀 후에 공포한 칙령에서 나병환자들만을 고발했을까?

이러한 침묵에 대한 설명은 아마도 그로부터 불과 며칠 전에 있었던 한 사건에서 찾을 수 있을 것이다. 6월 14일 혹은 15일에 프랑스 왕국의 유대인 공동체들은 고리대금업의 죄목으로 각 공동체의 지불 능력에 따라 분담해야 할 15만 리브르 투르노아livres tournois*라는 막대한 벌금 형을 선고받았다.[40] 주민들의 분노가 폭발하는 상황에서 유대인 공동체의 대표들은 필리프 5세가 요청한 돈을 내기로 결정함으로써 최악의 상황을 모면하려고 했다.[41] 이는 물론 추측에 기초하여 재구성된 것인데, 그 이유는 이러한 거래에 대한 직접적인 증거가 존재하지 않기 때문이다. 다만 간접적인 단서는 남아 있다.

10

앙주의 백작인 발루아의 필리프Filippo di Valois(훗날의 프랑스 왕 필리프 6세)는 교황 조반니 22세에게 장문의 서신을 보냈다. 교황은 이를 당시 앙주의 영지 내에 있던 아비뇽에서 개최된 추기경 회의에 참석한 추기경들에게 읽게 한 다음, 기독교인들에게 십자군 원정을 촉구하는 교황청 서신에 그 내용을 삽입했다.[42] 이 서신이 현존하는 것은 바로 그 덕분이다.

그럼 발루아의 필리프가 이 서신에 무슨 내용을 언급했는지 살펴보자. 성 조반니 축제 이후, 금요일(6월 26일)에 앙주와 투렌 백작령에서 일식 현상이 목격되었다.[43] 낮에는 네 시간 동안 태양이 불에 휩싸여 피처럼 붉게 보였으며, 밤에는 달이 반점들로 덮여 상복처럼 검게 보였다. 이러한 극명한 대조(서신에서는 「요한계시록」 6장 12~13절이 인용되었다)

---

* 프랑스 투르에서 주조된 경화硬貨.

는 세상의 종말이 가까이 다가왔음을 알리는 것 같았다. 지진이 발생하고 하늘에서는 불덩이가 떨어지면서 지붕들이 온통 불에 휩싸였다. 그리고 무시무시한 용이 하늘에서 나타나 악취를 풍기는 입김으로 많은 사람들을 살상했다. 다음 날 사람들은 기독교인들에게 사악한 짓을 벌였다는 이유로 유대인들을 공격하기 시작했다. 바나니아스Bananias라는 유대인의 집을 수색하는 과정에서 칸막이가 되어 있는 작은 방의 금고에 많은 돈과 비밀이 숨겨져 있음이 발각되었다. 안팎에 유대 글씨가 적힌 채 봉인된 산양 가죽 주머니도 발견되었다. 봉인에 사용된 끈은 진홍색 비단이었다. 순금으로 만든 인장은 그 무게가 피렌체 금화 플로린* 19개에 달했으며, 정교하게 조각된 십자가 모양이었다. 그 표면에는 괴물 같은 유대인 혹은 사라센인이 사다리 정상에서 십자가에 기댄 채 예수의 인자한 얼굴 위로 배변하는 장면이 새겨져 있었다. 이를 발견한 사람들은 쓰여 있는 글씨에 주목했다. 세례를 받은 두 명의 유대인이 그 내용을 말해주었다. 결국 바나니아스는 동료 유대인 여섯 명과 함께 투옥되어 고문을 받았다. 기록된 것에 대한 그들의 해석은 대동소이했다 *satis sufficienter unum et idem dicebant, vel quasi similia loquebantur.* 세 명의 기독교 신학자들이 그 내용을 히브리어에서 라틴어로 번역했다. 그리고 앙주의 필리프는 서신에 이 번역 전문을 실었다.

　그것은 31개의 왕국(예리코, 예루살렘, 헤브론 등)을 통치하는 위대하고 강력한 왕인 아미스디크Amicedich, 아조르의 술탄인 자빈Zabin, 아브돈과 세메렌의 요답Jodab, 그리고 그들의 부왕과 협력자들에게 보내는 서신이었다. 바나니아스는 수신인들에게 자신을 낮추면서 이스라엘

---

* 1252년에 제작된 피렌체의 통화로 금의 함유량은 3.54그램이다.

민족의 이름으로 복속과 복종을 선언했다. 천지창조 후 6294년부터 이스라엘의 왕은 자신의 중재자인 그라나다의 총독을 통해 여러 차례 메시지를 보내면서, 유대 민족과 영원한 협정을 체결할 의향이 있음을 알려왔다. 이 메시지를 보면, 에녹Enoch*과 엘리야Elia는 유대 율법을 가르치기 위해 타보르산에서 사라센인들 앞에 모습을 드러냈다. 시나이 계곡의 한 웅덩이에서는 구약성서에 언급된 잃어버린 방주가 발견되어 보병과 기사 들의 호위를 받으며 아이시로 옮겨졌다. 방주 안에는 하느님이 사막으로 보내준 만나가 들어 있었는데, 이것들은 아직 부패하지 않은 상태로 모세와 아론의 지팡이와 신이 직접 손가락으로 새긴 십계명과 함께 발견되었다. 이러한 기적 앞에서 사라센인들은 유대교로 개종하면서 할례를 받기 원한다고 선언했다. 유대인들은 예루살렘과 예리코, 그리고 방주가 있는 아이시를 자신들에게 돌려주기를 희망했으며, 그 대가로 유대인들은 사라센인들에게 프랑스 왕국과 빛나는 도시 파리를 양도해야 했다. 그라나다 총독의 이러한 의지를 알게 된 유대인들은—바나니아스가 계속해서 말하기를—매우 간교한 꾀를 생각해냈는데 그 내용은 이러했다. 우리는 막대한 돈을 들여 매수한 나병환자들의 도움을 받아 기독교인들을 독살하기 위해 우물, 분수, 저수지, 강에 쓴맛의 풀과 독이 있는 설치류의 피를 섞어 제조한 독약 가루를 풀었다. 그런데 불쌍하기 그지없는 나병환자들은 순진하게 행동했다*se simplices habuerunt*. 그들은 먼저 우리 유대인을 고발했고 나중에는 다른 기독교인들에게 속아 모든 것을 자백했다. 나병환자들의 학살과 건강한 기독교인들의 독살로 우리는 사기충천했다. 왜냐하면 왕국의 분할은 그들

---

* 아담의 셋째 아들인 셋의 5대손으로서 카인의 계보가 아닌 셋의 계보에 속한 인물.

의 파멸을 가져올 것이기 때문이다. 나병환자들의 고발로 겪게 될 순교를 우리는 신에 대한 사랑으로 인내할 수 있다. 그리고 신은 (미래에) 이에 대해 몇 배의 보상을 해줄 것이다. 그라나다의 총독을 통해 들었겠지만, 만약 우리의 막대한 재산에 기독교인들이 눈멀어 몸값을 요구할 정도로 탐욕스러워지지 않는다면, 우리는 전멸할 것이다*et procul dubio credimus depopulati fuisse, nisi grandis noster thesaurus corda eorum in avaritia obdurasset: unde aurum et argentum nostrum et vestrum nos redemit, prout valetis scire ista omnia per praedictum subregem vestrum de Granada*. 이제 우리에게 금과 은을 보내라. 독약이 충분한 효과를 내지 못했지만, 우리는 어느 정도 시간이 지난 후, 다음 기회에는 좀더 잘해내기를 희망한다. 그러면 당신들은 바다를 건너 그라나다의 항구에 도착하여 기독교인들의 소유지로 당신들의 지배를 확장하고 파리의 왕위를 차지하게 될 것이다. 우리는 신이 약속한 조상들의 땅을 차지할 것이고, 우리 모두는 유일신 하느님과 그의 유일한 율법으로 살아갈 것이다. 솔로몬과 다윗의 말씀에 따라 더 이상의 고통도, 영원한 탄압도 없을 것이다. 기독교인들에게는 호세아의 예언이 적중할 것이다. "그들의 심장은 찢어지고 결국에는 죽을 것이다"(「호세아」 10장). 바나니아스는 이 서신을 동방으로 가져갈 임무를, 유대인들의 위대한 사제 사도흐Sadoch와 서신의 내용을 잘 설명해줄 율법 전문가 레오네Leone에게 맡길 것이라고 언급하며 서신을 마무리지었다.

11

유대인들의 달력에 따르면 당시는 5081년이었다. 그렇다면 바나니아스의 서신에 기록된 날짜인 천지창조 후 6294년은 잘못된 것일까? 아니면 문서 조작을 강요받은 유대인들이 동료들에게 문서가 조작되었음을 알리기 위해 (의도적으로) 틀리게 기록한 것일까?[44] 우리는 그 이유를 정확하게 알 수 없다. 앙주의 필리프는 교황에게 십자군 원정에 나서겠다는 의도를 피력하며 바나니아스의 서신을 전달했다.[45] 그와 그를 따르는 모든 사람을 위해 교황 조반니 22세는 엄숙한 의식을 거행했다. 과거 십자군 원정에 대한 교황의 미온적인 태도는 사이프러스와 아르메니아를 위협하는 무슬림의 공세로 인해 바뀌었다.[46] 이러한 이유로 교황은 무슬림이 유대인과 공모하여 프랑스 왕위까지 노리고 있음을 증명하는 서신의 내용을 인정할 뿐만 아니라 확산시키고자 결정했을 것이다. 교황 조반니 22세는 불과 얼마 전까지만 해도 자비를 베풀어 파스투로 무리로부터 유대인 공동체들을 보호해주었다. 그러나 이들이 나병환자들과 공모했다는 증거가 발루아의 필리프에 의해 밝혀지자, 교황은 더 이상 묵과할 수 없었다. 교황은 1년 전 황제파 기벨린ghibellini을 상대로 실패로 끝난 군사 원정을 지휘했던 필리프에게 크나큰 마음의 빚을 느끼고 있었던 만큼, 반대할 수도 없었다.[47] 1322년 교황은 갑작스럽게 그전까지의 태도를 철회하고 유대인들을 그들의 거주지로부터 추방했다.[48]

바나니아스의 서신처럼 그토록 복잡하고 치밀하게 계획된 거짓이 어디서 유래했는지는 알 수 없다. 이 서신은 약 한 달 전 파미에의 재판에서 아가사에게 강요된 자백을 통해 알려진 것들과는 매우 다른 유형의 선입견을 반영하는 것이었다. 음모를 설명하는 데 동원된 연결 고리들(나병환자-유대인-그라나다 총독-예루살렘의 왕 등)을 확장해보는 것은 가장 가까운 중간 요인들을 주목하는 데 요긴하다. 나병환자들의 죄는, 이후의 사건들로 인해 우선순위에서 밀려나 이미 시효가 지난 결론으로 간주되었다. 이제는 왕이 주저하는 것을 막기 위해 교황에게 도움을 청하면서, 유대인들을 박해하려는 새로운 흐름이 생겨나고 있었다. 왕의 우유부단한 태도는 유대인들을 몰살시키기보다는 배상금을 갈취하려는 기독교인들의 탐욕을 꼬집은 바나니아스(또는 서신을 작성한 자)의 지적을 통해 간접적으로 비난되었다.

12

유대인들이 음모에 가담했다는 또 다른 증거들이 꾸며진 것도 같은 시기였을 것으로 추정된다. 그 증거는 한 인물이 양피지에 작성한 두 장의 서신이었는데, 이는 모두 프랑스어로 작성되었고 인장이 찍혀 있었으며 라틴어로 작성된 부록이 함께 실려 있었다.[49] 첫번째 서신은 그라나다 왕의 것으로 수신인은 '유대인 헬리아스의 아들 삼손'이었고, 두번째는 튀니스 왕의 것으로 '나의 형제들과 그 자식들에게' 보낸 것이었다. 그라나다의 왕은 삼손이 전달받은 돈을 나병환자들에게 나누어 주었다는 소식을 들었다고 하면서 115명이 자신들에게 주어진 임무를 수행하겠다고 서약한 만큼 돈을 넉넉하게 줄 것을 당부했다. 그는 이미 보내준 독약을 저수지, 우물, 분수 들에 넣을 것을 지시했다. 만약 독약가루가 모자라면 더 보낼 것이라고도 했다. 그는 "우리는 약속된 땅을 너희들에게 넘겨주기로 약조했다. 이에 대해서는 다시 소식 전하겠다"라고 썼다. 그는 "왕이 마시고 사용하는 물에 넣기를 바라는 다른 물건"도 보냈다. 이 일을 수행하는 데 비용이 얼마나 들지에 대해서는 신경쓰지 말라고 강조하면서 서둘러줄 것을 당부했다. 유대인 아론Aron에게 전달되었을 이 서신의 말미에 그라나다의 왕은 이번 거사에 모두 단결할 것을 당부했다.

튀니스의 왕은 세심한 부분까지 생각하는 치밀한 사람이었다. "너희들은 숙지한 일을 잘 수행해주기 바란다. 그 비용으로 많은 금과 은을 제공할 것이기 때문이다. 만약 너희들이 나에게 의지한다면 나의 혈육처럼 보살펴줄 것이다. 너희들도 잘 알겠지만 우리는 유대인과 나병환자들과 얼마 전 종려주일*에 합의를 했다. 비용에 구애받지 말고 가능한 짧은 시간에 기독교인들을 몰살시켜야 할 것이다. 너희들도 알다시피, 모두 75명의 유대인과 나병환자가 함께 맹세했다. 너희와 너희의 형제들에게 안부를 전한다. 우리는 같은 율법을 따르는 형제다. 너희들의 크고 작은 자녀들에게도 안부를 전한다."

두 장의 서신에는 앞서 언급했듯이, 1321년 7월 2일 마콩에서 라틴어로 작성된 부록이 포함되어 있었다. 이 문건에서 의사인 피에르 드 오라Pierre de Aura가 그 지역의 행정관인 프랑수아 드 아브네리François de Aveneriis, 재판관인 피에르 마조렐Pierre Majorel, 그리고 여러 성직자와 공증인 들이 참석한 자리에서 아랍어를 프랑스어로 충실하게 번역할 것을 서약했다. 그다음에는 문서가 진본임을 보증하기 위해서 공증인 사무실 이름, 직업, 이름 이니셜과 함께 공증인들의 서명이 이어졌다.

이처럼 이중으로 조작된 내용을 진본처럼 꾸민 서신 원본은 마콩이 아니라 파리에 있다. 17세기 중반 즈음에는 프랑스왕궁기록물보관소Trésor des Chartes에 보관되어 있었으나 현재는 국립기록물보관소Archives Nationales에 소장되어 있다.[50] 따라서 이 서신의 본래 목적지는 파리였을지도 모른다. 다시 말해 "왕이 마시고 사용하는 물에" 무엇인지 알 수 없는 물질을 넣으라고 유대인 삼손에게 위협적으로 요청하는 그라

---

* 부활절 1주 전 일요일.

나다 왕의 서신은 반드시 당사자(즉 왕)에게 전달되어야만 했다. 결국 이렇게 유대인들의 음모 가담이 명백해지면서 필리프 5세는 입장을 분명히 밝히라는 압력을 받았다.

13

이러한 사실이 알려지자, 필리프 5세는 영주의 집정관들과 지방행정관들에게 서신을 보내 그들의 끔찍한 범죄, 특히 "죽음의 독약으로 우물과 분수, 그리고 다른 여러 장소를 오염시키고…… 우리 왕국의 백성과 신하 들을 죽이기 위해 나병환자들이 오래전부터 획책해온 음모에 가담하고 모임에 참여"한 것과 관련하여 "우리 왕국의 모든 유대인을 체포할 것을 명령"했다. 이러한 목적을 위해 유대인들은 막대한 돈을 사용하여 자신들의 음모를 위한 독약을 확보한 바 있었다. 그러므로 주저 없이 남자와 여자 들을 심문하여 미수에 그친 사건의 책임자들을 색출한 다음, 법에 따라 처벌해야 했다. 체포된 자들 중에 가장 유력한 용의자들과 다른 유대인이나 나병환자의 입에서 언급된 자들만이 고문을 받았다. 무죄로 밝혀진 자들은 목숨을 건질 수 있었다. 반면 유대인들이 숨겨놓은 모든 재산은 철저하게 압수되었는데, 이는 이전의 프랑스 왕들이 속임수에 넘어간 것을 반복하지 않기 위한 조치였다. 그러므로 죽음을 선고받은 자들은, 모든 수단을 동원하여 유대인의 재산을 찾아내려는 네 명의 공정한 시민bourgeois prudhommes에 의해 철저한 수색을 당했다.[51]

서신은 7월 26일 파리에서 작성되었고, 8월 6일에 카르카손의 집정관에게 전달되었다. 그 서신에 따르면, 몇 달 전에 한 남자가 왕에게 전갈을 보내 주변 도시의 동료들과 함께 음모를 작동시킬 도화선에 불을 붙였다고 알렸다. 이렇게 해서 사건의 전모가 마련되었으며, 왕의 서신의 사본들이 푸아투, 리모주, 툴루즈의 집정관과 노르망디, 아미앵, 오를레앙, 투르, 마콩의 지방행정관과 파리의 성당참사회장에게 발송되었다.

14

6월 중순 필리프 5세는 유대인들로부터 침묵의 대가로 15만 리브르 투르노아를 수뢰했다. 그러나 박해는 단지 몇 주 동안 연기되었을 뿐이었다. 왕의 서신에 실린 내용은 기껏해야 무차별적으로 고문하지 말 것을 지방 당국에 지시하는 것이었다. 이는 이후에(심지어 최근까지도) 여러 차례 반복될 비극적인 속임수였다. 화형이 뒤따르게 될, 나병환자들과의 공모를 자백한 유대인들에 대한 재판은 어마어마한 액수의 벌금 징수와 함께 2년 동안 지속되었다(나중에 벌금은 10만 리브르로 감액되었다). 1323년 봄 또는 여름(어쨌든 8월 27일 이전), 필리프 5세의 뒤를 이어 프랑스 왕위에 오른 샤를 4세는 프랑스에서 유대인들을 추방했다.[52]

15

카르카손과 주변 도시들의 집정관들은 1320년 말에서 1321년 초 사이에 필리프 5세에게 보낸 서신을 통해 나병환자 격리와 유대인 추방을 요청했다. 2년이 조금 더 지나자 이들의 두 가지 요청 사항은 왕, 교황, 발루아의 필리프(훗날 프랑스 왕), 자크 푸르니에(훗날 교황 베네딕트 12세), 파르트네의 영주 장 라슈베크, 이단 심문관, 세속 재판관, 공증인, 지역 정치세력, 그리고 연대기 작가의 기록에서 보듯이 "지방행정관과 성당참사회장의 도착을 기다리지도 않고" 나병환자들과 유대인들을 학살한 익명의 군중에 의해 행동으로 옮겨졌다. 이들은 각자 자신의 역할을 수행했다. 음모의 증거를 조작한 자와 이를 널리 퍼뜨린 자, 선동한 자, 선동을 당한 자, 판결을 내린 자, 고문을 주도한 자, (법이 규정한 의식 절차에 따라, 또는 이러한 모든 것을 생략한 채) 살인을 범한 자 등. 이처럼 신속하게 전개된 여러 사건의 시작과 끝이 일치한다는 점을 고려하면, 1321년 봄과 여름 사이에 프랑스에서 한 가지가 아닌 두 가지 음모가 꾸며졌다고 결론짓는 게 불가피할 듯하다. 첫번째 음모가 촉발시킨 나병환자들에 대한 폭력은 로잔 지역 남부와 남서부로 확산되다 동쪽으로 나아갔다.[53] 얼마 지나지 않아 유대인을 상대로 꾸며진 두번째 음모가 촉발시킨 또 다른 폭력은 주로 북부와 북동부 지역에 집중되었다.[54] 그러나 몇몇 지역에서는 나병환자와 유대인을 가리지 않고 무차별적인 박해가 가해졌을 것이 분명하다.[55]

음모에 관해 언급하면서 그 복잡한 인과 구조를 지나치게 단순화하려는 것은 결코 아니다. 아마도 초기의 고발들은 아래에서부터 자발적으로 생겨났을 것이다. 하지만 한편으로는 정보가 사람의 발과 노새의 잔등이 또는 말을 통해 확산되던 시대에 탄압이 그토록 신속하게 이루어졌다는 사실, 다른 한편으로는 진원지로 추정되는 카르카손으로부터 지리적으로 확산되었다는 사실(지도 1 참조)이 두 가지 조합 이전부터 존재해온 일련의 긴장들을 사전에 모의된 방향으로 유도하려는 교묘하고도 조직적인 조치들이 있었음을 보여준다.[56] 음모라면 오직 이것이 음모였다. 한두 사람으로 구성된 집단이 이 모든 음모를 진두지휘했을 것이라는 추측은 분명히 이치에 맞지 않다. 유대인들에 대한 고발이 뒤늦게, 모순적으로 발생했다는 사실이 이를 증명한다. 또한 이 사건의 (희생자들을 제외한) 모든 관계자들이 경건치 못하게 행동했으리라는 추측도 마찬가지로 어리석어 보인다. 실제로 이 맥락에서 경건하지 못함은 증명할 수 없을 뿐만 아니라 중요하지도 않다. 이미 조작된 자백을 끌어내기 위해 재판 과정에서 고문을 동원한 것이나 어느 정도 가치 있는 목적들을 위해 문서를 조작한 것은 (오늘날과 마찬가지로 당시에도) 완벽히 선한 신념을 가지고서, 그리고 아쉽게도 증거가 부족한 진리를 증명하려는 확신을 가지고서 얼마든지 수행될 수 있는 작업이었다. 독초 주머니에서 거짓 자백과 출처 불명의 서신에 이르기까지 심증이 가는 음모의 증거들을 규정하고 간청하고 만들어내려 한 자들은 나병환자들과 유대인들이 유죄라고 확신하고 있었을 것이다. 더구나 사람들 대다수가 그렇게 확신했다면, 개연성은 그만큼 더 커진다고 볼 수 있다. 공권력(프랑스 왕, 교황 등)이 자신들로부터 박해받은 자들을 어느 정도로 무고하다고 생각했는지 우리는 결코 알 수 없을 것이다. 다만 이들의 개입은 결정적이었다. 이 사태의 전모를 모든 사회계층을 압도한 집단사고의 암울한 격변으로 묘사하는 것은 기만행위에 지나지 않는다. 이러한 행동들이 획일적으로 드러난 것의 이면에서는 어떨 때는 한곳으로 집중되고 어떨 때는 분열되는, 강도가 다양한 힘의 논리가 작용하고 있었다.[57]

16

프랑스 국경 너머인 피레네산맥의 반대편에서 발생한 적어도 하나의 사례에서 우리는 독약을 퍼뜨린 것으로 의심받은 자들에 대한 고발이 즉각적인 저항에 직면했다는 사실을 알 수 있다. 7월 29일, 테루엘*

---

* 스페인 북동부 아라곤 지방에 위치한 테루엘주의 행정 수도.

에서 그리 멀지 않은 리우헬로스에서는 분수에 유해한 가루를 넣은 한 남자가 적발되었다. 디에고 페레스Diego Perez라는 이름의 이 남자는 '진실을 끌어내기 위한' 고문을 받은 후에 브르타뉴 출신의 한 남자로부터 유해한 풀들과 가루를 전해 받았다고 자백했다. 그러나 얼마 후 그는 이전의 진술을 번복하면서 인근의 세리온에 사는 두 명의 부유한 유대인인 사무엘 파토스Samuel Fatos와 야코 알파이티Yaco Alfayti를 지목했다. 테루엘시의 세속 재판관과 치안판사alcaldes는 이들을 즉시 체포하도록 지시했는데, 이는 즉각 지방행정관의 거센 저항에 부딪혔고 이들은 한 달이 채 안 되어 아라곤의 왕에게 사건 전모에 대한 보고서를 제출했다. 페레스에 대한 고발이 충분한 증거에 근거하지 않았다고 생각한 지방행정관은 유대인들에 대한 재판권이 자신과 왕에게 있음을 상기시키면서 사무엘 파토스와 야코 알파이티의 신변 인도를 요구했다. 하지만 도시 의회는 이 요구를 받아들이지 않았고, 사무엘 파토스는 여러 차례 고문을 받았음에도 아무것도 자백하지 않았다(알파이티에게 어떤 일이 있었는지는 알려지지 않았다). 페레스가 자신의 뜻을 계속해서 굽히지 않자, 그는 그의 자백을 받아낼 가짜 신부에게 보내졌다. 이렇게 해서 페레스는 함정에 빠지게 되었고 유대인에게는 잘못이 없음을 인정했다. 즉, 페레스가 유대인을 계속해서 고발한 것은 "자신이 겪은 끔찍한 고문에 겁을 먹었기 때문"이었으며 또한 거짓 자백의 대가로 석방을 약속받았기 때문이었다. 지방행정관은 파토스의 신변을 확보하려고 노력했으나 소용이 없었다. "의회에는 유대인을 죽이려고 혈안이 된 사람들이 있었다. 하지만 그에게 불리한 그 어떤 증거도, 자백도 없었다." 재판관들은 디에고 페레스에게 사형을 선고했다. 사무엘 파토스는 군중들에게 인도되어 난도질당한 후에 불태워졌다. 그럼에도 지방행정관은 유

대인이 "억울하게 죽었다"고 반복해서 말했다.[58]

<h1 style="text-align:center">17</h1>

관계 당국과 재판관들은 사전에 희생양으로 지목한 자들이 고발되도록 하기 위해 압력을 행사했다. 피고인은 고문에 의해 잔뜩 겁을 먹었고 군중은 유력한 용의자들에 대한 분노와 폭력을 폭발시켰다. 이 모든 것은 충분히 예상 가능하고 자명해 보였다. 이 경우 테루엘시 당국 내부에서 의견이 분분했던 만큼 특이한 세부 내용들이 많이 기록되어 있음에도 말이다. 지방행정관들의 저항은 거꾸로 독약을 퍼뜨린 자들의 음모에 대한 소문을 즉시 보편적으로 받아들이게 만들었다. 프랑스의 경우도 앞서 살펴보았다시피, 상황은 비슷한 양상으로 전개되었다. 관계 당국의 의도는 충분한 공감대를 형성했는데 그 이유는 모든 계층의 사람들이 나병환자들과 유대인들의 죄를 기꺼이 받아들이고자 했고 또 그럴 것이라고 예상했기 때문이다.

이와 같은 고발은 전혀 새로운 것이 아니었다. 이미 이전 세기의 연대기들에서도 그런 고발이 언급되고 있었다. 보베의 빈첸초Vincenzo di Beauvais는 1212년 어린아이들로 조직된 십자군이 아사신Assassini*이라는 비밀단체의 우두머리인 몬타냐의 베키오(또는 벨리오)Vecchio(Veglio) della Montagna**의 악의적인 계획, 즉 두 명의 성직자를 풀어주는 대가로 프랑스의 모든 어린아이들을 데려오라고 해서 만들어졌다고 했다.[59] 생드니 수도원의 연대기에 따르면, 파스투로의 십자군(1251)은 바빌로니아의 술탄과 헝가리 출신 주술의 대가가 맺은 약속의 결과였다. 주술의

---

* 살인자들의 집단을 의미한다.
** 페르시아의 종교지도자인 하산 이븐 알 사바흐(약 1034~1124)를 가리킨다.

대가는 한 명당 비잔틴 금화 네 개를 받는 조건으로 프랑스의 모든 젊은이들을 주술로 유혹하여 술탄에게 데려오기로 약속하고, (프랑스 북부에 위치한) 피카르디에 도착하여 공기 중에 독약 가루를 뿌리는 악마 의식을 거행했다. 파스투로 무리는 기르던 가축을 들판에 버려둔 채 그를 따라나섰다. (매슈 패리스Matthew Paris가 덧붙이기를) 이 십자군을 이끌던 다른 우두머리에게서는 독약 가루와 함께 성공하면 막대한 돈을 보상으로 받는다는 내용이 아랍어와 칼데아어*로 쓰인 술탄의 편지가 발견되었다.[60] 아마도 누군가는 1320년의 파스투로 십자군을 같은 방식으로 해석했을지 모른다. 물론 이듬해에 이와 동일한 구도가 연대기에는 물론이고 조작된 서신들과, 나병환자와 유대인에게 고문을 가하여 강제로 받아낸 자백들에서도 다시 나타난다.

이러한 이야기들에서는 기독교 지역 바깥의 위협적인 미지의 세계가 불러일으킨 공포가 엿보인다.[61] 불안감을 조성하거나 이해할 수 없는 모든 사건은 비신자들의 음모로 간주되었다. 처음에는 몬타냐의 베키오(보베의 빈첸초), 바빌로니아의 술탄(매슈 패리스, 생드니 수도원의 연대기, 아가사 재판), 예루살렘의 왕(바나니아스의 서신), 튀니스와 그라나다의 왕들(아가사 재판, 마콩에서 라틴어로 작성한 부록의 작가, 기욤 드 낭지의 후계자와 그의 모방자들)과 같이 악마에 사로잡힌 무슬림 군주나 지도자가 항상 등장한다. 직접적으로든 간접적으로든 이러한 인물들은 지리적으로나 인종-종교적인 측면에서 주변부에 있는 고립된 사람들 또는 집단들(헝가리인 주술의 대가, 유대인)에게 음모 추진의 대가로 돈을 주는 식으로 공모한다. 이러한 음모는 다른 집단들, 즉 연령으로

---

* 우르 근처의 바빌로니아 지방에서 사용되던 언어.

나(아동들), 열등한 사회적 신분으로나(나병환자들) 또는 두 가지 모두 (파스투로 무리)로 인해 부와 권력에 대한 허황된 약속에 쉽게 빠져드는 자들에 의해 실제로 추진된다. 이러한 일련의 연결 고리는 길 수도 짧을 수도 있는데, 예를 들어 테루엘의 경우 책임 소재를 유대인들에게 물었다(첫번째 버전에서는 브르타뉴 사람이었다). 몇몇 단계는 생략되기도 했다(아가사의 자백에서 무슬림 왕들은 유대인을 무시한 채 나병환자들과 협정을 맺었다). 반면 어떤 단계는 이중으로 중첩되었다(바나니아스의 서신에서 예루살렘의 왕은 그라나다의 왕을 통해 유대인들을 매수했다). 하지만 일반적으로 지금 서술한 연결 고리는 공모자, 그리고 소위 오랜 행운을 누리는 인물이 외부의 적으로부터 내부의 적으로 점차 옮겨 가는 단계를 암시한다.[62] 만약 첫번째, 즉 외부의 적이 정의상 사법 관할 권역 바깥에 있다면 두번째 적은 그 권역 안에서 붙잡혀 고문을 받고 화형에 처해질 준비가 되어 있는 자들이었다.

14세기 초반 프랑스에서 적발된 일련의 사건들은 이러한 음모에 대한 공포심을 확산시키는 데 크게 일조했다. 템플기사단을 상대로 한 수많은 고발 중에는 이들이 사라센인들과 은밀한 협약을 맺었다는 것도 포함되어 있었다.[63] 트루아의 주교 기샤르Guichard와 카오르의 주교 위그 제로Hugues Geraud는 각각 1308년과 1317년에 나바라의 여왕 조반니 Giovanni di Navarra와 교황 조반니 22세를 살해하려 했다는 죄목으로 처형되었다.[64] 두 사례는 몇 년 후 나병환자들과 유대인들에게 향했던 거대한 음모의 축소판으로 보인다. 음모의 설계 속에 담겨 있는 사회 정화를 위한 거대한 힘이 여기에서 처음으로 그 전모를 드러냈다(모든 공상적인 음모는 이와 반대되는 구체적인 음모를 양산하는 경향이 있다). 물리적, 비유적 전염에 대한 공포 앞에서는 게토도, 옷에 부착한 표식들도

더 이상 충분하지 않았다.[65]

18

　첫번째 박해, 즉 나병환자들에 대한 박해는 1321년 여름에 최고조에
달했다. 8월 27일 왕의 칙령에 따라, 지역 당국은 리모주 교구의 위제르
슈에 거주하는 나병환자들의 4분의 3이 화형을 당했을 때 살아남은 열
다섯 명의 남녀에게, 도주하면 금방 눈에 띄도록 뜨겁게 달군 불도장을
목에 지진 후에 나병환자 수용소 소유의 한 집에 감금했다. 이것은 영
원한 감금을 의미했다. 하지만 한 달 후 이들은 알 수 없는 이유로 모두
석방되었다.[66] 어떻게 이 에피소드가 이후 나병환자들이 잇따라 감금
되었다는 사실과 양립할 수 있는지는 분명하지 않다. 그러나 이것은 그
해 초여름에 작성된 고발 내용이 더 이상 유효하지 않았음을 보여준다.
두번째 박해는 앞서 살펴보았듯이 유대인들을 대상으로 매우 오랫동안
지속되었다. 그러나 왕국 재무국의 기록물에 실린, 물에 독을 풀었다는
이야기에는 "그들이 말한 바에 따르면ut dicitur"과 같은 조심스런 전제가
점차적으로 나오기 시작했다.[67] 분명 관계 당국조차 당시에는 아무런
단서 없이 음모를 공식적으로 기록할 준비가 되어 있지 않았던 것이다.

　유대인들에 대한 고발이 공식적으로 철회된 것 같지는 않고, 따라
서 이들이 프랑스에서 추방되는 것을 막지는 못했다. 나병환자들에 대
한 고발의 경우, 상황은 전혀 다르게 전개되었다. 카르카손에서 베긴 수
녀회의 프로우스 보네타Prous Boneta가 이단으로 처벌된 사건으로 인해,
그리고 교황 조반니 22세에 의해 교수형에 처해진 베긴 수녀회의 구성
원들과 나병환자들이 헤롯에 의해 살해된 어린아이들에 비유됨으로 인
해, 1325년에 이미 나병환자들의 무죄가 공식적으로 인정되었는지는

알 수 없다.[68] 그러나 어느 시기에 이르자, 즉 1338년 10월 31일 교황 베네딕트 12세가 툴루즈의 대주교에게 발송한 인장교서에서 알 수 있듯이 이것은 현실로 나타났다. 교구의 나병환자들은 당국에 의해 몰수당했던 재산(임대수익, 집, 토지, 포도밭, 성구)을 되찾기 위해 교황에게 도움을 요청했다. 교황은 이들의 요청을 받아들여 나병환자들이 "범죄와 무관하고 죄가 없다"는 판결을 받았음을 상기시키면서, 대주교를 파견하여 나병환자들의 빼앗긴 재산을 공식적으로 반환하라고 지시했다(하지만 재산 반환은 끝내 이루어지지 않았다).[69] 이러한 내용을 글로 남긴 교황은 20여 년 전 파미에 교구의 주교이자 이단 심문관이었던 시절, 나병환자 집단이 기독교 세계에 대한 음모를 꾸미고 있다는 사실을 아가사가 고분고분히 진술했던 바로 그 심문의 순간에 있기도 했다.

이렇게 해서 막간극은 끝이 났다. 죽었든 살았든 나병환자들은 자신들을 박해한 자들로부터 과거에 대한 사면을 받았다. 반면 유대인들의 경우에는 모든 것이 다시 시작되고 있었다.

미주

1) Dom M. Bouquet, *Recueil des historiens de la Gaule...*, 신판, Paris 1877~1904, XXIII, p. 413(편집자가 p. 491에 추가한 주석은 이 구절이 다른 구절들과 함께 1336년에 작성되었다는 사실을 말해준다. 사건들의 시차는 나병환자들에 대한 학살이 1321년 봄여름이 아닌, 겨울로 표기된 게 잘못된 것임을 의미한다).

2) 같은 책, p. 483. "Annales Uticenses," in Orderico Vitale, *Historiae ecclesiasticae libri tredecim*, A. Le Prevost 편집, V, Parisiis 1855, pp. 169~70 참조.

3) Bouquet, *Recueil* cit., XXIII, pp. 409~10(1345년 편집, p. 397 참조).

4) E. Baluze, *Vitae paparum Avenionensium*, G. Mollat 편집, I, Paris 1916, pp. 163~64 참조. 이와 유사한 설명들은 피에트로 디 헤렌탈스Pietro di Herenthals와 아말리코 오제Amalrico Auger가 제공했다(같은 책, pp. 179~80, 193~94). 필사본 전통에서 알 수 있듯이, 베르나르 기가 쓴 연대기의 이 구절은 서술된 사건들이 발생한 직후에 쓰인 것이다. L. Delisle, *Notice sur les manuscrits de Bernard Gui*, Paris 1879, pp. 188, 207 이하 참조.

5) H. Duplès-Augier, "Ordonnance de Philippe Le Long contre les lepreux," *Bibliothèque de l'École des Chartes*, 4e s., III(1857), pp. 6~7(초록); *Ordonnance des rois de France...*, XI, Paris 1769, pp. 481~82.

6) 정신병자와 범죄자에 대해서는 M. Foucault, *Folie et déraison. Histoire de la folie à l'âge classique*, Paris 1961(이탈리아어 판본, Milano 1963); M. Foucault, *Surveiller et punir*, Paris 1975(이탈리아어 판본, Torino 1976) 참조. 첫번째 책에서 나병환자들을 다룰 때, 그들의 구금을 초래한 사건들을 언급하지 않은 것은 의외다.

7) 이러한 사건들에 대한 최근의 연구로는, 비록 불완전한 자료에 기반하고 있기는 하지만 매우 유익한 다음의 논문을 참조. M. Barber, "The Plot to Overthrow Christendom in 1321," *History*, vol. 66, n. 216(1981년 2월), pp. 1~17. 그의 결론은 나의 결론과 다르다(아래 주석 57 참조). 블루멘크란츠가 다음에서 언급한 문서들은 내가 알기로, 아직 제시되지 않았다. B. Blumenkranz, "À propos des Juifs en France sous Charles le Bel," *Archives juives*, 6(1969~70), p. 36. 이 주제에 관한 더 최근의 연구는 차차 언급할 것이다. 1321년의 '음모'와 마녀사냥 간의 유사성에 대해서는 G. Miccoli, "La storia religiosa," *Storia d'Italia*, II, I, Torino 1974, p. 820 참조. 그 외에도 F. Bériac,

Histoire des lépreux au Moyen Âge, Paris 1988, pp. 140~48 참조(이는 나의 연구 "Présomptions" cit.를 무시하고 있다).

8) Bouquet, *Recueil* cit., XXI, p. 152. "Chronique parisienne anonyme de 1316 à 1339....," A. Hellot 편집, *Mémoires de la société de l'histoire de Paris...*, XI(1884), pp. 57~59도 참조. *Gestorum abbatum Monasterii Sancti Trudonis... libri*(MGH, *Scriptorum*, X, Hannoverae 1852, p. 416)의 세번째 속편에서 "이듬해sequenti anno" 라는 말로 시작되는 부분은, 프랑스와 하노버에서 우물에 독을 넣은 죄로 고발되어 화형에 처해진 "부패한 유대인Judaeis corrupti" 나병환자들에 대해 이야기한다. 1319년이라고 표기한 것은 편집자의 명백한 실수인 듯하다. 하노버를 언급한 부분의 출처는 여전히 불분명하다.

9) 각각 Bouquet, *Recueil* cit., XX, pp. 628 이하; XXI, pp. 55~57; Baluze, *Vitae* cit., I, pp. 132~34; Bouquet, *Recueil* cit., XX, pp. 704~705; Jean de Preis dit d'Outremeuse, *Ly Myreur des Histors*, S. Bormans 편집, VI, Bruxelles 1880, pp. 264~65; "Genealogia comitum Flandriae," in Martène-Durand, *Thesaurus novus anecdotorum*, III, Lutetiae Parisiorum 1717, col. 414 참조. 프랑스국립도서관, *ms fr.* 10132, c. 403v도 참조.

10) 나는 이 서술에서 기욤 드 낭지의 연대기를 계승해서 작성한 작가를 전적으로 따랐다. 생드니의 연대기, 조반니 다 산 비토레, 지라르 드 프라셰의 연대기를 계승해서 작성한 작가는 거의 정확하게 이 작가를 따르고 있다. H. Géraud & G. de Nangis, *Chronique latine*, Paris 1843, I, pp. XVI 이하 참조. 시농의 이야기에 대해서는 H. Gross, *Gallia Judaica*, Paris 1897, pp. 577~78, 584~85 참조.

11) "Genealogia" cit. 참조.

12) G. Lavergne, "La persécution et la spoliation des lépreux à Périgueux en 1321," *Recueil de travaux offerts à M. Clovis Brunel...*, II, Paris 1955, pp. 107~13 참조.

13) Baluze, *Vitae* cit., I, pp. 161~63(B. Gui); 같은 책, pp. 128~30(Giovanni di S. Vittore) 참조. 일반적으로 M. Barber, "The Pastoureaux of 1320," *Journal of Ecclesiastical History*, 32(1981), pp. 143~66 참조. 몇 가지 문제에 대해서는 다음의 글이 여전히 도움이 된다. P. Alphandéry, "Les croisades des enfants," *Revue de l'histoire de religions*, 73(1916), pp. 259~82. 반면 파스투로 무리가 두 번에 걸쳐 단행한 십자군에 대한 내용은 목가적인 변명으로 일관한다(P. Alphandéry, "Les croisades..." cit.; A. Dupront, *La Chretienté et l'esprit de Croisade*, II, Paris 1959). 이는 두 저자들 중에서 후자의 스타일에 기인한 것으로 추정된다. 중요한 문서(파미에의 종교재판에서 유대인 바룩Baruch이 진술한 내용)는 여러 차례 번역되고 분석되었다. J. Duvernoy, *Le registre d'Inquisition de Jacques Fournier*, I, Paris 1965, pp. 177~90(그리고 A. Pales-Gobilliard, "L'Inquisition et les Juifs: le cas de Jacques Fournier," *Cahiers de Fanjeaux*, 12, 1977, pp. 97~114) 참조.

14) 바버(Barber, "The Plot" cit.)가 미처 참고하지 못한 이 텍스트에 대해서는 C. Compayré, *Études historiques et documents inédits sur l'Albigeois, le Castrais et l'ancien diocèse de Lavaur*, Albi 1841, pp. 255~57 참조. 이 텍스트의 중요성은 몰리니에A. Molinier가 처음으로 지적했다(C. Devic & dom J. Vaissète, *Histoire générale de Languedoc...*, IX, Toulouse 1885, p. 410, 주석 6 참조). 가장 최근의 분석으로는 V. R. Rivière-Chalan, *La marque infâme des lépreux et des christians sous l'Ancien Régime*, Paris 1978, pp. 51 이하 참조(일부가 상실되기는 했지만 매우 귀중한 저술이다). 그는 콩페레Compayré가 추정한 날짜를 새로운 자료들에 근거하여 정확히 확인했다. 타른 주립기록물보관소의 소장이 1983년 2월 2일 자의 서신을 통해 나에게 알려준 바와 같이, 이 문서는 알비 시립기록물보관소에서 더 이상 찾아볼 수 없으며 오늘날에는 분실된 것으로 추정된다.

15) 아래 주석 39 참조. 전반적으로는 R. I. Moore, *The Formation of a Persecuting Society. Power and Defiance in Western Europe, 950~1250*, Oxford 1987 참조. 이 연구는 1321년의 사건들에 대해서도 강조하고 있다(pp. 60, 64). 다음 책에는 몇 가지 지적 자극을 주는 생각들이 담겨 있다. E. Gellner, *Nazioni e nazionalismo*, 이탈리아어 판본, Roma 1985.

16) "Incomposita et agrestis illa multitudo"(Paolino Veneto o.f.m., in Baluze, *Vitae* cit., I, p. 171).

17) 동시대인들의 반응에 대해서는 Giovanni di S. Vittore in Baluze, *Vitae* cit., I, pp. 112~15, 117~18, 123 참조. 다음의 연구는 항상 유익하다. H. S. Lucas, "The Great European Famine of 1315~17," *Speculum*, V(1930), pp. 343~77; 그 외에도 J. Kershaw, "The Great Famine and Agrarian Crisis in England 1315~1322," *Past and Present*, 59(1973년 5월), pp. 3~50 참조. 하지만 이 연구는 M.-J. Larenaudie, "Les famines en Languedoc aux XIVe et XVe siècles," *Annales du Midi*, LXIV(1952), p. 37에 기초하여, 이 기간에 작성된 문서들에 랑그도크의 기근에 대한 언급이 없음을 강조하고 있다. 기 부아는 이를 통해 봉건제도의 근본적인 위기의 징후를 감지했다. G. Bois, *Crise du féodalisme*, Paris 1976, pp. 246 이하 참조.

18) L. K. Little, *Religious Poverty and the Profit Economy in Medieval Europe*, London 1978 참조.

19) Trachtenberg, *The Devil* cit., pp. 97 이하; G. I. Langmuir, "Qu'est-ce que 'les Juifs' signifiaient pour la société médiévale?," *Ni juif ni grec. Entretiens sur le racisme*, L. Poliakov 편집, Paris-La Haye 1978, pp. 178~90 참조. 특히 인신공양에 대한 고발과 관련해서는 G. I. Langmuir, "The Knight's Tale of Young Hugh of Lincoln," *Speculum*, XLVII(1972), pp. 459~82 참조.

20) F. Giuseppe, *Contro Apione*, I, pp. 26 이하 참조. 이에 대해서는 A. Momigliano, *Quinto contributo alla storia degli studi classici e del mondo antico*, I, Roma 1975,

pp. 765~84; A. Momigliano, *Saggezza straniera*, 이탈리아어 판본, Torino 1980,
pp. 98~99; J. Yoyotte, "L'Égypte ancienne et les origines de l'antijudaïsme,"
Revue de l'histoire de religions, 163(1963), pp. 133~43; L. Troiani, *Commento
storico al 'Contro Apione' di Giuseppe*, Pisa 1977, pp. 46~48 참조. 플라비우스 요
세푸스의 운명에 대해서는 H. Schreckenberg, *Bibliographie zu Flavius Josephus*,
Leiden 1968, 1979; H. Schreckenberg, *Die Flavius-Josephus-Tradition in Antike
und Mittelalter*, Leiden 1972; H. Schreckenberg, *Rezeptionsgeschichtliche und
textkritische Untersuchungen zu Flavius Josephus*, Leiden 1977 참조.

21) U. Robert, *Les signes d'infâmie au Moyen Âge*, Paris 1889, pp. 11, 90~91, 148 참조.

22) 같은 책, p. 174 참조. C. Malet, *Histoire de la lèpre et son influence sur la littérature
et les arts*, 파리 대학 의학부 논문(1967)(BN: 4°. Th. Paris. 4430; 타자된 문서), pp.
168~69 참조. 카고에 대해서는 F. Michel, *Histoire des races maudites de la France
et de l'Espagne*, Paris 1847, 2 vol; V. de Rochas, *Les parias de France et de l'Espagne.
Cagots et Bohémiens*, Paris 1876; H. M. Fay, *Histoire de la lèpre en France.
Lépreux et Cagots du Sud-Quest*, Paris 1910 참조.

23) Robert, *Les signes* cit., p. 91; Malet, *Histoire* cit., pp. 158~59 참조.

24) M. Kriegel, "Un trait de psychologie sociale," *Annales E.S.C.*, 31(1976), pp.
326~30; J. Shatzmiller, *Recherches sur la communauté juive de Manosque au
Moyen Âge(1241~1329)*, Paris-La Haye 1973, pp. 131 이하; Little, *Religious Poverty*
cit., pp. 52~53 참조.

25) M. Douglas, *Purezza e pericolo*, 이탈리아어 판본, Bologna 1975 참조. 전반적으로
인류학 문헌(터너V. Turner에서 리치E. Leach까지)들은 잘 알려진 다음의 저술에서
영감을 얻었다. A. Van Gennep, *I riti di passaggio*(1909), 이탈리아어 판본, Torino
1981. 이 저술은 다음의 탁월한 에세이에 바탕을 두고 있다. R. Hertz, "Contribution à
une étude sur la représentation collective de la mort," *L'année sociologique*(1907). C.
Ginzburg 편집, "Saccheggi rituali," *Quaderni storici*, n.s., 65(1987년 8월), p. 626
참조.

26) J.-C. Schmitt, "L'histoire des marginaux," in J. Le Goff 편집, *La nouvelle
histoire*, Paris 1978, p. 355 참조.

27) M. Kriegel, *Les Juifs à la fin du Moyen Âge dans l'Europe méditerranéenne*, Paris
1979, pp. 20 이하 참조. A. Boureau, "L'inceste de Judas. Essai sur la génèse de
la haine antisémite au XIIe siècle," *L'amour de la haine*, in *Nouvelle Revue de
Psychana lyse*, XXXIII(1986년 봄), pp. 25~41 참조. 일반적으로는 Moore, *The
Formation* cit. 참조.

28) Trachtenberg, *The Devil* cit., pp. 101, 238, 주석 14 참조. 이 책에서는 1321년의 사건
들에 앞서 12세기의 고발(1163년 보헤미아의 트로파우), 13세기의 고발 두 건(1226년

폴란드의 브레슬라우, 1267년 빈), 그리고 14세기의 고발 세 건(1308년 보, 1316년 오일 렌부르크, 1319년 프랑코니아)을 찾아볼 수 있다.

29) G. Lavergne, "La persécution" cit.; E. A. R. Brown, "Subsidy and Reform in 1321: the Accounts of Najac and the Policies of Philip V," *Traditio*, XXVII(1971), p. 402, 주석 9 참조.

30) Rivière-Chalan, *La marque* cit., pp. 47 이하 참조.

31) L. Guibert, "Les lépreux et les léproseries de Limoges," *Bulletin de la société archéologique et historique du Limousin*, LV(1905), p. 35, 주석 3에서 인용. 카오르의 시정 기록부에서도 동일한 기록을 찾아볼 수 있다. E. Albe, "Les lépreux en Quercy," Paris 1908(*Le Moyen Âge*), p. 14 참조. 로데즈에 대해서는 로버츠의 도움으로 그의 미출판 연구(S. F. Roberts, *The Leper Scare of 1321 and the Growth of Consular Power*)를 참조할 수 있었다.

32) G. de Manteyer, "La suite de la chronique d'Uzerche(1320~1373)," *Mélanges Paul Fabre*, Paris 1902, pp. 403~15 참조(Guibert, "Les lépreux" cit., pp. 36 이하 또한 참조). p. 410에서 저자는 나병환자 60명(15명은 죄수로 취급되었고, 44명은 화형당했다)에 대한 '사법 판결'에 대해 말하고 있다.

33) 기록물은 비달이 발굴하여 분석했다. J.-M. Vidal, "La poursuite des lépreux en 1321 d'après des documents nouveaux," *Annales de Saint-Louis-des-Français*, IV(1900), pp. 419~78(내용이 상당히 바뀐 첫번째 판본에 대해서는 다음의 문헌을 참조. *Mélanges de littérature et d'histoire religieuses publiées à l'occasion du jubilée épiscopal de Ms' de Cabrières...*, I, Paris 1899, pp. 483~518). 전체 텍스트는 다음의 문헌을 참조. Duvernoy, *Le registre d'Inquisition* cit., II, pp. 135~47. 이 기록물의 중요성을 처음 알려준, 내가 볼로냐에서 했던 세미나 강의(1975~76)에 참석한 렐라 코마쉬Lella Comaschi에게 고마움을 전한다.

34) *Liber sententiarum Inquisitionis Tholosanae*는 다음 책의 부록으로 (별도로 페이지 표기가 되어) 출간되었다. P. à Limborch, *Historia Inquisitionis*, Amstelodami 1692, pp. 295~97. 수년이 지난 후에 '바르톨로메우스Bartholomeus Amilhati presbyter de Ladros dyocesis Urgelensis'는 감옥에 투옥되었는데, 그는 아가사와 마찬가지로 나병환자들의 우두머리였다('라드로스'는 나병환자들을 의미한다).

35) 이 기간의 이단 심문에서 고문이 동원된 것에 대해서는 J.-L. Biget, "Un procès d'Inquisition à Albi," *Cahiers de Fanjeaux*, 6(1971), pp. 288~91 참조. 이 연구에는 베르나르 기(아가사에 대한 판결문을 작성한 재판관 중의 한 사람, 본서, p. 87 참조)의 저서『프랙티카*Practica*』에 실린 규정들도 담겨 있다.

36) 이 생략은 바버가 올바르게 지적했다. Barber, "The Plot" cit., p. 10.

37) L. Lazard, "Les Juifs de Touraine," *Revue des études juives*, XVI(1888), pp. 210~34 참조.

38) 얼마 후 그는 우상숭배 의식을 거행한 죄로 투르의 이단 심문관에 의해 고발되어 파리로 압송되었다. 하지만 피고인은 교황 조반니 22세가 개입한 덕분에 석방되었다. J.-M. Vidal, "Le messire de Parthenay et l'Inquisition(1323~1325)," *Bulletin historique et philologique*, 1913, pp. 414~34; N. Valois, "Jacques Duèse, pape sous le nom de Jean XXII," *Histoire littéraire de la France*, XXXIV(1915), p. 426 참조.

39) C. H. Taylor, "French Assemblies and Subsidy in 1321," *Speculum*, XLIII(1968), pp. 217~44; Brown, "Subsidy and Reform" cit., pp. 399~400 참조. 이름이 알려지지 않은 파리 출신의 연대기 작가는 유대인들의 사주를 받은 나병환자들에게 책임을 전가한 음모를 기술한 후에 다음과 같은 결론에 도달했다. "Et la verité sceue et ainssi descouverte et à Philippe le roy de France et de Navarre rapportée en la deliberacion de son grant conseil, le vendredi devant la feste de la Nativité saint Jehan-Baptiste, furent tous les Juifz par le royaulme de France pris et emprisonnez, et leurs bien saisis et inventories"(*Chronique parisienne anonyme* cit., p. 59). 다음의 삽입 구절 "le vendredi…"는 앞 구절, 즉 소식이 왕에게 전달된 시기에 대해 언급하고 있을 뿐, 브라운이 잘못 추정한 것처럼(Brown, "Subsidy and Reform" cit., p. 426), 불과 한 달 후 유대인의 투옥을 결정한 것에 대해서는 언급하지 않는다.

40) 나는 Lazard, "Les juifs" cit., p. 220의 해석을 따르고 있다.

41) 르휘거는 자신의 저서(P. Lehugeur, *Histoire de Philippe le Long*, I, Paris 1897, p. 425)에서, 랑글루아Langlois가 소개한 ― 유대인들에 대한 왕의 입장 변화를 증언하는 ― 문서(아래 주석 51 참조)에 대해서는 알지 못했음에도 불구하고, 유사한 몇 가지 구절에 대한 해석을 시도했다.

42) G. D. Mansi, *Sacrorum Conciliorum nova, et amplissima collectio*, XXV, Venetiis 1782, coll. 569~72 참조. 이 저술은 공식적으로 출판되었지만 (내가 알고 있는 한) 지금까지 단 두 차례만 언급되었다. 반유대주의 논쟁가인 루퍼트(L. Rupert, *L'Eglise et la synagogue*, Paris 1859, pp. 172 이하)는 문서의 내용에 대해 아무런 의심 없이 언급했고, 크레티앵(H. Chrétien, *Le prétendu complot des Juifs et des lépreux en 1321*, Châteauroux 1887, p. 17)은 바나니아스의 서신이 위조되었다고 주장하는 맥락에서 언급했다. 이야기를 덧붙이자면 트랙턴버그(Trachtenberg, *The Devil* cit., p. 101)는 출처를 밝히지 않고 서신이 위조되었다고 언급했다. 하지만 트랙턴버그는 이를 파르트네의 영주가 왕에게 보낸, 분실된 재판 기록과 혼동하고 있다. 문서 전체가 이후의 조작에 의한 결과라는 가설은 내부적으로든 외부적으로든, 전혀 근거가 없는 것처럼 보인다. 한편 동시대의 사건들에 대한 문서의 언급은 매우 정확하고, 다른 한편으로 문서는 (앞으로 살펴보겠지만) 유대인에 대한 교황의 급작스러운 태도 변화를 설명해준다. 앙주 가문과 아비뇽 교황청의 관계에 대해서는 L. Bardinet, "Condition civile des Juifs du Comtat Venaissin pendant le séjour des papes à Avignon," *Revue historique*, t. 12(1880), p.

11 참조.

43) T. von Oppolzer, *Canon of Eclypses*, New York 1962(1886년 판본의 재판) 참조. 1321년 6월 26일, 일식과 월식은 프랑스 전역에서 볼 수 있었다.

44) 잘 알려진 대로, 니콜라이 부하린N. Bucharin은 1930년대에 모스크바에서 재판을 받으며, 그의 가상의 자백이 모두 거짓말이라는 점을 전하기 위해서 비슷한 방법을 취했다.

45) 1322년 7월 필리프의 열렬한 지지를 받았던 동방 원정 계획은 1329년에 다시 착수되었다. A. de B[oislisle], "Projet de croisade du premier duc de Bourbon(1316~1333)," *Annuaire-Bulletin de la Société de l'histoire de France*, 1872, p. 236의 주석; J. Viard, "Les projets de croisade de Philippe VI de Valois," *Bibliothèque de l'École des Chartes*, 97(1936), pp. 305~16 참조.

46) G. Duerrholder, *Die Kreuzzugspolitik unter Papst Johann XXII.(1316~1334)*, Strassburg 1913, pp. 27 이하; Valois, "Jacques Duèse" cit., pp. 498 이하; Taylor, "French Assemblies" cit., pp. 220 이하 참조. 우리는 교황이 언제 서신을 보냈는지 정확히 알지 못한다. 아마도 7월 초 추기경들이 십자군에 대해 논의하기 위해 아비뇽에 모였을 때일 것이다(뒤르홀더G. Duerrholder가 지적한 날짜인 7월 5일은 동일한 주제로 교황이 프랑스 왕에게 서신을 보낸 날짜에서 임의로 추정한 것이다).

47) J. Viard, "Philippe de Valois avant son avénement au trône," *Bibliothèque de l'École des Chartes*, 91(1930), pp. 315 이하 참조.

48) Bardinet, "Condition civile" cit., pp. 16~17; A. Prudhomme, "Les Juifs en Dauphiné aux XIVe et XVe siècles," *Bulletin de l'Académie Delphinale*, 3e s., 17(1881~82), p. 141; J. Loeb, "Notes sur l'histoire des Juifs, IV: Deux libres de commerce du commencement du XIVe siècle," *Revue des études juives*, 10(1885), p. 239; Loeb, "Les Juifs de Carpentras sous le gouvernement pontifical," *Revue des études juives*, 12(1886), pp. 47~49; Loeb, "Les expulsions des Juifs en France au XIVe siècle," *Jubelschrift zum siebzigsten Geburtstage des Prof. Dr. H. Graetz*, Breslau 1887, pp. 49~50; R. Moulinas, *Les Juifs du pape en France. Les communautés d'Avignon et du Comtat Venaissin aux 17e et 18e siècles*, Paris 1981, p. 24 참조. 바론Baron은 이상하게도 추방에 대해 언급하지 않고 있다. 그는 파스투로 무리들에 대항하여 유대인들을 도와주려고 개입한 교황 조반니 22세가, 무슨 이유로 나병환자들과 함께 음모를 획책했다는 고발에 대해 침묵했는지를 묻고 있다(S. W. Baron, *A Social and Religious History of the Jews*, X, New York 1965, p. 221 참조). 그러나 실제로 교황 조반니 22세는 전혀 침묵하지 않았다. 그의 개입에 대해서는 그레이젤도 언급하지 않는다. S. Grayzel, "References to the Jews in the Correspondence of John XXII," *Hebrew Union College Annual*, vol. XXIII, II(1950~51), pp. 60 이하. 이 연구는 유대인이 아비뇽에서 추방된 날짜를 1321년 2월, 즉 나병환자들이 꾸민 것으로 추정되는 음모가 발각되기 이전으로 앞당겼다. 하지만 이러한 날짜는 잘못 해석된 한 문서

에 근거한다(이미 발루아가 이야기한 바 있다. Valois, "Jacques Duèse" cit., pp. 421 이하). 1321년 2월 22일에 예배당을 건설했다고 언급한 교황의 서신(*in castro Bidaride*, "*in loco sinagoga ubi extitit hactenus Judeorum*")은 추방을 암시할 수 없는데, 그 이유는 (그레이첼의 의견과 마찬가지로) 예배당이 유대인에게 예비된 땅에, 정확하게 "*a quibusdam de prefatis Judeis specialiter emi fecimus et acquiri*"로 불리던 땅에 건설되었기 때문이다[Archivio Segreto Vaticano, Reg. Vat. 71, cc. 56*v*~57*r*, n. 159; G. Mollat, *Jean XXII(1316~1334). Lettres communes*, III, Paris 1906, p. 363도 참조].

49) *Musée des Archives Nationales*, Paris 1872, p. 182 참조. 이는 세 차례 출간되었는데, 매번 새로운 자료로서 출간되었다. Chrétien, *Le prétendu complot* cit., pp. 15~16; Vidal, "La poursuite" cit., pp. 459~61(가장 정확한 판본이다. *Mélanges Cabrières* cit.에 실린 이 에세이의 첫번째 판본에서 비달은 두 서신이 조작되지 않은 것으로 믿고 있었다); Rivière-Chalan, *La marque* cit., pp. 41~42. 바버는 아가사 재판과 (유대인이 아니라) 무슬림의 죄를 증명하려는 욕심을 잘못 결합시키고 있다(Barber, "The Plot" cit., p. 9).

50) H. Sauval, *Histoire et recherches des antiquités de la ville de Paris*, II, Paris 1724, pp. 517~18 참조. 유사한 위조문서들이 파괴되지 않고 남아 있어 문제가 되고 있었다. *Musée des Archives* cit., p. 182.

51) C.-V. Langlois, "Registres perdus des Archives de la Chambre des Comptes de Paris," *Notices et extraits des manuscrits de la Bibliothèque Nationale...*, XL(1917), pp. 252~56. 바버(Barber, "The Plot" cit.)가 미처 열람하지 못한 이 문서를 참조한 것은 R. Anchel, *Les Juifs de France*, Paris 1946, pp. 86 이하. 이는 필리프 5세가 나병환자들과 유대인들의 음모에 대해 회의적으로 반응한 것을 해명하고자 했다.

52) Langlois, "Registres" cit., pp. 264~65, 277~78; Blumenkranz, "À propos des Juifs" cit., p. 38 참조. 이 연구는, 전통적으로는 1321년으로 알려진 추방 날짜를 새로운 문서들에 근거하여 그 이후라고 지적했다. (바론을 포함한) 몇 명의 학자에 따르면, 프랑스에서 유대인이 추방된 것은 1348년 이후였다. 따라서 다음의 연구는 수용하기 어렵다[R. Kohn, "Les Juifs de la France du Nord à travers les archives du Parlement de Paris(1359?~1394)," *Revue des études juives*, 141, 1982, p. 17].

53) N. Morard, "À propos d'une charte inédite de l'évêque Pierre d'Oron: lépreux brûlés à Lausanne en 1321," *Zeitschrift für schweizerische Kirchengeschichte*, 75(1981), pp. 231~38 참조. 1321년 9월 3일 자 문서에는 독극물을 퍼뜨린 나병환자들의 화형으로 인해 결백한 나병환자들에 대한 구호품과 연금 지급까지 중단시킨 데 항의하는 내용이 포함되어 있다.

54) 유대인들이 다른 시민들과 어울려 살던 프랑스 남부 지역에서 인신공양에 대한 고발이 없었다는 점에 대해서는 G. I. Langmuir, "L'absence d'accusation de meurtre rituel à l'Ouest du Rhône," *Cahiers de Fanjeaux*, 12(1977), pp. 235~49, 특히 p. 247 참조.

55) 아르투아(A. Bourgeois, *Lépreux et maladreries du Pas-de-Calais(Xe-XVIIIe siècles)*, Arras 1972, pp. 68, 256, 258 참조)와 메츠(C. Buvignier, *Les maladreries de la cité de Verdun*, s.l. 1882, p. 15 참조)에서, 그리고 프랑스 국경 너머의 네덜란드(본서, p. 73 참조)에서 나병환자들이 독극물을 퍼뜨린 죄로 처벌을 받았다는 기록이 있다. 부르고뉴, 프로방스, 카르카손에서 같은 이유로 유대인에게 가해진 박해에 대해서는 이미 언급한 파리의 연대기를 참조(*Chronique* cit., p. 59). 이러한 정보들은 사건 전체를 분석하는—지금까지 시도되지 않은—연구로 통합되어야 할 것이다. 박해가 이루어진 기간 동안 확산된 분위기에 대한 증언은 수도사인 가우프리두스 드 디메네요Gaufridus de Dimegneyo의 자백을 통해 알 수 있다. 그는 1331년 샬롱쉬르손에 위치한 시토회 수도원에 직접 출석하여 10년 전 세속 재판부가 나병환자들과 유대인들을 "흔히 알려진 대로 그들의 죄를 물어" 화형에 처했을 때 자신이 지은 죄에 대한 용서를 청했다. 가우프리두스는 부친의 숙소에 한 남자가 씨앗이 가득 든 주머니를 들고 들어가는 것을 보고 이를 독극물을 퍼뜨리려는 수작으로 알고 고발했으며, 체포된 자는 고문을 받고 자신이 도둑이며 죄면에 걸려 있었다고 자백하여 결국 교수형을 당했다(Grayzel, "References" cit., pp. 79~80 참조).

56) 예를 들어 S. F. 로버츠(앞의 주석 31 참조)가 수행한 연구를 통해 로데즈의 사례를 알수 있다. 영주의 법정은 주교와 세속 관리가 나병환자들을 관리하는 문제를 두고 충돌할 때 세속 관리의 편을 들며 개입했다. 이러한 소식들의 확산에 관해서는 B. Guenée, "Espace et État dans la France du Bas Moyen Age," *Annales E.S.C.*, 31(1968), pp. 744~58 참조(참고문헌 포함). 매우 예외적인 경우지만 왕은 급사를 하루에 150킬로미터를 이동할 정도로 신속하게 급파할 수 있었다. 하지만 평균적으로는 이에 훨씬 미치지 못하는 속도(하루 50~75킬로미터)로 파견하고 있었다.

57) 이러한 결론은 지금까지 행해진 해석들에 대한 모든 비평이 보여주듯이, 전혀 당연한 것으로 여겨질 수 없다. 소발(Sauval, *Histoire* cit.)과 같은 법학자가 보기에는 유대인과 나병환자를 고발하는 문서들은 전반적으로 거짓된 것이었다. 나병환자들에 대해서는 몽포콩(B. de Montfaucon, *Les monuments de la monarchie françoise*, II, Paris, 1730, pp. 227~28)도 의견이 같았다. 한 세기가 지난 후, 루퍼트는 모든 관련 문서들이 유대인의 배신에 대한 명백한 증거였던 반면, 나병환자들은 두드러지지 않았다고 보았다(Rupert, *L'Église* cit.). 반면 일반적 특성에 관한 논문들에 실린 사건을 언급하고 있는 미슐레는, 그라나다 왕의 복수를 어리석은 행동이라고 여겼지만 나병환자들이 완전히 무죄라고 느끼지는 않았다. "저 고독한 자들의 영혼에는 비난받을 만한 광기가 자리 잡을 수 있었다*nell'animo di quei tristi solitari potevano benissimo prender forma delle follie colpevoli...*"[J. Michelet, *Histoire de France(livres V-IX)*, P. Viallaneix 편집, Paris 1975, pp. 155~57]. 몇십 년 후, 1321년의 사건들이 갑작스럽게 화제가 되었다. 의사인 크레티앵H. Chrétien(가명일 수도 있다)은 자신의 소책자 *Le prétendu complot des Juifs et des lépreux en 1321*의 서론에서 "몇 년 전부터"—1887년에 그

리고 드레퓌스 **사건**이 시작되었던 시기에 — 유대인들과 ("성 바르톨로메우스의 대학살이 반복되기를 학수고대하는 것처럼 보이던") 적들에 대항하여 프랑스에서 십자군을 주장하는 설교가 행해지고 있었다는 사실을 강조했다. 『시온 장로들의 문서들*Protocolli dei Savi Anziani di Sion*』이 조작되고 드레퓌스 사건으로 인한 긴장이 최고조에 달했던 세기의 전환기(Cohn, *Licenza* cit., pp. 72 이하; P. Nora, "1898. Le thème du complot et la définition de l'identité juive," *Pour Léon Poliakov: le racisme, mythes et sciences*, M. Olender 편집, Bruxelles 1981, pp. 157 이하 참조)에 비달은 자신이 찾아낸 아가사의 자백 문서들이 너무 상세하고, 고문에도 불구하고 "자발적이고 진실하고 정직하다"고 여겨지지 않는 진실들이 명백히 두드러진다고 결론지으며 모든 의문을 일축했다. 물론 비달은 그라나다와 튀니지 왕들의 서신이 (물론 초기에는 다르게 주장했지만) 조작된 것이라고 주장했다. 그가 그것들을 꾸며낸 마콩의 집정관들을 도덕적으로 부조리하다고 여긴 이유는, 이로 인해 "번역 과정에 입회했을 존경할 만한 사람들이 저속한 위조범"이 되었기 때문이다. 따라서 그는 문서를 위조한 것은 공권력에 반하는 음모에 대한 외부의 지원이 존재한다는 것을 추종자들에게 이해시키고자 했던 나병환자 지도자들이라고 추론했다. 비달은 나병환자들과 유대인들에 대한 (과도해 보이는) 학살이 나병환자들의 (비효율적일지 몰라도) 진지한 음모에 의해 야기되었다는 결론에 도달했다. 반면 사라센 왕과 유대인들이 가담했다는 것을 "밝혀내기는 쉽지 않았다." 이후 무고한 나병환자들에 대한 박해가 공권력에 의해 자행되었음을 명백하게 밝힌 교황의 서신이 발견되었음에도 불구하고(아래 주석 69 참조), 비달은 자신의 생각을 그때도 그리고 그 이후에도 바꾸지 않았다(Vidal, "La poursuite" cit.; J.-M. Vidal, *Le Tribunal d'Inquisition de Pamiers*, Toulouse, 1906, pp. 34, 127 참조). 아가사(베르나르)가 개입된 보다 오래된 또 다른 사례의 경우, 비달은 교회 법원의 기록물을 파괴하려고 했다는 피고인들의 혐의가 실제로는 카르카손 이단 심문관들이 꾸민 것임을 확인했다[J.-M. Vidal, *Un inquisiteur jugé par ses 'victimes': Jean Galand et les Carcassonnais(1285~1286)*, Paris 1903]. 이 경우에 비달은 자크 푸르니에가 재판을 변칙적으로 이끌었다는 사실에 주목하면서 이것이 피고인들의 거짓 자백을 받아내기 위한 고문 때문이었다고 말했다. 그럼에도 나중에는 사건들의 전모가 확실함에도 불구하고 카르카손의 이단 심문관들의 선량한 신념을 강조하려고 노력했다. 그러나 1321년의 음모에 대한 시대의 반향은 비달의 문헌학적 신중함을 압도할 정도로 강력했다. 프랑스 정부의 고위 관료들이 유대인 대위 드레퓌스를 죄인으로 만들기 위해 거짓 증거를 만들어낸 에스테르하지M. Esterhazy를 보호하려고 노력하던 순간에 그는 어떻게 6세기 이전의 정치권력을 문서 위조의 죄로 비난할 수 있었을까? 다음에 언급된 학술 연구들[L. Blazy, *Monseigneur J.-M. Vidal(1872~1940)*, Castillon-en-Couserans 1941, pp. 10~17] 이외에도, 비달은 자전적 성격의 글을 썼는데 이 글은 1921년으로 거슬러 올라가 자신의 성격과 정치적 성향을 밝히고 있다[J.-M. Vidal, *À Moscou durant le premier triennat soviétique(1917~1920)*, Paris 1933]. 비달의 연구에서 드러난 정치적 함의는 심각한 저항에 부딪혔는데, 그중 가장 대표적인 인물인 몰리니에Ch. Molinier 는 (도뇽P. Dognon의 우호적인 서평을 쟁점화하면서) 비달의 결론이 "어리석은 것"이고 사라센 왕의 서신 출판이 "무의미한 것"이라고 주장했다. 물에 독극물을 넣었다는 일화 에 관한 그의 (명백히 반유대주의적인) 암시는 너무 현실적이어서 가볍게 여겨질 수 없 었다. 몰리니에가 이에 대해 쓴 글은 돌이켜 보면 예언적이었다. "아주 작은 충격은 그것 을 소환해 진실의 외형을 덧씌운다"[*Annales du Midi*, XIII(1901), pp. 405~407; 도뇽 P. Dognon의 서평은 같은 책, pp. 260~61 참조; 알브(Albe, "Les lépreux" cit., pp. 16~17)는 나병환자들의 무죄를 주장하고, 유대인들과 사라센인들에게 죄가 있음을 반 복적으로 지적하면서 비달의 결론을 다시금 채택했다]. 하지만 1321년의 사건들에 대한 판단은 오늘날까지도 논쟁의 대상이다. 뒤베르누아J. Duvernoy는 아가사에 대한 재판 기록을 1965년에 처음으로 출간하면서 비달이 아가사의 자백을 실제로 진실이라고 여 겼는지 수사학적으로 되물었다. 그가 생각하기에 자백의 전형적인 형태는 그 내용이 재 판관들에 의해 강요되었다는 명백한 증거였다. 이것은 분명 매우 적절한 고찰이다. 하지 만 뒤베르누아는 아무런 근거가 없는 가설에 의지해 답했다. 즉 이단 심문관인 푸르니에 는 아가사에게 살아남고 싶다면 인정할 것을 강요했으며 나병환자들에 대한 분노를 표 출할 것을 강요했고 더 나아가 필리프 5세의 칙령을 위반하도록 만들었다(Duvernoy, *Le registre* cit., II, p. 135, 주석)는 것이다. 하지만 필리프 5세의 칙령은 아가사에 대한 심 문이 있은 후에 비로소 받아들여졌다. 다시 말해 이단 심문관이 피고인들에게 강요했다 는 점은 별로 신빙성이 없어 보인다(Le Roy Ladurie, *Montaillou* cit., pp. 17, 583, 주석 1. 이 경우에 푸르니에가 왕실 관리들의 사주에 따라 움직였다는 게 당연시되었다). 바 버는 1321년의 박해가 왕부터 최하 계층에 이르는, 사회계층 전반의 집단적인 현상이라 고 보았다(Barber, "The Plot" cit., p. 11). 이 저서는 고발의 확산에 대한 세밀한 연구 가 불가능하다고 여겨 포기했으며(p. 6, 주석 24), 권력이 음모를 계획했다는 가설은 전 혀 고려하지 않았다. 이러한 가설은 전혀 새로운 것이 아니다[예를 들어 빈센트의 피상적 인 연구 참조. Vincent, "Le complot de 1320(과거의 날짜 서식에 근거한 연도) contre les lépreux et ses répercussions en Poitou," *Bulletin de la société des antiquaires de l'Ouest*, 3e s., VII(1927), pp. 325~44]. 하지만 내가 보기에 이 가설은 사안의 모든 복잡성을 반영하고 있지 않은 듯하다. 연구 모델로 내가 염두에 둔 것은 (바버가 p. 12, 주석 40에서 언급한) 르페브르Georges Lefebvre의 『대공포*La Grande Peur*』와 블로 크의 『기적을 행하는 왕들』이었다.

58) F. Baer, *Die Juden im christlichen Spanien*, I, Berlin 1929, pp. 224 이하; Baron, *A Social and Religious History* cit., XI, New York 1967, p. 160 참조.

59) Alphandéry, "Les croisades" cit., p. 269 참조.

60) Bouquet, *Recueil* cit., XXI, pp. 115~16; M. Paris, *Chronica majora*, H. R. Luard 편집, V, London 1880, p. 252 참조.

61) 인도양 중심의 세계에 관한 르 고프의 관찰(Le Goff, *Pour un autre Moyen Âge* cit.,

pp. 280 이하; 이탈리아어 판본, pp. 257 이하)은 확대될 수 있다.

62) 이와 관련해서는 Barber, "The Plot" cit., p. 17 참조.

63) M. Barber, *The Trial of the Templars*, Cambridge 1978, p. 182; *Les Grandes Chronicques de la France*, 8, J. Viard 편집, Paris 1934, pp. 274~76 참조.

64) 첫번째 사례에 대해서는 Barber, *The Trial* cit., p. 179 참조. 두번째 사례(화형으로 끝난)의 경우 발루아는 피고인이 유죄라는 데 의구심을 드러냈고(Valois, "Jacques Duèse" cit., pp. 408 이하 참조), 알브는 반대로 유죄를 확신했다(E. Albe, *Autour de Jean XXII. Hugues Géraud évêque de Cahors. L'affaire des Poisons et des Envoûtements en 1317*, Cahors 1904). 알브의 입장(비평적 의미는 다소 약하다. 앞의 주석 57 참조)에 대해서는 G. Mollat, *Les papes d'Avignon(1305~1378)*, Paris 1950, pp. 42~44 참조. 이것은 규모가 작은 집단에 관한 음모이기 때문에, 그 고발이 증명되지 않았음에도 유대인과 나병환자를 겨냥한 고발에 비해 덜 비합리적인 것처럼 보인다. 하지만 (고문에 의한) 예측 가능한 전형적인 자백의 경우 발루아의 견해에 동의할 수 없다.

65) R. I. Moore, "Heresy as Disease," *The Concept of Heresy in the Middle Ages(11th~13th C.)*, Louvain 1976, pp. 1~11, 특히 pp. 6 이하 참조(관심을 갖게 이끌어준 슈미트J.-C. Schmitt에게 고마움을 전한다). S. N. Brody, *The Disease of the Soul. Leprosy in Medieval Literature*, Ithaca(N.Y.) 1974 일부 참조.

66) de Manteyer, "La suite" cit., pp. 413 참조.

67) Blumenkranz, "À propos des Juifs" cit., p. 37 참조.

68) W. H. May, "The Confession of Prous Boneta Heretic and Heresiarch," *Essays in Medieval Life and Thought Presented in Honor of Austin patterson Evans*, New York 1955, p. 242 참조. 프로우스 보네타(그는 교황 조반니 22세를 때로는 헤롯과, 때로는 악마와 동일시했다고 자백했다)에 대해서는 R. Manselli, *Spirituali e Beghini in Provenza*, Roma 1959, pp. 239~49 참조. 몬테 로토마지에 위치한 산타 카테리나 수도원의 한 연대기도 교황 조반니 22세가 나병환자들을 처벌한 사실을 언급하고 있다.

69) Vidal, "La poursuite" cit., pp. 473~78 참조(이전 판본에 없던 부록은 *Mélanges Cabrières* cit.에 실렸다).

2장
유대인, 이단자, 마녀

1

1347년 9월 말경, 콘스탄티노플을 떠난 열두 척의 제노바 범선이 이탈리아 남부의 메시나 항구에 정박했다. 선적된 물품들 사이에는 흑사병의 숙주인 쥐들이 숨어 있었다. 거의 6세기가 지난 이 순간에 재앙이 또다시 서양에 들이닥친 것이다. 전염병은 시칠리아섬에서 시작되어 유럽 전역으로 빠르게 번져나갔다.[1] 이토록 유럽 사회를 철저하게 뒤흔든 사건은 거의 없었다.

당시 수많은 지역에서 전염병의 책임을 유대인에게 전가하려는 시도가 있었다는 것은 이미 잘 알려진 사실이다. 또한 이러한 고발과 30년 전에 나병환자와 유대인에게 집중되었던 고발들의 유사성도 잘 알려져 있다.[2] 하지만 여기에서도 박해가 있었던 지역과 연대기를 분석적으로 재구성해보는 것만이 아래로부터의 충동과 유대인이 흑사병을 퍼뜨렸다고 확신하는 위로부터의 개입이 복잡하게 얽힌 관계를 밝히는 유일한 방법이다.

2

　알려진 바에 따르면 유대인에 대한 적대감이 처음으로 분출된 것은 성주간이 시작될 무렵이었다. 1348년 4월 13~14일 밤, 종려주일에 툴롱의 게토가 습격을 받았다. 집들이 약탈되고 남자와 여자, 아이 등 40여 명이 잠자리에서 미처 깨어나기도 전에 학살되었다. 당시 흑사병은 이미 도시 전체에 창궐해 있었다. 3년 후 이 학살 만행의 책임자들은 사면되었다. 전염병으로 인해 많은 사람들이 죽어가는 상황에서 당국은 진행 중인 소송 사건들을 취소하면서까지 부족한 노동력을 만회하는 데 온 노력을 기울였던 것이다.[3]

　툴롱의 학살은 하나의 단편적인 사건이 아니었다. 같은 해 4~5월에 근처의 예르와 프로방스의 여러 지역(리에, 디뉴, 마노스크, 포칼키에)에서도 약탈을 동반한 유혈 폭력이 유대인 공동체에 가해졌다. 폭력 사태는 5월 16일 라봄에서 절정에 달했다. 이곳의 모든 유대인이 학살되었는데, 유일한 생존자는 당시 우연한 일로 아비뇽에 머물고 있던 다야스 퀴노니Dayas Quinoni였다.[4] 같은 기간(5월 17일), 바르셀로나에서는 한 사소한 사건을 계기로, 흑사병으로 사망한 자의 장례식이 유대인 학살의 장으로 바뀌어버렸다. 그리고 유사한 사건들이 이후 몇 달 동안 카탈루냐의 여러 마을들에서 잇따라 발생했다.[5]

　피레네산맥의 양쪽 지역들에서도 유사한 현상이 발생했다. 민중의 분노가 급작스럽게 폭발하자 당국이 이를 규탄하고 나섰다. 군주들(프로방스의 조반나Giovanna 여왕과 카탈루냐의 피에트로 3세)과 이들 지역의 관료들은 폭력을 방치하지 않기로 합의했다.[6] 흑사병은 분명, 이 같은 유대인 박해의 흐름을 가져온 배경이었다. 하지만 위 지역들에서 유대인은 흑사병 확산의 원인으로 지목되지 않았다.

3

반면, 다른 지역들에서는 음모에 대한 공포가 가시화되면서 그 결과가 충분히 예상되었다. 3월 초에, 어쩌면 이미 프로방스에는 전염병이 확산되고 있었지만 카탈루냐에서는 아직 이렇다 할 징후가 나타나지 않았을 때,[7] 헤로나 당국은 나르본에 서신을 보내 관련 정보를 요청하면서 전염병 확산이 누군가 병균을 퍼뜨려서인지, 아니면 다른 이유 때문인지 문의했다. 이 질문들이 기록된 서신은 남아 있지 않다. 하지만 이에 대해 4월 17일 나르본 영주인 에머리크Aymeric 자작의 대리인 앙드레 베네자이트André Benezeit가 보낸 답변서는 남아 있다. 당시 사순절까지 흑사병이 나르본, 카르카손, 그라스, 그리고 그 주변 지역들로 확산되면서 주민의 4분의 1 정도가 목숨을 잃었다. 나르본과 다른 지역들에서는 다양한 출신지의 거지들과 빈자들이 병과 죽음을 퍼뜨리기 위해 물, 음식, 집, 교회에 독약 가루를 뿌렸다는 죄목으로 구금되었다. 몇 명은 순순히 자백을 했고 다른 자들은 고문을 받았다. 그들은 이름을 알 수 없는 사람들로부터 돈과 함께 죽음의 가루를 받았다고 자백했다. 따라서 그 선동자들이 프랑스 왕국의 적이라는 의구심이 증폭되었다. 나르본에서는 죄를 자백한 네 명이 불도장 고문을 받은 후 사지가 찢기고 훼손당한 끝에 화형에 처해졌다. 카르카손에서는 피의자 중 다섯 명이, 그라스에서는 두 명이 처형당했으며 훨씬 많은 사람들이 투옥되었다. (계속해서 그 답변서에 적혀 있기를) 식자들은 다음과 같이 말하기도 했다. 흑사병은 자연적인 원인, 즉 거대한 두 행성의 충돌로 발생했을 것이다.[8] 그러나 우리는 행성들과 독약 가루 모두가 흑사병 출현에 책임이 있다고 생각한다. (답변서는 이렇게 마무리된다.) 이 병은 전염성을 가지고 있으며 이 때문에 희생자의 하인, 지인이나 친족 들이 불과 3~4일 만에 전염되어 차례로 죽는다.[9]

오늘날 이러한 결론은 상당히 역설적으로 들린다. 흑사병의 전염성을 인정하는 것은 행성이나 인간의 개입을 배제한다는 것을 암시하기 때문이다. 실제로, 당시 의사들과 연대기 작가들의 다른 증언들을 참고해보면, 전염병의 원인과 확산의 원인을 구분하여 원칙적으로 완벽하게 양립 가능한 세 가지 해석을 발견할 수 있다. 첫번째는 행성의 문제, 공기나 물 또는 두 가지 모두의 오염이고, 두번째는 물리적 접촉이었다.[10] 그러나 오염된 물이 흑사병의 원인이라는 사실을 인정하는 것은 아무래도 1321년의 소문을 떠올리게 한다. 음모론은 카르카손과 그 주변 도시들, 즉 30년 전에 나병환자들과 유대인들에 대한 첫번째 고발이 이루어진 진원지에서 다시 나타났다. 반복된 유형은 친숙하다. 사회적으로 의심받는 집단에 속한 자들이 외부의 적들로부터 돈을 받고 전염을 확산시키기 위해 독약을 퍼뜨렸다는 것이었다. 그러나 인물들의 정체성은 바뀌었다. 나병환자들은 더 이상 등장하지 않았다(게다가 나병은 프랑스를 비롯한 여러 지역들에서 점차 감소하고 있었다).[11] 그리고 무슬림의 왕들은 익명의 적으로 교체되었는데, 이 익명의 적은 당시 한창이던 (훗날 백년전쟁으로 불린) 전쟁을 고려하면 아마도 영국인을 가리켰을 것이다. 그리고 유대인들을 대신하여 이번에는 빈자나 거지와 같은 다른 소외 집단들이 등장했다.

이런 방식으로 음모는 동쪽 지역을 향해 빠르게 퍼져나갔다. 나르본에서 앙드레 베네자이트의 전갈이 도착한 지 10일이 지난 4월 27일, 익명의 한 사람이 지난 1월부터 아비뇽에서 흑사병이 발생했으며 몇몇 빈자*homines... miseri*들의 몸에서 죽음의 가루가 발견되었다는 서신을 보내왔다. 그들은 물에 죽음의 가루를 뿌린 죄로 고발되어 사형을 선고받았다. 더 많은 화형대가 준비되고 있었다. 고발이 정당했는지는 익명의 한 인물이 말한 것처럼 오직 신만이 알 일이다.[12] 1321년에는 전염병이 발생하지 않았다(이와 관련한 유일한 증언은 시기적으로 너무 늦은 것이어서 고려하지 않았다[13]). 나병에 전염될 수 있다는 공포심은 공권력에 의한 일련의 박해를 동반했다. 1348년까지 흑사병이 걷잡을 수 없이 확산되었고 사람들이 파리 목숨처럼 죽어나갔다. 누군가의 책임 소재를 밝혀내는 것은 전염병 확산을 멈추기 위해 무언가를 할 수 있다는 환상을 심어주었다. 그러나 현실의 전염병은 기존의 구도에 따라 나아가지 않았다. 음모론은 상상을 자양분 삼아 무럭무럭 커갔다.

4

이러한 초기 단계에서 드러난 다발적인 요인들, 예를 들어 광분한 무리들이 자행한 프로방스의 유대인 공동체 학살, 나르본과 카르카손 그리고 후에는 아비뇽 당국이 만들어낸 거지 음모설은 화학반응처럼 서로 융합하면서 무지막지한 재앙을 초래했다. 우려하던 사태는 동부 지역의 도피네에서 6월 중순 이후에 발생했다. 7월 초 델피노의 특별서신을 지참한 두 명의 판사와 한 명의 공증인이 그르노블에서 멀지 않은 비질에서 분수와 우물 그리고 음식에 독약을 넣었다는 죄로 고발당한 *publice diffamati* 유대인 남성 일곱 명과 여성 한 명에 대한 조사에 착수했다.[14] 심문이 어떻게 끝났는지는 알 수 없지만 그 결과는 쉽게 짐작할 수 있다. 도피네의 여러 지역에서 유대인들은 단지 한 경우에만 인신공

양의 죄목이 추가되었을 뿐, 대부분의 경우에는 통상적인 죄목으로 고발당해 모두 화형에 처해졌다.[15]

1321년의 경우처럼 아래로부터 촉발된 불안과 정치권력의 개입, 이 둘의 융합은 결정적이었다. 이때 이후 흑사병의 전염을 예방하거나 저지하려는 목적에서, 독약을 퍼뜨렸다고 의심되는 유대인들에 대한 박해가 거의 전염병처럼 빠른 속도로 확산되었다.[16] 도피네에서 고문을 통해 확보한 피고인들의 자백은 이후 전형이 되었다. 즉, 사보이아의 아메데오 6세Amedeo VI는 샹베리에서 성난 군중이 유대인들을 죽이려고 공격한 사건이 벌어진 후에 한 공증인을 시켜 금화 1플로린의 값을 지불하고 재판 문건의 사본을 구하도록 했다.[17] 8월 10일, 아메데오 6세와 보주*의 군주인 루도비코Ludovico는 각자의 관할 지역에서 사람들이 독약을 퍼뜨렸다고 지목한 유대인들에 대한 조사를 지시했다.[18]

그러나 이미 7월 6일에 교황 클레멘트 6세는 아비뇽에서 교서를 발표하며 음모를 주장하는 자들을 처벌하겠다는 의사를 명백하게 전달했다. 교황은 너무 많은 유대인과 기독교인 들이 아무런 죄도 없이 죽임을 당했다고 말하면서, 전염병은 인간 행위의 결과가 아니라 신의 복수나 신비한 힘이 개입한 결과라고 했다. 교서는 아무런 영향력도 발휘하지 못했다. 이후 몇 달이 지난 10월 16일 교황은 새로운 교서를 보내 한층 강한 어조로 불경스럽고 무분별한 기독교인들 때문에 억울하게 죽임을 당한 유대인들의 결백을 분명히 밝혔다. 독약을 풀어 흑사병을 확산시켰다는 죄목으로 고발당한 유대인들에 대한 탄압과 관련하여, 교황은 한편으로는 유대인들도 기독교인들과 마찬가지로 전염되어 죽어가

---

* 스위스 서부에 위치한 주.

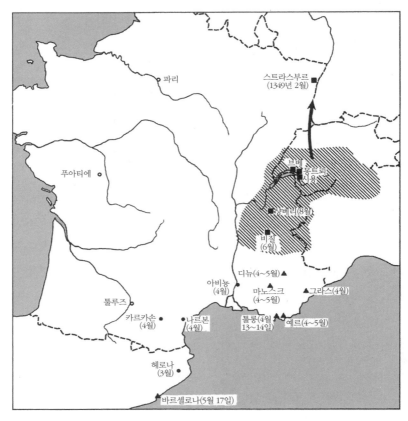

지도 2

1348년 흑사병 확산에 책임이 있다고 추정되는 인물들의 신원.

● 비유대인들이 흑사병을 퍼뜨린 죄로 고발당한 지역
▲ 반유대인 소요가 발생한 지역
■ 유대인들이 흑사병을 퍼뜨린 죄로 고발당한 지역
░ 악마의 잔치에 대한 초기의 재판들이 열린 지역(14세기 후반)
➡ 흑사병을 퍼뜨렸다고 지목된 자들에 대한 박해가 확산된 방향

고 있음을, 다른 한편으로는 전염병이 유대인들과 무관한 지역들에서
도 확산되었다는 사실을 언급했다.[19]

5

한편, 박해가 시작된 도피네와 사보이아에는 1322~23년에 프랑스로
부터 추방된 많은 수의 유대인이 모여 살고 있었다.[20] 민중들의 폭력이
급증하면서[21] 비교적 최근에 이주해 온 사람들에 대한 적대감은 전통
적인 반유대 감정을 더욱 증대시켰을 것이다. 앞서 살펴보았듯이, 관계
당국은 민중들에게 법적인 정당성과 증거, 즉 죄인들이 자백한 내용을
흘림으로써 폭력을 조장한 바 있었다.

적어도 한 가지 사례를 통해 우리는 요약된 기록을 접할 수 있다. 우
리가 가진 것은 기욤 아가사의 경우와 같은 완전한 재판 기록이 아니
라, 시용성의 영주의 명령으로 1348년 9~10월 초에 한 무리의 유대인
(남성 11명과 여성 1명)이 자백한 내용에 기초해 작성한 요약문이다. 피
고인들은 빌뇌브 또는 레만 호수 인근의 여러 마을에 흩어져 살고 있었
다. 이들 모두는 고문을 받고 비교적 오랫동안 버티기는 했지만 결국에
는 음모의 모든 세부 사항들을 진술하면서 죄를 인정하고야 말았다. 다
시 한 번 음모에 대한 열망이 멀리서 꿈틀거리고 있었다. 토농레방에 사
는 외과의사 발라비니Balavigny는 톨레도의 한 유대인으로부터 유대 율
법학자들이 작성한 지침서와 독약을 건네받았다. 이와 유사한 편지들
이 에비앙, 몽트뢰, 브베, 생모리츠의 유대인들에게도 전달되었다. 실크
상인인 아기메트Agimet는 사업차 방문하는 베네치아, 칼라브리아, 아풀
리아 지역에 독약을 퍼뜨리는 임무를 부여받았다. 피고인들은 (검은색
또는 붉은색의) 독약 가루와 (가죽 가방이나 천 가방 또는 종이 깔때기 등

의) 포장 용기, 사용량(계란 한 개, 호두 한 개), 독약을 퍼뜨린 장소에 대해서도 자백했다. 빌뇌브의 맘손Mamson은 일곱 살 이상의 모든 유대인이 이 범행 모의에 가담했다고 밝혔다. 그러나 스트라스부르의 통치자인 시용성의 영주에게 발송된, 자백서가 동봉된 서신에 따르면 여러 명의 기독교인이 같은 이유로 발각되어 처벌받았다고 했다.[22]

이때 이후로 유대인들에 대한 고발과 이에 따른 자백이 증가한 것은 흑사병의 확산과 일치한다(지도 2 참조). 라인강을 따라 위치한 (바젤에서부터 스트라스부르와 만하임에 이르는) 10여 개의 도시들과 독일의 중부와 동부 지역(프랑크푸르트, 에르푸르트, 브레슬라우 등)에서 유대인들에 대한 화형과 참사가 이어졌다.[23] 스트라스부르의 경우, 일부 관계 당국이 박해에 반대하자 매우 심각한 폭력 사태가 발생했다. 콘라드 폰 빈터투어Chonrad von Winterthur 시장은 스트라스부르의 치안판사들에게 편지를 보내 민중들의 유언비어를 믿지 말고 "합리적이고 분별력 있게" 행동할 것을 권고했으나 아무런 소용이 없었다. 2천 명의 유대인이 학살되었다.[24]

6

1348년에도 1321년처럼 음모에 대한 소문은 카르카손에서 그 주변 도시들로 퍼져나갔다. 두 경우 모두, 박해의 궁극적인 대상인 유대인은 초기의 표적들(1321년의 나병환자, 1348년의 빈자와 거지)을 대체하는 다음 단계에서 수면 위로 떠올랐다. 표적이 바뀐 것은 박해 지역이 1321년에는 북부와 동부로 옮겨 간 것, 그리고 1348년에는 동부로 확산된 것과 일치한다. 두 폭력 사태 간의 유사함은 명백하지만, 결코 무시할 수 없는 차이점들 또한 존재한다. 1321년의 경우 정치권력과 종교 권력은 서로 어느 정도 갈등 관계에 있었음에도 불구하고, 구체적인 표적에 대한 주민들의 잠재적인 적대감이 처음에는 나병환자들로, 나중에는 유대인들로 옮겨 가는 데 역할을 했다. 1348~49년에 권력자들은 이른바 음모에 대해 매우 다른 태도를 취했다. 반대하는 사람이 있었는가 하면, 성난 군중의 요구에 굴복한 자들도 있었고 때로는 이들의 요구보다 앞서나간 자들도 있었다. 그러나 이번에는 아래로부터의 압력이 매우 심각했다. 30여 년의 기간, 즉 한 세대의 기간 동안 음모에 대한 강박관념이 민중들의 심리에 깊은 앙금을 형성한 듯하다. 흑사병의 출현 또는 단순한 위협이 이러한 민중들의 심리를 자극하여 밖으로 분출하게 만든 것이다.[25]

알프스 서부 지역에서 처음으로 유대인들이 흑사병을 퍼뜨렸다는 고발이 접수된 이후, 반세기 만에 새로운 박해의 물결이 밀려왔다. 그러나 이번에는 희생자의 역할이 잠깐 동안 유대인에게 부과된 이후 다른 존재들에게 넘어갔다.

7

1409년 6월, 서로마교회를 심각한 위기에 빠뜨린 교회 대분열Scisma이 절정이던 당시에 피사에서 열린 종교회의는 프란체스코 수도회 소속으로 밀라노의 대주교인 피에트로 필라르기스Pietro Filargis를 알렉산드로 5세라는 법명의 세번째 교황으로 선출함으로써, 기존의 두 교황 간의 대립을 종식시켰다. 9월 4일 피사에서 새로운 교황은 제네바, 아오스타, 타란타시아, 도피네, 브나스크 백작령, 아비뇽 교구 등지의 방대한 지역에서 이단 심문관으로 있던 프란체스코 수도회의 퐁세 푸게롱Ponce Fougeyron에게 교서를 보냈다. 이단 심문관의 보고에 근거했음이 거의 확실한 교서에서 교황은 위 지역들의 "소수 기독교인들이 사악한 유대인들과 공모하여 불법적인 단체를 조직하고 세력을 확장하면서 기독교에 반하는 금지된 의식들을 은밀히 행하고 있다*nonnulli Christiani et perfidi Iudaei, infra eosdem terminos constituti, novas sectas et prohibitos ritus, eidem fidei repugnantes, inveniunt, quos saltem in occulto dogmatizant, docent, praedicant et affirmant*"는 사실을 개탄했다. 게다가 교서에 따르면 같은 지역들에서 많은 기독교인과 유대인이 주술, 예언, 악마에게 비는 기도, 마법, 미신, 금지된 사악한 행위 등을 은밀하게 행하면서 여러 신실한 기독교인들을 타락시키고 있었다. 유대인 개종자들은 그들의 오랜 잘못된 방식으로 슬며시 회귀하고 있었고, 기독교인들에게 『탈무드』와 유대 율법 서적들을 확산시키고자 노력했다. 마침내 기독교인들과 유대인들은 고리대금업이 죄악이 아니라고 주장하기도 했다. 교황은 이러한 과오를 저지른 기독교인과 유대인을 감시할 필요가 있다고 결론 내렸다. 한 달 후, 퐁세 푸게롱은 금화 300플로린을 지원받았는데, 이는 그의 이단 심문 활동에 매우 요긴하게 사용될 자금이었다.[26]

이 교서에는 이미 알려졌거나 그렇지 않은 다양한 죄목이 나열되어 있었는데, 주술에 가까운 신앙과 행위, 유대주의를 부추기는 반체제적 선동, 고리대금업을 정당화하려는 시도 등이 그것이었다. 프랑스와 아비뇽에서 추방된 대부분의 유대인들이 유입된 지역에서는 종교색이 다양한 공동체들 간에 활발한 사회문화적 교류가 일어났다. 교황은 이러한 과도한 접촉을 통해 제교혼효sincretista적인 탈선이 일어날 가능성을 통제하고자 했다. 그러나 교황이 교서의 조문에서 (그만큼 특별히 강조한) 죄악으로 간주한 현상은 분명 다른 특징을 가지고 있었다. 구체적으로 명시되지 않은 비밀 집단들은 한편으로는 '새로운 대상'으로, 다른 한편으로는 기독교와는 이질적인 것으로 정의되고 있었다. 그렇다면 이러한 애매모호함은 어떻게 해석되어야 할까?

8

악마론 문헌의 초기 간행물 중에는 지금까지 연구자들이 분석보다는 인용을 더 선호하는 문헌이 있는데, 그것은 도미니크 수도회 소속의 독일인 요하네스 니더Johannes Nider가 쓴 『개미둑Formicarius』(또는 『개미나라』)이다.[27] 니더는 1435~37년 종교회의에 참석하기 위해 갔던 바젤에서 이 작품을 집필했다. 그리고 휴식 시간을 이용해, 회의에 참석한 교부들에게 자신의 글 일부를 읽어주었을 것이다.[28] 이 작품은 한 '게으른 자'의 집요한 질문에 신학자가 중세 동물우화집의 전통을 따라 인간들의 덕목이나 악습에서 개미들의 습관에 이르기까지 자세하게 언급하면서 답변을 하는 대화 형식으로 작성되었다. 『개미둑』 제5권은 미신과 마법, 주술에 대한 이야기로 가득했다. 이러한 이야기들을 기술하기 위해 니더는 같은 교단 소속 신학자들의 조언 이외에도, 베른주 지멘탈의 블랑켄부르크 성주이자 재판관인 페터 폰 그라이에르츠Peter von Greyerz와 리옹 수도원의 개혁자이면서 도미니크 수도회 소속인 에비앙의 이단 심문관과 폭넓은 대화를 주고받으면서 정보를 수집했다.[29] 이 두 정보 제공자는 마녀와 주술사에 대한 수많은 재판을 주재하면서 적지 않은 피고인들에게 화형을 선고한 경험을 가지고 있었다. 세심하게 취재한 이러한 구전 자료들은 니더의 전체적인 구상에 매우 특별한 신선함을 부여했다. 대교황 그레고리오Gregorio Magno 또는 보베의 빈첸초가 기술한 사악한 주술 이야기들 이외에도, 장소와 시기를 구체적이고 정확하게 언급한 증언들이 있었는데, 그럴 수 있었던 이유는 이 증언들이 두 판사의 실제 경험에서 유래한 것이었기 때문이다.

예상했던 바와 같이, 니더는 소위 전통적인 사악한 주술, 즉 질병이나 죽음을 불러오는 주술이나 사랑을 얻기 위한 주술 등이 확산되어 있었다는 사실을 지적하는 데 많은 지면을 할애했다. 그러나 그의 책에는 참회록이나 중세의 설교집에 등장하는 악인이나 마법사와는 명확하게 구분되는 마녀나 주술사의 모임과 같은 친숙하지 않은 이미지들도 등장한다. 당시에 이러한 이미지는 여전히 형성 중에 있었기에, 니더는 부분적으로 불확실하고 모순적인 요소들을 저술의 이곳저곳에 무질서하게 기술했다.

니더는 에비앙의 이단 심문관과 역시 이단 심문관인 페터 폰 그라이에르츠로부터, 베른에는 사람보다 늑대에 더 가까운 모습으로 어린아이들을 잡아먹는 남녀 주술사들이 있다는 정보를 확보했다. 특히 그는 이단 심문관으로부터 로잔 지역의 어떤 사악한 주술사들이 자기 자식을 요리한 후에 먹어치웠으며, 이들이 모임을 갖고 인간의 형상을 한 악마를 소환하는 의식을 거행했다는 이야기를 전해 들었다. 악마의 추종자가 되기 위해서는 기독교 신앙을 버리고 더 이상 성체를 숭배하지 않아야 하며 기회가 생길 때마다 은밀하게 십자가를 짓밟을 것을 맹세해야만 했다. 불과 얼마 전에 이단 심문관인 페터 폰 그라이에르츠는 열세 명의 어린아이를 먹어치운 마녀와 주술사 몇몇을 재판하여 화형에 처한 바 있었다. 이러한 '존속살인자' 중 한 명은 요람이나 부모의 침대 곁에서 아직 세례를 받지 않았거나 기도나 십자가로 보호를 받지 못한 어린아이들을 공격하는 것(이러한 공격성은 이방인의 자녀에게 향하기도 했다)이 자신들의 풍습이라고 증언했다. 주술의식을 통해 살해된 어린아이들의 시신은 매장된 무덤에서 꺼내졌고, 마녀들은 살과 뼈가 자연스럽게 발라질 때까지 그 시신을 커다란 솥에 담아 끓였다. 고체 부분은 주술 행위나 변신에 사용할 연고로 만들어졌고*nostris voluntatibus et artibus et transmutationibus*, 액체 부분은 병이나 자루에 넣어 보관했다가 주술의식을 거행하는 도중에 집단의 우두머리가 되려는 자의 음료로 제공되었다. 특히 음료에 관한 부분은 이단 심문관인 페터 폰 그라이에르츠가 화형에 처해지기 직전에 회개한 어느 젊은 남성으로부터 들은 내용이었다. 새로운 가입자들을 받아들이는 의식은 일요일에 교회에서, 성수로 정화되기 이전에 거행되었다. 기존 구성원들 앞에서 가입 후보자는 그리스도와 신앙, 세례, 가톨릭교회를 부정하고 집단 구성원들이 악마를 소환할 때 사용하는 용어인 '마지스테룰로*magisterulo*,' 즉 작은 스승에게 존경을 표한 후에 앞서 언급한 액체를 들이켰다.[30]

악마의 잔치의 전형으로 굳어질 의식의 몇 가지 핵심 요소들이 이렇게 드러났다. 악마에 대한 존경 표시, 그리스도와 신앙에 대한 거부, 십자가 모독, 주술용 연고, 잡아먹힌 어린아이들. 그러나 (역시 중요한) 다른 요소들은 아직 언급되지 않거나 또는 매우 초보적인 형태에 머물고 있었다. 변신에 관해서는 이것이 동물 형태로의 변신인지 아닌지에 대한 구체적인 언급이 없으며, 주술 비행은 물론이고 향연과 난교가 동반된 야간 모임에 대해서는 전혀 언급이 없었다. 그러나 악마의 잔치를 향한 결정적인 행보는 주술사들과 마녀들의 위협적인 집단이라는 개념 성립으로 완성된 것이나 다름없었다.

9

페터 폰 그라이에르츠가 니더에게 제공한 정보에 따르면 이러한 주술은 베른과 그 주변 지역들에서 이미 60여 년 전부터 행해지고 있었다. 이러한 행위를 가장 먼저 시작한 자는 스카비우스Scavius라는 인물이었는데, 그는 동료들에게 쥐로 변신하는 방법을 알고 있다고 자랑했다(이것이야말로 동물로의 변신이라는 주제의 가장 구체적인 흔적이다).[31] 니더는 1435~37년에 『개미둑』을 집필했다. 따라서 페터 폰 그라이에르츠는 1375년경의 이야기를 언급한 것으로 추정된다. 이러한 정확한 언급이 가능한 이유는 구전보다는 재판 기록물에 근거했기 때문일 것이다.[32] 16세기 초반, 이단 심문관 베르나르도 라테뇨Bernardo Rategno는 코모의 이단재판기록물보관소의 재판 기록물을 열람한 후에 집필한 『마녀론Tractatus de Strigibus』에서 마녀 집단이 150년 전에 대규모로 출현했다고 주장했다.[33] 두 연대기가 일치한다는 사실은, 고립된 개인들의 주술이 아닌 남성과 여성이 집단으로 모여 거행한 새로운 주술이라는 이미지가 비교적 동일한 시기, 즉 14세기 중반 직후 알프스 서쪽의 두 경사면 지역에서 출현했음을 말해준다.

15세기 초반, 이단 심문관인 퐁세 푸게롱은 이러한 현상을 알프스 서쪽 지역에서 확인된 '새로운 집단과 금지된 의식novas sectas et probibitos ritus'과 연결하려고 집요하게 노력했다.[34] 연대기적으로나 지리적으로, 그리고 주제의 관점에서 상당한 양의 관련 문건들이 현존한다. 연대기적으로 보면 다음과 같다. 나병환자들과 유대인들에 대한 고발(1321), 유대인에 대한 고발(1348), 1375년경 마녀와 주술사 집단의 형성, 언제부터인지는 모르지만 그리스도 신앙에 반하는 '새로운 집단과 금지된 의식'을 거행한 유대인과 기독교인에 대한 고발(1409), 입회의식과 연결될 수 있는 마녀와 주술사 집단과 관련하여 니더가 기록한 증언들(1435~37). 지리적으로 보면, 1321년에 각각 프랑스 남서부와 북서부 지역에서 나병환자와 유대인에 대한 박해가 시작되었고, 1348년에는 유대인들에게 집중되었으며 그 대상 지역도 도피네, 사보이아, 레만 호수(이러한 지역들에서 유대인과 기독교인이 뒤섞인 새로운 집단이 등장했으며 마녀와 주술사의 새로운 집단에 대한 박해가 시작되었다)로 확대되었다(지도 2 참조). 주제의 관점에서 보면, 이러한 일련의 박해를 하나로 묶어주는 요소는 표적의 변화(나병환자-유대인, 유대인, 유대인-마녀)에 따라 나타나는 반사회적 음모라는 강박관념이다.

10

이것은 분명 부분적으로 재구성된 것에 지나지 않는다. 즉, 연결 고리 중 하나인, 알프스 서부 지역(도피네, 사보이아, 발레주)에서의 유대인과 마녀의 결탁은 마녀 집단에 대한 초기 재판 기록물이 사라졌기 때문에, 직접적인 증언에 해당하지 않는다. 우리는 이러한 사실을 교황 알렉산드로 5세의 교서나 이후 시기에 작성된 문서들의 내용을 토대로 추측할 수 있을 뿐이다. 1466년 샹베리에 거주하는 유대인들에 대한 심문에서는 기독교인(어른들과 특히 어린아이들)을 교살하고자 의식을 행했다는 기존의 전통적인 죄목에 주술과 마법을 부렸다는 혐의가 추가되었다. 당시의 문서들에는 악마의 잔치에 대해서는 아무런 언급이 없었고 다만 목격자가 엿본 신비한 의식에 대한 희미한 암시가 있기는 했다. 이를테면, 빗장이 걸린 방에서 유대인 남성 한 명과 유대인 여성 두 명이 형태가 불분명한 '괴물'과 두 마리의 두꺼비가 보는 앞에서 불타고 있는 밀짚 더미 위에 소녀를 올려놓았다고 하는 식이다.[35] 알다시피 좀 더 명확한 증언들이 없는 상황에서는 이처럼 모호한 묘사들이 보존되기 마련이다. 1348년 유대인들이 모진 고문을 견디지 못하고 자백한 내용이 (니더의 『개미둑』에 기술된 연대기를 볼 때) 이로부터 몇 년 후에 유사한 방식으로 고문을 받은 마녀들과 주술사들의 자백 내용으로 어떻게 옮겨 갔는지 우리는 알 수 없을 것이다. 그러나 비록 우리가 이러한 국면의 세부 사실들을 알지 못한다고 할지라도, 일련의 문건들의 전체적인 의미는 비교적 명확해 보인다. 다시 말하면 비교적 제한된 범위의 사회집단(나병환자들)에서 (비록 인종적으로나 종교적으로 국한된 것이기는 하지만) 보다 큰 규모의 집단으로 발전하여 어쩌면 경계가 없는 집단(주술사들과 마녀들)으로 확대된 것이다. 나병환자와 유대인처럼 마녀와 주술사는 공동체의 주변부에 위치하고 있었고, 이들은 강력한 외부의 적인 악마의 사주로 다시 한 번 음모를 꾸몄다. 이단 심문관들과 세속 재판관들은 마녀와 주술사의 육신에서 악마와의 협정에 대한 물리적 증거, 즉 나병환자들과 유대인들이 의복에 꿰매어 부착하고 다녔던 표식을 찾으려고 했을 것이다.

돌이켜 보면 이러한 사건들은 철저하게 일관된 의지에 따라 기록된 것이었다. 그러나 굳은 의지만큼의 일관된 전개는 드러나지 않았거나 발생 초기에 중단된 것으로 보인다. 1348년 스트라스부르에서 유대인들과 함께 흑사병의 병원체를 퍼뜨렸다는 혐의로 기소된 기독교인 중에는 베긴 수녀회 소속의 수녀 한 명이 포함되어 있었다.[36] 당시 세속인과 성직자의 중간에 해당하는 애매모호한 입장에서 공동생활을 하던 베긴 수녀회 수녀들은 불과 한 세기가 지나기도 전에 유대인 박해에서 마녀 박해로 옮겨 간 변화의 소용돌이에 휘말려 들기에 충분한 조건을 가지고 있었다. 그러나 스트라스부르의 경우는 속편 없이 하나의 사건으로 끝났다. 악마의 잔치 이미지에 전적으로 매달린 재판들이 시작되었을 당시 베긴 수녀회는 이미 쇠퇴기에 접어들고 있었다. 마녀들과 베긴 수녀회 수녀들은 사회적으로 격리된 범주에 머물러 있었다.[37]

11

1435~37년에 쓰인 니더의 저서를 보면 동물로의 변신은 살짝 언급되기만 했고 야간 비행과 야간 모임은 전혀 언급되지 않았다. 그러나 같은 기간에 도피네와 발레주에서는 이러한 요소들이 이미 마녀 집단 이미지의 일부가 되어 있었다. 이러한 내용은 1438년 루체른의 연대기 작가인 위스팅거 폰 쾨닉스호펜Jüstinger von Königshofen이 작성한 보고서에서 알 수 있는데, 이 연대기는 10년 전에 쓰인 요한 프륀트Johann Fründ의 연대기를 사실상 베낀 것이나 다름없었다.[38] 헤니퍼어스와 헤렌스 계곡에서 시작된 재판은 시옹으로 확대되어 100명 이상의 남녀가 화형을 당했다. 피고인들은 모진 고문을 받아 악마의 집단(또는 공동체gesellschaft)에 가담했다는 자백을 하지 않을 수 없었다. 악마는 이들 앞에 검은 짐승의 모습으로 출현했는데 때로는 곰, 때로는 산양의 모습이기도 했다.[39] 이 집단의 구성원은 신과 신앙, 세례, 그리고 가톨릭교회를 저버리고 주술을 이용하여 어른과 아이 들을 죽거나 병들게 만드는 방법을 습득했다. 어떤 이들은 그들이 가축을 잡아먹기 위해 일시적으로 늑대로 둔갑했다고 말했고, 다른 이들은 그들이 악마로부터 받은 특별한 풀을 먹고 눈에 보이지 않는 투명인간이 될 수 있었다고 말했다. 또한 그들은 지팡이와 빗자루를 타고 하늘을 날아서 수도원으로 들어가 창고에 머물면서 맛 좋은 포도주를 마시고 포도주 통들에 용변을 보았다고도 했다. 50여 년 전에 형성된 집단(다시 한 번 우리를 1375년경으로 데려가주는 지표다)의 구성원은 피고인들의 증언에 따르면 700여 명이었다. 그들은 1년만 더 있었다면 자신들의 왕을 중심으로 주변 지역을 모두 장악한 권력자로서 군림할 수 있었을 거라고 말했다.

이 시점에 이르러 완전한 전형이 완성되었으며 그 전형은 이후 250

여 년 동안 더 이상 바뀌지 않았다. 이와 동일한 요소들은 1435년경 사보이아에서 작성된 두 편의 저술에서 재등장했다. 하나는 법학자 클로드 톨로상Claude Tholosan이 브리앙송 주변 계곡 지역에서 있었던 100건 이상의 마녀재판에 기초하여 작성한 것이며, 다른 하나는 어느 무명작가가 쓴 『카타리파의 과오Errores Gazariorum』였다.[40] 모든 요소가 동일했지만, 마지막 요소는 달랐다. 즉, 발레주의 마녀 집단 구성원들이 자백한 엄청난 정치적 음모의 요소가 도피네에서 흔적을 찾을 수 없는 것은 물론이고, 이후 세기에 유럽 대부분의 지역에서 열린 주술과 관련한 수많은 재판들에서도 찾아볼 수 없다. 이는 매우 예외적인 자료이지만, 우리가 재구성한 일련의 문서들을 참고할 때 전혀 이해가 되지 않는 것은 아니다. 우리는 1321년에 나병환자들이 건강한 자들의 사회를 전복할 음모를 실행하기 전날 밤에 이미 그들끼리 백작과 남작의 관직들을 분배했다고 자백한 것을 기억해야 한다.[41]

12

이와 같이 음모의 이미지는 이후 계속적인 부활(또는 반복)을 거치며 반세기도 안 되어서 알프스 서쪽 지역에 정착했다. 앞서 살펴보았듯이, 이후의 확산 과정에서 노골적인 공격 성향을 가진 무리들의 세력이 크게 확장되었는데, 이와 함께 공동체에 대한 적개심도 커졌다. 발레주의 피고인들은 실명, 정신이상, 유산, 성 불능을 일으켰으며, 아이들을 잡아먹었고, 젖소의 젖이 나오지 않게 하고 수확물을 모두 훼손했다고 자백했다. 이 집단의 이미지는 점차 구체적인 모습을 띠기 시작했다. 아가사의 이야기에 따르면, 이미 나병환자들에게 전가되었던 배교 행위에 소름끼치는 새로운 특징들이 더해졌다. 나병환자와 유대인 들이 꾸민 음모의 배후 세력인 악마는 공포심을 자아내는 짐승의 모습으로 관심을 집중시켰다. 음모의 보편적 사악함sinistra ubiquità은 처음에는 오염된 물의 공급으로 표현되었다가, 나중에는 마녀가 악마의 잔치에 참석하기 위해 비행한다는 식의 상징적 표현으로 바뀌었다.

그러나 얼마 후 변화가 나타났다. 1321년과 1348년에 피고인들은 모진 고문 끝에 재판관들이 기대하던 것을 정확하게 진술했다. 나병환자 아가사의 자백 또는 30여 년 후 유대인 의사 발라비니의 자백은 세속 권력과 교회 권력의 대리인들이 제시한 (대개 외부에서 발생한 사실들과 무관한) 이미지의 투영에 불과했다. 마녀 집단의 추종자들에 대한 재판에서 재판관과 피고인들의 관계는 상상 이상으로 복잡하게 얽혀 있었다.

13

이에 대한 분석에 앞서 살펴볼 여담이 하나 있다. 악마의 잔치는 적대적인 전형의 최종 종착지로, 1500여 년 동안 성공적으로 유대인, 기독교인, 중세의 이단자, 마녀에 투영되어왔다는 주장이 있다.[42] 다시 말해 이것은 부분적으로 지금까지의 언급에 대한 해석이지만 또한 부분적으로 분명 이질적인 것이기도 하다.

잘 알려져 있다시피 기독교인들은 이미 일찍부터, 그리고 2세기부터는 더욱 빈번하게 동물 숭배, 식인 행위, 근친상간과 같은 끔찍한 범죄를 저질렀다고 고발되었다.[43] 당시의 소문에 따르면, 이들은 자신들의 집단에 가입한 자에게 어린아이의 목을 잘라 피를 마시고 인육을 먹은 다음, 등불을 끈 채 어둠 속에서 근친상간의 축제를 벌였다. 150년경 기독교로 개종한 그리스인 주스티노Giustino는 자신의 저서 『두번째 변명

Seconda Apologia』에서 이러한 불명예스러운 이야기는 사실무근이며 이 토록 와전된 이유는 새로운 종교인 기독교에 대한 유대인들의 적대감 때문이라고 했다. 이와 유사한 유형의 이야기들은 유대인들 자신을 겨냥하기도 했다. 예를 들어 기원전 1세기 알렉산드리아에서는 유대인들이 당나귀 머리를 숭배하고, 인신공양 의식을 치른 후 식인 행위를 했다고 전해진다.[44] 식인 행위는 당시로서는 흔한 고발의 명분이었다. 이것은 카틸리나Catilina와 그의 추종자들에 대한 이야기에서도 지적되었다. 기독교인들이 연루된 사건에 대한 고발의 명분을 강화하기 위해서 다른 요소들을 추가해야만 했는데, 그중 가장 먼저 추가된 것은 성체성사를 의도적으로 잘못 해석한 것이었다. 어린아이나 갓난아이의 인육을 먹는 의식에 대한 고발은 「요한복음」(6장 54절)의 내용을 왜곡한 결과일 것이다("그러나 내 살을 먹고 내 피를 마시는 사람은 영원한 생명을 누릴 것이며 내가 마지막 날에 그를 살릴 것이다").[45] 추정하건대, 이러한 적대적인 전형이 형성되는 과정에는 당시 여러 집단들이 실제로 거행하던 의식들도 개입되었을 것이다. 입회의식 차원의 식인 풍습에 뒤이어 벌어진 난교에 대한 충격적인 기술은 이집트를 배경으로 하는 그리스 소설에 일부 실려 있다(『페니키아 이야기*Phoinikika*』). 그러나 2세기경 롤리아누스Lollianus가 쓴 작품으로 추정되는 이 소설이 실제 사건을 다룬다고 믿을 만한 근거는 없다.[46] 어쨌든 대략 50년 동안 마르쿠스 미누치우스 펠릭스Marcus Minucius Felix에서 테르툴리아누스Tertullianus까지 기독교 세계의 저자들은 이교도들이 퍼뜨린 범죄적인 소문들을 반박하는 데 주력했다. 리옹에서 카르타고에 이르는 지역의 순교자들은 자신들을 비난한 사형집행인들에게 경멸감을 드러냈다. 5세기 중반 살비아누스Salvianus는 자신의 저서 『신의 통치에 대하여*De gubernatione Dei*』에서

이 모든 것을 오래전에 사라진 치욕스러운 과거로 회상했다.[47]

기독교인들에 관한 살비아누스의 평가는 전혀 틀리지 않았다. 그러나 이제는 성 아우구스티누스를 비롯한 기독교인들이 프리기아의 이단Catafrigi, 마르시온주의자Marcioniti, 카르포크라테스파의 추종자 Carpocraziani, 보르보리안 이단Borboriani, 그리고 아프리카와 소아시아로 뻗어간 다른 이교 집단들이 행한 식인 풍습을 비판하고 나섰다.[48] 표적은 바뀌었지만 내용은 그대로였다. 720년경 아르메니아 교회의 수장이었던 오준의 조반니 4세Giovanni IV di Ojun는 설교 자료에 사모사타의 바울Paolo di Samosata을 추종하는 자들이 어둠을 틈타 자신들의 어머니들과 근친상간을 범하기 위해 모임을 가졌다고 서술했다. 이들은 우상을 숭배했으며 무릎을 꿇은 채 입에 거품을 물고 악마에게 기도했다. 어린아이의 피를 제물에 발라 먹을 정도로 자기 새끼까지 잡아먹는 돼지의 탐식을 능가했고, 죽은 자의 시신을 지붕 위에 올려놓고 태양과 공중의 악마들을 불러들였다. 신생아를 손에서 손으로 넘겨주다가 마지막 숨을 거두는 순간에 신생아를 잡고 있는 사람에게 집단의 최고 권위를 부여하는 것이 이들의 풍습이었다. 우상 숭배, 근친상간, 식인 풍습과 같은 전형적인 요소들은 어쩌면 정말 자행되었을지도 모르는 의식의 왜곡된 변형들과 뒤섞였다.[49]

11세기 이후 서양에서는 이러한 적대적인 전형이 다시 등장했다. 우리가 다루고 있는 해석에 따르면, 이 전형은 처음에는 1022년 오를레앙에서 화형을 당한 이단자들에게 초점이 맞추어졌으나 이후 점차 카타리파Catari(카투스cattus에서 유래한 이름), 발도파, 그리고 청빈형제회Fraticelli로 옮겨 갔다. 오랫동안 비잔틴 제국의 미켈레 프셀로Michele Psello가 쓴 것으로 알려졌지만 실제로는 그보다 200년 후인 1250년경에 살았던 한 인물이 편집한 저술인 『악마들의 활동에 대하여Sulle operazioni dei demoni』에 따르면, 이와 유사한 의식들이 트라키아의 보고밀파Bogomili의 소행인 것으로 여겨졌다.[50] 그러나 오직 서양에서만 이러한 전형을 새로운 유형으로, 즉 식인 습성의 마녀들과 주술사들이 난교를 벌이고 어린아이들을 잡아먹으며 동물 형상의 악마를 숭배하는 야간 의식의 이미지로 여겼다.[51]

14

이러한 재구성은 악마의 잔치라는 현상을 설명하려고 하면 할수록 불안정한 것이 되어버린다. 전형적인 반反이단 행위와 반反주술 행위 사이의 연속성은 매우 복잡하게 얽힌 현상의 부차적인 요소일 뿐이다. 이는 난교에 대한 고발이 인신공양과 식인 풍습에 초점을 맞춘 고발과는 다르다는 점을 통해 알 수 있다. 전자는 모든 종류의 이단에 일률적으로 적용되었던 반면, 후자는 처음에는 수정되었고 나중에는 여러 세기를 거치면서 완전히 잊히게 되었다.

샤반의 아데마르Adémar de Chabannes에 따르면, 1022년 오를레앙에서 마니교도로 지목된 성직자들이 화형을 당한 것은 주술과 같은 특별한 능력을 가졌다고 주장하던 한 농부의 속임수 때문이었다. 농부는 죽은 어린아이를 태운 재를 몸에 지니고 다녔는데, 누구라도 재를 먹는 즉시 집단의 일원이 되었다.[52] 이 이야기는 물론 간접적인 정보들에도 기초한 것이지만 난교나 인신공양에 관한 그 어떤 내용도 포함하고 있지 않았다. 그럼에도 아데마르는 언급하지 않으면 좋았을 혐오감을 암묵적으로 강조했다. 집단의 식인 의식과 성체성사 간의 비교는, 아데마르가 죽음의 가루를 섭취하는 것을 설명하기 위해 사용한 동사

'communicare'를 통해 암시되었는데, 이는 수 세기 전 반이단 문헌들에 나왔던 유사한 고발들을 모방한 것이었다.[53] 1090년경 베네딕트 수도회의 수도승인 샤르트르 생-페르의 폴Paul de Saint-Pére de Chartres은 동일한 주제에 대해 재차 언급했다. 그는 신원을 확실히 알 수 없는 한 증인의 이야기를 언급하면서, 오를레앙의 이단들이 고대의 이교도들처럼, 근친상간의 향연을 통해 태어난 자식들을 불에 태운 다음 그 재를 모아, 마치 기독교인들이 특별한 성체를 조심스럽게 관리하듯 종교적 차원에서 잘 보관했다고 했다. 재의 힘은 매우 강력해서 이를 조금이라도 먹은 사람은 집단을 떠날 수 없었다.[54] 고대의 전형이 다시 등장한 셈인데, 결코 사소하지 않은 변화가 있었다. 인신공양은 난교 직전이 아닌 직후에 거행되어 그 죄악의 결실을 제거했다.[55] 식인 의식은 집단 내부에서만 일어났기 때문에 이단들은 상징적이고 간접적인 방식으로 그리고 자연의 법칙을 부정하면서 사회에 해를 끼치는 별도의 분리된 집단처럼 인식되었다. 몇 년 후 기베르 드 노장Guibert de Nogent은 1114년 수아송에서 재판을 받은 이원론적 이단주의자들을 고발하면서, (구체적으로 어떤 과정을 통해 얻게 되었는지는 모르지만) 오준의 조반니 4세의 한 연설문에서 가져온 세부 내용들을 덧붙였다. 집단의 구성원들은 불 주변에 앉아 난교를 통해 태어난 아이 하나를 죽을 때까지 불을 가로질러 던지기를 반복했다.[56] 그러나 이 사건 이후 인신공양에 대한 고발은 수 세기 동안 유대인에게만 집중되었다. 이단에 대한 격렬한 논쟁에서도 이러한 고발은 실제로 일어나지 않았다.[57] 그러나 이로부터 350년이 지난 1466년 로마에서 재판을 받은 마르케의 청빈형제회 구성원들이 고문 끝에 자백했을 때 근친상간의 난교에 이어 아홉 달 후에 영아 살해가 벌어졌다는 내용이 다시 등장했다. 아마도 누군가에 의해 수정된 이후 빠르게 주변으로 확산되었을 이 이야기에는 바오로주의자들을 비판하던 오준의 조반니 4세의 설교에서 언급되었던 한 가지 요소, 즉 아이를 불구덩이 반대편에 있는 사람에게 던지는 행위를 계속하다 아이가 숨을 거두는 순간에 아이를 손에 들고 있는 사람이 집단의 우두머리가 된다는 요소가 다시 등장했다.[58] 그러나 이러한 요소가 또다시 언급된 것은 악마의 잔치 이미지가 고착된 이후이기 때문에 이를 설명할 수는 없다. 거의 한 세기 동안 사람을 먹는 남녀 주술사 집단에 대한 재판이 이어졌으며, 이제는 식인 풍습의 대상이 더 이상 집단 구성원의 자식들에게만 국한되지 않고 외부로 확대되고 있었다.

이러한 박해의 현실 속에서 1500년 동안 이어져온 일련의 고발의 마지막 고리를 찾는 것은 마녀 집단 이미지의 불연속성을 부정하는 것과 같다. 이단 심문관과 세속 재판관 들이 마녀 집단에 부여한 상당히 공격적인 특질들은 고대의 특질들과, 꽤 구체적인 연대기적, 지리적, 문화적 맥락과 연결된 새로운 요소들을 융합시켰다. 이 모든 것은 피의자들에 대한 고대로부터의 반복적인 강박관념이 순수하고 단순한 형태로 투영된 것으로 볼 수 없는 상호작용의 복잡한 현상임을 의미한다.

15

지금까지 우리는 이러한 요소들 중에서 단 한 가지, 즉 음모의 이미지에 대해서만 언급했으며 그 궤적을 프랑스에서 알프스 서부 지역까지 추적했다. 바로 이곳에서 14세기 후반 내내 이단 심문관들은 이단 집단에 대한 진정한 의미의 공세를 퍼부었다. 이들을 가리키는 '발도파Valdesi'라는 명칭은 2세기 전 피에트로 발도Pietro Valdo(또는 발데스 Valdés)의 종교적 가르침을 따르던 자들에게 붙여졌다. 그러나 우리가 가진 파편적인 기록들은 이들에 대한 보다 다채롭고 모순적인 다른 특징들을 보여준다.

1380년경에는 수공업자들과 소상인(재봉사, 제화공, 숙박업자), 알프스 서부 이탈리아 쪽 경사면과 산기슭 골짜기에 사는 소수의 농민들과 여성들이 연루된 이단 재판이 열렸다.[59] 당시 피고인들의 자백은 이단 집단의 신앙과 사고방식을 증언해주었는데 이는 교회 분열 이후 더욱 강화되었다. 이를테면 부패한 교회의 위계에 대한 논쟁, 신성과 성인 숭배에 대한 거부, 연옥의 존재에 대한 부정 등이 있었다. 그리고 그들은 키에리 지역에서 특히 두드러지게 활약한 카타리파의 존재를 폭로했다. 이 공동체의 우두머리 중 한 명은 '슬라보니아,' 즉 프러시아 지역 출신이었으며, 다른 구성원들은 보고밀파와 접촉하기 위해 실제로 보스니아까지 진출했다.[60]

그 어느 때보다 이 시기에 알프스는 여러 지역으로 분리되지 않고 거의 하나로 이어져 있었다. 사람들과 사상은 그란데 산 베르나르도, 피콜로 산 베르나르도, 몬지네브로, 몬체니시오 고개들을 거쳐, 피에몬테와 롬바르디아를 발레, 사보이아, 도피네, 프로방스와 연결해주는 도로를 따라 이동했다.[61] 이러한 교류는 한때 프란체스코 수도회 수속이었던 안토니오 갈로스나Antonio Galosna 또는 키에리 출신의 조반니 베흐Giovanni Bech(두 사람 모두 이단으로 고발되어 화형을 당했다)와 같은 순회 설교자들 덕분에 이루어졌는데, 이는 낡은 교파들이 해체되는 와중에 다양한 경험들의 접촉을 가능하게 해주었다. 예를 들어 베흐는 처음에는 피렌체의 교황사절단에 합류했으나 얼마 후에 페루자와 로마로 가기 위해 이들로부터 떨어져 나왔다. 그리고 그는 키에리로 돌아온 후 세르비아의 보고밀파와 합류하려고 했으나 여의치 않아 도피네로 돌아와

'리옹의 빈자들'이라는 조직에 가입했다. 이것이 이단적 제교혼효, 즉 이질적인 교리들의 혼합을 가져온 불안정한 상황의 결과라는 점에는 의심의 여지가 없다.[62] 한편, 피에몬테의 '발도파'에 대한 탄압의 핵심 쟁점이었던 난교를 수용했다는 것은 거의 신빙성이 없다. 안토니오 갈로스나와 다른 인물들은 집단 구성원들이 먹고 마신 후에 등불을 끄고 "누가 가지고 있지chi ha tenga"라고 말하면서 광란의 제전을 시작했다고 진술했는데, 그 신빙성을 확인하는 것은 거의 불가능하다. 하지만 이러한 묘사의 전형적인 속성과, 앞서 존재해왔고 문서화된 재판관들의 기대감이 일치한다는 사실은 재판관들의 물리적, 정신적 압력이 개입되었음을 암시한다.[63]

이와 상반된 내용의 가설도 똑같이 정당해 보인다. 전형에서 벗어난 세부 사항이 많아질수록 심문관들의 의도와는 무관한 문화 층위를 드러낼 가능성도 커진다.[64] 그러나 우리가 다루는 문건들에서 이러한 층위를 구분해내는 일이 늘 쉬운 것은 아니다. 이해를 위해 몇 가지 사례를 들어보자. 안토니오 갈로스나는 22년 전인 1365년 키에리 근교의 안데제노에서 집단의 다른 구성원들과 함께 광란의 제전에 참가했다고 말했다. 제전에 앞서 빌리아 라 카스타냐Billia la Castagna라는 이름의 한 여성이 모든 참가자에게 역겨워 보이는 액체를 나누어 주었다. 이 액체를 마신 사람은 결코 집단을 떠날 수 없었다. 이 액체는 빌리아가 침대 밑에서 고기와 빵, 치즈를 먹여 키운 두꺼비의 배설물로 만들어졌다. 알라시아 드 가르초Alasia de Garzo라는 또 다른 여성은 음료에 머리카락과 음모를 태운 재를 섞은 혐의로 고발되었다. 란초 계곡의 이단 공동체를 이끌던 인물인 마르티노 다 프레스비테로Martino da Presbitero는 집에 검은 고양이를 기르고 있었는데, "양처럼 덩치가 큰" 고양이는 "세상에서 가장 좋은 친구"였다고 진술했다.[65] 겉보기에 기이하거나 사소해 보이는 이러한 사실들의 이면에서 우리는 아주 오래되고 진부한 반이단적 선전을 발견할 수 있다. 1022년 오를레앙에서 화형을 당한 마니교도가 죽은 어린아이의 시신을 태운 재를 먹으며 한 번 가입하면 영원히 빠져나올 수 없는 집단에 가입했다는 것을, 카타리파가 고양이 모습으로 둔갑한 악마를 숭배했다거나 거대한 고양이 앞에서 광란의 제전 의식을 거행했다는 것을 우리는 기억한다.[66] 안토니오 갈로스나와 마르티노 다 프레스비테로의 증언을 살펴보면, 이러한 전형들은 다른 문화, 즉 민속 문화에 의해 걸러지고 수정된 것으로 보인다.

이단 심문관인 안토니오 다 세티모Antonio da Settimo는 피고인들을 '발도파'로 분류하는 것으로 혼합된 신앙 기록을 끝마쳤다. 우리의 지식은 그들이 알고 있던 것에 비하면 간접적이고 부분적인 것에 지나지 않지만, 시공간적으로 보다 확장된 것임에는 틀림없다. 우리는 이 시기에 베른 지역과 코모 지역에서 마녀 집단들에 대한 박해가 이미 시작되었거나 또는 시작되고 있었다는 사실을 알고 있다. 또 우리는 반세기 후에 재판관인 페터 폰 그라이에르츠가 새로운 입회자들이 치러야만 했던 의식을 수집(후에 이 자료는 니더에게 전달되었다)하려고 했다는 사실을 알고 있다. 입회자들은 어린아이의 살을 으깨어 만든 액체를 마신 후에 집단의 비밀들을 알게 되었다. 우리는 마녀들의 자백에서 고양이가 마치 악마의 동물인 것처럼 오랫동안 등장해왔다는 사실을 알고 있다. 따라서 피에몬테 계곡에 정착한 '발도파'의 자백은 당시 이단 재판의 전형과, 악마의 잔치로 이어졌을 민속 문화 사이에 상호작용이 일어난 경우처럼 보였다.

이처럼 유동적인 상황에서 새로운 마녀 집단에 대한 감지는 이러한 상황을 공고히 하는 데 적극적으로 기여한 자들―특히 이단 심문관들―에게서도 빠르게 진행되지는 않았다. 14세기 말에 작성되었으며 현재 유일본으로 남아 있는, 뮌헨의 한 필사본에 포함된 『발도파 이단자들의 과오Errores baereticorum Waldensium』의 한 구절은 작성 시기가 이르다는 점에서 매우 예외적이다.[67] 작성 일자에 대한 추측은 본문의 앞부분에서 600여 명의 발도파 구성원들이 불과 1년 만에 피에트로 사제를 통해 개종했다는 내용에 근거한다. 실제로 이 인물은 첼레스티노파의 사제인 피터 즈위커Peter Zwicker로, 1392∼94년 사이에 브란덴부르크 경계 지방과 포메라니아에서 '루치페라니Luciferani'로 불리던 이단들을 박해했으며 이후 1395∼98년 사이에는 오늘날 오스트리아의 남동부 지역에 해당하는 슈타이어마르크주의 발도파에 대한 탄압을 주도했다.[68] 익명의 저자는 『발도파 이단자들의 과오』 외에도, 이름을 알 수 없는 다른 한 집단의 구성원들이 저지른 과오에 대해서도 기술했다. 이들은 이원론적인 개념(이들은 루시퍼를 숭배했으며, 그가 억울하게 천상에서 쫓겨나 지상을 통치하게 된 하느님의 형제라고 주장했다)을 내세우면서 성체와 성모 마리아의 처녀성을 부정하고, 자식들을 종교의식의 제물로 사용했으며 난교를 즐겼다. 특히 난교는 보통 부스켈러Buskeller라고 불리는 지하의 장소에서 거행되었는데, 익명의 저자는 이 용어의 의미에 대한 설명을 생략했다. 이 표현은 스위스 방언으로 '넓은 지하 창고'를 의미했다.[69] 당시 발도파에 대한 박해가 진행되고 있던 슈타이어마르크주로부터 그리 멀지 않은 지역에서 작성된 것으로 추정되는 『발도파 이단자들의 과오』에서 저자는 그 명칭이 알려지지 않은 집단과 관련하여, 풍문 수준의 왜곡된 정보를 제공했다. 이러한 사실들은 피에몬테의 '발도파' 구성원들이 자백한 내용에서 어느 정도는 신빙성이 있어 보이는 방식으로 드러난 주제들, 즉 일반적인 이단론, 카타리파에서 기원한 이원론, 그리고 난교를 대체로 반영했다. 그러나 추가적인 두 가지 요소에 대한 언급은 알프스 서부 지역에 확산되어 있던 이름을 알 수 없는 집단이 새로운 마녀 집단이라는 사실을 확인시켜주었다. 의식용 제물로서 자신들의 자식을 희생시킨 것에 대한 고발은 반이단 활동 덕분에 이미 오래전에 사라진 것이기는 하지만, 니더가 『개미둑』에서 언급한 "부모나 주인을 살해한" 마녀들에 대한 소문들을 예견한 것이었다. 그 의미가 명확하지 않은 부스켈러라는 용어는 병이나 가죽 부대에 담긴 어린아이의 살로 만든 가루나 썩은 음료를 마시는 끔찍한 입회의식에 대한 사소한 암시였을 것이다. 몇 년 후 알프스의 이탈리아 지역에서 가죽 부대는 작은 통으로 바뀌었고 '넓은 지하 창고'는 '작은 통들을 넣어두는 창고' 혹은 큰 통으로 바뀌었다.[70]

그러나 보통 새로운 집단을 정의하는 데는 오래전의 명칭이 선호되었다. 『발도파 이단자들의 과오』를 집필한 익명의 저자가 추적한, 발도파와 '다른 사악한' 이단 집단 사이의 차이들은 예외적인 사례에 불과하다. 스코바체스*scobaces*(빗자루를 타고 다니는 자들)와 같은 새로운 용어들은 별로 보편화되지 않았다.[71] 불과 몇십 년 사이에 '발도파'와 '카타리파' 또는 좀더 보편적인 '이단'이라는 용어는 '악마의 모임 참가자'와 동의어가 되어버렸다. 이러한 어휘들이 이토록 점진적으로 유사해지는 과정을 추적해볼 수는 있다. 즉 이러한 과정은 1437년 이전에 사보이아에서 작성된 『카타리파의 과오』로부터, 클레르보 근처 산악 지역에서 야간을 틈타 모이던 '보주의 집단'의 구성원이었음을 자백한 신학자

기욤 아델린Guillaume Adeline에게 내려진 1453년의 판결문, 악마의 잔치 *chète*에 참가했다고 의심되는 자들을 가리키는 말로 공공연하게 사용되던 '이단자*herejoz*, 발도파의 구성원*vaudey*'과 같은 모욕적인 표현들이 등장했던 1498년 프리부르의 이단 재판으로 이어진다.[72] 이단 심문관들의 신원 확인은 보편적인 용어로 정착했다. 하지만 이미 살펴보았듯이, 그것이 무에서 튀어나온 용어는 아니었다. 그것은 이단, 이원론, 민속적 동기 등이 섞여서 14세기 후반 피에몬테의 '발도파' 사이에서 모습을 드러낸 것이었다.[73]

17

이와 같은 사실은 카타리파의 이원론에 관련된 신앙이 악마의 잔치라는 이미지가 굳어지는 데 기여했다는 (오늘날에는 대체로 수용되지 않는) 가능성을 조심스럽게 제기한다.[74] 안토니오 갈로스나는 자신을 발도파 이단자들에게 소개한 로렌초 로르메아Lorenzo Lormea가 하느님 아버지는 오직 하늘만을 창조했고 땅은 용이 창조했으며 지상에서는 용이 하느님보다 더욱 강력한 존재라는 설교를 했다고 이단 심문관에게 진술했다. 이 집단의 다른 동료는 갈로스나에게 반드시 용을 숭배해야 한다고 얘기했다.[75] 이는 당연히 「요한계시록」(12장 9절)의 용을 의미한다. "그 큰 뱀은 악마라고도 하고 사탄이라고도 하는 늙은 뱀이다*Draco ille magnus, serpens antiquus, qui vocatur diabolus et Satanas*." 고문과 심리적 압박은 마녀 집단의 존재에 대한 증거를 처음으로 제공한 (지금은 기록이 남아 있지 않은) 재판들이 열리는 동안 큰 역할을 했다. 그러나 알프스 서부 지역에 이원론적 신앙이 존재했다는 사실은 동물의 형태로 둔갑한 악마를 숭배했다는 혐의를 제기한 이단 심문관들의 생각과, 또 피고인들이 자신들에 대한 고발을 심리적으로 수용한 것과 무관하지 않았을 것이다.

18

결론적으로 근친상간, 식인 풍습, 동물 신 숭배에 근거한 오랜 적대적 이미지는 무슨 이유로 악마의 잔치가 그 시기에, 또 그 지역에서 (완전한 전형으로 소급될 수 없는) 이러한 특징들을 가지고 출현했는지를 설명하지 못한다. 그러나 여기 차례로 제시된 나병환자, 유대인, 마녀의 사례를 통해 첫번째 질문(왜 이 시기인가?)에 대해서는 답변할 수 있다. 즉, 악마의 잔치의 출현을 통해 14세기 유럽 사회의 위기, 그리고 위기에 수반된 기근, 전염병, 주변 집단의 억류 또는 추방을 예상해볼 수 있다. 두번째 질문(왜 이 지역인가?)에 대한 답변도 동일한 논리로 가능하다. 즉 악마의 잔치에 대한 최초의 재판이 열렸던 지역은 1321년 나병환자와 유대인이 주동했다고 추정되는 음모를 그대로 본뜬, 1348년 유대인 음모 사건의 증거들이 수집된 지역과 일치한다.

나병환자를 뜻하는 스페인어 '가포*gafo*'와 같은 어원을 지닌 '마녀'라는 뜻의 '가파*gafa*'(브리앙송 지역), '이단들의 회합'을 뜻하는 '시나고그*synagogue*'에서 유래한 '불특정 신화적 존재들이 밤에 추는 춤'이라는 뜻의 '스나고가*snagoga*'(보은뷔제 지역) 같은 단어들이 도피네와 사보이아 지역의 방언에 존재한다는 사실은, '보주의 주민*voudois*'이라는 말이 남성 마법사를 뜻하게 되었다는 앞서 언급된 사례와 함께, 지금껏 우리가 재구성한 사건들의 복잡한 사슬을 개괄해 보여준다.[76] 한편 재판관들의 기대와 피고인들의 태도를 함께 살펴보면, 악마의 잔치라는 이미지로부터 추정된 특정 형태에 대한 질문(왜 이렇게 되었는가?)에 임의적으로나마 답변을 구할 수 있다. 이미 1321년에 기욤 아가사에 대한 재판이 파미에의 이단 심문관 자크 푸르니에에게 넘어감으로써, 이단 집단들에 전통적으로 씌워진 두 가지 범죄 혐의, 즉 신앙 부정과 십자가 모독이 나병환자들의 음모를 기술하는 데 포함되었음을 기억할 필요가 있다.[77] 알프스 서부 지역에서 수십 년 동안 진행된 이단 심문 활동이 이단자와 마녀 집단 추종자를 하나로 완전하게 수렴시킨 것이다. 이를테면 동물 형상의 악마 숭배, 난교, 영아 살해는 전형적인 악마의 잔치에서 고정적인 요소가 되었다.

그러나 위의 구성 요소 목록에는 무언가 빠진 게 있는데, 그것은 동물로의 변신과 야간 모임을 위한 비행이다. 이 요소들은 뒤늦게 추가되었지만, 이질적인 혼합물은 결국 높은 온도에서 융합되었다. 그것들은 그때까지 파악된 그 어느 것보다도 깊고 포괄적인 문화적 층위에서 파생되었다.

미주

1) J.-N. Biraben, *Les hommes et la peste en France et dans les pays européens et mediterranéens*, Paris/La Haye 1975, p. 54(그리고 제2권 말미의 방대한 참고문헌) 참조. 전반적으로 다음의 훌륭한 논문 E. Le Roy Ladurie, "Un concept: l'unification microbienne du monde(XIVe~XVIIe siècles)," *Le territoire de l'historien*, II, Paris 1978, pp. 37~97 참조.

2) Biraben, *Les hommes* cit., I, pp. 57 이하 참조. 그 외에도 S. W. Baron, *A Social and Religious History* cit., XI, pp. 160 이하; L. Poliakov, *Storia dell'antisemitismo*, I, 이탈리아어 판본, Firenze 1974, p. 118 참조. 비록 결론 부분에 논쟁의 여지가 있지 만, 가장 분석적인 연구로는 E. Wickersheimer, *Les accusations d'empoisonnement portées pendant la première moitié du XIVe siècle contre les lépreux et les Juifs; leur relations avec les épidémies de peste*, Anvers 1923(제4차 세계의학사학회에서 발표, Bruxelles 1923) 참조. 이에 대해서는 아래 주석 16과 19 참조.

3) A. Crémieux, "Les Juifs de Toulon au moyen Âge et le massacre du 13 avril 1348," *Revue des études juives*, 89(1930), pp. 33~72, 그리고 90(1931), pp. 43~64 참조. 이에 대해서는 J. Shatzmiller, "Les Juifs de Provence pendant la Peste Noire," *Revue des études juives*, 133(1974), pp. 457 이하 참조.

4) 이 모든 것에 대해서는 탁월한 논문인 Shatzmiller, "Les Juifs de Provence" cit. 참조.

5) A. Lopes de Meneses, "Una consequencia de la Peste Negra en Cataluña: el pogrom de 1348," *Sefarad*, 19(1959), pp. 92~131, 322~64, 특히 pp. 99 이하 참조.

6) 카탈루냐에 대해서는 같은 책, pp. 322 이하; 프로방스에 대해서는 Shatzmiller, "Les Juifs de Provence" cit., p. 460 참조.

7) Biraben, *Les hommes* cit., I, pp. 74~75 참조.

8) 목성과 화성을 일컫는다. S. Guerchberg, "La controverse sur les prétendus semeurs de la 'Peste Noire' d'après les traités de peste de l'époque," *Revue des études juives*, 108(1948), p. 10 참조.

9) J. Villanueva, *Viaje literario a las iglesias de España*, t. XIV, Madrid 1850, pp. 270~71 참조.

10) 이 모든 것에 대해서는 Guerchberg, "La controverse" cit. 참조.

11) 그 이유는 아직도 분명하게 밝혀지지 않았다. 다음의 가설을 참조. Malet, *Histoire de la lèpre* cit., pp. 155 이하 참조.

12) "Breve chronicon clerici anonymi," *Recueil des chroniques de Flandre*, J.-J. de Smet 편집, III, Bruxelles 1856, pp. 17~18 참조.

13) S. Usque, *Consolaçam as tribulaçoens de Israel*, III, M. dos Remedios 편집, Coimbra 1908(*Subsídios para o estudo da Historia da Litteratura Portuguesa*, X), pp. XIX*v*~XX*v*(이 연구는 1553년 처음으로 출간되었다. 15세기 말과 16세기 초반 사이의 인물로 추정되는 저자에 대해서는 거의 알려진 것이 없다).

14) Prudhomme, "Les Juifs en Dauphiné" cit., pp. 216~17 참조.

15) [J.-P. Valbonnais], *Histoire du Dauphiné...*, II, Genève 1721, pp. 584~85 참조.

16) 비커스하이머(Wickersheimer, *Les accusations* cit.)는 회니거의 연구(R. Hoeniger, *Der Schwarze Tod in Deutschland*, Berlin 1882, 특히 pp. 40 이하)에 근거하여, 1348년 유대인들이 독극물을 퍼뜨렸다는 고발에서 흑사병이 언급되지 않았다는 사실을 주목했다. 그에 따르면 두 현상의 연결은 그다음 해에 비로소 형성되었다. 이 논문은 제르슈베르그에 의해 정당하게 비판되었다 ──그러나 내가 알기로 그녀는 미출간된 속편의 연구에서 자신의 입장을 보류했다 ── (Guerchberg, "La controverse" cit., p. 4, 주석 3). 제르슈베르그가 재구성하고자 한 것은 비커스하이머가 독극물을 퍼뜨린 유대인과 흑사병을 퍼뜨린 유대인을 지나치도록 단순하게 '혼동'한 것이라고 정의한 근간을 분석하는 것이다(Wickersheimer, *Les accusations* cit., p. 3).

17) C. A. M. Costa de Beauregard, "Notes et documents sur la condition des Juifs en Savoie dans les siècles du Moyen Âge," *Mémoires de l'Académie Royale de Savoie*, 2e s., II(1854), p. 101 참조.

18) A. Nordmann, "Documents relatifs à l'histoire des Juifs à Genève, dans le Pays de Vaud et en Savoie," *Revue des études juives*, 83(1927), p. 71 참조.

19) O. Raynaldus, *Annales ecclesiastici*, VI, Lucae 1750, p. 476. 비커스하이머에 따르면 (Wickersheimer, *Les accusations* cit., p. 3), 교황은 얼마 전부터 아비뇽에 확산되기 시작했던 흑사병을 두려워하고 있었으며 이로 인해 독극물을 퍼뜨린 유대인들에게 부과된 죄목을 마치 흑사병을 퍼뜨린 죄목으로 오해했을지도 모른다. 또한 이러한 오해는 앞서 언급한 반유대주의 전설에 기인했을지 모른다. 하지만 이러한 이중적 가설은 별로 설득력이 없어 보인다. 그 몇 달 동안 서서히 드러나고 있던 유대인과 흑사병의 관계가, 도피네에서 거행된 (오늘날에는 더 이상 그 기록이 존재하지 않거나 찾을 수 없는) 재판들을 통해 형성되었을 것이라는 주장이 훨씬 그럴듯해 보인다. 아울러 매우 정확한 용어들로 작성된 교황 클레멘트 6세의 교서는 이러한 고발들에 대해 반론을 제기한 것이었다.

20) Prudhomme, "Les Juifs" cit., 141 참조.

21) Costa de Beauregard, "Notes" cit., pp. 101~104 참조.

22) Jacob Twinges von Königshoven, *Die alteste Teutsche so wol Allgemeine als*

insonderheit Elsassische und Strassburgische Chronicke..., Strassburg 1698, pp. 1029~48 참조. 이러한 재판들에 대한 신속한 언급으로는 W.-F. de Mulinen, "Persécutions des Juifs au bord du Léman au XIVe siècle," *Revue historique vaudoise*, 7(1899), pp. 33~36; A. Steinberg, *Studien zur Geschichte der Juden während des Mittelalters*, Zürich 1903, pp. 127 이하 참조. 반면, 이 재판들은 매우 상세한 다음의 논문에서는 언급되지 않았다. A. Haverkamp, "Die Judenverfolgungen zur Zeit des Schwarzen Todes im Gesellschaftgefüge deutscher Städte," *Zur Geschichte der Juden im Deutschland des späten Mittelalters und der frühen Neuzeit*, A. Haverkamp 편집, Stuttgart 1981, pp. 27~94(pp. 35~38에는 요약된 연대기가 나온다). 기욤 드 마쇼는 유대인들이 획책한 음모를 비난하며, 이 음모에 기독교인들도 연루되어 있었다고 주장했다(Guillaume de Machaut, "Le Jugement du Roy de Navarre," *Œuvres*, E. Hoepffner 편집, I, Paris 1908, pp. 144~45. 이 문제는 R. Girard, *Il capro espiatorio*, 이탈리아어 판본, Milano 1987, pp. 13~14에서 다시 제기되었다).

23) Haverkamp, "Die Judenverfolgungen" cit.; F. Graus, "Judenpogrome im 14. Jahrhundert: der schwarze Tod," *Die Juden als Minderheit in der Geschichte*, B. Martin & E. Schulin 편집, München 1981, pp. 68~84 참조.

24) Twinges von Königshoven, *Die alteste* cit., pp. 1021 이하, pp. 1052~53; *Urkundenbuch der Stadt Strassburg*, V, H. Witte & G. Wolfram 편집, Strassburg 1896, pp. 162~79; M. Ephraïm, "Histoire des Juifs d'Alsace et particulièrement de Strasbourg...," *Revue des études juives*, 77(1923), pp. 149 이하 참조.

25) 유대인들은 흑사병이 확산되기 전에 이미 살해되었다. 이에 대해서는 Graus, "Judenpogrome" cit., p. 75 참조. 그라우스는 회니거의 연구(Hoeniger, *Der Schwarze Tod* cit.)를 참조했다.

26) L. Wadding, *Annales Minorum*, IX, Romae, 1734, pp. 327~29 참조. 교황 알렉산드로 5세의 교서를 보여주고 요약한 것으로는 J.-B. Bertrand, "Notes sur les procès d'hérésie et de sorcellerie en Valais," *Annales Valaisannes*, III(1921년 8월), pp. 153~54 참조. 퐁세 푸게롱이 『탈무드』와 다른 유대인 서적들에 대해 전개한 비난에 대해서는 I. Loeb, "Un épisode de l'histoire des Juifs en Savoie," *Revue des études juives*, 10(1885), p. 31 참조.

27) 나는 쪽 번호도 없고, 주석도 없는 판본을 열람했다(Bibliothèque Nationale: Rés. D. 463). 편의를 위해 『개미둑』 제5권은 *Malleorum quorundam maleficarum... tomi duo*, I, Francofurti ad Moenum, 1582에서 인용했다. 이 판본에서 니더의 텍스트는 pp. 694~806에 나온다. 『개미둑』에 대해서는 다음을 참조. A. Borst, "Anfänge des Hexenwahns in den Alpen," *Barbaren, Ketzer und Artisten*, München 1988, pp. 262~86(친절하게도 저자가 직접 내게 자신의 책을 보내주었다).

28) 전반적으로 K. Schieler, *Magister Johannes Nider aus dem Orden der Prediger-Brüder. Ein Beitrag zur Kirchengeschichte des fünfzehnten Jahrhunderts*, Mainz 1885 참조. 『개미둑』의 날짜에 대해서는 같은 책, p. 379, 주석 5; Hansen, *Quellen* cit., p. 89 참조.

29) J. Nider in *Malleorum* cit., I, pp. 714~15 참조.

30) 같은 책, pp. 716~18.

31) 같은 책, p. 722.

32) 한센이 수집한 인물 전기들(Hansen, *Quellen* cit., p. 91, 주석 2)은 다음과 같다. 베른 시의회 의원(1385~91), 블랑켄부르크의 봉건 영주(1392~1406, 1397년의 6개월 분량은 빠져 있다), 그리고 베른 시의회의 다른 의원. 사망일은 알려지지 않았다.

33) 1508년경에 집필된 『마녀론*Tractatus*』은, 판사인 프란체스코 페냐Francesco Pegna에 의해 라테뇨의 다른 작품과 함께 재출간되었다. Bernardo da Como, *Lucerna inquisitorum haereticae pravitatis*, Venetiis 1596 참조. 콘에 따르면 라테뇨가 제시한 연대기는 "이탈리아 또는 프랑스의 다른 문서들"에 의해 확인되지 않았다(Cohn, *Europe's Inner Demons* cit., p. 145). 하지만 한센(Hansen, *Quellen* cit., p. 282)이 강조한 니더의 언급과의 일치는 우리가 잃어버렸거나 접근할 수 없는 가장 오래된 주술재판 기록물을 에둘러 갈 수 있게 해준다.

34) 주술에 대한 암시는 이미 파라비에 의해 가설화된 바 있다. P. Paravy, "À propos de la genèse médiévale des chasses aux sorcières: le traité de Claude Tholosan(vers 1436)," *Mélanges de l'Ecole Française de Rome. Temps Modernes*, 91(1979), p. 339 참조. 하지만 그는 이 맥락에서 유대인의 존재가 가지는 중요성에 대해서는 언급하지 않고 있다. 반면 슈발리에는 교서 내용의 의미를 잘못 이해했다. J. Chevalier, *Mémoire historique sur les hérésies en Dauphiné...*, Valence 1890, pp. 29~30 참조.

35) Costa de Beauregard, "Notes et documents" cit., pp. 106~107, 119~22 참조.

36) Haverkamp, "Die Judenverfolgungen" cit. 참조.

37) J.-C. Schmitt, *Mort d'une hérésie*, Paris/La Haye 1978, pp. 195 이하 참조.

38) T. von Liebenau, "Von den Hexen, so in Wallis verbrannt wurdent in den Tagen, do Christofel von Silinen herr und richter was," *Anzeiger für schweizerische Geschichte*, N.F. IX(1902~1905), pp. 135~38 참조. Bertrand, "Notes" cit., pp. 173~76 또한 참조.

39) 1457년 레벤티나 계곡에서 있었던 재판들에서도 악마는 '곰*Ber*'으로 불리거나 (고양이, 산양 등과 마찬가지로) 곰의 형태에 비유되었다. P. Rocco da Bedano, "Documenti leventinesi del Quattrocento. Processi alle streghe," *Archivio storico ticinese*, 76(1978), pp. 284, 291, 295 참조(조반니 크랄Giovanni Kral의 도움을 받았다).

40) 클로드 톨로상의 글은 파라비에 의해 발견되어 편집을 거친 후에 적절하게 분석되었다. Paravy, "À propos de la genèse" cit., pp. 354~79 참조. pp. 334~35에서 그녀는 『카

타리파의 파오』가 1437년 이전에 쓰였다고 신빙성 있게 주장했다(반면 한센은 1450년경
으로 추정했다).

41) 본서, pp. 67~68 참조.

42) Cohn, *Europe's Inner Demons* cit. 참조. 그리고 본서, pp. 22~24 참조.

43) 이 주제와 관련하여 우리는 콘이 간과했던 두 가지 연구를 염두에 두어야 한다. W.
Speyer, "Zu den Vorwürfen der Heiden gegen die Christen," *Jahrbuch für
Antike und Christentum,* 6(1963), pp. 129~36(=*Frühes Christentum im antiken
Strahlungsfeld. Ausgewählte Aufsätze,* Tübingen 1989, pp. 7~13); A. Henrichs,
"Pagan Ritual and the Alleged Crimes of the Early Christians," *Kyriakon.
Festschrift Johannes Quasten,* P. Granfield & J. A. Jungmann 편집, I, Münster
1973, pp. 18~35 참조(이는 중요하다).

44) E. Bickermann, "Ritualmord und Eselskult. Ein Beitrag zur Geschichte antiker
Publizistik," *Monatsschrift für Geschichte und Wissenschaft des Judentums,*
71(1927), pp. 171~87, 255~64(=*Studies in Jewish and Christian History,* II,
Leiden 1980, pp. 225~55); Henrichs, "Pagan Ritual" cit. 참조.

45) F. J. Dölger, "Sacramentum infanticidii," *Antike und Christentum,* IV(1934), pp.
188~228, 특히 pp. 223~24 참조.

46) 조심스럽게 다른 견해를 제시한 헨릭스(Henrichs, "Pagan Ritual" cit.)는 부분적으
로 현존하는 양피지 문서에 폭넓은 주석을 붙여 출간했다(Henrichs, *Die Phoinikika
des Lollianos. Fragmente eines neuen griechischen Romans,* Bonn 1972). 그 외에
도 T. Szepessy, "Zur Interpretation eines neu entdeckten griechischen Romans,"
Acta Antiqua Academiae Scientiarum Hungaricae, XXVI(1978), pp. 29~36;
G. N. Sandy, "Notes on Lollianus' 'Phoenicica'," *American Journal of Philology,*
100(1979), pp. 367~76 참조.

47) 이 모든 것에 대해서는 J.-P. Waltzing, "Le crime rituel reproché aux chrétriens du
IIe siècle," *Bulletin de l'Académie Royale de Belgique,* 1925, pp. 205~39, 그리고 특
히 Dölger, "Sacramentum infanticidii" cit. 참조.

48) 같은 책, p. 218(성 아우구스티누스의『이단에 대하여*De haeresibus*』제26장의 한 구
절을 인용하고 있다); Speyer, "Zu den Vorwürfen" cit. 참조.

49) *Domini Johannis Philosophi Ozniensis Armeniorum Catholici Opera,* J.-B. Aucher
편집, Venetiis 1834, pp. 85 이하(아르메니아어 원문과 라틴어 번역문이 함께 실린 텍
스트); N. Garsoïan, *The Paulician Heresy,* The Hague/Paris 1967, pp. 94~95 참조.

50) P. Gautier, "Le 'De Daemonibus' du Pseudo-Psellos," *Revue des études
byzantines,* 38(1980), pp. 105~94(날짜에 대해서는 p. 131, 비밀스러운 의식에 대해
서는 pp. 140~41 참조). 텍스트에서는 '에우키타이Euchitai,' 즉 수 세기 전에 사라진
이단 집단에 대해 이야기하고 있다. 보고밀파에 대해서는 H.-Ch. Puech-A. Vaillant,

Le traité contre les Bogomiles de Cosmas le Prêtre, Paris 1945, pp. 326~27; Cohn, *Europe's Inner Demons* cit., p. 18 참조(프셀로의 것으로 판단되는 옛 주장을 아직도 유지하고 있다). 이 점에 대해서는 이미 귀스타브 에밀 부아소나드Gustave Émile Boissonade에게서 볼 수 있었다(M. Psellus, *De operatione daemonum, cum notis Gulmini curante Jo. Fr. Boissonade*, Norimbergae 1838, p. 181).

51) Cohn, *Europe's* cit., pp. 20~21, p. 266, 주석 10 참조. 마녀의 야간 비행과 동물 변신이라는 주제는 9세기와 11세기 사이에 작성된 비잔틴 성인들의 전기에서 찾아볼 수 없다. 이에 관해서는 F. Abrahamse, "Magic and Sorcery in the Hagiography of the Middle Byzantine Period," *Byzantinische Forschungen*, VIII(1982), pp. 3~17 참조. 그러나 서양에서도 이러한 주제들은 한참 후에 드러났다.

52) Adémar de Chabannes, *Chronique*, J. Chavanon 편집, Paris 1897, pp. 184~85 참조. 오를레앙의 에피소드에 대해서는 특히 R. H. Bautier, "L'hérésie d'Orléans et le mouvement intellectuel du début du XIe siècle," *Actes du 95ᵉ congrès national des Sociétés Savantes. Reims 1970. Section de Philologie et d'Histoire jusqu'à 1610*, I, Paris 1975, pp. 63~88; M. Lambert, *Medieval Heresy*, New York 1977, pp. 26~27, 343~47(자료에 대한 토론 포함) 참조.

53) 개연성 있는 근거로는 이단에 대한 성 아우구스티누스의 언급을 참조. *De haeresibus*, in Migne, *Patrologia latina*, XLVI, col. 30. 유사한 고발은 소아시아에서도 있었다. 오준의 조반니 4세의 연설 이외에도, (바오로주의자들에 기인한) 의식을 목적으로 음식에 재를 뿌리거나 신생아의 탯줄을 섞는 관습에 대해서는 C. Astruc etc., *Les sources grecques pour l'histoire des Pauliciens de l'Asie Mineure*, extrait de *Travaux et mémoires du Centre de Recherche d'histoire et civilisation bysantines*, 4(1970), pp. 188~89, 92~93, 130~31, 200~201, 204~205(J. Gouillard 편집) 참조. 나에게 이 텍스트를 알려준 에블린 파틀라장Evelyne Patlagean에게 감사를 전한다. 9세기와 10세기 중반으로 날짜가 추정되는 파문 기록을 보면(pp. 200, 204) 난교 의식은 1월 1일 축제 기간에 치러졌다.

54) Paul de Saint-Père de Chartres, *Cartulaire de l'Abbaye de Saint-Père de Chartres*, B. E. C. Guérard 편집, Paris 1840, 2 voll., pp. 109~15. 램버트(Lambert, *Medieval Heresy* cit., p. 26, 주석 11)는 전반적인 탈선이 추가로 삽입된 내용이라고 믿는다. 그러나 가루에 대한 언급은 이단 화형식의 묘사 장면에서 다시 나온다(*Cartulaire* cit., p. 115).

55) 살라미나의 에피파니우스Epifanio di Salamina가 보르보리안 이단들과 그노시스파 추종자들Coddiani을 고발한 이유는 그들이 신생아가 아닌 태아를 적당히 양념해서 잡아먹었기 때문이다. Epiphanius, *Panarion, her.* 26, 3, K. Holl 편집, I, Leipzig 1915, pp. 278~80("Die griechische christlichen Schriftsteller...," XXV).

56) Guibert de Nogent, *Histoire de sa vie(1053~1124)*, G. Bourgin 편집, Paris 1907,

pp. 212~13 참조.

57) 될링거가 출간한 14세기의 필사본을 보면 다음과 같이 희미하게나마 그 흔적이 나온다. Döllinger, *Beiträge zur Sektengeschichte des Mittelalters*, II, München 1890, p. 295: *i Manichei "de semine virginis vel de sanguine pueri conficiunt cum farina panem."* 그 외에도 p. 53 참조.

58) F. Ehrle, "Die Spiritualen, ihr Verhältniss zum Franziskanerorden und zu den Fraticellen," *Archiv für Literatur- und Kirchengeschichte des Mittelalters*, IV(1888), p. 117 참조. 프란체스코 마이오라티Francesco Maiolati의 심문은 다음과 같다. *"interrogatus de pulveribus respondit, quod de illis natis in sacrificio capiunt infantulum et facto igne in medio, faciunt circulum et puerulum ducunt de manu ad manum taliter, quod dessicatur, et postea faciunt pulveres."* 기베르 드 노장과 오준의 조반니 4세의 텍스트가 수렴하는 부분을 지적한 pp. 123 이하; Cohn, *Europe's* cit., pp. 42 이하, pp. 49, 53 주석 참조. 그 외에도 F. Biondo, *Italia illustrata*, Veronae 1482, cc. *Er~v* 참조: "*...sive vero ex huiusmodi coitu conceperit mulier, infans genitus ad conventiculum illud in spelunca delatus per singulorum manus traditum tamdiu totiensque baiulandus quousque animam exhalaverit. Isque in cuius manibus infans exspiraverit maximus pontifex divino ut aiunt spiritu creatus habetur....*" 이로부터 다음의 연구가 나왔다. F. Panfilo, *Picenum*, Macerata 1575, p. 49.

59) 훌륭한 작업인 G. G. Merlo, *Eretici e inquisitori nella società piemontese del Trecento*, Torino 1977 참조.

60) 같은 책, p. 93.

61) 같은 책, pp. 75 이하. 시기적으로는 이보다 앞선 기간에 대한 언급이지만, 보다 일반적인 정보는 G. Sergi, *Potere e territorio lungo la strada di Francia*, Napoli 1981 참조.

62) Merlo, *Eretici* cit., pp. 93~94; G. Gonnet, "Casi di sincretismo ereticale in Piemonte nei secoli XIV e XV," *Bollettino della Società di Studi Valdesi*, 108(1960), pp. 3~36 참조. 램버트가 베흐Bech를 '언어 선전가a verbal exhibitionist'라 부르며 그의 이야기를 신빙성 없는 것으로 간주하는 이유는 분명하지 않다(Lambert, *Medieval Heresy* cit., p. 161, 주석 46).

63) G. Amati, "Processus contra Valdenses in Lombardia Superiori, anno 1387," *Archivio storico italiano*, s. III, t. II, parte I(1865), p. 12(같은 책, pp. 16~40) 참조. 메를로(Merlo, *Eretici* cit., p. 72)는 「요한계시록」의 두 구절이 와전되었다는 가설을 주장한다(2장 25절: "*Id quod habetis, tenete dum veniam*"; 3장 11절: "*Ecce venio cito: tene quod habes, ut nemo accipiat coronam tuam*"). 「요한계시록」의 두 구절은 세계의 종말을 신앙으로 극복할 것을 권고한다. 신빙성의 문제에 대해서는 Merlo, *Eretici* cit., pp. 71 이하; Russell, *Witchcraft* cit., p. 221 참조. 아우디시오의 가설

[G. Audisio, *Les vaudois du Luberon. Une Minorité en Provence(1460~1560)*, Gap 1984, pp. 261~64 참조]. 즉 발도파가 이미 농촌 지역들에 확산되어 있던 난교의 전통을 유지하고 있었을 것이라는 가설은 자백이나 그들이 주장한 의식적 합의들의 전형적인 형태를 고려하지 않고 있다.

64) 본서, pp. 29~30 참조.

65) Amati, "Processus" cit., t. II, parte I, pp. 12~13; Merlo, *Eretici* cit., pp. 68~70(본서, p. 534 참조).

66) Cohn, *Europe's Inner Demons* cit., p. 22 참조.

67) von Döllinger, *Beiträge* cit., II, pp. 335 이하 참조(이것은 '바이에른 뮌헨 고문서 329번' pp. 215 이하의 내용이다).

68) D. Kurze, "Zur ketzergeschichte der mark Brandenburg und Pommerns vornehmlich im 14. Jahrhundert," *Jahrbuch für die Geschichte Mittel- und Ostdeutschlands*, 16~17(1968), pp. 50~94, 특히 pp. 58 이하 참조. 이 저서는 '다른 집단'에 대한 구절을, 점차적으로 악마의 잔치와 유사해지고 있는 이단적 제교혼효 현상들의 (지리적으로 특정되지 않은) 맥락에 포함시킨다. 피터 즈위커의 전기에 대해서는 같은 책, pp. 71~72 참조.

69) F. Staub & L. Tobler, *Schweizerisches Idiotikon*, IV, 1901, 1744~45의 '*Bus*'('대량으로,' 특히 맥주를 뜻한다)라는 표제어 참조. Grimm, *Deutsches Wörterbuch*, I, 1198 참조(*bausbacke, pausback, pfausback*는 '크게 부풀어 오른 양볼'을 뜻한다). 커즈가 제안한 오래전 18세기의 어원이라는 가설('küssen'에서 유래된 *Kusskeller*, 키스하다)은 나로서는 수용하기 어렵다(Kurze, "Zur Ketzergeschichte" cit., p. 65, 주석 50; pp. 63~65 참조. 이 저술에는 포메라니아의 '푸츠켈러Putzkeller' 이야기에 대한 더 많은 정보가 담겨 있다).

70) 단어 '바를로트barlòtt'에 대해서는 *Vocabolario dei dialetti della Svizzera italiana* cit., II, pp. 205 이하, pp. 278~88 또한 참조.

71) Hansen, *Quellen* cit., p. 240 참조.

72) 『카타리파의 과오』는 한센이 출판했다. 같은 책, pp. 118~22(날짜에 대해서는 앞의 주석 40) 참조; 아델린에 대한 판결문은 J. Friedrich, "La Vauderye(Valdesia). Ein Beitrag zur Geschichte der Valdesier," *Sitzungsberichte der Akademie der Wissenschaften zu München*, phil. und hist. Classe, I(1898), pp. 199~200 참조 (하지만 논문 전체가 참조할 만하다. 같은 책, pp. 163 이하). 프리부르의 재판에 대해서는 M. Reymond, "Cas de sorcellerie en pays fribourgeois au quinzième siècle," *Schweizerisches Archiv für Volkskunde*, XIII(1909), pp. 81~94, 특히 p. 92 참조. '발도파의 구성원vaudey'이라는 용어가 악마의 잔치에 참가한 자들과 동의어로 확산된 것에 대해서는 Reymond, "La sorcellerie au pays de Vaud au XVe siècle," *Schweizerisches Archiv für Volkskunde*, XII(1908), pp. 1~14 참조. 1574년에 흉작을

일으킨 "몇몇 주술사와 보주의 주민들"에 대해서 우리는 알게 되었다[*Arrest memorable de la cour du Parlement de Dole contre Gilles Garnier, Lyonnois, pour avoir en forme de Loup-garou devoré plusieurs enfans...*, à Angers 1598(1574년 상스 판본의 재판본), p. 14 참조. 이 소책자를 나에게 전해준 나탈리 데이비스Natalie Davis에게 고마움을 전한다].

73) 이러한 지적은 메를로에 의해서도 강조된 바 있다(Merlo, *Eretici* cit., p. 70).

74) 과거에 이러한 가설은 1335년 툴루즈에서 있었던 몇몇 재판들에 근거하여 제시되었다 (*I benandanti* cit., pp. 46~47 참조). 실제로 이 재판 기록들은, 콘이 명료하게 증명한 것처럼(Cohn, *Europe's Inner Demons*) 이를 출판한 19세기의 잡문가인 라모트-랑공 Lamothe-Langon에 의해 조작된 것이다. 하지만 콘이 지적했듯이, 14세기 후반 피에몬 테의 '발도파'에 대한 재판에서 드러난 카타리파 신앙의 흔적들이 이단 심문관들에 의해 밝혀졌다고는 보기 힘들다. 라모트-랑공이 알지 못했던 이러한 문서들에 근거할 때, 툴루즈에서 열리지 않았던 재판들은 각각 '조작된 비평'인 것처럼 보인다.

75) Amati, "Processus" cit., t. II, parte I, pp. 15, 23, 25 참조.

76) '가파gafa'에 대해서는 J.-A. Chabrand & A. de Rochas d'Aiglun, *Patois des Alpes Cottiennes(Briançonnais et Vallées Vaudoises) et en particulier du Queyras*, Grenoble/Paris 1877, p. 137; J. Corominas, *Diccionario crítico etimológico castellano e hispánico*(표제어 'gafo') 참조. '스나고가snagoga'에 대해서는 A. Duraffour, *Lexique patois-français du parler de Vaux-en-Bugey(Ain)*, Grenoble 1941, p. 285; P. Brachat, *Dictionnaire du patois savoyard tel qu'il est parlé dans le canton d'Albertville*, Alvertville 1883, p. 129('영들의 춤, 시끌벅적한 축제'라는 의미의 'sandegôga') 참조.

77) 본서, p. 85 참조.

Storia Notturna

제2부

1장
여신의 뒤를 따라

1

　1428년, 발레주 산악 지역의 주민들은 주술을 행한 죄로 재판을 받는 과정에서 진술하기를, 야간 모임을 마치고 돌아오는 길에 한 포도주 저장고에 들러 좋은 포도주를 마신 후에 포도주 통들에 오줌을 누었다고 했다.[1] 대략 150년 후인 1575년, 알프스 반대편에 위치한 프리울리의 귀족 트로이아노 데 아티미스Troiano de Attimis는 도시의 포고 사항을 알리는 관리 바티스타 모두코Battista Moduco가 치비달레 광장에서 "(자신이) 베난단테Benandante이며 목요일 늦은 밤에 다른 사람들과 함께 혼인식을 거행하면서 춤추고 먹고 마시기 위한 장소를 물색했으며 돌아오는 길에 포도주 저장고에 들어가 술을 마시고 술통에 오줌을 누었다. 베난단티들이 그곳에 가지 않았다면 포도주가 상하지 않았을 것이다"[2]라고 떠들어대는 것을 들었다고, 이단 심문관인 아시시의 줄리오Giulio d'Assisi 사제와 이 지역의 주교 대리인인 야코포 마라코Jacopo Maracco에게 말했다. 그럼 다시 250년 전으로 돌아가 보자. 1319년 피레네산맥 인근에 위치한 작은 마을의 성당지기로서, 보텔러Botheler라는 이름으로도 불리던 아르노 젤리스Arnaud Gélis는 파미에의 주교이며 이단 심문관인 자크 푸르니에에게 자신이 아르미어armier, 즉 영혼을 볼 수 있고 그와 대화하는 능력을 가진 사람이라고 했다. "비록 죽은 자의 영혼은 음식을 먹지는 않지만─그가 설명하기를─좋은 포도주를 마시고 땔감이 많은 집을 발견하면 안으로 들어가 몸을 녹인다. 죽은 자들이 마신다고 해서 포도주 양이 줄어들지는 않는다."[3)]

위의 세 가지 증언은 모두 시공時空을 달리한다. 그럼 과연 이들 사이에는 어떤 관계가 존재할까?

2

이 질문에 답하기 위해서는 잘 알려진 한 텍스트를 인용할 필요가 있는데, 이는 906년경에 프룸의 레지노네Reginone di Prüm가 주교와 대리인들의 교육을 위해 집필한 『교회의 소송과 징계에 관한 두 권의 종교회의 서De synodalibus causis et disciplinis ecclesiasticis libri duo』에 실려 있다. 교구들에서 완전히 일소되어야 할 미신과 관행의 목록에는 오래전의 프랑크왕국 교회법규capitolare franco에서 유래되었을 것으로 추정되는 다음과 같은 구절이 있다. "*Illud etiam non est omittendum, quod quaedam sceleratae mulieres, retro post Satanam conversae(I Tim. 5, 15), daemonum illusionibus et phantasmatibus seductae, credunt se et profitentur nocturnis horis cum Diana paganorum dea et innumera moltitudine mulierum equitare super quasdam bestias, et multa terrarum spatia intempestae noctis silentio pertransire, eiusque iussionibus velut dominae obedire, et certis noctibus ad eius servitium evocari*〔이미 젊은 과부 몇 사람은 탈선해서 사탄을 따라갔고(「디모데전서」 5장 15절), 악마들의 환영에 온통 정신을 빼앗긴 채, 밤을 틈타 짐승들의 잔등이에 올라타 이교도들의 여신인 디아나와 많은 여성들로 구성된 무리와 함께 깊은 밤의 침묵 속에서 먼 거리를 여행하고 마치 자신들의 여주인인 듯 디아나의 명령에 복종하고 디아나를 섬기기 위해 특정한 날 밤에 소집되었다〕."[4] 이로부터 100년 후 보름스의 주교인 부르카르드Burchard는 자신의 『교령Decretum』에 이 내용을 거의 그대로 다시 쓰면서, 이것이 314년 앙키라 종교회의concilio di Ancira의 결정에 따른 것이라고 잘못 판단하여 디아나의 이름에 에로디아데(이교도들의 여신)라는 명칭을 보탰다("*cum Diana paganorum dea vel Herodiade*"). 원래 제목은 『주교들이 교구에서 마녀와 주술사를 추방하도록 하기 위하여Ut episcopi de parochiis suis sortilegos et maleficos expellant』였지만 일반적으로 『교회규범Canon episcopi』으로 불린 이 텍스트는 교회법 문헌으로 널리 보급되었다.[5]

이는 단지 한 가지 사례에 불과한 것이 아니다. 『교령』의 19번째 권인 『교정자Corrector』를 읽어보면, 프룸의 레지노네가 기록한 대로 때로는 분명하게 때로는 암묵적으로 디아나의 추종자들을 언급한 구절이나 똑같은 미신들을 언급한 구절을 찾아볼 수 있다.[6] 어떤 여자들은 어느 특정한 날 밤에 어리석은 하층민들이 홀다라고 부른 여성으로 둔갑한 악마들 무리를 따를 것을 강요받았다고 주장했다(제19권, 60). 또 어떤 여자들은 야심한 시간을 틈타 깊은 잠에 빠져든 남편들을 남겨둔 채 잠긴 대문을 빠져나왔다고 했다. 이들은 다른 여자들과 함께 황량한 지역을 통과한 다음, 세례받은 자들을 죽여 요리한 후에 그 고기를 먹었으며 이들이 마치 살아 있는 것처럼 보이게 하려고 나무와 지푸라기로 죽은 자의 배 속을 채웠다(제19권, 158). 어떤 여자들은 잠긴 문을 빠져나온 후에 다른 악마 추종자들과 함께 비행을 하여 구름 속에서 전투를 벌이다 상처를 입기도 했다고 증언했다(제19권, 159).[7] 『교정자』에 실린 이 같은 내용에 더해 우리는 부르카르드가 508년 아그드 종교회의 Concilio di Agde의 결정이라고 착각한 규범을 함께 다루어야 한다. 이에 따르면 야간 비행에 참가한 자들은 주술을 부릴 줄 알아서 사람(의 마음)을 증오에서 사랑으로, 혹은 그 반대로 바꿀 수 있다고 했다.[8] 텍스트는 이 모든 내용에서 여성을 거론하고 있으며 때로는 이들을 매우 사악한 존재로 묘사했다. 또한 여성들에 대한 묘사는 『교회규범』에서 사용된 표현들과 거의 동일한 형식으로, 사실상 별다른 변화 없이 반복되었다: "*retro post Satanam conversae*"(제19권, 158), "*certis noctibus equitare super quasdam bestias*"(제10권, 29; 제19권, 60), "*terrarum spatia… pertransire*"(제19권, 159), "*noctis silentio*"(제19권, 159). 이러한 형식적 유사성은 확실한 내용적 통일을 강조한다. 표적은 특정한 몇 가지 미신이 아니라, 여신의 추종자들이 참여했다고 주장하며 새로운 추종자들을 확보하기 위해 노력하는 상상의 집단이다("*et in eorum consortio [credidisti] annoveratam esse*," 제19권, 60). 이러한 대낮의 개종 활동을 통해 실제로 많은 여성들이 동일한 착각에 빠져들었다(제10권, 29). 이 여성들은 자유의지를 가지고 참여한 게 아니라 강제로 참여하게 된 것이라고 말했다("*necessario et ex praecepto*," 제19권, 60). 비행과 전투, 살인에 뒤이어 식인 의식과 희생자 부활이 있었다. 이것들은 어느 특정한 날 밤에 여신이 추종자들에게 명령한 상상의 의식이었다.

프룸의 레지노네와 부르카르드가 보기에 이 모든 것은 악마적 망상이었다. 이러한 착각에 빠져든 여성들에게 예상되는 처벌은 40일, 1년, 2년의 회개로, 상대적으로 가벼운 축이었다. 가장 엄격한 처벌, 즉 교구로부터의 추방은 사랑이나 증오심을 얻은 것을 자랑한 자들에게 내려졌는데, 이는 아마도 단순히 믿기만 한 게 아니라 (비록 별다른 효과는 없었을지라도) 이단 의식에 참가했다는 사실 때문일 것이다. 하지만 15세기의 첫 몇십 년간 신학자들과 이단 심문관들은 주술 집단 추종자들의 자백에 대해 전혀 다른 태도로 일관했는데, 그 핵심은 악마의 잔치가 실제 사건이며, 그래서 화형에 처해질 범죄라는 것이었다. 12세기 중반부터 그라티아누스Gratianus의 교회법 체제로 통합된 『교회규범』에 대해 좀더 구체적으로 살펴볼 때가 되었다. 어떤 사람들은 디아나의 추종자들과 근대 마녀들 간의 동질성을 부정했고, 다른 사람들은 교회법의 권위를 내세우면서 악마의 잔치는 악마가 일으킨 단순한 망상이라고 주장했다.[9]

3

(악마의 잔치의 실체에 대해서 다시 정면으로 다뤄야만 하겠지만) 잠시나마 이 논쟁에서 벗어나보자. 『교회규범』에 대한 악마론자들의 언급은 터무니없는 것에 불과하다. 사실 이 문헌(그리고 다른 관련 문헌)에 묘사된 신앙들은 이후 수 세기에 걸쳐 구체화된 악마의 잔치라는 이미지와 제한적으로나마 명백한 유사성을 보여준다(야간 비행과 식인 의식만 생각해도 충분할 것이다). 그러나 이러한 유사성을 민간신앙의 지속성에 대한 증거로 삼는 것은 명백한 비약이다. 교회법 문헌들은 외부의 시각으로 걸러진 전형적인 설명을 보여줄 뿐이다. 성직자들이 왜곡했을 내용에서 이름을 알 수 없는 여성들의 태도를 분리해내기란 쉽지 않다.

수많은 특징들이 불가사의해 보이며 잔혹한 여성들을 이끄는 여신의 이름도 분명하지 않다.

1280년 아리에주주의 콩세랑에서 개최된 교구회의의 회의록에서는 여신이 벤소치아Bensozia로 불렸다(이는 아마도 보나 소치아Bona Socia가 변형된 표현일 것이다).[10] 한편 1310년 트리어 종교회의에서는 디아나와 헤로디아나Herodiana가 나란히 언급되었다.[11] 그리고 다른 사례들에서는 민속 문화에 속하는 인물들(예컨대 벤소치아, 페르히타 또는 홀다, 여기서 홀다는 『교정자』에서 여성들의 행렬을 가리키는 용어로 사용되었다[12]), 이교도들의 신화에 속하는 인물(디아나), 성서 전통에 속하는 인물(에로디아데)도 찾아볼 수 있다.[13] 이러한 다양한 명칭들은 유사한 전통 또는 적어도 유사하다고 판단되는 전통이 서로 다른 시기와 장소에서 목격되었음을 의미한다. 이는 이러한 민간신앙의 확산을 뒷받침해준다. 그럼에도 교회법학자들과 주교들이 사전에 설정한 틀에 이러한 민간신앙들을 맞추려고 강제했을 것이라는 의심은 여전히 남는다. 예를 들어 '이교도들의 여신'인 디아나에 대한 언급은 로마교회의 해석과 고대 종교에서 유래한 왜곡된 렌즈가 있었음을 암시한다.[14]

4

이 같은 의심은 지극히 정당하다. 1390년 밀라노의 이단 심문관인 벨트라미노 다 체르누스쿨로Beltramino da Cernuscullo 사제는 자신의 기록집에 시빌리아Sibillia라는 여성(아마도 별명인 듯하다)[15]이 "당시 사람들이 에로디아데라고 부르던*quam appellant* 디아나의 놀이"에 주기적으로 참가했다고 자신의 전임자에게 자백한 사실을 적었다. 같은 해, 벨트라미노 사제는 동일한 죄목으로 고발당한 피에리나Pierina라는 다른 여성에 대한 재판의 최종 판결문에서 "에로디아데라고 부르던*quam appellatis* 디아나의 놀이"를 강조했다.[16] 하지만 현존하는 당시의 재판 기록물을 살펴보면, 시빌리아와 피에리나는 단지 '마돈나 오리엔테'에 대해 말했을 뿐이다. 이 존재를 디아나와 동일시한 것은 틀림없이 첫번째 이단 심문관에 의해 시빌리아에게 암시되었을 것이며, 이후 피에리나에게도 『교회규범』을 언급하는 주석(*quam appellant Herodiadem*)과 함께 두 번째 이단 심문관에 의해 같은 일이 반복되었을 것이다. 하지만 두 재판의 기록물, 정확하게 말해 그중 현존하는 기록물은 상황이 더욱 복잡했음을 알려준다.

비코메르카토의 롬바르도 데 프라굴리아티Lombardo de Fraguliati di Vicomercato의 부인 시빌리아와 피에트로 데 브리피오Pietro de Bripio의 부인 피에리나는 1384년 각각 다른 기간에 롬바르디아 북부의 이단 심문관인 도미니크 수도회 소속의 루제로 다 카살레Ruggero da Casale 사제 앞에 출두했다. 두 여성이 서로 아는 사이였는지는 확실하지 않다. 루제로 사제는 두 여성을 심문한 후, 특히 시빌리아가 자백한 '엄청난 범죄'에 대해 밀라노의 대주교인 안토니오 다 살루초Antonio da Saluzzo와 다른 두 명의 이단 심문관에게 도움을 요청했다. 두 여성은 이단임을 회개하라는 형을 선고받았다(시빌리아는 '명백한 이단'이라는 판결을 받았다). 1390년 새로 부임한 이단 심문관인 도미니크 수도회 소속의 벨트라미노 다 체르누스쿨로 사제는 두 여성을 다시 재판하여 사형을 선고했는데, 이들이 상습범*relapsae*이었다는 것이 그 이유였다. 이상의 네 번의 재판들 중 1390년의 두 판결문만이 남아 있다. 하지만 시빌리아에 대한 판결문에 6년 전의 판결이 함께 언급되었고, 피에리나에 대한 판결문에는 이전 재판의 몇몇 구절이 인용되어 있다. 이 기록물들은 원래 훨씬 방대했던 문서들의 일부인 것이다.

시빌리아가 자백한 내용은 다음과 같다. 시빌리아는 어린 시절부터 오리엔테와 그 '무리'를 만나기 위해 목요일 밤마다 모임에 갔다. 오리엔테에게 존경을 표시했으나 그것이 죄라고는 생각하지 않았다. 이후의 재판에서 그녀는 존경의 표시로 머리를 숙이고 "그동안 안녕하셨어요, 마돈나 오리엔테 님"이라고 인사하면 오리엔테가 "잘 왔다, 나의 딸들아*Bene veniatis, filie mee*"라고 대답했다고 진술했다. 십자가를 지고 있는 당나귀들을 제외하고 모든 종의 짐승들이 적어도 암수 한 마리씩 참가했는데, 만약 한 마리가 부족하여 쌍이 이루어지지 않았다면 이 세계 전체는 파괴되었을 것이라고 시빌리아는 믿었다. 오리엔테는 미래와 신비한 사건을 예견하면서 집단 구성원들의 질문에 대답했다. 오리엔테는 시빌리아에게 항상 진실만을 말해주었고, 그럼으로써 시빌리아에게 수많은 정보와 가르침을 주어 사람들의 물음에 대답할 수 있도록 해주었다. 이 모든 것에 대해서 그녀는 고해신부에게 아무런 말도 하지 않았다. 1390년 재판에서 그녀는 최근 6년 동안 모임에 단지 두 차례만 갔다고 했다. 두번째로 모임에 갔을 때, 자신이 있는 곳에서 조금 떨어진 냇물에 돌을 던진 일이 있었는데, 이 때문에 더 이상 모임에 갈 수 없었다고 했다. 또한 그녀는 이단 심문관의 질문에 답하면서, 오리엔테 앞에서는 신의 이름을 결코 부르지 않았다고 얘기했다.

피에리나의 자백이 기록된 현존하는 문서들은 시빌리아의 그것과 근본적으로 일치하지만 일부 새로운 사실들도 들어 있다. 피에리나는 열여섯 살 때부터 매주 목요일 야간 모임에 참가했다. 오리엔테는 그녀의 인사에 "잘 있었느냐, 선량한 자들아*Bene stetis, bona gens*"라고 화답했다. 당나귀와 여우 들은 이 모임에서 배제되었다. 교수형이나 참수형을 당한 자들은 이 모임에 참가했지만 부끄러움에 감히 머리를 들지 못했다. 피에리나의 진술에 따르면, 오리엔테는 자신을 추종하는 무리와 함께 여러 집, 특히 부자들의 집을 방문하여 먹고 마시기를 즐겼다.[17] 청소가 잘된 정돈된 집을 발견하면 오리엔테는 기뻐하며 축복을 해주었다. 오리엔테는 집단 구성원들에게 풀의 효능virtutes herbarum을 가르쳐주고 병을 치유하는 처방과 훔친 물건을 찾아내고 악을 제거하는 방법도 일러주었다. 그러나 이 모든 것은 비밀에 부쳐져야만 했다. 피에리나는 마치 그리스도가 세상의 주인인 것처럼 오리엔테가 '무리'의 여주인이라고 생각했다. 그 외에도 오리엔테는 죽은 피조물에 생명을 다시 불어넣는 능력을 가지고 있었다(하지만 인간들에게는 그렇게 하지 않았다). 때때로 오리엔테의 추종자들은 소를 도살해 그 고기를 먹었다. 그런 다음에는 뼈를 수습해 죽은 동물의 가죽 속에 넣었다. 그러면 오리엔테가 자신의 지팡이 끝으로 가죽을 쳤고 그 순간에 소들은 다시 살아났다. 하지만 이전처럼 밭일을 할 정도로 활력을 되찾지는 못했다.

5

『교회규범』에 따르면, 디아나의 추종자들은 꿈과 악마적 환영의 희생자들이었다. 『교회규범』의 지침에 따라 이단 심문관인 루제로 다 카살레 사제는 '당시 사람들이 에로디아데라고 부르던 디아나의 놀이,' 즉 오리엔테의 모임에 참가했다고 믿었다credidisti... quod... ivisti는 이유로 시빌리아에게 형을 선고했다. 후임 이단 심문관인 벨트라미노 다 체르누스쿨로 사제는 6년 전의 재판에서도 밝혀졌듯이, 피에리나가 '사람들이 에로디아데라고 부르던 디아나의 놀이'에 참가했었다고 기록했다. 심문관이 『교회규범』의 논지를 자신의 입장으로 수용한 것은 피고인의 자백이 바뀐 것과 일치한다. 자백에서 드러난 오리엔테 집단의 이미지와 함께, 수십 년 전 이곳에서 별로 멀지 않은 코모 교구에서 구체화되기 시작한 악마의 잔치에 대한 이미지가 드러나고 있었다.[18] 고문을 받았음이 분명한 피에리나는 루치펠로Lucifello라는 이름의 정령에게 자신을 바치고 자신의 피를 기증하여 복종을 서약했으며 그를 따라 '향연'에 참가했다고 자백했다. 그녀는 시빌리아가 그랬던 것처럼, 처음에는 오리엔테 집단에 참가하는 게 죄인지 몰랐다고 했다. 하지만 심문 자리에서는 자신의 영혼을 구원해달라고 이단 심문관에게 호소했다.

6

(1) 여성들은 (2) 깊은 밤에 (3) 동물들의 잔등이에 올라탄 채 (4) 먼 거리를 내달려 (5) 디아나의 뒤를 따르면서 (6) 주인의 명령에 복종하듯이 여신의 명령에 복종하고 (7) 특정한 날들의 밤에 디아나를 섬긴다고 (8) 믿고 또 그렇게 말한다. 이 모든 요소는 (3)과 (5)를 제외하면 시빌리아와 피에리나의 자백에서 반복적으로 나타난다. 여신의 이름은 다르고, 동물은 탈것으로 이용되지 않는다(거의 대부분의 동물이 오리엔테의 모임에 참가했다). 두 여성의 진술과 『교회규범』 텍스트가 부분적으로 차이를 보이는 것은 완전히 일치하는 것보다 해석의 관점에서 볼 때 훨씬 더 가치가 있다. 왜냐하면 이 사례들이 기존에 존재했던 이야기에 강제로 끼워 맞춰졌을 가능성을 차단하기 때문이다. 어쨌든 베로나 교회 소속의 조반니 데 마토치스Giovanni de Matociis 신부가 자신의 저서 『제국의 역사Historiae Imperiales』(1313)에서 '많은 세속인들'이 여신, 즉 디아나 또는 에로디아데가 이끄는 야간 모임에 대해 믿고 있었다고 주장한 것은 맞는 말이었다.[19] 이탈리아 북부 지역의 경우, 프룸의 레지노

네가 체계적으로 기록한 민간신앙은 400년이 지난 이후에도 여전히 유효했다.

이 시점에서 신부, 교회법학자, 이단 심문관 들이 밤의 여신의 수많은 이름들을 해석하려고 노력한 것은 우리에게 다른 관점을 보여준다. 해석을 위한 억지와 노력은 동전의 양면과 같은 것이었다. 디아나와 에로디아데는 성직자들을 지역 민간신앙의 미로에 빠져들게 만들었다. 이렇게 해서 두 여성의 목소리가 희미하고 왜곡된 메아리로 우리에게 전달되었다.

7

1457년 브레사노네의 재판에서처럼 재판관과 피고인의 문화적 거리감이 크게 드러난 적은 없었을 것이다. 당시의 재판 기록물은 남아 있지 않다. 하지만 니콜라우스 쿠자누스Nicolaus Cusanus 주교가 같은 해 사순절 기간에 행한 설교의 라틴어 판본에 의존하여 그 재판을 부분적으로 재구성해볼 수 있다.[20] 저자가 번역 과정에서 고쳤을 것이 분명한 설교의 주제는 사탄이 그리스도를 유혹하기 위해 던진 질문이었다. "만일 당신이 내 앞에 엎드려 절만 하면 모두가 당신의 것이 될 것이오"(「누가복음」 4장 7절). 쿠자누스는 이를 가장 최근에 있었던 한 가지 사례를 들어 신자들에게 설명했다. 파사 계곡에 사는 세 명의 노파가 불려 나왔다. 두 명은 자신들이 디아나의 집단 소속이라고 자백했다. 그러나 이것은 쿠자누스의 해석일 뿐이다. 두 노파는 단순히 '선량한 여주인bona domina'에 대해 말하고 있었다. 하지만 쿠자누스는 디아나와 선량한 여주인을 동일시하면서, 이를 두 여성이 진술한 이야기의 배경이 된 복잡한 문화 통로 재구성에 필요한 요인으로 활용했다. 디아나(「사도행전」 19

장 27절 등에서 언급되었듯이 에페수스에서 숭배한 신)에 대한 인용은 물론 『교회규범』을 참조한 것이었다. 『교회규범』에는 여신의 추종자들이 "그녀를 운명의 여신quasi Fortunam인 양 숭배하고 일상적으로는 홀다 출신의 홀덴Hulden da Hulda으로 불렀다"고 언급한 구절이 실려 있다.[21] 그리고 베른의 페터가 제공한 정보들에 근거해 집필된 한 연구서(니더의 『개미둑』)에 대한 암시가 뒤따라 나오는데, 이 저서에는 사탄이라는 '작은 스승'에 대한 이야기가 실려 있다. 끝으로 성인 제르마노San Germano 의 삶에 대한 구절(야코포 다 바라체Jacopo da Varazze의 『황금전설Legenda Aurea』에서 인용된 듯하다)에는 '밤에 이곳저곳을 쏘다니는 선량한 여성들'로 불리는 정령들이 나오는데, 이들의 사악한 본성은 성인에 의해 정체가 드러나게 된다.

급하게 써 내려간 글에서 쿠자누스는 파사 계곡에서 회자되던 악마의 이름을 언급했다. 두 노파는 "포르투나라고 불리던 디아나를 이탈리아어로 리켈라Richella, 즉 부와 행운의 어머니"라고 불렀다. 학식이 깊었던 그는 리켈라가 오베르뉴의 기욤Guillaume d'Auvergne과 보베의 빈첸초가 언급한 인물인 아분디아 또는 사티아를 번역한 것이라고 지적했다. 쿠자누스는 "이 집단의 리켈라에 대한 존경과 어리석은 의식들에 대해서는" 말하기를 원치 않았다. 그러나 설교의 마지막 부분에서 그는 더 이상 인내심을 발휘하지 못하고 두 노파를 심문한 것과 이들이 거의 미쳤다고Semideliras 결론 내린 것에 대해 이야기했다. 그들은 신앙이 무엇인지조차 모르고 있었다. 그들은 '선량한 여주인,' 즉 리켈라에 대해 말했을 뿐이며, 이 여신이 깊은 밤에 마차를 타고 자신들을 찾아왔다고 말했다. 리켈라는 멋진 옷을 입은 여성의 모습이었다. 하지만 그들은 (조금 후에 그 이유를 살펴보겠지만) 리켈라의 얼굴을 보지 못했다. 리켈라는 두 노파를 손으로 만졌고, 그때 이후 두 노파는 리켈라를 따르도록 강요받았으며 복종을 맹세한 후에는 기독교 신앙을 부정했다. 후에 이들은 춤추는 사람들이 가득한 장소에 도착하여 축제를 열었으며, 온몸에 털이 난 몇 명의 남자들이 정식으로 세례를 받지 않은 남자와 아이들을 게걸스럽게 잡아먹었다. 두 노파는 십자가 성호가 낯설어질 때까지 수년 동안 사계재일 주간*마다 이 장소에 갔다. 그러고는 더 이상 이곳에 출입하지 않았다.

쿠자누스가 보기에 이 모든 것은 악마가 사주한 어리석고 미친 짓이며 환상에 불과했다. 그는 두 노파에게 꿈을 꾼 것이라는 점을 설득하려고 노력했으나 소용이 없었다. 결국 그는 두 노파에게 공개적인 속죄와 감옥형을 선고했다. 그 이후 쿠자누스는 이러한 사람들을 어떻게 처리할지 나름의 결정을 내려야만 했다. 그는 설교에서 자신이 보여준 인내심의 동기에 대해 설명했다. 악의 효능을 믿는 자는 악마가 하느님보다 더 강력하다는 생각을 갖게 마련이다. 즉 박해가 심해지면 악마는 자신의 의도를 달성하게 된다. 왜냐하면 결국 죄가 없는 어리석은 노인들을 마녀로 몰아 죽이게 되기 때문이다. 따라서 우리는 그 뿌리를 뽑아내는 과정에서 악을 확산시키지 않도록 힘으로 몰아붙이기보다는 신중하게 접근해야 한다.

인내에 대한 그의 간곡한 권고는 매우 고통스런 수사학적 질문에 뒤따른 것이었다. 이 산악 지역에서 (쿠자누스가 자신의 설교를 듣기 위해 모인 신자들에게 말하기를) 사람들은 그리스도와 성인들을 단지 더 많은 재물, 더 많은 수확물, 더 많은 가축을 얻기 위해 숭배하고 축제로 기념

---

* 가톨릭에서 계절마다 금식 기도를 하는 기간.

하지 않았는가? 이러한 쿠자누스의 질문을 통해서 파사 계곡의 두 노파가 그리스도와 성인들보다 리켈라에 의지한 것이 결코 다른 마음을 품었기 때문이 아니라는 사실을 이해할 수 있다. 쿠자누스는 불순한 마음으로 하느님께 기도하는 것이 이미 악마에게 마음을 빼앗긴 것을 의미한다고 생각했다.

그러나 쿠자누스의 박식함, 이해하고자 하는 의지, 기독교적인 자비는 그와 두 노파 사이에 존재하는 심연을 극복하는 데 도움이 되지 못했다. 근본적으로 그는 그들의 난해한 종교를 이해할 수 없었기 때문이다.

8

지금까지 소개한 사례는 우리가 이 연구를 진행하면서 반복적으로 맞닥뜨린 난제다. 박해로 희생된 자들에 대한 심정적인 유대감에도 불구하고, 우리는 지적인 관점에서 이단 심문관과 주교 들의 입장을 이해하려고 노력해야 한다. 이것은 니콜라우스 쿠자누스의 경우에도 예외가 아니다. 목적은 다르지만, 우리의 질문은 대부분 이들이 제기한 것과 일치한다. 이들과 달리 우리는 피고인들에게 같은 질문을 직접적으로 물을 수 없다. 우리는 문서를 생산한다기보다는 그 문서를 자료로서 가지고 있는 것이다. 우리가 할 수 있는 일은 수 세기 전에 사망한 민속지학자들이 현장을 조사하며 기록한 노트들을 근거로 연구하는 것뿐이다.[22]

물론 비교는 말로만 되는 것이 아니다. 대부분의 경우에 피고인들은 적당한 암시나 고문을 받은 후에, 심문관들이 이미 확보하고 있었기에 굳이 찾으려고 노력하지 않았던 진실을 자백했다. 한쪽의 답변과 다른

쪽의 기대나 의도된 질문의 강제적 일치는 이러한 문서들의 대부분을 예측 가능하고 단조로운 것들로 만들었다. 다만 몇 가지 예외적인 사례들에서 우리는 질문과 답변 사이의 차이를 발견하는데, 이는 재판관들의 전형적인 사고에 거의 오염되지 않은 문화 층위를 들추어낸다. 양자 간의 소통 부재는 명백히 역설적으로 풍부한 민속지학적 정보는 물론이고 기록들의 대화적인 성격을 부각시켰다.[23] 밤의 여신 추종자들에 대한 재판은 이러한 두 극단의 중간에 해당한다. 오늘날의 해석자와 탄압의 설계자 간의 당혹스러운 유사점은 그 모순적인 함의를 드러낸다. 재판관들이 가지고 있던 인식의 범주는 문서들을 미묘하게 오염시켰지만 우리는 그 문서들 없이는 연구할 수 없다. 우리는 오리엔테 또는 리켈라를 밀라노의 이단 심문관들이나 쿠자누스에 의해 얼버무려진 번역어들과 구분하려고 노력했다. 그러나 우리는 그들과 마찬가지로 또는 그들 덕분에, 디아나(또는 아분디아)와의 비교가 유사성에 근거한 것이었을지도 모른다고 생각했다. 우리의 해석은 부분적으로 이들의 지식과 경험에서 유래한다. 이미 아는 바와 같이, 이 두 가지 중 어느 것도 결코 순수하지 못하다.

9

파사 계곡의 두 노파가 진술한 내용의 끝부분에서 드러난 악마적 외피는 반세기 전에 오리엔테를 추종하던 피에리나가 루치펠로와 공모했다는 일화를 다시금 반영한 것이었다. 악마의 잔치의 전형에 대한 오래된 믿음은 알프스산맥 양쪽과 파다나 평원에서 15세기 중반부터 16세기 초까지 부자연스럽게 잦아들었다. 카나베세, 피엠메 계곡, 페라라, 그리고 모데나 주변 지역에서 '좋은 놀이의 귀부인donna del bon zogo' '현명한 시빌라sapiente Sibilla,' 그리고 다른 유사한 여성의 이미지들이 점차 악마의 모습으로 변형되었다.[24] 코모 지역에서도 악마의 잔치는 유사한 민간신앙들의 층위에 추가되었다. 이단 심문관인 코모의 베르나르도 Bernardo da Como의 기록에 따르면, 야간 모임은 코모에서 '선량한 집단의 놀이ludum bonae societatis'로 불렸다.[25]

이와 유사한 현상은 많은 세월이 지난 후인 16세기 말과 17세기 말 사이에 유럽의 반대편 지역에 해당하는 스코틀랜드에서도 목격되었다. 마녀로 고발되어 재판을 받은 여러 여성들은 요정들―'선량한 사람들 buona gente' '선량한 이웃들buoni vicini'―과 (때로 왕과 함께 있는) 그들의 여왕을 영혼의 상태로 찾아갔다고 진술했다. 이들 중에 이사벨 가우디Isabel Gowdie라는 여성은 "내가 다우니 언덕에 있을 때 요정들의 여왕이 다 먹을 수 없을 만큼 많은 고기를 주었다. 요정들의 여왕은 검은색과 순백의 하얀 천으로 지은 의상을 입은 채 찬란하게 빛나고 있었다. 그리고 요정들의 왕은 건장한 체격에 큰 얼굴을 가진 멋진 남자였다……"라고 말했다. 이러한 진술이 중단된 시점은 재판관들(머리만 Moray Firth 제방 근처 마을인 올던의 주임 사제와 사법 집행관)의 요청에 따라 공증인이 더 이상 이와 같은 환상적인 이야기를 기록할 필요가 없다고 여긴 것과 때를 같이한다. 때는 1662년이었다. 우리는 이후의 이야기를 알지 못한다. 재판관들은 마녀와 악마에 대해 알고 싶어 했다. 그리고 이사벨 가우디는 묻지 않았음에도 잠시 중단된 대화를 이어가면서 이들의 궁금증을 풀어주었다.[26]

이처럼 신구의 민간신앙이 혼합된 것은 가끔씩(하지만 매우 드물게) 남자들에 대한 재판에서 드러난다. 1597년 앤드루 맨Andrew Man이라는 남자는 애버딘의 재판관들에게 자신이 수확기의 어느 여름날 눈

속에서 빠져나오는 사슴의 모습으로 출현한 악마와 요정들의 여왕에게 존경을 표시했다고 말했다. 그 악마의 이름은 크라이스트선데이 Christsonday*였다. 앤드루 맨은 이 악마의 엉덩이에 키스를 했다. 그리고 그가 천사이며 하느님의 의붓아들이고 "하느님 다음으로 모든 권력을 가지고 있다"고 생각했다. 요정들의 여왕은 악마보다 지위는 낮았지만, "모든 기예에 능숙했다." 요정들은 탁자 위에 여러 악기들을 가지고 있었으며 음악을 연주하고 춤도 추었다. 이들은 그림자에 불과했지만, 인간의 모습에 옷도 입고 있었다. 이들의 여왕은 참으로 아름다웠다. 그녀와 앤드루 맨은 육체관계를 맺었다.[27)]

애버딘의 재판관들은 이러한 이야기를 '단순한 주술과 극악무도한 행위'로 간주했다. 우리는 그 이야기 안에 좀더 복잡한 층위가 존재함을 알고 있다. 이러한 이야기들을 둘러싸고 있는 엷은 악마적 외피는 14세기 말과 15세기 전반기 사이에 알프스 서부 지역에서 형성되고 있던 전형들에 기초한 악마론 연구가 유럽에 확산되었다는 사실로 어렵지 않게 설명된다. 애버딘의 재판관들은 심문 과정에서 질문을 던지고 고문을 가하며(불행히도 관련 기록은 남아 있지 않다) 악마를 존경했다는 식의 세부 정보를 유도했을 것이다. 그러나 앤드루 맨의 자백에서 모순적으로 드러난 기독교적인 내용(악마 크라이스트선데이, 신의 천사, 대자代子)은 활자화되어 유포될 수 없었다. 프리울리의 베난단티 또는 리보니아의 늙은 늑대인간의 자백에서도 이와 유사한 내용이 발견된다. 우리는 "그리스도의 신앙을 위해" 투쟁한다, 우리는 "하느님의 개들이다"라고 이야기한 것이다. 이러한 유사한 진술들이 재판 과정에서 즉흥적

---

* 신화와 전설의 세계, 페어리에 사는 여왕의 남편.

지도 3
유럽의 샤머니즘 숭배와 신화 그리고 의식들.

주로 여성인 신들을 따라 탈혼 상태에서 벌인 여행
요정(스코틀랜드); 디아나, 아분디아, 베난단티들의
'바데사badessa,' 대모들Matres, 요정 등(프랑스,
독일 라인, 이탈리아 중북부 지역); '외부 세계의 여
성들donne di fuori'(시칠리아)
제2부 1~2장

주로 토지의 비옥함을 위해 탈혼 상태에서 벌인 전투
베난단티(프리울리), 마체리*mazzeri*(코르시카), 크
레스니키*kresniki*(이스트리아반도, 슬로베니아, 달마
티아, 보스니아-헤르체고비나, 몬테네그로), 탈토시
(헝가리), 부르쿠드자우타*burkudzäutä*(오세티아),
늑대인간(리보니아), 샤먼(라플란드)
제2부 3장

12일 동안 출현한 반半동물 유령
칼리칸차로이*Kallikantzaroi*(그리스)
제2부 3장

주로 12일 동안 출현한 동물 가면을 쓴 젊은 남자들
의 집단
레괴시*Regös*(헝가리), 에스카리*eskari*(마케도니
아계 불가리아), 수로바스카리*surovaskari*(불가리
아 동부), 컬루샤리*căluşari*(루마니아), 콜랴단티
koljadanti(우크라이나)
제2부 4장

토지의 비옥함을 위한 제의적 전투
푼키아두르스*Punchiadurs*(스위스 그라우뷘덴주)
제2부 4장

★ 예정된 숙명을 지닌 개인들에게 나타난 죽은 자들
의 유령
베난단티(프리울리), 아르미어*armiers*(아리에주주),
메술타네*mesultane*(조지아)
제2부 1, 4장

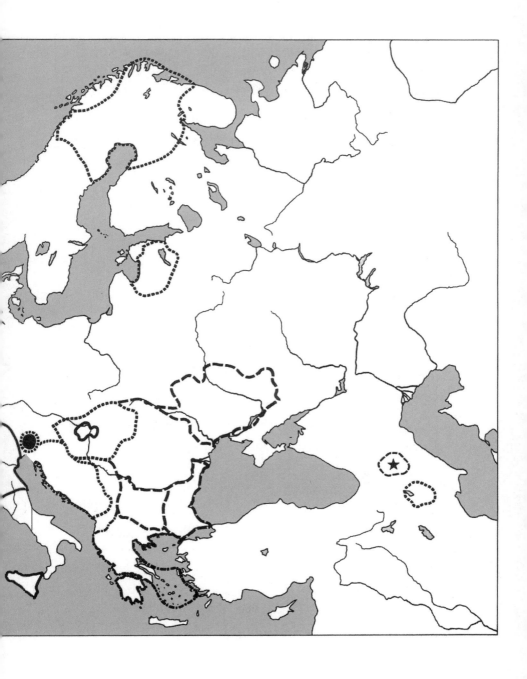

으로 만들어진 변호의 방편이라고 여기는 것은 타당하지 않다. 이는 아마도 악마적인 의미로 몰아붙이려는 공격에 직면한 (훨씬 오래된 민간신앙의 층위를 기독교적인 장막으로 덮으려는) 프리울리의 베난단티 또는 리보니아의 늙은 늑대인간의 좀더 정직한 무의식적 반응이었을 것이다.[28] 앤드루 맨의 경우 그것은 '선량한 이웃들'인 작은 요정들(엘피elfi, 파테fate)을 중심으로 하는 신앙이었다. 만찬을 벌이며 연주를 하고 춤을 추는 이러한 그림자의 세계는 (16세기 초반 트렌티노의 종교재판에서 드러난 '좋은 놀이의 귀부인'처럼) 악마에 종속된 요정들의 여왕이 지배한다.

10

1430년 3월 18일 루앙의 재판관들은 잔 다르크Jeanne d'Arc에게 "요정들과 함께 하늘을 나는" 자들에 대해 알고 있는 게 무엇이냐고 물었다. 그녀는 유도신문을 물리쳤다. 그녀는 그런 유의 일과 전혀 무관하지만 들어본 적은 있다고, 그 일은 매주 목요일에 일어났으며 단순히 '마법sorcerie'인 줄 알았다고 답했다.[29] 이것은 교회법학자들과 이단 심문관들, 재판관들에 의해 작성된 문서들을 통해 부분적으로만 전해오는 민간신앙의 한 층위가 수 세기를 거치면서 점차 악마화되어간 것에 대한 수많은 증언들 중의 하나에 불과하다. 이러한 과거의 화석은 이러한 층위가 특히 여성들에 의해 숭배되었던 신비의 여성들을 암시하는 정보로 형성되었다는 사실을 확인시켜준다.

13세기 중반 무렵, 보베의 빈첸초는 자신의 저서 『도덕의 거울Speculum morale』에서 『교회규범』을 인용하면서 디아나와 에로디아데와 함께 환영에 사로잡힌 여성들이 "좋은 것들bonae res"이라고 부른 '다른 인물들'에 대해 언급했다. 『장미 이야기Roman de la Rose』는 아분디아 (또는 아분단티아) 귀부인dame habonde에 이어 '선량한 귀부인들bonnes dames'에 대해 언급하고 있다.[30] 야코포 다 바라체는 앞서 언급한 성인 제르마노의 삶에서 "밤에 이곳저곳을 쏘다니는 선량한 여성들"에 대해 언급했다.[31] 아리에주주의 콩세랑에서 개최된 종교회의의 한 법규집은 『교회규범』을 본떠 작성되었는데, 여기에는 앞서 살펴보았던 벤소치아 (보나 소치아Bona Socia)가 언급되어 있다. 같은 아리에주주에서 '아르미 어'인 아르노 젤리스의 고객 중 한 사람은 자신을 심문하던 이단 심문 관에게 '선량한 부인들'이 지상에서는 부유하고 권력을 가진 여성들이 었는데, 지금은 마차를 타고 악마를 따라 산과 계곡으로 돌아다닌다고 진술했다.[32] 마돈나 오리엔테는 자신을 따르는 여성들을 "선량한 사람 들bona gens"이라고 불렀다. 파사 계곡의 노파들은 리켈라를 "선량한 여 주인"이라고 불렀다. 피엠메 계곡의 경우, 밤의 여신은 "좋은 놀이의 귀 부인"으로 불렸다. 스코틀랜드와 아일랜드에서 '선량한 사람' 또는 '선 량한 이웃buoni vicini'은 요정들을 지칭했다. 프리울리의 베난단티도 이 들과 비슷하다. 베난단티였던 마리아 판초나Maria Panzona는 17세기 초 반 이단 재판을 받을 때 (시빌리아와 피에리나의 경우와 마찬가지로) "위 엄 있게 의자에 앉아 있는, 바데사로 불리는 어떤 여성"에게 "머리를 숙 여" 존경을 표했다고 말했다.[33] 빈번하게 등장하는 형용사 '선량한'이 어 떤 의미인지는 명확하지 않다. 다만 머릿속에 떠오르는 것은, '선량한 여신bona dea' '온화한placida'과 같은 표현이 각각 헤카테Hecate(아르테미 데Artemide와 밀접하게 연관된 장례의 여신), 그리고 헤카테와 동일시되는 신(3세기경 남부 모이시아에 위치한 노베에서 숭배되었다)을 연상케 한다 는 것이다.[34]

‘선량한’ 밤의 여신들과 관련된 여성들(그리고 드물지만 남성들)의 이면에는 탈혼 상태의 특징을 동반한 숭배가 엿보인다. 베난단티들은 가톨릭권에서 사계재일 주간에 거행되는 기도와 단식의 3일 동안 탈혼 상태에 빠져들었으며, 연중 같은 기간에 파사 계곡의 두 노파는 자신들의 여신에게 갔다. 마녀로 의심된 스코틀랜드 여성들은 주기적으로 ‘탈혼 상태와 전이’에 빠져들면서 활력을 잃은 육신을 빠져나와 보이지 않는 영혼과 짐승(까마귀)의 모습으로 옮겨 갔다.[35] 아분디아 귀부인의 추종자들은 영혼의 상태로 옮겨 가기 전에 경직 상태에 빠져들었고, 이후 문과 벽을 통과하여 여행을 시작했다.[36] 이미 『교정자』에서는 잠긴 문도 이들의 야간 비행을 방해하지 못한다는 사실을 언급한 바 있다. 탈혼 상태에 대한 경험은 리켈라 또는 오리엔테를 따르던 무리들의 경우처럼 분명하게 언급되지 않은 상황에서도 추론 가능하다. 이들은 일시적인 죽음을 통해 번영과 부, 지식을 주는 선량한 여성들의 세계로 들어간다. 이들의 세계는 죽은 자들의 세계다.[37]

　이러한 정체성은 일련의 접점들을 통해 확인되었다. 최근까지 매우 방대한 지역에서 일정한 날을 정하여 죽은 자들의 목마름을 해소해주기 위해 물을 제공하는 관습이 행해졌다. 이러한 관습은 이미 오베르뉴의 기욤과 보베의 빈첸초에 의해 비난받고 처벌되었던 ‘좋은 것들bonae res’에게 또는 아분디아에게 제물을 바치는 관습을 떠올리게 한다. 아분디아도 오리엔테가 그랬던 것처럼, 눈에 보이지 않는 무리와 함께 만찬을 벌인 집들에 축복을 내렸다.[38] 아르노 젤리스의 자백에 따르면 이러한 축복은 오리엔테의 경우에서 보듯이, 잘 정돈된 집들에만 주어졌다. “죽은 자들은 깨끗이 청소된 장소와 집들에만 출입했을 뿐 무질서하거나 더러운 집에는 결코 들어가지 않았다.”[39] 우리가 분석의 단초로 삼았던 유사성의 의미는 갑작스럽게 매우 분명해진다. 우리는 발레주의 마녀와 주술사를 베난단티와 아리에주주의 영혼의 무리와 비교했다. 그 이유는 악마의 집회에 참석하기 위한 야간 비행이, 왜곡되어서 알아볼 수 없게 된 형태의 매우 오래된 주제, 즉 살아 있는 자들이 탈혼 상태에서 죽은 자들의 세계로 향하는 여행을 고스란히 반영하고 있었기 때문이다. 이것은 전형적인 악마의 잔치의 민속적 핵심에 해당한다.

11

도미니크 수도회 소속의 설교인인 요하네스 헤롤트Johannes Herolt가 1418년에(또는 그보다 조금 일찍) 편찬한 이후, 15세기 후반에 여러 차례 재출판되었던 『설교집Sermones』에는 미신을 믿는 자들의 명단이 수록되어 있다. 1474년 쾰른에서 출간된 판본을 보면 열아홉번째로 기록된 자들은 "속어로는 운홀데Unbolde, 즉 복된 여성die selige Frawn으로 불렸던 디아나가 깊은 밤에 군대를 이끌고 먼 거리를 돌아다닌다는 것cum exercitu suo de nocte ambulet per multa spacia"을 믿고 있었다. 내용은 동일하지만 시기적으로 조금 늦게 출판된 자료(1478년 이후 스트라스부르에서 작성된 판본과 역시 같은 도시에서 1484년에 작성된 판본)들에는 디아나의 동의어로 처음에는 베르테 부인Fraw Berthe이, 그리고 나중에는 (운홀데를 대신하여) 헬트 부인Fraw Helt이 추가되었다.[40] 이는 『교회규범』 텍스트에서 변형된 내용들임이 분명하다. 탈것으로 이용된 동물들, 여신에 대한 복종, 특정한 날 밤에 떠나는 여행 같은 내용은 생략되었고, 대신에 동의어 같은 요소들이 첨가되었다. 그럼 '군대'는 무엇을 말하는 걸까?

11세기 이래 유럽(프랑스, 스페인, 이탈리아, 독일, 영국, 스칸디나비아)

에서 고전 라틴어와 통속 라틴어로 작성된 여러 문헌들은 "유령 사냥꾼들Wilde Jagd, Chasse sauvage, Wild Hunt, Chasse Arthur"이라고도 불린 "성난 군대Wütischend Heer, Mesnie furieuse, Mesnie Hellequin, exercitus antiquus"의 출현에 대해 언급하고 있다. 죽은 자들의 무리는 이러한 자료들 덕분에 확인되었다. 좀더 정확히 말해 이들은 젊은 나이에 사망한 자들의 무리로서 전투에서 죽은 군인들과 세례를 받지 못하고 죽은 어린아이들로 구성되어 있었다. 이들을 인도한 것은 신화에 등장하는 인물들(헤르레치누스Herlechinus, 보탄Wotan, 오딘Odin, 아서왕 등)이나 신화화된 인물들(디트리히 폰 베른Dietrich von Bern)이었다.[41] 가장 오래된 증거들을 통해 명백하게 확인되듯이 꽤 동떨어진 문화권들에서 동일하게 나타나는 주제—억울하게 죽은 자들의 위협적인 출현—는 (당시 정교하게 형성되기 시작한) 연옥의 이미지와 매우 밀접하게 연관되어 기독교적, 도덕적 차원에서 재해석되었다.[42] 그러나 민간신앙의 구체적인 민속적 특징들은 '유령 사냥'을 이끈 인물들에서 두드러지게 나타난다.

헤롤트가 디아나의 군대를 강조한 것은 『교회규범』에 의해 죄악으로 간주된 것들과 이러한 전통을 혼합시키는 결과를 초래했다. 순회 설교자인 그가 활동 과정에서 수집한 미신들을 기록한 것인지 아니면 뿌리 뽑고자 했던 몇 가지 미신들에 대해 자신의 사적인 해석을 제시한 것인지는 분명하지 않다. 물론 신비의 여성들(베르히톨다Berchtholda, 페르히타)이 '성난 군대'를 이끈 경우는 극히 드물다. 더구나 그 시기는 헤롤트의 문헌이 등장하고 한 세기 반 이상이 지났을 때다.[43] 그러나 우리의 시각에서 본다면 '디아나와 그의 군대'는 매우 중요하다. 그 이유는 그들이 『교회규범』에 나타난 현혹된 여성들을 죽은 자들의 무리와 암묵적으로 동일시하기 때문이다. 이는 악마의 잔치의 민속적 핵심을 사후 세계를 향한 여행으로 간주했다는 사실을 확인시켜준다.[44] 이는 동시에 죽은 자들의 출현에 대한 증언들을 폭넓게 연구할 수 있는 가능성을 제공한다.

12

이 시점에서 예상되는 딜레마는 지적 차원에만 국한되지 않는다. '성난 군대'의 전통은 일관성 있는 신화와 제의의 형태로 해석되어왔다. 보탄이라는 인물을 암시적으로든 직접적으로든 언급함으로써 오래도록 지속되어온 게르만 남성들의 전사로서의 사명이 표현되었다.[45] 오리엔테를 추종하는 시빌리아와 피에리나에 대한 밀라노 재판은 여성들로만 구성되고, 모성과 현명함이 충만한 여신이 지배하는 독립된 세계를 열망하는 여성들의 증언으로 해석되었다.[46] 헤롤트의 연구는 겉으로는 매우 다른 것처럼 보이는 이러한 이미지들이 그 자신이나 다른 사람들에 의해 하나의 신화적 이미지로 인식되었다는 사실을 암시하는 듯하다. 따라서 두 문헌을 비교해보는 작업이 필요하다.[47]

13

우리의 연구는 문학 분야의 텍스트들에서 출발할 것이다. 이 텍스트들은 10세기에서 18세기 사이에 편찬된 악마론 연구서, 운문 형식의 로맨스 소설, 설교집, 교회 법규집 등으로 다양한 연대를 다루고 있다.[48] 그러나 이 문헌들에서 대조적인 내용이 나온다는 것은 매우 명백하다. 남녀로 구성된 죽은 자들의 무리는 (앞서 언급했듯이) 주로 신화 속 또는 신화화된 남성들이 이끌었고, 특히 크리스마스와 공현축일 사이의 기간에 빈번했던 우발적 출현을 통해 주로 남성들(사냥꾼, 순례자, 여행자 등) 앞에 모습을 드러냈다. 반면 탈혼 상태에 빠진 여성들의 행렬은 여성들이 이끌었고, 정해진 날짜에 반복되었던 탈혼 상태를 통해 거의 항상 여성들에게 나타났다.[49]

비문학 분야의 문서 자료들, 특히 재판 기록물을 살펴보면 상황은 더욱 복잡해진다. 어떤 경우에는 탈혼 상태에서 요정들의 여왕(이를 통해 우리는 밤의 여신의 다양한 형태를 알게 되었다)을 찾아가는 남성들도 있다. 프리울리의 베난단티처럼 탈혼 상태에서 죽은 자들의 행렬에 참가한 여성들도 있으며 (앞으로 살펴보겠지만) 탈혼 상태에서 토지의 생산성을 위해 전투에 참가하는 남성들도 있다. a) 남성이 인도하는 죽은 남성들, 유령들의 무리와, b) 여신을 따르는 여성들, 탈혼 상태, 행렬 간의 연관성은 부분적으로는 손상되었지만, 사후 세계와의 관계를 조절하는 듯한 성 역할의 구분에 변화를 가져오지는 않았다. 죽은 자들의 출현은 거의 언제나 '사냥Jagd, chasse' '군대Heer, mesnie, exercitus' '집단societas' '추종자들familia'로 정의되었고, 여신과 그 추종자들 간의 만남은 (적어도 이탈리아 북부 지역의 증언들에 따르면) '집단' '놀이ludus' '선량한 집단의 놀이ludus bonae societatis'로 정의되었다.[50] 한편, '집단'과 같은 중성적인 용어를 혼용한 것을 제외하면 남성들만의 활동(전쟁, 사냥)과 여성들의 참여가 가능했던 활동(놀이)이 대비되어 나타난다.

따라서 헤롤트가 복된 여성들로 밝혀진 디아나의 군대를 강조한 것은 하나의 예외적인 변형으로 간주할 수 있다. 이는 산 자의 세계와 죽은 자들의 세계 사이에서 다른 방식으로 소통하는 유령과 탈혼 상태가 하나의 공통된 민간신앙에서 유래했다는 사실을 말해준다. 그러나 밤의 여신들을 탈혼 상태에서 숭배하는 것은 압도적으로 여성들에 의해 이루어졌는데, 이는 상대적으로 좀더 제한적인 특수한 현상인 것처럼 보인다. 증언들의 지리적 분포가 이를 증명한다.

14

이러한 증언들은 앞서 참회록과 교구회의(툴루즈 지역의 콩세랑 교구회의는 예외다)에서 언급된 라인 지방과 프랑스, 알프스 지역, 파다나 평원 지역, 스코틀랜드와 관련이 있다. 이 목록에는 루마니아도 포함되는데, 이곳에서는 이로디아다*Irodiada* 또는 아라다*Arada*라는 별칭으로도 불리던 도암나 지네로르*Doamna Zînelor*(요정들의 여왕)의 보호하에 준準 탈혼 상태적 의식들이 거행되었다. 한편 위의 두 별칭은 각각 디아나와 에로디아데를 가리키는데, 이는 성직자들의 해석이 적어도 구전으로 수용되었다는 것을 의미한다.[51] 이러한 지역들에는 적어도 겉으로는 공통점이 없는 것처럼 보이지만, 수백 년간 그리고 어떤 경우에는 5세기부터 이미 켈트인들이 거주하고 있었다는 공통점이 있다.[52] 켈트인들의 영향이 미치지 않은 게르만 사회에서는 탈혼 상태에서 밤의 여신을 숭배하는 의식은 없었던 것 같다. 따라서 밤의 여신에 대한 숭배는 이러한 토대로부터 1000년 이상의 세월이 지난 14세기 말 밀라노 재판에서, 그리고 그로부터 300년이 지난 스코틀랜드 재판에서 재등장한 것으로 보인다. 학자들의 설명은 이러했다. 이를테면 프리울리 베난단티들과, (17세기에 작성된 한 보고서에 나와 있듯이) 매주 목요일마다 에든버러와 리스 중간에 위치한 언덕의 아래 지역에서 큰 북을 연주하고 다녔던 '요정들의 소년' 간에 놀라울 정도의 유사성이 존재한다는 것이다. 남자와 여자 들은 보이지 않는 문을 통해 음악이 연주되는 방들로 들어갔으며 음악과 놀이를 곁들여 만찬을 벌인 후 프랑스나 네덜란드와 같이 멀리 떨어진 지역까지 날아갔다.[53]

지금까지 우리는—이단 심문관들과 다르지 않게—점차 최근으로 거슬러 올라오는 증언들을 분석하기 위한 열쇠로 『교회규범』을 활용했다. 그러나 우리가 『교회규범』 그 자체(앞서 언급했듯이 그 기원은 프랑크 왕국의 교회법규다)를 해독하고자 노력한다면, 켈트족의 종교 현상이라는 토대로부터의 진정한 연속성을 다루는 일련의 문서들의 종착 지점이 『교회규범』임을 확인하게 될 것이다.

　　5세기 초, 토리노의 마시모Massimo di Torino는 이교 숭배를 비판하는 설교에서, 어느 술주정뱅이 농부가 자신을 디아나티쿠스dianaticus나 예언자에 견주며 이름이 알려지지 않은 여신(키벨레Cybele였을 것이다)을 추앙하다가 자신의 신체를 훼손하려 했던 일화를 이야기했다. 디아나티쿠스라는 단어는 "사람들이 말하는 것처럼sicut dicunt"이라는 단서와 함께 소개된 것으로 보아 아마 일상적으로 사용되는 표현이었을 것이다. '루나티쿠스lunaticus'의 유의어인 이 단어는 '홀린' '사로잡힌' '종교적 광기에 휩싸인 사람' 등을 의미했을 것으로 보인다.[54] 투르의 그레고리오Gregorio di Tours는 트리어의 주변 지역에서 숭배된 디아나 조각상에 대해 설명했다. 성 칠리아노San Ciliano의 전기에 따르면, 7세기 말까지도 프랑코니아(프랑켄) 지역의 주민들은 기독교 선교사들에게 적대감을 드러내면서 '위대한 디아나'에게 존경심을 표시했다. 이는 에페수스의 위대한 여신을 언급한 「사도행전」의 한 구절에 대해 한 성인聖人 전기 작가가 쓴 것이며 후에 쿠자누스 역시 이에 대해 언급했다. 그러나 로마의 신이기도 한 디아나가 하나 이상의 켈트 신들에 포개진 것은 분명한 사실이다. 그 결과 이들의 이름과 외형적 특징은 매우 예외적으로만 나타난다.[55] 도피네 지역의 루사에서 발견된 4세기 말 또는 5세기 초 무렵의 무덤에서는 사각형의 기와가 발견되었다. 그 표면에는 "잔인한 에라와 함께FERA COM ERA"라는 글귀가 적혀 있었고, 긴 뿔을 가진 짐승의 잔등이에 타고 있는 한 인물의 이미지가 조악하게 조각되어 있었다(그림 1).[56] 에라를 의미하는 헤라Hera 또는 헤레쿠라Haerecura라고 새긴 글씨는 같은 시기에 이스트리아반도, 스위스, 갈리아 키살피나에서도 발견되었다.[57] 계속해서 15세기 초반 팔츠의 농민들은 풍요를 가져오는 헤라라는 이름의 신이 크리스마스와 공현축일 사이의 12일 동안, 즉 죽은 자들의 귀환을 위한 기간에 하늘을 날아다니며 이곳저곳을 돌아다닌다고 믿고 있었다.[58] 연대기적으로 차이가 많이 나는 이러한 증언들 중에서 루사의 무덤에서 출토된 기와에 그려진 여성의 형상은 연결 고리 역할을 한다. 기와의 발견은 한편으로는 '헤라, 디아나'를 잘못 읽어서 생긴, 밤의 여신을 의미하는 수많은 유사 용어들 중에 헤로디아나(후에 에로디아데라고 보편적으로 읽었다)가 존재한다는 가설을 강화해준다.[59] 그리고 다른 한편으로는 '이교도들의 여신 디아나'를 추종하면서 '짐승들'을 타고 다니는 '환영에 빠진 여성들'이 관련된 민간신앙을 장례식과 연관지어 해석하는 것을 뒷받침해준다.

로마의 외피가 켈트의 과육을 덮고 있다. 어쨌든 밤에 짐승을 타고 다니는 이미지는 그리스-로마 신화와는 근본적으로 무관하다.[60] 예를 들어 호메로스의 신들도 영웅들도 말을 타지 않았다. 말들은 오직 이륜전차를 끌 때만 사용되었을 뿐이다. 디아나(또는 아르테미데)가 말을 타고 있는 이미지는 매우 드물다.[61] 반대로 말을 탄 디아나의 희귀한 이미지들은 거의 항상 말들과 함께하는 켈트 신 에포나Epona의 수많은 이미지들에 영감을 주었을 것으로 추정된다. 디아나가 짐승을 타고 있는 것에 대한 가장 오래된 증거들은 프룸, 보름스, 트리어에서 발견되었다. 즉 말을 타고 있거나 한 마리 이상의 말을 대동한 에포나의 많은 이미지들이 출토된 지역들이다(그림 2). 레지노네가 받아들였던 프랑크왕국 교회법규의 "이교도들의 여신 디아나*Diana paganorum dea*"에서, 우리는 에포나 또는 같은 이름의 지역에 대한 '로마적 해석*interpretatio romana*'을 인지해야 할 것이다.[62] 루사의 에라와 마찬가지로, 풍요를 상징하는 뿔 컵 코르누코피아cornucopia와 함께 등장하는 에포나는 죽은 자들의 신이었다.[63] 이미 살펴보았다시피, 두 요소는 아분디아, 사티아, 리켈라의 이름과 특징에서 다시 등장한다. 디아나의 이미지를 본떠 만들어졌을 에포나의 모습은 훗날 디아나 숭배로 해석될 지역의 숭배의식들을 자극했다. 문화적 헤게모니에 대한 해석과 재검토 그리고 이를 수용한 피지배 문화 간의 거울 놀이는 오랫동안 지속되었다. 13세기 중반, 디아나에서 유래된 제네스*genes*와 같은 어휘는 애매모호한 실체인 일종의 요정을 가리킨다. 그로부터 200년 후 이아나티카*ianatica*는 이미 마녀의 동의어로 정착되었다.[64]

<h2 style="text-align:center">15</h2>

말과 마구간을 수호하는 여성인 에포나는, 훗날 말을 탄 디아나의 전형적인 이미지로 합쳐진 민간신앙들에 반영되었던 여러 신들 중 하나였다. 사실 에포나는 기독교의 공세 앞에서 와해의 길로 접어든 켈트족의 불가사의한 종교 세계를 대표하는 여러 형상들과 연결되어 있었다.[65] 13세기에 이들은 아분디아를 따르는 '밤의 여인들'에 대한 기록에 앞서 오베르뉴의 기욤이 서술한 내용을 통해 재등장했다. 이들은 흰 옷을 입고 때로는 숲에서 때로는 마구간에서 말의 갈기에 자신들이 정성들여 준비한 초의 촛농을 떨어뜨리던 어린 소녀 또는 기혼 여성의 모습으로 둔갑한 정령들이었다. 이러한 세부 내용은 『로미오와 줄리엣*Romeo & Juliet*』

(1막 4장)의 머큐시오가 (또 다른 밤의 신) 마브 여왕Queen Mab을 묘사할 때 반복된다.[66] 흰 의상을 입은 대모들, 즉 마트로네matronae는 마트레 Matrae, 마트레스Matres 또는 마트로네Matronae를 모방한 나중의 인물들 이었으며 라인강 저지대, 프랑스, 영국, 그리고 이탈리아 북부 지역의 (여성들이 의뢰한) 수많은 비문에 등장했다(그림 3).[67] 예를 들어 노바라 와 베르첼리 중간에 위치한 지역에서 발견된 비문들을 보면, 이 신들은 디아나와 함께 자리했다.[68] 비문의 부조들에는 종종 세 명이 함께 앉아 있는 형태로 마트로네를 표현했다(드물게는 여성이 두 명 또는 한 명인 경 우도 있었다). 또한 이들은 에포나처럼 번영과 비옥함을 상징하는 뿔 (모 양의) 컵, 과일바구니, 강보에 싸인 신생아를 드러내 보이고 있었다. 이 러한 숭배에 내포된 탈혼 상태적 성격은 대모들(마트레스 또는 마트로 네)에게 바쳐진 비문들에 시각적으로ex visu 또 청각적으로ex imperio, ex iussu 신과 직접 접촉하는 것을 암시하는 표현들이 자주 등장한다는 사 실을 통해 확인되었다.[69]

어머니들의 밤을 의미하는 모드라니히트modranicht라는 표현은 이 신들과 연관되어 있을 가능성이 매우 높다. 베다 베네라빌리스Beda Venerabilis는 이 용어가 이교도들의 영국에서는 기독교 달력의 크리스 마스이브에 상응하는 (에포나에게도 바쳐졌을) 철야예배의 밤을 가리킨 다고 했다.[70] 켈트족의 달력에서 12월 24일과 1월 6일 사이의 밤들은 츠빌프텐Zwölften의 윤년에 해당했다. 게르만 지역에서는 12일 동안 죽 은 자들이 여러 곳을 배회한다고 했다.[71] 또한 대모들인 마트레스는 에 포나처럼 분만 중인 여성을 보호하는 것은 물론이고 죽은 자들의 세계 와 틀림없이 연결되어 있었을 것이다. 이를테면 영국의 비문들 그리고 라인 지방에서 유래한 1세기경의 유적들을 보면 마트레스는 파르카이

Parcae와 함께 등장한다. 11세기 초 보름스의 부르카르드는 사람들이 특정한 날 밤이면 음식과 칼 세 자루를 바치는 세 명의 신(틀림없이 마트레스였을 것이다)이 이교도들이 믿는 파르카이와 같다고 여겼다.[72]

보이족*이 살던 콜로니아 클라우디아 사바리아(오늘날 헝가리의 솜버트헤이) 지역에서 발견된 제단은 요정 파테에게 바쳐진 곳이었는데, 이때 파테는 그 지역 특유의 마트레스인 것으로 밝혀졌다.[73] 수 세기, 어쩌면 1000년 이상의 오랜 세월 동안 마트로네, 요정, 그리고 축복과 죽음을 관장하는 다른 신들은 켈트 문화가 지배하던 유럽에 눈에 띄지 않게 존재해온 셈이다.[74]

16

이 모든 것은 비잔틴 역사가인 카이사레아의 프로코피우스Procopio di Cesarea가 552년 또는 그 이듬해에 작성했을 것으로 추정되는 저서의 한 부분에 관심을 집중시키는 뜻밖의 결과를 낳았는데, 이는 그의 저서인 『고트전쟁Guerra gotica』에서 가장 유명한 대목이다. 브리티아라는 섬에 대해 이야기하던 프로코피우스는 갑자기 설명을 중단하고는 신중하고 진지한 표현을 골라 다음의 여담을 들려준다.

"이야기의 이 지점에서 나는 한 사건에 대해 짚고 넘어가지 않을 수 없다. 내가 이야기하려는 이 사건을 직접 실행하고 또 직접 들었다는 많은 사람들에 의해서 이 사건은 끊임없이 언급되었지만, 아무래도 이 사건은 미신과 비슷해서 나로서는 전혀 믿기지가 않는다……" 그들은 브리티아 맞은편 해안가 어촌의 주민들이다. 그들은 프랑크족 신민이었지

---

* 후기 철기시대 갈리아 지역에 살던 켈트족의 일파.

만, 봉사에 대한 대가로 오랫동안 세금을 면제받아왔다. 그들의 봉사란 이런 것이다. 죽은 사람들의 모든 영혼은 브리티아섬으로 가게 되어 있는데, 이 해안 마을 주민들이 순번을 정해 영혼들이 바다를 건널 수 있도록 해주었다. "밤 근무를 배정받은 사람들은 전임 근무자와 교대를 해야 하므로 어둠이 내려앉으면 집으로 돌아와 근무 호출을 기다리며 잠을 잤다. 그들은 늦은 밤에 문 두드리는 소리와 근무를 알리는 나직한 목소리를 들었다. 그럴 때면 그들은 지체 없이 침대에서 일어나 바닷가로 나갔다. 그들은 어떤 신비한 힘이 그들의 이 같은 행동을 유도하는지 이해할 수는 없었지만, 그렇게 해야만 한다고 느꼈다." 바닷가에 도착한 그들은 특별한 형태의 빈 배를 발견한다. 그러나 그들이 배에 올라타면 배는 마치 많은 짐을 실은 것처럼 거의 수면까지 가라앉는다. 그들이 노를 젓기 시작한 지 한 시간쯤 지나면 배는 브리티아에 도착한다(통상의 항해에는 하루 밤낮이 걸린다). 승객들이 내리면 그들은 가벼워진 빈 배를 운전해 되돌아온다. 뱃사공들은 승객의 사회계급, 부친의 이름, 그리고 여성의 경우 남편의 이름을 알려주는 목소리를 듣지만, 그 누구도 보지는 못한다.[75]

우리는 프로코피우스가 누구로부터 이러한 지역 전통을 전해 들었는지 알지 못한다.[76] 브리티아와 브리타니아가 동일한 지역일 가능성은, 비록 다른 가설들(덴마크의 유틀란트반도, 헬골란트섬)이 제기되기는 했지만, 매우 높다. 영혼들을 건네게 해주는 어부들의 마을과 브리티아는 보통으로 노를 저어 하루 밤낮이 걸리는 거리인데, 그 정확한 위치는 아르모리카Armorica, 즉 오늘날의 브르타뉴에 해당하는 지역의 해안일 것이다.[77] 이 지역에는 이미 고대부터 수많은 전설이 있었다. 5세기 초 클라우디아노Claudiano는 대서양 해안의 아르모리카를 율리시스가 그림자 종족, 즉 "죽은 자들의 창백한 그림자들이 배회하는 것을 목격한 농민들"을 만났던 지역이라고 했다.[78] 또한 플루타르코스Plutarchos(켈트의 전설을 각색했을 것이다)는 한 가지 전설에 대해 언급한 바 있는데, 이에 따르면 브리타니아를 조금 지난 곳에 있는 어떤 섬에 크로노스Kronos 신이 잠들어 있다고 한다.[79] 12세기에 비잔틴 학자 체체스Tzetzes는 자신이 요약한 프로코피우스의 구절에 근거하여 포르투나테Fortunate(축복)의 섬들이 태평양 너머에 있다고 주장했다.[80]

그러나 모호하면서도 조금 우화 같은 느낌마저 주는 프로코피우스의 지리적 위치에 대한 논쟁은 전체 이야기에서 가장 특별한 요소, 즉 정기적으로 영혼을 실어 나른 사람들의 심야 항해를 덜 중요한 것처럼 만들었다.[81] 다음의 상세한 내용은 우리가 분석하고 있는 일련의 증언들과 함께 다루면 덜 기이해 보인다. "그들은 늦은 밤에 문 두드리는 소리와 근무를 알리는 나직한 목소리를 들었다"고 프로코피우스는 이야기한다. "잠을 자는 동안 눈에 보이지 않는 무언가가 내게 다가오는데, 이는 인간의 형상을 닮았다. 나는 잠을 자고 있는 것 같기도 하고 깨어 있는 것 같기도 하다. 〔······〕 그리고 그 형상은 내게 이렇게 말하는 듯하다. '너는 나와 함께 가야만 한다······' 그럴 때면 그들은 지체 없이 침대에서 일어나 바닷가로 나갔다. 그들은 어떤 신비한 힘이 그들의 이 같은 행동을 유도하는지 이해할 수는 없었지만, 그렇게 해야만 한다고 느꼈다"고 프로코피우스는 계속해서 이야기한다. "우리는 가야만 한다······ 그리고 내가 가야만 한다면 가겠노라고 나는 말했다."

위 인용문에 실린 목소리들은 16세기 말에 재판을 받은 두 명의 (프리울리의) 베난단티가 증언한 내용과 같다.[82] 프로코피우스에게 정보를 제공한 익명의 제보자들은 영혼들을 배로 실어 나르는 일에 일조했음을 주장했으며 아마도 자신들을 강제한 알 수 없는 힘을 설명하기 위해 그들과 동일한 말을 사용했을 것이다. 앞으로 살펴보겠지만, 두 배난 단티가 영적으로 수행한 임무는 서로 다르다. 두 이야기는 여성 신에 대해 언급하지 않았다(프로코피우스의 인용문에서는 어두운 해변에서 죽은 영혼들의 이름을 말하는 목소리의 성별을 알 수 없다). 그러나 두 이야기에는 탈혼 상태의 경험에 대한 (어느 정도는 수정된) 모방이 명백히 존재한다. 두 증언은 1000년의 시간차를 두고 기록된 것이다. 얼핏 보기에 두 경우에는 프리울리에서처럼 브르타뉴에서도 (다른 전통들과 결합한 채) 죽은 자들에 대한 민간신앙에 오래도록 영향을 준 켈트 문화의 층위가 존재한다고 추측할 수 있다.[83]

17

하지만 이러한 신화적 핵심은 중세를 지나면서 전혀 다른 종류의—구전이 아닌 속어로 기록된—전통까지 부추겼다. 이는 대중적이기보다는 우아했으며 탈혼 상태의 경험이 아닌 문학적 경험이었다. 이는 다름 아닌 아서왕의 전설 유의 로맨스 소설들이었다. 잘 알다시피, 이러한 소설들에서 아서왕은 종종 죽은 자들의 진정한 왕으로 등장했다. 1163~65년에 제작된 오트란토 대성당의 거대한 모자이크 바닥(그림 4)에서는 덩치 큰 숫양의 잔등이에 올라탄("동물의 잔등이에 올라*super quandam bestiam*"라는 『교회규범』의 표현을 조금 바꾼 것이다) 모습에 대한 묘사를 볼 수 있는데, 이는 100년 후 '유령 사냥'의 선봉에 등장한 것과 마찬가지로, 사후 세계와의 소통을 중심으로 한 민간신앙과 문학적 재구성 사이의 근접성을 증명해준다.[84] 에렉Erec, 퍼시벌Perceval, 랜슬롯 Lancelot과 같은 영웅들의—다리, 초원, 황무지 또는 바다로 인해 산 자들의 세계와 분리된—신비의 성城을 향한 여행은 죽은 자들의 세계를 향한 여행으로 인식된다. 때로는 리모스Limors, 죽은 자들의 성Schastel le mort과 같은 지명 자체가 이러한 사실을 확인시켜준다.[85] 이러한 장소들은 세월의 흐름 속에서 그 존재가 추상화되었다. 이곳의 여행자들은 (고대의 전통에 따라 산 자들에게는 금지된) 죽은 자들의 음식을 조심해야 한다.[86] 이러한 내용의 문학작품들은 아일랜드의 몇몇 문헌(또는 모험담)에서도 확인할 수 있다.[87] 우리가 다루는 탈혼 상태의 전통과 유사한 이유는 그 근원에서 켈트 신화라는 공통분모를 가지고 있기 때문이다. 아서왕의 여동생인 요정 모르가나Morgain la fée, *fata Morgana*는 나중에 켈트족의 두 여신, 즉 에포나와 연결된 아일랜드의 모리건Morrígan과 웨일스의 모드론Modron이 (새로운 요소들이 첨가된 상태로) 부활한 것이다.[88] 모드론은 기독교 시대 초기부터 숭배되어온 대모들인 마트로네 중의 하나였다.[89] 16세기와 17세기에 스코틀랜드 마녀들의 자백에서 목격되는 요정들과, 아서왕 이야기에 등장하는 요정들의 관계는 매우 긴밀하다.

이 모든 것은 기독교적인 주제들과 혼합되면서 '브르타뉴 이야기 matière de Bretagne'로 흘러 들어간 켈트 민속 요소들의 중요성을 확인시켜준다.[90] 죽은 자들의 세계를 향한 영웅들의 여행이라는—아서왕 이야기에 여러 차례 등장한—주제는 이 전통에서 비롯했다.[91] 그러나 아서왕의 궁정과 주술 및 적대감으로 가득한 주변 세계의 신화들 간의 반목은 시간을 초월한 형태들을 통해 구체적인 역사적 상황, 즉 빠르게 변화하는 사회에서 기사들이 고립된 계층으로 전락하는 과정을 보여주는 것이기도 했다.[92]

파사 계곡의 늙은 여성 농민들은 이러한 궁정문학의 전통을 전혀 알지 못했다. 그러나 16세기 초, 피엠메 계곡에서 주술을 행한 죄로 처벌된 주안 델레 피아테Zuan delle Piatte라는 남성은 이런저런 요인들로 한층 복잡해진 경우를 보여준다.[93] 그는 심문관들에게 (돈나 에로디아데가 살았던 베누스산으로도 알려진) 노르차 자치도시 근교의 시빌라산에서 있었던 주술사들의 모임에 한 명의 성직자와 함께 참석했다고 자백했다. 호수에 도착한 두 사람은 "검은 옷을 입은 덩치가 큰 흑인"을 만났는데, 이 사람은 자신들을 건너게 해주기 전에 기독교 신앙을 부정하고 악마를 받아들일 것을 종용했다. 이들은 뱀이 가로막고 있는 문을 통해 산으로 들어갔다. 그곳에는 "독실한 에크하르트"라 불리는 노인이 있었다. 노인은 이들에게 만약 1년 넘게 이곳에 머물면 다시는 돌아갈 수 없다고 경고했다. 두 사람은 산에 갇혀 있는 사람들 사이에서 잠들어 있는 노인 '엘 탄호이저el Tonhauser'와 '돈나 베누스donna Venus'를 보았다. 주안 델레 피아테는 돈나 베누스와 함께 악마의 잔치에 참석했다. 이곳에는 '좋은 놀이의 귀부인'도 있었다. 이러한 자백 속에 발견되는 악마적 요소들은 재판 과정에서 자행된 고문 때문일 수 있다. 그러나 시빌라산의 돈나 베누스, 독실한 에크하르트, 그리고 엘 탄호이저는 그보다 오래된 기원을 갖고 있다. 앞서 100년 전쯤 시빌라산에 대한 움브리아 지역의 전설은 대중적으로 크게 인기를 얻은 안드레아 다 바르베리노Andrea da Barberino의 『불운한 구에린Guerin Meschino』 같은 소설을 통해 정교하게 다듬어졌고, 이는 탄호이저Tannhäuser라는 인물 중심의 게르만 전설과 융합되었다.[94] 주안 델레 피아테의 이야기 속에는 분명히 『불운한 구에린』을 읽은 것으로 보이는 흔적이 민간의 구전 문화적 요소들과 함께 섞여 있다. 주안은 "베누스와 그를 따르는 무리와 함께 크리스마스가 낀 사계재일 주간의 목요일 밤에 검은 말을 타고 하늘을 날았으며 다섯 시간 동안 전 세계를 돌아다녔다"고 말했다.[95] 우리는 여기서 말을 탄 디아나(또는 디아나를 달리 부르는 이름)의 행렬이, 리켈라를 추종하는 무리나 프리울리의 베난단티들이 사계재일 주간마다 떠났던 탈혼 상태의 여행과 같음을 다시 한 번 확인하게 된다. 한 세기가 지난 1630년, 헤센 출신의 주술사 딜 브로일Diel Breull은 수년 동안 사계재일 주간마다 영혼의 상태로 베누스베르크*에 갔으며, 이곳에서 '프라우 홀트fraw Holt'(홀다 또는 홀레, 여신의 또 다른 구현)가 자신에게 죽은 자들과 그들의 고통(잘빠진 말들, 진수성찬을 먹거나 불길 속에 주저앉아 있는 사람들)을 대야에 가득 찬 물을 통해 보여주었다고 자백했다.[96] 그보다 얼마 전인 1614년에는 하인리히 코른만Heinrich Kornmann이 『베누스산Mons Veneris』을 출간했는데, 그는 여기서 탄호이저의 전설을 언급했다.[97] 딜 브로일처럼, 코른만은 헤센 출신이었다. 그러나 이미 살펴보았듯이, 이러한 전통들은 특정 지역에 한정되지 않는다. 비록 브로일이 『베누스산』을 읽었다고 할지라도 이는 그가 극도로 비참한 순간(부인과 아들을 잃었다)에 혼수상태에 빠졌다가 깨어나 보니 베누스베르크에 있었다는 사실까지 충분히 설명하지는 못한다. 그럼에도 탈혼 상태의 여행이라는 주제가 기록 전통에서 유래된 요인들과 혼합되어 나타난 사례가 드물기는 하지만, 그 대상이 여성들보다는 문해력을 갖추었을 법한 남성들이라는 점은 상당한 의미를 가진다. 또한 14세기 초 아르노 젤리스가 자백한 영혼들의 무리에 대한 설명에는 성 파트리치오san Patrizio

---

* 중세 전설에 따르면 동굴에서 베누스가 알현식을 했다고 전해지는 독일 남서부의 산.

의 연옥 여행에 관한 아일랜드 성인전의 내용(이 역시 민속 요소들과 섞였다)이 반영되어 있다.[98]

19

악마론자들이 연구한 주술의 이미지에 요정(과 엘피)에 관련된 켈트 전통이 유입되었음은 이미 오래전에 확인되었다(그러고는 결국 잊혔다).[99] 지금까지 재구성된 지리적, 연대기적 상황은 이처럼 꼬여 있는 현실을 구체적으로 드러내면서도 동시에 복잡하게 만든다. 도피네에서 스위스 로만디, 롬바르디아, 그리고 피에몬테에 이르는 알프스 서부 지역에서 드러난 악마의 잔치의 전형—와해되고 있는 이단 집단이나 음모에 대한 공포의 확산과 같은—을 구체화하는 데 기여한, 다소 최근에 밝혀진 요소들에 매우 오래된 켈트 문화의 퇴적층을 덧붙일 수 있다. 이러한 문화 퇴적층은 물질적 의미(뇌샤텔 호수 근처의 라텐에 대한 고고학적 발굴)와 비유적 의미를 동시에 가진다. 15세기 초에 재판을 받은 발레주 지역의 마녀들과 주술사들이 설명한—앞서 언급했듯이 이단 재판의 전형과는 무관한—야간 비행에서, 이제 우리는 켈트 전통에서 볼 수 있는 탈혼 상태의 숭배가 비틀려 반영되어 있음을 확인할 수 있다. 악마의 잔치라는 이미지에 근거해서 치러진 초기 재판들에서 시기와 장소가 구체화된 것은 (돌이켜 보면) 불가피한 일이었다. 이뿐만이 아니다. 언어적, 지리적 자료들이 놀라울 정도로 일치한다는 점에서, 아서왕 이야기들에 반복적으로 나오는 고유명사와 지역명 대부분은 주로 레만 호수 지역의 지명들을 가리킨다는 가설이 제기되기도 했다.[100] 죽은 자들의 세계로의 여행에 대한 고대 켈트 신화는 문학과 종교재판을 통해 각색되어, 같은 지역과 유사한 민속 주제들로부터 시작해서,

서로 다른 시기에 이질적인 방식으로 확산되었다고 할 수 있다. 이제 모든 설명이 맞아떨어지는 듯하다.

미주

1) 본서, p. 135 참조.

2) *I benandanti* cit., pp. 6~7 참조.

3) Duvernoy, *Le registre* cit., I, p. 139 참조. 또한 같은 책, pp. 128~43, 533~52; J.-M. Vidal, "Une secte de spirites à Pamiers en 1320," *Annales de Saint-Louis-Les-Français*, III(1899); Le Roy Ladurie, *Montaillou* cit., pp. 592~611; M.-P. Piniès, *Figures de la sorcellerie languedocienne*, Paris 1983, pp. 241 이하 참조.

4) *Reginonis abbatis Prumiensis libri duo de synodalibus causis et disciplinis ecclesiasticis...*, F. W. H. Wasserschleben 편집, Lipsiae 1840, p. 355. 요약본으로는 Russell, *Witchcraft* cit., pp. 291 이하 참조. 일반적인 회개 문학에 대해서는 A. J. Gurevič, *Contadini e santi*, 이탈리아어 판본, Torino 1986, pp. 125~72 참조.

5) Migne, *Patrologia latina*, CXL, coll. 831 이하 참조. 또한 E. Friedberg, *Aus deutschen Bussbüchern*, Halle 1868, pp. 67 이하 참조.

6) 『교정자』를 부르카르드의 저술로 추정한 것은 푸르니에다. P. Fournier, "Études critiques sur le décret de Burchard de Worms," *Nouvelle revue historique du droit français et étranger*, XXXIV(1910), pp. 41~112, 289~331, 563~84, 특히 pp. 100~106 참조. 푸르니에의 주장은 오늘날 일반적으로 받아들여지고 있다. C. Vogel, "Pratiques superstitieuses au début du XIe siècle d'après le 'corrector sive medicus' de Burchard, évêque de Worms(965~1025)," *Mélanges offerts à E. R. Labande*, Poitiers 1976, pp. 751 이하 참조(이에 관해서는 마르티나 켐프터Martina Kempter가 알려주었으며, 여러 잘못된 부분과 부정확한 내용을 바로잡는 데도 도움을 주었다).

7) F. W. H. Wasserschleben, *Die Bussordnungen der abendländischen Kirche*, rist. anast. Graz 1958, pp. 645, 660~61 참조.

8) Migne, *Patrologia latina*, CXL, coll. 837(그리고 Friedberg, *Aus deutschen Bussbüchern* cit., p. 71) 참조.

9) 이러한 최초의 방향 설정에 대해서는 G. Bonomo, *Caccia alle streghe*, Palermo 1959(신판, 1986) 참조. 그럼에도 분석은 피상적인 수준에 그쳤다.

10) 같은 책, pp. 22~23 참조(실수로 *Bensoria*라고 쓰여 있다. 다른 형태로는 *Bezezia*가 있다. 이에 관해서는 Du Cange, *Glossarium mediae et infimae Latinitatis*에 나오는

표제어 'Bensozia' 참조). A. Wesselofsky, "Alichino e Aredodesa," *Giornale storico della letteratura italiana*, XI(1888), pp. 325~43, 특히 p. 342 참조(하지만 어원은 분명하지 않다). 몽포콩은 그의 선조인 오제Auger 주교(1304년 사망)가 작성한 콩세랑 (Conserans 또는 Couserans) 교구의 법령을 소개할 때, 디아나와 악마의 잔치에 기반한 신앙들 간의 관계를 즉각적으로 인식했다. B. de Montfaucon, *Supplément au libre de l'antiquité expliquée et presentée en figures...*, I, Paris 1724, pp. 111~16. 몽포콩의 이 구절(깡주Du Cange의 1733년 판본에 '디아나'라는 표제어로 언급되었다)은 Dom***[자크 마르탱Jacques Martin]의 연구(*La religion des Gaulois*, Paris 1727, II, pp. 59~67)에 근거했다.

11) E. Martène & U. Durand, *Thesaurus novus anecdotorum*, IV, Lutetiae Parisiorum 1717, col. 257 참조(Wesselofsky, "Alichino" cit., pp. 332~33도 참조).

12) *I benandanti* cit.(p. 62, 주석 2)의 참고문헌에는 페르히타에 대한 다음의 연구들이 추가되어야 한다. R. Bleichsteiner, "Iranische Entsprechungen zu Frau Holle und Baba Jaga," *Mitra*, I(1914), coll. 65~71; M. Bartels & O. Ebermann, "Zur Aberglaubensliste in Vintlers Pluemen der Tugent," *Zeitschrift für Volkskunde*, 23(1913), p. 5; F. Kauffmann, "Altgermanische Religion," *Archiv für religionsgeschichte*, 20(1920~21), pp. 221~22; A. Dönner, *Tiroler Fasnacht*, Wien 1949, pp. 338 이하(특히 많은 정보가 담겨 있다); J. Hanika, "Bercht schlitzt den Bauch auf - Rest eines Initiationsritus?," *Stifter-Jahrbuch*, II(1951), pp. 39~53; J. Hanika, "Peruchta-Sperechta-Žber," *Boehmen und Maehren*, III(1953), pp 187~202; R. Bleichsteiner, "Perchtengestalten in Mittelasien," *Archiv für Volkerkunde*, VIII(1953), pp. 58~75; F. Prodinger, "Beiträge zur Perchtenforschung," *Mitteilungen der Gesellschaft für Salzburger Landeskunde*, 100(1960), pp. 545~63; N. Kuret, "Die Mittwinterfrau der Slovenen(Pehtra Baba und Torka), *Alpes Orientales*, V. *Acta quinti conventus...*, Ljubljana 1969, pp. 209 이하. 홀다에 대해서는 A. Franz, "Des Frater Rudolphus Buch 'De Officio Cherubyn'," *Theologische Quartalschrift*, III(1906), pp. 411~36; J. Klapper, "Deutscher Volksglaube in Schlesien in ältester Zeit," *Mitteilungen der schlesischen Gesellschaft für Volkskunde*, 17(1915~16), pp. 19 이하, 특히 pp. 42~52(매우 유용한 증언 모음집이다); A. H. Krappe, *Études de mythologie et de folklore germaniques*, Paris 1928, pp. 101~14(논란의 여지가 많다); K. Helm, *Altgermanische Religionsgeschichte*, II, 2, Heidelberg 1953, pp. 49~50; F. Raphaël, "Rites de naissance et médecine populaire dans le judaïsme rural d'Alsace," *Ethnologie française*, n.s., I(1971), n. 3~4, pp. 83~94(알자스와 네덜란드 등의 유대 민속에서 홀다에 관련된 신앙의 흔적); Gurevič, *Contadini* cit., pp. 134~36 참조.

13) Wesselofsky, "Alichino" cit., pp. 332~33 참조(그리고 본서, pp. 190~91 참조).

14) G. Wissowa, "Interpretatio Romana. Römische Götter in Barbarenlande," *Archiv für Religionswissenschaft*, XIX(1916~1919), pp. 1~49 참조.

15) Bonomo, *Caccia* cit., p. 71 참조.

16) 판결문은 무라로의 연구서 부록에 수록되었다(L. Muraro, *La signora del gioco*, Milano 1976, pp. 240~45, 특히 pp. 242~43 참조). 베르가의 오래전 연구 논문인 E. Verga, "Intorno a due inediti documenti di stregheria milanese del secolo XIV," *Rendiconti del R. Istituto lombardo di scienze e lettere*, s. II, 32(1899), pp. 165~88 참조. 이는 가장 기본적인 연구로 평가된다. 'ms'의 물리적 여건에 대해서는 G. Giorgetta, "Un Pestalozzi accusato di stregoneria," *Clavenna*, 20(1981), pp. 66, 주석 35 참조(이 논문을 소개해준 오타비아 니콜리Ottavia Niccoli에게 고마움을 전한다).

17) 나는 무라로가 자신의 연구(Muraro, *La signora* cit., p. 243)에서 표기하지 않았던 'divitum'이라는 용어를 포함시켰으며 이에 근거하여 이전에 범한 실수인 'veivatis'를 'veniatis'로 수정한다. *I benandanti* cit., p. 143, 주석 2.

18) 본서, p. 132 참조.

19) G. Mansionario, *Historiarum imperialium liber*: "*adhuc multi laycorum tali errore tenentur credentes predictam societatem de nocte ire, et Dianam paganorum deam sive Herodiadem credunt hujus societatis reginam...*"(Biblioteca Vallicelliana, Roma, ms. D. 13, c. 179r) 참조. 이 구절은 성 제르마노가 행한 밤의 기적과 관련하여 다음에도 인용되었다. G. Tartarotti, *Del congresso notturno delle lammie*, Rovereto 1749, p. 29; 그 외에도 같은 저자의 "Relazione d'un manoscritto dell'Istoria manoscritta di Giovanni Diacono Veronese," *Calogierà, Raccolta d'opuscoli...*, 18, Venezia 1738, pp. 135~93, 특히 pp. 165~67 참조. 마녀들을 참수형으로 처벌할 것을 '강력하게' 주장한 치안판사들을 언급한 부분은 타르타로티의 이후의 저서인 *Del Congresso notturno*에 맹아가 되었을지도 모른다.

20) 도입부가 없는 설교문은 다음의 저술에 나온다. *Nicolai Cusae Cardinalis Opera*, II, Parisiis 1514(rist. anast., Frankfurt a. Main 1962), cc. CLXXv~CLXXIIr('Ex sermone: Haec omnia tibi dabo'). 설교문 전체에 대해서는 *Vat. lat.* 1245, cc. 227r~29r 참조. 필사된 설교집의 이력과 날짜(브레사노네, 1457년 3월 6일)에 대해서는 J. Koch, *Cusanus-Texte, I: Predigten, 7, Untersuchungen über Datierung, Form, Sprache und Quellen. Kritisches Verzeichnis sämtlicher Predigten*, Heidelberg 1942('Sitzungsberichte der Heidelberger Akademie der Wissenschaften,' Phil.-hist. Kl., Jahrgang 1941~42, I. Abh.), pp. 182~83, n. CCLXVIII 참조. (상당히 불충분한) 번역과 논평은 다음의 연구를 참조. C. Binz, "Zur Charakteristik des Cusanus," *Archiv für Kulturgeschichte*, VII(1909), pp. 145~53. 간략한 언급으로는

E. Vasteenberghe, *Le cardinal Nicolas de Cues*, Paris 1920, p. 159; H. Liermann, "Nikolaus von Cues und das deutsche Recht," *Cusanus-Gedächtnisschrift*, N. Grass 편집, München 1970, p. 217; W. Ziegeler, *Möglichkeiten der Kritik am Hexen- und Zauberwesen im ausgehenden Mittelalter*, Köln/Wien 1973, pp. 99~100 참조. G. J. Strangfeld, *Die Stellung des Nikolaus von Kues in der literarischen und geistigen Entwicklung des österreichischen Spätmittelaters*, Phil. Diss., Wien 1948, pp. 230~37. 이 연구의 내용은 쿠자누스의 태도에 집중되었다. (마지막으로 언급된 텍스트는 쿠자누스의 설교집에 대한 비평서를 준비하고 있는 헤르만 할라우어Hermann Hallauer 박사가 제공해주었다. 그는 파사 계곡의 노파들에 대한 재판 기록물을 찾지 못했다고 알려주었다. 나는 브레사노네의 기록물보관소에서 수행한 연구에서 별다른 성과를 얻지 못했다.)

21) '홀다 출신의 홀덴'에 대해서는 Helm, *Altgermanische Religionsgeschichte* cit., II, 2, pp. 49~50 참조.

22) 나는 로살도가 제기한 유사성 관련 논쟁을 다른 의미에서 다루었다. R. Rosaldo, "From the Door of His Tent: The Fieldworker and the Inquisitor," *Writing Culture*, J. Clifford & G. F. Marcus 편집, Berkeley/Los Angeles 1986, pp. 77~97 참조.

23) 이 모든 것에 대해서는 본서, p. 31 참조.

24) Bertolotti, "Le ossa" cit., pp. 487 이하 참조.

25) Bernardo da Como, *Lucerna inquisitorum... et Tractatus de strigibus*, 페냐F. Pegna의 주석, Romae 1584, pp. 141~42 참조.

26) 이 재판에 대해서는 J. A. Macculloch, "The Mingling of Fairy and Witch Beliefs in Sixteenth and Seventeenth Century Scotland," *Folk-Lore*, XXXII(1921), pp. 229~44 참조. 이사벨 가우디의 재판에 대해서는 R. Pitcairn, *Ancient Criminal Trials in Scotland*, III, 2, Edinburgh 1833, pp. 602 이하, 특히 p. 604 참조. 편집자는 다음과 같이 논평했다. "이러한 특징은 모든 면에 있어서, 모든 지역에서 있었던 주술의 역사에서 가장 놀라운 사례일지 모른다." 그는 판사들이 중요하지 않다는 이유로 이 내용들을 재판 기록에서 삭제했다는 사실을 지적했다. 이 구절은 유익하다. 머리는 핏케언 Pitcairn 판본에 근거하여, 자신이 모두 사실이라고 주장하던 모임들에 마녀들이 참석할 때 사용한 이동 수단들과 관련하여 이 구절을 인용했다(Murray, *The Witch-Cult* cit., pp. 105~106; pp. 244~45 참조). 콘은 이 구절이 현실적인 의미로 해석될 수 없다고 보았다. 피고인은 분명히 모호한 '지역의 요정 설화'에 의존하고 있었다는 것이다(Cohn, *Europe's Inner Demons* cit., pp. 113~14). 라너는 이 구절을 재검토한 후 몇 가지 작은 오류를 수정했지만, 부주의하게도 같은 재판의 서로 다른 부분을 혼동하면서(Larner, *Enemies of God* cit., p. 152; Pitcairn, *Ancient Criminal Trials* cit., III, 2, pp. 604, 608 참조), 콘이 주장한 바와 같이, "이들이 단지 꿈이나 악몽 그리고 집단 환상과 관련된 것에 지나지 않는다"고 언급했다. 이것은 분명히 어리석거나(머리) 또는 부적절한(콘

과 라너) 해석이다.

27) "The Miscellany of the Spalding Group," I(1841), pp. 117 이하, 특히 pp. 119~22의 기록물 참조. 이 구절은 본문에 언급된 스코틀랜드 재판 기록물의 다른 구절들처럼 머리 저술의 부록(Murray, *The Witch-Cult* cit., p. 242)에 다시 수록되었다(색인의 표제어 '애버딘Aberdeen' '올던Auldearne' '오크니Orkney' 참조).

28) *I benandanti* cit., p. 50 참조. '요정들fairy folks'의 악마화로 야기된 내적 긴장감은 1623년 스코틀랜드의 퍼스 성에서 열린 재판들에서 분명하게 드러난다. *Extracts from the Presbitery Book of Struthbogie*, Aberdeen 1843, pp. X~XII 참조.

29) *Procès de condamnation de Jeanne d'Arc...*, I, P. Tissot & Y. Lanhers 편집, Paris 1960, p. 178.

30) *I benandanti* cit., pp. 63, 67~68 참조.

31) Bonomo, *Caccia* cit., p. 23 참조.

32) Duvernoy, *Le registre* cit., I, p. 544 참조(아르날도 드 포메리Arnaldo de Pomeriis의 부인 멘가르다Mengarda에 대한 심문). 르루아 라뒤리는 '선량한 여주인'을 강조하는 신화적인 함의를 미처 알지 못했다(Le Roy Ladurie, *Montaillou* cit., pp. 592, 603 참조).

33) 아일랜드의 경우 〔J. Aubrey〕, *Fairy Legends and Traditions of the South of Ireland*, London 1825, pp. 193 이하 참조. 스코틀랜드의 경우 Pitcairn, *Ancient Criminal Trials* cit., I, 3, p. 162 등 참조(같은 책, III, 2, p. 604, 주석 3 참조. 오브리의 이전 연구다). 오크니 제도의 요네 드리버Jonet Drever라는 여성은 1615년에 "그녀가 우리들의 선량한 이웃이라고 부르던 요정fairy folk, callit of hir our guid nichtbouris"과 26년간 관계를(육체적인 관계까지도) 맺었다는 이유로 영구 추방되었다(*The Court Books of Orkney and Shetland 1614~1615*, R. S. Barclay 편집, Edinburgh 1967, p. 19). 요정에 대해서는 R. Kirk, *Il regno segreto*, 이탈리아어 판본, Milano 1980, M. M. Rossi 편집(편집자의 에세이 *Il cappellano delle fate*는 부록에 수록됨) 이외에도, 〔W. C. Hazlitt가〕 수집한 텍스트인 *Fairy Mythology of Shakespeare*, London 1875; M. W. Latham, *The Elizabethan Fairies*, New York 1930; K. M. Briggs, *The Anatomy of Puck*, London 1959 참조. 프리울리에 대해서는 *I benandanti* cit., p. 84 참조.

34) J. Kolendo, "Dea Placida à Novae et le culte d'Hécate, la bonne déesse," *Archaeologia*(Warszawa), XX(1969), pp. 77~83 참조. 지하 세계의 헤카테와 '선량한 여신'을 동일시한 것에 대해서는 Macrobio, *Saturnalia*, I, 12, 23 참조. 이 점에 대해서는 H. H. J. Brouwer, *Bona Dea*, Leiden 1989 참조(얀 브레머르Jan Bremmer가 내게 알려주었다).

35) J. G. Dalyell, *The Darker Superstitions of Scotland, Illustrated from Theory and Practice*, Edinburgh 1834, pp. 470, 534 이하, pp. 590~91 참조(오크니 제도와 셰틀랜드 제도의 재판 기록물에 근거한 상당히 중요한 저술이다. p. 5의 주석 참조).

36) G. de Lorris & J. de Meun, *Le Roman de la Rose*, E. Langlois 편집, IV, Paris 1922,

pp. 229~30, vv. 18425~60 참조.

37) 나는 *I benandanti* cit., pp. 90 이하에서 이미 공식화한 해석을 다른 많은 문서들에 대한 연구에 근거하여 좀더 발전시키고 있다. 브릭스는 독자적인 방식으로 유사한 결론에 도달했다. K. M. Briggs, "The Fairies and the Realm of the Dead," *Folk-Lore*, 81(1970), pp. 81~96 참조(과거 이 여성 학자는 요정들에 대한 신앙과 죽은 자들에 대한 숭배를 요약적으로 연결하는 것에 반대했다. Briggs, "The English Fairies," *Folk-Lore*, 68, 1957, pp. 270~87 참조).

38) *I benandanti* cit., p. 63 참조. 일반적으로 R. Parrot, "Le 'Refrigerium' dans l'au-delà," *Revue de l'histoire de religions*, t. CXIII(1936), pp. 149 이하; t. CXIV(1936), pp. 69 이하, 158 이하; t. CXV(1937), pp. 53 이하 참조. 좀더 구체적으로는 W. Deonna, "Croyances funeraires. La soif des morts...," *Revue de l'histoire de religions*, t. CXIX(1939), pp. 53~77 참조.

39) Duvernoy, *Le registre* cit., I, p. 137 참조: "*Item dixit quod mortui libenter veniunt ad loca munda et intrabant domos mundas, et nolunt venire ad loca sordida, nec intrare domos immundas.*" 동방에서의 장례적 함의에 대해 강조한 것으로는 G. Scalera McClintock, "Sogno e realità in due processi per eresia," F. Lazzari & G. Scalera McClintock, *Due arti della lontananza*, Napoli 1979, pp. 69~70 참조.

40) 인용된 구절들에 대해서는 *Sermones de tempore*(predica 41) 참조. 나는 다음의 판본들을 조사했다. Köln 1474; Strassburg *post* 1478(Hain 8473); Nürnberg 1480, 1481; Strassburg 1484; Nürnberg 1496; Strassburg 1499, 1503; Rouen 1513(디아나에 대해서만 언급한다). 헤롤트(1390년경 출생)에 대한 다른 지적 사항들에 대해서는 Klapper, "Deutscher Volksglaube" cit., pp. 48~50〔인용된 구절(그리고 열한번째 설교에서 다루어진 보다 짧은 유사한 구절)에 대한 다양한 해석들에 대해 기술하고 있다〕 참조. 위에서 인용한 구절은 브레슬라우 대학도서관에 소장되어 있는 *Sermones de tempore* 참조.

41) *I benandanti* cit., pp. 73 이하. 이외에도 A. Endter, *Die Sage vom Wilden Jäger und von der wilden Jagd*, Frankfurt a. M. 1933; K. Meisen, *Die Sagen vom Wütenden Heer und wilden Jäger*, Münster i. W. 1935 참조. 엔터A. Endter는 바이저L. Weiser(나중의 이름은 바이저-알Weiser-Aall)의 중요한 연구에 근거하여(본서 제2부 3장 주석 2와 26에서 인용), 빌헬름 만하르트W. Mannhardt와 그의 학파가 제안한 신화에 대한 낡은 기상학적 해석을 거부했다. 디트리히 폰 베른(이탈리아에서는 베로나의 테오도리코Teodorico di Verona로 알려졌다)에 대해서는 A. Veselovskij, in Vesolovskij & Sade, *La fanciulla perseguitata*, D. S. Avalle 편집, Milano 1977, pp. 62 이하; F. Sieber, "Dietrich von Bern als Führer der wilden Jagd," *Mitteilungen der schlesischen Gesellschaft für Volkskunde*, 31~32(1931), pp. 85~124; A. H. Krappe, "Dietrich von Bern als Führer der wilden Jagd," *Mitteilungen der schlesischen Gesellschaft für Volkskunde*, XXXIII(1933), pp. 129~36; J. de Vries,

"Theoderich der Grosse," *Kleine Schriften*, Berlin 1965, pp. 77~88 참조. 이러한 주제들에 대한 16세기의 연구에 대해서는 O. Niccoli, *Profeti e popolo nell'Italia del Rinascimento*, Bari 1987, pp. 89~121 참조.

42) J. Le Goff, *La naissance du Purgatoire*, Paris 1981 참조(이에 대한 논평으로는 L. Génicot in *Revue d'histoire ecclésiastique*, LXXVIII, 1982, pp. 421~26, 그리고 C. Carozzi, in *Cahiers de civilisation médiévale*, XXXVIII, 1985, pp. 264~66 참조). 죽은 자들에 관련된 민간신앙과 연옥에 대한 신학적 연구의 관계를 자세히 연구한 것으로는 A. J. Gurevič, "Popular and Scholarly Medieval Cultural Traditions: Notes in the Margin of Jacques Le Giff's Book," *Journal of Medieval History*, 9(1983), pp. 71~90 참조.

43) Meisen, *Die Sagen* cit., p. 103(1557년 또는 1558년에 독일어로 출간된 매우 대중적인 산문에서는 베르히톨다로 언급했다); p. 124(뉘른베르크의 16세기 카니발에 대한 서술에서는 홀다로 언급했다); p. 132, 주석 1(J. Mathesius, *Auslegung der Fest-Evangelien*, 1571에서는 '늙은 베르타' '프라우 에로디아스Frau Herodias' '프라우 홀다Frau Hulda'로 인용했다). 디아나의 군대를 헤롤트가 언급한 것이 예외적이기는 하지만 이는 다음의 연구에서도 간접적으로 드러난다. Endter, *Die Sage* cit 참조.

44) 자기 육신으로 돌아오지 못한 '탈혼 상태에 빠진 자들'의 영혼은 일시적인 죽음의 상태에서 최종적인 죽음의 상태로 전환되면서 결국 '성난 군대'의 일원이 되었다. 이처럼 헤롤트는 떠돌이 사제들clerici vagantes의 집단이 16세기 중반 무렵 농부들로부터 선물과 돈을 강탈하면서 헤센주의 들녘을 배회하고 있었다고 주장했다(*I benandanti* cit., pp. 85~87 참조).

45) 이 모든 것은 신화의 차원에서 볼 때, 보탄 수행원들 중에 발퀴리Walkyrie가 있었다는 점과 상충되지 않는다. 이러한 해석을 가장 먼저 제시한 것은 O. Höfler, *Kultische Geheimbünde der Germanen*, I(1권만 출간되었다), Frankfurt am Main 1934(본서 제2부 3장 주석 2 참조). 보다 최근의 연구로는 J. de Vries, "Wodan und die wilde Jagd," *Die Nachbarn*, 3(1962), pp. 31~59 참조. 이 연구는 회플러의 몇 가지 결론을 명확하지 않은 방식으로 재인용하고 있다. 데 프리스의 이념적 사고에 대해서는 W. Baetke, *Kleine Schriften*, K. Rodolph & E. Walter 편집, Weimar 1973, pp. 37 이하 참조.

46) Muraro, *La signora del gioco* cit., pp. 152~55 참조.

47) 회플러는 한편으로는 죽은 자들의 군대와 연결된 전통에 페르히타를 끼워넣은 것이 뒤늦게 나타난 현상이라는 사실을, 다른 한편으로는 의식의 과정들(본서, pp. 325 이하 참조)에서 '페르히텐Perchten'이 여성들이 아니라 가면을 쓴 소년들에 의해 표현되었다는 사실을 강조했다(Höfler, *Kultische* cit., pp. 15, 89~90, 277~78 참조). 두 요소는 모두 그가 풍요와 연관된 전쟁의 핵심과 주변적 요소, 마녀의 에로티시즘을 구분하게 해주었다. '유령 사냥꾼들'에 대한 서술에서 남녀 인물들이 (동물이자 인간인 상태로, 산 자

이자 죽은 자인 상태로) 등장하는 것에 대해서는 A. Endter, *Die Sage* cit., p. 32와 특히 Dönner, *Tiroler Fasnacht* cit., p. 142 참조. 데 프리스는 이러한 신앙 영역에서 드러나는 페르히타와 홀다에 대한 부수적이고 지리적인 기능을 강조했다(de Vries, *Wodan* cit., p. 45). 반면 무라로는 '유령 사냥꾼들'의 문제를 완전히 무시했다.

48) '유령 사냥꾼들'의 경우, 나는 편리성을 고려해 마이젠(Meisen, *Die Sagen* cit.)이 편집한 자료들을—비록 중세 이후 시기에 대해서는 결코 완전하지 않지만—활용했다. 또한 나는 고대의 텍스트들과 약간의 19세기 자료들을 연구에서 제외했다. 전자의 고대 텍스트는 주제에서 벗어난 것이기에 그리고 후자는 우연하게 선택된 자료들이기에 제외했다. 탈혼 상태에 빠진 여성들에 대해서는 이 장에 언급된 참고문헌들을 추천한다. 나는 두 현상 모두의 경향을 확인하고자 노력했다. 죽은 자들의 출현에 대해서는 Schmitt, "Gli spettri nella società feudale," *Religione* cit., pp. 182~205 참조.

49) 『장미 이야기*Roman de la Rose*』(vv. 18425~60)는 성별에 대한 별다른 언급 없이 아분디아 귀부인과 '선량한 귀부인들'을 추종하는 자들에 대해 언급하고 있다.

50) 빈첸초 마지Vincenzo Maggi는 아리스토텔레스의 철학을 추종하는 철학자로 브레시아에서 출생했다. 1564년에 사망하기 전까지 그는 파도바 대학Studio di Padova과 페라라 대학Studio di Ferrara의 교수를 지냈으며 『즐거운 대화*Piacevole dialogo*』를 집필했다. 그는 이 책에서 브레시아 주변 지역에 '놀이의 귀부인'이라 불린 유령 때문에 어리석은 여성들이 생겨났다는 소문에 대한 책임이 비정상적인 이교도들에게 숭배받는 판Pan 신에게 있다고 언급했다(L. Cozzando, *Libraria bresciana*, Brescia 1694, p. I, p. 203 참조). 이 책은 현존하지 않는 것 같다. 하지만 그 일부(그림 5, 6)는 페라라의 이단 심문관이었던 파도바의 카밀로 캄페지Camillo Campeggi가 1564년 1월 2일의 포고령에서 사용한 바 있다(Archivio di Stato di Modena, *S. Uffizio*, b. 1). 출판업자인 발렌차의 프란체스코 데 로시Francesco de' Rossi는 마지의 교수 취임 강연인 "De cognitionis praestantia oratio"(1557)를 출간한 바 있다(P. Guerrini, "Due amici bresciani di Erasmo," *Archivio storico lombardo*, 1923, pp. 6 이하 참조). '놀이의 귀부인'에 대한 특별한 묘사에서 'F'는 'Fantasima'를 가리킬 것이다. 『즐거운 대화』(Girolamo Baruffaldi Jr, *Annali della tipografia ferrarese de' secoli XV e XVI*, Biblioteca Comunale Ariostea, ms CI, I, 589에는 언급되어 있지 않다)는 발렌차의 프란체스코 데 로시가 페라라에서 1564년 또는 이보다 조금 앞서 출간한 것이 분명하다. 불행히도 나는 이 책을 구하지 못했다. 이름을 알 수 없는 판화가가 키벨레Cybele의 초상에서 영감을 얻은 것은 분명하다.

51) 본서, pp. 337~38 참조.

52) 전체적인 상황에 대해서는 J. de Vries, *I Celti*, 이탈리아어 판본, Milano 1982, pp. 21 이하 참조. 트렌티노 지역이 켈트화된 것에 대해서는 C. Battisti, *Sostrati e parastrati nell'Italia preistorica*, Firenze 1959, pp. 236 이하; 특히 W. T. Elwert, *Die Mundart des Fassa-Tals*("Wörter und Sachen," N. F., Beiheft 2.), Heidelberg 1943, pp. 215

이하 참조.

53) R. Bovet, *Pandaemonium, or the Devil's Cloyster, being a further blow to modern Sadduceism, proving the existence of witches and spirits*, London 1684, pp. 172 이하 참조("A remarkable passage of one named the Fairy-Boy of Leith in Scotland..." 이 부분은 조지 버튼George Burton이 서명한 보고서다).

54) *Maximi episcopi Taurinensis Sermones*, A. Mutzenbecher 편집, Turholti 1962(*Corpus Christianorum*, series latina, vol. XXIII), pp. 420~21 참조. 설교 는 403~405년보다 조금 늦은 시기에 있었다(서론, p. XXXIV 참조). 해석에 대해서 는 F. J. Dölger, "Christliche Grundbesitzer und heidnische Landarbeiter," *Antike und Christentum*, 6(1950), rist. Münster 1976, pp. 306 이하 참조. 반면 뒤 캉주(Du Cange, *Glossarium* cit., *sub voce*)는 '디아나티쿠스'를 '디아나의 추종자들'로 해석한 다. *Passio Sancti Symphoriani*의 구절들은 오틴시에서 베레친치아Berecinzia(또는 키 벨레)를 위해 거세한 젊은이들에 대해 언급하고 있다. T. Ruinart, *Acta martyrum...*, Veronae 1731, pp. 68~71[F. J. Dölger, "Teufels Grossmutter," *Antike und Cristentum*, 3(1932), p. 175에서 인용] 참조.

55) 일반적으로 A. K. Michels, *Reallexikon für Antike und Christentum*, III, Stuttgart 1957, pp. 970~72의 디아나 항목 참조. 그 외에도 E. Krüger, "Diana Arduinna," *Germania*, I(1917), pp. 4~12: Gregorio di Tours, *Historia Francorum*, VIII, 15: S. Reinach, "La religion des Galates," *Cultes, mythes et religions*, I, Paris 1922, p. 276(Reinach, "Clelia et Epona," *Cultes, mythes et religions*, pp. 60~61) 참조.

56) F. Benoît, *L'héroïsation équestre*, Gap 1954, pp. 27~30, tav. I, 2. 그는 여기서 묘 사된 동물이 뿔을 가진 공작이라고 추정하고 있다. A. Ross, *Pagan Celtic Britain*, London 1967, p. 225(이 연구는 기와를 에포나의 이미지로 묘사하고 있다). 하지만 실제 로는 오리인 것으로 추정된다. 하지만 둘 다 확실하지는 않다. C. B. Pascal, *The Cults of Cisalpine Gaul*, Bruxelles-Berchem 1964, pp. 102~105 참조.

57) H. Gaidoz, "Dis Pater et Aere-Cura," *Revue Archéologique*, XX(1892), pp. 198~214: E. Thevenot, "Le culte des déesses-mères à la station gallo-romaine des Bolards," *Revue Archéologique de l'Est et du Centre-Est*, II(1951), p. 23, 주 석 2: R. Egger, "Eine Fluchtafel aus Carnuntum," *Römische Antike und frühes Christentum*, I, Klagenfurt 1962, pp. 81 이하, 특히 pp. 84~85 참조.

58) J. Grimm, *Deutsche Mythologie*, 4a ed., E. H. Meyer 편집, I, Berlin 1875, p. 218 참조.

59) Wesselofsky, "Alichino" cit., pp. 332~33 참조: Du Cange, *Glossarium* cit., 표제어 '헤라Hera'(2)도 참조. 다른 견해에 대해서는 Friedberg, *Aus deutschen Bussbüchern* cit., p. 72 참조.

60) 다른 견해에 대해서는 K. Dilthey, "Die Artemis von Apelles und die wilde Jagd," *Rheinisches Museum*, 25(1870), pp. 321~36(하지만 이 논의는 설득력이 없어 보인다).

61) Reinach, *Clelia et Epona* cit., pp. 54~68 참조. 말을 탄 달의 여신 셀레네Selene에 대해서는 I. Chirassi, *Miti e culti arcaici di Artemis nel Peloponneso e Grecia centrale*, Trieste 1964, p. 34, 주석 96 참조. 크라우스(T. Kraus, *Hekate*, Heidelberg 1960, pp. 80 이하)는 페라이Pherai 동전에서 말을 탄 모습으로 등장하는 여신이 아르테미데라기보다는 테살리아의 여신인 에노디아Enodia라고 주장한다. 동일한 결론의 연구에 대해서는 L. Robert, *Hellenica*, XI~XII, pp. 588~95 참조.

62) 『교회규범』의 디아나(실제로는 존재하지 않았던 앙키라 종교회의에서 언급되었다고 잘못 알려졌다)가 실제로는 켈트 신일지 모른다는 주장은 이미 레나크가 제기한 바 있다. Reinach, "La religion des Galates" cit., p. 262.

63) H. Hubert, "Le mythe d'Epona," *Mélanges linguistiques offerts à M. J. Vendryes*, Paris 1925, pp. 187~98 참조. 테베노E. Thevenot가 에포나의 초상 증거들을 논평한 것에 대해서는 R. Magnen, *Epona déesse gauloise des chevaux protectrice des chevaliers*, Bordeaux 1953의 부록 참조. de Vries, *I Celti* cit., pp. 158~61; K. M. Linduff, "Epona: a Celt among the Romans," *Latomus*, 38(1979), pp. 817~37(p. 835에서 장례적 함의들이 강조되었다); L. S. Oaks, "The Goddess Epona: Concepts of Sovereignty in a Changing Landscape," *Pagan Gods and Shrines of the Roman Empire*, M. Henig & A. King 편집, Oxford 1986, pp. 77~83 참조.

64) 15세기 중반, 성 안토니노는 『교회규범』에 따라 처벌된 여성들에 대해 언급하면서 이들을 *streghe* 또는 *ianatiche*와 비교했다(*Summa moralis*, II, Florentiae 1756, col. 1548; Bonomo, *Caccia* cit., p. 70에서 인용; 나는 '*ianutiche*'라고 잘못 표기된 것을 수정했다). 일반적으로는 D. Lesourd, "Diane et les sorciers, Étude sur les survivances de Diana dans les langues romanes," *Anagrom*, 1972, pp. 55~74 참조(도움을 준 다니엘 파브르Daniel Fabre에게 고마운 마음을 전한다). 지배 문화가 부과한 구도를 민중이 수용하는 것은 매우 보편적이었으며(루마니아의 도암나 지네로르 Doamna Zînelor 참조), 그 대상 지역은 켈트 문화권으로 제한되지 않았다(마녀라는 뜻의 나폴리어 '야나라*janara*'에서도 알 수 있다). 물론 언어적 연속성이 반드시 각각의 사례 조사를 필요로 하는 민중신앙의 연속성을 의미하는 것은 아니다.

65) 헤레쿠라, 에포나, 마트레스 간의 긴밀한 관계에 대해서는 G. Faider-Feytmans, "La 'Mater' de Bavai," *Gallia*, 6(1948), pp. 185~94, 특히 p. 190 참조.

66) Guglielmo d'Alvernia, *Opera*, Parisiis 1674, p. 1066(이 구절에 대해서는 이미 그림이 지적한 바 있다. Grimm, *Deutsche Mythologie* cit., II, p. 885) 참조. W. Shakespeare, *Romeo and Juliet*, B. Gibbons 편집, London/New York 1980, p. 109(1막 4장 53행) 참조.

67) 내가 알고 있는 가장 오래된 연구서는 다음과 같다. J. G. Keysler, *Dissertatio de mulieribus fatidicis veterum Celtarum gentiumque Septentrionalium; speciatim de Matribus et matronis...*, in *Antiquitates selectae Septentrionales et Celticae*,

Hannoverae 1720, pp. 369~510. 다음의 연구서는 필독서다. M. Ihm, "Der Mütter- oder Matronenkultus und seine Denkmäler," *Jahrbuch des Vereins von Alterthumsfreunden im Rheinlande*(나중의 제목은 *Bonner Jharbücher*), LXXXIII(1887), pp. 1~200. 이 연구서는 이전의 모든 연구를 집대성한 것이다(이전의 연구들 중에서 가장 중요한 것은 H. Schreiber, *Die Feen in Europa. Eine historisch-archäologische Mongraphie*, Freiburg i. Breisgau 1842, rist. anast. Allmendingen 1981). H. Güntert, *Kalypso. Bedeutungsgeschichtliche Untersuchungen auf dem Gebiet der indogermanischen Sprachen*, Halle a. S. 1919, pp. 241 이하; W. Heiligendorff, *Der keltischen Matronenkultus und seine 'Fortentwickelung' im deutschen Mythos*, Leipzig 1934 참조. 이 연구서의 핵심 목표는 '*Matronae*' '*Parcae*' '*Felices Domninae*'(티롤Tirol과 카린차Carinzia에서는 여신 살리제*salige Fräulein*) 그리고 'fate'를 구분하는 것이었다. 하지만 그 구분이 어느 정도 형식적인 수준에 머물고 있는 것도 사실이다. E. A. Philippson, "Der germanische Mütter- und matronenkult am Niederrhein," *The Germanic Review*, 19(1944), pp. 116 이하; Pascal, *The Cults* cit., pp. 116 이하; G. Webster, *The British Celts and Their Gods Under Rome*, London 1986, pp. 64 이하 참조. 아분디아와 '밤의 귀부인들signore notturne'이 마트로네로부터 유래한다는 주장에 대해서는 M. P. Nilsson, "Studien zur Vorgeschichte des Weinachtsfestes(1916~19)," *Opuscula selecta*, Lund 1951, I. pp. 289 이하 참조. Dom***(J. martin), *La religion des Gaulois* cit., II, pp. 170~71도 참조. L. Harf-Lancner, *Les fées au Moyen Âge*, Paris 1984는 주로 요정을 문학적 주제로서 분석한다.

68) F. Landucci Gattinoni, *Un culto celtico nella Gallia Cisalpina. Le Matronae-lunones a sud delle Alpi*, Milano 1986, p. 51 참조. 비첸자의 한 문서에서는 디아네 Dianae로 불리는 여신들에 대한 숭배와 더불어 켈트의 영향을 찾아볼 수 있다.

69) A. C. M. Beck, "Die lateinischen Offenbarungsinschriften des römischen Germaniens," *Mainzer Zeitschrift*, XXXI(1936), pp. 23~32 참조. '*ex visu*'는 알프스와 아페니노산맥 사이 갈리아 지역의 전형적인 표현인 것 같다. 반면 '*ex imperio*'(그리고 좁은 의미에서 *ex iussu*)는 바랭주에서 빈번하게 사용된 것으로 추정된다(p. 24). 일반적으로 이러한 형태들에 대해서는 M. Leglay, *Saturne Africain. Histoire*, Paris 1966, p. 342, 주석 1 참조.

70) E. Maass, "Heilige Nacht," *Germania*, XII(1928), pp. 59~69 참조(초판은 1910년에 출판되었다).

71) J. Loth, "Les douze jours supplémentaires('gourdeziou') des Bretons et les Douze Jours des Germains et des Indous," *Revue Celtique*, 24(1903), pp. 310~12; S. de Ricci, "Un passage remarquable du calendrier de Coligny," *Revue Celtique*, 24(1903), pp. 313~16; J. Loth, "L'année celtique d'après les textes irlandais...,"

Revue Celtique, 25(1904), pp. 118~25 참조.

72) CIL, VII, 927; *Matribus Parcis*; Pascal, *The Cults* cit., p. 118; Thevenot, *Le culte des déesses-mères* cit.; Nilsson, "Studien" cit., pp. 289 이하 참조.

73) G. Alföldi, "Zur keltischen Religion in Pannonien," *Germania*, 42(1964), pp. 54~59(Landucci Gattinoni, *Un culto celtico* cit., p. 77 참조); *Die römischen Steindenkmäler von Savaria*, A. Mócsy & T. Szentléleky 편집, 1971, n. 46, 그림 36. R. Noll, "Fatis: zu einem goldenen Fingerring aus Lauriacum," *Römische Geschichte, Altertumskunde und Epigraphik. Festschrift für A. Betz*, Wien 1985, pp. 445~50 참조.

74) 켈트 요정들과의 연속성은 필립슨과 같은 학자에 의해 강조되었다. 마트로네를 통해서는 켈트-게르만적인 현상과 더불어 반드시 켈트적인 현상이라고는 할 수 없는 현상을 엿볼 수 있다(Philippson, "Der germanische" cit., pp. 125~35 참조).

75) *De bello Gothico*, IV, 20 참조(M. Craveri 번역, Procopio di Cesarea, *Le guerre*, Torino 1977, pp. 718~20 참조). 죽은 자들을 운반해주는, 눈에 보이지 않는 화물이나 사람의 무게에 눌린 배의 특징에 대해서는 A. Freixas, "El peso de las almas," *Anales de Historia Antigua y Medieval*, Buenos Aires 1956, pp. 15~22; B. Lincoln, "The Ferryman of the Dead," *The Journal of Indo-European Studies*, 8(1980), pp. 41~59 참조. 다양한 문화 속에 녹아 있는 죽은 자들의 배라는 주제에 대해서는 M. Ebert, "Die Bootsfahrt ins Jenseits," *Prähistorische Zeitschrift*, XI~XII(1919~20), pp. 179 이하 참조.

76) 베리는 엉성한 정보에 근거하여, 이 사람들이 나르세스를 따르는 에룰리 용병들이라고 추정했다. J. B. Bury, "The Homeric and the Historic Kimmerians," *Klio*, VI(1906), pp. 79 이하 참조. 또한 그는 유스티니아누스 황제에게 파견된 프랑스 대사 일행의 일부였던 앵글족이 중재 역할을 했다고 생각했다. E. A. Thompson, "Procopius on Brittia and Britannia," *The Classical Quarterly*, n.s., XXX(1980), p. 501 참조. 호메로스가 언급한 침메리Cimmerî와 침브리Cimbri를 동일시하는 것은, 베리에 앞서 이미 요나스 라무스Jonas Ramus가 ─ 율리시스와 오딘의 경우와 함께 ─『오디세이아』와 『에다』의 비교에 근거한 소책자(*Tractatus historico-geographicus, quo Ulyssem et Outinum eundemque esse ostenditur...*, Hafniae 1713)에서 주장한 바 있다. 한편 이 책자는 루드베크O. Rudbeck의『아틀란티카*Atlantica*』(본서 제3부 1장 주석 48 참조)에서 처음 언급된 '고딕화 경향'에 포함된다.

77) 다음 책에 대한 콤파레티D. Comparetti의 주석 참조. *La guerra gotica*, III, Roma 1898, p. 317. 그리고 Thompson, "Procopius" cit., pp. 498 이하 참조. E. Brugger, "Beiträge zur Erklärung der arthurischen Geographie, II, Gorre," *Zeitschrift für französische Sprache*, XXVII(1905), pp. 66~69도 참조. 이 연구는 결국 프로코피우스가 수집한 전통들을 브리타니아와 연결시키는 것으로 끝맺는다.

78) Claudiano, *In Rufinum*, vv. 123 이하 참조: "*est locus extremum pandit qua Gallia litus...*," A. Graf, *Miti, leggende e superstizioni del Medio Evo*, I, Torino 1892. 이 연구는 이러한 암시가 브리타니아가 아닌 콘월을 언급한다고 추정했다.

79) Plutarco, *De facie quae in orbe lunae apparet*, 941~42, H. Cherniss 번역 및 주석, London 1957(*Plutarch's Moralia*, XII, The Loeb Classical Library), pp. 188~89 참조. F. Le Roux, "Les Îles au Nord du Monde," *Hommages à Albert Grenier*, II, Bruxelles 1962, pp. 1051~62도 참조.

80) *Lycophronis Alexandra*, rec. E. Scheer, II, Berolini 1908, pp. 345~46(v. 1204) 참조.

81) A. R. Burn, "Procopius and the Island of Ghosts," *The English Historical Review*, 70(1955), pp. 258~61; Thompson, "Procopius" cit.; A. Cameron, *Procopius and the Sixth Century*, Berkeley/Los Angeles 1985, p. 215 참조.

82) *I benandanti* cit., pp. 217, 226 참조.

83) 프리울리에 대해서는 프란체스카토의 언어학적 고찰을 참조하라. G. Francescato & F. Salimbeni, *Storia, lingua e società in Friuli*, Udine 1976, pp. 24~28, 243~44. 브르타뉴에 대해서는 브라즈가 수집한 민중 자료 참조. A. Le Braz, *La légende de la mort chez les Bretons Armoricains*, 신판, G. Dottin 편집, Paris 1902, II, pp. 68 이하 참조. 프로코피우스가 지적한 전통들은 브라운에 의해 켈트 문화로 언급되었다. A. C. L. Brown, *The Origin of the Grail Legend*, Cambridge, Mass. 1943, p. 134, 주석 36; M. Dillon & N. K. Chadwick, *The Celtic Realms*, London 1972, p. 130; 같은 의미에서 Grimm, *Deutsche Mythologie* cit., II, pp. 694 이하 참조. 죽은 자들의 배에 대한 북유럽의 민간신앙에 대해서는 F. G. Welcker, *Die Homerische Phäaken und die Inseln der Seligen*(1832); *Kleine Schriften*, II, Bonn 1845, pp. 17~20 참조. 그 외에도 T. Wright, *Essays on Subjects Connected with the Literature, Popular Superstitions, and History of England in the Middle Ages*, I, London 1846, pp. 302~303 참조(하지만 체체스Tzetzes의 구절은 헤시오도스에 대한 플루타르코스의—지금은 분실된—주석의 일부를 포함하는 게 아니라, 프로코피우스의 구절을 포함한다. H. Patzig, *Questiones Plutarcheae*, Berlin 1876, p. 21 참조). 프로코피우스의 글을 분명히 알고 있었던 하이네Heine는 프리지아의 동부 해안 지역에서 찾아볼 수 있는 유사한 전통들을, 배를 이용해 죽은 자들을 강 너머로 옮겨주는 네덜란드 사람들의 설명들을 취합해 연구했다. H. Heine, *Gli dei in esilio*, 이탈리아어 판본, Milano 1978, pp. 72 이하 참조. 뮈케(G. Mücke, *Heinrich Heines Beziehungen zum deutschen Mittelalters*, Berlin 1908, p. 101)에 따르면 하이네는 구전 전통을 이용했을 것으로 추정된다. A. I. Sandor, *The Exile of Gods. Interpretation of a Theme, a Theory and a Technique in the Work of Heinrich Heine*, The Hugue/Paris 1967. 이 연구는 하이네가 활용한 자료들을 무시하고 있으며 매우 정교한 뮈케의 연구를 언급하지 않는다.

84) 내가 참조한 연구서는 다음과 같다. R. S. Loomis & L. Hibbard Loomis, *Arthurian*

Legends in Medieval Art, New York 1938, p. 36; (같은 의미에서) C. Settis Frugoni,
"Per una lettura del mosaico pavimentale della cattedrale di Otranto," *Bullettino
dell'Istituto storico italiano per il Medio Evo*, 80(1968), pp. 237~41 참조. 다른 견
해에 대해서는 M. A. Klenke, "Some Medieval Concepts of King Arthur," *Kentucky
Foreign Language Quarterly*, 5(1958), pp. 195~97; W. Haug, "Artussage und
Heilgeschichte. Zum Programm des Fussbodenmosaiks von Otranto," *Deutsche
Vierteljahrschrift für Literaturwissenschaft und Geistesgeschichte*, 49(1975), pp.
577 이하, 특히 p. 580 참조(W. Haug, *Das Mas Mosaik von Otranto*, Wiesbaden
1977, p. 31). 두 학자 모두 아서왕을 긍정적인 인물로 해석하지만, 왜 아서왕이 숫
양의 잔등이에 올라탄 모습으로 묘사되었는지는 설명하지 못했다. H. Birkhan,
"Altgermanistische Miszellen...," *Festgabe für O. Höfler*, H. Birkhan 편집, Wien
1976, pp. 62~66, 82; M. Wierschin, "Artus und Alexander im Mosaik der
Kathedrale von Otranto," *Colloquia Germanica*, 13(1980), pp. 1~34, 특히 pp.
16~17 참조.

85) G. Paris, "Études sur les romans de la Table Ronde–Lancelot du Lac," *Romania*,
XII(1883), pp. 508 이하; G. Ehrismann, "Märchen im hofischen Epos," *Beiträge
zur Geschichte der deutschen Sprache und Literatur*, 30(1905), pp. 14~54 참조(설
득력이 약하기는 하지만 리모스에 대한 다른 해석은 F. Lot, "Celtica," *Romania*, 24,
1895, p. 335 참조). 이러한 해석은 징거에 의해 더욱 발전되었다. S. Singer, "Lanzelet,"
Aufsätze und Vorträge, Tübingen 1912, pp. 144 이하, 특히 156 이하; S. Singer,
Die Artussage, Bern/Leipzig 1920; S. Singer, "Erec," *Vom Werden des deutschen
Geistes. Festgabe Gustav Ehrismann*, P. Merker & W. Stammler 편집, Berlin/
Leipzig 1925, pp. 61~65 참조. 그 외에도 K. Varty, "On Birds and Beasts, 'Death'
and 'Resurrection,' Renewal and Reunion in Chrétien's Romances," *The Legend
of Arthur in the Middle Ages. Studies Presented to A. H. Diverres*, P. B. Groat 편
집, Cambridge 1983, pp. 194 이하, 특히 pp. 200~12 참조(하지만 이 연구는 징거
의 연구를 간과하고 있다). 일반적으로 'Artustradition'이라는 용어에 대해서는 K. O.
Brogsitter, *Enzyklopädie des Märchens*, I, Berlin/New York 1977, coll. 828~49
참조. 여기 제시된 해석에 대해서는 C. Corradi Musi, "Sciamanesimo ugrofinnico
e magia europea. Proposte per una ricerca comparata," *Quaderni di Filologia
Germanica della Facoltà di Lettere e filosofia dell'Università di Bologna*, III(1984),
pp. 57~69 참조.

86) O. Jodogne, "L'Autre Monde celtique dans la littérature française du XIIe siècle,"
Bulletin de l'Académie Royale de Belgique, 5e s., XLVI(1960), pp. 584 이하; J. de
Caluwé, "L'Autre Monde celtique et l'élément chrétien dans les lais anonymes,"
The Legend of Arthur cit., pp. 56~66 참조.

87) M. Dillon, "Les sources irlandaises des romans Arthuriens," *Lettres Romanes*, IX(1955), pp. 143 이하 참조.

88) R. S. Loomis, "Morgain la Fée and the Celtic Goddesses," *Wales and the Arthurian Legend*, Cardiff 1956, pp. 105~30 참조.

89) 같은 책, pp. 127~28.

90) 특히 루미스에 의해 발전된 이러한 해석은 격렬한 논쟁을 일으켰다. R. S. Loomis, "Objections to the Celtic Origin of the 'Matière de Bretagne'," *Romania*, 79(1958), pp. 47~77; F. L. Utley, "Arthurian Romance and International Folk Method," *Romance Philology*, 17(1963~64), pp. 596~607; R. Bromwich, "The Celtic Inheritance of Medieval Literature," *Modern Language Quarterly*, 26(1965), pp. 203~27; I. Lovecy, "Exploding the Myth of the Celtic Myth: a New Appraisal of the Celtic Background of Arthurian Romance," *Reading Medieval Studies*, 7(1981), pp. 3~18; R. Bromwich, "Celtic Elements in Arthurian Romance: a General Survey," *The Legend of Arthur* cit., pp. 41~55 참조. 켈트 문화권에서 유래한 신화 자료들을 확인하는 것은 문학적 분석에 유용하다. 11~12세기의 세속 문학에 민속적 요인이 개입된 것에 대해서는 Le Goff, *Pour un autre Moyen Âge* cit., p. 233(쾰러E. Köhler의 연구 참조, 아래 주석 92에 인용) 참조.

91) Ehrismann, "Märchen" cit. 이외에도 M. Völker, *Märchenhafte Elemente bei Chrétien de Troyes*, Bonn 1972; H. D. Mauritz, *Der Ritter im magischen Reich. Märchenelemente im französischen Abenteuerroman des 12. und 13. Jahrhunderts*, Bern/Frankfurt a. M. 1974 참조(교조적인 융의 접근법에 의해 오염되었다). 다음의 연구는 반드시 참조해야 한다. A. Guerreau-Jalabert, "Romans de Chrétien de Troyes et contes folkloriques. Rapprochements thématiques et observations de méthode," *Romania*, 104(1983), pp. 1~48. 그 외에도 I. Nolting-Hauff, "Märchen und Märchenroman. Zur Beziehung zwischen einfacher Form und narrativer Grossform in der Literatur," *Poetica*, 6(1974), pp. 129~78 참조(이전의 연구들과는 달리, 프로프V. Propp의 연구를 참조했다). 사실 프로프는 『민담형태론*Morfologia della fiaba*』의 결론부에서 "[주술동화와] 동일한 구조가, 예를 들면 다양한 기사문학에 등장한다"(p. 107)고 간결하게 고찰한 바 있다.

92) E. Köhler, *L'avventura cavalleresca. Ideale e realtà nei poemi della Tavola Rotonda*, (1956), 이탈리아어 판본, Bologna 1985, pp. 105 이하, 130 이하, 139 이하; G. Duby, "Au XIIe siècle: les 'jeunes' dans la société aristocratique," *Annales E.S.C.*, 19(1964), pp. 835~96; J. Le Goff & P. Vidal-Naquet, *Lévi-Strauss en Brocéliande*(1973)(이탈리아어 판본: *Abbozzo di analisi di un romanzo cortese*, in J. Le Goff, *Il meraviglioso e il quotidiano nell'Occidente medievale*, Bari 1983, pp. 101 이하) 참조.

93) Bonomo, *Caccia* cit., pp. 74~84 참조. 16세기 초반 트렌티노에서 있었던 재판들 중의 하나다. 하지만 이 당시의 재판 기록들은 파니차A. Panizza(본서 제2부 2장 주석 59 참조)에 의해 훼손되고 부정확한 상태로 출판되었다. 조반니 크랄Giovanni Kral이 새로운 판본을 준비하고 있다.

94) W. Söderhjelm, "Antoine de la Sale et la légende de Tannhäuser," *Mémoires de la société néo-philologique*, 2(1897), pp. 101~67; 일반적으로 O. Löhmann, "Die Entstehung der Tannhäusersage," *Fabula*, III(1959~60), pp. 224~53 참조.

95) 로마 판본에서는 홀다가 비너스로 번역되었다. Klapper, "Deutscher Volksglaube" cit., pp. 36, 46 참조. 이 연구는 로돌포 데 비브라코Rodolfo de Bibraco 사제가 1250년 이전에 쓴 『신중한 고백의 서Summa de confessionis discretione』의 한 구절("*In nocte nativitatis Christi ponunt regine celi, quam dominam Holdam vulgus appellat, ut eas ipsa adiuvet*")과 2세기 후에 토마스 분실부르크Thomas Wunschilburg 사제가 쓴 설교집의 한 구절("*in dictam Venus, quod personaliter visitat mulieres insane mentis... in noctibus Christi*")을 비교하고 있다. 이 구절은 이를 믿는 자는 누구든지 성체 수령에서 배제되어 한다고 지적하고 있다. 두 텍스트 모두 구체적으로 여성을 언급하고 있음에 주목해야 한다.

96) *I benandanti* cit., pp. 87~88 참조. 유사한 사례는 다음과 같다. 1623년 가난한 성직자인 한스 하우저Hans Hauser는 여관에서 자신이 미래를 예견하고 병자를 치유하는 방법을 알고 있다고 자랑했다. 그는 자신을 심문하는 치안판사들에게 자신이 친구를 따라 베누스베르크에 갔으며 그곳에서 9년간 자신에게 주술을 가르친 이상한 사람들과 함께 머물렀다고 진술했다. 그리고 이후 진행된 재판 과정에서는 이 모든 것을 부정했다(미출간된 다음 논문 참조. E. W. M. Bever, *Witchcraft in Early Modern Württemberg*, Princeton 1983. 이 논문을 읽고 인용할 수 있게 해준 저자에게 감사의 말을 전한다).

97) Löhmann, "Die Entstehung" cit., p. 246 참조.

98) Duvernoy, *Le registre* cit., I, p. 133, 주석 61 참조.

99) J. Grimm, *Irische Elfenmärchen*, Leipzig 1826, pp. CXXII~CXXVI, 서론 참조.

100) C. Musès, "Celtic Origins and the Arthurian Cycle: Geographic-Linguistic Evidence," *Journal of Indo-European Studies*, 7(1979), pp. 31~48 참조. 이 논문은 앞서 언급된 연구 결과를 보다 설득력 있게 기술하고 있다("Celtic Origins...," *Ogam*, n. 98, 1965, pp. 359~84). 다음의 연구는 두 논문 모두를 고려하지 않고 있다. *Arthurian Legend and Literature. An Annotated Bibliography*, E. Reiss 등 편집, I, New York/London 1984. 무제스는 자신이 결론으로 제시한 내용이 Singer, *Die Artussage* cit.에서 이미 언급되었다는 사실(예를 들어 아서왕과 아르티오의 연관성에 관해서는 본서, p. 235 참조)을 무시한 것 같다. 이미 프라이몬트는 (설득력 있는 답변을 발견하지 못한 채) 아서왕과 '팔루크의 고양이Cath Paluc'의 싸움에 관한 주제를 다룬 중세 북유럽의 영웅 전설이 어떤 이유로 스위스 남서부와 사보이아에서 등장했는지를 질문

한 바 있었다. E. Freymond, "Artus, Kampf mit dem Katzenungetüm. Eine Episode der Vulgata des Livre d'Artus, die Sage und ihre Lokalisierung in Savoyen," *Beiträge zur romanischen Philologie. Festgabe für G. Gröber*(1899), 특히 pp. 369 이하 참조. Bromwich, "Celtic Elements" cit., p. 43에서도 이 질문에 답하지 못했다.

2장
비정상

1

　1000년이 넘는 기간 동안 유럽의 전 지역에서 기원하는 증언들에서는, 다양한 명칭의 밤의 여신들이 지배하는 여성 중심적이며 탈혼 상태적인 종교의 특징이 집중적으로 드러났다. 밤의 여신에는 다른 요소들과 섞이면서도 자신만의 흔적을 오랫동안 유지해온 켈트 신의 이미지가 뚜렷하게 남아 있다. 하지만 이를 가설로 설정할 경우에는 논쟁의 여지가 따른다. 왜냐하면 지역과 시기가 정확하지 않은 문헌들에 기초했으며 또한 그토록 끈질기게 이어져온 동기들이 충분히 설명되지 않기 때문이다. 뿐만 아니라, 이러한 가설은 지금까지 우리가 언급하지 않은 다른 문서들에 의해 반박될 여지가 다분하다.

　16세기 후반부터 시칠리아의 종교재판소에서 일련의 종교재판이 열렸다. 당시 고발당한 여성들(그중에는 어린 여자아이들도 있었다)은 신비한 여성들, 즉 '외부 세계의 여성들'과 정기적으로 만났다는 사실을 실토했다. 피고인들은 이들과 함께 밤을 틈타 하늘을 날며 근처의 성이나 들판에서 만찬을 즐겼다. 또한 이들은 화려한 의상을 입고 있었으며 고양이 다리나 말의 발굽을 달고 있었다. 이들 (로마, 팔레르모, 라구사 등 출신) 집단의 핵심은 수많은 명칭의 여성 신〔대모 마트로나Matrona, 마에스트라Maestra, 여주인 그레카Signora Greca, 현명한 시빌라Sapiente Sibilla, (종종 왕까지 동반하는) 요정들의 여왕Regina delle Fate〕이었다. 이들은 자신들을 추종하는 자들에게 사악한 짓을 하도록 부추겼다.[1] 이상의 진술 내용은 탈혼 상태에서 밤의 여신을 추종하는 여성들의 진술과 유사한데, 특히 시칠리아의 전통에서 유래했다. 15세기 중반부터 시칠리아섬에는 속어로 기록된 신앙고백 지침서가 있었는데, 그 내용은 주로 '밤에 여행하는 외부 세계의 여성들donni di fori e ki vayanu la nocti'에 관한 것이었다.[2] 성직자들의 적대적인 태도에도 불구하고, 이러한 민간 신앙은 오랫동안 유지되었다. 1640년 팔레르모의 카테리나 부니Caterina Buní라는 여성은 "외부 세계의 여성들Donne di fuora과 함께 밤에 외출을 했으며 사람들을 데려가 자신이 했던 것처럼 거세된 양을 올라타고 달릴 것을 강요했다." 이 여성은 종교재판소에서 재판을 받고 화형을 당했다. 19세기 중반까지도 외부 세계의 여성들Donni di fuora, 지역의 여성들Donni di locu, 밤의 여성들Donni di notti, 집의 여성들Donni di casa, 아름다운 부인들Belli signuri, 집의 여주인들Patruni di casa은 지속적으로 남성과 여성 들에게 모습을 드러냈다. 정체가 불분명한 이들은 선을 행하고자 했지만 자신들을 경외하지 않는 자들에게는 불행을 가져다주었다. '외부 세계의 여성들'이 잘 정돈된 집들에 보여준 너그러움의 특징은 '선량한 부인들buone signore,' 요정들, 오리엔테를 추종하는 자들의 그것과 매우 흡사하다. 19세기 중반, 모디카에 사는 에마누엘라 산타에라

Emanuela Santaéra라는 이름의 한 노파 앞에 나타나 함께 춤출 것을 요구한 "흰 옷을 입고 머리에 붉은 터번을 쓴 세 명의 소녀들"은 켈트족 대모(마트로네)의 특징적인 헤어스타일을 하고 있다(그림 3).[3] 그러나 우리는 지금 시칠리아의 사례를 설명하고 있다. 기원전 4세기에 시칠리아에는 그리스인들과 카르타고인들의 용병으로 활동하던 켈트인들이 있었을지 모른다. 하지만 그렇다고 해도 이는 예외적인 경우여서 확실한 문화적 지속성의 근거가 될 수는 없다.[4] 우리는 '외부 세계의 여성들'에게서 지금까지 설정해온 역사적 가설과 결코 양립할 수 없는 비정상적인 현상을 확인하게 된다.

그럼 켈트족의 고유한 특징이 어느 정도의 변형에도 불구하고 분명하게 드러나는 다른 전통을 통해 이 문제에 접근해보자. 이는 이미 13세기부터 시칠리아에서 기록으로 남겨진 전설적인 이야기들이다. 그 줄거리에 따르면, 전장에서 부상을 입은 아서왕이 에트나산의 한 동굴에서 잠에 취해 누워 있었다. 이 전설들은 아서왕 서사시의 주제들이 전파된 데서 유래했는데(기록은 없지만 개연성이 있다), 이 주제들은 11세기 말 무렵 브르타뉴 기사들이 노르만 침략자들과 함께 시칠리아에 상륙하면서 들여온 것으로 추정된다. 메시나 해협에서 볼 수 있는 신기루를 가리키는 용어로서 이후 시대에 사용된 '요정 모르가나'라는 명칭은 이러한 문화적 순환을 증명한다.[5] 적어도 프랑스와 프로방스의 어떤 시들은 모르가나와 시칠리아의 관계, (특히) 에트나와의 관계를 기록하고 있다.[6] 팔레르모 종교재판소에서 재판을 받은 여성들과 어린 소녀들의 이야기에 등장하는 요정들은 '브르타뉴 이야기'의 주제들이 섬에 유입되면서 유래한 것 아닐까? 만약 그렇다면 우리는, 비록 지금까지 추정된 것보다 더 최근에 그리고 한층 더 근본적으로 수정되었다고 할지라도 켈트 문화의 기층을 재발견할 수 있을지도 모른다. '외부 세계의 여성들'을 추종하는 자들이 경험한 탈혼 상태는 그것을 불러일으킨, 구비전승의 문학 전통에 잠재되어 있는 민간의 이야기들을 수면 위로 떠오르게 할 수 있을 것이다.

　이것은 수용하기 힘든 가정이다. 그러나 시칠리아에 요정 모르가나와 관련된 전통들이 잔존한다는 놀라운 사실은 또 다른 가설을 제기하는데, 이는 보다 오래전의 과거로 거슬러 올라간다. 켈트 전통의 모리건과 시칠리아의 모르가나는 둘 다 키르케Circe나 메데이아Medea 같은 여성 주술사들에게 영감을 준 그리스 시대 이전의 위대한 지중해 여신들로까지 거슬러 올라가는 전통에 포함될 수 있다. 이와 같은 문화적 유래는 지중해와 켈트 전통에서 유사한 이름과 지명들(접두어 'morg'가 붙는 지명들은 물론이고)이 존재하는 이유를 설명해준다.[7] 이는 근거가 빈약한 추측에 불과하지만, 불확실한 과거에 투영함으로써 자료가 부족한 데서 오는 어려움을 해결하는 데 도움을 준다. '위대한 여신' 그 자체는 이질적인 숭배를 임의로 동질화시키는 추상적 관념이다.[8] 그럼에도 불구하고 이러한 가설은 수용하기 힘든 방식으로 형성된 것이기는 하지만, 지금까지의 접근과는 매우 다른 연구 방법을 간접적으로 제시한다.

2

　플루타르코스는 현존하지는 않지만 민족지학적으로나 역사적으로 위대한 업적으로 평가받는 아파메이아의 포세이도니오스Posidonio di Apamea의 저서를 구체적으로 언급하며 그 저서에서 『마르켈루스의 삶 Vita di Marcello』 제20장의 내용을 가져왔다고 밝혔다.[9] 여기서 언급된 사건은 기원전 212년으로 거슬러 올라간다. 포세이도니오스는 이를 기원전 80년경에 작성했고, 플루타르코스는 기원후 1~2세기 무렵에 기록으로 남겼다. 『마르켈루스의 삶』 제20장은 엔지온(시칠리아 동쪽에 위치한 도시로 오늘날에는 트로이나로 불린다)[10]의 첫번째 시민인 니키아스Nicias가, 군대를 이끌고 섬에 침입한 로마 장군 마르켈루스Marcellus에게로 피신하기 위해 사용했던 술책에 대한 이야기다. 대모로 불린 여신들이 출현한 곳으로 유명한 엔지온에는 그 여신들에게 헌정된 유명한 성소가 있다. 니키아스는 대모들의 출현이 허풍이라고 말하면서 적대적인 감정을 드러냈다. 니키아스는 한 집회에서 갑작스럽게 죽은 사람처럼 땅에 쓰러졌다. 잠시 후 정신을 차린 척 연기하면서 그는 비통한 목소리로 말을 더듬으며 대모들이 자신을 괴롭히고 있다고 말했다. 그는 미친 사람처럼 옷을 찢었으며 주위의 어수선한 분위기를 틈타 로마군 진영으로 도망쳤다. 그의 부인도 용서를 구하기 위해 대모들의 사원에 가는 척하다가 마르켈루스 장군에게로 피신하여 남편과 합류했다.

대모 숭배에 대한 다른 정보들은 디오도로스Diodoros의 저술에서 찾아볼 수 있다. 디오도로스의 저술은 그가 알고 있었을 포세이도니오스의 작품 이외에도, 지역 전통들(플라톤의 『티마이오스』에서 유래된 것으로 추정된다)과 직접 구한 정보들에 근거하고 있다.[11] 엔지온의 성소는 매우 유명했다. 아폴로의 신탁으로 시칠리아에 건설된 여러 도시들은 시민과 국가에 번영을 가져다주는 여신들에게 제물과 경의, 그리고 금과 은으로 만든 봉헌물을 바치며 엔지온 성소에서 의식을 행했다. 디오도로스가 출생한 도시 아지리온은, 성소로부터 100스타디오* 정도 떨

---

* 아티코에서는 1스타디오가 177.6미터였고, 알렉산드리아에서는 184.85미터였다. 또한 고대 그리스의 길이 단위에 따르면 1스타디오는 600보였다.

어져 있었음에도 위대한 엔지온 사원 건축에 참여하기 위해 돌을 실은 마차들을 엔지온으로 보냈다. 비용은 문제가 되지 않았다. 왜냐하면 대모의 성소가 매우 부유했기 때문이다. 디오도로스가 주장했듯이 불과 얼마 전까지만 해도 이 사원은 3천 마리의 신성한 소와 방대한 토지를 소유하고 있어 많은 소득을 얻고 있었다.[12)

엔지온 사원(플루타르코스는 포세이도니오스를 재차 언급하며 이야기를 들려준다)에는 시칠리아의 신화적인 정복자이자 크레타의 영웅인 메리오네스Meriones의 무기들이 보관되어 있었다. 디오도로스는 엔지온을 건설한 크레타인들이 자신들의 고향에서 대모 여신들의 숭배의식을 옮겨 왔다고 말했다. 반면 키케로Cicero는 『베레스 반박문*In Verrem*』(제4권 97행; 제5권 186행)에서 엔지온이 위대한 대모 여신 키벨레에게 바쳐진 사원으로 유명하다고 주장했다. 그러나 단수냐 복수냐의 차이는 시칠리아 동부 지역에 대한 고고학 발굴 과정에서 출토된 증거들을 통해 알 수 있다. 제2차 노예전쟁 때 사용된 투석기용 납 탄환 두 개가 시라쿠사와 렌티니에서 발견되었는데, 각각 복수 형태의 '대모들의 승리*nikē mēterōn*'와 단수 형태의 '대모의 승리*nikē materos*'라는 표현을 찾아볼 수 있다.[13) 하나의 신을 둘이나 셋으로 늘리는 것은 지중해 지역의 기록에서 발견되는 보편적인 현상이었다.[14) 키벨레는 시칠리아의 동부 지역은 물론 크레타섬에서도 ('레아Rhea'라는 이름으로) 숭배되었는데, 그 의식은 니키아스가 모방한 행동들과 매우 유사할 뿐만 아니라, 거의 소요에 가까울 정도로 요란했다. 포세이도니오스와 디오도로스의 견해 차이, 그리고 키케로의 주장은 결국 무시해도 될 수준인 것 같다.[15)

크레타섬에서 기원한 것으로 추정되는 이러한 숭배의식은 이전에 존재했던 지역 고유의 숭배의식과 결합된 것으로 추측된다. 즉『티마이오스』에서 인용된 피타고라스Pythagoras의 견해를 따르자면, 대모는 요정Ninfe과 코라이Korai와 유사하며 엔지온의 여신들은 시칠리아에 정착한, 그리스 동전에 부조로 조각된 세 명의 요정으로 밝혀졌다.[16] 그러나 포세이도니오스와 디오도로스의 글들은 특별한 신들을 가리키는 듯하다. 키프로스의 한 무덤에서 발굴된 망토를 두른 조그만 세 여성의 조각상이나, 메시나 근처의 카마로에서 발견된 양각의 돌조각(52×42×37센티미터)을 두고 이들의 정체를 확인하려는 시도가 있었다(그림 7).[17] 보다 최근에는 엔지온의 대모들이 불가리아의 살라디노보에 위치한 트라키아의 한 성소에서 발견된 여러 봉헌 제물들에 묘사된 요정들과 관련 있다고 언급되고 있다.[18]

3

살라디노보의 성소는 '요정들의 무덤'으로 널리 알려져 있다. 세 명의 요정은 터번과 같은 모자를 쓰고 있는데, 이 모자는 켈트 문화의 대모들이 쓰고 있는 것(그림 3) 또는 19세기 중반 모디카의 한 노파에게 나타났던 '외부 세계의 여성들'의 그것과 흡사하다. 살라디노보의 경우 이상한 점은 보이지 않는다. 기원전 4~3세기에 트라키아에서 작성된 한 문서에 따르면 이곳은 켈트인들이 정착한 곳이었다.[19] 그러나 이러한 설명은, 앞서 살펴보았듯이 시칠리아와는 무관하다.

엔지온의 불가사의한 대모 여신들과 켈트족 문화의 대모들 간의 유사점은 18세기의 고고학자들을 통해 알 수 있듯이, 매우 다양한 방식으로 해석되어왔다. 이러한 유사점으로부터 때로는 인도유럽 계통의 여성 신으로 정의하지 않는 것이 좋겠다는 관점이, 때로는 가까스로 일치한다는 관점이 등장했고, 때로는 켈트 문화나 시칠리아의 그리스인 식민지에서 '대지의 대모Madre Terra'나 소아시아에서 숭배되는 신들의 대모과도 일치하지 않는 다수의 대모 신이 존재한다는 증거가 드러나기도 했다.[20] 마지막 가설이 옳은지 여부는 지금까지 살펴보지 않았던 한 자료를 통해 밝혀진다. 기원전 1세기에 작성되어 알란(도피네의 한 지역) 근처의 한 예배당에 보존되어 있는 봉헌물의 글귀를 보면, 어떤 저택의 식품저장고 관리인인 (아마도 노예였을) 니제르Niger라는 사람은 투박한 라틴어로 "승리의 대모들Matris V[ic]tricibus"이라고 썼다.[21] 그것은 노예전쟁에서 투석기를 멘 시칠리아 병사들이 사용하던 납 탄환에 새겨진 표현(대모들의 승리, 또는 대모의 승리)임이 틀림없다. 이러한 결론은 비록 해석의 어려움이 따르기는 하지만, 요정 모르가나나 '외부 세계의 여성들' 같은 인물들의 근원이 켈트와 시칠리아 문화에 동시에 존재한다는 (각각 독자적으로 형성된) 추측들에 무게를 실어준다.[22]

4

이 시점에서는 엔지온의 대모들과 '외부 세계의 여성들'이 시칠리아에서 암암리에 명맥을 이어가고 있었다는 가설이 불가피할 듯하다. 물론 지속성이 곧 정체성을 의미하는 것은 아니다. 대모들은 '외부 세계의 여성들'과는 달리, 탈혼 상태에 대한 사적인 경험보다는 대중적인 숭배의 중심에 있었다. 그러나 대모들의 출현이 언급된 것과 함께, 니키아스가 광적인 흥분 끝에 졸도했다는 사실은 이러한 신들이 탈혼 상태에 빠져든 개인들에게 모습을 드러내곤 했음을 암시한다. 또한 대모들이 자신들의 출현을 부정한 니키아스 같은 자들에게 가한 고통은, 자신들을 존경하지 않는 자들에 대한 '외부 세계의 여성들'의 적대적인 반응을 생각나게 한다. 그럼에도 엔지온 대모들의 외적인 특징이 어떠한지는 아직 분명하지 않다. 이들이 크레타에서 유래했다는 사실은 전체적인 상황을 복잡하게 만든다. 신화에 따르면 레아는 크로노스가 전에도 그랬듯이 갓 태어난 자신들의 자식인 제우스Zeus를 잡아먹으려고 하자 그를 피해 크레타섬으로 숨어들었다. 두 마리의 암곰(또는 다른 문헌에 따르면 두 명의 요정)인 헬리케Helike와 키노수라Kynosura는 신생아를 이다산의 한 동굴에 숨겨 키웠다. 제우스는 감사의 표시로 이들을 큰곰자리와 작은곰자리라는 별자리로 만들었다.[23] 디오도로스는 기원전 275년 아라토스Aratos가 쓴 대중적 점성술에 관한 시로 알려진 『현상 Phaenomena』의 한 구절을 인용하면서 엔지온의 대모들을 보모의 역할을 수행한 두 마리의 곰과 동일시했다.

다른 판본들에 따르면, 제우스를 키운 것은 후에 별자리가 된 아말테이아Amaltea라는 이름의 요정이었으며 그 밖에 암캐, 수퇘지, 한 무리의 벌들인 경우도 있었다.[24] 동물들에 의해 양육된 신생아 신은, 확실히 인도유럽 계통의 천상의 신인 올림푸스산의 주인과는 전혀 다른 인물이다. 즉, 크레타섬의 신화들은 매우 오래된 문화적 층위에서 유래했다고 할 수 있다.[25] 그럼에도 이러한 신화들은 지역적으로 크레타에 국한되지 않는다. 키지코스 근처 프로폰티스(오늘날의 마르마라해)에는 산이 하나 있었는데, 이는 로도스의 아폴로니오스Apollonio Rodio가 자신의 저서 『아르고함의 원정Le Argonautiche』(제1권 936행)에서 언급했듯이 제우스를 키운 자들을 기념하여 '암곰들의 산'으로 불렸다.[26] 이 신화는 아르카디아 같은, 펠로폰네소스의 고립된 산악 지역에서 기원전 2세기에 파우사니아스Pausanias가 기록으로 남긴 지역 전통들과 혼합되었다. 이러한 전통들에 따르면, 제우스는 크레타섬에서 태어난 것이 아니라 크레테이아로 불린 아르카디아에서 출생했으며, 제우스를 키운 헬리케는 아르카디아의 왕 리카온Lycaon의 딸이었다. 반면 다른 판본들은 헬리케를 아르테미데가 제우스의 유혹에 넘어간 죄를 물어 새로 둔갑시킨 요정 페니체Fenice와 동일시했다.[27] 제우스가 크레타섬에서 출생했다는 신화들과, (몇 개의 판본에 따르면) 아르카디아의 왕 리카온의 딸로서 제우스의 연인이었고 그 이름의 시조인 영웅 아르카스Arcas의 어머니였으며 곰으로 변신한 후 아르테미데에 의해 살해되고 하늘로 올라가 곰 별자리가 된 여신 칼리스토Callisto에 대한 신화들 사이에는, 이미 칼리마코스Kallímachos가 언급한 바와 같이 동화작용이 엿보인다.[28] 그리스어 방언들 중에서 '아르카디아-키프리오타' 방언은 기원전 2000년 중반 크레타를 정복한 종족의 언어인 미케네어와 매우 유사하다. 이 언어는 좀더 정확하게 말하면 선형문자B 유형의 서체*로 불린 변형된 언어로서 필로스와 크노소스에서 발견된 행정문서들을 작성하는 데 사용되었다.[29] 두 그룹의 신화, 즉 크레타 신화와 아르카디아 신화 사이에 시기적으로 뒤늦게 형성된 접점은 매우 오래된 문화적 관계에서 비롯되었다. 요소는 거의 동일하다(암곰-요정-제우스-별자리). 하지만 그 조합과 직접적인 상관관계는 다르다. 이를테면 제우스를 키운 두 마리의 암곰 대신 곰으로 변신한 애인이 등장하거나, 신의 거짓말 같은 유아기 대신 아르카스의 신성한 혈통을 밝히는 식이다. 아르카스의 후손들과 펠라스기Pelasgi족 시조의 아들이었으나 인신공양 의식을 거행한 죄로 제우스가 늑대로 만들어버린 리카온의 관계는 신화의 새로운 가계도가 형성될 여지를 축소시켰다. 진정한 의미에서 재건의 신화라 할 수 있는 칼리스토의 신화를 통해 펠라스기족은, 파우사니아스의 말처럼(『그리

---

* 미노아와 미케네 시대에 크레타섬, 에게해의 섬들 그리고 펠로폰네소스에서 사용되었던 고대 서체.

스 이야기』 제8권 3장 7절), 아르카디아족이 되었다. 아르카디아의 잘 알려진 어원은 곰을 가리키는 'Urso'(*arktos, arkos*)이다.[30]

시칠리아 원주민인 시켈리오타Siceliota의 대모 여신들에 대한 숭배가 양육하는 곰에 기반을 둔 크레타섬의 신화들을 전제한다는 점에는 의심의 여지가 없다. 반면 곰으로 변신한 요정–대모에 관한 크레타 신화들과 아르카디아 신화들의 관계는, 전자가 시기적으로 앞섰을 가능성이 높기는 하나, 분명하지 않다.[31] 그러나 아르카디아 신화를 수정하는 데는 많은 어려움이 따른다. 오랜 기간 칼리스토는 아르테미데의 투영 또는 의인화로 여겨져왔다. 다시 말해, 그에 대한 비유에는 여신이 가진 매우 오래된 암곰의 특성, 후에 전혀 다른 종류의 요인들이 개입되면서 반쯤 지워진 토테미즘의 핵심이 존재한다. 그런데 최근 '의인화' 또는 '토테미즘'과 같은 논쟁적인 용어들이 사용됨으로써 이러한 해석은 완전히 설득력을 잃었다.[32] 이러한 해석은 의심스러운 이론적 가정이기는 하지만, 아르테미데가 브라우론 성소에서 샤프란색의 의상을 입고 '암곰'으로 불리는 어린 소녀들에 의해 숭배되고 있다는 아리스토파네스 Aristophanes의 유명한 희곡작품 『리시스트라타*Lysistrata*』(641~47행)나 아르테미데 '칼리스테Kalliste'[33]에 헌정된 아테네의 한 성소와 같은 분명한 자료에 근거한다.[34] 아르테미데와 암곰의 긴밀한 관계를 보여주는 증거들이 조금은 완화된 형태이기는 하지만 훨씬 오래된 정체성을 나타낼지도 모른다는 사실은 결코 무시할 수 없다.[35] 문화가 잘 보존된 아르카디아와 같은 지역에서는 기원전 2세기까지도 부분적으로나 전체적으로 동물 형상의 신에 대한 숭배의 여러 흔적이 존재했다.[36] 또한 다른 종교적(또는 언어적) 현상들의 경우에서처럼, 아르카디아의 자료들은 크레타섬의 자료들과 비교함으로써 확실하게 이해되었다. 섬의 북서부 해안 지역에는 제우스를 키운 두 여성 중 한 명의 이름인 키노수라로 불리던 미케네 도시가 있었던 것으로 추정된다. 키노수라는 이 도시가 위치한 반도를 지칭하는 명칭으로도 사용되었는데, 이곳은 오늘날의 아크로티리다. 이곳에는 '곰의 동굴Arkoudia'이 있는데, 이 명칭은 내부의 석순이 동물의 이미지를 암시한다고 해서 붙여진 것이다. 동굴 내부에서는 고전 시대와 헬레니즘 시대의 아르테미데와 아폴로의 이미지를 보여주는 일부 조각들이 발견되었다. 오늘날 이곳에서는 '암곰 동굴의 성모 마리아Panaghia Arkoudiotissa'가 숭배되고 있다. 이 지역의 전설에 따르면 성모 마리아가 더위를 피해 이 동굴에 들어왔다가 암곰과 마주쳤는데, 암곰이 성모 마리아를 돌로 만들어버렸다고 한다. 우리는 기독교 시대에 변형되기 이전 모습에서 (이미 기원전 2000년경 미노아 시대에 존재했던) 곰의 형상을 한 보모 여신에 대한 숭배를 엿볼 수 있다. 이들은 '엔지온의 대모들'의 먼 조상인 셈이다.[37]

이 여신의 이름은 영원히 알려지지 않을지도 모른다. 그러나 우리는 제우스를 양육한 다른 여신인 아드라스테이아Adrasteia가 아테네에서 트라키아의 여신 벤디스Bendis와 함께 숭배되었던 트라키아-프리기아 신이라는 사실을 알고 있다. 헤로도토스Herodotus(『역사』 제5권 7연)는 벤디스와 아르테미데를 동일시했을 가능성이 높으며, 파우사니아스(『그리스 이야기』 제10권 27장 8절)는 아드라스테이아가 아르테미데와 유사하다고 판단한 것이 확실하다.[38] 그리스인들은 외국의 여성 신들의 이질적인 모습 앞에서 아르테미데의 이름을 떠올리지 않을 수 없었다. 그들이 크게 틀리지는 않은 것 같다. 『일리아스Iliade』(제21권 470행)에서 아르테미데는 '동물들의 여주인potnia thērōn'이었다. 이것은 종종 한 쌍의 동물들(말, 사자, 사슴 등)에 둘러싸인 여신의—지중해와 소아시아에서 유래한—모습을 떠올리게 하는 호칭이다.[39] 이러한 그리스 이전 시대의 상징들에는 같은 동기, 즉 소외되고 매개적이며 과도기적인 현실과의 관계에서 유래한 특징과 숭배가 결부되어 있었다. 도시와 울창한 밀림 경계에 사는 반인반수의 처녀 사냥꾼 아르테미데는 어린이들의 양육자kourotrophos로, 그리고 어린 소녀들의 보호자로도 숭배되었다.[40] 또한 아르테미데의 이미지는 임신한 여성들과도 결부되어 있었다. 아르테미데 칼리스테의 성소에서는 여성의 유방과 음부의 상징물들이 발견되었다. 에우리피데스Euripides(『타우리스섬의 이피게네이아Ifigenia in Tauride』, 1462행 이하)에 따르면 아르테미데 브라우로니아 성소의 여사제인 이피게네이아에게는 출산 중에 사망한 여성이 입었던 의복이 바쳐진 반면, 여신에게는 산고를 이겨낸 임산부의 의복이 봉헌되었다.[41] 앞서 살펴보았듯이, 두 경우 모두 처녀와 보모 여성의 이미지—지중해 지역의 종교적 이미지 속에서 거의 하나처럼 접목되어 있던 두 요소—를 함께 지닌 아르테미데는 암곰과 밀접하게 연결되어 있었다. 그리스인들 사이에서 자신의 새끼들에 대한 암곰의 배려는 속담으로 전해지고 있다.[42] 또한 어슬렁거리며 걷는 암곰의 의인화된 모습 때문에 암곰은 아르테미데처럼 중간적이고 한계가 분명한 상황을 상징하게 되었을 것이다.

5

2세기 혹은 3세기에 리치니아 사비닐라Licinia Sabinilla라는 여성이 여신 아르티오Artio에게 청동으로 만든 조각상들을 바쳤는데, 그 일부가 1832년 베른 근처의 무리 지역에서 발견된 후 1899년에 복원되었다. 현재 베른 역사박물관에 소장되어 있는 이 조각상을 보면, 앉아 있는 여신의 오른쪽에는 사발이 놓여 있고 무릎에는 과일이 가득히 놓여 있다(높이 15.6센티미터). 또한 그녀의 왼쪽에는 장식용 기둥 위에 과일이 가득 담긴 바구니가 놓여 있으며 여신 정면에는 암곰(높이 12센티미터)과 나무(높이 19센티미터)가 있다. 조각의 받침대(높이 5.6센티미터, 너비 28.6센티미터, 두께 5.2센티미터)에는 "여신 아르티오에게 리치니아 사비닐라가DEAE ARTIONI LICINIA SABINILLA"라는 문구가 적혀 있다(그림 8). 아르티오 여신에게 헌정된 이 비문은 팔츠(비트부르크 근처)와 독일 북부(스톡슈타트, 헤데른하임)에서 발견되었고, 어쩌면 스페인(시구엔사 또는 우에르타)에서도 발견되었을 것이다. 기록물의 출처나 이름으로 볼 때 이 신은 켈트 문화권에 속하며 이름은 곰을 연상시킨다(갈리아어로는 아르토스artos, 고대 아일랜드어로는 아르트art다).[43] 좀더 자세히 살펴보자면 이 조각상에는 원래 나무 앞에 웅크리고 있는 암곰 아르티오의 모습만이 있었다. 인간 모습의 여신은 나중에—물론 그것도 오래전이지만—추가된 것이다. 이 여신의 이미지는 켈트 문화권의 '대모들'(Matronae 또는 Matres) 외에도 앉아 있는 데메테르Demetra의 모습을 생각나게 한다.[44]

이 조각상의 현재 외관은 이중의 층위로 구성되어 있다. 즉, 처음에는 짐승의 형태였으나 나중에는 인간의 형태로 묘사된 아르티오가 분할되어 나온 것이다. 암곰 여신과 보모 여신의 결합은 이미 엔지온의 숭배와 크레타섬의 신화들에서 살펴보았듯이, 아르테미데 칼리스테와 아르테미데 브라우로니아에 대한 숭배에서도 찾아볼 수 있다. 암곰에게 문화적 맥락과 무관한 상징이 있음을 인정하지 않으려는 사람이라면, 켈트 문화권 증거들과 그리스 문화권 증거들의 결합이 처음에는 혼란스럽게 느껴질 것이다. 아르티오와 아르테미스Artemis 간의 언어적 (그리고 역사적) 관계는 전체적인 상황을 더욱 복잡하게 만든다. 곰을 의미하는 라틴어 '아르크투스arctus'에서 파생된 단어 '아르크토스arktos'에서 '아르토스artos'가 유래했다고 추정되며, 켈트의 신은 그리스 신에서 유래한 것으로 추정되었다.[45] 그러나 아르토스가 차용어라는 점은 언어적, 문화적 이유들을 고려할 때 별로 신빙성이 없어 보인다.[46] 한편 아르테미스라는 이름의 의미도 확실하게 밝혀지지 않았다(아르크토스와의 관계는 통속적으로 설명할 수 있지만, 언어학적으로는 수용되기 힘들다).[47] 따라서 이전의 가설은 폐기되었고, 그리스 여신이 기원전 1200년경 도리아인들이 침입하면서 펠로폰네소스 지역에 유입된 켈트-일리리아(또는 다이코-일리리아) 여신에서 기원되었을지 모른다는 새로운 가설이 제기되었다.[48] 하지만 이보다 더 오래된 증거—미케네의 도시 필로스에서 발굴된 서판에는 선형문자B로 'A-te-mi-to'와 'A-ti-mi-te'라는 이름이 쓰여 있다—는 이 가설을 반박한다. 이러한 이름들의 의미는 확실하지 않으며 아르테미데를 가리킬 가능성은 반박되었다.[49] 결국 아르티오와 아르테미스의 관계는 풀리지 못한 상태로 남아 있다.

6

시칠리아섬에 '외부 세계의 여성들'이 존재한다는 비정상적인 상황을 설명하는 과정에서 우리의 논지는 본 주제로부터 많이 벗어났다. 이 과정에서 우리는 크레타섬에서 시칠리아섬으로 옮겨 온 대모들과 밀접하게 관련된 켈트 문화권의 대모들을 목격했고, 곰 외양의 보모 여신들과 연결된 크레타섬의 신화와 숭배의식을 만났으며, 보모 역할을 하며 암곰과 밀접하게 연관된 여신 아르테미데 칼리스테와 아르테미데 브라우로니아에 대한 숭배의식을, 끝으로 곰과 대모를 상징하는 아르티오를 만났다. 이 시점에서 더 이상의 논리적 진전은 불가능해 보인다. 우리는 다시 출발점으로 회귀한다. 우리는 지금 재구성하고 있는 탈혼 상태에 대한 숭배의 근원뿐만 아니라, 더 나아가 어쩌면—아서왕의 이름이 아르토비로스*Artoviros*를 거쳐 아르티오에서 유래했을 경우—학문적 재해석의 가능성을 발견할지도 모른다.[50] 그러나 시칠리아에서 발견된 증거들의 비정상적인 특징들로 인해 더욱 심오하고 오래된 층위가 드러났는데, 그 속에서는 켈트 문화와 그리스 문화, 그리고 추정하건대 지중해 문화의 여러 요인들이 혼합되어 있었다. 이러한 층위의 일부는 밤의 여신 추종자들의 자백을 통해 드러났다.

7

니콜라우스 쿠자누스는 브레사노네의 신자들에게 설교할 때 파사 계곡에 사는 두 노파에 대해 언급하면서 이들이 노쇠했으며 제정신이 아닌 것 같다고 말했다. 쿠자누스는 두 노파가 리켈라에게 제물을 바쳤고 (계약이 성사되었을 때처럼) 악수를 했다고 말했다. 두 노파의 증언에 따르면 리켈라의 손은 온통 털로 덮여 있었다. 그리고 리켈라는 털이 복슬복슬한 손으로 두 노파의 뺨을 어루만졌다.[51]

8

이러한 세부 사항은 복잡한 과정을 거쳐 밝혀졌다. 즉 쿠자누스가 속어로 행한 설교의 라틴어 번역본, 그것은 공증인이 요약적으로 기록했을 것으로 추정되는 두 노파의 자백에 대한 분실된 재판 기록(라틴어로 기록되었을 것이다)에 토대를 두었으며, 겁에 질린 두 노파는 자신들이 살던 지역 사투리로 웅얼거리며 아마도 통역을 맡은 성직자 앞에서 자신들이 직접 경험했던 신비의 사실들(수많은 명칭으로 드러난 밤의 여신)을 설명하기 위해 애썼을 것이다.

두 노파에게 있어 밤의 여신은 오직 리켈라였다. 막강한 권력에 학식까지 갖춘 브레사노네의 주교는 집요하게 심문했지만 두 노파는 리켈라를 부정하려 들지 않았다. 두 노파는 리켈라에게 제물을 바쳤으며 리켈라로부터 애정의 손길과 함께 부를 약속받았다. 또한 두 노파는 수년 동안 리켈라와 함께하면서 주기적으로 일상생활의 노고와 단조로움을 떨쳐낼 수 있었다. 브레슬라우 도서관에 소장된 15세기의 한 필사본에 포함되어 있는 『교훈적 일화exemplum』는 의식을 잃은 채 헤로디아나의 도움으로 하늘을 날아 다른 곳으로 가는 꿈을 꾸었다는 어느 노파에 대해 기술하고 있다. 책에 따르면, 노파는 "충동적인 기쁨에leta" 두 팔을 벌렸다가 여신에게 바칠 물 항아리를 깨뜨렸는데 나중에 깨어보니 자신이 바닥에 몸을 뻗고 누워 있었다고 한다.[52] 풍자적인 의도로 자신의 문화적 우월성을 과시하기 위해 저자가 쓴 "충동적인 기쁨에"라는 형용사는 리켈라를 추종하는 두 사람이 탈혼 상태의 순간에 느꼈을 감정적 흥분 상태가 어떤 것이었는가를 미루어 짐작하게 해준다.

쿠자누스는 설교에서 디아나, 다시 말해 에페수스의 위대한 여신인 아르테미데에 대해 언급했다. 이 순간에 비로소 우리는 이들의 정체가 얼마나 많은 진실을 내포하고 있었는지를 이해하기 시작한다. 디아나-아르테미데의 이면에는 화려한 의상을 입고 부를 베풀며 파사 계곡에 거주하는—탈혼 상태에 빠진—두 노파의 뺨을 털 많은 앞발로 어루만지는 리켈라의 존재가 어렴풋이 보인다. 우리는 리켈라에게서 아르티오와 비슷하며, 1000년보다 더 오래전에 암곰과 대모라는 이중의 형태로 무릎 위에 과일을 가득 놓아두고 부를 베푸는—알프스 경사면 끝자락에서 숭배되고 있던―여신을 엿볼 수 있다. 아르티오의 이면에서는 현기증 나는 세속의 심연이 열리고 그 깊은 곳에서는 아직도 '동물들의 여주인'인 아르테미데가 또는 어쩌면 암곰이 보인다.

9

오직 일상적인 구전의 매개만이 제도적인 틀과 숭배의 공간을 갖추지 못한 채 고요한 밤에 교화 활동을 벌이는 종교를 그토록 오랫동안 번영시킬 수 있었다. 이미 프룸의 레지노네는 여신의 추종자들이 자신들이 본 환영에 대해 이야기하고 다니기 때문에 '디아나의 무리'에 가입하는 자들의 수가 증가하고 있다고 불평한 바 있다. 우리는 이러한 탈혼 상태 경험에 대한 묘사의 이면에서 시공간의 먼 거리를 통과할 수 있을 정도로 긴 이야기, 비밀, 수다 들을 상상해야만 한다.

그럼 (극히 일부만을 재구성할 수 있는) 복잡한 전이 과정을 보여주는 한 가지 사례를 살펴보자. 15세기 말 만토바에서 벌어졌던 재판의 기록물을 보면, 방적공인 줄리아노 베르데나*Giuliano Verdena*가 어린아이 몇 명의 도움을 받아 주술을 행했다고 한다. 한 증인의 말에 따르면 그는 아이들로 하여금 물이 가득한 대야 속을 들여다보게 한 후에 그 속에서 무엇을 보았는지를 이야기하도록 했다. 한 무리의 사람들이 보였는데, 어떤 사람들은 서 있거나 말을 타고 있었고, 다른 사람들은 아직 손이 없는 상태라고 했다. 줄리아노는 이들이 죽은 자들의 행렬을 암시하는 정령들이라고 말했다. 다음에는 물 표면에 한 인물이 등장했는데, 그는 질문을 받은 어린아이들의 입을 통해 "풀들의 효력과 동물들의 특성*potentiam berbarum et naturam animalium*"을 줄리아노에게 알려주었다. 줄리아노는 이 여성이 "머리를 수그린 채 검은색 옷을 입고 있는

cum mento ad stomacum" "놀이의 귀부인*domina ludi*"이라는 것을 알아차렸다.[53] 어떤 면에서 증언들은 이례적이었다. 즉 여성의 탈혼 상태에 대한 언급은 없고, 성적으로는 중성인 어린아이들을 매개로 활동하는 남성 신에 대해 언급하고 있기 때문이다. 그러나 우리가 언급한 특징들이 모두 새로운 것은 아니다. 만토바의 '놀이의 귀부인'은, 지난 14세기 말 밀라노 재판의 기록물에서 동물들에 둘러싸인 채 자신을 추종하는 자들에게 '풀의 효능'을 가르쳐주려고 했던 '신비한 밤의 여성'인 오리엔테를 생각나게 한다. 동물들과 가깝게 지낸 이 인물들은 (리켈라나 '외부 세계의 여성들'의 사례에서 확인되듯) 털로 덮인 팔다리, 말발굽, 고양이 발과 같은 반수半獸의 모습을 갖게 되었다. 또한 한 무리의 동물들을 이끌며 심야에 탈혼 상태에 빠져드는 자들은 마치 동일한 신화적 주제인 '동물들의 귀부인'의 다양한 변형인 것처럼 보인다.

이러한 명백한 유사성이 실제의 역사적 관계를 암시할 수도 있다는 것은 지금으로서는 추정에 불과하다. 어쨌든 이러한 역사적 관계성이 '놀이의 귀부인'의 수그린 머리라는 특징까지 매우 신빙성 있게 설명한다는 사실을 주목할 필요가 있다. 신이 힐끗 보는 것(그리고 일반적인 신의 응시)에 종종 치명적인 권력을 부여하는 것은 전혀 이질적인 문화권들에서 되풀이해 일어나는 일이다.[54] 고르곤, 아르테미데, 그리고 이들 모두의 기원인 '동물들의 귀부인' 여신은 공통의 힘을 가지고 있었다.[55] 고르곤은 무시무시한 눈빛으로 인간들을 돌처럼 굳어버리게 만들었고, 아르테미데 동상들에는 위험천만한 전설들이 얽혀 있었다. 팔레네에 있는 동상은 1년 내내 모습을 감추고 있다가 불과 며칠 동안만 사람들에게 자신의 모습을 드러냈는데, 누구도 그 동상을 똑바로 쳐다볼 수 없었다. 여신의 눈은 나무의 과실들을 말라붙게 하고 더 이상 열매가 열리지 못하게 만들었다. 아르테미데 오르티아Artemide Orthia의 모습에 대한 진위성은, 파우사니아스(『그리스 이야기』 제3권 16장 7절)에 따르면, 자신을 발견하는 자들에게 충격을 주었던 그 광기에 의해서도 입증되었다.[56] 에페수스 사원에 있는 헤카테(아르테미데와 관계가 깊은 장례의 여신)의 동상은 눈부시게 빛나서 쳐다보는 사람들은 눈을 감을 수밖에 없었다. 여신을 바라보는 사람들의 이러한 행동은 종교적 성격의 금기와 관련이 있는 것처럼 보인다.[57] 파다나 평원과 알프스 동부 사이 지역에서 나온 16세기 초반의 몇몇 증거들에 따르면, 만토바의 '놀이의 귀부인'의 고개 숙인 모습은 고대 그리스의 기록된 증거들과 연관성을 가지고 있었다. 페라라시에서 마녀로 고발당한 여러 여성은 (그들이 추종하는) '현명한 시빌리아'가 요르단강에 가려는 그들의 헛된 노력에 분노하자, 죽임을 당하지 않기 위해 얼굴을 쳐다보지 않고 도망쳐야만 했다고 이야기했다.[58] 피엠메 계곡에서 마녀로 고발당한, 테사드렐라Tessadrella라고도 불린 마르게리타Margherita라는 여성은 '좋은 놀이의 귀부인'의 눈 주변에는 두 개의 돌이 있었는데, 그 돌들이 "각각 눈 옆에 위치한 채 귀부인의 의도에 따라 열리고 닫히기를 반복하고 있었다"고 진술했다. 카라노의 카테리나 델라 리브라Caterina della Libra는 "좋은 놀이의 귀부인은 어떤 것도 보고 들을 수 없도록 눈과 귀를 헝겊으로 가린 검은 띠를 머리에 둘렀다. 할 수만 있다면 그녀는 듣고 보는 모든 것을 자신의 것으로 만들었다"고 진술했다.[59] 톰마시나Tommasina라고 불린 마르게리타 델라뇰라Margherita dell'Agnola는 "그녀는 아무것도 볼 수 없도록 눈 주변에 두 개의 안대를 붙인 채 늘 하늘을 날아다녔다. 그녀가 모든 것을 볼 수 있었다면 세상에 엄청난 재앙을 불러왔을 것"이라고 말했다.[60]

'좋은 놀이의 귀부인'과 만토바의 동명이인에게 시력 문제가 있었다는 사실은 우리로 하여금 '동물들의 귀부인'을 주목하게 한다. 동화에서 동물들과 죽은 자들의 왕국으로 통하는 길목을 지키는 마녀는 능동적인 의미에서는 물론 피동적인 의미에서도 종종 장님이었다. 즉, 마녀는 살아 있는 자들을 볼 수도 없었고 그들에게 보이지도 않았다.[61] 어쨌든 여러 지역 판본들의 실질적인 정체성을 심문관들이 개입한 결과로만 볼 수는 없는 것이다. 심문관들은 교회법 전통을 통해 피엠메 지역의 경우처럼 '좋은 놀이의 귀부인'의 이름이 에로디아데라는 것을 알 수 있었다. 하지만 생김새는 알 수 없었다. 피엠메 계곡의 마녀들은 에로디아데의 여러 특징들에 대해 다음과 같이 진술했다. 테사드렐라로 불린 마르게리타는 "머리가 크고 몸집이 거대한 못생긴 여성이었고," 반치나로 불린 마르게리타는 "검은 스목smock을 입고 검은 수건을 머리 주위에 이상한 모양으로 감고 있는 못생긴 흑인 여성이었고," 바르톨로메아 델 파포Bartolomea del Papo는 "머리에 독일식으로 검은 수건을 두른 못생기고 뻔뻔한 흑인 여성이었다."[62] 이 같은 일관된 내용에 사소한 변형이 수반되는 것은 구전의 특징이다. 이를테면 '좋은 놀이의 귀부인' 사례에서 "눈 주변에" "두 개의 안대"는 같은 시기(1506~10년)에 그곳으로부터 그리 멀지 않은 지역(피에 알로 실리아르)에서 "두 개의 접시처럼 큰 눈"으로 해석되었다. 이는 재판 과정에서 생긴 피고인, 재판관, 공증인의 착오 때문일 것이다.[63] 그러나 구전 전통은 탈혼 상태 같은 매우 생생하고도 직접적인 경험을 통해 주기적으로 강화되었다.

카라노의 카테리나 델라 리브라에 따르면, 여신의 눈과 귀는 접시처럼 큰 두 개의 돌 또는 '안대'로 덮여 있었다. 이처럼 다소 모호한 묘사는 인접한 계곡에서 나온 증언에 의해 구체적으로 확인되었다. 그로부터 반세기 전인 15세기 중반에, 쿠자누스가 심문한 파사 계곡의 두 노파는 리켈라가 얼굴을 숨기고 있어서, 즉 "귀에 붙은 반원형 장신구가 튀어나와 있어서*propter quasdam protensiones cuiusdam semicircularis ornamenti ad aures applicati*" 옆모습을 볼 수 없었다고 증언했다.[64] 이는 자신들이 본 것에 대한 정확한 묘사였다. 장신구는 분명 매우 컸을 것이다. 만약 그 모양이 반원이 아니라 원형이었다고 상상해본다면 그것은 '그림 9'처럼 생겼을 것이다.

10

소위 말하는 '엘케의 귀부인*Dama* di Elche'(그림 10)과 그로부터 2000년 후 트렌티노 계곡에 살았던 일단의 여성들이 탈혼 상태에서 본 환영 사이에 직접적인 역사적 관계는 존재하지 않는다.[65] 물론 귀부인에 대해서는 그녀가 재발견된 정황에 대한 고고학적인 자료들이 다소 부족하다는 점에서 여러 의문이 발생한다.[66] 본래부터 이것이 현존하는 모습처럼 반신상이었는지 아니면 ('바자의 귀부인*Dama* di Baza'처럼 앉아 있거나, 세로 데 로스 산토스에서 발견된 여성의 동상처럼 서 있는) 전신상이었는지는 분명하게 알 수 없다.[67] 연대는, 대부분의 학자들이 기원전 5세기 중반에서 4세기 초반 사이로 추정하고는 있지만, 아직까지도 이론의 여지가 있는 것이 사실이다.[68] 동상이 어디에서 유래했는지는 더욱 큰 논쟁의 대상이다. 어떤 학자는 이베리아반도라 하고, 어떤 학자는 이오니아(로디로 추정된다)라고도 한다.[69] 비록 지방에서 제작되었다고는 하지만, '바자의 귀부인'은 유형학적으로 보면, 때로 무릎 위에 앉은 어린 아이를 안고 있는 좌상坐像의 여신들이 발견된 마그나 그라이키아*Magna Grecia*(그중에서도 시칠리아)의 동상들에 가깝다.[70] 이러한 가설을 엘케의 귀부인으로까지 확대하는 것은 위험천만한 시도다. 왜냐하면 본래의 모습이 확실하지 않기 때문이다. 어쨌든 뒷면의 움푹하게 파인 부분은 재를 모으기 위한 것처럼 보이는데 이는 아마도 장례 용도로 쓰였던 듯하다.[71]

  '엘케의 귀부인'의 실체가 여신인지, 여사제인지, 또는 헌물을 제단에 바치는 여성인지는 아직도 명확하게 밝혀지지 않았다. 한편, 두 개의 거대한 바퀴는 얼굴의 관자놀이에 나란히 놓인 리본에 밀착되어 있을 뿐, 아무런 신비한 분위기도 연출하지 않는다. 이는 쿠네오 지방의 카스텔라르 성소에서 발견된 봉헌 제단의 조그마한 여러 여성 조각상들에서 볼 수 있는 장식이다. 이와 유사한 은장식은 에스트레마두라주에서도 발견되었다.[72] 크고 작은 바퀴들은 자연 모발이든 가발이든 땋은 머리를 고정하는 데 활용되었다. 이베리아의 독특한 헤어스타일은 아르테미도루스Artemidorus의 증언에 기초한 스트라본Strabone(『지리학』 제3권 4장 17절)의 글에서도 알 수 있듯이, 고대에 유행하던 것이었다.[73] 그러나 이와 유사한 헤어스타일은 시칠리아로부터 보이오티아에 이르는 지역에 살았던 그리스 조상들에게서도 볼 수 있다.[74] 엘케의 귀부인의 헤어스타일과—머리 양쪽에 두 개의 바퀴를 붙이고 검은 띠를 두른—피엠메 계곡의 밤의 여신의 헤어스타일이 일치한다는 사실은 아마도 우리가 알 수 없는 그 어떤 역사적인 관계를 숨기고 있는 것처럼 보인다. 이러한 관련성을 제기하는 이유는, 이후의 내용에서 조금씩 구체적으로 드러나겠지만, 예상치 못한 또 하나의 접점과 마주하기 때문이다. 그것은 엘케의 귀부인의 관자놀이를 장식하고 있는 두 개의 바퀴들 안쪽 부분에 달려 있는 리본들이다. 이들은 크림반도와 오늘날 우크라이나의 드네프로페트로프스크로 불리는 지역에서 둥근 황금 원판들이 관자놀이

에 부착된 형태로 출토된 그리스-스키타이의 유물들과 유사하다.[75]

11

지금까지의 설명은 부분적으로는 추측에 의존한 것이며 이와 관련된 사실들도 그 수가 매우 적다. 탈혼 상태의 연속성이 실제로 존재했으리라는 사실은 부정할 수 없을 듯하다. 주민들, 특히 산악 지역에서 고립된 채 살던 여성들은 시공간적으로 먼 과거에서 유래된 신화들을, 그것이 무엇인지 알지 못한 채로 심야의 황홀경을 경험함으로써 다시 체험했다. 이러한 심오한 맥락을 재구성하면 그때까지 이해할 수 없었던 세부 내용들의 의미가 급작스럽게 드러난다. 14세기 말 밀라노에서 벌어진 종교재판의 판결문 중 하나(피에리나에 대한 판결문)는 오리엔테가 자신의 추종자들이 도살해서 먹고 남은 소의 뼈를 가죽으로 덮고 그것을 지팡이로 건드려 소를 다시 살려냈다고 했다. 넨니오Nennio가 826년경에 쓴 『브리튼인의 역사Historia Brittonum』(13세기 말에 편찬된 야코포다 바라체의 『황금전설』에서 거듭 언급되었다)에 따르면, 브리타니아 오세르의 성인 제르마노가 영국에서 켈트족을 개종시킬 때 (도살된 소들의 부활에 근거한) 유사한 기적을 행했다. 이러한 사실은 넨니오의 이야기가 훨씬 오래된 문헌에서 유래했음을 의미한다.[76] 플랑드르와 브라반트주처럼 아일랜드 수도사들이 복음을 전파한 지역, 또는 아일랜드에서 동일한 성인 전기의 주제—사슴이나 오리의 뼈들이 사슴과 오리로 부활하는 것—가 재현된 것은 켈트 문화의 층위가 존재함을 다시한 번 확인시켜준다.[77] 여기까지는 별로 놀라운 점이 없다. 그러나 스노리 스툴루손Snorri Sturlusson이 13세기 전반에 쓴 『에다Edda』를 보면, 게르만의 신 토르Thor는 통상적으로 가지고 다니는 무기인 망치로 숫염소의 뼈를 두들겨서 자신의 신성한 숫염소들을 다시 살아나게 하는 놀라운 기적을 일으켰다는 내용이 나온다. 기독교로 개종한 켈트족 이야기와 기독교 개종 이전의 게르만 이야기 간의 연관성은 명확하지 않다. 후자가 전자에서 유래했을까? 아니면 그 반대일까? 그것도 아니면 둘 다 그보다 오래된 어떤 이야기에서 유래한 걸까?[78]

제3의 가설을 생각하게 된 계기는 부활을 목적으로, 도살된 동물들의 뼈를 가능한 한 모두 수집하는 것을 주된 내용으로 하는 신화와 의식 들이 어떤 지역들에서 형성되었는지에 대한 연구를 통해서였다.[79] 이러한 신화들은 죽은 자들의 행렬 또는 그 행렬을 이끄는 밤의 여신에 의한 불가사의한 행동이 기록된 알프스 지역에서 형성되었다.[80] 여신을 지칭하는 수많은 명칭들 중에는 헨트시의 수호성인인 파라일디스 Pharaildis도 있었다. 한 전설에 따르면 이 수호성인은 뼈를 손으로 만져 오리를 다시 살아나게 했다고 한다.[81] 이와 전혀 다른 문화권에서는, 예를 들어 코카서스의 압하지아에서는 사냥과 밀림의 남성 신이 (황소 같은 가축이 아닌) 사냥한 동물을 다시 살아나게 하는 역할을 했다.[82] (아프리카 대륙을 포함해) 매우 다양한 문화권에 기록된 이러한 믿음은 핀란드 북부의 라플란드 지역과 아이누Ainu족이 살고 있는 일본 열도의 북쪽 극단에 위치한 섬들 사이의 척박한 땅에서 주로 수렵 생활을 하는 종족들의 몇 가지 의식을 연상시킨다. 곰, 엘크, 사슴과 같이 덩치가 큰 동물들의 뼈는 바구니에 담거나 단 위에 수북하게 쌓았고, 때로는 가죽 속을 짚이나 덤불로 채워 넣기도 했다.[83] 18세기 중반 무렵 의식용 제물을 준비하는 일을 맡았던 라플란드 지역의 무당들no'aidi은 덴마크 선교사들에게 뼈를 조심스럽게 수집하고 보관하는 이유가 이렇게 함으로써 제물을 봉헌받은 신이 죽은 동물들을 이전보다 더 살찐 모습으로 되살려줄 것이기 때문이라고 설명했다.[84] 이와 같은 유의 증언은 무수히 많다. 이를테면 시베리아의 동부 지역에 사는 유카기르Yukagir족도 곰이나 엘크, 사슴의 뼈를 모으는 이유가 이들을 되살리기 위한 것이라고 했다. 이들은 "이제 너에게 뇌를 채우노라"라고 말하면서 두개골에 덤불을 채우고 혀 자리에 나뭇가지를 끼운 후 뼈들을 단 위에 올려놓았다.[85] 이와 같은 한시적인 의식 구조로부터 창사(중국 후난성 성도, 기원전 4~3세기)에서 발견된 신비한 목각 장식품들이 유래한 것은 분명한 사실이다. 그것은 혀를 밖으로 길게 뺀 인간의 얼굴을 하고 있고 머리에는 사슴뿔을 달고 있다(그림 11).[86]

12

이러한 유사성이 우연인지, 비슷한 환경에서 나온 독립적인 결과인지, 아니면 다른 요인들 때문인지는 나중에 살펴볼 것이다. 일단 우리는 손상되지 않은 뼈들을 수습하여 동물들을 부활시킨다는 (신화와 의식을 통해 표현된) 발상이 매우 다양한 지역과 시기에 존재했다는 점에서 문화의 접촉 또는 기층을 암시하는, 매우 구체적인 문화적 특징일 거라고 가정하기로 한다. 이때 우리는 오세르의 성인 제르마노의 기적과 토르의 위업을 비교하는 과정에서 드러났던 어려움에 다시 직면하게 된다. 증거의 절대적 연대는 증거로 기록된 신앙과 의식의 상대적 연대와 항상 일치하지는 않는다. 자료들의 공간적 확산 문제를 역사적 계승 문제로 어떻게 설명할 수 있을까?

라플란드 지역의 주민들은, 망치나 지팡이로 무장한 번개의 신을 숭배했다. 이 신과 게르만의 신 토르의 유사성은 그 이름(호라갈레스 Horagalles)에서부터 분명하게 드러난다. 따라서 우리는 이것이 스칸디나비아 사람들과의 접촉에 의한 결과라는 결론에 도달한다.[87] 그러나 차용어의 이면에는 한층 복잡한 현실이 숨겨져 있을지도 모를 일이다.[88] 어쩌면 호라갈레스는 흑사병을 의인화한 라플란드 지역의 신 로투Rotu처럼, 유라시아의 북부 지역에서 유래했을지도 모른다.[89] 방금 살펴본 두 신 모두 18세기 중반 무렵, 라플란드 지역에 복음을 전파한 덴마크 선교사들의 기록에 나와 있다. 희생된 동물들의 뼈를 담았던, 자작나무 가지로 만든 바구니는 "마녀와 주술사를 공포에 떨게 했던 물건 *deaster*"인 망치를 든 호라갈레스의 모습이 조각된 통나무 위에 놓여 있었다.[90] 호라갈레스 역시 동물들의 부활과 관련이 있는 것이다. 토르의 기적이 일본 열도까지 포함하는 북극 부근의 전 지역에 퍼져 있다는 생각은 터무니없는 발상이다. 그 반대의 경우, 즉 라플란드 지역 주민들을 매개로 신화가 유럽 전역으로 확산되었다는 생각도 마찬가지다. 호라갈레스, 토르, 오세르의 성인 제르마노, 오리엔테 모두가 유라시아의 먼 과거에 뿌리를 두고 있는 한 신화—남성인 경우도 있었지만 대체로 여성이었던 어느 신이 동물들을 만들고 또 부활시켰다—의 다양한 버전이라는 사실을 우리는 인정해야 한다.[91] 유라시아에는 이와 관련된 의식이 존재했지만, 켈트와 게르만 사회에는 없었다는 점이 이러한 기원설을 뒷받침해주는 듯하다. 죽임을 당한 동물들의 부활에 대한 신앙이 수렵 문화에서 태동했을 것이라는 주장은 매우 그럴듯해 보인다.

13

이 연구의 시공간적 범위는 계속해서 확대되고 있다. 밤의 여신에 대한 증언들은, 마치 먼저 쓰여진 글자가 지워진 위에 다른 글자들을 덧쓴 재생 양피지와 같다. 이러한 다양한 글자에 해당하는 것이 바로 교회법학자들과 이단 심문관들이 인용한 이교도들의 신 디아나, 아분디아, 오리엔테, 리켈라 그리고 이들을 의미하는 유사 용어들, 대모들과 요정들, 대모 여신들, 아르테미데, '동물들의 귀부인,' 사냥과 숲의 유라시아 신 등이다.

우리는 거의 형태론적인 경로를 통해 최종적으로 좀더 깊은 문화 층위에 도달했다. 그곳은 유형학적 질서의 일반적 수렴이 아닌 구체적 특징들의 발견에 기반한 층위였다. 몇 가지 측면에서 아르테미데와 유라시아 수렵꾼들의 신을 '동물들의 주인'이라 불리는 범주에 포함시킨다고 해도 이들 사이에 역사적 연관성이 존재한다는 증거로 삼기에는 무리가 있어 보인다.[92] 비록 가설이지만 도리아 언어로 아르타미스Artamis인 아르테미데와, '도살업자'를 의미하며 좀더 정확하게는 '뼈와 살을 바르는 사람'을 가리키는 아르타모스artamos의 어원학적인 관계가 한층 더 의미 있어 보인다. 유의어들 중에서 가장 쓰이지 않는 용어인 마게이로스magheiros는 요리에 관한 어휘와 제물에 관한 어휘 모두로 사용되었다.[93] 아르테미데의 이름은 유라시아 문화권에서 보편적이었던(구약성서에서도 찾아볼 수 있다), 희생 제물의 뼈를 자르는 것에 대한 금지의 흔적이었을 것이다.[94] 이러한 금지는 아마도 데스포이나Despoina(즉, 귀부인)와 관련이 있었을 것이다. 즉, 이 여성은 아르카디아의 여신들 중에서 가장 존경받은 여신이었으며 비록 나중에는 데메테르의 딸 코레Kore와 비슷해지기는 했지만, 아르테미데와 여러 측면에서 흡사했다. 파우사니아스(『그리스 이야기』 제8권 37장 8절)에 따르면, 데스포이나에게 바쳐진 제물들은 매우 이례적인 의식을 치렀다. 제물들은 목이 잘리지 않았고, 정해진 순서 없이 '무작위로' 사지가 잘렸지만 자를 때는 관절 부분을 엄수했다.[95] 이러한 유형의 제물은 미노스 문명의 보석과 (동물들의 잘려 나간 팔다리로 둘러싸인 여성 신이 그려진) 고대 테베의 항아리와 관련이 있었다.[96] 수습된 뼈들로 죽은 동물들을 부활시키는 유라시아 지역의 신들은 어쩌면 이러한 이미지와 무관하지 않았을 것이다. 어쨌든 뼈로 죽은 동물을 부활시킨다는 주제는 그리스 문화에도 그 흔적을 남겼다. 이에 대해서는 펠롭스Pelops*의 신화를 분석하면서 살펴볼 것이다.

14

유럽의 많은 지역들에서 기원하는 밤의 여신에 대한 증언들 중에 시베리아 사냥꾼들의 신화와 의식을 상기시키는 요소들이 존재한다는 사실은 당황스럽기는 하지만 그렇다고 예외적이라고 할 수도 없다. 게다가 여신을 추종하는 자들의 탈혼 상태는 시베리아 또는 라플란드 지역의 남녀 주술사들이 거행하는 의식을 떠올리게 한다.[97] 우리는 두 경우 모두에서 동일한 요소들을 발견한다. 그것은 영혼이 동물의 형태로 또는 동물의 잔등이에 올라타거나 다른 주술 도구를 이용해, 죽은 자들의 세계로 비행하는 것이다. 라플란드 지역 샤먼들의 간두스*gandus*(또는 지팡이)는 한편으로는 부랴트Buryat족의 샤먼들이 사용하던 편자 모양의 지팡이와 닮았고, 다른 한편으로는 마녀들이 악마의 잔치에 갈 때 타고 간 빗자루와 닮았다.[98] 주술 비행과 주술 변신 같은 악마의 잔치의 민속적 핵심은 유라시아 지역의 오랜 층위에서 유래된 듯하다.[99]

---

* 펠롭스는 그리스 신화의 인물로 펠로폰네소스반도에 있던 피사의 왕이었으며 탄탈로스 Tantalus의 아들이자 히포다메이아Hippodameia의 남편이다.

15

이러한 상관관계는 마녀들을 가장 심하게 탄압한 박해자 중 한 명인 이단 심문관 피에르 드 랑크르Pierre de Lancre에 의해 암시되었다. 17세기 초반 피레네산맥의 프랑스 방면 경사 지역에 위치한 라부르에서 있었던 유명한 재판 기록물을 살펴보면, 피에르는 『교회규범』에 언급된 디아나의 추종자들을 늑대인간으로, 올라우스 마그누스Olaus Magnus와 카스파어 포이처Caspar Peucer가 서술한 라플란드 지역의 사람들을 주술사 또는 샤먼으로 단정했다. 피에르는 자신이 주관한 재판 피고인들의 공통적인 특징으로 악마적 탈혼 상태에 빠지는 능력을 주목했는데, 어떤 사람들은 이것을 영혼이 육체에서 분리되는 유체이탈로 잘못 해석했다. 피에르는 이 해석을 이해할 수 있는 잘못이라고 생각했다. "주술사들은 한때 그 수가 지금보다 훨씬 적었음을 인정할 필요가 있다. 그들은 산악 지역과 사막 또는 노르웨이, 덴마크, 스웨덴, 고티아, 아일랜드, 리보니아와 같은 북부 지역에 흩어져 살고 있었다. 그러므로 이들의 우상 숭배와 주술은 거의 알려지지 않았으며, 종종 노파들이 이야기하는 우화나 동화를 통해 알려지곤 했다." 이러한 사실을 믿지 않던 과거의 인물들 중에는 성 아우구스티누스도 있었다. 그러나 피에르에 따르면 이단 심문관과 세속 재판관 들은 이미 100여 년 전부터 이러한 주제를 다루어왔다.[100]

이 같은 자신감 넘치는 논조는 어떤 면에서는 정당했다. 피에르는 증오심으로 다듬어진 날카로운 시각으로, 이후 세기들의 냉철한 관찰자들에게 대체적으로 부족했던 통찰력을 발휘하면서 박해의 대상을 직시했다.[101] 바스크 지방의 작은 마을들에서 벌어진 사소한 사건들은 한순간에 매우 방대한 지역, 즉 사탄이 인간을 공격하던 지역의 사건들 속으로 편입되었다. 피에르는 늑대인간이 동물의 모습으로 변하기 위해 인간의 모습을 포기할 수 있었을 것이며, 마찬가지로 마녀들도 육신의 상태로 악마의 잔치에 참가할 수 있었을 것으로 확신했다. 그러면서도 그는 이러한 비행과 변신이 그저 꿈에서만 전개되었을 가능성도 인정했다. 하지만 이러한 꿈도 무죄는 아니었다. 마녀, 주술사 그리고 늑대인간의 부패한 정신 속에서 꿈을 꾸도록 자극한 것이 바로 악마 그 자체였기 때문이다. 델라 포르타Della Porta와 같은 과학자는 탈혼 상태를 주술사들의 주술에 사용되는 유지 성분들의 작용에 의한 자연적 현상이라고 했다.[102] 피에르는 악마가 만들어낸 여러 우상 숭배를 통합시키는 요소가 이것이라고 생각했다. 우상 숭배 중 가장 중요한 것은 악마의 잔치였다.

피에르가 지적한 사실들은 주목을 받지 못했다. 그러나 반세기가 지나 문화적 불신이 지속적으로 확산되는 가운데 주술에 대한 박해가 점차 감소하면서, 과거에는 악마적인 것으로 간주되었던 다양한 신앙들이 점차 새로운 환경에서 다시금 주목받기 시작했다. 마녀사냥이 극에 달했던 독일에서는 이러한 현상들을 둘러싼 오래된 호기심이 고개를 들었다. 1668년 프레토리우스J. Praetorius는 과거의 기록과 구전 전통으로부터 마녀들의 비행과 성녀 발푸르가santa Walpurga의 밤에 벌어진 악마의 잔치에 대한 정보들—튀링겐주의 블록스베르크산은 이 때문에 유명해졌다—을 수집하여 라이프치히에서 한 권의 책으로 출판했다. 그는 이 책에서 악마의 무리들을 인도하던 에크하르트에 관한 전설도 언급했다. 이 책의 제목(『블로케스–베르게스의 현상 또는 상세한 지리 보고서Blockes-Berges Verrichtung oder ausfürlicher geographischer Bericht』)은 과학적 객관성을 의도한 것으로서, 특히 15년 전에 15명의 사람과 12필의 말로 구성된 무리가 수행한 순찰의 결과를 바탕으로 만든 장소 색인에서 그 의도가 두드러지게 드러난다. 그로부터 얼마 후, 프레토리우스는 한 해의 시작*Saturnalia**에 관한 고대 이래의 민간신앙 연구에서 리보니아와 라플란드 지역의 늑대인간들, 디아나의 군대, 그리고 홀다 부인에 대한 내용을 포함시켰다.[103] 루터교의 목사이자 교수인 힐셔P. C. Hilscher는 1688년 라이프치히에서 프레토리우스의 지도 아래 학술논문 『광적인 탄압에 대하여*De exercitu furioso, vulgo Wuetenden Heer*』를 쓰는 과정에서 이 연구를 알게 되었고 나중에 독일어로 번역했다.[104] 고대에 대한 깊은 지식을 담아낸 이 연구는 토마지우스Thomasius와 같은 계몽주의자의 연구 결과가 반영된 반가톨릭적인 논쟁에 이용되었다. 일부 유럽 지역에서는 주술과 관련된 민간신앙에 대한 관심이, 계속해서 사법적 탄압을 가하던 법정에서 대학 강의실로 옮겨 갔다. 힐셔는 영혼들의 행렬을 스콜라 학자들이 상상한 가공의 존재로, 그리고 성서에 충실한 종교 개혁가들이 매장시켰던 연옥의 발명으로 여겼다. 반세기 후 무라토리 Muratori의 영향을 받은 중도 노선의 계몽주의자인 로베레토의 지롤라모 타르타로티Girolamo Tartarotti는 (그 자신이 '중세의 주술'로 정의한) '디아나 집단'에 관한 과거의 민간신앙이 조소의 대상이기는 했지만 결코 박해를 받은 것은 아니라고 강조했다.[105] 두 가지 상반된 입장에서 나온 학술적 논쟁은, 수 세기 동안 악마의 잔치의 전형으로 인해 변형되고 지워져왔던 전통들을 수면 위로 떠오르게 했다. 켈트 문화권의 '대모들'에 관한 가장 오래된 연구서(골동품 전문가인 카이슬러J. G. Keysler의 『늙은 점쟁이 부인들의 변론*Dissertatio de mulieribus fatidicis veterum Celtarum*』)에

---

* 로마 신화에서 농업의 신인 사투르누스를 숭배하는 축제.

주술 박해에 대한 신랄한 비난이 삽입된 것은 결코 우연이 아니었다.[106]

독일 낭만주의 시대의 위대한 시와 철학은 악마의 잔치를 학자와 시인 들의 상상력을 강하게 부추기는 주제로 만들었다. 괴테J. W. Goethe는 『파우스트Faust』에서 발푸르가의 밤을 묘사할 때 프레토리우스의 『블로케스-베르게스의 현상 또는 상세한 지리 보고서』로부터 큰 영감을 받았다.[107] 야코프 그림은 『독일의 신화Deutsche Mythologie』(1835)에서 주로 '유령 사냥'과 그 사냥을 지휘한 인물들을 다룬 신화 전통의 일람표를 정리했다. 수많은 자료들의 늪에 빠진 독자들에게 방향을 제시하기 위한 실마리 중 하나는 이교도 신앙과 악마적 주술 사이에 지속성이 존재한다는 가설이었다. 사람을 잡아먹는 마녀를 다룬 내용의 말미에서 이러한 가설은 매우 집약적이고 상당히 신비한 방식으로 설정되었다.[108] 야코프 그림은 갑작스럽게 논리 비약을 하며, 수많은 전설 중에서 똑같이 오래되고 반복적인 다른 믿음에 대해 언급했다. 그 전설들에 따르면 영혼은 나비의 모습으로 잠든 자의 육체를 빠져나올 수 있었다. 8세기 무렵 랑고바르드족 출신의 역사학자인 파올로 부제Paolo Diacono는 어느 날 시종이 경비를 서고 있는 가운데 잠들어 있던 부르고뉴의 왕 군트람 Guntram의 입에서 갑자기 영혼이 빠져나왔는데 마치 그 모습이 뱀과 같았다는 이야기를 전한다. 뱀의 모습을 한 영혼은 멀지 않은 곳의 냇물을 향해 날아간 후에 건너편으로 가려고 시도했지만 성공하지 못했다. 그때 시종이 칼을 이용해 냇가에 다리를 놓아주었다. 그렇게 해서 뱀은 냇물의 반대편으로 건너가 작은 언덕 너머로 사라졌다. 얼마 후 그 뱀은 갔던 길로 되돌아와 잠들어 있는 왕의 입으로 들어갔다. 왕은 잠에서 깨어나 철다리를 건너는 꿈을 꾸었으며 꿈속에서 보물이 숨겨져 있는 산으로 들어갔다고 말했다(물론 그곳에서는 보물이 발견되었다). 같은 전설의 최근 판본에 등장한 동물은 뱀이 아니었다. 뱀 대신에 등장한 것은 족제비나 고양이, 쥐 등이었다. 혹시 이 모든 것이—그림의 의문처럼—마녀가 쥐로 둔갑한 것이나 영혼이 다른 세계로 가기 위해 건너야만 하는 실처럼 좁다란 다리와 연관이 있는 것은 아니었을까?

그림은 독자들에 앞서, 먼저 자기 자신에게 던진 이러한 질문을 통해 그보다 2세기 전 라부르의 마녀들을 종교재판으로 박해한 피에르 드 랑크르와의 상당한 연관성을 밝혀냈다. 이것은 무의식적인 일치의 가능성을 의미하는 것이었다.[109] 분명히 피에르는 전혀 다른 것들, 이를테면 늑대인간, 디아나의 추종자들, 라플란드 지역의 주술사들에 대해 이야기했다. 그러나 두 개의 유사한 계열을 하나로 묶어주는 요소는 다름 아닌 탈혼 상태였다. 그림은 앞서의 질문을 제기하자마자 세르비아의 마녀들이 보인 강경증 현상에 주목했다. 미동도 없는 그녀들의 육신에서 나비 또는 암탉의 모습으로 영혼이 빠져나갔는데, 이러한 상태에서 육체는 움직이지 못했다. 그리고 이어서 연상되는 것은 탈혼 상태 또는 **최면 상태**trance인데 그중 가장 극단적인 것은 오딘의 사례다. 스노리 스툴루손이 쓴 『윙글링 일족의 전설Ynglingasaga』의 유명한 구절에 따르면 그는 여러 형태로 변신할 수 있었다. 즉 그는 눈 깜짝할 사이에 잠든 육신을 빠져나와 새나 물고기 또는 뱀으로 변신해 먼 곳으로 날아갔다.

16

이처럼 중요하지만 무시되었던 기록들에서 무수히 많은 길들이 생겨난다. 이를테면 오딘 또는 군트람 왕의 전설에 등장하는 인물의 샤머니즘적인 요소들,[110] 켈트 문화권의 아서왕에 대한 소설에서 죽은 자들의 세계로 건너가는 교량의 역할로 칼이 등장하는 것, 그리고 좀더 일반적으로 켈트 문헌들에 샤머니즘적인 주제들이 등장하는 것,[111] 프리울리의 베난단티들이 쥐*sorzetto*의 모습으로 빠져나간 영혼이 깨어난 육신으로 다시 돌아오지 못할 것을 걱정하여 강경증에 빠지기 전에 각자의 부인들에게 절대 자신의 몸을 뒤집지 말라고 당부했다는 것,[112] 라플란드 지역의 샤먼들이 탈혼 상태에 빠져 있는 동안 (올라우스 마그누스가 기록했듯이) 영혼이 빠져나간 육신에 파리나 모기가 꼬이지 않도록, 또는 (포이처가 확신했듯이) 악마의 공격을 받지 않도록 보살핌을 받았다는 것,[113] 영혼이 탈혼 상태에서 동물의 모습으로 여행하는 것, 그리고 마녀와 주술사가 동물로 변신하는 것 등이 이에 해당한다. 인물과 주제는 단순한 하나의 연결 고리가 아닌 일종의 자기장을 형성할 때까지 서로 영향을 주고받는다. 그 자기장은 다양한 관점에서 시작해 독립적으로 나아간 것들이 어떻게 유사한 추론에 도달하게 되었는지를 설명해줄 것이다.[114] 그러나 그림이 제기한 질문은 아직 제대로 된 답을 구하지 못했다. 이후의 연구는 그림이 예상했던 통합적인 영역으로 모아지지 못한 채 각기 개별적인 연구 성과에 머물렀다. 탈혼 상태, 동물로의 변신, 사후 세계를 향한 신화적 비행, 죽은 자들의 행렬에 얽힌 의식과 신앙, 그리고 물론 악마의 잔치까지도 개별적으로만 분석되었을 뿐이다.[115] 이제 우리는 서로 엉킨 수많은 실들을 풀어 다시 짜야 한다.

미주

1) G. Henningsen, "Sicilien: ett arkaiskt mönster för sabbaten," *Häxornas Europa(1400~1700)*, B. Ankarloo & G. Henningsen 편집, Lund 1987, pp. 170~90 참조. 나는 영역본(*'The Ladies from Outside': Fairies, Witches and Poverty in Early Modern Europe*)으로 읽었다. 이 저술은 1985년 9월 스톡홀름에서 마녀를 주제로 열린 학회에서 소개되었다.

2) Bonomo, *Caccia* cit., p. 65 참조. 1450~70년 사이에 조반니 바살로Giovanni Vassallo 는 속어화 작업을 진행했다.

3) 이 모든 것에 대해서는 G. Pitré, *Usi e costumi credenze e pregiudizi del popolo siciliano*, IV, Palermo 1889, pp. 153~77 참조. 에마누엘라 산타에라Emanuela Santaéra의 이야기에 대해서는 p. 165, 주석 2 참조. p. 177에서 피트레Pitré는 '외부 세계의 여성들'(요정들, 에트루리아와 라틴계의 라리Lari) 외의 몇 가지 가능성을 암시하면서, '우리가 거의 알지 못하는 라틴계의 대모 여신'에 대해 의문을 제기했다. 대모들의 헤어스타일은 지역 풍속과 관련이 있다. Ihm, "Der Mütter- oder Matronenkultus" cit., pp. 38~39, 그리고 L. Hahl, "Zur matronenverehrung in Niedergermanien," *Germania*, 21(1937), pp. 253~64, 특히 pp. 254 이하 참조.

4) Diodoro Siculo, *Biblioteca storica*, XV, 70(기원전 369년); XVI, 73(기원전 342년) 참조.

5) Graf, "Artú nell'Etna," *Miti, leggende e superstizioni del Medio Evo* cit. 참조. A. H. Krappe, "Die Sage vom König im Berge," *Mitteilungen der schlesische Gesellschaft für Volkskunde*, XXXV(1935), pp. 76~102, 특히 p. 92 참조. 시칠리아에서는 모험담이 결코 유행한 적이 없었다. 하지만 틸버리의 거베이스Gervasio di Tilbury는 『황제를 위한 오락*Otia imperialia*』에서 아서왕의 출현에 관한 이야기가 '토착적인' 것이라고 했다. 브르타뉴 지방의 기사들이 중개 역할을 했을 것이라는 주장에 대해서는 R. S. Loomis, "Morgain la Fée in Oral Tradition," *Studies in Medieval Literature*, New York 1970, p. 6 참조. 에트나산을 연옥 입구로 묘사한 것에 대해서는 Le Goff, *La naissance* cit., pp. 273 이하 참조. 오트란토의 모자이크에 아서왕의 모습이 등장한 것에 대해서는 본서 제2부 1장 주석 84 참조.

6) W. Fauth, "Fata Morgana," *Beiträge zur romanischen Mittelalter*, K. Baldinger 편집, Tübingen 1977, pp. 417~54, 특히 pp. 436 이하 참조.

7) M. Marconi, "Da Circe a Morgana," *Rendiconti del R. Istituto Lombardo di Scienze e Lettere*, Cl. di Lettere, 74(1940~41), pp. 533~73 참조. 반대의 견해에 대해서는 Fauth, *Fata Morgana* cit., pp. 439 이하 참조.

8) I. Chirassi Colombo, *La religione in Grecia*, Bari 1983, pp. 9~10 참조.

9) M. Mühl, *Poseidonius und der plutarchische Marcellus*, Berlin 1925, pp. 8 이하 참조[F. Münzer, *Gnomon*, I(1925), pp. 96~100도 참조].『마르켈루스의 삶*Vita di Marcello*』(*Belles Lettres*, Paris 1966)에 대한 로베르 플라슬리에르R. Flacelière와 에밀 샹브리E. Chambry의 주석 참조. 이 구절이 포세이도니오스의 신성에 관한 작품의 일부를 구성할 가능성을 조심스럽게 제기한 것은 J. Malitz, *Die Historien des Poseidonios*, München 1983, p. 363, 주석 33 참조. 플루타르코스의 다른 작품『신탁의 파멸에 관하여*Sulla distruzione degli oracoli*』와 함께,『마르켈루스의 삶』제20장은 괴테가『파우스트』(II, 6213 이하)에서 대모들의 장면을 묘사하는 데 영감을 주었다. *Goethes Gespräche*, F. von Biedermann 편집, IV, Leipzig 1910, pp. 187~88(1830년 1월 10일 에케르만Eckermann과의 대화) 참조. 그 외에도 J. Zeitler, *Goethe-Handbuch*, II, Stuttgart 1917, pp. 641~42('Mütter' 항목) 참조. 플루타르코스의 독해는 1820~21년 이래 계속 존재해왔다. F. Koch, "Fausts Gang zu den Müttern," *Festschrift der Nationalbibliothek in Wien*, [Wien] 1926, pp. 509~28; C. Enders, *Faust-Studien. Müttermythus und Homunkulus-Allegorie in Goethes Faust*, Bonn 1948, pp. 26~27 참조.

10) M. I. Finley, *Storia della Sicilia antica*, 이탈리아어 판본, Bari 1970, p. 125; 그 외에도 G. Sfameni Gasparro, *I culti orientali in Sicilia*, Leiden 1973, p. 153 참조.

11) 포세이도니오스가 노예전쟁을 연구한 디오도로스의 저술을 참조한 것에 대해서는 Momigliano, *Saggezza straniera* cit., pp. 36 이하 참조.

12) Diodoro Siculo, *Biblioteca storica*, IV, 79~80 참조.

13) G. Alessi, *Lettera su di una ghianda di piombo inscritta col nome di Acheo condottiero degli schiavi rubelli in Sicilia*, Palermo 1829, pp. 11, 13; G. de Minicis, *Sulle antiche ghiande missili e sulle loro iscrizioni*, Roma 1844, p. 60 참조.

14) 일반적으로는 H. Usener, "Dreiheit," *Rheinisches Museum*, 58(1903), pp. 1~47, 161~208, 321~62; 엔지온의 대모들에 대해서는 pp. 192~93 참조. 스파메니 가스파로(Sfameni Gasparro, *I culti orientali* cit., pp. 153 이하)도 독자적인 방식으로 유사한 결론에 도달한다. 대모들이 크레타섬에서 기원하는 여신의 이미지들과 동일하다는 주장도 있지만 반티는 이를 증명하지 못했다. L. Banti, "Divinità femminili a Creta nel tardo Minoico III," *Studi e materiali di storia delle religioni*, XVII(1941), p. 30 참조(헤르만 우제너H. Usener는 이 연구를 인용하지 않았다).

15) 이것은 뵈크A. Boeckh의 견해였다. "Meteres," in Pauly-Wissowa, *Real-Encyclopädie der classischen Altertumswissenschaft*, XV, 1373~75(Pfister) 참조.

팔라촐로 아크레이데Palazzolo Acreide('성자'로 불렸다)의 키벨레 숭배와 관련된 돌조각에 대해서는 Sfameni Gasparro, *I culti orientali* cit., pp. 126 이하 참조.

16) E. Ciaceri, *Culti e miti nella storia dell'antica Sicilia*, Catania 1911, p. 241 참조; pp. 5 이하, 120 이하, 239 이하, 306 이하도 참조; P. E. Arias, "Sul culto delle ninfe a Siracusa," *Rendiconti dell'Accademia dei Lincei*, Classe di scienze morali ecc., s. VI, XI(1935), pp. 605~608; B. Pace, *Arte e civiltà della Sicilia, III: Cultura e vita religiosa*, Città di Castello 1945, pp. 486 이하 참조. 위 학자들이 시칠리아에서 그리스 시대 이전의 토착적인 종교 층위를 밝혀내려 한 시도에 대해 브렐리히는 (특별히 대모들을 언급하지 않은 채) 단호하게 반대했다[A. Brelich, "La religione greca in Sicilia," *Kokalos*, X~XI(1964~65), pp. 35~54]. G. Pugliese-Carratelli, "Minos e Cocalos," *Kokalos*, II(1956), p. 101에 따르면 엔지온의 숭배는 "시칠리아 종교의 차원과는 무관한 것"으로 추정된다.

17) F. Welcker, "Drei Göttinnen, vielleicht die Mütter," *Alte Denkmäler*, II, Göttingen 1850, pp. 154~57. 벨커는 로스[L. Ross, "Kyprische Grabrelief," *Archäologische Zeitung*, N.F., VI(1848), coll. 289~92]의 모호한 추측(세 명의 여동생? 혹은 한 명의 어머니와 두 명의 딸?)을 정확하게 밝히기 위해 노력했다. U. Wilamowitz-Moellendorff, *Der Glaube der Hellenen*, I, Darmstadt 1959, p. 199, 주석 3; 그리고 이와는 별도로 N. Putortí, "Rilievo di Camàro con rappresentazione delle 'Meteres'," *Archivio storico per la Sicilia Orientale*, XIX(1922~23), pp. 203~10 참조.

18) G. Zuntz, *Persephone*, Oxford 1971, p. 69 참조. 준츠Zuntz는 다음의 자료를 활용했다. V. Dobrusky, "Inscriptions et monuments figurés de la Thrace. Trouvailles de Saladinovo," *Bulletin de correspondance hellénique*, 21(1897), pp. 119~40(하지만 마트로네에 대해서는 언급되지 않았다).

19) R. F. Hoddinott, *The Thracians*, London 1981, pp. 89 이하, 특히 p. 162 참조. 발칸 반도의 요정에 대해서는 헬싱키의 'FF Communications'에서 출간될 포츠E. Pócs의 연구 참조. 이 텍스트를 읽을 기회를 제공해준 저자에게 감사를 표한다.

20) Dom***[Jacques Martin], *La religion des Gaulois* cit., II, pp. 195 이하; A. de Boissieu, *Inscriptions antiques de Lyon*, Lyon 1846~54, pp. 55~56(모르가나에 대해서도 인용한다); J. Becker, "Die inschriftlichen Ueberreste der keltischen Sprache," *Beiträge zur vergleichenden Sprachforschung*, IV(1885), p. 146; J. Becker, *Neue Jahrbücher für Philologie*, 77(1858), pp. 581~82. 상당히 비판적인 태도로는 Ihm, *Der Müter- und Matronenkultus* cit., pp. 58~59; Ihm, "Griechische Matres," *Jahrbücher des Vereins von Alterthumsfreunden im Rheinlande*, 90(1891), pp. 189~90(순전히 우연의 일치라고 언급한 것으로는 Welcker, *Drei Göttinnen* cit., p. 157) 참조. 이러한 신들의 정체성에 대한 찬성 의견은 Wilamowitz-Moellendorff, *Der Glaube* cit., I, p. 199, 그리고 Zuntz, *Persephone* cit., p. 62 참조. 수렴성에 대해 인종

차별적 용어로 설명한 것으로는 E. Bickel, "Die Vates der Kelten und die 'Interpretatio Graeca' des südgallischen Matronenkultes im Eumenidenkult," *Rheinisches Museum*, N.F., LXXXVII(1938), pp. 193~241.

21) R. Vallentin du Cheylard, "Sacellum consacré aux Mères victorieuses à Allan(Drôme)," *Cahiers Rhodaniens*, IV(1957), pp. 67~72 참조. 알란의 글귀에 대해서는 É. Espérandieu, *Revue épigraphique*, V(1903~1908), pp. 179~83 참조. 저자는 현존하지 않는 세 개의 대모 동상에 대해 간략하게 기술했다. 대모들과 '승리'라는 별칭이 연관된 전례를 찾으면서, 에스페랑디외Espérandieu는 원형으로 승리의 요정 *Fatis victricibus*이라고 쓰여 있고, 뿔 컵을 든 세 여성이 묘사되어 있는 디오클레치아누스 황제와 막시밀리아누스 황제의 동전들을 인용한다.

22) 본서, pp. 222~23 참조.

23) Diodoro Siculo, *Biblioteca Storica*, IV, 80 참조. Avienus, *Les Phénomènes d'Aratus*, J. Soubiran 편집, "Les Belles Lettres," Paris 1981, vv. 99 이하 참조. (본문에 나오는 아르카디아의 칼리스토 신화에 대한 암시는) p. 185, 주석 8 참조.

24) E. Neustadt, *De Iove Cretico*, Berlin 1906, pp. 18 이하 참조.

25) M. P. Nilsson, *The Minoan-Mycenean Religion and its Survival in Greek Religion*, Lund 1950, pp. 533 이하; M. P. Nilsson, *Geschichte der griechischen Religion*, I, München 1967, pp. 319 이하; W. Aly, "Ursprung und Entwicklung der kretischen Zeusreligion," *Philologus*, LXXI(1912), pp. 457 이하; P. Chantraine, "Réflexions sur les noms des dieux helléniques," *L'antiquité classique*, 22(1953), pp. 65~66 참조.

26) *Scholia in Apollonium Rhodium*, rec. C. Wendel, Berolini 1935, p. 81.

27) S. Reinach, "L'Artémis arcadienne et la déesse aux serpents de Cnossos(1906)," *Cultes, Mythes et Religions*, III, pp. 210~22 참조; 그 외에도 (군델Gundel의) 용어 '헬리케'에 대해서는 Pauly-Wissowa, *Real-Encyclopädie* cit., VII, 2860~61 참조.

28) R. Franz, "De Callistus fabula," *Leipziger Studien zur classischen Philologie*, XII(1890), pp. 235~365; P. Lévêque, "Sur quelques cultes d'Arcadie: princesse-ourse, hommes-loups et dieux-chevaux," *L'Information historique*, XXIII(1961), pp. 93~108; W. Sale, "Callisto and the Virgnity of Artemis," *Rheinisches Museum*, N.F., 108(1965), pp. 11~35; G. Maggiulli, "Artemide-Callisto," *Mythos. Scripta in honorem Marii Untersteiner*, [Genova] 1970, pp. 179~85; P. Borgeaud, *Recherches sur le dieu Pan*, Genève 1979, pp. 41 이하; W. Burkert, *Homo necans*, 이탈리아어 판본, Torino 1981, p. 69; A. Henrichs, "Three Approaches to Greek Mythology," *Interpretations of Greek Mythology*, J. Bremmer 편집, London/Sydney 1987, pp. 242~77, 특히 pp. 254 이하 참조.

29) Borgeaud, *Recherches* cit., p. 10; L. R. Palmer, *Minoici e micenei*, 이탈리아어 판본,

Torino 1969, pp. 111~12 참조.

30) V. J. Georgiev, *Introduzione alla storia delle lingue indoeuropee*, 이탈리아어 판본, Roma 1966, p. 15(W. Merlingen, *Mnēmēs Kharin. Gedenkschrift P. Kretschmer*, II, Wien 1957, p. 53에서 다시 언급된다)에 따르면, '아르코스*arkos*'는 가장 고전적인 형태로 추정된다. 칼리스토가 곰으로 변했다는 고대의 기원에 대한 세일의 가설(Sale, "Callisto" cit.)은 수용하기 힘들다. 아르카디아 신화와 크레타 신화 간의 구조적 유사성은 약간 다른 차원에서 강조되었다. Borgeaud, *Recherches* cit., pp. 44, 68~69 참조(반면, 헨릭스는 이것이 별로 중요하지 않다고 했다. Henrichs, "Three Approaches" cit., pp. 261~62 참조).

31) 아르카디아 신화와 크레타 신화가 무관하다는 주장에 대해서는 Reinach, "L'Artémis arcadienne" cit., 특히 p. 221; J. Laager, *Geburt und Kindheit des Gottes in der griechischen Mythologie*, Winterthur 1957, pp. 174 이하; R. Stiglitz, *Die grossen Göttinnen Arkadiens*, Baden bei Wien 1967, p. 64, 주석 218 참조. S. Marinatos, *Archäologischer Anzeiger*, 1962, coll. 903~16은 반대의 가설을 주장했다. 크레타 신화의 요소들은 닐슨에 의해 강조되었다. Nilsson, *Geschichte* cit., I, p. 320.

32) G. Arrigoni, "Il maestro del maestro e i loro continuatori: mitologia e simbolismo animale in Karl Wilhelm Ferdinand Solger, Karl Ottfried Müller e dopo," *Annali della Scuola Normale Superiore di Pisa*, classe di lettere e filosofia, s. III, XIV(1984), pp. 937~1029, 특히 pp. 975 이하 참조. 이 중요한 논문에 동의하지 않는 이유들은 앞으로 밝힐 것이다.

33) 파우사니아스도 '아리스테와 칼리스테의 목조각상들'이라는 통속적인 명칭을 사용했다. 내가 믿는 바와 같이 그리고 팜포Pamfo의 구절들이 확인해주듯이, 후자의 구절들은 아르테미데의 특징에 대한 것이었다. 하지만 나는 이러한 사실을 알고 있으면서도 다른 해석을 채택했다(Pausania, *Guida della Grecia*, I, 29, 2, D. Musti & L. Beschi 편집, Milano 1982). 사포Saffo가 아닌 팜포를 뒷받침하는 참조사항은 증언의 가치를 없애는 것처럼 보이지 않는다(잠피에라 아리고니의 의견은 오늘날 보편적으로 받아들여진다. Arrigoni, "Il maestro" cit., p. 978, 주석 80). 그 외에도 A. Philadelpheus, "Le Sanctuaire d'Artémis Kallistè et l'ancienne rue de l'Académie," *Bulletin de correspondance hellénique*, LI(1927), pp. 158~63 참조(아리고니를 언급한다).

34) L. G. Kahil, "Autour de l'Artémis attique," *Antike Kunst*, 8(1965), pp. 20 이하; A. Brelich, *Paides e Parthenoi*, I, Roma 1969, pp. 229~311; C. Sourvinou(이후 Sourvinou-Inwood), "Aristophanes, 'Lysistrata', 641-647," *The Classical Quarterly*, n.s., XXI(1971), pp. 339~42; T. C. W. Stinton, "Iphigeneia and the Bears of Brauron," *The Classical Quarterly*, XXVI(1976), pp. 11~13; L. Kahil, "L'Artémis de Brauron: rites et mystères," *Antike Kunst*, 20(1977), pp. 86~98; C. Montepaone, "L'arkteia a Brauron," *Studi storico-religiosi*, III(1979), pp. 343 이

하; M. B. Walbank, "Artemis Bear-Leader," *Classical Quarterly*, 31(1981), pp. 276~81; S. Angiolillo, "Pisistrato e Artemide Brauronia," *La parola del passato*, XXXVIII(1983), pp. 351~54; H. Lloyd-Jones, "Artemis and Iphigenia," *Journal of Hellenic Studies*, CIII(1983), pp. 91 이하; L. G. Kahil, "Mythological Repertoire of Brauron," *Ancient Greek Art and Iconography*, W. G. Moon 편집, Madison(Wisc.) 1983, pp. 231~44 참조. 다른 참고문헌에 대해서는 Arrigoni, "Il maestro" cit., p. 1019 참조.

35) Arrigoni, "Il maestro" cit.에서 논의된 텍스트들 참조.

36) 대표적인 사례로는 간접적이지만 매우 정확한 데메테르 피갈리아Demetra Phigalia의 고대 이미지에 대한 파우사니아스의 기술(『그리스 이야기』 제8권 41장 4절 이하) 참조. 일반적으로 Lévêque, "Sur quelques cultes" cit. 참조. 이 주장은 (이후의 주장들과 마찬가지로) 아르카디아의 고대 이미지에 대한 보르고의 연구(Borgeaud, *Recherches* cit.)를 전제로 삼지만 회의적인 함의들은 수용하지 않았다(p. 10). 전적으로 문학적 증거들에 근거한 이러한 이미지의 근본적인 신빙성은 보르고가 아르카디아 방언의 고문체를 동시 참조함으로써 확증한 것이다.

37) P. Faure, "Nouvelles recherches de spéléologie et de topographie crétoises," *Bulletin de correspondance hellénique*, LXXIV(1960), pp. 209~15; P. Faure, *Fonctions des cavernes crétoises*, Paris 1964, pp. 144 이하; R. F. Willets, *Cretan Cults and Festivals*, London 1962, pp. 275~77; A. Antoniou, "Minoische Elemente im Kult der Artemis von Brauron," *Philologus*, 125(1981), pp. 291~96; Lloyd-Jones, *Artemis* cit., p. 97, 주석 72 참조. 그 외에도 다음 기술을 참조. "Kynosura" in Pauly-Wissowa, *Real-Encyclopädie* cit. 미케네의 종교와 그리스 종교의 연속성을 추적할 가능성에 대해서는 W. K. C. Guthrie, "Early Greek Religion in the Light of the Decipherment of Linear B," *Bulletin of the Institute of Classical Studies of the University of London*, 6(1959), pp. 35~46 참조.

38) Neustadt, *De Iove Cretico* cit. 참조. 이 논문은 다음의 두 연구를 발전시킨 것이다. A. Claus, *De Dianae antiquissima apud Graecos natura*, Vratislavae 1881, pp. 87 이하; H. Posnansky, "Nemesis und Adrasteia," *Breslauer Philologische Abhandlungen*, V, 2, Breslau 1890, pp. 68 이하. 벤디스에 대해서는 R. Pettazzoni, "The Religion of Thrace," *Essays in the History of Religion*, Leiden 1954, pp. 81 이하; I. Chirassi-Colombo, "The Role of Thrace in Greek Religion," *Thracia II*, Serdicae 1974, pp. 71 이하, 특히 pp. 77~78; Z. Gočeva, "Le culte de la déesse thrace Bendis à Athènes," *Thracia II*, pp. 81 이하; D. Popov, "Artemis Brauro(déesse thraco-pélasgique)," *Interaction and Acculturation in the Mediterranean*, I, Amsterdam 1980, pp. 203~21 참조.

39) 일반적으로 C. Christou, *Potnia Thērōn*, Thessaloniki 1968; L. Kahil, "Artemis,"

Lexicon Iconographicum Mythologiae Classicae, II, 1 & 2, Zürich/München 1984, pp. 618~753(그리고 p. 113) 참조. 크레타의 사례에 대해서는 L. Pernier, "Templi arcaici di Priniàs. Contributo allo studio dell'arte dedalica," *Annuario della R. Scuola archeologica di Atene...*, I(1914), pp. 68 이하, 그림 37~38 참조.

40) 이러한 특징들에 대해서는 J.-P. Vernant, *La mort dans les yeux*, Paris 1985 참조.

41) Philadelpheus, "Le sanctuaire" cit.; Claus, *De Dianae antiquissima* cit., pp. 64 이하; Neustadt, *De Iove* cit., p. 49 참조. 어린이들의 양육자 Artemis *Kourotrophos*에 대해 서는 M. P. Nilsson, *The Minoan-Mycenean Religion* cit., p. 503 참조.

42) 이와 더불어 다른 측면들에 대해서는 요한 요코프 바호펜(J. J. Bachofen, *Der Bär in den Religionen des Alterthums*, Basel 1863)이 강조한 바 있다. 이 주제에 대해서는 T. Gelzer, "Bachofen, Bern und der Bär," *Jagen und Sammeln. Festschrift für Hans-Georg Bandi zum 65. Geburtstag*, Bern 1985, pp. 97~120 참조(나는 이 저서의 복 사본을 잠피에라 아리고니 덕택에 확보했다). 아르테미데의 이미지에서 모성의 특징들이 드러나지 않는 것에 대해서는 Sale, "Callisto and the Virginity of Artemis" cit. 참조.

43) Bachofen, *Der Bär* cit. 참조. 이 연구는 군상에 대해 처음으로 학술적인 관심을 드러 냈다. 1868년 취리히에서 발견된 비문은 요한 요코프 바호펜에게 곰이라는 주제를 좀 더 깊이 연구할 수 있게 해주었다(*Gesammelte Werke*, X, Basel/Stuttgart 1967, pp. 409~11). 무리의 군상에 대해서는 S. Reinach, "Les survivances du totémisme chez les anciens Celtes," *Cultes* cit., I, pp. 30 이하; F. Stähelin, "Aus der Religion des römischen Helvetien," *Anzeiger für schweizerische Altertumskunde*, XXIII(1921), pp. 17 이하; A. Leibundgut, *Die römischen Bronzen der Schweiz, III, Westschweiz Bern und Wallis*, Mainz am Rhein 1980, pp. 66~70, n. 60, tavv. 88~94(추가로 소 개된 참고문헌은 필수적이다); *Lexicon Iconographicum* cit., II, I, 1984, p. 856 참 조. 여신 아르티오를 주제로 한 소책자(*Dissertationes Bernenses*)는 볼 수 없었는데, 이 소책자에는 알푈디의 논문이 있을 것으로 기대되었다(A. Alföldi, "Die Geburt der kaiserlichen Bildsymbolik...," *Museum Helveticum*, 8, 1951, p. 197, 주석 22 참 조). 아르티오에 관련한 증언들에 대해서는 M. L. Albertos, "Nuevas divinidades de la antigua Hispania," *Zephyrus*, III(1952), pp. 49 이하 참조. 곰의 이름들에 대해서는 A. Meillet, *Linguistique historique et linguistique générale*, Paris 1948, I, pp. 282 이 하 참조.

44) Leibundgut, *Die römische* cit., pp. 69~70 참조; 이미 바호펜(Bachofen, *Der Bär* cit., p. 34)이 확인한 바 있는 앉아 있는 여신상에 대해서는 Faider-Feytmans, "La 'Mater' de Bavai" cit.; H. Möbius, *Studia varia*, W. Schiering 편집, Wiesbaden 1967, pp. 140~45("Bronzestatuette einer niederrheinischen Matrone in Kassel"); pp. 239~42("Statue einer Muttergöttin aus der Normandie") 참조. 아리고니의 조금 은 과장된 결론—여신 오르사Orsa는 아르테미데 또는 아르티오로 불렸을지도 모른다

(Arrigoni, "Il maestro" cit., p. 1019) ── 은 아르티오의 경우, 무리에서 발견된 가장 오래된 군상과 그 어원의 완벽한 일치에 의해 부정되었다(하지만 아리고니는 이에 대해 언급하지 않았다. pp. 1004~1005). 아리고니는 라이분트구트A. Leibundgut가 추가적으로 기술한 내용을 인용한 주석에서 "곰들의 수호신인 만큼 곰의 여신이라고 할 수 있다"는 자신의 해석이 무리에서 발견된 ── 인간의 형상을 한 여신이 추가된 ── 군상으로 거슬러 올라갈 수 있는 반면 최초의 원본과는 무관하다는 점을 언급했다(p. 1005, 주석 137 bis). 군상의 두 층위를 확인하는 것은 아리고니가 인정했듯이 해석자의 임무를 단순화한 것이지만, 아리고니의 주장과는 반대된다.

45) V. Pisani, "Ellēnokeltikai," *Revue des études anciennes*, XXVII(1935), pp. 148~50 참조. 또한 P. Kretschmer, *Glotta*, 27(1939), pp. 33~34 참조.

46) A. Meillet, *Mémoires de la Société Linguistique de Paris*, XI(1900), pp. 316~17; E. Zupitza, "Miscellen," *Zeitschrift für vergleichende Sprachforschung*, XXXVII(1904), p. 393, 주석; G. Bonfante, *I dialetti indoeuropei*(1931), Brescia 1976, pp. 123 이하 참조.

47) P. Chantraine, *Dictionnaire étymologique de la langue grecque*, Paris 1968, pp. 110, 117; W. Burkert, *Greek Religion*, 영역증보판, Cambridge(Mass.) 1985, p. 149 참조.

48) M. Sánchez Ruipérez, "El nombre de Artemis, dacio-ilirio...," *Emerita*, XV(1947), pp. 1~60; M. Sánchez Ruipérez, "La 'Dea Artio' celta y la 'Artemis' griega. Un aspecto religioso de la afinidad celto-iliria," *Zephyrus*, II(1951), pp. 89~95 참조. 침입자들과 도리아인을 동일시하는 것(논쟁은 오늘날까지도 진행 중이다)에 대해서는 M. I. Finley, *La Grecia dalla preistoria all'età arcaica*, 이탈리아어 판본, Bari 1975, p. 85, 주석 3, pp. 98~99 참조. 크라에(H. Krahe, *Die Sprache der Illyrier*, I, Wiesbaden 1955, p. 81)는 산체스 루이페레스Sánchez Ruipérez의 가설(Arrigoni, "Il maestro" cit., p. 1004, 주석 136에 대한 피사니V. Pisani의 주장과 충분히 구분되지 않는다)에 의구심을 제기한다. 그럼에도 일리리아 지역에는 아르테모Artemo, 아르테미아Artemia(메사피아어로 아르테메스Artemes)와 같은 이름이 존재한다. 한편 콘웨이(R. S. Conway, J. Whatmough & S. E. Johnson, *The Pre-Italic Dialects of Italy*, III, Cambridge, Mass. 1933, p. 6)는 일리리아의 아르투스Artus와 켈트의 아르토브리가Artobriga를 메사피아의 아르토스Artos(C. De Simone, in Krahe, *Die Sprache* cit., II, Wiesbaden 1964, p. 113)와 동일한 것으로 간주한다. 일리리아에 관한 주장은 이미 본판테가 언급한 바 있다. G. Bonfante, "Di alcune isoglosse indo-europee 'centrali'," *Rivista Greco-Indo-Italica*, XVIII(1934), pp. 223~25, (아르테미스가 아닌) 'arktos' 참조. 그러나 동일 저자의 다른 책에서는 아르테미스가 언급되지 않는다. G. Bonfante, "Les éléménts illyriens dans la mythologie grecque," *Vme Congrès International des Linguistes, Bruxelles 28 août-2 septembre 1939*,

rist. 1973(*Résumés des communications*, pp. 11~12). A. J. van Windekens, "Sur les noms de quelques figures divines ou mythiques grecques," *Beiträge zur Namenforschung*, 9(1958), pp. 163~67도 참조.

49) B 유형의 서체에 대한 논의로는 E. L. Bennett, *The Pylos Tablets*, Princeton 1955, pp. 208~209 참조. 아르테미스와의 동일시를 반대하는 연구로는 M. Gérard-Rousseau, *Les mentions religieuses dans les tablettes mycéniennes*, Roma 1968, pp. 46~47: 특히 C. Sourvinou, *Kadmos*, 9(1970), pp. 42~47(루이페레스의 가설을 조심스럽게 수용한다); A. Heubeck, *Gnomon*, 42(1970), pp. 811~12; T. Christidis, *Kadmos*, 11(1972), pp. 125~28 참조.

50) Singer, *Die Artussage* cit., pp. 9 이하; S. Singer, "Keltischer Mythos und französische Dichtung," *Germanisch-romanisches Mittelalter*, Zürich/Leipzig 1935, pp. 170~71 참조.

51) "*Dicunt eam habere irsutas manus, quia tetigerit eas ad maxillas, et sentiebant esse irsutam*"(Vat. lat. 1245, c. 229r). 이 모든 '혼동' 때문에 당황한 빈츠(Binz, *Zur Charakteristik* cit., pp. 150~51)는 여신이 '거친*rauhe*' '맨*bloss*' 손을 가졌고, 바로 앞서 두 노파가 언급한 '털이 많은 사람들irsuti homines'이 '나체'였다고 가정하며 그것의 진짜 원인을 밝히고자 노력했다.

52) "*Nam pro tunc vetula sine motu locali dormire cepit, et cum se iam sompniaret versus Herodianam vehi et manus leta proiceret, versum est ex motu vas et vetulam cum confusione ad terram proiecit*"(Klapper, "Deutscher Volksglaube" cit., p. 45).

53) *I benandanti* cit., pp. 77~78 참조.

54) W. Deonna, *Le symbolisme de l'œil*, Paris 1965, 특히 pp. 159 이하; W. Deonna, *Latomus*, XVI(1957), p. 205 참조.

55) Christou, *Potnia* cit., pp. 136 이하; Vernant, *La mort dans les yeux* cit., pp. 29, 35~36 참조.

56) Deonna, *Le symbolisme* cit., 162~63; Plutarco, *Vita Arat.* 32 참조; W. Hertz, "Die Sage von Giftmädchen," *Gesammelte Abhandlungen*, F. von der Leyen 편집, Stuttgart/Berlin 1905, pp. 181 이하; S. Seligmann, *Der böse Blick und Verwandtes*, I, 1910, pp. 164 이하; E. S. McCartney, "The Blinding Radiance of the Divine Visage," *The Classical Journal*, XXXVI(1940~41), pp. 485~88 참조.

57) S. Reinach, "L'Hécate de Ménestrate," *Cultes* cit., II, pp. 307 이하(Plinio, *Naturalis Historia*, 36, 32) 참조; 에페수스 사원에 헤카테 동상이 있었던 위치에 대해서는 크라우스(Kraus, *Hekate* cit., pp. 39~40)가 언급했다. 레나크는 플루타르코스(*Parall.*, 17)를 인용하면서, 일리온에 위치한 아테나 사원의—그 누구도 보아서는 안 되는—팔라디오(여신상)에 대해서도 언급하고 있다. 일로스Ilos는 화재의 순간에 여신상을 구하

기 위해 노력했지만 여신에 의해 장님이 되었다.

58) B. Spina, "Quaestio de strigibus," *Tractatus universi iuris*, t. XI, parte 2, J. Menochio, G. Panciroli & F. Ziletti 편집, Venetiis 1584, p. 356*v* 참조. 이러한 여성들 중 한 명은 주술사로 간주되어 1523년 8월 6일 화형을 당한 아그네시나Agnesina였을 것이다("Quaestio de strigibus"의 첫번째 판본은 같은 해에 출간되었다). 페라라 죽음의 형제회Confraternita ferrarese della Morte가 남긴 처벌자들의 목록(*Biblioteca Comunale Ariostea*, ms CI. I, n. 160, c. 16*v*) 참조.

59) A. Panizza, "I processi contro le streghe del Trentino," *Archivio Trentino*, VIII(1889), p. 239; IX(1890), p. 99 참조.

60) 같은 책, p. 236.

61) Propp, *Le radici storiche* cit., pp. 114 이하 참조. '좋은 놀이의 귀부인'의 머리 장식과 관련하여 Scalera McClintock, *Due arti* cit., pp. 95~96, 주석 35 참조.

62) Panizza, "I processi" cit., pp. 244 등 참조. 스프레히트Sprecht(즉, 페르히타)의 머리를 감싼 낡은 천은 오늘날까지 오스트리아 지역 알프스에 보존되어 있다. Hanika, *Bercht schlitzt den Bauch auf* cit., p. 40 참조.

63) L. Rapp, *Die Haxenprozesse und ihre Gegner aus Tirol. Ein Beitrag zur Kulturgeschichte*, Innsbruck 1874, p. 168 참조. 율리아네 빙클레린Juliane Winklerin 은 영국의 여왕으로 선출된(왕은 악마였다) 안나 욥스틴Anna Jobstin이 "멋진 황금 망토를 입고 돌 위에 앉아 있었다. 그녀는 마치 '두 개의 접시 같은*wie zwei Teller*' 큰 눈과, 공포스러운 눈빛을 가지고 있었다"고 말했다(*I benandanti* cit., p. 84의 왕좌에 앉은 '바데사'에 대한 묘사 참조). 또한 카테리나 하젤리데린Katherina Haselriederin은 "접시처럼 커다란 두 눈"에 대해 이야기한다(p. 153). (조반니 크랄이 내게 알려준) 라프의 저술에 대해서는 P. Di Gesaro, *Streghe nel Tirolo*, Bolzano 1983, cap. v(페이지 번호 없음).

64) *Vat. lat.* 1245, c. 229r 참조: "*cuius faciem non viderunt quia eam occultat ita quod laterali videri nequeunt, propter quasdam etc.*"

65) 피엠메 계곡의 재판에서 '좋은 놀이의 귀부인'에 대한 묘사가 엘케의 귀부인을 가리킬 가능성은 오래전 이폴리토 마르마이Ippolito Marmai가 알려주었다(또한 이폴리토는 내가 생각을 바꿀 수 있게 도와주었다). 이 문제를 두고, 나는 비현실적인 가설들을 참을성을 가지고 이론적으로 연구한 아르케Xavier Arce와 오랫동안 논쟁을 벌였다. 두 학자 모두에게 감사를 표하며, 이후에 전개된 논의들에 대한 책임은 전적으로 나에게 있음을 밝혀 둔다.

66) 니콜리니는 이러한 의문들 중 몇 가지에, 세련되지 못한 방식으로 답변을 제공한다. G. Nicolini, "La Dame d'Elche: questions d'authenticité," *Bulletin de la Société nationale des Antiquaires de France*, 1974(1976년 출간), pp. 60~72 참조. 특정한 측면에서 유형학적으로 유사한 조각품을 분석한 것으로는 F. Presedo Velo, "La Dama de Baza," *Trabajos de Prehistoria*, n.s., 30(1973), pp. 151~203 참조.

67) 쿠칸은 흉상이었을 것이라고 주장한다. E. Kukahn, "Busto femenino de terracotta de origen rhodio en el ajuar de una tumba ibicenca," *Archivo Español de Arqueologia*, XXX(1957), pp. 3 이하, 특히 p. 13, 주석 38 참조. A. Blanco Freijeiro, "Die klassischen Wurzeln der iberischen Kunst," *Madrider Mitteilungen*, I(1960), p. 116 참조. Presedo Velo, "La Dama de Baza" cit., p. 192에 따르면 엘케의 귀부인 전신 상의 토대에는, 도끼 자국이 명확히 보인다.

68) 종결점*terminus ante quem*으로서의 4세기에 대한 논의로는 Kukahn, "Busto" cit., p. 14 참조. A. García y Bellido, "¿Es la 'Dama de Elche' una creación de época augústea?," *Archeologia classica*, X(1958), pp. 129~32; A. García y Bellido, "De nuevo la 'Dama de Elche," *Revista de Occidente*, 15(1964년 6월), pp. 358~67(독 일어 번역본: *Iberische Kunst in Spanien*, Mainz 1971, pp. 36~42)에 따르면, 엘케의 귀부인은 기원전 2세기 혹은 심지어 기원전 1세기의 모조 작품일 것으로 추정된다. 이러 한 가설은 최근 연구들에 의해 거부되었다.

69) 이베리아반도라는 주장은 Nicolini, "La Dame" cit. 참조. 이오니아라는 주장은 E. Langlotz, "Ein Artemis-Kopf," *Studies Presented to David M. Robinson*, I, Saint Louis 1951, I, p. 646, 그리고 표 65c(셀리눈테에 위치한 도리아식 건축의 헤라 신전과 비교); Blanco Freijeiro, "Die klassischen Wurzeln" cit., p. 117(시라쿠사에서 유래되 었을 것으로 추정되며 현재는 바티칸 박물관에 소장되어 있는 귀부인은 그 일부가 현존 한다; Kukahn, "Busto" cit.) 참조.

70) Presedo Velo, "La Dama de Baza" cit., pp. 196 이하, 그리고 Zuntz, *Persephone* cit., pp. 110~14 참조.

71) 장례의 목적지에 대해서는 T. Reinach, "La tête d'Elche au Musée du Louvre," *Revue des Études Grecques*, II(1898), p. 51, 주석 참조; 이와는 별개로 S. Ferri, "Supplemento ai busti fittili di Magna Grecia(la Dama di Elche)," *Klearchos*, 19(1963), pp. 53~61; García y Bellido, "De nuevo la 'Dama de Elche'" cit. 참조.

72) Blanco Freijeiro, "Die klassischen Wurzeln" cit., p. 114, 그리고 표 24b; G. Nicolini, *Les bronzes figurés des sanctuaires ibériques*, Paris 1969, pp. 228~29; G. Nicolini, *Bronces ibéricos*, Barcelona 1977, 그림 48, 49, 51 참조.

73) 이 글은 이미 레나크가 언급한 바 있다(Reinach, "La tête" cit., p. 52).

74) 수집된 광범위한 문서로는 P. Jacobsthal, "Zum Kopfschmuck des Frauenkopfes von Elche," *Athenische Mitteilungen*, 57(1932), pp. 67~73(특히 표 10은 아크로폴리 박 물관Museo dell'Acropoli에 소장된 'Kore 666'의 사본이다) 참조.

75) *L'art scythe*, B. Piotrovski, N. Galanina & N. Gratch 편집, Leningrad 1986, pp. 90~91, 그리고 그림 134, 252~53 참조.

76) Bertolotti, "Le ossa" cit., pp. 477~80 참조.

77) J. W. Wolf, "Irische Heiligenleben," *Zeitschrift für deutsche Mythologie*, I(1853),

pp. 203 이하. 성인 모쿠아 쿠아누스Mochua Cuanus가 부활시킨 사슴 참조. 성인 파라일디스Pharaildis가 행했다고 하는 오리의 기적에 대해서는 *Acta Sanctorum*, I, Antverpiae 1643, pp. 170~73; L. van der Essen, *Étude critique et littéraire sur les "Vitae" des saints mérovingiens de l'ancienne Belgique*, Louvain 1907, pp. 303~307; *Bibliotheca Sanctorum*, V, Roma 1964, coll. 457~63 참조; 브라반트 지역 수도원장인 빌레르의 굴리엘모Guglielmo di Villers가 행한 황소의 기적에 대해서는 Tommaso da Cantimpré, *Miraculorum, et exemplorum memorabilium sui temporis, libri duo*, Duaci 1597, pp. 201~202 참조. 그 외에도 W. Mannhardt, *Germanische Mythen*, Berlin 1858, p. 60 참조.

78) 이러한 질문들은 만하르트가 처음 제기했다. Mannhardt, *Germanische Mythen* cit., p. 60, 주석 1 참조. 시도우는 그의 최종적인 연구[C. W. von Sydow, "Tors färd till utgård," *Danske Studier*, I(1910), pp. 65 이하]에서 켈트의 가설을 지지했다(이 가설은 토르와 켈트 신 타라니스Taranis의 유사성을 계기로 제기되었다. H. Gaidoz, "Le dieu gaulois au maillet sur les autels à quatre faces," *Revue Archéologique*, XV, 1890, p. 176 참조). 켈트 이전 시대의 버전과 게르만 이전 시대의 버전에서 유래했다는 주장은 슈미트L. Schmidt가 제기했다(본서 제3부 2장 주석 154 참조). 의미는 같지만 이와는 독립적으로 연구된 Bertolotti, "Le ossa" cit. 또한 참조.

79) 이 주제에 대한 논의를 비평한 것에 대해서는 다음의 훌륭한 논문 참조. J. Henninger, "Neuere Forschungen zum Verbot des Knochenzerbrechens," *Studia Ethnographica et Folkloristica in Honorem Béla Gunda*, Debrecen 1971, pp. 673~702; H. J. Paproth, *Studien über das Bärenzeremoniell*, I, Uppsala 1976, pp. 25 이하. 다른 참고문헌들은 차츰 언급할 것이다.

80) L. Röhrich, "Le monde surnaturel dans les légendes alpines," *Le monde alpin et rhodanien*, 10(1982), pp. 25 이하 참조.

81) 12세기 중반의 라틴어 작품인 『이센그리무스Ysengrimus』에서 성인 파라일디스는 인간들의 3분의 1이 복종하던 밤의 '우울한 여주인' 에로디아데와 동일 인물이었다("*pars hominum meste tertia servit here*," *Ysengrimus*, J. Mann 번역 및 주석, Leiden 1987, 1. II, vv. 71~94 참조; *I benandanti* cit., p. 63의 주석은 『장미 이야기』 속 유사한 구절의 해석과 관련하여 수정되어야 한다). 이러한 주장에서 그림은, 비록 성인 파라일디스의 삶에서 베렐데Verelde(네덜란드 지역의 프라우 힐데Frau Hilde 또는 홀다Holda)로부터 유래했을 가능성을 증명해주는 요인들을 찾지 못했지만, 디아나 에로디아데 또는 홀다가 인도하는 영혼들의 신앙에 대한 암시를 정확히 이해했다(Grimm, *Deutsche Mythologie* cit., I, pp. 236~37, 또한 Wesselofski, "Alichino" cit., pp. 235~36 참조). 성녀를 강조한 것은 『이센그리무스』를 썼을 것으로 추정되는 인물인 니바르두스Nivardus가 강Gand에 위치한 성 파라일디스의 교회에서 직책을 가지고 있었다는 사실을 통해 설명된다(*Ysengrmus*, E. Voigt 편집, Halle a.S. 1884, I, pp. CXIX~CXX 참

조). 그러나 밤에 영혼을 인도하는 것과 관련하여 파라일디스가 에로디아데와 동일한 인물이라는 사실은 분명하지 않다. 『이센그리무스』의 가장 최근 판본에 따르면(J. Mann 편집, cit., pp. 89~97), 이는 민속 문화에서 유래한 요인이기보다는 저자가 만들어낸 것일 가능성이 높다. 실제로 『이센그리무스』 제2권 도입부는 정반대의 결론을 암시한다. 여기에는 알드라다Aldrada라는 이름의 늙은 여성 농부가 등장하는데, 이 여성은 늑대를 죽여 여러 조각으로 잘랐으며, 다시 살아나지 못하게 하려고 토막 낸 조각들 주변을 세 번 돈 후에 (일부는 존재하지 않는) 일단의 성인들에게 기도했다. 성인 파라일디스에게 기도하는 것은 오리의 기적을 우화적으로 암시한다. 알드라다가 성인에게 기도하는 이유는 분명 늑대가 뼈를 통해 다시 소생하는 것을 막기 위해서다. 이러한 기적은 에로디아데와 파라일디스를 동일시할 수 있는 기회를 제공하지만(『이센그리무스』보다 먼저), 그림은 이를 증명하는 데 실패했다.

82) A. Dirr, "Der kaukasische Wild- und Jagdgott," *Anthropos*, 20(1925), pp. 139~47 참조.

83) A. Gahs, "Kopf-, Schadel- und Langknochenopfer bei Rentiervölkern," *Festschrift... P. W. Schmidt*, W. Koppers 편집, Wien 1928, pp. 231~68. 가스가 이러한 의식을 (그의 스승인 슈미트에 따라) 우주의 신 또는 최고의 신을 향한 희생물로 해석한 것은 헤닝거(Henninger, "Neuere Forschungen" cit.)에 의해 정당하게 비판을 받았다.

84) K. Leem, *Beskrivelse over Finmarkens Lapper... De Lapponibus Finmarchiae... commentatio... una cum... E. J. Jessen... Tractatu singulari de Finnorum Lapponumque Norvegic. religione pagana*, København 1767, pp. 52~53의 부록에서 E. J. Jessen(별도의 페이지 번호) 참조. 이 구절 및 다른 구절들은 다음 책에서 참고한 것이다. A. Thomsen, "Der Trug des Prometheus," *Archiv für Religionswissenschaft*, XII(1909), pp. 460~90.

85) A. I. Hallowell, "Bear Ceremonialism in the Northern Hemisphere," *American Anthropologist*, 28(1926), p. 142, 주석 617 참조(Gahs, "Kopf-, Schädel- und Langknochenopfer" cit., p. 251에서 인용).

86) A. Salmony, *Corna e lingua. Saggio sull'antico simbolismo cinese e le sue implicazioni*(1954), 이탈리아어 판본, Milano 1968 참조. 인도의 기원에 대해서는 R. Heine-Geldern, *Artibus Asiae* 18(1955), pp. 85~90 참조. 또한 M. Badner, "The Protruding Tongue and Related Motifs in the Art Styles of the American Northwest Coast, New Zealand and China" 참조, 그리고 이와 관련된 논문 R. Heine-Geldern, "A Note on Relations Between the Art Styles of the Maori and Ancient China"(두 논문은 다음의 제목으로 출판되었다. *Two Studies of Art in the Pacific Area*, "*Wiener Beiträge zur Kulturgeschichte und Linguistik*," XII, 1966) 참조. 하이네-겔데른은 후난성 창사시의 예술과 아메리카 북서부 해안의 예술이 신석기시대의 목각 양식에서 유

래한다고 추정했다. 또한 기원전 2500년경에는 러시아 동부, 시베리아, 중국이 공통의 스타일을 공유했다고 추정한다. 하이네-겔데른이 살펴본 예술적 연관성(p. 60)은 언어적 연관성과 마찬가지로 증명되었다. 하지만 같은 주제에 대해서는 (본서 제3부 1장 주석 54에서 인용한) 레비-스트로스의 논문 참조.

87) J. de Vries, *Altgermanische Religionsgeschichte*, Berlin 1957(두번째 판본), II, p. 115 참조. 이 저술은 올릭A. Olrik의 연구에 기초했다.

88) 이 같은 의구심은 다음 저술에서 제기되었다. R. Karsten, *The Religion of the Samek*, Leiden 1955, pp. 24~25.

89) G. Ränk, *Der mystische Ruto in der samischen Mythologie*, Stockholm 1981; G. Ränk, "The North-Eurasian background of the Ruto-cult," *Saami Pre-Christian Religion. Studies on the Oldest Traces of Religion Among the Saamis*, L. Bäckman & Å. Hultkrantz 편집, Stockholm 1985, pp. 169~78; O. Pettersson, "The god Ruto," *Saami Pre-Christian Religion*, pp. 157~68 참조.

90) Jessen, *Tractatu* cit., p. 47 참조.

91) 여신에 대해서는 Burkert, *Homo necans* cit., p. 235, 주석 296 참조. 여기에서 공식화된 가설을 제기한 것은 K. Beitl, "Die Sagen vom Nachtvolk," *Laographia*, XXII(1965), p. 19(토르와 성인 제르마노와 관련하여) 참조.

92) 본서 제3부 1장 주석 21 참조.

93) C. Robert, in L. Preller, *Griechische Mythologie*, I, Berlin 1894, p. 296, 주석 2 참조[하지만 바쟁(H. Bazin, *Revue Archéologique*, 1886, pp. 257 이하)에 대한 언급은 철회되어야 한다: R. Fleischer, *Artemis von Ephesos*, Leiden 1973, pp. 329, 415 참조]. U. Wilamowitz-Moellendorff, "Isyllos von Epidauros," *Philologische Untersuchungen*, 9(1886) p. 68; U. Wilamowitz-Moellendorff, *Hellenistische Dichtung in der Zeit des Kallimachos*, 1924, II, p. 50; P. Kretschmer, *Glotta*, XV(1927), pp. 177~78 참조(P. Kretschmer, *Glotta*, XXVIII(1939), pp. 33~34도 참조). 그리고 Chantraine, *Dictionnaire* cit., I, pp. 116~17 참조. 아르타모스artamos에 대해서는 J.-L. Durand, "Bêtes greques," Detienne & Vernant, *La cuisine* cit., p. 151 참조; 일반적으로는 G. Berthiaume, *Les rôles du mágeiros*, Leiden 1982 참조(두 연구자 중에 누구도 아르테미스와의 연결 가능성을 언급하지 않는다).

94) 「욥기」 19장 31~36절 참조(베르톨로티M. Bertolotti는 자신의 연구 논문 "Le ossa e la pelle dei buoi" cit.에서 이를 제사로 사용했다). 이 연구 논문은 그리스도를 부활절 양과 동일시하는 「출애굽기」 12장 46절과 「민수기」 9장 12절을 언급하고 있다. 이 문제에 대해서는 본서, p. 436 참조.

95) 이 해석은 파우사니아스가 사용한 용어인 'apokopto'에 의해 암시되었다. 사실 이 용어는 'kopto' 'katakopto'의 동의어이며 희생제의의 용어로는 정확하게 마디별 절단을 의미한다(Berthiaume, *Les rôles* cit., pp. 49와 5 참조). 또한 M. Jost, "Les

grandes déesses d'Arcadie," *Revue des études anciennes*, LXII(1970), pp. 138 이
하, 특히 pp. 150~51 참조. 이 논문은 이러한 의식과, 디오니소스의 디아스파라그
모스*diasparagmos*의 관계를 언급하고 있다. 최근의 연구로는 *Sanctuaires et cultes
d'Arcadie*, Paris 1985, pp. 297 이하 참조(p. 335에서는 데스포이나-아르테미데의 관
계를 강조하고 있다). 이러한 인물들 간의 유사성은 이미 클라우스에 의해 지적되었
다. Claus, *De Dianae antiquissima* cit., p. 28; B. C. Dietrich, "Demeter, Erinys,
Artemis," *Hermes*, 90(1962), pp. 129~48도 참조. 리코수라에서 발견된 데스포이나
의 망토(오늘날에는 아테네의 고고학 박물관에 소장되어 있다)에 묘사된 신비의 행렬
(동물로 변장한 인간? 인간으로 변장한 동물?)은 지금 다루고 있는 문제와 관련된 것
일 수 있다. Kahil, *L'Artémis de Brauron* cit., pp. 94 이하 및 참고문헌 참조. 일반적으
로는 E. Lévy & J. Marcadé, *Bulletin de corréspondance hellénique*, 96(1972), pp.
967~1004 참조.

96) P. Wolters, "Eph. Arch." 1892, pp. 213 이하, tav. 10, I에 대해 언급하는 Nilsson, *The
Minoan-Mycenean Religion* cit., pp. 508~509(그리고 pp. 232~35) 참조; Stiglitz,
Die grossen Göttinnen cit., pp. 34~35 참조.

97) 여성 샤머니즘의 존재에 대해서는 R. Hamayon, "Is There a Typically Female
Exercise of Shamanism in Patrilinear Societies such as the Buryat?," *Shamanism in
Eurasia*, M. Hoppál 편집, 2 voll. 연속되는 페이지, Göttingen 1984, pp. 307~18 참조.
U. Harva(Holmberg), *Les représentations religieuses des peuples altaïques*, 프랑스
어 판본, Paris 1959, p. 309에 따르면, 여성 샤먼들은 항상 종속적인 위치에 있었던 것
으로 추정된다. Lot-Falck, "Le chamanisme en Sibérie...," *Asie du Sud-Est et Monde
insulindien. Bulletin du Centre de documentation et de recherche(CEDRASEMI)*,
IV(1973), n. 3, pp. 1 이하. 이 연구는 이러한 사실을 부정하지만 여성 샤먼이 남성보다
많지 않았음은 인정한다. 다루어야 할 또 하나의 주제는 샤먼들 사이에서 동성애와 (남
성의) 복장 도착이 어느 정도의 빈도로 나타나느냐 하는 점이다. 이 문제에 대해서는 M.
Z. Czaplicka, *Aboriginal Siberia*, Oxford 1914, pp. 242 이하 참조.

98) L. Weiser(이후에는 Weiser-Aall), "Zum Hexenritt auf dem Stabe," *Festschrift für
Maria Andree-Eysn*, 1928, pp. 64~69; L. Weiser, "Hexe," *Handwörterbuch
des deutschen Aberglaubens*, III, Berlin/Leipzig 1930~31, coll. 1849~51 참
조. 그리고 J. Fritzner, "Lappernes Hedenskab og Trolddomskunst...," *Historisk
Tidsskrift(Kristiania)*, IV(1877), pp. 159 이하 참조. 일반적으로 *Studies in Lapp
shamanism*, L. Bäckman & A. Hultkrantz 편집, Stockholm 1978 참조. 용어
'*gandreidb*'(주술의 기마행렬)는 토르스타인Thorstein의 아이슬란드 영웅 전설에서
찾아볼 수 있다(나는 라틴어 번역본으로 읽었다: *Vita Thorsteinis Domo-Majoris*, in
Scripta Historica Islandorum de rebus gestis veterum borealium, latine reddita...,
III, Hafniae 1829, pp. 176~78). 영웅은 어린아이를 따라 지팡이를 타고 지하 세계로

향했으며, 이곳에서 반지 하나와 군주에게서 훔친 보석으로 덮인 망토를 가지고 돌아
온다. 서사는 켈트의 영향을 반영한다. J. Simpson, "Otherworld Adventures in an
Icelandic Saga," *Folk-Lore*, 77(1966), pp. 1 이하 참조. 지하 세계에서의 절도라는 주
제의 샤머니즘적인 특징들에 대해서는 본서, p. 309 참조.

99) *I benandanti* cit., p. XIII(그리고 본서, p. 36) 참조. 그 밖의 다른 관점에서의 연구로
는 H. Biedermann, *Hexen. Auf den Spuren eines Phänomens*, Graz 1974, pp. 35
이하 참조.

100) P. de Lancre, *Tableau de l'inconstance des mauvais anges et démons*, Paris 1613,
pp. 253 이하, 특히 p. 268 참조. 랑크르가 일시적 감각 상실의 여러 형태에 대한 연
구에 몰두한 린다우 출신 프리드리히의 연구서를 읽었을 것 같지는 않다: S. Fridrich,
*Von wunderlicher Verzückung etlicher Menschen welche bissweilen allein mit
der Seele ohne den Leib an diesem und jenen Orth verzückt werden und wohin?*
...(이런저런 장소에서 육신 없이 오직 영혼만을 가지고 종종 특별한 탈혼 상태에 빠져
드는 사람들의 특별한 탈혼 상태에 대하여), s. l. 1592, 페이지 표시 없음(나는 웁살라
의 카롤리나 레디비바Carolina Rediviva 소유의 복사본을 참고했다). 프리드리히는 다
음의 사실들, 즉 예언자들의 탈혼 상태와 신앙심 깊은 남녀의 탈혼 상태(예를 들면 그
의 어머니와 할머니), 자연적인 원인에 의한 탈혼 상태(Cardano, *De varietate rerum*
에서 논의되었다), 마녀들의 — 짐승 기름을 이용한 — 탈혼 상태(Della Porta, *De
magia naturali*에 기록되었다, 아래 주석 101 참조) 등을 구분했다. 프리드리히는 동
물로의 변신과 관련하여 『교회규범』과 (여백의 주석에서) 라프족 주술사들의 탈혼 상
태를 언급했다. 그러나 이것들은 (랑크르가 잘 알았던 저자인) 포이처에 의해서 늑대인
간과 연관지어졌다(Peucer, *Commentarius de praecipuis generibus divinationum*,
Francofurti ad Moenum 1607, pp. 279 이하 참조).

101) 미슐레는, 랑크르의 세련된 스타일 이외에도 그의 '총명함'을 지적했다(J. Michelet, *La
strega*, 이탈리아어 판본, Torino 1980, p. 123). 최근의 한 논문은 그것이 장황함과 고
지식함이라고 피상적으로 지적했다(M. M. McGowan, "Pierre de Lancre's 'Tableau
de l'inconstance des mauvais anges et démons': The Sabbat Sensationalised,"
The Damned Art. Essays in the Literature of Witchcraft, S. Anglo 편집, London
1977, pp. 182~201); 인간이 늑대로 변하는 것에 대한 긴 내용은 '엉뚱하고 기이하게'
묘사되었다.

102) G. B. Della Porta, *Magiae naturalis sive de miraculis rerum naturalium libri IIII*,
Neapoli 1558, p. 102 참조. 이후의 저술들을 통해 델라 포르타는 보댕Bodin의 비난
에 매우 격렬하게 대처했다: G. B. Della Porta, *Magiae naturalis libri XX*, Neapoli
1589, 서론, 페이지 표시 없음. Tartarotti, *Del congresso notturno* cit., pp. 141~42,
146~47(그리고 Bonomo, *Caccia* cit., p. 394) 참조.

103) J. Praetorius, *Saturnalia*, Leipzig s.a., pp. 65 이하, 395 이하, 403 이하 참조.

104) P. C. Hilscher, *Curiöse Gedancken von Wütenden Heere, aus dem Lateinischen ins Teutsche übersetzt*, Dresden/Leipzig 1702, c. Br 참조. 이 논문의 학술적 가치는 마이젠(Meisen, *Die Sagen* cit., p. 12, 주석)에 의해 부정되었지만 이는 잘못된 판단이다. 이 논문이 처음 작성된 날짜에 대해서는 L. Röhrich, *Sage*, Stuttgart 1966, p. 24 참조. 힐셔(1666~1730. 이 인물에 대해서는 *Allegemeine Deutsche Biographie* 참조)는 보다 철저하게 연구되어야 한다.

105) Tartarotti, *Del congresso notturno* cit., 특히 pp. 50 이하; G. Tartarotti, *Apologia del congresso notturno delle lammie*, Venezia 1751, p. 159 참조. 두번째 글은 야간 모임을 지나치게 소극적으로 판단한 쉬피오네 마페이Scipione Maffei에 대한 답변이다. 다른 학자들이 함께 참여한 논쟁에 대해서는 F. Venturi, *Settecento riformatore*, I, Torino 1969, pp. 353 이하 참조.

106) Keysler, *Antiquitates selectae* cit., 특히 pp. 491 이하 참조. 마르탱은 마트로네와 켈트족 사회의 여사제인 드루이드를 동일한 인물로 간주하는 카이슬러의 주장을 적절하게 반박했다(Martin, *La religion des Gaulois* cit., II, p. 154). 일반적으로는 S. Piggott, *The Druids*, New York 1985, pp. 123 이하 참조.

107) A. Schöne, *Götterzeichen, Liebeszauber, Satanskult*, München 1982, p. 134 참조. G. Witkowski, *Die Walpurgisnacht im ersten Teile von Goethes Faust*, Leipzig 1894, pp. 23 이하 참조(나는 이 연구서를 읽지 못했다).

108) Grimm, *Deutsche Mythologie* cit., II, p. 906 참조. 이 내용의 핵심은 정확하게 20년 전으로 거슬러 올라간다. "Das Märlein von der ausschleichenden Maus," *Kleinere Schriften*, VI, Berlin 1882, pp. 192~96; Grimm, *Deutsche Mythologie* cit., III, pp. 312~13 참조.

109) 하지만 하이네는 피에르 드 랑크르를 알고 있었다. Mücke, *Heinrich Heines Beziehungen* cit., p. 116 참조.

110) 오딘에 대해서는 일반적으로 de Vries, *Altgermanische Religionsgeschichte* cit., II, pp. 27 이하 참조. 스트룀베크(D. Strömbäck, *Sejd*, Lund 1935)와의 논쟁을 통해 뒤메질은 오딘의 모습에서 샤머니즘적인 요인을 최소화하려고 노력했다. G. Dumézil, *Gli dèi dei Germani*, 이탈리아어 판본, Milano 1979, pp. 53 이하; G. Dumézil, *Du mythe au roman*, Paris 1970, pp. 69 이하 참조; 하지만 다음의 논문에서 암시된 수정 사항들을 참조. G. Dumézil, *Gli dei sovrani degli indoeuropei*, 이탈리아어 판본, Torino 1985, pp. 174 이하. 이 논문은 샤머니즘적 관습들에 대해 그리고 시베리아의 샤머니즘에 대한 내용이 지배적인 텍스트들에 대해 말하고 있다. 다른 견해에 대해서는 J. Fleck, "Odinn's Self-Sacrifice - A New Interpretation," *Scandinavian Studies*, 43(1971), pp. 119~42, 385~413; J. Fleck, "The 'Knowledge-Criterion' in the Grimnismál: The Case against 'Shamanism'," *Arkiv för nordisk filologi*, 86(1971), pp. 49~65 참조. 군트람에 대해서는 기본적으로 H. Lixfeld, "Die Guntramsage(AT

1645 A). Volkserzählungen vom Alter Ego und ihre schamanistische Herkunft," *Fabula*, 13(1972), pp. 60~107(풍부한 참고문헌 포함) 참조; 그 외에도 R. Grambo, "Sleep as a Means of Ecstasy and Divination," *Acta Ethnographica Academiae Scientiarum Hungaricae*, 22(1973), pp. 417~25 참조. 두 학자 모두 다음의 연구를 간과했다. L. Hibbard Loomis, "The Sword-Bridge of Chrétien de Troyes and its Celtic Original," *Adventures in the Middle Ages*, New York 1962(1913년에 작성되었다). pp. 19~40. 특히 pp. 39~40. 전설에 내포된 샤머니즘적인 요인들을 부정한 것으로는 J. Bremmer, *The Early Greek Concept of the Soul*, Princeton 1983, pp. 132~35. 이는 다른 연구들을 언급하고 있는데 그중에서 특히 A. Meyer-Matheis, *Die Vorstellung eines Alter Ego in Volkserzählungen*, Freiburg 1973(diss.), pp. 65~86 참조. 오딘의 샤머니즘적 변신에 대한 비교 연구를 제안한 것으로는 F. von der Leyen, "Zur Entstehung des Märchens," *Archiv für das Studium der neueren Sprachen und Literaturen*, 113, N. F., 13(1904), pp. 252 이하 참조. 군트람 전설의 한 판본은 교훈적 일화*exemplum*의 형태로, 14세기 초반 아리에주주에서 유포되었다. Le Roy Ladurie, *Montaillou* cit., pp. 608~609 참조.

111) Hibbard Loomis, "The Sword-Bridge" cit.; B. Beneš, "Spuren von Schamanismus in der Sage 'Buile Suibhne'," *Zeitschrift für celtische Philologie*, 28(1971), pp. 309~34 참조(동일한 주제에 대한 다른 여러 연구는 별로 가치가 없어 보인다). 데 프리스는 드루이드교 사제(드루이드교는 그리스도교 이전에 갈리아, 브리타니아 등지에 확산되어 있던 고대 켈트족의 종교다-옮긴이)와 샤먼의 유사성을 거부했다; de Vries, *I Celti* cit., p. 268 참조. 반대 견해에 대해서는 Piggott, *The Druids* cit., pp. 184~85 참조.

112) *I benandanti* cit., pp. 30~32 참조; '아분디아 귀부인'의 추종자들에 대해서는 Lorris & de Meun, *Le Roman de la Rose* cit., IV, p. 229, vv. 18445~48 참조.

113) Olaus Magnus, *Historia de gentibus septentrionalibus*, Romae 1555, pp. 115~16; Peucer, *Commentarius* cit., p. 143r 참조. 두 구절은 모두 최근의 증거와 함께 다음의 저술에서 인용되었다. J. Scheffer, *Lapponia*, Francofurti et Lipsiae 1674, pp. 119 이하(XI: De sacris magicis et magis Lapponum).

114) 나는 『베난단티』(*I benandanti* cit., pp. 90~94)에서 썼던 내용과 연관하여, 위에 언급한 그림의 연구를 인용해야만 했다.

115) 다양한 연구 관점들의 종합적인 상황에 대해서는 Ginzburg, "Présomptions" cit., pp. 352 이하, 주석 13 참조. 종합적인 상황은 앞으로 자세하게 설명할 것이다. 그러나 프로프가 라더마허L. Radermacher의 저술(*Das Jenseits im Mythos der Hellenen*)을 몰랐다고 한 부정확한 진술은 수정되어야 하겠다.

그림 1   도피네의 루사에서 출토된 기와로, 4세기 말에서 5세기 초 무렵 제작되었다.
비행하고 있는 모습으로 투박하게 그려진 인물이 동물(사슴이나 공작 또는
상상의 동물일 것이다)과 격투를 벌이고 있다. 이 인물을 묘사하는 데 사용된
단어들은 그 정체성을 보여주는데, 그것은 에라, 즉 '잔혹한 에라'다. 장례의
신에 대한 숭배는 1000년 이상 유럽의 여러 지역에서 유지되었다. (출처: F.
Benoît, *L'héroïsation équestre*, Gap 1954, tav. I, 2)

그림 2   켈트족의 여신 에포나가 말을 탄 모습으로 묘사되어 있다. 파리, 루브르 박
         물관. (출처: K. H. Linduff, *Epona, a Celt Among the Romans*, in "Latomus,"
         38, 1979)

그림 3   대모들인 마트레스 또는 마트로네의 부조. 켈트 문화권인 유럽 대부분 지역
         에서 숭배된 신이다. 대체로 세 명의 집단으로 묘사되었고, 극히 드물긴 하지
         만 단독으로 묘사된 경우도 있었다. 양쪽 끝에 위치한 두 인물의 머리를 감
         싸고 있는 모자는 당시 이 지역의 헤어스타일로 추정된다. 본, 라인 박물관.

MATRONIS
AVFANIABVS
Q·VETTIVS·SEVERVS
QVAESTOR·C·C·A·A
VOTVM·SOLVIT·L·M
MACRINO·ET·CELSO·COS

그림 4   오트란토 대성당의 바닥 모자이크 장식으로, 1163~65년에 판탈레오네 Pantaleone 신부에 의해 제작되었다. 모자이크의 인물은 신화 속 아서왕이 다. 민중 전설에 따르면 아서왕은 배회하는 동물들의 무리를 이끌었다고 한 다. (사진: 피렌체, 스칼라 기록물보관소)

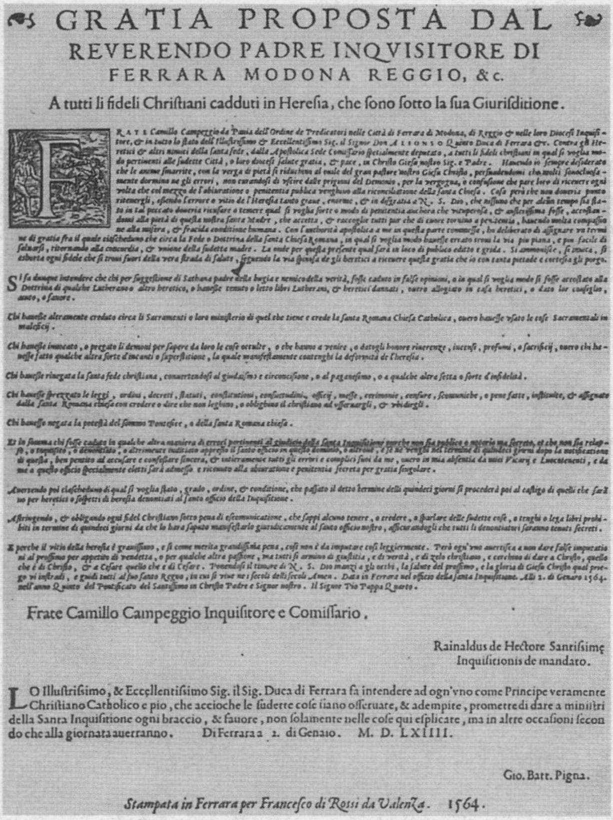

GRATIA PROPOSTA DAL
REVERENDO PADRE INQVISITORE DI
FERRARA MODONA REGGIO, &c.

A tutti li fideli Christiani cadduti in Heresia, che sono sotto la sua Giurisditione.

FRATE Camillo Campeggio da Pauia dell'Ordine de Predicatori nelle Città di Ferrara di Modona, di Reggio & nelle loro Diocesi Inquisitore, & in tutto lo stato dell'Illustrissimo & Eccellentissimo Sig. il Signor Don ALFONSO Quinto Duca di Ferrara &c. Contra gli Heretici & altri nimici della santa sede, dalla Apostolica Sede Comissario spetialmente deputato, a tutti li fideli christiani in qual si voglia modo pertinenti alle sudette Città, o loro diocesi salute gratia, & pace, in Christo Giesu nostro Sig. e Padre. Hauendo io sempre desiderato che le anime smarrite, con la verga di pietà si riduchino al ouile del gran pastore nostro Giesu Christo, persuadendomi che molti sonocluosamente dormino ne gli errori, non curandosi di vscire dalle prigioni del Demonio, per la vergogna, o confusione che pare loro di riceuere ogni volta che col mezzo de l'abiuratione o penitentia publica venghino alla riconciliatione della santa Chiesa. Cosa però che non doueria punto ritenergli, essendo l'errore o vitio de l'Heresia tanto graue, enorme, & in desgratia a N. S. Dio, che nissuno che per alcun tempo sia stato in tal peccato doueria ricusare o temere qual si voglia sorte o modo di penitentia anchora che vituperosa, & asprissima fosse, accostandosi alla pietà di questa nostra santa Madre, che accetta, & raccoglie tutti pur che di cuore tornino a penitentia, hauendo molta compassione alla misera, & fracida conditione humana. Con l'authorità apostolica a me in questa parte commessa, ho deliberato di assignare vn termine di gratia fra il quale ciascheduno che circa la Fede o Dottrina della santa Chiesa Romana, in qual si voglia modo hauesse errato troui la via piu piana, e piu facile di saluarsi, ritornando alla concordia, & vnione della sudetta madre. La onde per questa presente qual sarà in loco di publico editto e grida. Si ammonisce, si inuita, si esshorta ogni fidele che si troui fuori della vera strada di salute, seguendo la via spinosa de gli heretici a riceuere questa gratia che io con tanta pietade e cortesia gli porgo.

SI fa dunque intendere che chi per suggestione di Sathana padre della bugia e nemico della verità, fosse caduto in false opinioni, o in qual si voglia modo si fosse accostato alla Dottrina di qualche Lutherano o altro heretico, o hauesse tenuto o letto libri Lutherani, & heretici dannati, ouero alloggiato in casa heretici, o dato lor consiglio, aiuto, o fauore.

Chi hauesse altramente creduto circa li Sacramenti o loro ministerio di quel che tiene e crede la santa Romana Chiesa Catholica, ouero hauesse vsato le cose Sacramentali in maleficij.

Chi hauesse inuocato, o pregato li demoni per sapere da loro le cose occulte, o che hanno a venire, o datogli honore riuerenze, incensi, profumi, o sacrificij, ouero chi hauesse fatto qualche altra sorte d'incanti o superstitione, la quale manifestamente contenghi la deformità de l'heresia.

Chi hauesse rinegata la santa fede christiana, conuertendosi al giudaismo e circoncisione, o al paganesimo, o a qualche altra setta o sorte d'infidelità.

Chi hauesse sprezzato le leggi, ordini, decreti, statuti, constitutioni, consuetudini, officij, messe, cerimonie, censure, scomuniche, o pene fatte, instituite, & assignate dalla santa Romana chiesa con credere o dire che non leghino, o obblighino il christiano ad osseruargli, & vbidirgli.

Chi hauesse negata la potestà del sommo Pontefice, o della santa Romana chiesa.

Et in summa chi fosse caduto in qualche altra maniera di errori pertinenti al giudicio della santa Inquisitione purche non sia publico o notorio ma secreto, et che non sia relapso, o inquisito, o denontiato, o altrimente inditiato appresso il santo officio in questo dominio, o altroue, e se ne venghi nel termine di quindeci giorni dopo la notificatione di questa, ben pentito ad accusare e confessare sincera, & intieramente tutti gli errori e complici suoi da me, ouero in mia absentia da miei Vicarij e Luocotenenti, e da me a questo officio specialmente eletti sarà admesso e riceuuto alla abiuratione e penitentia secreta per gratia singolare.

Auertendo poi ciascheduno di qual si voglia stato, grado, ordine, & conditione, che passato il detto termine delli quindeci giorni si procederà poi al castigo di quelli che saranno per heretici o sospetti di heresia denontiati al santo officio della Inquisitione.

Astringendo, & obligando ogni fidel Christiano sotto pena di escommunicatione, che sappi alcuno tenere, o credere, o sparlare delle sudette cose, o tenghi o lega libri prohibiti in termine di quindeci giorni da che lo harà saputo manifestarlo giuridicamente al santo officio nostro, assicurandogli che tutti li denontiatori saranno tenuti secreti.

E perche il vitio della heresia è grauissimo, e si come merita grandissima pena, così non è da imputare così leggiermente. Però ogn'vno auertisca a non dare false imputationi al prossimo per appetito di vendetta, o per qualche altra passione, ma tutti si armino di giustitia, e di verità, e di zelo christiano, e cerchino di dare a Christo, quello che è di Christo, & a Cesare quello che è di Cesare. Ponendosi il timore di N. S. Dio inanzi a gli occhi, la salute del prossimo, e la gloria di Giesu Christo qual prego vi instradi, e guidi tutti al suo santo Regno, in cui si viue ne i secoli delli secoli Amen. Data in Ferrara nel officio della santa Inquisitione. Alli 2. di Genaro 1564. nell'anno Quinto del Pontificato del Santissimo in Christo Padre e Signor nostro. Il Signor Pio Pappa Quarto.

Frate Camillo Campeggio Inquisitore e Comissario.

Rainaldus de Hectore Sancrisime
Inquisitionis de mandato.

LO Illustrisimo, & Eccellentisimo Sig. il Sig. Duca di Ferrara fa intendere ad ogn'vno come Principe veramente Christiano Catholico e pio, che accioche le sudette cose siano osseruate, & adempire, promette di dare a ministri della Santa Inquisitione ogni braccio, & fauore, non solamente nelle cose qui esplicate, ma in altre occasioni secondo che alla giornata auerranno. Di Ferrara a 2. di Genaio. M. D. LXIIII.

Gio. Batt. Pigna.

Stampata in Ferrara per Francesco di Rossi da Valenza. 1564.

그림 5 이단 심문관 카밀로 캄페지Camillo Campeggi 수도사의 선언문. 1564년 1월 2일. 모데나 국립기록물보관소, *S. Uffizio*, b. 1. (사진: 모데나 국립기록물보관소)

그림 6 그림 5에 나온 세부 문자 장식. 이륜 마차를 탄 여성은 야간 모임에 참석하고 있는 신비의 여신이며, 그녀 앞에 서 있는 늙은 여성은 마녀다. 이 문자 장식의 출처는 브레시아의 철학자이자 페라라 대학의 교수인 빈첸초 마지Vincenzo Maggi의 『유쾌한 대화*Piacevole dialogo*』(지금은 소실되었다)로 추정된다. 그림 속 밤의 여신은 '판타지마Fantasima'(유령)로 불렸다. (사진: 모데나 국립기록물보관소)

그림 7 이탈리아 메시나 인근의 카마로에서 발견된 부조. 세 인물은 대모 여신들로 추정된다. 이들의 성소는 엔지온시 근교에 있다. (사진: 시라쿠사, 문화환경유산관리소)

그림 8 여신 아르티오를 묘사한 청동 작품으로, 2~3세기 무렵 제작되었다. 최근 복원 작업을 통해 여성 인물은 나중에 추가된 것으로 밝혀졌다. (사진: 베른, 역사박물관)

그림 9   여성의 흉상. 19세기 말에 엘케(이비사의 해안 지역에 건설된 도시)에서 발견되었다. '엘케의 귀부인*Dama di Elche*'으로 알려진 이 작품은 기원전 5~4세기 무렵 제작된 것으로 추정된다(어떤 학자는 기원전 2~1세기에 제작되었다고 주장한다). 이 작품은 전신상에서 떨어져 나온 조각품의 일부로 추정된다. 마드리드, 고고학박물관.

그림 10   '엘케의 귀부인' 정면 모습.

그림 11　중국 창사에서 발견된 목각 작품. 기원전 4~3세기 작품. 런던, 대영박물관.
(출처: A. Salmony, *Corna e lingua*, Milano 1968)

그림 12 탈혼 상태에 빠진 라플란드 지역의 샤먼들. (출처: Olaus Magnus, *Historia de gentibus septentrionalibus*, Romae 1555)

그림 13 우크라이나 멜리토폴의 솔로카 고분에서 발견된 금빗. 기원전 4세기에 제작
되었을 것으로 추정되는 이 빗은 스키타이족 여성들을 위해 그리스 기술자
가 만든 것이다. 의복으로 보아 위 인물들은 스키타이족이다. 레닌그라드,
에르미타주 박물관.

그림 14　스페인의 바다호스에서 출토된 비지고트족의 브로치. 550~600년경 제작된 것으로 추정된다. 볼티모어, 존 월터스 박물관.

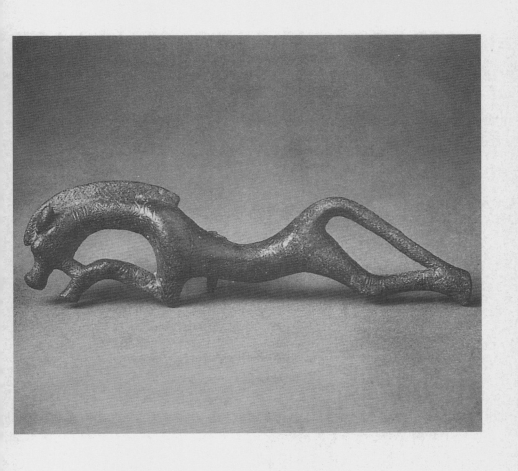

그림 15 스키타이족의 버클. 기원전 8~7세기에 제작되었다. 로스앤젤레스 카운티 박물관.

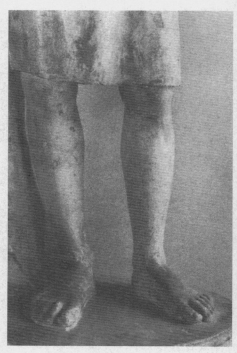

그림
16~17
고대 그리스 엘레우시스 밀교에 가입한 소년의 동상과 그 세부. 1세기 작품 (기원전 5세기에 제작된 고대 그리스의 작품을 로마인들이 복제한 것이다). 로마, 콘세르바토리 궁전. (사진: 로마, 바사리)

그림 18 우르스 그라프, 「절름발이 악마」, 판화, 1512. 바젤 미술관. (출처: S. Sas, *Der Hinkende als Symbol*, Zürich 1964)

그림 19 폼페이의 신비의 저택에서 발견된 프레스코화. 기원전 1세기에 제작된 이 그
림은 입회의식을 묘사하고 있다. 중앙에 비스듬히 드러누운 인물이 디오니
소스다. (사진: 밀라노, 파브리 기록물보관소)

3장
탈혼 상태의 전투

1

1692년 리보니아의 유르겐스베르그에서는 마을 주민들에 의해 우상 숭배자로 지목된 티에스라는 이름의 80세쯤 되는 노인이, 자신을 늑대인간lupo mannaro으로 고소한 심문관들에게 다음과 같이 자백했다. 노인은 늑대인간들이 1년에 세 번, 즉 크리스마스 이전의 성 루치아의 날 밤, 성 조반니의 날 밤, 오순절 밤에 '바다의 끝에서'(나중에는 '땅속'이라고 정정했다) 지옥으로 들어가 악마와 주술사들에 맞서 전투를 벌였다고 했다. 여성들도 늑대인간들에 대항하여 전투를 벌였지만 소녀들은 제외되었다. 독일의 늑대인간들은 따로 떨어진 지옥으로 갔다. 개들(티에스는 신의 개라고 불렀다)과 마찬가지로, 늑대인간들은 쇠로 된 채찍으로 무장한 채 말 꼬리에 빗자루를 감고 무장한 악마와 주술사들을 추적했다. 이보다 오래전에 티에스는 스카이스탄Skeistan이라 불리던, 과거에는 농부였으나 지금은 작고한 한 주술사가 자신의 코뼈를 부러뜨린 적이 있다고 했다. 그 전투에는 땅의 비옥함이라는 이해관계가 걸려 있었다. 즉, 주술사들은 밀의 낟알들을 훔치기 때문에 이를 저지하지 못하면 기근이 도래할 것이었다. 그러나 그해에는 라플란드 지역 사람들과 러시아의 늑대인간들이 모두 승리했다. 그 결과 보리와 호밀의 수확은 풍년이었다. 아마도 모든 사람이 먹을 만큼 생선도 충분했을 것이다.

심문관들은 이 늙은 노인이 악마와 공모했다는 사실을 인정하게 만들려고 필사적으로 노력했지만 아무런 소용이 없었다. 티에스는 악마와 주술사들에게 있어 최대의 적은 자신과 같은 늑대인간들이고 죽은 후에는 천국에 갈 것이라고 끈질기게 주장했다. 결국 그는 회개를 거부했고 열 대의 태형을 선고받았다.[1]

심문관들은 늑대인간이 가축을 해치는 자들이 아니라, 오히려 수확물을 보호한다는 사실에 실망했을 것이다. 근대의 몇몇 학자들도 비슷한 반응을 드러냈다. 늙은 노인 티에스의 이야기는 고대의 전형을 허물어버리는 것에만 국한되지 않았다. 오히려 그의 이야기는 늑대인간들이 주로 게르만 문화권에 속하고 본질적으로 호전적이며 '죽은 자들의 군대Totenheer'라는 주제의 방대한 신화 영역에 포함된다는 비교적 최근의 해석 구도까지도 흔들어놓았다. 이러한 신화의 실체에 대한 증언들은, 죽은 자들의 군대에 가담할 것을 부추기는 악마의 분노에 사로잡힌 사람들이 거행하는 의식들이 수 세기 동안 존재했다는 증거로 여겨져왔다.[2] 티에스가 강조한 (여성들도 참가했던) 풍요를 위한 전투는 위의 첫번째 관점, 즉 고대의 전형을 허물어버리는 것이고, '바다의 끝에서' 마녀들에 대항한 투쟁과 같은 특별히 놀라운 사실은 두번째 관점, 즉 최근의 해석 구도와 대치되는 듯하다. 이 시점에서 증언들에 대해 어느 정도 세밀하게 평가할 필요가 있다. 늙은 늑대인간의 자백은 신화와 거짓말과 자기 과시의 조각들이 뒤섞인 실제 사건들을 반영한 것으로, 또는 미신과 의식들의 무질서한 혼합으로, 또는 영웅 전설의 요소들과 실제 삶의 아련한 기억들이 혼합된 것으로 판단되었다.[3] 이처럼 엉뚱하고 일관성 없는 발트해의 사례에 맞서서, '죽은 자들의 군대'를 중심으로 전개된 게르만 전쟁 신화의 독창적인 순수함을 다시 강조하려는 시도가 이어졌다.[4]

2

이미 기원전 5세기에 헤로도토스는 주기적으로 늑대의 모습으로 변신하는 능력을 가진 사람들에 대해 언급했다. 아프리카, 아시아, 아메리카 대륙에서도 인간의 형상에서 일시적으로 표범, 하이에나, 호랑이, 재규어와 같은 동물로 변신한다고 하는 유사한 신앙들을 찾아볼 수 있다.[5] 이처럼 방대한 시공간으로 확산된 유사한 신화들은 구석기시대 이래 심리적 기질의 형태로 유전되어 인간의 정신에 뿌리박혀 있는 공격적 원형이 표출된 것으로 여겨져왔다.[6] 이것은 전혀 증명되지 않은 가설에 불과하다. 하지만 이러한 가설에 따른 보편적 성격의 혼란에는 구체적인 의문점들이 뒤따르기 마련이다. 우리가 지금 언급하고 있는 사례의 경우, 즉 늑대인간들이 토지의 비옥함을 보호한다는 이미지는 신화에 공격적인 핵심이 있다는 추정과 노골적으로 충돌한다. 그렇다면 이처럼 예외적이면서도 분명히 일반적인 증언에 어떤 가치를 부여할 수 있을까?

루가루*loup-garous*, 베르뵐펜*werwölfen*, 루피만나리*lupi-mannari*, 웨어울프*werewolves*, 로비쇼멩*lobis-homem* 등 늑대인간에 대해 기술한 운문,

로맨스 소설, 영웅 전설, 참회록, 신학·악마론 연구, 철학·의학 논문은 수없이 많을 뿐만 아니라 널리 확산되어 있다. 그런데 중세 문헌들, 특히 문학 분야의 문헌들에서 늑대인간은 죄 없는 운명의 희생자로 묘사되었으며 어떤 경우에는 선을 베푸는 인물로도 묘사되었다. 이처럼 애매모호한 존재들에 관한 모순적 분위기는 15세기 중반 무렵부터 양과 어린아이를 잡아먹는 늑대인간과 같은 잔혹한 전형의 이미지가 덧붙여지면서 지워지기 시작했다.[7]

거의 같은 시기에 마녀에 대한 적대적인 이미지도 고착되었다. 이는 우연의 일치가 아니다. 니더는 『개미둑』에서 늑대로 변한 남성 주술사들에 대해 기술했다. 이 책에 따르면 15세기 초반 발레주의 재판에서 피고인들은 가축을 공격할 때는 잠시 늑대의 모습으로 둔갑했다고 자백했다. 악마의 잔치에 대한 초기 증언들을 보면 주술사와 늑대인간의 관계는 매우 긴밀했다. 그러나 티에스의 자백처럼 이후 시대의 비정상적인 증언들은, 전형의 외피를 벗겨내고 보다 심오한 층위를 들추어낼 수 있도록 해준다.

3

티에스의 자백을 해석하는 데 따르는 어려움은 그가 진술한 마녀와 주술사에 대항한 전투를, 베난단티가 탈혼 상태에서 벌인 전투와 비교하는 순간에 모두 해결된다. 이미 언급했듯이, 베난단티는 16~17세기 프리울리 지역에서 죽은 자들의 의식에 정기적으로 참여하던 사람들(주로 여성)을 가리킨다. 그러나 베난단티라는 용어는 수숫대로 무장한 마녀와 주술사에 맞서 토지의 비옥함을 위해 회향풀을 한 움큼 손에 쥐고 주기적으로 전투를 벌이던 자들을 가리키는 용어로 사용되기도 했다. 위의 두 사례에서, (양막에 싸인 채 태어난) 두 유형의 베난단티를 물리적으로 확인시켜주는 이름이나 표식, 일반적으로 이들이 용맹함을 드러내던 기간(사계재일 주간), 이들이 빠져든 혼수상태 또는 강경증은 동일한 것이었다. (여성과 남성으로 구성된) 베난단티의 영혼은 잠깐 동안 생기 잃은 육신을 벗어나, 때로는 쥐나 나비의 모습으로, 또 때로는 산토끼나 고양이 또는 다른 짐승의 잔등이에 걸터앉은 모습으로, 죽은 자들의 행렬이나 마녀와 주술사 들과의 전투를 위해 탈혼 상태로 여행을 했다. 두 경우 모두에 있어 베난단티가 보여준 영혼의 여정은 일시적인 죽음에 비유되었다. 그리고 여정의 끝자락에는 베난단티와 죽은 자들과의 만남이 준비되어 있었다. 베난단티들은 죽은 자들의 행렬에서는 정화된 영혼처럼 기독교화된 모습으로 등장했으며, 전투에서는 주술사와 마녀와 마찬가지로 (토지의) 비옥함을 해치는 '말란단티 *malandanti*'처럼 공격적으로 또 대개 낡은 옷차림으로 등장했다.[8]

그러나 토지의 비옥함을 위한 전투가 늑대인간 티에스와 베난단티의 유일한 접점은 아니다. (러시아에서 세르비아에 이르는) 슬라브 세계에서는 양막에 싸인 채 태어나는 아이는 늑대인간이 될 운명이라는 믿음이 널리 퍼져 있었다. 동시대의 연대기를 보면 짧은 기간 키예프의 왕으로 통치한 후 1101년에 사망한 폴로츠크의 프세슬라프Vseslav di Polock의 모친은 어느 주술사로부터 출산할 때 신생아를 휘감고 있는 얇은 막을 신생아의 등에 붙이라는 주문을 받았는데, 이것은 아이가 그 막을 몸에 항상 지니고 다닐 수 있도록 하기 위한 것이었다. 연대기 작가는 이것이 프세슬라프가 그토록 잔인했던 이유라고 말했다. 프세슬라프는『이고르의 무용담을 노래하라Cantare della gesta di Igor』에서 실제로 늑대인간으로 묘사되었다. 이와 유사한 특징들은 다른 작품인『빌리나Bylina』에 등장하는 주인공 볼츠 프세슬라비예비치Volch Vseslav'evič에게서도 찾아볼 수 있는데, 그는 자신의 모습을 늑대뿐만 아니라 매와 개미로도 바꿀 수 있었다.[9]

프리울리의 베난딘티도 모친들의 바람대로, 태어났을 때의 양막을 목에 걸치고 다녔다.[10] 그러나 일반 농민 신분으로서 이들의 미래는 위엄 있고 영광스러운 군주의 과업을 약속하지 않았으며, 단지 억제할 수 없는 어두운 충동만을 지닌 채 동물의 잔등이를 타고, 또는 동물의 형태로 위장하고 농작물 수확을 위해 '영혼의 상태로' 벌이는 전투에 주기적으로 나가 마녀와 주술사 들에 대항하여 손에 회향풀 다발을 들고 싸워야 했다. 노인 티에스는 이와 유사한 전투에서 손에 쇠로 만든 채찍을 든 늑대의 모습으로 변신했다. 그는 사실 '영혼의 상태로' 전투에 참가했다고 말하지 않았다. 탈혼 상태 또는 강경증이라는 단어를 사용하지도 않았다(우리는 그가 막에 싸인 채로 태어났는지 확실히 알 수 없다). 하지만 그의 이야기는 의식에 관련된 것이기보다는 신화의 차원을 넘나들고 있었으며, 나비의 모습으로 변신한 삼촌과 함께 **영혼과 육신의 상태로** 천국과 지옥을 오갔다는 베난단티, 마리아 판초나의 주장과 다르지 않았다.[11] 두 경우 모두 탈혼 상태에서의 경험을 실제 현실로 인지하고자 했다.

4

티에스에 대한 재판 기록물은 매우 특별한 자료이지만 유일하지는 않다. 다른 증언 자료에서도 이와 같은 내용을 찾아볼 수 있다.

『주술에 대한 기독교적 고찰과 기억Christlich Bedencken und Erinnerung von Zauberey』(1585)이라는 하이델베르크에서 출간된 책에서, 저자는 자신의 본명(헤르만 비테킨트Hermann Witekind)은 숨기고 아우구스틴 레르하이머Augustin Lercheimer라는 가명으로 "마녀와 주술사 들이 고양이, 개, 늑대, 당나귀 등으로 변신한다"는 주제에 대해 논의를 전개했다. 악마적 환영의 문제라는 그의 해답은 학자들 사이에서 마녀와 늑대인간이 동물로 변하는 것이 분명한 물리적 현상이라는 그와 반대되는 주장들이 폭넓게 확산되어 있었음에도, 당시로서는 특별히 독창적인 것이라 할 수 없었다. 『주술에 대한 기독교적 고찰과 기억』의 특이성은 다른 곳에서 발견된다. 그것은 리보니아 출신으로 리가 대학(이후 하이델베르크 대학)의 교수인 비테킨트가 동향의 늑대인간과 나눈 이야기에 부분적으로 근거한 것이다(티에스 역시 늑대인간들의 땅인 리보니아에서 출생했다). 실제로 그보다 얼마 전 비테킨트는 그 지역의 군주를 만났고, 군주는 감옥에 있던 늑대인간을 만나게 해주었다고 한다. 비테킨트는 그 "늑대인간이 감옥이 아니라 자신이 좋아하는 곳에 온 고양이처럼 움직이면서 웃고 뛰곤 했다"고 회상했다. 늑대인간은 (깜짝 놀란 대화 상대자에게) 부활절 전날 밤에 늑대로 변해 족쇄를 풀고 창문 밖으로 도망쳐 거대한 강을 향해 달려갔다고 얘기했다. 하지만 왜 그는 감옥으로 돌아왔을까? 그는 사람들의 이 같은 질문에 "주군이 원하시면 그렇게 해야 합니다"라고 답했다. 비테킨트는 늑대인간이 주군에 대해 상당히 강조해 얘기했다고 기록했다. 사람들이 매우 악질적인 주군이라고 비판하자, 그는 "만약 그보다 더 훌륭한 주군을 소개해주신다면 그를 따르겠습니다"라고 대답했다. 역사와 천문학 분야의 저술가인 비테킨트 교수의 입장에서 볼 때, 이름 모를 이 늑대인간은 불가해한 존재와도 같았다. "그는 신에 대해 늑대만큼 알고 있다. 그를 만나 이야기를 듣는 것은 크나큰 고역이다."[12] 아마도 늑대인간은 비테킨트가 교수인 만큼 신비의 주군에 대해 알고 있다고 생각했을 것이다. 물론 죄수의 가벼운 무례함은 베난단티들이 종종 이단 심문관 앞에서 드러내던 확고한 태도와 빈정거림의 일종이었다.[13]

이러한 대화의 반향은 '호모사피엔스'(물론 비테킨트를 가리킨다)와 늑대인간(학구적으로 정의하자면 식인 습관 때문에 제우스에 의해 늑대로 변하는 벌을 받은 신화 속 아르카디아의 왕, '야비한 리카온Lycaone rustico'이다)의 대화에 대한 카스파어 포이처의 글에서도 찾아볼 수 있다.[14] 이러한 언급은 1560년 개정증보판으로 출간된(즉 『주술에 대한 기독교적 고찰과 기억』보다 5년 **전에** 출간된) 포이처의 『점술가들의 우월함에 대한 주석서Commentarius de praecipuis generibus divinationum』에도 나온다. 이처럼 연대기적으로 잘 이해되지 않는 문제는 다음과 같은 설명을 통해 쉽게 해결된다. 즉 1550년경 당시 학생이었던 비테킨트는 한동안 비텐베르크에 머물고 있었는데, 이 당시 분명 포이처에게 자신이 신원을 알 수 없는 늑대인간과 만났다는 이야기를 한 것이 분명하다.[15] 포이처의 라틴어 텍스트는 비테킨트가 전해준 대화 내용을 오랜 시간이 흐른 후에 기록한 것이기 때문에 민족지학적 신선함과는 거리가 멀다. 심리적이고 문화적인 불화를 보여주는 귀중한 지표인 농민 늑대인간의 오만함은 『점술가들의 우월함에 대한 주석서』에서는 잘 드러나지 않는다. 그러나 리카온을 현학적인 인물로 보는 착각에도 불구하고, 포이처의 저술은 늑대인간들의 일반적인 이미지와는 대립되는 일련의 특징들(비테킨트의 글에서는 부분적으로만 인용되었다)을 보여준다. 늑대인간들은 마녀들을 저지하는 것과 나비로 변신한 마녀들과 싸우는 것을 자랑스럽게 여긴다. 늑대인간들은 절름발이 아이의 유령이 시킨 대로 크리스마스와 공현축일 사이 12일 동안 늑대의 모습을 유지한다(혹은 그렇다고 믿는다). 강철 채찍을 손에 든 키가 큰 남자는 늑대인간 수천 명을 거대한 강의 제방으로 몰고 간 뒤 채찍을 휘둘러 강물을 갈라서 늑대인간들이 물에 젖지 않고 강을 건널 수 있게 한다. 늑대인간들은 짐승들을 공격했지만 인간에게는 아무런 해도 끼칠 수 없다.[16] 비텐베르크 대학에는 이러한 주제들에 대해 강의한 교수가 한 명 더 있었는데, 그는 포이처의 장인이기도 한 필리프 멜란히톤Philipp Melanchton이었다. 그의 강의를 들은 한 학생에 따르면 필리프는 가장 존경을 받고 전적으로 신뢰할 만한 '헤르마누스 리보누스Hermannus Libonus'에게 받은 서신을 자료의 출처로 삼았다.[17] 포이처는 『점술가들의 우월함에 대한 주석서』를 편집할 때 리보니아 출신의 헤르만 비테킨트가 멜란히톤에게 보냈던 서신을 참조했을 것이 분명하다.[18] 출생지와 사용 언어 모두 발트해 인근 민속 전통에 가까운 귀중한 이 정보 제공자를 통해, 우리는 마녀들에 대한 늑대인간들의 적대감이 티에스의 자백과 상당히 일치한다는 사실을 알게 될 뿐만 아니라, 자백 내용의 비정상적인 부분이 줄어든다는 것 또한 알게 된다. 이로써 우리는 늑대인간에 대한 부정적인 전형과는 거리가 먼 민간신앙의 심연을 보게 된다.

5

헤로도토스는 스키타이 지역에 살던 스키타이족과 그리스인들로부터 단지 간접적으로만 알고 있던 종족인 네우로이족에 관련된 소문을 들었다(그는 신빙성을 확인하지 않은 채 이야기를 전한다). 네우로이족은 매년 며칠 동안 늑대로 변신했다. 네우로이족이 누구이고 또 어디에 거주했는지 우리는 확실히 알지 못한다. 16세기에 이들은 지금의 리보니아 지역에 살고 있었을 것으로 추정되었다. 오늘날 일부 학자들은 이들이 발트해 지역의 원주민이었다고 주장한다.[19] 그러나 (아직 입증되지 않은) 인종의 지속성에 대한 이 같은 추측은, 늑대인간에 관한 유사 신앙들이 무슨 이유로 지중해, 켈트, 게르만, 슬라브 같은 이질적인 문화권에서 그토록 오랫동안 존재했는지를 설명하지 못한다.

과연 이것들이 실제로 유사한 성격의 신앙들이었는지는 다시 한 번 생각해볼 필요가 있다. 늑대로 변신하는 능력이 주기적으로 매우 다양한 규모의 집단들이 지닌 능력으로 여겨진 것은 틀림없다. 헤로도토스에 따르면 네우로이족 모두가 그 능력을 지니고 있었고, 기랄두스 캄브렌시스Giraldus Cambrensis에 따르면 아일랜드 오스라이* 지역의 주민들이, 플리니우스Plinius에 따르면 아르카디아의 안티Anthi가 같은 특정 가문이 그 능력을 지니고 있었다. 또한 보름스의 부르카르드는 11세기 초반에 이 신앙을 미신이라고 비난하면서 (대모들과 동일시되는)[20] 파르카이가 점지한 개인들이 이 능력을 지녔다고 했다. 그러나 이러한 다양성에는 몇 가지 반복적인 요소들이 동반된다. 첫째, 변신은 그 지속 시간이 다양하기는 해도 언제나 일시적으로 이루어진다. 즉, 파우사니아스와 플리니우스에 따르면 그 기간은 아르카디아에서는 9년, 중세 아일랜드에서는 7년(또는 7년을 주기로 특정 기간 동안), 게르만 지역과 발트해 인근에서는 12일이다. 둘째, 변신에 앞서 의식적인 동작들이 행해진다. 이를테면, 늑대인간은 옷을 벗어 오크나무 가지에 걸치거나(플리니우스), 땅에 내려놓은 다음 주변에 소변을 보았다(페트로니우스Petronius). 그러고는 연못(플리니우스에 따르면 아르카디아의 경우)이나 강(비테킨트에 따르면 리보니아의 경우)을 건넜다.[21]

---

* 오늘날의 킬케니주와 레이시주 서부를 점유했던 중세 아일랜드 왕국.

이처럼 가로지르는 행동과 이에 수반된 동작들은 이동 의식, 좀더 정확하게 말하면 입회의식이나 산 자들의 세계와 죽은 자들의 세계를 분리하는, 이른바 지옥의 강을 건너는 것과 같은 이동 의식으로 간주되었다.[22] 이러한 두 가지 해석은, 죽음이 전형적인 통로이고 모든 입회의식은 상징적 죽음에 근거한다는 점을 고려한다면 상호 모순되지 않는다.[23] 고대 세계에서 늑대가 죽은 자들의 세계와 긴밀한 관계에 있다는 것은 잘 알려진 사실이다. 예를 들어 이탈리아 오르비에토에 있는 에트루리아인들의 무덤에서 하데스Hades는 늑대 머리를 모자처럼 머리에 쓰고 있는 모습으로 등장한다.[24] 이처럼 다양한 요인들은 그 연관성을 고대 지중해 세계의 공간적, 시간적, 문화적 영역 너머로 확장시킨다. 게르만, 발트해, 슬라브 지역에서 늑대인간들이 활동을 위해 선호한 기간은 크리스마스와 공현축일 사이 12일 동안의 밤이었는데, 이는 죽은 자들의 영혼이 배회하는 기간에 상응한다.[25] 고대 게르만법에서 공동체로부터 추방되어 상징적으로 죽은 것이나 다름없는 자들은 바르그르wargr 또는 바르구스wargus, 즉 '늑대'로 불렸다.[26] 상징적 죽음, 즉 탈혼 상태는 프리울리의 베난단티들에 대한 이야기에서처럼, 늙은 늑대인간 티에스가 자백한 이야기의 이면에서도 드러난다. 동물로의 변신 또는 동물의 잔등이에 올라탄 행렬은 영혼이 활력을 잃은 육체로부터 일시적으로 빠져나온 것을 나타냈다.[27]

6

1555년 웁살라의 주교 올라우스 마그누스는 자신의 저서『북부 지역 사람들의 역사Historia de gentibus septentrionalibus』에서 프러시아, 리보니아, 리투아니아에서 늑대인간들이 크리스마스 기간에 인간과 짐승 들에게 유혈 공격을 가했다고 기술한 후에, "(이들은) 맥주 창고에 들어가 포도주와 벌꿀주를 모두 비우고 창고의 중앙에 빈 용기들을 차곡차곡 쌓아놓았다"[28]고 서술했다. 올라우스 마그누스는 늑대인간들의 이러한 행동에서 진짜 늑대와 늑대로 변신한 인간을 구분하게 해주는 특징을 주목했다. 그는 늑대인간들의 변신이 물리적 사실이라는 데는 일말의 의심도 품지 않았고 플리니우스의 권위에 맞서 이 점을 재확인했다. 그로부터 100년 후 라이프치히 대학과 비텐베르크 대학에서 작성된 늑대인간에 대한 학술논문들은 발트해 지역에서 얻은 정보들에 근거하여, 깊은 잠 또는 탈혼 상태가 변신에 앞서 선행되었으며 그렇기 때문에 변신은 언제나(또는 대부분) 순전한 공상(해석자에 따라 타고난 것으로 보기도 했고 악마적인 것으로 보기도 했다)으로 여겨져야만 했다는 비트켄트의 의견과 일치하는 주장을 전개했다.[29] 근대의 몇몇 학자들은 올라우스 마그누스의 견해를 선호했으며 늙은 티에스 이야기에 대한 해석에 설득력을 부여하기 위해 그의 주장을 인용했다. 즉, 늑대인간으로 추정되는 인간들은 실제로는 마법사 또는 늑대로 위장한 사람들이 만든 비밀 집단의 젊은 입회자들로서 의식에서는 죽은 자들의 군대로 활약했다.[30] 이러한 연관성은 논쟁의 여지가 없지만, 순수한 상징적 차원으로 이해되어야 한다. 발트해 지역의 늑대인간들이 술 저장고를 습격하는 것은 프리울리 베난단티들이 '영혼'의 상태로 난입해 "술통에 올라타서 빨대로 빨아 마시던" 것과 일맥상통한다. 이들이 마시던 것은 북부의 동료들이 마신 맥주나 벌꿀주가 아니라 당연하게도 포도주였다. 우리는 두 경우 모두에서 신화, 즉 죽은 자들의 끝없는 갈증이라는 신화의 흔적을 확인하게 된다.[31]

7

이 연구의 목적은 발레주의 주술사, 프리울리의 베난단티 그리고 아리에주주의 영혼의 무리의 갈증에서 시작하여, 후에 악마의 잔치에 부분적으로 또 왜곡된 형태로 유입된 신앙의 한 층위를 재구성하는 것이다. 우리는 다른 경로를 따라가기도 했지만 같은 지점으로 회귀했다. 늑대인간과 베난단티가 마녀와 주술사에 대항하여 벌인 야간 전투에 대한 증언들을 바탕으로, 우리는 지금까지 살펴본 여성 중심의 탈혼 상태적인 숭배의 반대편에 위치한 남성 중심적인 버전을 살펴보고자 한다.

프리울리의 경우, 죽은 자들의 무리를 인도하던 여신의 존재를 기록한 증거는 오직 하나뿐이지만[32] 여기에는 두 가지 버전이 존재한다. 이들을 연결하는 숨은 공통점은 베난단티라는 용어의 특이성에 의해 강조되었는데, 이 단어는 탈혼 상태에서 자신들의 임무를 수행하는 자들을 가리킨다. 이것은 거의 유일한 사례다(앞으로 살펴보겠지만 오직 루마니아의 컬루샤리만이 이에 견줄 만하다). 밤의 여신을 추종하는 자들에 대한 기록 증언은 켈트-지중해 지역에서 나왔다. 뼈로 동물들을 부활시킨다는 주제는 보다 방대한 지역들에서 나타났다. 앞으로 살펴보겠지만, 야간 전투의 증거는 다른 지역들, 매우 파편적일 뿐만 아니라 언뜻 보기에도 일관성 없는 여러 지역에서 유래했다. 프리울리는 탈혼 상태의 숭배에 대한 두 가지 버전이 겹치고 뒤섞인 일종의 경계 지역으로 간주되어야 할 것이다(지도 3 참조).

지금까지 해온 연구는 이단 심문관, 교회 설교자, 그리고 주교의 자료들에 의존했다. 결코 실수하는 법이 없는 그들의 날카로운 눈으로 '이교도들의 여신' 디아나를 추적하면서 발견한 유사성은 이들 조직의 실체를 처음으로 암시했다. 반면 탈혼 상태의 전투는 교회 서적과 악마론 저술들에 지극히 작은 흔적만을 남겼을 뿐이다.[33] 이단 심문관들은 프리울리에서 이러한 신앙들을 목격한 후 그것들이 불가해할 정도로 다양해진 악마의 잔치의 지역적인 형태라고 주장했다. 이들을 비교하는 박해자들의 노력에 의지할 수 없다는 사실로 인해 해석은 물론이고 일련의 문서들을 재구성하는 것조차 힘들게 되었다. 밤의 여신에 대한 탈혼 상태의 숭배 이면에 유라시아의 층위가 존재할 가능성을 밝혀낸 형태론적인 전략이 이 연구에서 활용 가능한 유일한 방편이었다.

형태상의 유사성을 확인하는 것은 결코 쉬운 작업이 아니다. 티에스와 베난단티 들이 탈혼 상태에서 전투를 벌인 날짜가 다르고, 이들이 마녀와 주술사에 대항하여 사용한 무기도 다르다. 그러나 우리는 이러한 표면적 차이에도 불구하고 심오한 유사성을 발견할 수 있다. 두 경우 모두 a) (토지의) 비옥함을 위해, b) 마녀와 주술사에 대항하여, c) 탈혼 상태에서 벌인, d) 주기적인 전투에 대해 이야기하고 있기 때문이다. 베난단티와 늑대인간이 각각 손에 들고 있던 회향풀 다발과 강철 채찍은 다르다기보다는 유질동상의 요소로 이해되어야 한다. 슬라브 민속 영역에서 막에 싸인 채로 출생하는 것과 늑대인간이 되는 것의 관계는 형태상의 특징을 매개하는 의외의 연결 고리일 것이다.[34] 이 경우 연결 고리는 역사적인 자료, 즉 프리울리의 인종과 문화에 존재하는 슬라브적 요소에 의해 더욱 확고해진다.

8

이스트리아반도, 슬로베니아, 크로아티아, 몬테네그로로 연결되는 달마티아 해안 지역에서 목격되는 일련의 신앙은 수확물의 수호자인 베난단티에 대한 신앙과 유사하며, 이러한 구도에 완벽하게 들어맞는다.[35]

17세기 초 톰마시니G. F. Tommasini 추기경은 (다소 혼란스러운 서술 방식으로) 이스트리아반도의 주민들이 "어떤 특정 별자리 아래에서 특정 부위가 막에 덮인 채로 출생한 사람들[이들은 '크레스니키chresnichi'라 부르고 다른 사람들은 '부코들라키vucodlachi'(흡혈귀)라 부른다]이 영혼의 상태로 심야에 교차로를 돌아다니면서 집에 들어가 겁을 주거나 피해를 입히고, 특히 사계재일 주간에는 가장 큰 교차로에서 모임을 갖고, 이곳에서 다양한 생산물의 풍족 또는 부족을 위해 서로 전투를 벌인다는 환상을 믿고 있으며, 이 환상에서 벗어나지 못한다……"라고 언급했다.[36] 여성에 대해서는 아무런 언급이 없다. 이스트리아반도와 슬로베니아의 '크레스니크kresnik'(또는 '크레스트니크krestnik')는 크로아티아에서는 '크르스니크krsnik'로 불리며, 이는 크로아티아 북부의 '모구트mogut,' 달마티아 남부의 '네그로마나트negromanat,' 보스니아와 헤르체고비나, 그리고 특히 몬테네그로의 '즈두하치zduhač'에 해당하는데, 그들은 거의 항상 남성이었다.[37] 일반적으로 그들의 탄생에는 몇 가지 특이점이 동반되었다. 크레스니크와 즈두하치는 막에 싸인 채로 출생했다. 네그로마나트는 꼬리를 가지고 있었고, 모구트는 출산 중에 사망했거나 비정상적으로 긴 임신 기간 끝에 출산한 여성의 아들이었다. 이들 모두는, 종종 사계재일 주간이나 크리스마스 밤 같은 특정 기간에 마녀들과 흡혈귀에 대항하여 사악한 주술을 추방하고 수확물을 지켜내기 위해 전투를 수행해야 할 운명이었다. 이들의 전투는 수퇘지, 개, 황소, 말과 같은 동물들 그리고 때로는 대비색을 띤 자들(검은색의 마녀와 흰색 또는 얼룩 무늬의 적들) 간의 격렬한 대결이었다. 동물들은 적대 관계에 있는 자들의 영혼이었다. 때로는 작은 동물들도 있었는데, 예를 들어 크레스니키의 경우 잠을 자는 동안에 그들의 영혼이 검은 파리의 모습으로 입에서 빠져나갔다.

또한 '스트리고이Strigoi'로 불리는 마녀들도 막에 싸인 채로 출생했다고 한다. 하지만 이들의 몸을 감싸고 있던 막은 검은색이나 붉은색인 반면, 크레스니키의 그것은 흰색이었다. 이스트리아반도의 산파는 어린 크레스니키의 등에 작은 조각을 붙였다. 크르크섬(베글리아)에서는 막을 말린 후에 음식에 넣어 미래의 크레스니크에게 먹였다. 이후 일곱 살이 되면(드물게 열여덟 살이나 스물한 살인 경우도 있다) 야간 전투를 시작했다. 하지만 크레스니키는 베난단티처럼 전투를 비밀로 유지해야만 했다.

크르크섬에서 모든 사람과 모든 종족은 크레스니크로부터 보호를 받았고 동시에 '쿠들라크kudlak'(흡혈귀)의 위협하에 있었다. 다른 곳의 경우 적대 관계의 마녀들은 이방인이었다. 달마티아의 두기오토크섬에서는 이탈리아인이, 두브로브니크 인근에서는 베네치아인들이, 몬테네그로에서는 터키인이나 바다를 건너온 자들이 그에 해당했다. 좀더 일반적으로 그들은 가장 적대적인 존재, 즉 살아 있는 자들에 무자비하고 시기심이 많은 흡혈귀vukodlak였다. 슬라브 서부 지역에서는 흡혈귀의 무서운 특징들이 마녀의 특징과 뒤섞여 있다.[38] 프리울리에서도 마녀와 주술사, 즉 살아 있는 남자와 여자 들은 끊임없이 방랑하는 죽은 자들의 영혼, 즉 말란단티를 은연중에 닮아가고 있었다.[39]

9

베난단티와 크레스니키의 사례를 보면 형태적 유사성과 역사적 관계들이 드러난다. 하지만 출처가 다른 증언들은 전체적인 구도를 복잡하게 만든다. 헝가리의 민속 문화에 나오는 마녀와 주술사 들을 보면 (아마도 매우 오래되었을) 동양 전통과 연관된 특이한 인물들이 눈에 띈다. 여기서 가장 중요한 인물은 '탈토시táltos'다. 터키어에서 기원한 것으로 추정되는 이 명칭은 16세기 말까지 주술을 행한 혐의로 재판을 받은 수많은 남녀들을 지칭하는 데 사용되었다.[40] 하지만 탈토시는 자신들에게 부과된 수많은 죄목을 분명하게 거부했다. 안드라스 바르타András Bartha라는 이름의 한 여성은 1725년 헝가리 데브레첸에서 재판을 받을 때 하느님이 친히 자신을 탈토시들의 우두머리로 임명했다고 주장했다. 하느님은 탈토시들이 아직 어머니의 자궁에 있을 때 이들을 만들었으며 그 후 이들을 자신의 품속에 두었다가 "하늘의 지배권을 두고" 마녀와 주술사에 맞선 전투를 벌일 때 새처럼 하늘을 날 수 있게 했다는 것이었다.[41] 오늘날까지 수집된 그 이후의 여러 증거들은 이러한 근본적인 대립 상황을 확증하고 강화한다. 때로는 이러한 증거들로 인해 대립의 근본적인 구도가 수정되기도 했다. 이를테면 여성 탈토시의 수는 점차 줄어들었다. 탈토시는 대개 남성이었으며 치아가 난 상태로 태어나거나 한 손에 손가락이 여섯 개이거나 (좀 드물긴 하지만) 막에 싸인 채로 태어나는 등 몇 가지 물리적 특징을 가지고 있었다.[42] 이들은 어린 시절에는 별로 말이 없고 고독한 모습이었으며 힘이 세고 우유를 몹시 좋아했다(어른이 되어서는 치즈와 계란을 좋아했다). 그리고 일정한 나이가 되면(대개는 일곱 살, 때로는 열세 살이 되면), 나이가 더 많은 탈토시가 거의 항상 황소나 종마의 모습으로 이들 앞에 나타났다. 그리고 그 둘은 본격적인 전투에 돌입했다. 젊은 탈토시는 싸움에서 지면 미완의 탈토시로 남았고 이기면 진정한 탈토시가 되었다. 어떤 지역에서는 남자 탈토시들이 (처녀인) 소녀들의 입회의식을 거행했고, 그 반대의 경우도 있었다. 일반적으로 이들은 입회의식에 앞서 3일간 잠을 잤고, 미래의 탈토시들은 이 기간에 "자신의 본모습을 감추었다." 때로는 자신의 몸이 산산조각 나는 꿈을 꾸거나 (예를 들어 매우 높은 나무에 기어오르는 것과 같은) 특별한 시험을 치르기도 했다. 탈토시는 종마나 황소 또는 불꽃의 형상을 하고 주기적으로(1년에 세 번 또는 7년마다 한 번) 전투에 참가했다. 그들은 보통 자기들끼리 전투를 벌였다. 드물게는 마녀와 주술사 들과 전투를 벌였고, 때로는 터키인이나 독일인 같은 외부 출신의 적들과 전투를 벌였다. 터키인과 독일인 역시 동물이나 불꽃의 모습이었지만 색깔은 달랐다. 동물로 변하기 전에 탈토시는 일종의 뜨거운 기운에 지배되어 말을 더듬다가 곧바로 영적인 세계로 빠져들었다. 종종 전투는 구름 속에서 전개되었으며 폭풍을 동반했다. 승리를 쟁취한 자는 7년간 또는 이듬해의 풍족한 수확물을 보장받았다. 이 때문에 가뭄이 닥치면 농부들은 비를 내리게 하기 위해 돈과 선물을 탈토시에게 바쳤다. 한편 탈토시는 폭풍을 일으키겠다고 협박하거나 그들의 공적(숨겨진 보물을 찾아내고, 사악한 마법에 걸린 자들을 치료하고, 북이나 체를 두드리며 마을의 마녀들을 색출해냈다)을 자화자찬하면서 농부들에게서 우유와 치즈를 갈취했다. 하지만 탈토시의 능력은 스스로 선택한 것이 아니라 소명에 의한 것이었으며, 그들은 그 소명에 저항할 수 없었다. 시간이 흐르면(열다섯 살이 되면, 때로는 그보다 더 나이가 들어서) 이들은 활동을 그만두었다.

이러한 도식적 설명을 통해 탈토시와 베난단티의 유사성이 명확하게 드러난다. 우리는 두 경우 모두에서 입회의식이나 연장자의 부름 받기, 동물로의 변신, 풍요를 위한 전투, 마녀를 색출하고 사악한 마법의 희생자들을 치유하는 능력, 자신의 특별한 임무를 거스를 수 없다는 인식, 그리고 때로는 자신에 대한 종교적 정당화를 발견한다.[43] 하지만 이러한 유사성이 존재한다 하더라도 크레스니키는 형식적으로든 지리적으로든 중간적인 용어인 것 같다. 예를 들어 이들은 베난단티처럼 막에 싸인 채로 태어났지만 탈토시처럼 동물의 형태로 변신하여, 역시 동물로 변신한 다른 크레스니키에 맞서 싸웠다.[44] 그러나 부정할 수 없는 일련의 고정된 형태는 그 속에 내포된 이질적인 현상들과 대비를 이룬다. 다시 말해 헝가리의 탈토시는 우리를 인도유럽어권 밖으로 데려간다.

10

반면 19세기 초반의 동양학 연구자인 율리우스 클라프로트Julius Klaproth의 연구에서도 알 수 있듯이, 코카서스 북부의 산악 지역을 떠돌던 오세트족은 인도유럽어권에 속한다. 클라프로트는 고대 스키타이족과 중세의 알란족과 오솔라 계곡에 거주하는 주민들의 머나먼 후손인 오세트족의 언어를 연구하여 이들이 이란계에 속한다는 사실을 밝혀냈다. 하지만 이들의 종교에도 관심을 가졌던 그는 이 종교를 "기독교와 고대 미신들의 기이한 혼합"으로 정의했다.[45] 그는 이들이 최고의 수호자로 간주하는 선지자 엘리야를 향한 열정적인 숭배에 대해 기술했다.[46] 이들은 신성한 동굴에서 양을 제물로 바치고 고기를 먹었다. 그 다음에는 거대한 나무 아래에 그 가죽을 펴놓고 선지자의 축일에 매우 특별한 방식으로 숭배했다. 이들의 의식은 우박이 그치고 풍요로운 수확을 보장받을 때까지 계속되었다. 오세트족은 그들을 잠에 빠지게 하는 '만병초 식물rhododendron caucasicum'의 연기에 취하기 위해 동굴에 가곤 했다. 이때 꾼 꿈들은 전조로 여겨졌다. 그러나 이들은 신성한 바위에서 살며 사례를 받고 미래를 점쳐주는 전문적인 축복 기원의 능력도 가지고 있었다. "이들 중에는 늙은 남자와 늙은 여자도 있었다. 이들은 성 실베스트로San Silvestro의 밤에 일종의 환각 상태에서 마치 잠을 자는 것처럼 부동자세로 땅에 누워 움직이지 않았다. 잠에서 깨고 나면 죽은 자들의 영혼을 보았다고 말했는데, 그 영혼들은 때로는 거대한 늪지대에서, 어떨 때는 돼지, 개 또는 숫양을 타고 나타났다. 들녘에서 밀을 수확하여 마을로 가져오는 영혼을 본 경우, 이들은 이것을 풍요로운 수확의 징조라고 해석했다"고 클라프로트는 언급했다.[47]

19세기 말 러시아 민속학자들의 연구는 이러한 증언들을 확증하고 강화했다. 오세트족은 크리스마스와 1월 1일 사이에 몇몇 사람들이 잠든 육신을 벗어나 영혼의 상태로 죽은 자들의 땅에 갔다고 증언했다. 거대한 초원인 그곳은 디고르의 방언으로는 '부르쿠burku'로, 이론의 방언으로는 '쿠리스kurys'로 불렸다. 이곳에 갈 능력을 가진 자들은 각각 '부르쿠드자우타burkudzäutä'와 '쿠리스드자우타kurysdzäutä'로 불렸다. 이들이 죽은 자들의 초원에 가려면 비둘기, 말, 젖소, 개, 어린아이, 매, 빗자루, 의자, 막자사발mortai 같은 것들을 타고 가야만 했다. 여러 차례 여행을 했던 영혼들은 이미 필요한 탈것들을 갖추고 있었고, 경험이 없는 초보자들은 이웃들로부터 탈것을 도둑질했다. 이 때문에 크리스마스가 다가오면 오세트족 사람들은 우아질라Uazilla(엘리야)에게 엄숙한 기도를 드렸다. 선지자의 저주 대상인 "교활하고 순수하지 못한 자들"의 도둑질 행각으로부터 아이들, 말, 개 그리고 집 안의 살림을 지켜내기 위해서였다. 거대한 초원에 도착하면 경험이 없는 영혼들은 꽃과 과실의 향기에 도취되었다. 그리하여 이들은 부주의하게도 기침을 야기하는 붉은 장미, 감기를 유발하는 흰 장미, 고열을 일으키는 붉은 사과 등을 집어 들었다. 반면 경험이 풍부한 영혼들은 풍요로운 수확을 약속하는 밀과 지상의 다른 과일 씨앗을 거두었다. 한편 이들은 노획물을 가지고 도망가는 동안 활을 쏘아 잡으려는 죽은 자들의 추격을 받았다. 추격전은 마을 어귀에 다다를 때까지 계속되었다. 죽은 자들의 화살은 상처를 입히지는 않았지만 치료가 불가능한 검은 반점을 남겼다. 그리고 부르쿠드자우타 중 일부는 스스로 치유했지만 다른 일부는 오랜 고통 끝에 죽음을 맞이했다. 죽은 자들의 세계로부터 땅에서 재배되는 과실들의 씨앗을 가져온 자는 마을 사람들에게 자신의 무용담을 들려주었고, 마을 사람들은 그에게 감사의 마음을 전했다. 질병을 가져온 자들은 고열이나 기침에 시달리는 자들에게 저주를 받았다.[48]

11

오세트족의 거주지와 인접한 지역의 주민들은 유사한 민간신앙을 공유하고 있었다. 1666년, 열번째 달의 스무번째 날(그레고리력으로 4월 28일)에 터키의 지리학자이자 여행가인 에블리야 첼레비Evliyâ Çelebi는 치르카시아(체르케스)의 한 마을에 머물고 있었다. 그는 이 지역의 주민들로부터 '흡혈귀Kara-Kondjolos의 밤'에 대한 이야기를 들었다. 훗날 그는 다른 80명의 사람들과 함께 야영지를 벗어났다고 회고했다. 그때 그는 갑자기 나타난 압하지아족의 주술사들을 목격했다. 그들은 뿌리째 뽑힌 나무, 테라코타 항아리, 돗자리, 마차 바퀴, 화덕용 삽 등을 타고 하늘을 가로질렀다. 그러자 그 즉시 반대편에서는 치르카시아의 주술사Uyuz 수백 명이 머리를 산발한 채 이를 악물고 눈, 코, 귀, 입으로 불을 뿜으면서 하늘로 날아올랐다. 이들은 고기잡이배, 말 또는 황소의 사체, 거대한 낙타에 올라타서 뱀, 용, 곰 머리, 말, 낙타 등을 휘둘렀다. 전투는 여섯 시간 동안 계속되었다. 어느 정도 시간이 흐르자 탈것들이 조각이 되어 하늘에서 비처럼 내리기 시작했으며 이 광경에 말들은 겁을 먹었다. 치르카시아인 주술사 일곱 명과 압하지아족 주술사 일곱 명이 전투를 벌이다 서로의 피를 빨면서 땅으로 내려왔다. 마을 주민들은 자신들의 영웅들을 돕기 위해 달려와 적들을 불질렀다. 새벽 무렵 적들은 투명한 모습으로 변하면서 녹아 없어지기 시작했다. 대지는 사람들의 시체, 물건, 동물 사체로 뒤덮였다. 과거에 에블리야 첼레비는 이러한 이야기를 믿지 않았지만 이제는 믿어야만 했다. 즉 전투는 수천 명의 참전 군인들이 증언한 바와 같이 사실로 밝혀졌다. 치르카시아인은 맹세코 40년 혹은 50년 전부터 이러한 것들을 보지 못했다고 말했다. 보통 전투에 참가한 자들은 기껏해야 다섯 명 또는 열 명이었는데, 이들은 땅에서 적들과 대치하다가 하늘로 날아갔다.[49]

발칸반도의 크레스니키와 리보니아의 늑대인간들도 외부의 주술사들에 대항하여 정기적으로 전투를 벌였다. 에블리야가 자신의 과장되고 허황된 이야기에서 압하지아의 주술사들이 동물을 타고 하늘을 날았다고 주장한 것은 (우리가 기대했듯이 그들의 적들이 하던 행동과 비슷한 것이 아니라) 오세트족의 부르쿠드자우타들이 벌인 행동과 거의 흡사했다.[50] 그러나 치르카시아 지방 주술사들 간의 전투가 수확의 풍요로움을 위한 것 같지는 않아 보인다. 우리는 좀더 신중을 기하려는 차원에서 연구 대상을 오세트족에 관한 문서들로 국한할 것이다. 우리가 조사하고 있는 현상들의 유사성을 쉽게 찾아볼 수 있기 때문이다. 탈혼 상태, 동물의 잔등이를 타고 죽은 자들의 세계로 비행하는 것(그 외에도 어린아이들과 집 안의 도구들을 타고 비행하기도 했다), 풍요의 씨앗을 빼앗기 위해―다른 곳에서는 주술사들과 동일시되는―죽은 자들과 벌이는 전투 등, 이 모든 것은 분명 오세트족의 부르쿠드자우타를 프리울리의 베난단티, 티에스와 같은 발트해의 늑대인간, 발칸반도의 크레스니키, 헝가리의 탈토시 등과 관련지어 생각하게 해준다. 적어도 어느 한 경우에는 이러한 구조적 유사성에 표면적인 우연성도 포함된다. 1591년에 재판을 받은, 프리울리 출신의 소 치는 젊은이 메니키노 다 라티사나Menichino da Latisana는 몇 해 전 어느 겨울 폭풍이 치던 날 밤에 베난단티들과 외출하는 꿈을 꾸었다고 이야기했다. 그 이후 그는 매년 세 번씩 반복적으로 꿈을 꾸었다. "나는 두려웠다. 마치 거대하고 아름다운 넓은 들판으로 가고 있는 것 같았다. 무슨 냄새를 느꼈는데 좋은 향이었다. 그곳에는 수많은 꽃과 장미가 있는 것 같았다……" 그곳에서 그는 장미의 향에 휩싸인 채—그는 장미를 직접 보지 못했지만 온통 향기에 둘러싸여 있었다—마녀와 싸워 승리한 후 많은 수확물을 얻어냈다.

메니키노는 이 들판이 '예호샤팟Josafat의 초원'이라고 했다. 즉 장미로 가득한 죽은 자들의 초원은 부르쿠드자우타의 영혼들이 탈혼 상태로 방문하던 곳이었다. 메니키노에 따르면, 그곳은 일시적 죽음의 상태에서만 도달할 수 있는 곳이기도 했다. "만약 우리가 몸 밖에 머무는 동안 누군가 우리의 몸을 돌려놓았다면 [……] 우리는 죽었을 것이다."[51]

12

부르쿠드자우타들이 경험한 탈혼 상태는 나르티에 정착한 오세트족의 서사시에 그대로 반영되었다. 이러한 전설들에 등장하는 영웅 중 한 명인 소슬란Soslan은 죽은 자들의 세계에 갔다. 그곳은 드넓은 평원으로 세상의 모든 곡물이 자라고 있었으며 그 사이로 지상의 가축과 야생의 모든 동물이 어슬렁거리고 있었다. 소녀들은 긴 강을 따라가면서 나르티족의 춤을 추고 있었다. 그들 앞에는 먹음직스런 음식이 차려진 식탁이 있었다. 소슬란은 낙원과 같은 이곳에서 가까스로 도망치는 데 성공한다. 적대 관계에 있는 시르돈Syrdon의 사주를 받은 (이곳에서는 죽은 자들 격인) 악마들은 불화살을 쏘아대며 소슬란을 뒤쫓았다.[52] 서양에서와 마찬가지로 코카서스에서도 죽은 자들의 세계를 여행한다는 주제는 운명지워진 몇몇 개인들의 탈혼 상태와 일련의 시 창작을 북돋았다.[53] 이것이 우연의 일치는 아닐 것이다. 오세트족의 서사시와 켈트족의 서사시(아서왕 이야기를 통해 한층 더 정교해졌다) 간의 남다른 유사성은 정확한 역사적 관계를 추정할 수 있게 해줄지 모른다.[54]

더 자세한 이야기는 나중에 다룰 것이다. 하지만 먼저 우리는 지금까지의 성과를 좀더 면밀하게 살펴볼 필요가 있다.

13

이상에서 언급한 일련의 모든 구성 요소를 공통으로 묶어주는 유일한 요인은 주기적으로 탈혼 상태에 빠져드는 능력이다. 늙은 노인 티에스의 이야기에도 탈혼 상태의 경험이 있다고 추정하는 것은 합리적인 것처럼 보인다(어쨌든 17세기를 거치면서 탈혼 상태의 경험은 늑대인간들의 경우에 더욱 빈번하게 언급되었다).[55] 우리가 다룬 모든 인물들은 탈혼 상태에 빠졌을 때 농사의 풍요로움을 위해 전투를 벌였다. 오직 탈토시의 경우에만 이 주제가 덜 두드러진다.[56] 부르쿠드자우타를 제외한 모든 인물은 탈혼 상태에 빠지는 운명의 물리적인 표시를 가지고 있거나(태어날 때 막에 싸여 있거나, 치아가 나 있거나, 손가락이 여섯 개이거나, 꼬리가 있었다), 출생과 관련한 특별한 사정(출산 중에 어머니가 죽거나, 특별히 긴 시간의 잉태를 거쳐 태어났다)을 가지고 있었다. 이들 중 수적으로 우세한 것은 남성이다(이 경우에도 부르쿠드자우타는 예외다). 베난단티, 크레스니키, 탈토시의 경우, 소명의식은 7세부터 28세까지 다양한 연령층에서 시작되었다. 베난단티와 탈토시에게 소명은 각각 영혼 또는 동물의 모습을 한 다른 구성원에 의해 전달되었다. 탈혼 상태는 작은 동물의 형태(베난단티와 크레스니키의 경우에는 쥐나 파리)로 영혼이 빠져나가는 현상, 또는 좀더 덩치가 큰 동물의 모습(크레스니키의 경우 수퇘지, 개, 수소, 말의 모습, 탈토시의 경우 새, 황소, 종마의 모습, 늑대인간들의 경우 늑대 또는 예외적으로 개, 당나귀, 말의 모습[57])으로 변신하는 현상, 동물의 잔등이를 타고(베난단티의 경우 개, 산토끼, 돼지, 닭을 타고, 부르쿠드자우타의 경우 개, 비둘기, 말, 소를 타고) 여행하는 것, 어린아이나 다른 다양한 물건들(부르쿠드자우타의 경우 의자, 막자사발, 큰 낫, 빗자루)에 걸터앉은 채 여행하는 것, 화염(탈토시의 경우)이나 연기(베난단티의 경우)의 형태로 변신하는 것을 동반했다. 탈혼 상태로 꿈을 꾸는 것은 달력의 날짜와 일치했고, 사계재일 주간(베난단티와 크레스니키)이나 12일(늑대인간과 부르쿠드자우타)처럼 정확히 일치하는 경우도 있었다. 다른 경우에는 1년에 세 번, 7년에 한 번(탈토시)처럼 보다 광범하기도 했다.[58] 농사의 풍요를 위해 전투를 벌이는 대상은 크레스니키와 탈토시의 경우 다른 집단이나 종족의 크레스니키와 탈토시였고, 베난단티와 크레스니키와 늑대인간(늑대인간의 경우 그들의 적은 나비로 변신했다)의 상대는 마녀와 주술사였으며, 부르쿠드자우타의 상대는 죽은 자들이었다.

이상의 모든 정보는 탈혼 상태를 숭배하는 자들(베난단티, 늑대인간, 크레스니키, 탈토시, 부르쿠드자우타)로부터 어느 정도는 직접적으로 유래한다. 이미 살펴보았듯이, 이들은 특별한 능력을 가지고 선을 행하는 인물로 묘사되었다. 하지만 주변 공동체의 입장에서 본다면 이러한 능력은 본질적으로 양가적이어서 그 반대의 의미로도 해석될 수 있었다. 부르쿠드자우타들이 부주의로 인해, 야간 비행으로부터 마을에 번영 대신 질병을 가져올지도 모른다는 믿음은 이러한 인물들이 낮에 하는 행동에 대해서도 특징을 부여하는 상징성의 혼란을 야기한다. 베난단 티들은 이웃 주민들 사이에서 마녀들을 색출하려고 시도하는 과정에서 분노와 적대감을 사기도 했고, 탈토시는 폭풍을 일으키겠다고 협박하며 농민들을 갈취했다.

14

지금 기술하고 있는 일련의 사실은 윤곽이 분명하게 보이는 어떤 대상이기보다는, 균일하지 않게 배분된 에너지의 농도에 비유될 수 있을 듯하다. 그럼에도 이러한 일련의 모든 구성 요소는 다음의 몇 가지 동시적인 요소나 특징을 가진다. a) 주기적인 전투에 나가, b) 탈혼 상태에서 전투를 벌이며, c) 풍요와 비옥함을 확보하기 위해서, d) 마녀와 주술사(또는 이들의 대리인이나 죽은 자들)에 맞선다.[59] 이러한 핵심적인 사항들의 주변에는 우발적이거나 불규칙하게 드러나는 다른 요소들이 존재하는데, 이러한 요소들은 때로는 나타나지 않고 때로는 보다 불명료한 형태로 나타난다. 이 요소들이 겹치고 교차한다는 측면에서 일련의 인물들(베난단티, 탈토시 등)은 마치 한 가족 같다는 느낌을 준다.[60] 그러므로 다른 사례들의 불완전한 기록을 유추를 통해 완전하게 만들고자 하는 유혹은 억제하기가 매우 어렵다. 예를 들어 루마니아에서 스트리고이는 막에 싸인 채로(또는 꼬리를 달고) 태어났고, 성인이 된 그들이 막이나 꼬리를 어깨에 걸치면 남들이 볼 수 없는 투명한 상태가 되었다고 한다. 동물로 변신하거나 말, 빗자루 또는 통에 올라탄 이들은 영혼의 상태로 풀이 자라지 않는 세상의 끝(늙은 노인 티에스의 경우는 바다의 끝)에 위치한 초원으로 달려간다. 여기에서 이들은 인간의 모습을 되찾고 지팡이와 낫을 들고 전투를 벌인다. 밤샘 전투를 벌인 후 그들은 다시 화해한다. 풍요를 위한 전투에 대해서는 언급이 없지만 우리가 논의하고 있는 일련의 요소들과의 유사성은 매우 긴밀해 보인다.[61]

다른 경우들에서는 형태론적 근접성 면에서 좀더 복잡한 관계를 찾아볼 수 있다. 코르시카의 여러 지역들(사르트네와 주변의 산악 지역들 그리고 니올로)에서는 마체리*mazzeri* 또는 란체리*lanceri*, 쿨파토리*culpatori*, 쿨파모르티*culpamorti*, 아카치아토리*accaciatori*, 툼바토리*tumbatori*로도 불리는 자들이 꿈속에서 영혼의 상태로 혼자 또는 무리를 지어 시골 지역, 특히 자신들이 무서워하는 물줄기의 주변을 배회한다. 이들은 남성일 수도 여성일 수도 있지만, 남성이 더 많은 능력을 가지고 있다. 이들은 저항할 수 없는 힘에 지배되어 동물들(멧돼지, 돼지, 심지어 개 등)을 공격하고 죽인다. 이들이 남자인 경우에는 총을 쏘거나 지팡이로 때리고 칼로 찌르는 만행을 저질렀다. 여자인 경우에는 동물들을 이로 물어뜯어 찢어발기는 끔찍한 행위도 서슴지 않았다. 마체리는 죽은 동물들에게 잠시 동안 코를 들이대고 냄새를 맡아 같은 마을 사람의 얼굴, 때로는 가족 구성원의 얼굴까지도 알아낸다. 그러면 짧은 시간 내에 그 사람은 죽게 된다. 보통은 불완전하게 세례받은 자들을 가리키는 마체리는 죽음의 전령, 즉 운명의 순수한 매개자다. 누군가는 자신의 역할을 기쁘게 수행하는 반면, 다른 누군가는 체념 상태에서 역할을 수행한다. 또한 어떤 사람은 꿈속에서 저지른 살인에 대해 사제의 용서를 받고자 노력한다. 물론 그렇다고 해서 마체리의 꿈속 활동이 멈춰지는 것은 아니다. 어떤 지역에서는 1년에 한 번, 일반적으로 7월

31일과 8월 1일 사이의 밤에 이웃한 마을의 마체리들이 서로 전투를 벌인다고 믿는다. 이 마을들은 보통 지리적 문제(예를 들면 높은 산에 위치한 마을들)나 인종적 차이로 인해 나뉜 공동체들이다. 전투에는 평범한 무기들이 동원되는데, 코르스뒤쉬드의 마을에서만은 전투에 참가한 자들이 (고대인들에 따르면 지옥의 초원에서 자라는 식물인) 수선화 다발을 사용한다. 전투에서 진 마체리들이 속한 공동체에서는 이듬해에 많은 사람들이 죽을 것이었다.[62]

바로 위에서 언급한 주제는 1599년 베난단티로 고발되어 아퀼레이아와 콘코르디아의 이단 심문관으로부터 심문을 받은 플로리다 바실리 Florida Basili의 자백에 담긴 다음과 같은 난해한 내용에서도 찾을 수 있을지 모른다. "저는 막에 싸인 채로 태어났다고 거짓말하면서 매주 목요일 밤마다 성 크리스토파로 광장에서 주술사들과 전투를 벌였습니다. 깃발을 가진 자들이 있었던 반면, 깃발을 빼앗긴 자들은 죽었습니다."[63] 물론 마체리는 베난단티처럼, 영혼의 상태로 밤에 밖으로 나갔고, 역시 이들과 마찬가지로 적어도 한 번은 회향풀이 아닌 수선화 줄기로 만든 식물 무기를 전투에 사용했다. 이들의 적은 마녀와 주술사가 아니라 (크레스니키와 탈토시의 경우처럼) 다른 마체리들이었다. 하지만 마체리들은 죽은 자들에게 쫓기기보다는 부르쿠드자우타의 경우처럼 죽어가는 자들을 추격한다.

부분적으로 모순이 내포된 이러한 줄거리와 관련하여 지금까지 살펴본 인물들의 영역에 마체리가 포함되는지 의심해볼 필요가 있다. 그럼에도 불구하고 마체리들의 반복적인 꿈이 탈혼 상태와 유사하다고 여기거나 그들의—이듬해에 적들의 공동체에 가능한 한 많은 사상자를 안겨주는—꿈속 전투를 논밭의 비옥함을 위한 전투의 다양한 형태 중 하나로 간주할 필요는 없을 듯하다. 우리가 밝혀낸 인물들의 범주에 속한 것으로 지금까지 확인된 두 요소가 동시에 등장한다는 점은 우리가 제기한 분류에 대한 의구심을 긍정적으로 해소할 수 있게 해줄 것이다.

15

적어도 이 시점에서는 탈혼 상태와 토지의 비옥함을 위한 전투가 언급되지 않은 사례들을 분석 대상에서 제외해야 한다고 결론 내릴 수 있다. 하지만 터키인 여행가 에블리야 첼레비의 이야기가 암시하듯, 때로는 이러한 결정이 전적으로 올바른 것만은 아니다.

1587년 몬팔코네 출신의 산파인 카테리나 도메나타Caterina Domenatta는 "한 여자가 다리가 먼저 나온 사내아이를 출산하자 [⋯⋯] 그 신생아를 베난단테 또는 주술사의 운명을 가진 자식으로 키우지 않으려면 구이용 꼬챙이에 매달아 불 위에서 돌려야 한다고 권했다. 갓난아이를 꼬챙이에 끼워 얼마나 돌렸는지는 알 수 없다"고 얘기했다. '선배 산파'에게 배운 바에 따라 이렇게 충고한 도메나타는 마을 사제가 자신을 '여성 범죄자rea femina fatochiera'로 지목하며 아퀼레이아와 콘코르디아의 이단 심문관에게 고발한 죄목을 부정했다. 이 지역 주민들은 출생 시 발이 먼저 나오는 것이 막에 싸인 채로 태어나는 것과 유사하다고, 그래서 그러한 신생아는 마녀와 주술사 들과 함께 밤에 외출할 운명을 타고난 것이라고 믿었다.[64] 그 외출이 마녀와 주술사를 따르기 위한 것인지 아니면 그들과 전투를 벌이기 위한 것인지를 묻는 질문에 도메나타는 자신에 대한 고발이 애매모호하다는 점을 주장하려는 듯이, "그들은 악마의 잔치에 참가하지 않는다"고 대답했다. 그녀의 증언은 베난단티를 그들의 적인 주술사들과 억지로 동화시킨, 비교적 초기의 기록일

수 있다. 하지만 불과 얼마 전까지만 해도 이스트리아반도에 생생하게
남아 있던 몇 가지 관습은 막에 싸인 채로 태어날 운명을 가진 자들의
초기 단계부터의 획일적인 소명을 암시한다. 이를테면 모미아노에서는
한 산파가 어린아이가 주술사*fudlak*가 되는 것을 막기 위해 "크레스니크
가, 크레스니크가, 크레스니크가 태어났다!" 하고 창문 밖으로 소리쳤
다.[65]

　반면, 출산 당시 발이 먼저 나온 신생아를 꼬챙이에 꽂아 (카테리나
도메나타가 말했듯이 '세 차례') 불 주변을 돌게 하는 의식은 이스트리아
반도와 프리울리에는 알려지지 않은 듯하다.[66] 하지만 이 의식에 대한
증거는 17세기 키오스섬에서 찾아볼 수 있다. 이러한 미신들을 신랄하
게 비판한 사람은 키오스섬에서 태어나 유년 시절을 보낸 저명한 학자
레오네 알라치Leone Allacci였다. 크리스마스(그러나 알라치는 크리스마스
이브에서 한 해의 마지막 날 사이의 기간이라고 말한 바 있다)에 출생한 신
생아는 '칼리칸차로이*kallikantzaroi*'가 될 운명이었다. 즉, 이들은 12월의
마지막 주와 일치하는 기간에 주기적으로 분노를 표출하는 성난 짐승
이나 다름없었으며, 이 기간에 쉼 없이 이곳저곳을 바쁘게 돌아다녔다.
그리고 그 와중에 누군가를 만나면 곧바로 덮쳐 깔아뭉개고 손톱으로
얼굴과 가슴을 사정없이 할퀴면서 "대마야 납이야?*stoppa o piombo?*"라
고 물었다. 만약 희생자가 '대마'라고 대답하면 가도록 내버려 두었지만
'납'이라고 대답하면 포악하게 공격해 반쯤 죽도록 만든 후에 길거리에
내다버렸다. 알라치에 따르면 신생아가 칼리칸차로스가 되는 것을 피하
려면 어린아이로 하여금 불 위에 뒤꿈치로 딛고 서게 하여 발바닥에 화
상을 입혀야 했다. 신생아는 화상으로 인한 고통에 비명을 지르며 눈물
을 흘렸다(의식이 끝난 후에는 통증을 완화시키기 위해 기름을 발라주었

다). 하지만 사람들은 이 때문에 그들의 손톱이 짧아지고 결국에는 미래의 칼리칸차로스가 공격성을 상실한다고 생각했다.[67]

우리는 이러한 결론이 키오스섬의 주민들이 내린 것인지 아니면 알라치가 암시한 것인지 알지 못한다. 하지만 이것은 이미 당시에도 이해할 수 없는 것으로 여겨졌던 관습을 설명하고자 한 의지의 결과인 듯하다.[68] 관습의 모든 흔적들은 이후 세월이 지나면서 사라졌다. 반면 칼리칸차로스의 이미지는 펠로폰네소스와 여러 그리스 섬들의 민간신앙에 남아 있다.[69] 칼리칸차로이는 검고 털이 많으며 때로는 거대한 몸집의, 때로는 작은 체구의 괴물들이다. 이들의 팔다리는 대개 당나귀의 귀, 양의 발, 말의 발굽 등 동물의 것을 닮았다. 이들은 때로 장님이거나 절름발이였고, 예외 없이 거대한 남근을 가진 남성이었다. 이들은 세상을 지탱해주는 나무를 잘라내기 위해 1년 내내 땅속에 머물다가, 크리스마스와 공현축일 사이 12일 밤 동안 모습을 드러냈다. 그러나 이들은 결코 그 목적을 달성하지 못했다. 이들은 거리를 배회하면서 사람들을 놀라게 하고 집 안으로 들어가 음식을 먹고 때로는 그 위에 오줌을 누기도 했다. 또한 이들은 수탉이나 말의 잔등이에 올라타고 절름발이 대장(또는 촌장)인 '위대한 칼리칸차로스'를 따라 여러 마을을 배회했다. 모든 종류의 동물로 변신할 수 있는 이들의 능력은 유명했다. 요컨대 이들은 초자연적 존재였다. 그러나 (알라치가 조금 다른 형태로 앞서 기록한 전통에 따르면) 크리스마스와 공현축일 사이의 기간에 출생한 아이가 칼리칸차로스가 되었다고도 전해진다. 이와 비슷한 유명한 사례는 에비아섬 남부 지역의 주민들 사이에서 회자되고 있다.

반대 의견도 만만치 않은 한 어원학적 주장에 따르면, 칼리칸차로스라는 용어는 '칼로스-켄타우로스*kalos-kentauros*'(아름다운 켄타우로스)

에서 유래했다. 반은 사람이고 반은 말인 고대의 존재로 묘사된 켄타우로스들은 사실 당나귀 모습의 오노켄타우로이*onokentauroi*와 (아마도) 늑대 모습의 리코켄타우로이*lykokentauroi*도 포함하던 거대한 신화적 동물들의 과科에 속한 히포켄타우로이*hippokentauroi*였다. 리코켄타우로이라는 용어에 대한 증거는 없지만, 메시나와 라코니아 남부 그리고 크레타 지역에는 리코칸차로이가 칼리칸차로이의 동의어로 사용된 증거가 남아 있다. 켄타우로스에서 이들이 파생된 것처럼, 칼리칸차로이는 주기적으로 동물로 변신할 수 있는 사람들에 대한 고대의 믿음에서 나온 형상일 것이다.[70]

이러한 해석에는 다른 많은 반론들이 제기되었다. 이 반론들은 때로는 어느 정도 신빙성이 있어 보이는 어원학적 추측들에 근거했다. 예를 들어 칼리칸차로이들은 이곳저곳을 배회하는 12일간의 밤 동안 음식을 제공받았기 때문에, 칸타로이*kantharoi*(바퀴벌레)에서 파생된 것으로 또는 죽은 자의 영혼과 동일한 것으로 암시되기도 했다.[71] 스스로 동물로 변신할 수 있다는 (출생과 연관된 신체적 특징을 포함한) 이 마지막 요소와 이들의 능력은 (인간인 동시에 신화적 존재인) 칼리칸차로이가 그간 우리가 구축한 일련의 이미지에 동화된다는 것을 암시하는 듯하다. 따라서 칼리칸차로이가 탈혼 상태나 풍요를 위한 전투에 관련된 것으로 알려지지 않았다는 점을 고려하면, 우리는 (귀납적으로) 설정한 기준들을 수정해야만 한다.

16

우리는 치르카시아의 주술사들, 루마니아의 스트리고이, 코르시카의 마체리 그리고 특히 그리스의 칼리칸차로이와 관련하여 그 어떤 결정을 내려야 할 순간에 와 있다. 이들을 분석에서 제외할 경우 우리는 두 개의 요소, 즉 탈혼 상태와 토지의 비옥함을 위한 전투로 규정된 일련의 사실들에 직면한다. 이들을 포함한다면 때때로 고려되었던 현상들의—결코 전부가 아닌—일부만을 공통분모로 하는 유사성이 포개지거나 교차하는 일련의 특징들이 나타난다. 이른바 단성론적인 분류의 첫번째 유형은 (미학적인 이유에서도) 한계 영역이 분명한 현상들에 대한 연구를 선호하는 자에게는 한층 엄격해 보일 것이다. 다중론적이라고 할 수 있는 분류의 두번째 유형은 어쩌면 정의되지 않은 방식, 그리고 어쨌든 방향 예측이 상당히 어려운 방식으로 연구를 확대시킨다.[72]

이것은 우리가 연구 과정에서 좀더 명확하게 드러날 동기들을 고려해 채택하기로 결정한 기준이다. 물론 모든 분류에는 임의적인 요소가 있기 마련이다. 다시 말하면 분류를 통제하는 기준은 정해져 있지 않다. 그러나 이러한 명목론적인 인식과 현실적인 주장을 결합해서, 전혀 또는 거의 기록으로 남아 있지 않은 사실관계들을 단순히 형태적 연관성을 따져 밝히는 일은 모순된 것으로 보이지 않는다.[73]

17

탈토시의 존재는 수많은 논쟁을 불러일으킨 치르카시아의 주술사들처럼, 탈혼 상태에서 벌이는 토지의 비옥함을 위한 전투가 인도유럽어권에만 국한된 문화적 특성이 아니라는 사실을 시사한다. 만약 이러한 형태론적인 노선을 추구한다면 우리는 다시 한 번 샤먼들과 마주하게 된다. 과거에는 샤먼들이 종종 베난단티, 늑대인간, 탈토시(그리고 이들을 통해 크레스니키까지), 부르쿠드자우타, 마체리 등에 비교되었다. 그러나 이 연구의 영역은 이들 모두로 확대되지 않을 것이다.[74] 샤먼적인 토대가 밤의 여신들과 관련된 민간신앙 분석을 통해 밝혀졌다는 사실을 기억할 필요가 있다. 이러한 수렴 현상은 우리가 재구성하고 있는 탈혼 상태에 대한 숭배의 두 측면 간에 존재하는 매우 밀접한 관계들을 입증해준다.

사실 탈혼 상태는 오래전부터 유라시아 샤먼들의 고유한 특징으로 간주되어왔다.[75] 16세기 중반 포이처는 라플란드 지역의 주술사들이 어떻게 강경증에서 벗어나는지를 다음과 같이 설명했다. "24시간이 지나자 마치 깊은 잠에서 깨어난 것처럼 영혼이 돌아왔다. 활력을 잃은 육신은 마치 자신이 빠져든 죽음에서 벗어나 생명을 되찾은 것처럼 신음 소리를 내며 깨어났다."[76] 그로부터 30년 후 몬팔코네 인근 마을에 살던 '목동'이자 베난단티인 토폴로 디 부리Toffolo di Buri에 대한 익명의 증언을 채록한 저자는 매우 유사한 표현들을 썼다. "전투에 참가하러 가야 할 순간에 그는 깊은 잠에 빠져들었다. 그는 수면 상태에서 복부의 윗부분으로부터 영혼이 빠져나가는 것을 느끼면서 마치 죽어가는 자들이 숨을 몰아쉬듯이 신음 소리를 세 차례 토해냈다."[77] 잠, 기면 상태, 강경증은 영혼이 육신으로 돌아오는 것이 늦어질 경우 그대로 끝나버릴 수도 있는 일시적 죽음의 상태에 대한 명백한 비유였다.[78]

이러한 유사성에는 점차 구체적으로 드러나는 다른 사항들이 추가된다. 유라시아의 샤먼들(라프Lapponi족, 사모예드Samojedi족, 퉁구스Tungusi족)이 경험하는 탈혼 상태는 전투에서도 빈번하게 등장한다. 강경증에 깊이 빠져든 상태로 남자는 남자를 상대로, 여자는 여자를 상대로 싸움을 벌인다. 이들의 영혼은 어느 한쪽의 샤먼이 열세에 몰려 죽기 전까지는 동물(보통은 순록)의 모습을 유지한다.[79] 13세기에 쓰여진 『노르웨이의 역사Historia Norwegiae』는 탈혼 상태에서 고래로 변한 라플란드 지역 출신의 한 샤먼의 영혼(간두스, 문자적 의미는 '지팡이'다)이 어떻게 적대 관계의 샤먼이 들고 있던 각진 막대기 형태의 지팡이에 맞아 치명적인 부상을 입었는지를 기술하고 있다.[80] 라플란드 지역에서 같은 시기에 수집된 몇 편의 영웅 전설은 탈혼 상태에 빠진 후에 결투를 벌이면서 가능한 많은 수의 순록을 자기편으로 끌어들이기 위해 노력하는 두 명의 샤먼(노아이디no'aidi)에 대해 기술하고 있다.[81] 우리는 크레스니키와 탈토시, 늙은 늑대인간 티에스가 동물로 변신해서, 또는 베난단티와 부르쿠드자우타가 동물의 잔등이를 타고서 풍요로운 수확물을 보장받기 위해 벌이는 전투에 관심을 집중해야만 한다. 그러면 동일한 신화적 구도가 생태학적, 경제적, 사회적 측면에서 서로 상당히 이질적인 사회들에 도입되고 받아들여졌다는 결론이 불가피해진다. 떠돌이 유목민 공동체에서 샤먼들은 순록을 얻기 위해 탈혼 상태에 빠져든다. 농촌 공동체의 경우 샤먼들은 (기후와 위도에 따라) 호밀, 밀, 포도를 얻기 위해 탈혼 상태에 빠져든다.

하지만 한 가지 중요한 측면에서 이러한 유사성은 불완전한 것으로 밝혀졌다. 유라시아 샤먼들의 강경증은 공개적으로 일어났지만, 베난단티, 크레스니키, 탈토시, 부르쿠드자우타, 마체리의 강경증은 항상 비공개적으로 일어났다. 때로는 이를 부인들이 목격했고, 좀더 드물게는 남편들이 목격했지만, 이는 지극히 예외적인 사례들이다. 이러한 인물들 중 그 누구도 자신이 경험하는 탈혼 상태를 샤먼들의 모임과 같은 화려한 의식의 주된 대상이 되게 하지는 않았다.[82] 일종의 보상 차원에서 유라시아의 샤먼들이 공개적인 강경증의 상태에서 단독으로 결투를 벌인다면, 유럽의 샤먼들은 비공개적인 강경증의 상태에서 진정한 의미의 전투에 참가한다.

18

이러한 차이는 동질적인 근원에 비해 상당히 두드러지게 드러난다. 실제로 샤먼에게서는 탈혼 상태에서 전투를 치르는 인물들을 통해 확인된 특징들의 대부분이 재발견된다.[83] 때로는 유사성이 진정한 의미의 실체가 된다. 시베리아의 어떤 지역에서는 샤먼의 삶이 세습되기도 했지만 유라크-사모예드Yurak-Samojedi족의 경우에는 장차 샤먼이 될 인물이, 베난단티 또는 슬라브족 늑대인간처럼 막에 싸인 상태로 출생한 신생아 같은 신체적 특징을 통해 결정되기도 했다.[84] 매우 빈번하게 우리는 유질동상 또는 가족 유사성을 발견한다. 샤먼의 경우에도 소명은 다양한 나이대에서 발현되기 시작한다. 일반적으로는 성적으로 성숙된 나이에 시작되지만 때로는 시기가 매우 늦어지기도 한다.[85] 소명의 표출은 때로는 극히 복합적인 현상으로, 과거 유럽의 연구자들이 '혹한의 히스테리'라는 병리학적인 의미로 단순화시킨 바 있는 심리적 혼란을 동반한다.[86] 유럽의 경우 샤먼 개개인이 보인 반응은 매우 다양하다. 말하자면 이러한 다양성은 "죽은 자들을 쳐다볼 것"에 대한 강요로부터 벗어나기 위해 마녀에게 의지한 프리울리 출신의 익명의 여성이 느꼈던 절망감으로부터, 이단 심문관에게 마녀들에 대한 증오심을 드러냈던 베난단티 가스파로Gasparo의 자긍심, 그리고 꿈속에서 살인을 저지른 마체리들이 경험한 기쁨 또는 죄책감에 이를 정도로 폭넓다.[87] 기독교로 개종한 지역에서 이러한 샤먼들 각각의 입지는 불가피하게도 매우 나빴다. 하지만 문화적 맥락이 매우 달랐던 만큼, 유라시아 샤먼과 유럽 샤먼의 탈혼 상태가 유사한 것은 매우 인상적이다. 늑대, 곰, 순록, 물고기로 변신하거나 (의식에서 북으로 상징되는) 동물(말이나 낙타)의 잔등이에 올라탄 샤먼의 영혼은 활력을 잃은 육신과 분리되었다. 얼마의 시간이 지나자 샤먼은 자신이 무엇을 보았는지, 무엇을 알았는지, 다른 세상에서 무엇을 했는지를 구경꾼들에게 말해주기 위해 강경증의 상태에서 벗어났다. 올라우스 마그누스의 연구에 따르면, 라플란드 지역의 주술사들은 자신들이 경험한 여행의 물리적 증거로 반지나 칼을 가져오기도 했다(그림 12).[88] 많은 사례들에서 샤먼의 북은 죽은 자들의 세계에 대한 표현으로 인식되었다.[89] 그러나 유럽에서 거의 기록으로 남아있지 않은 탈혼 상태 숭배의 주역들은 스스로를 산 자와 죽은 자의 중재자로 간주해왔다. 두 경우 모두에서 동물로의 변신과 동물의 잔등이에 올라타는 것은 탈혼 상태에 대한 상징적 표현이다. 다시 말해 일시적 죽음은 영혼이 동물 형태를 띤 채 육신에서 벗어나는 것을 의미한다.

19

위의 마지막 특징들은, 비록 그 형태가 변형되기는 했지만 15세기 초 발레주에서 열린 재판들 이래로 유럽의 이곳저곳에서 마녀와 주술사들의 자백을 통해 다시 언급되었다. 반면 토지의 비옥함을 위한 전투라는 주제는 이미 살펴본 예외들을 제외하면 거의 사라졌다고 해도 과언이 아니다. 1532년 아그네스 칼라테Agnes Callate, 이타 리히터무트Ita Lichtermutt, 딜게 글라제린Dilge Glaserin이라는 세 명의 여성은 주술을 행한 혐의로 재판에 넘겨졌다. 이들은 당시 행정상 바젤 교구에 속한 페핑겐 주민이었다. 이들은 "강요나 고문을 받지 않은" 상태에서, 한 명씩 차례로 거의 동일한 용어들을 반복하면서 다음과 같이 자백했다. 어느 봄날 이들은 다른 한 여성과 함께 복숭아나무 아래에 앉아 자신들에게 무엇이 먹고 싶은가를 묻는 까마귀들을 보았다. 첫번째 여성은 체리를, 두번째 여성은 새고기를, 세번째 여성은 포도주를 원한다고 대답했다. 세 명의 피고인은 재판 과정에서 그해에 유난히 새와 체리, 포도주가 넘쳐났을 것이라고 말했다. 이들의 연인인 세 명의 악마가 음식과 포도주를 가지고 도착했다. 이들 모두는 만찬을 벌인 후에 사랑을 나누었다. 그런 다음 세 여성은 걸어서 집으로 돌아왔다. 우리가 접할 수 있는 당시의 재판 기록물은 약술되어 지나치게 단순화된 내용만이 남아 있을 뿐이다.[90] 그럼에도 까마귀에게 부탁한 것과 풍부한 수확물과 사냥물 간의 기묘한 관계는 이제는 확고해진 악마적 구도 속에 내재된 고대의 주제를 반영하는 것처럼 보인다. 지금까지와는 전혀 다른 장소와 시기, 즉 1727년 키예프 근처의 노소프키에서 셈존 칼레니첸코Semjon Kalleničenko라는 사람은 자신이 흡혈귀로 출생했으며 어떤 여성이 마녀인지를 구분할 수 있었고, 그렇기 때문에 열두 살 때까지 마녀들의 공격에도 끄떡없었으며, 나중에 마녀들이 참여하는 군사적으로 조직된 악마의 잔치에 갔다고 자백했다. 우리는 이상에서 언급한 우크라이나의 흡혈귀가 헝가리의 탈토시, 달마티아 지역의 크레스니키, 프리울리 베난단티의 친척뻘이라는 사실을 알고 있다.[91] 시공을 초월한 파편적인 증언들은 우리가 밝히고자 했던 문화적 지층의 깊이를 다시 한 번 입증해준다.

미주

1) 재판 기록에 대해서는 H. von Bruiningk, "Der Verwolf in Livland und das letzte im Wendeschen Landgericht und Dörptschen Hofgericht i. J. 1692 deshalb stattgehabte Strafverfahren," *Mitteilungen aus der livländischen Geschichte*, 22(1924), pp. 163~220 참조. 나는 *I benandanti* cit., pp. 47~52에서 묘사한 해석을 여기서 발전시켰다. 나는 다음의 (관계가 없는) 진술들을 놓쳤다. J. Hanika, "Kultische Vorstufen des Pflanzenanbaues," *Zeitschrift für Volkskunde*, 50(1953), pp. 49~65, 그리고 H. Kügler, "Zum 'Livländischen Fruchtbarkeitskult'," *Zeitschrift für Volkskunde*, 52(1955), pp. 279~81 참조. 발트해 지역의 늑대인간에 대한 초기 증언에 대해서는 Birkhan, "Altgermanistische Miszellen" cit., pp. 36~37 참조. 민속적 연관성에 대해서는 A. Johansons, "Kultverbände und Verwandlungskulte," *Arv*, 29~30(1973~74), pp. 149~57 참조(이에 관해 친절하게 알려준 에리크 아프 에드홀름Erik af Edholm에게 고마움을 전한다).

2) 특히 Höfler, *Kultische Geheimbünde* cit. 참조. (나치의) 이념적 모체와 이 책이 뒤메질이나 (이후 시대에 한층 비판적인 태도를 견지한) 메울리와 비칸더S. Wikander 같은 학자들 사이에서 크게 회자된 것에 대해서는 Ginzburg, "Mitologia germanica e nazismo," *Miti emblemi spie* cit., pp. 210~38 참조. 회플러의 논문 전체를 수용하거나 거부하려는 성향에 반대하는 의미에서 이 논문이 실제로는 세 가지 관점으로 구성된다는 점이 강조되어야 한다. 영웅 전설과 '유령 사냥꾼들Wilde Jagd' 또는 '죽은 자들의 군대Totenheer'에 대한 일반적인 증언은 a) 신화-종교적인 내용을 가지고 있으며, b) 게르만의 영웅적이고 전사戰士적인 전설을 표현하고 있으며, c) 일반적으로 탈혼 상태의 열정에 사로잡혀 있으며 죽은 자들의 영혼을 구현하고 있다고 주장하던 가면을 쓴 젊은이들의 비밀 집단과 조직 들이 거행하는 의식에 관한 문서로 해석되어야 한다. 내 생각에는 적어도 그림에게로 거슬러 올라가는 a)의 관점만이 좋은 근거를 갖추고 있다. F. Ranke, *Das wilde Heer und die Kultbünde der Germanen...*, 1940, *Kleine Schriften*, H. Rupp & E. Studer 편집, Bern 1971, pp. 380~408에서와 같은 반反나치주의 민속학자들의 반대 주장은 '유령 사냥꾼들'에 대한 증언들을 순전히 환각으로 여기는데, 이는 절대 받아들일 수 없다. 관점 b)는 회플러의 친親나치주의가 추구하는 것으로, 문서들을 풍요에 연관된 주제들까지 포함하는 방대한 맥락으로부터 전사들에 관한 주제를 분리시키면서 획일적으로 해

석한다. 관점 c)는 분명한 이념적인 이유로 인해 이미 크로그만이 주장한 바와 같이(W. Krogmann, in *Archiv für das Studium des neueren Sprache*, 168, Band, 90, 1935, pp. 95~102), 늑대인간들의 공격과 죽은 자들의 행렬에 대한 기술을 실제 사건의 증언인 것처럼 체계적으로 해석하는, 전체적으로 어리석은 결론에 도달하면서 바이저가 주장한 도발적인 가설들(L. Weiser, *Altgermanische Jünglingsweihen*, Bühl[Baden] 1927)을 과장한다. 이러한 연구 추세에 대해서는 E. A. Philippson, "Die Volkskunde als Hilfswissenschaft der germanischen Religionsgeschichte," *The Germanic Review*, XIII(1938), pp. 237~51 참조. 회플러의 영향은 프랑코 카르디니의 연구에서 분명하게 드러난다. F. Cardini, *Alle radici della cavalleria medievale*, Firenze 1981.

3) 각각 Höfler, *Kultische Geheimbünde* cit., pp. 345 이하; W. E. Peuckert, *Geheimkulte*, Heidelberg 1951, pp. 109~17; L. Kretzenbacher, *Kynokephale Dämonen südosteuropäischer Volksdichtung*, München 1968, pp. 91~95 참조. 논쟁적인 나의 논문 "Freud, l'uomo dei lupi e i lupi mannari"(*Miti emblemi spie* cit., pp. 239~51)에서 나는 이 책의 몇 가지 주제에 대해 이미 언급했다. R. Schenda, "Ein Benandante, ein Wolf, oder Wer?," *Zeitschrift für Volkskunde*, 82(1986), pp. 200~202 참조(다른 개입 요소들은 같은 소책자에서 찾아볼 수 있다).

4) 비록 관점은 다르지만 하니카와 로젠펠트도 티에스의 자백을 의식적으로 해석하는 데 동의한다. Hanika, "Kultische Vorstufen" cit.; H. Rosenfeld, "Name und Kult der Istrionen(Istwäonen), zugleich Beitrag zu Wodankult und Germanenfrage," *Zeitschrift für deutsches Altertum und deutsche Literatur*, 90(1960~61), p. 178.

5) 오래되었지만 아직도 매우 유익한 연구인 W. Hertz, *Der Werwolf*, Stuttgart 1862; R. Andree, *Ethnographische Parallelen...*, I, Stuttgart 1878, pp. 62~80; C. T. Stewart, "The Origin of the Werewolf Superstition," *University of Missouri Studies, Social Science Series*, II, 3, 1909 참조. 블랙의 연구를 발전시킬 체계적인 참고문헌이 거의 없다. G. F. Black, "A. List of Books relating to Lycanthropy," *New York Public Library Bulletin*, 23(1919), pp. 811~15. 특정 인물들에 대한 연구는 앞으로 인용될 것이다. 비유럽 지역의 현상들에 대한 연구로는 예컨대 B. Lindskog, *African Leopard Men*, Stockholm 1954 참조.

6) (매우 박식한 내용과는 달리 설득력이 빈약한) 아이슬러의 연구서(R. Eisler, *Man into Wolf*, London 1951) 참조; 이 저자에 대해서는 숄렘이 그린 험상궂은 초상화(G. Scholem, *Da Berlino a Gerusalemme*, 이탈리아어 판본, Torino 1988, pp. 118~23) 참조. 아이슬러와 유사한 관점에 대해서는(여전히 대체로 융의 관점을 취하고 있다) Burkert, *Homo necans* cit., pp. 31, 37, 42 등 참조(하지만 p. 77에서 티에스의 자백은 평상시와 같은, 의식 행위들에 대한 증언으로 이해된다).

7) L. Harf-Lancner, "La métamorphose illusoire: des théories chrétiennes de la métamorphose aux images médiévales du loup-garou," *Annales E.S.C.*, 40(1985),

pp. 208~26 참조; 비스클라브레Bisclavret에 대한 연구로는 W. Sayers, "'Bisclavret' in Marie de France: a Reply," *Cambridge Medieval Celtic Studies*, 4(Winter 1982), pp. 77~82(풍부한 참고문헌 포함) 참조. 아르프-랑크네르에 따르면 중세 문헌들에서 언급된 늑대인간의 상반된 외적 특징들은 기독교 사상의 입장에서 볼 때 수용할 수 없는 변신을 완화시키려는 시도로 추정된다. 반면 민간전승의 전통은 늑대인간의 '야만적이고 비인간 적인 행동'을 강조한다(Harf-Lancner, "La métamorphose" cit., pp. 220~21). 하지만 이 같은 민간전승의 전통은 불변의 사실로서가 아니라 역사 과정의 결과로서 이해되어야 한다.

8) 이 모든 것과 관련해서는 *I benandanti* cit. 참조.

9) R. Jakobson & M. Szeftel, "The Vseslav Epos," *Memoirs of the American Folklore Society*, 42(1947), pp. 13~86, 특히 pp. 56~70; R. Jakobson & G. Ružičić, "The Serbian Zmaj ognjeni Vuk and the Russian Vseslav Epos," *Annuaire de l'Institut de philologie et d'histoire orientales et slaves*, X(1950), pp. 343~55 참조. 두 저술에 대해 서는 매우 유익한 저술 N. Belmont, *Les signes de la naissance*, Paris 1971, pp. 57~60 참조. 이탈리아어 판본으로는 *Cantare della gesta di Igor*, R. Poggioli 편집, Torino 1954; *Le byline*, B. Meriggi 편집, Milano 1974, pp. 41~49('볼츠 프세슬라비예비치') 참조.

10) *I benandanti* cit., pp. 18, 24 참조. 이 관습은 라플란드 지역에서도 기록으로 남겨졌 다. T. I. Itkonen, *Heidnische Religion und späterer Aberglaube bei den Finnischen Lappen*, Helsinki 1946, pp. 194~95 참조.

11) 같은 책, p. 147.

12) *Augustin Lercheimer(professor H. Witekind in Heidelberg) und seine Schrift wider den Hexenwahn*, C. Binz 편집, Strassburg 1888, p. 55 이하 참조. 다른 곳에서 이 인 물은 빌켄Wilken으로 불렸다.

13) *I benandanti* cit., pp. 9~10 참조.

14) 본서, pp. 229~30 참조.

15) O. Clemen, "Zum Werwolfsglauben in Nordwestrussland," *Zeitschrift des Vereins für Volkskunde*, 30~32(1920~22), pp. 141~44 참조.

16) C. Peucer, *Commentarius de praecipuis generibus divinationum*, Witebergae 1560, pp. 140v~145r 참조(이 내용은 첫번째 판본에는 없었으며 1553년의 판본에 포함 되었다).

17) *Corpus Reformatorum*, XX, Brunsvigae 1854, col. 552 참조. 클레멘(Clemen, "Zur Werwolfsglauben" cit.)은 (빈츠가 놓친) 서신의 저자가 비테킨트라고 주장했다. 클레 멘의 글과 레르하이머의 저작(Lercheimer, *Christlich Bedencken* cit.)은 일반적으로 이 주제를 연구하는 학자들에 의해 외면되고 있었다. 예외적인 사례로는 von Bruiningk, *Der Werwolf in Livland* cit., 그리고 K. Straubergs, "Om varulvarna i Baltikum,"

Studier och Oeversikter Tillägrade Erik Nylander…, "Liv och Folkkultur," s.B., I(1951), pp. 107~29, 특히 pp. 114~16 참조. 한편, 관점이 다른 다음의 논문도 참조. F. Baron, "The Faust Book's Indebtedness to Augustin Lercheimer and Wittenberg Sources," *Daphnis*, 14(1985), pp. 517~45(추가 참고문헌도 보라).

18) 늑대인간들을 이끄는 절름발이 소년의 특징은 레르하이머의 저작(*Christlich Bedencken* cit.)에서 언급되지 않았으며, 멜란히톤의 설명에서도 찾아볼 수 없다 (*Corpus Reformatorum*, XX, cit. 참조). 포이처는 이러한 특징을 비테킨트의 서신에서 인용하거나 직접 언급했다. 그 외에도 이 주제에 대해서는 본서, pp. 424 이하 참조.

19) 헤로도토스의 『역사』(제4권 105연) 이외에도 Peucer, *Commentarius* cit., p. 141r 참조. 보댕은 프랑스의 최고군사심문관에게 보낸 한 독일인의 서신이 유사한 현상들을 기술하고 있었다고 주장했다. "후대는 고대인들에게는 믿기지 않는 것처럼 보였던, 헤로도토스에 의해 기록된 수많은 사실들을 증명해주었다"(J. Bodin, *Demonomania de gli stegoni*, 이탈리아어 판본, Venezia 1597, p. 176). 헤로도토스가 구체적으로 언급하지 않은 언어학적, 고고학적 증언들에 대해서는 M. Gimbutas, *Bronze Age Cultures in Central and Eastern Europe*, The Hague 1965, pp. 443 이하 참조.

20) 본서, p. 193 참조.

21) 헤로도토스의 구절(『역사』 제4권 105연), 파우사니아스의 구절(『그리스 이야기』 제8권 2장 6절), 그리고 플리니우스의 구절(『자연의 역사』 제8권, p. 81)은 내가 보기에 환원주의적 관점에서 논평되었다. G. Piccaluga, *Lykaon*, Roma 1968. 페트로니우스Petronius에 대해서는 M. Schuster, "Der Werwolf und die Hexen. Zwei Schauermärchen bei Petronius," *Wiener Studien*, XLVIII(1930), pp. 149~78 참조[제임스는 이 연구를 참고하지 못했다. R. O. James, "Two Examples of Latin Legends from the Satyricon," *Arv*, 35(1979), pp. 122~25(개략적으로 설명되었지만 스칸디나비아를 배경으로 한 유사한 주제들에 대한 언급들이 유익하다)]. 아일랜드의 경우는 Hertz, *Der Werwolf* cit., p. 133에서 언급하고 있는 Giraldus Cambrensis, *Topographia Hibernica*, II, 19(*Opera*, V, London 1887, J. F. Dimock 편집, pp. 101 이하) 참조. 1188년 이전에 출간된 이 연구는 사제와 늑대로 변한 한 남자와 한 여자가 만나서 5~6년 전에 완성되었다. Eisler, *Man into Wolf* cit., pp. 138~39, 주석 111 참조. 보름스의 부르카르드에 대해서는 Migne, *Patrologia Latina*, CXL, col. 971 참조. 비테킨트에 대해서는 본서, pp. 278 이하 참조.

22) R. Buxton, "Wolves and Werewolves in Greek Thought," *Interpretations of Greek Mythology* cit., pp. 60~79; Schuster, "Der Werwolf" cit., p. 153, 주석 14 참조(이전의 연구에서는 언급되지 않았다).

23) 첫번째 관점의 경우 '이동 의식'은 이중적인 매장(본서 제1부 1장 주석 25 참조)에 관한 헤르츠R. Hertz의 연구를 통해 발견되었다. 두번째 관점의 경우 Propp, *Le radici storiche* cit. 참조.

24) W. H. Roscher, "Das von der 'Kynanthropie' handelnde Fragment des Marcellus von Side," *Abhandlungen der philologisch-historichen Classe der königlich Sächsischen Gesellschaft der Wissenschaften*, 17(1897), 특히 pp. 44~45, 57 참조; p. 4에서 이 연구가 로데의 『프시케*Psyche*』에 전반적으로 빛을 지고 있음을 인식할 수 있다. 이에 대해서는 사후에 *Berliner Philologische Wochenschrift*, 18(1898), coll. 270~76(*Kleine Schriften*, Tübingen/Leipzig 1901, II, pp. 216~23)에 실린 중요한 비평을 통해 공식화되었다. 로셔W. H. Roscher가 지적한 내용은 제르네가 더욱 발전시켰다. L. Gernet, "*Dolon le loup*," *Anthropologie de la Grèce antique*, Paris 1968, pp. 154~71. 하데스의 모자에 대해서는 S. Reinach, "*Galea*," C. Daremberg & E. Saglio, *Dictionnaire des antiquités grecques et romaines*, II, 2, Paris 1896, p. 1430 참조; 다른 참고문헌을 찾아보려면 다음을 참조. A. Alvino, "L'invisibilità di Ades," *Studi storico-religiosi*, v(1981), pp. 45~51. 하지만 제르네의 연구 논문은 언급되지 않았다. 늑대(개)와 죽은 자들의 세계의 관계에 대한 방대한 문헌으로는 F. Kretschmar, *Hundestammvater und Kerberos*, Stuttgart 1938, 2 voll. 참조.

25) W. E. Peuckert, in *Handwörterbuch des deutschen Aberglaubens*, 9, Berlin 1938~41, coll. 783~84, 그리고 Höfler, *Kultische* cit., pp. 16~18 참조. 건지섬의 경우 바로우*varou*는 밤의 영혼이자 죽은 자를 의미했다(브르타뉴어로는 '*varw*'이다). E. Mac Culloch, *Guernsey Folk Lore*, London 1903, pp. 230~31 참조.

26) 중요한 논문인 L. Weiser-Aall, "Zur Geschichte der altgermanischen Todesstrafe und Friedlosigkeit," *Archiv für Religionswissenschaft*, 30(1933), pp. 209~27 참조. 그 외에도 A. Erler, "Friedlosigkeit und Werwolfsglaube," *Paideuma*, I(1938~40), pp. 303~17(회플러의 영향을 크게 받았다); G. C. von Unruh, "Wargus, Friedlosigkeit und magisch-kultische Vorstellungen bei den Germanen," *Zeitschrift für Rechtsgeschichte*, Germ. Abt., 74(1957), pp. 1~40; T. Bühler, "Wargus-friedlos-Wolf," *Festschrift für Robert Wildhaber*, Basel 1973, pp. 43~48 참조. 이러한 해석과의 논쟁으로는 H. Siuts, Bann und Acht und ihre Grundlagen im Totenglauben, Berlin 1959, pp. 62~67; M. Jacoby, *Wargus, vargr, "Verbrecher," "Wolf." Eine sprach- und rechtsgeschichtliche Untersuchung*, Uppsala 1974 참조(설득력이 없는 방식으로, 늑대인간에 대한 중세와 중세 이후의 증언들이 고전 시대와 기독교의 영향을 크게 받았기 때문에 민속 문화와 아무런 관계가 없다는 사실을 보여주려 한다. 그 외에도 신랄한 비평인 J. E. Knirk, *Scandinavian Studies*, 49, 1977, pp. 100~103 참조). 고대 그리스 로마 시대의 늑대와 범법자들의 관계의 근원에 대해서는 J. Bremmer, "The 'suodales' of Poplios Valesios," *Zeitschrift für Papyrologie und Epigraphik*, 47(1982), pp. 133~47; J. Bremmer & N. M. Horsfall, *Roman Myth and Mythography*, London 1987(University of London, Institute of Classical Studies, Bulletin Supplement 52), pp. 25 이하 참조.

27) 크레첸바허(Kretzenbacher, *Kynokephale Dämonen* cit.)에 대한 통찰력 있는 비평에서 그람보는 늑대인간에 대한 모든 민간신앙을 유라시아 지역에 확산되어 있던 탈혼 상태의 기법과 연결할 것을 제안했다(Grambo, *Fabula*, 13, 1972, pp. 202~204).

28) Olaus Magnus, *Historia* cit., pp. 442 이하 참조.

29) E. Strauch, *Discursus physicus lykanthropiam quam nonnulli in Lovonia circa Natalem Domini vere fieri narrant, falsissimam esse demonstrans... praeses M. Michael Mej Riga Livonus*, Wittenbergae 1650; F. T. Moebius, *De transformatione hominum in bruta... sub praesidio J. Thomasii*, Leipzig 1667 참조. 일반적으로 늑대인간이라는 주제는 17세기 중반 무렵 독일에서 크게 확산되어 있었다. 대표적인 사례로는 *Cyllenes facundus, hoc est problema philosophicum de lycanthropis, an vere illi, ut fama est, luporum et aliarum bestiarum formis induantur? cum aliis questionibus hinc emanantibus...*, Spirae Nemetum 1647 참조(슈파이어Speier 김나지움의 교수 12명과 여러 학생들의 연설 제목들이 실려 있다).

30) 앞의 주석 3에 인용된 회플러, 포이케르트, 크레첸바허 등의 연구 참조.

31) W. Deonna, "Croyances funéraires. La soif des morts...," *Revue de l'histoire des religions*, t. CXIX(1939), pp. 53~77 참조.

32) 본서, p. 183 참조.

33) *I benandanti* cit., p. 89, 그리고 포이처의 유일한 언급(본서, p. 280) 참조.

34) 본서, p. 38에서 인용된 비트겐슈타인의 글 참조.

35) M. Bošković-Stulli, "Kresnik-Krsnik, ein Wesen aus der kroatischen und slovenischen Volksüberlieferung," *Fabula*, III(1959~60), pp. 275~98(개정판 *Motodi e richerche*, n.s., VII, 1988, pp. 32~50) 참조. 나는 이 논문 덕분에, 과거 *I benandanti* cit., p. 200에서 성급하게 다루었던 베난단티-크레스니키를 나란히 놓는 문제에 대해 신중하게 접근할 수 있었다. 이러한 현상들이 지속적으로 유지된 것에 대해서는 P. Del Bello, *Spiegazione della sventura e terapia simbolica. Un caso istriano* 참조(1986/87년 트리에스테 대학의 박사학위 논문이다. 지도교수인 그리G. P. Gri는 이 논문의 가장 중요한 부분을 나에게 제공해주었다).

36) 텍스트는 1837년에 처음 출판되었다. 이 책에서 나는 보스코비치-스털리가 제안한 수정사항을 고려했다(Bošković-Stulli, "Kresnik-Krsnik" cit., p. 279, 주석 11). 그리고 독립적으로 G. Trebbi, "La Chiesa e le campagne dell'Istria negli scritti di G. F. Tommasini," *Quaderni giuliani di storia*, I(1980), p. 43 참조.

37) 보스코비치-스털리는 크레스니키가 남자일 수도 있고 여자일 수도 있다고 주장한다(Bošković-Stulli, "Kresnik-Krsnik" cit., p. 278). 인용된 모든 사례들은 하나를 제외하고(p. 281) 사실상 남자들을 나타낸다.

38) D. Burkhart, "Vampirglaube und Vampirsage auf dem Balkan," *Beiträge zur Südösteuropa-Forschung...*, 1966, pp. 211~52 참조(애니미즘 또는 프리애니미즘

preanimism 같은 오래된 범주들에 지나치게 집착하는 단점이 여러 곳에서 드러나기는
하지만 그럼에도 여전히 유익한 논문이다).

39) *I benandanti* cit., pp. 91~93 참조.

40) 헝가리어로 된 참고문헌들은 언어 문제로 인해 참고하지 못했다. 하지만 베난단티들
과 탈토시들의 유사성에 관해서는 다음의 훌륭한 논문 G. Klaniczay, *Shamanistic
Elements in Central European Witchcraft*, 그리고 (좀더 일반적으로는) M. Hoppál,
"Traces of Shamanism in Hungarian Folk Beliefs," *Shamanism in Eurasia* cit.,
pp. 404~22, 430~46 참조. 두 참고문헌 모두 다음 저술에서 고려 대상이 되지 않았
다. A. M. Losonczy, "Le chamane-cheval et la sage-femme ferrée. Chamanisme
et métaphore équestre dans la pensée hongroise," *L'Ethnographie*, 127(1986),
nn. 98~99, pp. 51~70. 이러한 일련의 연구는 다음의 참고문헌 검토에서 보완되었다.
J. Fazekas, "Hungarian Shamanism. Material and History of Research," *Studies
in Shamanism*, C.-M. Edsman 편집, Stockholm 1967, pp. 97~119 참조. 이탈리아
어 판본으로는 M. Hoppál, "Mitologie uraliche," *Conoscenza religiosa*, 4(1978),
pp. 367~95; A. Steiner, *Sciamanesimo e folklore*, Parma 1980 참조. 부분적으로
논쟁의 여지가 있고 오래된 것이기는 하지만 여전히 기본이 되는 연구서는 다음과 같
다. G. Róheim, "Hungarian Shamanism," *Psychoanalysis and the Social Sciences*,
III(1951), pp. 131~69, 그리고 V. Diószegi, "Die Ueberreste des Schamanismus
in der ungarischen Volkskultur," *Acta Ethnographica Academiae Scientiarum
Hungaricae*, VII(1958), pp. 97~134. 각각 1925년과 1958년에 헝가리어로 쓰인 매
우 방대한 연구를 포함한다. 디오세기Diószegi의 인종학 연구에 대해서는 T. Dömötör,
in *Temenos*, 9(1973), pp. 151~55; E. Lot-Falck, in *L'homme*, XIII(1973), n. 4, pp.
135~41; J. Kodolányi & M. Varga, in *Shamanism in Eurasia* cit., pp. XIII~XXI
참조. 다른 지적들에 대해서는 M. Sozan, *The History of Hungarian Ethnography*,
Washington 1979, pp. 230~45(로하임Róheim의 연구), pp. 327~30(디오세기의 연
구). 탈토시의 어원에 대해서는 B. Gunda, "Totemistische Spuren in der ungarischen
'táltos'-Ueberlieferung," *Glaubenswelt und Folklore der sibirischen Völker*, V.
Diószegi 편집, Budapest 1963, p. 46 참조. 이 저술은 (파이스D. Pais의 연구를 뒤이
어) 터키어* '*taltis-taltus*,' 즉 '치는 자' '감각을 상실할 때까지 몽둥이로 때리는 자'를 상
기시키며, 탈혼 상태(또는 전투?)에 대한 환영을 암시한다. 핀란드어 '*tietaja*'(현명한 자,
주술사)의 다른 어원은 로하임이 제안했다. Róheim, "Hungarian Shamanism" cit., p.
146. 헝가리의 주술에 대해서는 V. Klein, "Der ungarische Hexenglaube," *Zeitschrift
für Ethnologie*, 66(1934), pp. 374~402 참조.

41) 재판 기록의 해당 구절은 다음 저술에서 번역되었다. G. Ortutay, *Kleine ungarische
Volkskunde*, Budapest 1963, pp. 120~21. 그리고 Dömötör, "The Problem of the
Hungarian Famale Táltos," *Shamanism in Eurasia* cit., pp. 423~29, 특히 p. 425

참조.

42) 같은 책, p. 427.

43) Klaniczay, *Shamanistic Elements* cit. 디오세기(Diószegi, "Die Ueberreste" cit., pp. 125 이하)는 탈토시들 간의 투쟁이라는 주제를 주목하지만, 그의 목적은 이것이 아니라 토지의 비옥함이다. Róheim, "Hungarian Shamanism" cit., pp. 140, 142 참조. 불충 분하기는 하지만, 헝가리 주술재판을 통해 드러난 군사 조직에 대해서는 *I benandanti* cit., p. 40, 주석 12 참조. 이러한 지점들의 풍부한 특징들로 인해 쾨르너(T. Körner, "Die ungarischen Hexenorganisationen," *Ethnographia*, 80, 1969, p. 211; 헝가리 어로 작성된 논문의 요약본)는 16세기 중반 주술 혐의로 고발된 헝가리 농민들이 실제로 조직된 군사 단체에 활력을 불어넣었다는 사실을 지적했다. 선사시대의 종교단체가 살 아남았다는 머리Murray의 주장에 반대하는 가설도 문서로 된 근거가 부족하다는 문제 점을 가지고 있다. 하지만 이러한 신화들과 구체적인 의식들 간의 상호 관계에 대해서는 본서, pp. 342 이하 참조.

44) 탈토시와 크레스니키의 연관성은 로하임이 앞서 파악한 바 있다. Róheim, "Hungarian Shamanism" cit., pp. 146~47. 보스코비치-스틸리의 논문(Bošković-Stulli, "Kresnik-Krsnik" cit.)에서는 헝가리 현상들과의 비교가 생략되었다. 이에 대해서는 T. Dömötör, "Ungarischer Volksglauben und ungarische Volksbräuche zwischen Ost und West," *Europa und Hungaria*, G. Ortutay & T. Bodrogi 편집, Budapest 1965, p. 315(동일한 비평은 *I benandanti*에도 적용된다. 앞의 주석 43 참조).

45) J. Klaproth, *Voyage au Mont Caucase et en Géorgie*, 2 voll., Paris 1823 참조(오세트 족에 대해서는 같은 책, II, pp. 223 이하 참조).

46) H. Hübschmann, "Sage und Glaube der Osseten," *Zeitschrift der deutschen Morgenländischen Gesellschaft*, 41(1887), p. 533 참조.

47) Klaproth, *Voyage* cit., II, pp. 254~55 참조. 이 구절은 이후의 주석들에서 인용된 연 구들에서는 언급되지 않았다.

48) 이 모든 것에 대해서는 뒤메질(Dumézil, *Le problème des Centaures*, Paris 1929, pp. 92~93)이 인용하고 활용한 가티에프B. Gatiev(1876)와 밀러V. Miller(1882)의 연구 참 조. 두 연구자의 연구는 알렉산드르 고르푼켈Aleksándr Gorfunkel(나에게 복사본을 제공해주었다)과 마루사 긴즈부르그Marussa Ginzburg(번역을 도와주었다)의 도움으 로 읽을 수 있었다. 이들에게 고마움을 전한다.

49) Evliyâ Çelebi, *Seyahâtnâme*, VII, Istanbul 1928, pp. 733~37 참조. 피터 브라운 Peter Brown은 이 증언 외에도 영어 번역본을 제공해주었다. 이 자리를 빌려 고마움을 전한다.

50) 악마의 잔치에 참가하기 위해 유럽의 마녀들이 사용한 도구들 중에서 가정용 집기들 은 (빗자루를 제외하고는) 매우 드물게 등장한다. 벤치와 스툴에 다리를 벌리고 앉은 미 란돌라 지역의 마녀들은 예외다. G. F. Pico, *Strix sive de Iudificatione daemonum*,

Bononiae 1523, c. Dvr 참조.

51) *I benandanti* cit., pp. 111 이하 참조.

52) 죽은 자들의 세계에 간 소슬란에 대해서는 *Il libro degli Eroi. Leggende sui Narti*, G. Dumézil 편집, 이탈리아어 판본, Milano 1979, pp. 107~31 참조(부르쿠드자우타들이 경험한 탈혼 상태와의 유사성은 고려하지 않는다). G. Dumézil, *Légendes sur les Nartes suivies de cinq notes mythologiques*, Paris 1930, pp. 103 이하도 참조.

53) 본서, pp. 197 이하 참조.

54) G. Dumézil, *Storie degli Sciti*, 이탈리아어 판본, Milano 1980, p. 12; J. H. Grisward, "Le motif de l'épée jetée au lac: la mort d'Artur et la mort de Badraz," *Romania*, 90(1969), pp. 289~340, 473~514 참조.

55) 탈토시들이 부름을 받고 동물로 변하기 전에 짧은 순간 의식을 상실하는 것에 대해서는 Diószegi, "Die Ueberreste" cit., pp. 122 이하 참조; 다른 의견에 대해서는 Róheim, "Hungarian Shamanism" cit., p. 147 참조.

56) 본서, pp. 290~91 참조.

57) V. Foix, "Glossaire de la sorcellerie landaise," *Revue de Gascogne*, 1903, pp. 368~69, 450 참조(이 논문의 사본을 제공해준 다니엘 파브르Daniel Fabre에게 고마움을 전한다).

58) 베난단티 중에서 (메니키노 다 라티사나Menichino da Latisana라 불리는) 한 사람은 세 개의 날짜, 즉 성 마티아san Mattia 사도 축일, 성체축일Corpus Domini, 성 조반니san Giovanni 축일만을 언급했다. *I benandanti* cit., p. 112 참조. 탈토시의 경우 정확하게 알려진 유일한 날짜는 데브레첸 지역의 성 조르조san Giorgio 축일의 밤이다. Róheim, "Hungarian Shamanism" cit., p. 120 참조.

59) 저절로 형성된 이러한 요인들이 사실상 본 연구의 목적에 맞지 않는 매우 방대한 지역에 한계를 정해준다는 것은 명백하다. 이에 대해서는 E. Arbman, *Ecstasy or Religious Trance*, 3 voll., Uppsala 1963~70 참조(내가 정확하게 읽었다면, 이 저술은 여기에서 분석한 현상들을 언급조차 하지 않고 있다).

60) L. Wittgenstein, *Ricerche filosofiche*, 이탈리아어 판본, Torino 1967, pp. 46 이하 (parr. 65 이하)에 나오는 비트겐슈타인의 유명한 구절 참조. '가족 유사성'에 대한 개념(p. 47, par. 67)은 갈톤F. Galton의 실험에 의해 암시된 바 있다. 비트겐슈타인과 갈톤의 연구와——가족 유사성을 꿈의 현상으로 보여줌으로써 조금은 다른 의미로 설명한——프로이트의 『꿈의 해석』(*L'interpretazione dei sogni*, 이탈리아어 판본, Torino 1976, pp. 144, 275~76) 사이의 연관성을 밝히는 연구(분명 누군가가 연관성을 밝혔을 것이다)를 나는 확인하지 못했다. 전반적으로 이 주제와 그 함의에 대해서는 중요한 연구인 Needham, "Polythetic Classification" cit. 참조.

61) 이 모든 것에 대해서는 Eliade, "Some observations" cit., pp. 158~59 참조. 일반적으로는 H. A. Senn, *Were-Wolf and Vampire in Rumania*, New York 1982 참조.

62) 이 모든 것과 관련하여 명민한 논문인 G. Ravis-Giordani, "Signes, figures et conduites de l'entrevie-et-mort; finzione, mazzeri et streie corses," *Études Corses*, 12~13(1979), pp. 361 이하 참조(저자가 직접 이 논문을 나에게 보내주었다). 이 논문 은 베난단티와의 유사성을 분석하고 있다. 유용한 민족지학적 연구로는 D. Carrington & P. Lamotte, "Les mazzeri," *Études Corses*, n. 15~16(1957), pp. 81~91; D. Carrington, *Granite Island*, London 1971, pp. 51~61 참조. 물테도는 지극히 피상적 인 내용의 연구서(R. Multedo, *Le folklore magique de la Corse*, Nice 1982, 특히 p. 248)에서, 뒷받침하는 증거 없이, 탈혼 상태로 말가죽으로 덮인 벤치를 사용해 여행하 는 샤먼(또는 마체리?)에 대해 기술했다.

63) *I benandanti* cit., p. 97 참조.

64) 같은 책, pp. 110 이하. 출산의 순간에 발이 먼저 나오는 것에 대해서는 Belmont, *Les signes de la naissance* cit., pp. 129 이하 참조.

65) Bošković-Stulli, "Kresnik-Krsnik" cit., p. 277 참조.

66) 유럽 각지로의 확산에 대해서는 E. F. Knuchel, *Die Umwandlung in Kult, Magie und Rechtsbrauch*, Basel 1919 참조.

67) L. Allacci, *De templis Graecorum recentioribus... De Narthece ecclesiae veteris... nec non de Graecorum hodie quorundam opinionibus...*, Coloniae Agrippinae 1645, pp. 140 이하 참조. 크리스마스와 성 바실리오의 날 사이에 출생한 아이들의 경 우, 그리고 흡혈귀*vrikolakes*가 될 수 있다고 의심되는 아이들의 경우에도 아이들의 발을 뜨거운 난로에 올려놓았다. G. Drettas, "Questions de vampirisme," *Études rurales*, 97~98(1985), p. 216, 주석 4 참조. 헝가리에서는 산파에 의해 바뀐 것으 로 의심되는 어린아이를 벽난로에 던지거나 냄비에 넣는 시늉을 했다. Losonczy, "Le chamane-cheval" cit., p. 62 참조. 알라치가 언급한 것과 유사한 질문 사례들에 대해 서는 Knuchel, *Die Umwandlung* cit., p. 7; *I benandanti* cit., p. 129 참조.

68) 이러한 사실은 이미 로슨이 주목하고 있었다. J. C. Lawson, *Modern Greek Folklore and Ancient Greek Religion*, Cambridge 1910, p. 210 참조(지금도 대단히 중요한 이 책의 1964년도 뉴욕 판본에는 오이코노미데스A. N. Oikonomides의 서론이 실려 있다).

69) 이에 대한 정보를 제공해준 니콜라오스 콘티자스Nikolaos Kontizas와 잔니 리치Gianni Ricci에게 따뜻한 감사 인사를 전한다.

70) 이 모든 것에 대해서는 Lawson, *Modern Greek Folklore* cit., pp. 190~255 참조.

71) 각각 F. Boll, "Griechische Gespenster," *Archiv für Religionswissenschaft*, 12(1909), pp. 149~51〔터키의 카라-콘드졸로스Kara-Kondjolos(흡혈귀)에서 유래했다는 슈미 트B. Schmidt의 주장을 거부한다〕; G. A. Megas, *Greek Calendar Customs*, Athens 1958, pp. 33~37 참조. 다음 저술에는 칼리칸차로이에 대한 새로운 내용은 없지만, 피상적으로나마 심리학적인 설명을 시도한다. R. Blum & E. Blum, *The Dangerous*

Hour, New York 1970, pp. 119~22, 232, 331.

72) R. Needham, *Polythetic Classification* cit. 참조.

73) 본서, pp. 36~37 참조.

74) 우선 *I benandanti* cit., pp. XIII, 51; Eliade, "Some Observations" cit., pp. 153 이하 참조. 탈토시의 경우에는, 로하임과 디오세기의 연구 이외에도 샤먼의 개념을 크레니스키로 확대한 최근의 연구인 Klaniczay, *Shamanistic Elements* cit. 참조. 늑대인간의 경우에는 G. H. von Schubert, *Die Geschichte der Seele*, Tübingen 1839, pp. 394 이하; R. Leubuscher, *Ueber die Wehrwölfe und Thierverwandlungen im Mittelalter. Ein Beitrag zur Geschichte der Psychologie*, Berlin 1850, pp. 39~40, 주석 참조. 로셔가 로이부셔Leubuscher의 구절(Roscher, "Das von der 'Kynanthropie'" cit., p. 21, 주석 52)을 언급했음에도, 샤먼과 늑대인간의 연관성은 이후의 연구에서 대체로 무시되었다. 그럼에도 다음을 참조. G. Vernadsky, "The Eurasian Nomads and their Art in the History of Civilization," *Saeculum*, I(1950), p. 81; Å. Hultkrantz, "Means and Ends in Lapp Shamanism," *Studies in Lapp Shamanism* cit., p. 57; R. Grambo, "Shamanism in Norwegian Popular Legends," *Shamanism in Eurasia* cit., 396. 늑대인간에 대한 내용도 등장하는 러시아 샤머니즘의 자취는 메리지의 연구를 통해 드러났다(Meriggi, *Le byline* cit., pp. 12, 21 이하 등등). 또한 Jakobson, *Autoritratto* cit., p. 134 참조. 부르쿠드자우타에 대해서는 뱅베니스트의 민첩하고도 적절한 언급을 참조(E. Benveniste, *Études sur la langue ossète*, Paris 1959, pp. 139~40). 마체리에 대해서는 Ravis-Giordani, *Signes* cit., pp. 369 이하 참조. 이 연구서는 물테도가 주장한 샤먼들과의 유사성을 비판한다. R. Multedo, *Le 'mazzerisme' et le folklore magique de la Corse*, Cervione 1975(나는 이 연구서를 읽지 못했다).

75) 이것은 엘리아데의 가설이다. M. Eliade, *Shamanism, Archaic Techniques of Ecstasy*, Princeton(N. J.) 1974(1964년까지 수정된 방대한 참고문헌 포함). 하지만 이 연구는 결국 엄밀한 샤머니즘적 의미에서의 탈혼 상태로 특징지어지지 않는 현상을 고찰하는 것으로 끝난다. 이에 대한 비판으로는 D. Schroeder, in *Anthropos*, 48(1953), pp. 671~78; Lot-Falck, "Le chamanisme en Sibérie" cit.; L. Vajda, "Zur phaseologischen Stellung des Schamanismus," *Ural-Altaische Jahrbücher*, 31(1959), pp. 456~85 참조. 이 연구들은 탈혼 상태를 시베리아 샤머니즘의 여러 특징 중의 하나로 간주하는 데 동의한다. 동시에 엘리아데는 이러한 특징들 중에 그 어느 것도 오직 샤머니즘적인 것으로만 고려될 수 없다는 점을 강조한다. 즉, 샤머니즘의 고유성을 구성하는 것은 이러한 특징들의 공존이라는 것이다. 선별된 참고문헌에 대해서는 U. Marazzi 편집, *Testi dello sciamanesimo siberiano e centroasiatico*, Torino 1984 참조.

76) Peucer, *Commentarius* cit., p. 143r 참조: "*horis viginti quatuor elapsis, revertente spiritu ceu e profundo somno cum gemitu expergiscitur exanime corpus, quasi*

revocetur in vitam ex morte qui conciderat."

77) *I benandanti* cit., p. 104 참조.

78) 같은 책, p. 31 참조. 16세기 후반 프리울리에서는 영혼이 24시간 내에 육신으로 돌아와야만 했다. 1922년에 수집된 정보에 따르면, 라플란드 지역에서는 3일의 낮과 밤의 시간이 주어졌다. T. I. Itkonen, "Der 'Zweikampf' der lappischen Zauberer (*Noai'di*) um eine Wildrentierherde," *Journal de la Société finno-ougrienne,* 62(1960), fasc. 3, p. 4, 주석 3 참조.

79) V. Diószegi, "Le combat sous forme d'animal des chamans," *Acta Orientalia Academiae Scientiarum Hungaricae,* II(1952), pp. 315~16 참조(러시아어로 작성된 방대한 연구의 요약본). 이 연구 방향에 대한 암시는 이미 Harva(Holmberg), *Les représentations* cit., p. 326에서 제기된 바 있다. 이 연구는 스칸디나비아의 필기아 *fylgia*에 대해서도 언급하고 있다(이에 대해서는 본서, p. 468 참조). '백인' 샤먼과 '흑인' 샤먼의 구분은 부랴트인들 사이에서 드러나는데, 이는 다른 의미를 가지고 있는 것으로 추정된다. Vajda, "Zur phaseologischen" cit., pp. 471~73. 이 연구는 탈혼 상태에서 수행한 전투들을 샤머니즘의 특징들 중 하나로 여겼다. 하지만 그 외에도 L. Krader, "Buryat Religions and Society," *Gods and Rituals,* J. Middleton 편집, Austin/London 1967, pp. 117 이하 참조.

80) *Monumenta historica Norvegiae latine conscripta,* G. Storm 편집, Kristiania 1880, pp. 85~97 참조. 그 외에도 다음의 연구들을 참조. Hultkrantz, "Means and Ends" cit., p. 54; Grambo, "Shamanism in Norwegian Popular Legends," *Shamanism in Eurasia* cit., pp. 391 이하; R. Boyer, *Le monde du double,* Paris 1986, pp. 65~66.

81) 중요한 논문인 Itkonen, "Der Zweikampf" cit., pp. I 이하, 그리고 L. Bäckman, "Types of Shaman: Comparative Perspectives," *Studies in Lapp Shamanism* cit., p. 77 참조.

82) 이 지점에 대한 정당한 주장으로는 Klaniczay, *Shamanistic Elements* cit., p. 414 참조.

83) 이들은 근본적으로 바이다가 지적한 내용에 동의한다. Vajda, "Zur phaseologischen" cit.(나는 이 부분을 쓴 후에 비로소 바이다의 글을 읽었다). 몇 가지 동의하지 않는 내용들은 별로 중요한 부분은 아니다(예를 들어 p. 465에서 바이다는 장차 샤먼이 될 자들의 신체적인 특징을 차별화되는 특징으로 간주하지 않은 채로 언급한다). 가장 주목할 부분은 여기에서 분석된 현상들에서 우주론적 함의가 생략되었다는 점이다. 시베리아 샤먼들에 대해서는 Vajda, "Zur phaseologischen" cit., pp. 470~71 참조.

84) T. Lehtisalo, *Entwurf einer Mythologie der Jurak-Samojeden,* Helsinki 1924, p. 114 참조. 그리고 본서, pp. 467 이하 참조.

85) Lot-Falck, "Le chamanisme" cit., p. 6 참조.

86) Å. Ohlmarks, *Studien zum Problem des Schamanismus,* Lund 1939; R. T. Christiansen, "Ecstasy and Arctic Religion," *Studia septentrionalia,* IV(1953),

pp. 19~92; Å Hultkrantz, "Type of Religion in the Arctic Cultures. A Religio-Ecological Approach," *Hunting and Fishing...*, H. Hvarfner 편집, Luleå 1965, pp. 264~318 참조(특히 p. 310에서 올마르크스Ohlmarks의 오래된 연구를 좀더 미묘한 방식으로 재인용하고 있다). 좀더 분석적인 관점으로는 E. De Martino, *Il mondo magico*, Torino 1948, pp. 91 이하; Vajda, "Zur phaseologischen" cit., pp. 260~61; E. Lot-Falck, "Psychopathes et chamanes yakoutes," *Échanges et communications. Mélanges offerts à Cl. Lévi-Strauss*, J. Pouillon & P. Maranda 편집, The Hugue/Paris 1970, I, pp. 115~29; Lot-Falck, "Le Chamanisme" cit., pp. 4 이하 참조.

87) *I benandanti* cit., pp. 58, 125 참조.

88) Olaus Magnus, *Historia* cit., pp. 115~16 참조.

89) D. Strömbäck, "The Realm of the Dead on the Lappish Magic Drum," *Arctica. Studia Ethnographica Upsaliensia*, XI(1956), pp. 216~20 참조.

90) 이러한 내용들은 하겐바흐에 의해 출간되었다. K. R. Hagenbach, *Die Basler Hexenprozesse in dem 16ten und 17ten Jahrhundert*, Basel[1840?], pp. 5~7. 이 연구는 재판 과정의 특이한 성격을 여러 차례 지적하고 있다. 유사한 주제들이 변형되어 반복된 사례들은 1728년 헝가리 세게드에서 열린 몇 차례의 마녀재판에서 확인할 수 있다. T. Dömötör, *Hungarian Folk Beliefs*, Bloomington(Indiana) 1982, pp. 70~71 참조.

91) Z. Kovács, "Die Hexen in Russland," *Acta Ethnographica Academiae Scientiarum Hungaricae*, 22(1973), pp. 51~85, 특히 pp. 82~83 참조; 저자는 헝가리 마녀재판과의 유사성을 지적했다. 이 연구는 다음의 연구에서 참조되지 않은 것 같다. R. Zguta, "Witchcraft Trials in Seventeenth-Century Russia," *The American Historical Review*, 82(1977), pp. 1187~1207.

4장

동물 가면 쓰기

1

이미 어느 정도는 무해한 미신으로 간주된 죽은 자들의 무리에 대한 민간신앙은 주교, 설교자, 이단 심문관 들의 주도하에 악마의 잔치의 전형으로 매도되었다. 민간신앙의 외피에 싸여 있던 악마의 이미지는 17세기 중반 이후 마녀들에 대한 박해가 감소하면서 함께 사라지기 시작했다. 이러한 민간신앙은 이때부터 비로소 역사적인 차원에서 연구되기 시작했다. 루터교 목사인 힐셔는 1688년에 출간된『광적인 탄압에 대하여』의 마지막 부분에서, 영혼에 대한 재판의 가장 오래된 증거는 이미 튀링겐, 프랑코니아, 스와비아(슈바벤)에 확산되어 있던 기독교가 로마교회의 과오에 따른 영향으로 타락하기 시작하던 기간으로 거슬러 올라간다고 언급했다.[1] 미신은 16세기 내내 지속되었지만, 힐셔의 한 정보원(에르푸르트의 목사로 추정된다)에 따르면 얼마 전부터 미신의 출현은 크게 줄어들었다. 이 시점에서 힐셔는 프랑크푸르트에 확산되어 있던 한 가지 관습을 강조했는데, 우리는 그 관습이 언제 생겨났는지 알 수 없다. 그것은 매년 몇 명의 젊은이들이 노래와 예언을 하면서(그들은 실수를 하지 않기 위해 숙련자들에게 가르침을 받았다), 잎사귀가 달린 작은 가지들로 장식된 거대한 수레를 각 집의 문 앞에 놓아두는 일을 하고 대가를 받았다는 것이다. 대중들은 이러한 방식으로 (힐셔는 이렇게 글을 마친다) 에크하르트의 군대에 대한 기억을 기념했다고 한다.[2]

2

그럼으로써 프랑크푸르트에서 치러진 의식에서 구경꾼들은—늙은 에크하르트까지 포함하는 여러 신화적 인물들이 인도자로 등장하는 죽은 자들의 무리인—'성난 군대'에 대한 표현을 알아차렸다. 우리는 구경꾼들의 반응을 통해 이 행사 자체에 하나의 의식이 포함되어 있다는 사실을 알 수 있다. 물론 젊은이들은 대가를 받고 다른 사람들의 지침에 따라 죽은 자들의 의식을 대행했는데, 우리는 이러한 사실로부터 이들이 악마의 유혹에 빠진 젊은이들로 구성된 비밀조직 구성원이 아니라 전문 배우들이라는 사실을 추론할 수 있다.[3] 이 모든 것은 어떤 사람들에게는 일종의 연극을 연출하는 무대와 같았고, 또 다른 사람들에게는 다시금 활성화되고 전달될 수 있는 핵심적 기억의 일부였다.

전통의 재발견 또는 재구성이라는 초기의 사례는 산업화 이전 시대 유럽의 (특히 도시의) 민중 문화가 결코 정적이지 않았음을 다시 한 번 입증한다.[4] 하지만 위의 사례는 좀더 일반적으로 고찰할 수 있는 것도 암시한다. (급진적 단절에 의해 성립된 의식 절차들까지 포함하는) 모든 의식은 실제 혹은 상상의 과거 속에서 스스로의 정당성을 모색한다.[5] 의식의 발명이 항상 재발명된 것처럼 보인다는 점을 고려한다면, 힐셔가 기술한 상황이 보여주는 외관상의 인위성은 전혀 예외적이지 않다. 의식의 제정은—의식이 그 정의상 시간의 흐름에서 벗어난 것인 만큼 완전히 모순적으로 발생하는 셈이다—흔히들 기억할 수 없는 것인 양 취급되는 전통을 다시 떠올리는 자들과 전통을 낯설게 여기는 자들 간의 반목을 전제한다.

안타깝게도 힐셔는 프랑크푸르트의 의식이 언제 형성되었는지, 연중 언제 거행되었는지 그리고 누가 젊은이들에게 의식을 전수했는지는 언급하지 않았다. 어쩌면 늙은 노인들이 자신들의 오래전 경험을 떠올려 이제는 폐기된 관습들을 부활시키려 했던 것은 아니었을까? 아니면 학자들이 문학적 역량에 근거하여 (실제의 또는 가상의) 고대 의식들을 부활시키려 했던 것은 아니었을까?

3

후자의 가설은 고려해볼 가치가 있다. 당시 크리스마스나 카니발의 관습들과 그리스-로마 축일들의 관계는 독일 골동품 전문가들의 호기심을 유발하고 있었다. 프레토리우스의 『사투르날리아 *Saturnalia** 』가 출간된 1670년, 리펜M. Lipen(리페니우스Lipenius)은 라이프치히에서 자신의 역작인 『민간 길흉의 역사 *Integra strenarum civilium historia* 』를 출판했다. 이 책에 담긴 수많은 증언들 중에는 카파도키아에 위치한 아마시아의 주교 아스테리오Asterio가 서기 400년 공현축일의 설교에서 로마달력 1월 1일의 축일에 반대하는 내용이 포함되어 있다. 아스테리오 주교는 이미 로마에서도 있었던 연초에 선물을 주고받는 풍습 외에도 자신의

---

* 사투르날리아 축제는 로마의 농경사회에서 농경 신 사투르누스를 기리던 종교 행사다.

교구에 널리 확산되어 있던 몇 가지 의식을 신랄하게 비난했다. 배우, 요술쟁이, 그리고 마을 주민들(데모타이*demotai**)은 여러 그룹으로 나뉘어 집들을 찾아다니면서 환호와 박수를 받으며 주민들의 행복을 기원하고 돈을 요구했다. 주변의 구경꾼들은 이들의 요구가 마지못해 받아들여졌을 때 비로소 포위를 풀었다. 돈을 요구하는 행위는 늦은 저녁까지 계속되었다. 어린아이들도 이 의식에 참가했다. 이들은 실제 가격의 두 배에 해당하는 돈을 받고 사과를 주변 사람들에게 나누어 주었다. 이때 무대 소품처럼 생긴 수레 위에는 군주의 역할로 보이는 인물이 비웃음과 조롱을 당하면서 앉아 있었고 그 주변에는 여성으로 변장한 군인들이 있었다.[6] 모이시아 남부와 카파도키아에 주둔한 군대가 로마달력 1월 1일의 축일 기간에 왕을 지명한 것은 성 다시우스san Dasius의 생애를 기록한 문서를 통해 입증된다. 기독교 병사였던 그는 가상의 왕 역할을 거절했다는 이유로 서기 303년 흑해 근처의 두로스토룸(오늘날 불가리아 실리스트라)에서 순교했다.[7]

　한 무리의 젊은이들은, 구체적으로 언제인지는 알 수 없지만 1년에 한 차례 저녁 시간을 이용해 집들을 방문해 노래를 부르며 예언을 했다. 즉, 우리는 힐셔의 연구를 통해 밝혀진 몇 가지 평범한 특징들을 통해, 이것이 아스테리오가 비난했던 카파도키아의 몇 가지 의식들과 유사하다는 사실을 알 수 있다. 잎사귀들로 가득 채워진 수레는 사투르날리아 축제의 하루살이 왕을 실어 나르던 수레를 암시하는 것이 아닐까? 그리고 프랑크푸르트의 의식은 이교도의 의식을 도덕적으로 비난

＊　고대 그리스의 외눈박이 작가로, 펠로폰네소스 전쟁에 참가했으며 그리스 희극의 첫 단계에 해당하는 구희극Old Comedy 작품들을 남겼던 헤르미푸스Hermippus의 현존하는 작품 제목 중 하나로 '시민들citizens'을 의미한다.

하는 것에 별로 동의하지 않던 리페니우스 소유의 몇 가지 골동품으로부터 영감을 얻은 식자들의 추론은 아니었을까?[8] 하지만 구경꾼들의 반응은 이러한 가설을 무용지물로 만든다. 만약 힐셔의 주장대로 일반 대중(아스테리오는 데모타이에 대해 이야기한 바 있다)이, 행사의 복합적인 의미를 이해할 수 있었다면 이 의식은 식자들이 지적한 일련의 사실들에 근거한 것일 수 없다. 한 무리의 젊은이들이 뒤따르던 수레는 뉘른베르크의 카니발에 대한 16세기의 묘사에 등장하는 홀다(또는 프라우 홀레)의 수레와 매우 유사했다.[9]

4

여기서 아스테리오가 서술한 의식들과 함께 살펴본 대략적인 유사성은 적절해 보인다. 하지만 문제는 지금까지 기술한 것보다 훨씬 복잡하다. 사투르날리아 축제의 왕이 한시적으로 왕위를 누리던 전통과 달리, 돈을 구걸하기 위해 이 집 저 집을 돌아다니는 행위는 5세기 이후까지 계속되었다. 불과 몇십 년 전까지도 유럽, 소아시아, 중앙아시아의 방대한 지역에서 크리스마스와 공현축일 사이의 12일 동안(드물게는 사순절의 중간 기간까지) 아이들과 소년 소녀의 무리는 집들을 돌아다니며 (때로는 말이나 다른 동물들의 가면을 쓰고) 노래를 부르고 사탕과 돈을 구걸했다. 아이들 무리가 구걸을 거절당했을 때 보인 험담이나 욕지거리는 이미 아스테리오가 기술한 바 있는 구걸 행위의 오래된 공격성을 그대로 보여주는 것이었다. 하지만 일반적으로 구걸은 허용되고 있었다. 구걸하는 자들은 주민들을 위해 축복의 노래를 불러주었기 때문이다. 이러한 관습은 일부 지역에서 오늘날까지도 유지되고 있다.[10]

가면을 쓰고 마을의 이곳저곳을 돌아다니는 어린아이들과 소년 소녀의 무리에서는 전통적으로 12일 동안 매우 빈번하게 출현한 죽은 자들의 무리의 모습도 확인할 수 있었다.[11] 핼러윈 축제일(10월 31일) 밤에 대서양 양안에 위치한 영어권 국가의 어린아이들이 벌이는 구걸은 이와 유사한 관습이 현존한다는 것을 증명하는 사례다. 겉으로는 장난스럽게 보이는 구걸 의식은 죽은 자들의 양면적인 이미지에 연결된—공포, 죄의식, 그리고 속죄를 통해 도움이나 구원을 기원하려는 마음과 같은—양면적인 감정을 표현한 것으로 추정된다.[12] 이러한 심리적 연관성은 추측된 것이다. 반면 구걸하는 자들을 죽은 자들과 동일시하는 것은 부정할 수 없는 사실인 것 같다.[13] 그럼에도 중요한 문제 한 가지, 즉 의식의 의미가 연기자와 구경꾼 모두에 의해 언제나 분명하게 공유되고 있었는지의 여부는 여전히 해결되지 않은 채로 남는다. 하지만 프랑크푸르트의 경우, 구경꾼들이 그 의미를 잘 알고 있었다는 것은 분명하다. 일반 대중들은 축복의 노래를 부르면서 여러 집들을 돌아다니던—힐셔에 따르면, 노래와 예언을 하는 *non sine cantionibus et vaticiniis*—젊은이들이 죽은 자들의 무리가 틀림없다고 여겼다.

5

프랑크푸르트에서는 이 의식이 매년 거행되고 있었다. 의식이 12일의 기간 동안 행해진다는 주장은 단지 가설에 불과하다. 하지만 전체적으로 볼 때, 증거로서의 가치는 매우 높다. 일반 대중의 반응은 지금까지 살펴본 신화들에 등장하는 의식의 상관관계를 재구성해야 할 명분을 제공한다. 그럼에도 신화와 의식은 서로 다른 현실의 층위를 나타내기 마련이다. 신화와 의식의 관계는 밀접하기는 해도 결코 거울상의 관계는 아닌 것이다. 우리는 신화와 의식을 상호 통용되면서도 완전히 일치하지는 않는, 이질적인 언어 표현들로 간주할 수 있다. 이 관계를 우연의 일치보다는 다소 불완전한 유질동상으로 보는 것이 타당할 것이다.

초기 기독교 시대부터 로마달력 1월 1일의 축제는 지금까지 입증되지 않았던 의식들을 동반했다. 카파도키아의 경우, 서기 400년에 아스테리오가 행한 설교를 통해서도 알 수 있듯이, 군인들은 여성으로 변장했다. 420년경 토리노의 마시모는 불명확하게나마 같은 환경에서의 유사한 변장들에 대해 강조했지만 서술의 정도는 일반적인 수준에 머물렀다. 한 세기가 지난 후, 아를의 체사리오Cesario di Arles는 이 주제에 대해 비교적 구체적으로 기술했다. 그러나 이것은 한 가지 사례에 불과하다. 즉 전반적으로 볼 때, 1월 1일에 거행된 의식들에 대한 증언은 거의 대부분 축제의 무질서한 분위기를 지적하기는 하지만 그럼에도 근본적인 차이들을 보여준다. 서양에서는, 특히 켈트-게르만 지역에서는 동물로 변장하는 관습과 보이지 않는 여성 존재들을 위해 잘 차려진 식탁의 음식을 밤에 제공하는 풍습을 찾아볼 수 있다. 동양에서는 어린이와 청소년들이 이 집 저 집을 돌아다니며 구걸하는 것, 그리고 군인들이 벌인 사투르날리아 축제에서의 하루살이 왕의 즉위식*을 찾아볼 수 있다.[14]

이러한 도식적인 요약은 의식들이 지닌 여러 의미를 밝히는 데 많은 도움을 주지는 못한다. 따라서 이 의식들을 좀더 가까이서 살펴볼 필요가 있다. 아를의 체사리오에 따르면, 1월 1일 밤에는 한 해의 번영을 위해 많은 음식을 준비했다. 이러한 관습은 매우 오랫동안 유지되었다. 500년이 지난 후, 보름스의 부르카르드는 식탁에 파르카이에게 바치는 세 개의 칼이 차려졌다는 사실을 지적하면서, 여전히 이 관습을 폐

---

* 시리아-페니키아에서 기원한 것으로 추정된다.

기해야 한다고 여겼다. 우리는 파르카이가 오랫동안 훌륭한 인물(선량한 귀부인들*bonnes dames*, 선량한 여주인들*bonae dominae*)로 숭배되어온 켈트족의 대모 마트로네라는 사실을 알고 있다. 밤의 탈혼 상태와 관련된 이 인물들은 번영의 여신과 (아분디아, 사티아, 리켈라를 이끈) 죽은 자와 함께 자신의 남녀 추종자들로부터 음식과 음료를 제공받았다.[15] 1월 1일에 거행된 의식들과 우리가 재구성하려는 탈혼 상태에 대한 숭배 사이에는 연결 고리가 존재하고, 이를 같은 시기에 확산되었던 다른 관습으로 확대하는 것은 정당해 보인다. 누구도 믿으려 하지 않겠지만, 계속해서 아를의 체사리오의 말에 따르면, 수사슴*cervulum facientes*으로 변장한 건강한 정신력을 가진 사람들도 존재한다. 어떤 사람들은 양이나 염소의 가죽을 뒤집어썼다. 또 어떤 사람들은 동물의 가면으로 변장한 채 의기양양해했다*alii vestiuntur pellibus pecudum, alii assumunt capita bestiarum*. 왜냐하면 스스로를 동물로 여겼던 그들은 더 이상 사람일 필요가 없었기 때문이다*gaudentes et exsultantes, si taliter se in ferinas species transformaverint, ut homines non esse videantur*. 4세기 중반부터 이미 이러한 변장을 금지하는 조치를 찾아볼 수 있다. 그 금지 대상은 수사슴과 더불어, 보통은 어린 암소*vetula*였고 어떤 경우에는 암말*hinnicula*이었다.[16] 우리는 이러한 동물로의 변장을, 탈혼 상태 중에 동물로 변신하는 것이나 동물들에 올라탄 탈혼 상태의 행렬과 상관관계가 있는 의식으로 다루고자 한다. 이러한 가설을 받아들인다면 동양과 서양에서 1월 1일에 거행된 의식들 대부분은 일관성 있는 하나의 모습으로 딱 들어맞게 된다. 어린아이들의 구걸 행위, 밤의 여신을 위해 차려진 식탁, 그리고 동물 변장은 낡은 해를 보내고 새로운 해를 맞이하는 중요한 기간에 풍요를 베풀어줄 죽은 자들과 접촉하는 다양한 방법이었다.[17]

6

우리는 때 이르게 작성되거나 불완전하거나 전형적인(하지만 불가사의한) 텍스트를 훨씬 이후의 증언들을 통해 판독하면서 잠정적으로나마 이와 같은 결론에 도달했다. 이러한 방법을 포기하는 것은 시기적으로 전혀 일치하지 않는 문서들을 동질적 부류로 간주할 가능성, 다시 말해 과거를 해석할 모든 가능성을 차단하는 것을 의미한다.[18] 그럼에도 한 가지 반론이 있다면 그것은 수사슴이나 어린 암소, 암말과 같이 가면으로 활용된 동물들이 밤의 여신들을 수행하는 탈혼 상태의 여행에 대한 증언들에서는 언급되지 않았다는 점이다. 하지만 이 같은 불일치는 표면적인 것에 불과하다. 탈혼 상태와 관련된 다양한 탈것(아니면 변신과 관련된 다양한 동물)들은 동질적인 신화들을 대체로 그 이면에 숨기기 때문이다.[19] 더 큰 어려움은 어린아이들이 동물 가면을 쓰고 새로운 한 해가 시작되는 시기에 구걸하는 것과 관련하여 연구 대상 지역이 확대되었다는 사실이다. 가장 오래된 증언은 카파도키아에서 나왔다. 근래의 또는 가장 최근의 연구는 지리적으로 프랑스에서 그리스, 아르메니아, 소아시아의 터키 공동체들을 지나 중앙아시아에 이르는 넓고 다양한 지역을 다룬다. 그럼 이토록 방대한 지역을 동물 변장에 대한 중세 초기의 증언들이 기원을 둔 켈트(또는 켈트-게르만)라는 구체적인 배경과 어떻게 조화시킬 수 있을까? 발칸반도(알바니아, 테살리아, 마케도니아, 불가리아)에서 1월 1일에 무대에 올려진 익살스럽고 에로틱한 무언극에서 염소 가죽을 뒤집어쓰고 변장하는 것은 같은 시기에 양이나 염소 가죽을 덮어쓰는 것*alii vestiuntur pellibus pecudum*, 즉 아를의 체사리오가 비난했던 관습을 생각나게 한다.[20] 동물의 모습으로 변장하는 '외설적인 변형'—대체로 남근 암시일 것이다—은 아를의 체사리오가 부끄러워해야 하고 비난받아야 한다고 지적했던 것으로 *in quibus quidem sunt quae primum pudenda, aut potius dolenda sunt*, 아마도 서양에서 그리고 이미 6세기에, 무언극 의식의 출발점이었을 것이다. 이 모든 것은 유럽 중동부 지역과의 비교를 확대하면서 분석을 계속해나가도록 촉구한다.

7

발칸반도로부터 우크라이나에 이르는 지역에서 연말연시에 거행되는 의식들은 예외 없이 남성으로 구성된 어린 청소년 또는 젊은이 들에 의해 거행되었다. 이들은 지역에 따라 다른 명칭으로 불렸다. 카르파티아산맥 지역의 체아타*ceăta*, 마케도니아계 불가리아의 에스카리*eskari*, 불가리아 동부 지역의 수로바스카리*surovaskari*, 세르비아와 불가리아 서부 지역의 촐레다리*coledari*(찰렌다에*calendae*에서 유래), 헝가리의 레괴시*regös*, 우크라이나 지역의 콜랴단티*koljadanti* 등.[21] 예를 들어 촐레다리는 일반적으로 미혼 또는 갓 결혼한 남자들로서, 그들은 첫 아이가 태어날 때까지만 집단에서 활동했다. 집단 구성원은 크리스마스를 몇 주 앞두고 우두머리 앞에 모인다. 크리스마스 전날 밤에는 가면을 쓰고 특정한 노래(촐린데*colinde*)를 부르면서 마을의 거리를 돌아다닌다. 이들은 부와 가축의 수가 늘어나기를 기원한다. 1년 사이 장례를 치른 집 앞에서는 장송곡을 부르고 죽은 자의 소식을 전한다. 대가는 음식이나 돈으로 받는다. 콜랴단티는 위협적인 톤의 목소리로 요구 사항을 말하며, 에스카리는 사실상의 공납을 요구한다. 때로 이들은 은밀한 도둑질도 서슴지 않는데, 이에 대해 아무도 주의를 기울이지 않는다. 이러한 집단의 규모는 매우 다양하다. 수로바스카리는 40~50명 정도의 규모이고,

콜랴단티의 규모는 3~5명을 넘지 않는다. 모두가 가면을 착용한다. 수로바스카리는 거대한 날개를 달고 2미터 높이의 모자를 쓰고 다닌다. 이들의 행렬에는 거의 언제나 동물(염소 또는 말로 전해진다)이 등장하는데, 대개 망토를 쓰고 일렬종대로 걷는 몇몇 사람들이 그 동물을 상징한다.

이러한 동절기 의식들은 몇 가지 경우에 봄철의 의식을 반영한다. 다음의 전통들 또한 수 세기에 걸쳐 형성된 것이다. 1230년의 한 증언에 따르면, 마케도니아계 불가리아에서는 성령강림절에 한 무리의 젊은이들이 노래를 부르면서 에로틱한 장면들을 연출하고 선물을 강요하면서 마을을 돌아다녔다고 한다.[22] 컬루샤리는 마케도니아의 루마니아인 거주 지역에서는 1월 1일과 공현축일 사이에 활동하고, 루마니아에서는 성령강림절(루살릴레*rusaliile*)에 활동한다. 이러한 차이의 기저에 두 개의 서로 다른 달력, 즉 양력과 음력 간의 그럴듯한 관련성이 엿보인다.[23] 이러한 관련성은 이미 이교도 시대에 봄철의 장미 축제가 장례를 암시했다는 점에서도 드러난다. 크리스마스와 공현축일 사이 12일의 기간처럼, 고대 로살리아*Rosalia**가 기독교화된 모습으로 부활한 성령강림절도 죽은 자들을 위한 기간이다.[24] 이러한 모든 인물들은 촐레다리의 사례에서 보았듯이, 죽은 자들의 화신으로 정의될 수 있다.[25] 이 연구에 단초를 제공한 문서들을 고려하면 죽은 자들의 화신, 그와 동시에 사후세계의 매개자를 구체적으로 살펴볼 필요가 있다. 베난단티의 경우와 크게 다르지 않게, 촐레다리나 레괴시는 죽은 자들에 대한 소식을 전해준다. 이 모든 사실들은 다음과 같은 결론에 잠정적으로 힘을 실어준다.

---

* 시칠리아의 팔레르모에서 숭배되는 수호성인이며 축일은 9월 4일이다. 흑사병과 지진으로부터 주민들을 보호해준다고 알려졌다.

1월 1일이나 성령강림절과 관련한 관습들 중에서 적어도 몇 가지는 탈혼 상태에서 죽은 자들의 세계를 주기적으로 방문하는 남자와 여자 들이 되살린 신화들을 의식의 언어로 표현한 것이었다.

8

거미줄처럼 촘촘하게 수렴되는 자료들은 이러한 유질동상을 확인시켜준다. 테살리아의 드리스콜리에서 1월 1일과 공현축일 사이에 가면을 쓴 채 무언극을 연출하는 인물들은 (칼리칸차로이를 가리키는 수많은 동의어 중 하나인) 카르칸차로이*karkantzaroi*라고 불린다.[26] 이 사례에서 일상생활(12일의 기간에 태어난 아이들)과 신화(12일의 기간 동안 배회하는 존재들)와 의식(12일의 기간 동안 배회하는 존재들을 흉내 내는 역할을 맡은 젊은이들)의 관련성은, 300년의 오랜 기간(17세기 초반부터 20세기 초반까지) 동안 상당히 방대한 지역(키오스섬, 펠로폰네소스, 테살리아)으로 확산되었음에도 불구하고 완벽해 보인다. 그러나 반드시 기억해야 할 점은, 칼리칸차로이가 사후 세계 매개자들의 무리에 속하는지의 여부가 철저하게 증명되지 않았다는 것이다. 따라서 좀더 신빙성 있는 증거들이 필요한데, 루마니아의 증언들이 바로 그것을 제공해준다.

17세기 중반 프란체스코 수도회 소속으로 마르키아노폴리스와 두로스토룸 그리고 토미스Tomis*(흑해 연안)의 대주교로 있던 마르코 반디니 Marco Bandini는 몰다비아의 남녀 주술사들이 보여준 상당한 용맹성을 매우 상세하게 기술했다.[27] 주민들은 미래를 알기 위해, 고통스런 질병들을 치유하기 위해 또는 도둑맞은 것을 되찾기 위해 이들에게 도움을

---

* 루마니아의 도시 콘스탄차의 옛 이름.

청한다. 주술사들은 적당한 장소를 물색한 후에 작은 소리로 속삭이고 머리를 비틀고 눈과 입을 일그러뜨리고 얼굴을 찡그리며 온몸을 떨기 시작한다. 그다음에는 손과 발을 땅에 늘어뜨린 채 마치 죽은 사람처럼 한 시간(때로는 서너 시간) 동안 움직이지 않는다. 그들은 정신을 차린 뒤 구경꾼들에게 끔찍한 장면을 연출한다. 가장 먼저 마치 복수의 세 자매인 푸리에에 의해 놀란 것처럼, 떨리는 사지를 곧게 세운 후에 서서히 깨어나면서, 신탁을 전하듯이 자신의 꿈을 이야기한다. 우리는 이러한 묘사가 직접적인 관찰에 의한 것인지 알지 못한다. 어쨌든 고대 그리스 로마의 복수의 세 자매 여신에 대한 단 한 차례의 언급이기는 하지만 그렇다고 민족지학적 가치가 줄어드는 것은 아니다.[28] 기술된 내용은 의심의 여지 없이 하나의 의식, 즉 어떤 구체적인 장소에서 *certo... loci spatio*, 구체적인 시기에 남녀가 배우 역할을 하면서 벌이던 공적인 행사였다. 상대적으로 이보다 가까운 시기에 기록된 루마니아의 증언들은 주로 여성이 탈혼 상태에 빠지는 경향에 대해 언급하고 있다. 어떤 마을에서는 여성들이 성령강림절(루살릴레)에 습관적으로 탈혼 상태에 빠졌다고 한다. 이 여성들은 정신을 되찾은 후 신, 성인, 산 자와 죽은 자들과 이야기했다고 말했다. 이들 중에는 아무런 대가 없이 약물을 처방해주는 여성이 있었는데, 사람들은 이 여성이 어린 시절부터 루살리에 *rusalie*(또는 마녀)였다고 했다. 이제 루살리*rusalii*는 죽은 자의 영혼인 셈이다(슬라브 지역에서는 물속에 사는 여신으로 확인되었다).[29] 역법상의 차이는 있지만(예를 들어 프리울리에서는 사계재일 주간에 탈혼 상태에 빠져드는 현상이 나타나곤 했다), 우리는 이제 상당히 친숙해진 여러 현상들을 목격한다. 베난단티 여성들과 같은 역할을 하는 루마니아의 여성들도 탈혼 상태를 통해 일시적인 죽음의 상태에 빠져든 후에 사후 세계의 소식을 전해주었으며, 이러한 능력 덕택에 주술사로서 명성을 얻었다. 몇십 년 전까지 마케도니아의 벨벤도스라는 마을에서도 같은 일이 벌어졌다. 이 마을에서는 스스로 안젤로우디아*Angeloudia* 또는 안젤로우데스*Angeloudes*(둘 다 천사를 의미한다)를 자처하는 여성들이 같은 공동체의 죽은 자들에 대한 소식을 전해주었으며 그러한 정보는 탈혼 상태에서 천사로부터 들었다고 주장했다. 회합은 주로 밤에 비밀리에 이루어졌다.[30] 반면 루마니아와 국경을 접한 세르비아 동부의 산악 마을인 두보카에서 탈혼 상태는, 3세기 전 마르코 반디니가 기술한 내용에서 알 수 있듯이—어쩌면 지금까지도—공개적으로 일어났다. 성령강림절에 젊은 여성과 나이 많은 여성 들은 주변에서 광란의 춤을 추는 남자들 무리에 둘러싸인 채 강경증에 빠져든다. 남자들의 우두머리는 손에 마늘, 캐모마일, 그리고 다른 약초들로 장식된 칼을 손에 쥐고 생기를 잃은 여성들을 깨우기 위해 잘게 썬 풀들의 즙이 섞인 강물을 그녀들의 얼굴에 뿌린다.[31] 의식은 죽은 자들과 긴밀하게 연결되어 있다. 즉 이 여성들은 불과 얼마 전에 죽은 자들을 간접적으로나마 초혼招魂하기 위하여 선물을 바치고 그들이 생전에 좋아하던 음악을 연주한다.[32]

두보카에서는 세 명의 크랄레비*kraljevi*들이 세 명의 크랄리체*kraljice*, 즉 '여왕들'과 함께 의식에 참여한다. 이 여성 집단은 세르비아 동부 지역과 세르비아 인근의 바나트 지역을 배경으로 활동한다.[33] 이 여성 집단은 이들과 유사한 남성 집단, 좀더 정확하게는 루마니아 남성 집단인 컬루샤리와 번갈아 나타난다. 이들 컬루샤리의 의식은 두보카의 의식과 비슷하다.[34] 컬루샤리는 발칸반도의 젊은이들로 구성된 조직들 중, 추측이 아닌 증거를 통해 계절 의식들의 저변에 깔린 민간신앙을 확인하게 해준 유일한 사례였다. 컬루샤리의 여러 활동들(춤, 무언극, 치유,

검과 깃발의 행진 등)은 그들이 존경하는 신화적인 여제女帝의 보호하에서 벌어진다. 여제의 이름은 한때는 이로데아사Irodeasa나 아라다Arada로, 또 한때는 도암나 지네로르로 불리던 요정들의 우두머리인 지네zîne다. 중세 초기에 참회록을 쓴 저자들과 이후에 주교와 이단 심문관들이 사용하던 용어들은 서양에서 죽은 자들의 무리를 이끌던 밤의 여신 에로디아데와 디아나를 가리키는 것이었다.[35] 이들의 신원을 확인할 목적으로 성직자들이 도입한 방식들이 수 세기 동안 유럽 대부분의 지역에서 사용된 것은 분명한 사실이다. 하지만 이러한 방식들로 해석하고자 했던 이들의 행동 양식과 신앙의 심오한 근원은 명확하게 드러나지 않는다. 소란스러운 계절 의식들과 탈혼 상태의 부동성을 동반하는 신화들 간의 아직 드러나지 않은 연결 고리는 루마니아의 기록 문헌에 분명한 흔적을 남겼다.

9

이로데아사, 아라다, 도암나 지네로르는 켈트인들이 정착한 유럽 지역들에서 목격되는 밤의 여신들과 분명히 유사해 보인다. 이 용어들은 성직자에 의해 성서적이고 이단적인 이중 번역으로 세속인들에게 무의식적으로 수용되었고 그 결과 지역 신의 명칭들은 삭제되기에 이르렀다. 지역의 신은 비록 가설이기는 하지만 토착적인 다코-게티카daco-getica 신으로 확인되었다.[36] 그러나 지금까지 수집된 자료들은 비교적 먼 지역에서 유래되었을 것으로 추정된다. 어쨌든 겉으로 드러나는 어휘의 유사성에도 불구하고, 미신에 대한 그리스정교의 박해가 로마기독교에 비해 매우 약했던 것은 사실이다.[37] 이 모든 것은 다른 곳에서는 사적인 탈혼 상태의 고독 속으로 사라졌거나 동화되어버린 의식들이 어떻게 오랫동안 유지되었는지를 설명해준다.

앞으로 언급하겠지만, 지난 17세기 중반 프란체스코 수도회의 마르코 반디니가 탈혼 상태에 빠져드는 남녀 주술사들에 대한 기록을 남긴 몰다비아에서 컬루샤리에 대한 최초이지만 거의 동시대의 증언이 유래한다. 칸테미르Cantemir 군주는 지역을 소개하면서 칼루크제니*caluczenii*로 불리던 자들과 이들의 의식과 민간신앙에 대해 설명했다. 이들은 일곱 명, 아홉 명, 열한 명의 단위로 무리를 구성하고 있었으며, 여장을 하고 여성의 목소리를 흉내 냈으며, 흰 밴드로 얼굴을 감쌌고, 칼을 빼든 채 마치 하늘을 날듯이 뛰어다녔으며 병든 자들을 치유했다. 뿐만 아니라 누군가를 죽여도 처벌받지 않았다.[38] 배회하는 죽은 자들의 호환 의식을 수행하는 젊은이 무리는 가벼운 도둑질의 경우 이미 말했듯이, 오늘날에도 처벌을 받지 않는다. 즉, 이들은 적대적 존재들인 동시에 축복의 존재들이고 번영과 불행 모두를 가져온다. 칸테미르에 따르면, 칼루크제니는 9년 동안 자신들에게 부여된 의식을 임무로 수행했는데, 그러지 않은 경우 영혼들(프루모시*frumosi*)의 박해를 받았다. 후대의 문헌들은 신비의 여성들(루살리)을 언급하고 있는데, 이들은 성령강림절(루살릴레) 기간에 밤을 이용해 배회한다. 같은 기간에 마늘과 쑥을 지닌 채 마을을 돌아다니는 컬루샤리로부터 자신들을 방어하기 위해서다. 하지만 루살리의 공격을 받은 자는 컬루샤리처럼 뛰고 소리를 지르기 시작한다. 애매모호한 관계 속에서 반목과 동일시가 공존하는 셈이다.[39] 불가리아 북부 지역에서는 컬루샤리와 유사한 무리들을 루살치*russalzi*라고 불렀다.[40] 따라서 이미 언급했듯이 루살리는 죽은 자들의 영혼이었으며, 프루모시의 여성형 표현인 프루모사엘레*frumosaele*는 '좋은 것들' 또는 켈트족의 요정 같은 죽은 자들의 이미지에 가까웠다.[41] 컬루샤리의 의식에 관여하는 여신인 이로데아사, 아라다, 도암나 지네로르는 그들에 상응하는 서양의 신들처럼 죽은 자들의 여신임이 분명했다.

10

1월 1일에 동물 가면을 쓰는 것에 대한 켈트 지역의 자료들에서는 여성에 대한 아무런 언급도 찾아볼 수 없다. 이 경우 언급이 없다는 점은 증거로서의 가치를 가진다. 성직자들의 입장에서 볼 때 이들의 참여가 관습들의 수치스러운 성격을 강조할 수 있기 때문이다. 한편, 발칸반도와 슬라브 지역의 계절 의식들에 등장하는 것과 유사한 젊은이 집단이 그러한 관습들에 가담했는지 여부는 알 수 없다. 우리는 기껏해야 몰다비아의 칼루크제니처럼, 예외 없이 여성으로 변장한 남성 집단들을 다룰 뿐이다. 하지만 항상 홀수로 구성된 여성 집단들이 남성으로 변장하고 칼로 무장한 채 성령강림절 행사에 참가했던 세르비아–크로아티아의 크랄리체는 전혀 예외적인 경우다.[42] 이 점이 우리를 좀더 오래전의 시기로, 이를테면 남자든 여자든 각자 상징적으로 자신들의 성 정체성을 부정하면서 공개적으로 의식에 참여하던 가장 오래된 시기로 데려간다고 말할 수는 없다.

우리는 사적인 탈혼 상태의 경험에서도 특별한 성적 성향이 드러나는 것을 보았다. 이를테면 밤의 여신을 추종하는 여성 중심의 행렬이 있었고, 풍요를 위한 전투에 참가하는 남성 중심의 집단이 있었다. 후자의 특징은 컬루샤리의 경우에 대략적으로만 드러난다. 하지만 남성 베난단티와 비교하면, 비록 부분적이기는 하지만 분명히 상응하는 측면이 존재한다.[43] 두 경우 모두 각각 루살리와 마녀가 건 사악한 주술을 전문적으로 치유하는 모습을 보여준다. 이들 모두는 연령대가 다양하기는 하지만 대체로 청소년기와 일치하는 특정 기간 동안 비밀스러운 집단 의식들에—전자의 컬루샤리는 물리적으로, 후자의 베난단티는 영혼의 상태로—참여할 것을 강요받았다. 이들이 속한 의식의 집단과 신화적 집단은 모두 군대식으로 입회의식을 치르는 조직으로 지도자의 지휘를 받았으며 자신들만의 깃발과 악기 그리고 식물성 무기들(컬루샤리는 마늘과 쑥, 베난단티는 회향풀 다발)을 휴대했다. 컬루샤리의 동물 변장은 베난단티들에 의해 묘사된 동물로의 변신 이미지들 또는 동물 잔등이를 타고 하늘을 나는 것에 상응한다고 볼 수 있다. 이들의 이름이 말해주듯이, 컬루샤리(또는 작은 말을 의미하는 카발리니*cavallini*)들은 말의 갈기를 몸에 걸치거나 말 머리 장식이 달린 지팡이를 들고 다닌다. 오래전에 이들은 수사슴이나 늑대의 가면을 쓴 춤꾼을 대동하고 다녔다.[44] 이들의 춤에서 볼 수 있는 높은 도약은 루살리의 비행과 말의 도약을 흉내 낸 것이다. 컬루샤리 집단은 사실 신화적인 산토아데리 *sântoaderi*,* 즉 말의 꼬리와 발굽을 갖춘 모습으로, 카니발 주간에—죽은 자들과 관련이 있는 성 테오도로san Teodoro의 축제를 기념하여—체인을 끌고 북을 치면서 밤에 마을 곳곳을 위협적인 모습으로 돌아다니던 기사들로 조직된 신비의 단체를 모델로 했다.[45] 겉으로 드러나지 않은 상응성은 루살리와 산토아데리를 하나로 묶어준다. 다시 말해 성 테오도로의 또 다른 축제가 부활절로부터 24일이 지난 후에 열릴 때 이들 무리는 서로 만나 함께 즐기고 끝날 무렵에는 숲에서 채취한 레몬밤 다발(토도루세*todoruse*)을 교환한다.[46] 컬루샤리와 베난단티—전자는 루살리와 산토아데리로부터 자신을 보호하기 위해서, 후자는 마녀와 주

---

* 루마니아 민속신앙에 나오는 초자연적인 존재들.

술사를 물리치기 위해서—는 의식과 신화의 여러 다양한 경로(동물 변장과 동물로의 변신)를 통해 영혼의 상태로 변화하거나 일시적인 죽음에 이르면서 자신들의 적들과 같아지려고 노력했다. 앞서 살펴보았듯이 우리는, 때로는 가변적이지만 대체로 일정한 기간 동안 반복되는 동물로의 주기적인 변신에 근거한—늑대인간, 탈토시와 같은—신화적 집단의 다른 사례들을 분석하면서 동일한 결론에 도달했다. 이 모든 사례에서, 자신을 죽은 자들과 동일시하게 만드는 것은 실질적이거나 상징적인 입회의식인데, 그것은 이 의식이 항상 죽음을 상징했기 때문이다.

11

입회의식의 규모는 서로 다른 사회들에서 때로는 폭력적인 의식의 형태로, 때로는 전시 조직으로 긴밀하게 결속된 젊은이 집단을 에워싼 죽음의 기운을 설명하는 데 도움이 될 수 있다. 마을의 풍속(특히 성 풍속)을 통제할 목적으로 시행된 샤리바리*charivari**와 같은 의식에 대한 가장 오랜 증언에 따르면, 가면을 쓴 소란스러운 젊은이들의 무리는 엘레퀸*Hellequin***과 같은 신화적 존재가 이끄는 죽은 자들의 무리와 동일시되었다.[47] 배우들과 구경꾼들의 눈에는 젊은이 집단들의 과격한 행위들로 인해 이러한 상징적 함의가 오랫동안 유지된 것처럼 보였을 것이다.[48] 또한 이러한 상징적 함의는 스위스 뢰셴탈 지역에서 카니발 기간에 가면을 쓰고 양가죽을 몸에 걸치고 허리에 워낭이 달린 혁대를 찬 모습으로 숲에서 내려와 마을을 약탈한 슈르텐디베*Schurtendiebe**(짧은 치마를 입은 도둑들)의 무리에게 절도의 권리가 암묵적으로 주어진

---

* 마을의 골목들을 돌아다니면서 냄비 등을 두드려 큰 소음을 내던 중세 유럽의 풍습.
** 중세의 전설에서 언급된 마왕.

것을 설명해준다.[49] 유사한 현상은 고대 사회에서도 찾아볼 수 있다. 즉 스파르타의 크립테이아*krypteia*처럼 입회의식을 치르는 집단의 구성원들은 도시 외곽의 야생 지대에 고립된 상태로 일정 기간 머문 후에 시험(도둑질, 우연히 마주친 천민들을 죽이는 살인 행위)을 통과해야 했다.[50] (헤로도토스와 파우사니아스에 따르면) 테살리아의 주민들에 대항하여 얼굴과 무기에 석회를 바른 채 밤을 틈타 행진하던 포카이아 주민들, 타키투스가 적들에게 공포심을 주기 위해 방패와 얼굴에 검은 칠을 하고 전투에 참가함으로써 죽은 자들의 군대*exercitus feralis*에 비유되었던 (게르만의) 하리Harii족은 입회의식을 치르는 집단에 비유되었다.[51] 아이슬란드의 영웅 전설들에서 볼 수 있는 호전적 분노와 맹수로의 변신은 베르세르키르*berserkir*(문자 그대로는 '곰의 가죽'을 의미한다)를 오딘이 이끄는 죽은 자들의 무리의 살아 있는 화신으로 만들었다.[52] 이 모든 사례에서 죽은 자들의 무리와 동일시된 것과 관련이 있는 공격적인 태도를 엿볼 수 있다. 우리의 연구는 외견상 아동들의 구걸 행위가 드러내는 장난스런 폭력과는 거리가 있지만 신화적 모체는 동일하다.

12

컬루샤리의 의식들에서는 베난단티가 탈혼 상태에서 벌이던 극적인 전투에 대한 정확한 반향을 찾아볼 수 없다. 물론 폭력적인 환경은 젊은이들의 무리가 의식을 수행함에 있어 항상 장난스러운 것만은(또는 단지 그런 것만은) 아니었을 뿐만 아니라, 의식에 있어서도 애매모호한 측면들이 있었음을 말해주는 것이었다. 특히 슬로베니아의 출레다리와 마케도니아계 불가리아의 에스카리는 인근 마을들에서 온 동료들에게 상당한 적개심을 갖고 있었다. 두 무리의 에스카리가 만날 때면 유혈 충돌로 사망자가 발생하기도 했다. 그러나 1월 1일에 젊은 구걸자 무리가 행진을 하며 벌인 도둑질이나 악의적 농담을 경미한 또는 최소한의 위법 사항으로 간주하여 처벌하지 않은 것은 오늘날과 다르지 않았다.[53] 하지만 지상에서 벌어지는 이러한 적대적인 행태들이 달마티아의 크레스니키가 탈혼 상태나 꿈속에서 드러내는 그것과는 달리, 마을 공동체의 물질적 풍요와 상징적으로 관련이 있다는 주장은 전혀 입증되지 않았다.

13

반면, 공동체의 물질적 풍요는 언제부터인지는 알 수 없지만 16세기 초 알프스 계곡의 여러 지역에서 거행되던 의식들의 궁극적인 목표였다. 1538년 바젤에서 출간된 그라우뷘덴주의 역사와 지리에 대한 연구서(*Die uralt warhafftig Alpisch Rhetia*)를 보면, 스위스의 지식인 에기디우스 추디Aegidius Tschudi는 그라우뷘덴주의 일란츠와 루그니츠 지역에서 매년 거행되던 의식에 대해 다음과 같은 내용을 기술했다. 가면을 쓴 남자들의 무리인 슈토퍼*Stopfer*(문자 그대로 '찌르는 자'를 의미한다)는 거대한 지팡이로 무장한 채 이 마을 저 마을을 돌아다니면서 높이 뛰어오르고 난폭하게 들이받았다. 개혁가인 두리히 히암펠Durich Chiampel은 스위스의 수르셀파에서 거행된 이 의식에 참가하고 몇 년이 지난 후에, 추디의 책에 나온 푼키아두르스*punchiadurs*(이들은 로만슈어로 이렇게 불렸다)가 "거의 상속된 것이나 다름없는" 관습에 따라 특히 종교 축제의 기간에*in bacchanalibus quae vocantur sacris* 모임을 가졌다는 사실을 구체적으로 지적했다. 위의 두 증언은 의식의 궁극적인 목적, 좀더 많은 밀의 수확이라는 목적 면에서 일치했다. 추디는 이를 미신이라고 논평했고 히암펠은 이교도적인 허튼 짓이라며 그에 동의했다. 이들의 증언은 배우나 관객의 생생한 목소리를 통해 표현된 풍요의 의식이라는 점에서 완벽하게 일치한다. 두 학자의 해석과 이러한 의식을 기록했던 적대적인 관찰자들의 해석 간에 존재하는 분명한 차이는 어떠한 왜곡의 가능성도 차단한다. 히암펠에 따르면 푼키아두르스에 대한 떠들썩한 숭배를 추종하는 자들은 행사가 끝나갈 무렵이면 언제나 참가자들 중 한 사람이 없어졌다는 사실을 매우 침착하게 이야기했다*omnino serio asserentes*. 히암펠은 눈에 보이지 않는 이 참석자가 악마라고 했다.[54]

개신교 목사들과 가톨릭 신부들은 농촌의 풍요를 기원하는 이러한 의식들을 철폐하기 위해 노력했다. 그 결과 푼키아두르스의 흔적은 완전히 사라졌다.[55] 그리고 다른 유사한 의식들은 전혀 위험하지 않은 축제로 바뀌었다. 알프스 전역에서 남자들이 가면을 쓰고 벌이던 계절 의식들은 오늘날까지도 계속되고 있다. 히암펠의 말처럼, 스위스와 티롤 지역의 가면 풍속에는 여전히 푼키아두르스의 등에 달린 워낭이 등장한다.[56] 지난 19세기까지도 오스트리아와 바이에른의 여러 지역의 경우 '아름다운' 페르히타 무리와 '추악한' 페르히타 무리가 카니발 행사에서 서로 대치했다. 하지만 그 이후에는 '아름다운' 페르히타 무리만이 살아남았다. 이들의 명칭에는 고대 숭배의 흔적이 남아 있다. (교회법학자들과 이단 심문관들이 디아나 또는 에로디아데와 동일시한) 페르히타는 탈혼 상태에 빠진 여성들이 존경을 표하는—풍요의 전달자인—밤의 신을 가리키는 통상적인 명칭들 중의 하나였다. 티롤에서는 페르히타의 행렬이 풍요를 가져온다는 믿음이 오랫동안 유지되었다.[57] 그리고 앞서 살펴보았듯이 루마니아에서는 이로데아사와 도암나 지네로르가 컬루샤리의 의식에 여전히 등장한다.

이러한 신화적 배경은 푼키아두르스에 대한 빈약한 자료를 해석하는 데 도움이 된다. 종종 성소나 순례와 관련된 알프스 주변의 많은 지역들에는 젊은이 집단들 간의 장난스런 충돌로 축제의 흥을 한껏 높이는 의식들이 남아 있다. 하지만 이들이 의식의 차원에서 벌이는 전투는 좋은 결실을 기원하려는 목적에 따라, 대개 수확 이전이 아닌 수확 이후에 거행된다.[58] 푼키아두르스가 풍요를 기원하여 벌이는 의식은 같은 시기에 알프스 반대편 지역에 위치한 프리울리의 베난단티들이 탈혼 상태에서 풍요를 위한 전투를 벌이는 것에서 구체적인 유사성을 찾을 수 있다.[59] 하지만 알프스 지역에 국한된 비교만으로는 충분하지 않다. 왜냐하면 베난단티들 이외에도 발칸반도의 크레스니키, 헝가리의 탈토시, 발트해의 늑대인간, 이란의 코카서스인 거주 지역의 부르쿠드자우타가 존재하고 있었기 때문이다.[60]

14

코카서스 주민들 사이에서는 지금까지 분석한 신화와 의식 사이의 유질동상적인 관계가 매우 분명하게 드러난다. 조지아에서는 종종 도시나 마을의 두 경쟁 집단이 진정한 의미의 전투를 벌인다. 지역에 따라 다양하게, 예를 들어 때로는 카니발 기간에, 때로는 봄에, 때로는 1월 초에 참가자들은 동물의 가죽을 덮어쓰고 얼굴에 검댕을 칠한 후에 외설스런 무언극을 연출한다. 이들은 싸움을 벌이고 주먹질도 하는데(조지아의 수도인 트빌리시 인근 마을에서는 쇠로 만든 무기 사용이 엄격하게 금지되었다) 때로는 그전에 춤판과 가면 행렬이 벌어진다. 사람들은 승자가 보다 많은 수확을 보장받을 것이라고 생각한다.[61] 앞서 살펴보았듯이 오세트족 중에 부르쿠드자우타는 죽은 자들로부터 밀 새싹을 빼앗기 위해 사후 세계의 초원에서 전투를 벌인다고 한다. 조지아의 경우 메술타네*mesultane*(영혼을 뜻하는 술리*suli*에서 유래했다)는 여성 또는 아홉 살 이상의 어린 소녀들이며 영혼의 상태로 사후 세계에 갈 수 있는 능력을 지닌 존재들이다. 이들은 웅얼거리는 소리에 탈혼 상태에서 깨어난 후 자신들의 여행 경험을 이야기하면서 공동체와 그 구성원들에게 죽은 자들의 요구 사항을 전달한다. 이들은 이러한 역할 덕분에 명예와 특권을 누린다.[62] 동시에(그리고 반대로) 오세트족, 프스카비Pschavi족, 케브수리Chevsuri족 사이에서 구걸하는 자들의 집단은 어떤 경우에는 얼굴에 모직으로 만든 가면을 쓴 채 1월 1일에 집집마다 돌아다니며 자신들이 요구한 것을 주지 않으면 대문을 부수겠다고 위협하고, 밤에는 몰래 집 안으로 숨어 들어가 술을 마시고 고기를 먹기도 한다. 이들이 빼앗는 것은 미미한 것에 불과하다. 더 많은 것을 빼앗는 것은 부끄러운 일이다. 집주인들은 때로는 스스로 일어나기도 하고 때로는 누군가에 의해 잠에서 깨기도 한다. 도둑들은 먹을 것과 마실 것을 제공받는다. 날이 밝으면 마을 주민들은 이들에게 장난으로 매질을 가한다.[63]

15

이러한 상징적인 밤의 도둑들은 아리에주주의 죽은 자들, 프리울리의 베난단티, 발레주의 주술사들에 상응하는 의식의 인물들이다. 이들의 목마름과 이들이 영혼 상태로 창고에 침입하는 것은 우리를 풍요를 위한 전투와 영혼의 무리에 대한 이중적인 신화의 미로로 안내한다. 우리는 이들로부터 형태론적으로 짜임새가 있는 자료들을 확보하려고 노력했지만, 이들을 역사 용어로 정당화하는 작업에는 소홀했다. 형태론과 역사 간의 일시적인 반목 상황은 대상의 윤곽을 정하려고 했던 단순한 자기 발견적 연구의 결과였다. 특별히 기이한 것, 즉 겉보기에는 무시해도 될 것 같았던 수렴을 통해 시공간 속으로 흩어졌던 수많은 이질적인 현상들이 점차 겉으로 드러났다. 대모인 마트로네들에게 음식과 마실 것을 제공하는 것, 컬루샤리의 선봉에 모습을 드러낸 이로데아사, 그리고 알프스와 코카서스 지역의 풍요를 위한 전투는 탈혼 상태를 통해 되살아난 신화들과 대개 12일의 주기 또는 성령강림절과 연관된 의식들 간의 유질동상의 증거를 제공했다. 우리는 이야기, 구걸, 전투, 변장의 이면에서 공통된 내용을 찾아냈는데, 탈혼 상태의 부동성 또는 광란의 의식에서 죽은 자들과의 상징적 동일시가 그것이었다.

16

베난단티, 탈토시 등의 경우, 일련의 구체적인 유사성을 통해 제기된 유라시아 샤먼들과의 비교는 의식에 공개적인 탈혼 상태가 존재하지 않는다는 점에서 상충한다. 하지만 우리는 17세기 중반, 마르코 반디니가—정확하게 라플란드 지역이나 시베리아의 샤먼들과 마찬가지로—죽은 자들과 소통하거나 잃어버린 물건들을 찾아내려는 자들로 묘사한 몰다비아의 남녀 주술사들이 이러한 탈혼 상태를 경험했다는 사실을 알고 있다. 반디니는 이러한 관습들이 루마니아인들이 아니라, 인종적으로나 문화적으로 아시아의 스텝 지역과 관련 있는 마자르인(몰다비아 카르파티아산맥의 창고Tchangö족)을 중심으로 널리 확산되어 있었다는 사실을 암시하고 싶었을 것이다.[64] 그러나 이러한 가설은 받아들이기 어렵다. 이미 언급했듯이, 불과 몇십 년 전까지도 두보카의 세르비아인 마을에서 한 무리의 여성들은 성령강림절에 공개적으로 탈혼 상태에 빠져들었다. 비록 드물긴 해도 이와 같은 현상들은 유럽의 전형적인

샤먼 의식들에서 지속적인 흔적을 유지하고 있는 것 같다.[65]

그러나 이러한 결론을 컬루샤리의 의식과 같은 것으로 확대하기에는 무리가 따른다.[66] 좀더 일반적으로, 말 머리 장식이 달린 지팡이를 사용하는 것과 같은 요소들에 근거하여 춤과 계절 의식이 샤먼 의식들로부터 유래되었다는 것은 근거가 불충분한 주장이다.[67] 여기서 우리는 출생 당시 신체적 특징 같은 것을 통해 탈혼 상태에 대한 구체적인 소명을 받은 남성이나 여성을 찾아볼 수 없고, 오히려 대부분 소년이나 젊은 청년으로 구성된 남성 중심의 집단(여성들이 배제되었을 것으로 추정되는 잡다한 무리를 지칭하는 가장 오래된 증거다)을 발견한다.[68] 첫번째 경우에서 죽은 자들의 세계와 맺는 상징적인 관계는 전문가들에게, 두번째 경우에서는 특정 연령대의 구성원들에게 위임되었다.

17

그럼에도 위의 두 가지 경우는 예를 들어 중국의 대규모 축제인 타노 Ta No에 대한 기술에서 드러나듯이, 양립하기 어려운 것은 아니었다. 전년도 12월 하순부터 새해 1월 중순까지 열리는 계절 의식인 타노 축제에서는 죽은 자들의 영혼이 추모되었다. 여기서는 붉은색과 검은색의 의상을 입고 네 개의 노란색 금속 눈을 붙인 곰의 가죽을 두른 한 인물이, 붉은색과 검은색이 반반인 튜닉을 입고 머리에는 붉은 모자를 쓴 열 살에서 열두 살 사이의 소년 소녀 120명을 이끌었다. 이들 무리는 지난해의 전염병들을 황궁의 담장 밖으로 몰아내기 위해 복숭아나무로 만든 활에 산사나무로 만든 화살을 걸어 쏘았다. 1년 열두 달에 상응하는 열두 개의 동물 가면들이 전염병을 나타냈다. 다른 동물들의 가면(호랑이 가면도 있었다)은 전염병 동물 집단의 반대 집단이었다. 이 의식에는 골풀 빗자루를 가진 마녀와 주술사도 참석했다. 곰으로 변장하고 어린아이들의 무리를 이끈 인물의 주술사 같은 외양은, 악령을 쫓아내는 사람과 악령에 씌인 사람의 밀접한 관계처럼 여러 차례 강조되었다. 주술사적인 특징은, 무당과 악령에 사로잡힌 자의 유사성이 강조된 것과 마찬가지로 이미 여러 차례 언급된 바 있다.[69] 이러한 중국의 축제를 탈혼 상태의 의식에 접근시켜보려는 시도가 있었다. 하지만 프리울리에서 코카서스에 이르는 지역들의 경우에는 풍요를 위한 전투에 적대적인 관계이지만 내적 유사성을 가진 무리들이 등장했는데, 마녀들에 대항한 베난단티, 크레스니키에 대항한 크레스니키, 추악한 페르히타에 대항한 아름다운 페르히타, 죽은 자들에 대항한 부르쿠드자우타 등이 그들이었다.

18

앞서 우리는 이질적인 문화권에서 발견된 유사한 신화적 형상들의 존재가, 절반쯤 지워진 역사적 관계의 결과였을지 모른다는 가능성을 조심스럽게 암시한 바 있었다. 특히 우리는 연구의 단초로 삼았던 탈혼 상태가 (비록 배타적이지는 않겠지만) 유라시아의 특수한 현상일 것이라고 추정했다. 이러한 가설은, 충분히 상응하는 여러 의식들의 발견을 통해 이제는 견고해진 듯하다. 그러나 동시에 연구 영역은 확대되었다. 죽은 자들의 영혼을 상징하는 가면 행렬, 의식 차원의 전투 행위, 그리고 악마의 추방은 전통사회에서 음력으로든 양력으로든 새로운 한 해의 시작을 알리는 다른 관습들(입회의식, 난교)에 비견되었다. 근동에서 일본에 이르는 지역들에서 초역사적인 원형에 근거한 이러한 의식은 현존하는 질서를 전복하며, 일시적 혁신 또는 새로운 우주의 시작이 뒤따르는 원시적 혼돈의 주기적 출현을 상징하는 듯했다.[70] 증거의 공간적 확산은 이처럼 역사를 반복적으로 지우는 의식이 지극히 먼 과거, 심지어 선사시대로 거슬러 올라간다는 추측을 가능하게 했다. 한편 이들의 문화적 특성은 이것이 농업사회에서 발생한 지극히 최근의 현상이라는 추측을 낳았다.[71] 그러나 두 가지 가설 모두 이 연구의 단초인 신화와 의식의 구체적인 관계를 해체하는 위험을 초래한다. 예를 들어 수많은 문서 더미에서, 일반적인 풍요 의식들이나 일반적인 의식 차원의 전투들과는 구분되는 풍요를 위한 의식 차원의 전투들을 찾아내는 것은 쉬운 일이 아니다. 기원전 1200년경으로 거슬러 올라가는 히타이트 시대의 두 비문에 따르면, 청동 무기로 무장한 무리와 수수 다발로 무장한 무리가 서로 대립하는 연중 의식은 인간 제물로 의식이 마무리된다는 점을 고려할 때, 분명 역사적인 사건인 마사Masa에 대한 히타이트인들의 승리를 기념하는 종교의식이기도 했다. 하지만 이미 추정해보았듯이, 비문들 중의 하나가 이 의식이 봄에 거행되었다고 분명히 기록하고는 있지만, 식물과의 관련성은 확실히 알 수 없다.[72] 이러한 사실들(혹은 더욱 보잘것없는 사실들)에 근거할 때, 고대 세계에서 벌어진 의식 차원의 전투에 대한 여러 흔적은 과거의 동절기 추방이나 노파 화형과 같은 근대 민속의 계절 의식들에 종종 비견되었다. 그럼에도 (오늘날 우리는 잘 알지 못하는) 달력상의 특정한 시기마다, 같은 도시 또는 심지어 같은 가문에 속하는 구성원들(형제들, 아버지들, 자식들)이 무슨 이유로—성 아우구스티누스의 말처럼—서로 죽이기 위해 하루 종일 그토록 격렬하게 돌팔매질을 하며 전투를 벌였는지는 알 수 없다.[73] 물론 이 것은 10월 중순 무렵 로마의 비아사크라와 수부라 지역의 무리catervae가 제물로 바쳐진 말의 머리를 차지하기 위해 벌이던 전투와 마찬가지로 의식 차원에서 벌이는 전투(정기적 전투*sollemniter dimicabant*)였다. 이 사례는 아마도 풍년을 보장하려는 행사는 아니었을 것이다.[74) 한편, 풍년이 목표라고 공표된 로마의 다른 축제는 매년 2월 15일에 열린 루페르칼리아Lupercalia였다. 루페르키Luperci로 불리는 두 무리의 젊은이들(퀸크티알레스*Quinctiales*와 파비아니*Fabiani*)은 유부녀들의 임신을 돕겠다며 염소 가죽으로 만든 허리띠로 이들을 때리며 팔라티노 근처를 배회했다. 비록 이러한 축제의 여러 특징을 알 수는 없지만 이 행사가 (로마력에 따르면) 죽은 자들이 산 자들이 준비해준 음식으로 배를 채우면서 배회하던 9일 동안(2월 13~21일)에 전개되었다는 사실은 매우 의미 있어 보인다.[75) 두 루페르키 무리 간의 유사성은 발트해의 늑대인간들(또는 베난단티나 부르쿠드자우타)과 이들의 적수인 죽은 자들과 주술사들 간의 유사성에 비교될 수 있지 않을까?

19

우리는 형태론적인 여정을 통해, 악마의 잔치가 구체화된 문화적 환경으로부터 시공간적으로 훨씬 멀리 떨어진 지역에까지 도달했다. 이는 어쩌면 예측 가능한 것이었을지 모른다. 반면 맥락들의 이질성과 자료들의 형태론적 동질성 간의 대립은 예측하지 못했다. 그 결과 불가피한 질문들이 생겨난다.[76) 해답을 찾기 위해서는 아직도 연구되지 않은 한 가지 가능성, 즉 이러한 형태론적 수렴 현상이 역사적 특질의 연관성에 기인할지 모른다는 가능성을 분석할 필요가 있다.

미주

1) 힐셔에 대해서는 본서, p. 251 참조.

2) Hilscher, *De exercitu furioso* cit., c. *Dv.* 참조. "*Consuetudine receptum fuerunt Francofurti, ut quotannis iuvenes pretio allecti currum multis vestitum frondibus visoque conspicuum vesperi conducant ostiatim non sine cantionibus et vaticiniis, quae tamen, ne fallant, abs consciis earum rerum, de quibus rogandi sunt, edocti fuerunt. Memoriam exercitus illius Ekkartini ita celebrari vulgus ait*"(프레토리우스의『블로케스-베르게스의 현상 또는 상세한 지리 보고서』의 주석, 본서, p. 250 참조).

3) 이는 회플러와 그에게 영향받은 다른 학자들이 추론한 것이다. 본서 제2부 3장 주석 2 참조.

4) P. Burke, *Popular Culture in Early Modern Europe*, London 1978(이탈리아어 판본, Milano 1980); *The Invention of Tradition*, E. Hobsbawm & T. Ranger 편집, London 1984(이탈리아어 판본, Torino 1986) 참조.

5) M. Ozouf, *La fête révolutionnaire(1789~1799)*, Paris 1976 참조.

6) 텍스트(Migne, *Patrologia Graeca*, XL, coll. 222~26에서 접근 가능하다)의 현존하는 교정판으로는 Asterius of Amasea, *Homilies I-XIV*, C. Datema 편집, Leiden 1970 참조(1월 1일 축일에 반대하는 설교는 제4권에 나와 있다). 날짜와 주변 환경에 대해서는 같은 책, pp. XVIII, 227 이하 참조. 그 외에도 M. Lipenius, *Integra strenarum civilium historia...*, Lipsiae 1670, p. 94에 나온 암시에 대해서는 Nilsson, "Studien" cit., I, pp. 228, 247 이하의 논평 참조.

7) 퀴몽F. Cumont(성 다시우스의 생애에 관한 문서들을 발견하여 출간했다)과 다른 학자들이 제기한 가설들에 대한 논쟁은 같은 책 pp. 247 이하 참조. 프레이저는 왕의 의식적 살해에 관한 자신의 이론을 이 텍스트에서 확인했다. 그 외에도 G. Brugnoli, "Il carnevale e i Saturnalia," *La ricerca folklorica*, 10(1984년 10월), pp. 49~54 참조.

8) 1월의 축제에서 카니발의 기원을 찾으려는 시도에 대한 특유의 언급을 보라: "*Hoc vero est primam istam strenarum diabolicarum insaniem in vitam revocare*"(Lipenius, *Integra* cit., p. 121).

9) 본서 제2부 1장 주석 43 참조.

10) K. Meuli, "Bettelumzüge im Totenkultus, Opferritual und Volksbrauch" 참조(아

스테리오의 서술은 언급되지 않았다). 1927~28년에 처음 출간된 이 글은 다음의 연구
서에 포함된 상태로 재출판되었다. *Gesammelte Schriften*, T. Gelzer 편집, I, Basel-
Stuttgart 1975, pp. 33 이하. 메울리의 결론은 동시대에 작성된 다음 저서의 결론과 거
의 대부분 일치한다. Dumézil, *Le problème des Centaures*, Paris 1929, pp. 3 이하
(프레이저에게 크게 영향을 받은 저자는 나중에 자신의 이 저서를 부정한다). 프랑스
에 대한 방대한 자료를 볼 수 있는 곳은 A. van Gennep, *Manuel de folklore français
contem-porain*, I, VII, parte I, Paris 1958, pp. 2874~981 참조. 소아시아에 대해
서는 Nilsson, "Studien" cit., p. 257 참조. 중앙아시아에 대해서는 R. Bleichsteiner,
"Masken- und Fastnachtsbräuche bei den Völkern des Kaukasus," *Oesterreichische
Zeitschrift für Volkskunde*, 55(1952), pp. 3~76, 특히 pp. 18~19, 43 이하 참조. M.
Meslin, "La fête des Kalendes de janvier dans l'empire romain. Étude d'un rituel
de Nouvel An," Bruxelles 1970, p. 78. 이 연구서는 아스테리오가 기술한 의식들이 젊
은이들의 가면과 관계가 있다고 주장한다. 다음 저서에 나온 참고문헌 참조. Bremmer
& Horsfall, *Roman Myth* cit., pp. 82~83(이 저서는 메울리의 해석을 거부한다).

11) Dumézil, *Le problème des Centaures* cit., pp. 44 이하 참조. 메울리에 따르면
(*Bettelumzüge* cit. 그리고 *Gesammelte Schriften* cit., pp. 211, 296 이하 등) 죽은
자들은 조상이었을 것이다. 하지만 지금 분석하고 있는 의식과 신화 들은 마을 공동체
의 다양한 연령층 중에서, 특정 연령층의 죽은 자들을 언급하고 있는 것으로 보인다(A.
Varagnac, *Civilisation traditionnelle et genres de vie*, Paris 1948, p. 244 참조). 같은
의미에서 C. Lévi-Strauss, "Le Père Noël supplicié," *Les Temps Modernes*, 7(1952),
pp. 1573 이하, 특히 p. 1586 참조(이탈리아어 판본, "Babbo Natale suppliziato,"
Razza e storia e altri studi di antropologia, Torino 1967, pp. 246~64, p. 257). 이
연구서는 익살스러운 어조로 기술되었음에도 불구하고, (내가 잘못 안 게 아니라면) 레
비-스트로스가 후속 연구에서 다루지 않은 중요한 문제들을 집중적으로 다루고 있다.

12) Meuli, *Bettelumzüge* cit. 참조.

13) 브레머르(Bremmer, *The Early Greek Concept* cit., p. 116, 주석 128)는 메울리가 민
족지학적 문헌에서 비롯된 진화론적이며 인종학적인 '환원주의 가설'에 근거하고 있다
는 이유로 그의 해석을 거부한다. 하지만 이와 병행하여 뒤메질이 수행한 연구(브레머르
는 이에 관해 논의하지 않았다)는 유럽 민속에서 얻은 증언들에 근거하고 있음을 주목
해야 한다. 메울리는 *Bettelumzüge*의 결론을 "Die deutschen Masken"과 "Schweizer
masken und Maskenbräuche"와 같은 연구를 통해 매우 견고한 형태로 제시했다
(*Gesammelte Schriften* cit., pp. 69~162, 177~250 참조). 메울리의 책에 대해서는
J. Stagl, in *Anthropos*, 72(1977), pp. 309 이하; F. Graf, in *Gnomon*, 51(1979) pp.
209~16, 특히 pp. 213~14 참조.

14) 이 문제 전반에 대해서는 닐슨의 연구가 가장 핵심적이지만(Nilsson, "Studien" cit.,
pp. 214 이하) 그럼에도 몇 가지 결론들은 수정되어야 한다. 다음의 연구에는 별로 새

로운 내용이 없다. Meslin, *La fête des Kalendes* cit. 전통적으로 성 아우구스티누스의 것으로 추정되는 '1월 1일의 설교'에 대한 아를의 체사리오의 연구에 대해서는 다음에서 인용한 참고문헌 참조. E. K. Chambers, *The Medieval Stage*, II, Oxford 1903, p. 297.

15) Nilsson, "Studien" cit., pp. 289 이하 참조(그리고 본서, p. 236 참조).

16) 같은 책, pp. 234 이하 참조; 어린 암소*vetula*(헤르만 우제너의 생각과는 달리 '노파 vecchia'를 의미하지 않는다)와 암말*binnicula*(에포나와 관계가 있을지 모른다)에 대해서는 같은 책, pp. 240~41 참조. 그 외에도 R. Arbesmann, "The 'cervuli' and 'anniculae' in Caesarius of Arles," *Traditio*, 35(1979), pp. 89~119 참조. 이 연구는 롤프스Rohlfs의 다양한 제안(*anicula*)을 수용하지만, 그의 해석(노파)에는 동의하지 않는다. 이 용어는 일반적으로 '어린 암컷 동물'을 의미할 것이다.

17) 이러한 결론은 닐슨과 같은 실증주의 성향을 가진 학자에 의해 명확하게 거부되었다. 독일 학자들 간의 해석 방식을 둘러싼 논쟁에 대해서는 Nilsson, "Studien" cit., p. 293, 주석 124 참조. 12일간의 기간에 '모드라니히트Modranicht'들과 죽은 자들의 귀환 간의 관계와 관련해 모크E. Mogk가 의견─산 자들의 세계와 죽은 자들의 세계를 이동하는 자들은 남자 조상, 즉 아버지들이며 어머니들은 모든 종교에서 완전히 다른 영역과 관련이 있다*ganz anderen Vorstellungskreis*─ 을 제시한 직후에 발표된 비평들은 연역적이다(앞의 주석 11 참조). 닐슨은 1월 1일에 대한 연구에 참고문헌을 추가해 재출판하면서 메울리와 뒤메질의 연구는 인용하지 않았다. 이들의 결론은 다른 관점에서 지하세계 또는 장례식 가설을 반박의 여지가 없게 강화하고 있다.

18) 본서, pp. 36~38 참조.

19) 동물 가면들이 대부분 켈트 문화권(또는 켈트-게르만 문화권)의 현상이라는 닐슨의 해석(Nilsson, "Studien" cit., p. 296)은 메울리와 뒤메질의 연구에 의해 반박되었다. 닐슨에 대한 비판 이외에도 후자의 연구의 경우 근대의 가면들과 동물들의 상호 호환성에 대한 내용을 참조하라(Dumézil, *Le problème des Centaures* cit., pp. 31 이하, p. 25). 다음 저술은 동물 가면에 대한 분석이 결여되어 있어서 결론의 가치가 떨어지기는 하지만 세밀한 관찰이 풍부한 연구다. J.-C. Schmitt, "Le maschere, il diavolo, i morti nell'Occidente medievale," *Religione* cit., pp. 206~38.

20) '페쿠둠Pecudum'은 양과 염소 모두를 가리킬 수 있다. 발칸반도의 의식들에 대해서는 닐슨의 연구에 인용된 참고문헌(Nilsson, "Studien" cit., pp. 252~53) 외에도, A. J. B. Wace, "More Mumming Plays in the Southern Balkans," *Annual of the British School at Athens*, XIX(1912~13), pp. 248~65 참조. 이 연구는 몇몇 사례에서 동방정교회가 어떻게 1월 1일부터 카니발이 끝나는 날까지 이러한 무언극들을 전달하는 데 성공했는지를 보여준다.

21) R. Wolfram, "Altersklassen und Männerbünde in Rumänien," *Mitteilungen der anthropologischen Gesellschaft in Wien*, LXIV(1934), p. 112; G. Fochsa, "Le

village roumain pendant les fêtes religieuses d'hiver," *Zalmoxis*, III(1940~42), pp. 61~102; R. Katzarova, "Surovaskari. Mascherate invernali del territorio di Pernik, Breznik e Radomir," *Atti del convegno internazionale di linguistica e tradizioni popolari*, Udine 1969, pp. 217~27; S. Zečević, "'Lesnik' - The Forest Spirit of Leskova in South Serbia," *Ethnologia Slavica*, 1(1969), pp. 171 이하; E. Gasparini, "L'antagonismo dei 'koledari'," *Alpes Orientales* cit., I, pp. 107~24; K. Viski, *Volksbrauch der Ungarn*, Budapest 1932, pp. 15 이하(레괴시*regös*에 대하여); V. Propp, *Feste agrarie russe*, 이탈리아어 판본, Bari 1978(텍스트는 1963년에 발표된 것이다), pp. 77 이하, 197 이하 참조. 이 연구들은 수준이 전혀 고르지 않아서 논쟁적이지만 아이디어는 풍부하다. 그중에 가장 뛰어난 것은 가스파리니E. Gasparini의 연구다. 전반적인 상황에 대해서는 Meuli, *Bettelumzüge* cit.; Dumézil, *Le problème des Centaures* cit., pp. 3 이하 참조.

22) G. Kligman, *Căluş. Symbolic Transformation in Rumanian Ritual*, Chicago 1981, p. 47 참조.

23) Wolfram, *Altersklassen* cit., p. 119의 참고문헌, 그리고 보다 폭넓게는 O. Buhociu, *Die rumänische Volkskultur und ihre Mythologie*, Wiesbaden 1974, pp. 46 이하 참조.

24) Nilsson, "Das Rosenfest," *Opuscula selecta* cit., I, pp. 311~29; K. Ranke, *Rosengarten, Recht und Totenkult*, Hamburg s.a., pp. 18 이하 참조.

25) Gasparini, *L'antagonismo* cit., p. 111 참조. 뒤메질도 이와 같은 결론에 도달했다. Dumézil, *Le problème des Centaures* cit., pp. 36 이하. 이는 노엘 뒤 페일이 쓴 이야기 (Noël du Fail, *Les propos rustiques*, 1547. 내가 인용한 것은 보더리H. de la Borderie 가 편집한 1878년 파리 판본이다; pp. 75~84)의 핵심에 해당하는 상징적 전환을 이해할 수 있게 해준다. 브르타뉴 지역의 농부인 미스토댕Mistoudin은 매우 폭력적인 구걸 행위의 희생자인데, 죽은 자로 위장함으로써 자신을 폭행한 자들이 획득한 전리품들을 되차지한다(그 외에도 N. Z. Davis, *Fiction in the Archives*, Stanford(cal.) 1987, pp. 69~70 참조).

26) Wace, "More Mumming Plays" cit., pp. 249, 264~65 참조.

27) 나는 성 다시우스가 두로스토룸, 즉 오늘날 불가리아의 실리스트라에서 순교했다는 사실을 중요하게 여기지 않는다.

28) 반대 견해에 대해서는 M. Eliade, "'Chamanisme' chez les Roumains?," *Societas Academica Dacoromana. Acta historica*, VIII(1968), pp. 147 이하(현재는 M. Eliade, *De Zalmoxis à Gengis Khan*, Paris 1970, pp. 186~97에 수록, 추가된 짧은 부록 포함) 참조. 반디니Bandini의 텍스트는 우레키아V. A. Urechia가 편집했다. "*Codex Bandinus...,*" *Analele Academiei Romane*, XVI(1893~94), *Memoriile sectiunii istorice*; 문제의 구절은 p. 328에 있다.

29) Nilsson, "Das Rosenfest" cit., pp. 327 이하 참조. 동시대의 그리스 자료들에 대한 논의로는 F. K. Litsas, "Rousalia: The Ritual Worship of the Dead," *The Realm of the Extra-Human. Agents and Audiences*, A. Bharati 편집, The Hague/Paris 1976, pp. 447~65 참조.

30) L. Rushton, "The Angels. A Women's Religious Organisation in Northern Greece," *Cultural Dominance in the Mediterranean Area*, A. Blok & H. Driessen 편집, Nijmegen 1984, pp. 55~81 참조.

31) G. A. Küppers, "Rosalienfest und Trancetänze in Duboka. Pfingstbräuche im ostserbischen Bergland," *Zeitschrift für Ethnologie*, 79(1954), pp. 212 이하 (1938~39에 진행된 연구에 근거했다); 참고문헌에는 다음의 연구가 포함되어야 한다. M. E. Durham, "Trances at Duboka," *Folk-Lore*, 43(1932), pp. 225~38.

32) 같은 책, p. 233 참조. 이 연구에서는 탈혼 상태와 죽은 자들에 대한 관심 사이의 연관성을 ─ 증명 불가능한 채로─ 명기하고 있다.

33) 같은 책, 그리고 Kligman, *Cǎlus* cit., pp. 58 이하 참조(하지만 더럼M. E. Durham과 퀴퍼스G. A. Küppers가 수집한, 부분적으로 다른 자료들을 무시하고 있다). 클리그만 La Kligman도 상당히 추상적인 용어들로, 정신분석학적 관점에서 두보카의 의식들에 대한 해석의 가능성을 제기한다.

34) R. Vuia, "The Rumanian Hobby-Horse, the Calusari"(1935), *Studii de etnografie si folclor*, Bucuresti 1975, pp. 141~51, 특히 p. 146 참조.

35) 컬루샤리에 대해서는 Kligman, *Cǎlus* cit. 참조. 하지만 저자는 의식의 현상만을 집중적으로 분석한다. 신화적 측면에 대해서는 Vuia, "The Rumanian Hobby-Horse" cit. 이 외에도 다음의 연구가 매우 유익하다. O. Buhociu, *Le folklore roumain de printemps*, Université de Paris, Faculté de Lettres, 1957. 엘리아데는 부분적으로 이 연구를 활용했다(Eliade, "Some Observations" cit.). 이로데아사*Irodeasa*에 대해서는 Wolfram, *Altersklassen* cit., p. 121; Buhociu, *Le folklore* cit., p. 240; M. Eliade, "Notes on the Cǎluşari," *The Journal of the Ancient Near Eastern Society of Columbia University*, 5(1973), p. 115; Eliade, "Some Observations" cit., p. 159 참조(이 연구에서는 루마니아의 인물들과 그들에 대응하는 서양 인물들 간의 용어적 동질성이 확인되었다). 지나-디아나*zîna-Diana*의 관계는 다음 연구에서 이미 드러났다. Lesourd, "Diane et les sorciers" cit., p. 72. 19세기 말경 토스카나에서 판매되던 한 텍스트에서 아라디아Aradia는 반기독교적이고 호전적인 경향을 띠었다. C. G. Leland, *Aradia: the Gospel of the Witches*, London 1974(1a ed. 1899) 참조. 그 외에도 이 주제에 대해서는 E. Rose, *A Razor for a Goat*, Toronto 1962, pp. 213~18 참조.

36) Eliade, "Some Observations" cit., pp. 159~60 참조; 그 외에도 Eliade, *De Zalmoxis* cit., p. 173 참조.

37) Eliade, "Some Observations" cit., p. 158 참조.

38) D. Cantemir, *Descriptio Moldaviae*, Bucaresti 1872, p. 130 참조. Eliade, "Notes on the Căluşari" cit., p. 117에서 엘리아데는 '가면'과 '신분을 드러내지 않기 위해 목소리를 바꾸는 것'에 대해 이야기하면서 내용을 왜곡하고 있다.

39) Vuia, "The Rumanian Hobby-Horse" cit.; 같은 의미에서 Eliade, "Notes on the Căluşari" cit., p. 117 참조.

40) Wolfram, *Altersklassen* cit., p. 119 참조.

41) Wesselofsky, "Alichino" cit., p. 330, 주석 5 참조.

42) Kligman, *Călus* cit., pp. 59 이하; N. Kuret, "Frauenbünde und maskierte Frauen," *Festschrift für Robert Wildhaber*, Basel 1973, pp. 334~47, 특히 pp. 342 이하 참조. 그 외에도 R. Wolfram, "Weiberbünde," *Zeitschrift für Volkskunde*, N. F., IV(1932), pp. 137~46(회플러의 영향을 받았다); W. Puchner, "Spuren frauenbündischer Organisationsformen im neugriechischen Jahreslaufbrauchtum," *Schweizerisches Archiv für Volkskunde*, 72(1976), pp. 146~70 참조. 우크라이나의 콜랴단티 중에 소년 소녀 들이 등장하는 것(Propp, *Feste agrarie* cit., p. 75 참조)은 드문 일이다. A. van Gennep, *Le Folklore des Hautes-Alpes*, I, Paris 1946, pp. 263~64(Château-Ville-Vieille) 참조.

43) 이들은 엘리아데가 발견했으며 부분적으로 논의되었다(Eliade, "Some Observations" cit., pp. 158 이하). 슬로보지아의 컬루샤리들이 연출하는 — 헬름A. Helm이 묘사한 — 무언극에서 풍요의 개념이 강조된 것에 대해서는 A. Brody, *The English Mummers and their Plays*, Philadelphia 1970, pp. 165~66의 부록 참조.

44) Buhociu, *Le Folklore* cit., p. 250 참조.

45) 같은 책, pp. 159~234의 탁월한 분석 참조. 성 테오도로와 말들의 관계에 대해서는 다음의 논문도 참조. T. A. Koleva, "Parallèles balkano-caucasiens dans certains rites et coutumes," *Ethnologia Slavica*, III(1971), pp. 194 이하.

46) Eliade, "Notes on the Căluşari" cit., p. 121 참조. 그리스 정교의 달력에서 성 테오도로와 관련한 축제들은 세 개인데, 이는 각기 다른 세 명의 성인과 연관되어 있다.

47) C. Ginzburg, "Charivari, associations juvéniles, chasse sauvage," *Le Charivari*, J. Le Goff & J.-C. Schmitt 편집, Paris/La Haye 1981, pp. 131~40 참조. 바우징거는 나의 해석이 회플러의 해석을 반복한 것이라고 비평했다(H. Bausinger, "Traditionale Welten, Kontinuität und Wandel in der Volkskultur," *Zeitschrift für Volkskunde*, 81, 1985, pp. 178~79). 나는 회플러보다 메울리의 해석(Meuli, "Die deutschen Masken" cit., pp. 96 이하)이 앞선다는 사실과 더불어, 슈미트가 부분적으로 다른 결론에 도달했다(Schmitt, *Religione* cit., pp. 206~37)는 사실을 밝혀둔다.

48) 다음의 저술에서 인용된 텍스트들 참조. A. Kuhn, "Woden," *Zeitschrift für deutsches Altertum*, XV(1845), pp. 472~94(로빈 후드Robin Hood와 보단Wodan을 동일 인물로 간주한다), 그리고 R. Wolfram, "Robin Hood und Hobby Horse," *Wiener*

Prähistorische Zeitschrift, XIX(1932), pp. 357~74(이전의 연구서와는 다른 견해를 드러낸다). 신화적인 암시들은 데이비스와 톰슨이 샤리바리에 대해 연구한 탁월한 논문들에서는 설명되지 않았다(N. Z. Davis, "Le ragioni del malgoverno," *Le culture del popolo*, 이탈리아어 판본, Torino 1980, pp. 130~74; E. P. Thompson, "'Rough Music': lo 'charivari' inglese," *Società patrizia e clutura plebea*, 이탈리아어 판본, Torino 1981, pp. 137~80). 후자의 저술에 대해서는 나의 논문 "Charivari, associations juvéniles" cit. 참조. 로빈 후드에 대해서는 P. R. Coss, "Aspects of Cultural Diffusion in Medieval England: the Early Romances, Local Society and Robin Hood," *Past and Present*, 108(August 1985), pp. 35~79 참조.

49) Meuli, *Bettelumzüge* cit., pp. 57~58; Meuli, "Schweizer Masken" cit., pp. 179~80 참조; 일반적인 내용에 대해서는 E. Hoffmann-Krayer, "Knabenschaften und Volksjustiz in der Schweiz," *Schweizerisches Archiv für Volkskunde*, VIII(1904), pp. 81~89, 161~78; G. Caduff, *Die Knabenschaften Graubündens*, Chur 1929 참조.

50) 장메르는 유명한 자신의 연구서에서 젊은이들의 입회의식을 다룬 민족지학적 자료들에 대한 비교 연구를 처음으로 제안했다(H. Jeanmaire, "La cryptie lacédémonienne," *Revue des études grecques*, 26, 1913, pp. 121~50). 그 외에도 H. Jeanmaire, *Couroi et Courètes*, Lille-Paris 1939, pp. 540 이하; J. Ducat, "Le mépris des Hilotes," *Annales E.S.C.*, 29(1974), pp. 1451~64; P. Vidal-Naquet, *Le chasseur noir. Formes de pensée et formes de société dans le monde grec*, Paris 1981, pp. 151 이하; Bremmer, "The 'suodales'" cit.; Bremmer & Horsfall, *Roman Myth* cit. 참조. 일반적인 차원의 내용에 대해서는 Lévi-Strauss, "Le Père Noël" cit. 참조.

51) 두 집단에 대해서는 L. Weniger, "Feralis exercitus," *Archiv für Religionsgeschichte*, 9(1906), pp. 201~47 참조(p. 223에는 프랑스에 대항하는 전쟁 도발에 대한 여담이 나온다). (유아기 제우스에 대한 내용의 크레타 신화에서 언급된 쿠레테스족처럼) 얼굴에 석회를 바르는 입회의식의 가치에 대해서는 J. Harrison, *Prolegomena to the Study of Greek Religion*(1903, 1907), London 1980, pp. 491 이하; J. Harrison, *Themis*(1911), London 1977, pp. 1~29 참조. 고대 이오니아의 도시 포카이아에 대해서는 A. Brelich, *Guerre, agoni e culti nella Grecia arcaica*, Bonn 1961, pp. 46~52; 다른 관점으로는 P. Ellinger, "Le Gypse et la Boue: I. Sur les mythes de la guerre d'anéantissement," *Quaderni urbinati di cultura classica*, 29(1978), pp. 7~35 참조.

52) H. Güntert, *Ueber altisländische Berserkergeschichten*, Beilage zum Jahresbericht des Heidelberger Gymnasiums 1912, Heidelberg 1912; Weiser, *Altgermanische* cit., pp. 47~82; W. Müller-Bergström, "Zur Berserkerfrage," *Niederdeutsche Zeitschrift für Volkskunde*, 12(1934), pp. 241~44; G. Sieg, "Die Zweikämpfe der Isländersagas," *Zeitschrift für deutsches Altertum und deutsche Literatur*, 95(1966),

pp. 1~27; G. Dumézil, *Heur et malheur du guerrier*, Paris 1985, pp. 208 이하 참조.

53) Gasparini, "L'antagonismo dei koledari" cit., p. 111 등 참조. 이 연구서는 결국 가상의 모계사회 구조와 관련된, 마을 족외혼과의 (기록되지 않은) 연관성을 암시한다. 또한 E. Gasparini, *Il matriarcato slavo*, Firenze 1973, 특히 pp. 434 이하 참조.

54) 이 모든 것에 대해서는 (메울리에게서 영감을 얻은) 논문 H. Dietschy, "Der Umzug der Stopfer, ein alter Maskenbrauch der Bündner Oberlandes," *Archives Suisses des traditions populaires*, XXXVII(1939), pp. 25~43; Meuli, "Schweizer Masken" cit., pp. 183~85 참조. 히암펠D. Chiampel은 그의 논문 *Rhaetiae Alpestris Topographica Descriptio*(1884년에만 출판)을 편집하면서 세바스티안 뮌스터Sebastian Münster가 1538년에 출간한 추디의 라틴어 번역본 소책자를 여러 부분에서 활용했다. 하지만 추가된 세부 사항들은 분명 직접적인 관찰의 결과다.

55) 추디는 1571년에 슈토퍼에 대해 연구하면서(2세기 후 *Gallia Comata*로 출간되었다), 몇 년 전부터 관습이 폐기되었음을 관찰했다. 반면 수르셀파에서는 여전히 관습이 유지되고 있었다(Dietschy, "Der Umzug" cit. 참조).

56) W. Hein, "Das Huttlerlaufen," *Zeitschrift des Vereins für Volkskunde*, 9(1899), pp. 109~23 참조. 그리고 일반적으로는 Meuli, "Schweizer Masken" cit. 참조.

57) Meuli, *Bettelumzüge* cit., p. 58; Dönner, *Tiroler Fasnacht* cit., pp. 137~84 참조.

58) 이에 대한 거시적 차원의 비교로는 G. Gugitz, "Die alpenländischen Kampfspiele und ihre kultische Bedeutung," *Oesterreichische Zeitschrift für Volkskunde*, 55(1952), pp. 101 이하 참조(하지만 '푼키아두르스'에 대한 언급은 없다).

59) 이미 카두프가 제안한 바 있는──독일어로 귀신을 의미하는──페르히텐Perchten과의 유사성(Caduff, *Die Knabenschaften* cit., pp. 99~100)은 디치가 발전시켰다. Dietschy, "Der Umzug" cit., pp. 34 이하 참조. 메울리는 '푼키아두르스'가 무장한 춤인지 아니면 진정한 의미의 전투 의식인지를 자문했다(Meuli, "Schweizer Masken" cit., p. 184). 프리울리의 역사 기록물은 후자를 암시한다.

60) 디치는 메울리처럼, 그들을 신화 차원이 아닌 명백히 의식 차원에서 해석하면서 늙은 티에스의 이야기를 상기시켰다(Dietschy, "Der Umzug" cit., p. 37, 주석 1). 메울리는 푼키아두르스의 의식이 독일 알레만족에서 기원했을 것이라고 추정했다(Meuli, "Schweizer Masken" cit., p. 185).

61) 이 모든 것과 관련하여 R. Bleichsteiner, "Masken- und Fastnachtsbräuche" cit. 참조. 그리고──독창적이고 은둔해 있던──저자에 대해서는 부고 기사와 슈미트가 편집한 참고문헌 참조[L. Schmidt, *Archiv für Völkerkunde*, IX(1954), pp. 1~17].

62) G. Charachidzé, *Le système religieux de la Géorgie païenne*, Paris 1968, pp. 266 이하 참조.

63) Bleichsteiner, "Masken- und Fastnachtsbräuche" cit., pp. 11 이하, 42 이하 참조.

64) Eliade, "'Chamanisme' chez" cit. 참조. 이것은 디오세기의 가설이며 나중에는 루마니

아에 '샤머니즘'의 형태가 존재하지 않았다는 것을 증명하는 확실한 증거로 간주되어 그의 연구서의 결론에 사용되었다(아래 주석 66 참조).

65) 이에 관해서는 W. Muster, *Der Schamanismus und seine Spuren in der Saga, im deutschen Märchen und Glauben*, Diss. Graz 1957(나는 피에트로 마르실리 Pietro Marsilli 박사의 도움으로 열람할 수 있었다). 그리고 특히 유용한 논평으로 A. Closs, "Der Schamanismus bei den Indoeuropäern," *Innsbrucker Beiträge zur Kulturwissenschaft*, 14(1968), pp. 289 이하 참조. 또한 클로스는 페르히텐과 관련한 의식들이, 탈혼 상태 또는 최면 상태의 흔적을 찾을 수 없다고 할지라도 "어느 정도는 거의 샤머니즘적이라고 할 수 있는 종교적 복합체"라고 간주한다(Closs, "Die Ekstase des Schamanen," *Ethnos*, 34, 1969, pp. 70~89, 특히 p. 77 참조).

66) Eliade, "'Chamanisme' chez les Roumains?" cit., 1968에서 엘리아데는 컬루샤리에 대해 짧게 언급했다. 그리고 Eliade, "Notes on the Călușari" cit., 1973에서는 컬루샤리가 '거의 샤먼'이나 다름없다고 정의하며, 탈혼 상태에 대한 언급이 없다는 점을 들어 '샤머니즘'으로부터 배제하면서 이들에 대한 폭넓은 논의를 전개했다. Eliade, "Some Observations on European Witchcraft" cit., 1975에서는 베난단티의 경우 샤머니즘적인 탈혼 상태와의 유사성을 수용하면서 이들이 컬루샤리와 유사하다고 주장했다. 이후에도 엘리아데는 탈혼 상태에서 샤머니즘과 구분되는 특징을 찾으려고 노력했다. 하지만 루마니아의 스트리고이*Strigoi*에게서 탈혼 상태의 특징을 확인함으로써(같은 책, p. 159), 1968년의 저술에서 암시했던 전체적인 구도를 수정했다.

67) E. T. Kirby, "The Origin of the Mummers' Play," *Journal of American Folklore*, 84(1971), pp. 275~88 참조. '샤머니즘' 개념을 적절하지 않은 방식으로 확장하는 위험에 대해서는 H. Motzki, *Schamanismus als Problem religionswissenschaftlicher Terminologie*, Köln 1977 참조(p. 17에서는 1903년 방주네프가 제안한, 신중함에 대한 권고를 인용했다).

68) (이미 입회한) 죽은 자들을 대표하는 것으로 간주된 (아직 입회하지 않은) 아이들에 대해서는 Lévi-Strauss, "Le Père Noël" cit., p. 1586(이탈리아어 판본, cit., p. 257) 참조.

69) 매우 잘 알려진 M. Granet, *Danses et légendes de la Chine ancienne*, Paris 1926, I, pp. 298 이하 참조; 그 외에도 D. Bodde, *Festivals in Classical China*, Princeton 1975, pp. 75~138; J. Lévi, *Aspects du mythe du tigre dans la Chine ancienne. Les représentations de la sauvagerie dans les mythes et le rituel chinois*, thèse de 3ᵉ cycle(타자기로 작성된 원고), pp. 133 이하 참조. 레비-스트로스는 노란 금속의 눈 네 개가 달린 곰의 가죽을 덮어쓴 인물을 에스키모와 콰키우틀Kwakiutl족의 여러 가면들과 비교했다(Lévi-Strauss, *Anthropologie structurale* cit., p. 288). 또한 R. Mathieu, "La patte de l'ours," *L'homme*, XXIV(1984), p. 23 참조. (헨체C. Hentze의 연구를 참조한) 이 연구는 오브 지역의 우그리아족이 곰에 부여한, 모든 것을 볼 수 있는 능력에 대해 기록하고 있다.

70) M. Eliade, *Le mythe de l'éternel retour*, Paris 1969(1949년 초판, 이탈리아어 판본, Milano 1975), 특히 pp. 83 이하 참조. 영역본의 서문(*Cosmos and History. The Myth of Eternal Return*, New York 1959, pp. VIII~IX)에서 엘리아데는 융과 거리를 두면 서, '원형'이라는 단어를 심리학적 용어가 아닌 존재론적 용어로 다시 정의하고자 했다. 엘리아데는 (그의 가장 독창적인 연구서인) 이 저서에서 프레이저가 이미 제외했던 일련 의 요소들을 재인용하면서(예를 들어 Frazer, *The Golden Bough, IX: The Scapegoat*, New York 1935, p. 328 참조), 이들을 뒤메질(Dumézil, *Le problème des Centaures* cit.)과 회플러(Höfler, *Kultische Geheimbünde* cit.)와 회플러의 추종자인 슬라비크A. Slawik의 연구에서 드러난 죽은 자에 대한 주제와 연결했다. 패배의 파토스는 파시즘과 반유대주의를 경험한(F. Jesi, *Cultura di destra*, Milano 1979, pp. 38 이하 참조) 엘리 아데에게 역사로부터의 탈주를 이론화하는 것에 관심을 가지게 만들었다. 위기와 재출 발이라는 주제에 대한 일부 유사한 성찰에서 출발함에도, 반대의 결론에 도달한 연구로 는 E. De Martino, *Il mondo magico*(1948) 참조.

71) Eliade, *Le mythe* cit., p. 87 참조(슬라비크의 결론을 재인용하지만 동시에 신화-의식이 가지는 형태들의 기원에 대한 연구를 배제하고 있다). 그리고 V. Lanternari, *La grande festa*, Bari 1976, pp. 538 이하 참조(엘리아데의 준신비주의적이고 비역사적인 전망을 비판한다).

72) H. Ehelolf, "Wettlauf und szenisches Spiel im hethitischen Ritual," *Sitzungsberichte der preussischen Akademie der Wissenschaften*, XXI(1925), pp. 267~72; W. Schubart, "Aus den Keilschrift-Tafeln von Boghazköi," *Gnomon*, 2(1926), p. 63(이 전과는 약간 다른 번역을 제시하고 있다); A. Lesky, "Ein ritueller Scheinkampf bei den Hethitern," *Archiv für Religionswissenschaft*, 24(1926~27), pp. 73 이하(더 이 상 알 수 없는 식물 의식의 문제이기 때문에 이는 역사적 사건에 관련된 의식이라고 가정 하고 있다. 그리고 p. 77에서는 슈토퍼에 관한 추디의 글을 언급하고 있다); A. Götze, "Kulturgeschichte des alten Orients," *Handbuch der Altertumswissenschaft*, III, 3, München 1933, p. 152(의식에 관한 언급이 아니라고 주장한다) 참조.

73) H. Usener, *Heilige Handlung*, parte II: "Caterva," *Kleine Schriften*, IV, Leipzig/ Berlin 1913, pp. 435~47 참조(상당히 날카로운 통찰이 풍부하다). 또한 van Gennep, *Le Folklore des Hautes-Alpes* cit., I, pp. 62~63 참조.

74) 여러 차례 반복된 이러한 해석에 대한 반론으로는 G. Dumézil, *La religione romana arcaica*, 이탈리아어 판본, Milano 1977, pp. 197 이하; G. Dumézil, *Fêtes romaines d'été et d'automne*, Paris 1975, pp. 181 이하 참조(특히 pp. 204~10에서 축제에 대한 페스투스의 용어 *ob frugum eventum*은 소망하는 것이 아닌 회고적인 의미를 가진다).

75) Dumézil, *La religione romana* cit., pp. 306 이하(참고문헌 포함), pp. 322~23 참조. 로셔(Roscher, "Das von der 'Kynanthropie'" cit.)는 이러한 관점을 특히 강조하고 있 다. E. Rohde, *Kleine Schriften* cit., II, pp. 222~23 참조.

76) 몇 년 전 상징주의자들(프레이저, 프로이트, 그리고 초기의 카시러)과 기능주의자들(뒤르켐과 그의 추종자들인 해리슨J. Harrison과 말리놉스키Malinowski)이 논쟁을 벌였을 때 에드먼드 리치E. Leach는 후자의 입장을 과감하게 수용하면서, 프레이저가 제안한 비교들의 대부분은 그 맥락이 체계적으로 무시되기 때문에 순수한 의미를 가진다면, 기능주의자들의 이론은 그 함의를 무시하게끔 한다고 서술했다(E. Leach, "Lévi-Strauss in the Garden of Eden: An Examination of Some Recent Developments in the Analysis of Myth," *Transactions of the New York Academy of Sciences*, s. II, vol. 23, 1961, p. 387). 하지만 리치의 주장을 따르지 않는다고 해서 반드시 프레이저의 주장으로 회귀하는 것은 아니다. 프레이저가 제기한 몇 가지 질문을—이에 대한 답변을 수용하지 않으면서—다시금 제안해볼 수 있다(프레이저는 비트겐슈타인의 저작을 읽었다).

Storia Notturna

제3부

1장
유라시아 가설들

1

수염을 기른 두 명의 병사가 방패를 높이 들고 손에 칼을 쥔 채 대치하고 있다. 한 병사는 투구를 쓰고 있지만 다른 병사는 머리에 아무것도 쓰고 있지 않다. 두 병사는 벨트로 허리 부분에 주름을 잡은 튜닉과 자수를 놓은 넉넉한 품의 바지를 입고 있다. 그들 사이에서 (미늘이 달린 흉갑으로 가슴을 보호한) 말을 탄 남자가 두 발로 서 있는 병사 중 한 명을 향해 짧은 창을 겨누고 있다. 그가 입은 바지는 병사들의 바지에 비하면 몸에 딱 붙는 편이다. 다른 말은 바닥에 등을 대고 벌렁 누워 있다. 수염, 머리카락, 흉갑의 미늘들, 의복의 자수 장식, 죽은 말과 살아 있는 말의 우람한 근육은 똑같은 금빛으로 빛나고 있다. 웅크린 자세를 취하고 있는 다섯 마리의 작은 사자들이 병사들을 받치고 있다. 사자들 아래의 받침대에서부터 길고 평행한 빗살들이 나란히 늘어서 있다. 사자들도 빗살들도 모두 금이다(그림 13).

기원전 4세기 무렵 흑해 연안의 어느 도시에 살고 있었을 한 그리스 장인은 스키타이 족장의 신부나 첩 또는 딸을 위해 이 빗을 조각하고 주조했다. (대략 5센티미터 길이의) 빗 손잡이에 새겨진 장면의 세부 묘사들은 좀더 섬세하게 마무리되었다. 그러나 아주 작은 크기에도 불구하고 전체적인 느낌은 웅장하다. 이처럼 그리스 조각 작품의 언어는 외부인들의 현실을 대변하기 위해 사용되었다.[1] 빗에 장식된 전투 장면은 익명의 의뢰인이 장인에게 넌지시 전한 스키타이족의 전설을 암시한 것이었을지도 모른다. 세 명의 전사들이 입은 바지가 전혀 그리스적이지 않다는 것은 확실하다.

2

그리스인들은 흑해 지역으로 진출하면서 알게 된 유목민과 반半유목민을 모두 '스키타이족'이라고 불렀다. 스키타이족은 글을 쓸 줄 몰랐다. 우리가 이들에 대해 아는 것은 고고학자들의 발굴과 외부 관찰자들의 기록, 특히 헤로도토스가 기술한 내용을 통해 전해진 것들이 전부다. 무덤들에서 출토된 수많은 부장품 중에서 스키타이족의 수공품(장신구, 수레 장식품, 잔)은 그리스인들의 것들과 함께 발견된다. 전투 장면이 조각된 황금 빗은 그리스인들의 작품이다. 스타일과 디자인의 대조는 헤로도토스가 스키타이족을 주제로 기술한 『역사』(제4권)의 이야기들을 생각나게 한다.[2]

기술된 모든 이야기가 문화적 영향을 받았기 때문에 중립적이지 않다는 점은 분명하며 또는 그러해야만 할 것이다. 헤로도토스는 지칠 줄 모르는 호기심으로 정보와 소문 들을 수집하고 표현하는 데 있어, (비록 많은 경우 무의식적이긴 하지만) 강력한 (그리고 상당히 왜곡된) 구조적 틀과 범주를 따랐다. 이러한 사실을 결코 간과해서는 안 될 것이다. 하지만 그렇다고 해서 헤로도토스가 저술한 내용의 수준을 초월하기는 불가능하다고 추론하는 것도 어리석은 일일 것이다. 예를 들어 지식의 귀중한 조각들은 헤로도토스의 『역사』 제4권에 기술된 내용들을 우연하게 또는 그와는 다른 문화적, 정신적 양식에 기반해 선택된 다른 일련의 증언 기록물과 비교하는 노력을 통해 얻어진다. 다시 말해 한편에서는 고고학 전문가들이, 다른 한편에서는 스키타이족에 기원하는 알란Alani족과, 록솔란Roxolani족에서 갈라져 나온 오세트족과 같은 이란 언어권의 다른 종족들로부터 유래된 전통들에서 그것을 발견할 수 있다. 재구성의 객관성은 다른 경우들과 마찬가지로, 다양한 증언 기록물을 서로 교차시키는 과정, 그럼에도 항상 하나의 결론으로 수렴되지는 않는 교차 과정을 통해 확보된다.[3]

<h2 style="text-align:center">3</h2>

헤로도토스는 스키타이족이 동족의 시신을 매장한 후에 정화 의식을 다음과 같이 거행한다고 기술하고 있다(『역사』 제4권 73~75연). (스키타이족은) 세 개의 장대를 서로 비스듬히 기대어 세우고 그 위에 펠트 천을 덮고 아래에는 불에 뜨겁게 달군 돌들로 채워진 큰 그릇을 놓은 다음 그 주변에 앉아 약간의 대마 씨를 던져 넣는다. 대마에서 퍼져 나간 향은 주변 사람들의 기분을 좋게 만든다. 이러한 내용을 시베리아의 유사한 의식들에 대한 여행자들과 인종학자들의 기술과 비교한다면, 흑해의 북쪽 지역에 거주하는 스키타이족에게는 탈혼 상태로 유도하기 위한 주술적 관행이 있었음을 짐작할 수 있다.[4] 이러한 가설을 뒷받침하는 고고학적 증거들은 상당히 많다. 알타이산맥 동쪽에 위치한

파지리크 계곡에서는 기원전 3~2세기의 것으로, 그동안 얼음 아래에 묻혀 있었던 봉분 형태의 무덤들이 발견되었다. 이 무덤들에서는 순록의 뿔 가면을 씌운 말 외에도 여러 개의 대마 씨들이 출토되었는데, 그 중에는 칸나비스 루더랄리스 야니쉬*cannabis ruderalis Janisch*는 물론 칸나비스 사티바*cannabis sativa*(마리화나)의 변종도 포함되어 있었다. 일부는 가죽 주머니에 보관되어 있었고, 나머지는 자작나무 껍질로 싸인 손잡이가 달린 원추형 청동 그릇 안에 돌들과 함께 담겨 불에 구워진 상태로 발견되었다. 같은 고분에서 북과 현악기가 발견되었는데, 이는 그로부터 2000년 후 시베리아의 샤먼들이 사용하던 것과 유사했다.[5]

4

기원전 8세기부터, 중앙아시아 출신의 유목민들은 서쪽으로는 이란고원의 국경 지역으로, 동쪽으로는 몽골과 중국 사이의 지역으로 이동했다. 스키타이족이 유라시아 대륙에서 두 개의 상반된 방향으로 이주한(문서로 확실하게 기록된 스키타이족의 첫 이주는 약 2000년 동안 불규칙한 간격을 두고 연쇄적으로 반복되었다) 원인이 무엇인지는 분명하지 않다.[6] 기원전 1000년경, 장기화된 가뭄으로 인해 척박해진 중앙아시아 대부분의 경작 지역이 버려진 반면, 당시까지만 해도 소규모였던 유목민들의 목축 활동은 크게 확대되었을 것으로 추정된다.[7] 기원전 800년과 700년 사이에 이란고원에 정착한 스키타이족은 이러한 유목민들의 일부였다. 이후 메디아 제국이 등장하자, 이들은 코카서스와 흑해 방면으로 밀려났다. 그리스인들은 이들로부터 금, 호박琥珀, 모피 등을 구입했다.

분명하지는 않지만 스키타이족 중에는 몽골 혈통의 집단들도 포함되어 있었을 것이다.[8] 어쨌든 스키타이족의 종교와 조로아스터교의 샤머니즘적인 요소들은 (매우 논쟁적이기는 하지만, 어느 한 의견을 따르자면) 중앙아시아 스텝 지대의 문화와 접촉한 결과일 것이다.[9] 스키타이족에게도 버드나무 막대기나 참피나무의 껍질을 이용해 미래를 점치는 전문적인 주술사들이 있었다. 헤로도토스에 따르면(『역사』 제4권 67연, 『역사』 제1권 105연), 스키타이족의 샤먼들은 에나레이Enarei, 즉 남자가 아닌 자, 남자-여자라고 불렸다. 이러한 명칭은 시베리아의 샤먼들 사이에서 성전환 및 복장 도착이 빈번했으리라는 사실을 짐작하게 한다.[10] 비록 상당히 간접적이기는 하지만 훨씬 많은 정보는, 기원전 7세기에 다르다넬스 해협(마르마라해의 작은 섬)에 살고 있었을 것으로 추정되는 그리스인 프로콘네소스의 아리스테아스Aristea di Proconneso에 대한 전설을 통해 전해졌다. 단지 몇 구절만이 전해오는 「아리마스피의 노래 Canti arimaspi」에서 아리스테아스는 어떻게 자신이 아폴로에게 홀려 식인종인 이세돈Issedoni족의 거주지 북쪽을 헤맸고, 또 이들보다 북쪽에 거주하는 존재들, 즉 외눈박이 아리마스피Arimaspi, 보물을 지키는 그리폰Grifoni,* 그리고 이페르보레아Iperborea에 대해 듣게 되었는지를 이야기하고 있다. 헤로도토스는 자신의 책에서 이 여행이 사실이라고 말하면서(『역사』 제4권 13~16연), 아리스테아스가 한 세탁업자의 가게에서 죽었다가 신비하게도 두 차례나 다시 살아난—6년 후에 프로콘네소스에서, 심지어 240년 후에는 메타폰토에서 부활했다—기적적인 사건의 주인공이었다고 했다. 이 섬에는 아폴로의 동상 옆에 또 하나의 동상, 즉 아리스테아스의 동상이 세워져 있는데, 그 모습은 까마귀의 형상이

---

* 독수리처럼 날카로운 부리와 발톱, 긴 목과 가슴, 폭이 넓은 날개를 가지고 있지만 몸통과 긴 꼬리는 사자와 닮았고 귀는 말을 닮은 신화적인 동물.

었다. 이러한 신비한 특징들은 이후의 전설들에서 보다 정교하게 다듬어졌다. 티로의 마시모Massimo di Tiro(2세기)에 따르면, 아리스테아스의 영혼은 마치 새처럼 하늘을 날아가기 위해 활력을 잃은 육신으로부터 일시적으로 빠져나갔다. 하늘에서 바라본 대지와 강과 주민 들은 이후 그의 시의 주제가 되었다. 플리니우스(『자연의 역사Naturalis Historia』 제7권 174행)는 아리스테아스의 영혼이 까마귀 형상으로 입에서 빠져나가는 모습의 동상에 대해 언급했다. 다른 증언들에 따르면, 아리스테아스는 자신이 원하면 강경증에 빠져들 수 있으며, 탈혼 상태의 여행에서 돌아온 후에는 전염병, 지진, 홍수 등을 예견했다.[11] 이 모두는 기원전 7세기부터 흑해 연안에 세워진 그리스 식민지들이 스키타이족의 문화로부터 일부 샤머니즘적인 요소들을 수용했음을 보여준다.[12]

우리는 지난 19세기 말까지도 (스키타이족의 먼 후손인) 오세트족 중에 주기적으로 탈혼 상태에 빠져든 뒤 영혼의 상태로 죽은 자들의 세계로 이동하던 자들(부르쿠드자우타)이 있었다는 사실을 살펴보았다.[13] 나르티 지역에 거주하는 오세트족의 전설에 등장하는 주인공들 중 한 명인 소슬란이 경험했던 사후 세계는 알타이족(타타르Tatari족, 부랴트Burjati족)의 전설들에 묘사된 사후 세계와 상당히 유사하다. 두 전설 모두에서 남녀 영웅들은 일련의 인물들이 지상에서 벌인 행동에 대한 처벌이나 보상으로 밝혀진, 이해할 수 없는 활동들에 몰두하고 있음을 알아차린다. 세부 내용들이 일치하는 경우도 있다. 이를테면 사이가 좋지 않은 부부는 소가죽으로 만든 덮개를 놓고 다투고, 행복한 부부는 산토끼 가죽 위에서 평화롭게 휴식을 취한다.[14] 이토록 정확한 일치는 비록 이후의 시대에 작성된 문서들에서 유래한 것이지만, 스키타이족이 서쪽으로 이주해 가기 이전(기원전 8세기)에 오랜 기간 동안 중앙아시아의 유목민들과 매우 친밀한 관계에 있었다는 사실을 확인시켜준다. 온통 전나무와 자작나무로 뒤덮인 시베리아 타이가 지역의 북쪽에 정착한 사냥꾼들의 문화처럼, 양치기들의 문화에서도 샤먼들의 의식은 중요한 위치를 차지하고 있었다.[15)]

<h1 style="text-align:center">5</h1>

우리의 연구는 마녀들이 벌이는 악마의 잔치의 민속적 기원을 재구성하기 위해서 신비한 밤의 여신들이 탈혼 상태에서 벌이는 숭배의식의 증거들로부터 출발했다. 초기에 이를 켈트 지역에 국한된 현상으로 여긴 것은 지리적 분포를 알 수 없었기 때문이다. 하지만 이러한 해석은 지중해의 주변 지역들에서 유래한 일련의 기이한 증거들이 나오면서 반박되었다. 뼈를 이용한 부활이라는 비정상적인 특징들은 밤의 여신의 외양적 특징들에, 그리고 좀더 일반적으로는 악마의 잔치의 전형으로 수렴되는 신앙의 다양한 층위들에 중앙아시아 유목민들로부터 기원하는 훨씬 오래된 고대의 요인들이 잔존하고 있고, 또 그것이 북극 지방의 수렵 문화와 연계되어 있었을 가능성을 암시했다. 공동체의 번영을 위한 탈혼 상태의 전투 또는 동물 가면을 중심으로 전개되었던 계절 의식들과 같은 현상들도 인도유럽어권 지역의 경계를 벗어나고 있었다. 그럼에도 라플란드 지역과 헝가리와 같은 인접 지역들은 유럽에 샤머니즘적인 특징이 언제 출현했고, 얼마나 확산되었는지를 설명하기에는 전혀 충분하지 않은 듯했다.

연구 영역을 상당히 다른 시대와 지역, 문화권으로까지 확대할수록 역사적 관점을 취할 수 있는 가능성은 더 줄어들 것이다. 우리의 연구 방법을 지극히 형태론적인 분석으로 제한하는 것만이 유일한 해법으로 보인다. 스키타이족과 중앙아시아 유목민들의 연계성을 고려할 경우, 비록 단편적인 방식으로나마, 지금까지 수집된 정보들이 신빙성 있는 역사적 맥락에 포함될 가능성이 더욱 높아진다.

6

기원전 6세기 초, 스키타이족의 소규모 무리들은 흑해 연안을 떠나 서쪽으로 이동했다. 드네스트르강을 지나 다뉴브강을 건넌 후에 마침내 그들은 도브루자에 정착했다. 이곳의 원주민인 트라키아족은 스키타이족의 지배권을 인정했다. 군데군데 늪이 들어선 평원 지역인 이곳은 '작은 스키타이'로 불렸다. 기원전 4세기 초 무렵에는 켈트족이 이주해 오기 시작했다. 이들의 팽창주의적 충동은 발칸반도 일부를 정복하고 소아시아에 식민지를 건설한 후에야 사그라들었다. 이 시점에서 트라키아족(또는 트라키아-게티족*), 스키타이족, 켈트족이 아시아와 유럽을 잇는 거대한 통로의 한 극단에 위치한 다뉴브강 하구 지역에서 영향력을 행사하고 있었다는 사실이 한편으로는 영혼의 무리를 이끄는 여신의 특징들을, 다른 한편으로는 탈혼 상태에서 벌이는 숭배의식의 확산을 이해하는 데 필요한 열쇠를 제공해주는지 자문해볼 필요가 있다.[16]

우리는 밤의 여신에 대한 많은 이미지에서 복합적인 문화 층위를 확인했다. 중세 전반기의 시詩들에 언급된 디아나와 에로디아데의 이면에는 에포나, 대모들, 아르티오와 같은 켈트족 신들의 영향하에 지역적으로 숭배된 벤소치아, 오리엔테, 리켈라 등의 신들이 존재하고 있었다.

---

* 게티족은 다뉴브강 하류에 거주하던 고대 트라키아족의 일부였다.

한편, 말을 탄 켈트 여신인 에포나의 형상들은 헤로도토스가 아르테미데와 유사하다고 했던 '여왕' 여신이었을 것으로 추정되는 트라키아족의 달의 여신인 벤디스를 떠올리게 한다. 벤디스는 트라키아-프리기아의 여신으로서 디오도로스 시켈로스에 의해 엔지온의 대모 여신들과 같은 것으로 확인된—제우스의 크레타를 지키는 여신들 중 하나와 이름이 같은—아드라스테이아와 함께 아테네에서 숭배되고 있었다. 엔지온의 대모 여신들은 살라디노보의 트라키아족 성지에서 숭배되었던 켈트족 외형의 요정들과 닮아 있었다.[17] 아르테미데가 암곰으로 분장한 소녀들에 의해 숭배되던 성소인 브라우론은 트라키아족의 명칭이었을 것이다.[18] 아르테미데 아그로테라Artemide Agrotera(야생의 아르테미데)는 흑해의 북쪽 해안 지역에서 선사시대에 숭배되었던 '위대한 여신'의 몇 가지 특징을 상속했다. 다시 말해 철기시대 초반에 이 지역에 침입했던 침메리Cimmerî족(또는 침메리우스Cimmerius, 침메리쿠스Cimmerǐcus)은 이 숭배의식을 받아들였다.[19] 기원전 700년경 침메리족을 러시아 남부 지역에서 서쪽 지역으로 몰아낸 스키타이족은 많은 뱀들에 둘러싸인 (반은 여성이고 반은 뱀의 형상인) 여신을 숭배하고 있었다. 이러한 이미지는 『일리아스』에서 아르테미데의 별칭이었던 '동물들의 귀부인'이라 불린 여신들과 매우 흡사했다.[20] 유사성, 비슷한 표현 그리고 혼종의 의미가 혼재되어 있는 것은 이미 과거에 조심스럽게 제기했던 가설, 즉 아르테미데의 고대적 특성이 유라시아에서 유래했을지 모르는 '동물들의 귀부인'에 대한 호메로스 시대의 표현이라는 가설에 신빙성을 높여주는 것처럼 보인다.[21] 거의 항상 한 쌍의 말, 새, 물고기, 뱀 들에 둘러싸인 채 종종 반半야수적인 모습을 드러내는 중동 지역과 지중해 지역의 신성 이미지들은 일부 시베리아 종족들(야쿠트Yakuti족, 퉁구스족)이

새, 엘크 또는 사슴의 모습을 샤먼들의 시조로 간주해 숭배한 '동물들의 어머니'에 근접한 것이었다.[22]

우리는 반야수의 모습이거나 동물들에 둘러싸여 있고, 교회법학자들과 이단 심문관들에 의해 디아나로 간주되었으며 샤머니즘적인 유형의 탈혼 상태에서 벌이는 숭배의식의 중심에 있던 밤의 여신이, 사냥과 숲을 보호하는 유라시아 신들의 아주 오랜 상속자라는 사실을 확인했다.[23] 이러한 접근은 2000년의 시간과 타이가 지역 및 스텝 지역의 수천 킬로미터를—분할이 아닌 통합의 차원에서—뛰어넘는 것으로서, 순전히 형태론적인 근거를 토대로 이루어졌다. 이제 우리는 이러한 접근을 역사의 연속성 차원에서 스텝 지역의 유목민-스키타이족-트라키아족-켈트족 순으로 해석할 가능성을 발견한다. 우리는 탈혼 상태, 주술 비행, 동물로의 변신과 같은 샤머니즘적인 주제들이 스키타이족과 켈트족을 배경으로 등장했음을 살펴보았다. '탈혼 상태와 경직 상태'에 빠진 스코틀랜드 마녀들의 육신에서 빠져나온 까마귀는 아리스테아스의 영혼을 상징하는 까마귀와 비슷하다고 할 수 있다.[24] 물론 까마귀는 아리스테아스와 매우 긴밀하게 연결되어 있는 아폴로에게 신성한 동물이었다.[25] 그러나 스코틀랜드 주술에 대한 기술에서 언급되었던 엘피들, 즉 요정들의 왕국도 분명하게 켈트족의 특징을 가지고 있다. 여러 변형들 또는 구체적인 문화적 맥락에 연결된 변화나 변수들의 존재는 하나의 공통된 구도에 근거한 가설, 즉 탈혼 상태에서 주로 동물의 모습으로 죽은 자들의 세계를 여행한다는 가설과 모순되지 않는다.

7

오비디우스Ovidius(『변신』 제15권 356행 이하)는 새로 변신하는 능력을 가진 자들에 대해 상당히 진술하게 기술하면서, 이들의 지리적 배경이 트라키아(트리톤 호수)와 스키타이로 불리던 할키디키반도(팔레네)가 포함된 북부 지역이었다는 사실을 강조했다. "팔레네 북쪽에는, 트리톤 호수에 몸을 아홉 번 담그면 온몸에 부드러운 깃털이 나는 사람들이 살고 있다. 나는 믿지 않지만 스키타이족 여성들은 주술용 동물 기름을 몸에 바르고 변신을 할 수 있다고 한다."[26] 의식의 하나로서 아홉 번 반복해서 트리톤 호수에 몸을 담그는 것은 아르카디아의 연못에서 늑대인간들이 9년 동안 동물로 가장하며 행하던 의식을 연상시킨다. 그 밖에도 (헤로도토스가 회의적으로 시사했듯이) 전통에 따르면 주기적으로 늑대로 변신하는 능력이 있다고 하는 네우로이족은 트라키아의 주민이었을 것이다.[27]

이러한 샤머니즘적인 민간신앙은 트라키아의 평원으로부터 서부 지역과 북부 지역으로 확산되었을 것이다. 그리고 스키타이족이 루마니아, 헝가리, 실레지아, 모라비아, 갈리시아—기원전 3세기에 건설된 갈리카, 즉 켈트 식민지의 흔적이 아직도 지명으로 남아 있는—를 지나, 발트해까지 진출한 것은 분명해 보인다.[28] 아일랜드에 늑대인간들에 관한 전설이 많이 남아 있다는 사실이나 켈트족의 몇 가지 영웅 전설에서 샤머니즘적인 요소가 풍부하다는 점, 오세트족의 서사시와 전설의 아서왕에 대한 소설들이 내용적으로 일치한다는 점과 같이 설명하기가 쉽지 않은 현상들은 스키타이족과 켈트족이 다뉴브강 하류와 중부 유럽에서 접촉했다는 사실을 추적하게 해준다.[29] 탈혼 상태에서 오세트족의 부르쿠드자우타와 리보니아 늑대인간들이 벌인 풍요를 위한 전투들 간의 유사성도 바로 이러한 토대에 근거할 때 비로소 어느 정도는 설명이 가능해진다.

8

우리는 단순히 형태론적인 여정을 통해, (시베리아) 퉁구스족의 샤먼, 라플란드 지역의 노아이디, 헝가리의 탈토시 이외에도 크레스니키, 베난단티, 밤의 여신을 추종하는 여성들과 같이 인도유럽 문화를 배경으로 등장한 인물들도 포함하는 유라시아의 연속성이라는 가설에 도달했다. 이러한 주장은 탈혼 상태, 풍요를 위한 전투, 죽은 자들의 세계와의 중재, 출생 당시부터 특별한 힘을 가진 개인들이 존재했다는 확신을 주목하면서 이들을 비교하여 재구성한 것이었다. 이러한 특징들은 그 어떤 것도 구체적이지 않았다. 구체적인 것은 이들의 조합이었으며 이 역시 때로는 부분적으로만 그러했을 뿐이다. 분류의 유사한 형태들은 이미 언어적 배경을 통해 제안된 바 있었다.[30] 이제 시베리아 유목민-스키타이족-트라키아족-켈트족의 연속성 덕분에, 지금까지 시기에 대한 언급이 없었던 가설에 일시적이고도 발생학적인 요인을 도입하는 것이 가능해졌다.[31] 지금까지 기술한 방대한 문화들 간의 접점과 관련하여 이론적으로 가능한 설명은 다음의 세 가지다. a) 확산, b) 공동의 출처로부터 유래, c) 인간 정신의 구조적 특성들로부터 유래.[32] 우리가 소개한 가설은 a)의 범주에 해당한다. 다시 말해 유럽에 샤머니즘적인 민간신앙들이 출현한 것은 확산 과정에서 드러난 결과다. 그럼 이러한 설명은 수용 가능한 것일까?

9

대답에 앞서 관련 기록의 특성에 대해 언급할 필요가 있다. 앞서 살펴보았듯이 공백과 침묵이 배치된, 간접적이고 우연적이며 때로는 정형화된 증언들을 통해 알려진 민속 문화의 신앙이나 관행을 분류하기

란 어려운 일이다. 하지만 이러한 분류를 역사 용어로 번역하는 일은 대개의 경우 불가능한 것으로 판명된다. 예를 들어, 루마니아 카르파티아 산맥 지역의 민속 문화와 코카서스의 민속 문화 사이에서 밝혀진 일련의 유사성은 두 지역의 관계가 과거에 매우 긴밀했다는 사실을 짐작하게 해주었다. 그러면 그 시기는 언제였을까? 20세기 초반 카르파티아의 목동들이 크림반도에서 수많은 양 떼를 소유하고 있었을 때일까? 아니면 훨씬 오래전의 간접적인 접촉을 통해서였을까? 이 경우 중재자는 누구였을까? 이들 중 일부가 13세기에 스텝 지역을 떠나 서유럽 지역으로 이동한 알란족이었을까?[33] 이러한 불확실성은 결코 예외가 아니다. 그럼에도 언어적인 증언들은 좀더 정확한 결론에 도달할 수 있게 해준다. 한 가지 사례를 들어보자. 오세트족의 언어에서 차용된 용어들이 헝가리어에 잔존하는 것은 지금은 분리된 두 언어 공동체가 과거에는 지리적으로 인접해 있었다는 사실을 짐작하게 해준다. 우리는 그 시기가 언제였는지 알 수 없다. 하지만 오세트족이 사용하던 방언 중 하나인 디고르어와 유사한 언어를 알란족이 사용했다는 점은 (언어) 차용론에 근거해 이들이 접촉했음을 옹호하게 해준다.[34] 이 경우, 알란족이 수행한 중재 역할의 기능은 상당한 근거를 가지고 있는 것처럼 보인다. 언어적 단서들은 샤머니즘 유형의 민간신앙 확산을 재구성해보려는 시도에도 매우 확실한 근거를 제공할 수 있다. 이미 살펴보았듯이, 이러한 민간신앙은 인도유럽어와 우랄어를 사용하는 종족들에 의해 공유되고 있었다. 헝가리어와 오세트족 언어의 사례는 언어 교류를 배제하지 않고 있었음을 가리킨다. 단어들과 더불어 민간신앙, 의식, 관습 들도 함께 교류될 수 있었다.[35] 물론 이것은 당연한 일이다.

10

날짜가 기록되었거나 작성된 시기를 정확하게 알 수 있는 자료들이 부족하여 민간신앙과 샤머니즘 관행을 연구하는 데 어려움이 따른다. 이러한 어려움을 우회하는 길은 객관적인 사실들을 통해 찾을 수 있었다. 좀더 정확히 말한다면, 동물을 소재로 한 예술 작품들이나 스텝 지역의 예술 작품들이 그것이다. 이것들은 관습적으로 동물 그림들로 장식되었으며 대략 기원전 1000년에서 기원후 1000년 사이에 중국과 스칸디나비아반도의 중간에 위치한 지역들에서 유래한 작품들이다.[36] 중국 초나라 시대의 호부護符(또는 부적符籍), 몽골 내륙의 의식용 지팡이, 중앙아시아나 시베리아에서 유래한 금팔찌, 이란 지역의 장식용 핀, 트라키아–게티족의 은 항아리, 켈트 지역의 장식판phalerae, 랑고바르드족과 비지고트족의 브로치(그림 14)는—이들을 구분하게 해주는 특징의 차원을 넘어—스타일과 도상학적인 관점에서 볼 때 당황스러운 가족적 유사성을 보인다.[37]

우리의 여정은 중세 유럽에서 다시 기마 유목민들이 횡단한 유라시아의 광활한 스텝 지역으로 되돌려졌다. 이것은 복잡하게 얽힌 문화 교류의 끝없는 변천이나 다름없다. 하지만 언제부터 그리고 어디에서 시작된 것인가? 동물을 소재로 하는 예술의 기원에 대한 논란은 지금까지도 여전하다. 이 경우에도 스키타이족이 아시아와 유럽을 이어주는 교량의 역할을 했다는 것은 확실하다. 스키타이족이 중동 예술, 특히 이란 지역의 예술과 접촉한 것은 분명하다.[38] 또한 이들이 중앙아시아 또는 심지어 시베리아 북부의 산악 지대에서 유래된 주제와 조형적인 구도를 활용했을 것이라는 가설은 미심쩍기는 하지만 그럴듯해 보인다.[39] 스키타이족의 직간접적인 중재를 통해 스텝 지역의 예술적 요인들은 사르마티아인Sarmatian, 스칸디나비아인, 그리고 켈트인들의 예술에 영향을 주었다.[40] 이러한 접촉들 중에서 트라키아족 문화와 켈트족 문화의 통합을 가져온 접촉은 특별히 긴밀했던 것으로 보인다. 군데스트루프Gundestrup의 그 유명한 가마솥(기원전 2~1세기)이 생산된 원산지가 트라키아 또는 갈리아 북부 지역이라는 사실은 매우 중요하다.[41]

시베리아의 사냥꾼, 중앙아시아 스텝 지역의 목축 유목민, 스키타이족, 트라키아족, 켈트족. 샤머니즘적 민간신앙들이 아시아에서 유럽으로, 스텝 지역에서 대서양으로 확산된 것을 설명하기 위한 이상의 연결고리는 (여러 난점들이 있음에도 불구하고) 동물장식 예술의 주제와 형태의 확산을 설명해준다. 이러한 가설은 일련의 형태적 유사성을 역사 서술로 정당화시키려는, 이른바 부분적 추론의 재구성에 해당한다. 분명 두 가설은 다른 기록들에 의해 암시되었고 동일한 목적을 추구함에도 불구하고, 아직은 증거로서의 구속력을 가지지 못한다. 하지만 샤머니즘적 민간신앙에 대한 증언들과는 달리 소위 말하는 동물장식 예술 작품들이 부분적으로는 서양의 것이라 할 수 있는 외부의 문화적 시선이나 도식에 의해 걸러지지 않은 직접적인 자료라는 점은 지적되어야 한다. 이러한 문화적 시선은 우리가 가설로 전제한 역사적 전이가 확실하지는 않더라도 적어도 그럴듯해 보인다는 점을 확인시켜준다. 그뿐만이 아니다. 두 통로, 즉 작품들의 통로와 민간신앙의 통로 간의 관계가 아직까지도 매우 긴밀했을 가능성은 여전히 남아 있다. 유목민들의 예술 작품에서 묘사된, 실제 또는 상상의 동물들(곰, 늑대, 사슴, 그리폰)이 벌이는 전투에서는 (유럽의 경우 헝가리의 탈토시 또는 발칸반도의 크레스니키를 포함하는) 동물로 변신한 유라시아 샤먼들의 영혼이 벌이는 전투의 이미지가 드러난다. 이것은 적당한 차원의 단순화를 통해 동물장

식 예술의 기원을 샤머니즘의 이념에서 찾으려는 시도일 것이다.[42]

11

우리는 다음과 같은 첫번째 결론에 도달했다. 우리가 단순히 형태론적 고찰에 근거하여 얻은 결론은 문서로 기록된 역사적 관계망들과 양립할 수 있다. (언어) 차용 가설은 증명된 것처럼 보인다. 하지만 '양립할 수 있다'는 표현이 '실제적인 관련성'을 의미하는 것은 아니다. 지금 우리가 기술하고 있는 것들과 같은 현상들의 경우에, 기존의 증언들과 가능한 증언들 그리고 증언된 사실들 간의 관계는 매우 불분명하다. 도상학적인 이유에 따른 놀라운 행운이라는 주장은 설득력이 있어 보인다. 대표적인 사례는 질주하다가 거의 바닥에 곤두박질쳐진 말로 묘사된 '비마galoppo volante'다. 이는 매우 색다른 기원과 외양의 것으로 다음과 같은 모티프들로 꾸며졌다. 대표적인 사례로는 미케네의 금도금 나무 상자(기원전 16세기), 스키타이족의 버클(기원전 8~7세기, 그림 15), 시베리아의 황금 명판(기원전 6~4세기), 사산조 페르시아의 카메오(기원후 3세기), 중국 명나라 시대의 항아리(1500년) 등이 있다. 우리는 '비마'가 제노바 출신으로 예수회 소속 화가였던 주세페 카스틸리오네 Giuseppe Castiglione가 중국에서 구입하여 스터브스George Stubbs와 제리코Théodore Géricault에게 전달한 덕분에 18세기 중반에 서유럽으로 유입되었다는 사실을 잘 알고 있다.[43] 반면 우리는 '비마'가 언제 어디서 제작되었고 어떻게 알려졌는지에 대해서는 알지 못한다. 물론 '비마'가 여러 문명권을 배경으로 수차례에 걸쳐 독자적인 방식으로 제작되었을 가능성을 배제할 수 없다. 하지만 그와 반대되는 추정도 충분히 가능하다. 이는 매우 효율적이며 현실적으로도 별다른 무리가 없는 공식이다.[44] 우리가 지금까지 분석한 신화와 의식 들로부터 제기된 의문들(독립적인 방식으로 형성되었을까? 하나의 구체적인 시점과 장소로부터 확산되었을까?)과의 근본적인 유사성은 분명해 보인다. 하지만 여기에는 동물장식 예술에서 찾을 수 있는 '비마'의 제작 동기와 관련하여 좀더 구체적인 또 하나의 유사성이 존재한다. 확산 가설을 전제할 때, 확산이 서쪽으로부터 동쪽으로, 크레타섬과 미케네로부터 아시아로 진행되었다는 주장은 이미 살펴본 바와 같이 별로 신빙성이 없어 보인다.[45] 우리가 지금까지 확보한 증거들의 날짜는 상대적 가치를 지닌다. 특히 유목민들이 사용한 것과 같이 쉽게 부서질 수 있는 재료들(나무, 가죽, 펠트)로 만들어진 매우 오래된 작품들은 파괴되었을 것이다. 청동기시대에 동방으로부터 이주하여 그리스에 정착한 종족은 마찬가지로 상당히 부서지기 쉬운, 스텝 지역의 작품들과 유사한 작품들을 새로운 정착지로 가지고 오지 않았을까?[46] 이 같은 발상은 '비마'의 확산이 서양에서 동양으로가 아닌, 동양에서 서양으로 전개되었다는 역전된 흐름을 암시하는 것인지도 모른다. 어쨌든 이러한 주장은 상당히 보편적인 가설을 역으로 제안한다. 즉, 가설의 핵심은 스텝 지역 유목민의, 오래 지속되었지만 결국에는 사라져버린 문화가 비록 문서로는 남지 않았지만 그리스 문화를 통해 다른 문화들에까지 깊은 흔적을 남겼을 가능성이 있다는 것이다. 아마도 우리가 강조했던 이미지와 민간신앙 들의 순환은 기존의 퇴적층에 의해 가능했을 것이다.

12

점차 더 먼 과거를 향해 나아간 덕분에 우리는 a) 차용 또는 확산이라는 관점의 설명으로부터, b) 공통된 어원의 파생이라는 설명으로 옮겨 갈 수 있었다. 이 두번째 주장은 전혀 새로운 것이 아니다. 인도-우랄 언어의 층위는 단순히 가설상으로 인도유럽어와 우랄어가 여러 면에서 일치한다는 사실을 설명하기 위한 것이었다.[47] 하나의 독립적인 사례로 서, 베다 경전의 시詩에서 샤먼들의 특징이 시베리아 샤먼들의 특징과 유사하게 묘사된 것은 (이 역시 가설적인 차원이기는 하지만) 드네프르강 과 코카서스의 중간 지역, 즉 흑해의 북쪽 스텝 지역이었을 것이 거의 확실한 지역들에서 최초의 인도유럽어족과 최초의 우랄어족들이 매우 오래전에 문화적으로 접촉한 데서 기인했을 것이다.[48] 부분적으로 유 사한 다른 한 가설은 프로메테우스Prometeus의 이미지에 근거한 그리스 신화들과 신에 도전한 죄로 벌을 받은 영웅 아미라니Amirani의 이미지에 기초한 코카서스 신화들의 비교를 통해 제기되었다. 두 가설의 유사성 (과 차이점)은 기원전 2000년 이전 시대에 그리스인들의 조상까지도 포 함하는 인도유럽어권의 공동체들과 오늘날 코카서스의 남부 지역에 거 주하는 주민들의 조상을 포함하는 전혀 다른 종류의 언어 공동체들 사 이에서 형성되었음이 분명한 지속적인 관계에서 비롯했다.[49] 코카서스 처럼 언어적으로 이질적인 지역은 근본적으로—우리가 조사했던—유 질동상적인 세 그룹의 현상들이 동시에 존재하는 유일한 장소일 것이 다(지도 3 참조).[50] 주로 남성들이 농사의 풍요를 위해 벌인 야간 전투와 관련된 탈혼 상태 경험과 죽은 자들의 행렬과 관련이 있는 풍요를 위한 남성들의 의식은 같은 출발점에서 시작된 변화인 것은 아닐까?

우리가 인용했던 가설들의 이면뿐 아니라, 이러한 부류의 가설 이면 에서 우리는 실증주의적 모델에 앞서 낭만주의적 모델, 즉 가계도 모델 의 매력과 위험을 목격하게 된다. 근원적인 언어에 가까운 현실의 모습 들을 되돌아볼 수 있다는 착각은, 인도유럽 비교언어학의 성공에 대한 기대감에도 불구하고, 결국에는 지나치게 부풀려졌던 것으로 밝혀지고 말았다. 수직적 유형의 계보학적 관계들에 연결된 구체적인 실체들(언어들)에 근거하여 언어 현상들을 구분한다면, 항상 더 오래되고 덜 입증된 층위들에 접근하는 것이 가능할지 모른다. 그러나 기록된 증언들에서 멀어지면 멀어질수록 재구성은 온통 가설적인 원시 언어들 속에서 길을 잃어버리게 된다. 가장 멀고 오직 간접적으로만 기록된 과거의 문화-종교적인 현상들을 재구성하려는 대부분의 노력은 한 세기 이전부터 반복적으로 비판을 받아온 이러한 모델을 노골적으로 또는 암시적으로 모방했다.[51] 하지만 완전히 가설적인 차원에서, 현존하는 문서들에 근거한 구체적인 역사 관계의 존재를 모색하는 것은 전혀 다른 작업일 것이다.[52] 이러한 한계를 벗어나지 않고 조심스럽게 과거로 되돌아가는 것은 우리가 지금 언급하고 있는 현상들의 경우, 불가피해 보인다.

13

공통된 어원이라는 관점의 설명뿐 아니라 확산이라는 관점의 모든 설명 방식도 상당히 심각한 어려움에 봉착한다. 두 가지 모두 이런저런 유형의 현상들에 대한 설명을, 대체로 미개척 연구 분야인 문화적 동화 과정들에 대한 설명과 혼동하는 경향을 보인다. 하지만 확산 이론은 하나의 설명이 아니라 실제의 사실이다.[53] 이러한 분석의 결함은 지금 언급하고 있는 경우들에서와 마찬가지로, 전파된 특징(민간신앙, 의식, 회화적 공식 등)이 매우 오랫동안(수백 년, 심지어는 수천 년 동안) 유지되고, 지극히 이질적인 환경(수렵사회, 목축유목 사회, 농업사회) 속에 퍼져 있을 때 특히 심각해 보인다.

이러한 이중적 특징들, 즉 시간적으로는 지속되었지만 공간적으로는 분산된 이유를 이해하기 위해서는 다른 길을 선택할 필요가 있을 것 같다. 즉 앞서의 a)와 b)가 아닌 c)라는 제3의 선택이 필요할 듯하다. 하지만 이러한 세 가지 관점이 서로 배타적이라고 생각할 필요는 없다. 우리는 외적인 역사 자료들에 대한 분석과 전이된 현상의 내적, 구조적 특징들에 대한 분석을 통합하고자 시도할 것이다.[54] 우리는 지금까지 조사한 모든 현상으로부터 (세밀하고 구체적인) 특정 요소를 분리해낸 뒤에 축소된 규모의 연구를 추진하고자 한다.

미주

1) M. Artamonow, *Goldschatz der Skythen in der Ermitage*, Prag 1970, p. 46, tavv. 147, 148, 150; *L'oro degli Sciti*, Venezia 1975, 그림 26 참조.
2) 이에 대해서는 P. Jacobsthal, *Early Celtic Art*, Oxford 1944(1969년 개정판), p. 161 참조.
3) F. Hartog, *Le miroir d'Hérodote*, Paris 1980은 로스톱체프Rostovtzev나 뒤메질보다는 바르트R. Barthes와 특히 미셸 드 세르토M. de Certeau에게서 영감을 얻었는데(pp. 24~25), 5세기 그리스인들의 '공유 지식*savoir partagé*'과 관련하여 '스키타이족'이 아닌 '헤로도토스의 역사서에 기술된' 스키타이족을 분석했다(p. 27; 이는 p. 14에 인용된, 야우스H. R. Jauss가 연구한 '기대 지평'이라는 개념을 떠올리게 한다). 이러한 계획은 분명 책의 부제(*Essai sur la représentation de l'autre*)의 무게감을 유지시켜줄 정도는 아니었다. 따라서 헤로도토스의 글과 다른 문서 자료의 비교는 우발적이지만 불가피했다(흑해 지역의 디오니소스 숭배에 대해서는 pp. 98 이하, 맹세 의식에 대해서는 pp. 130 이하, 그리고 점술에 대해서는 pp. 141 이하 참조); 그 외에도 G. Dumézil, *La courtisane et les seigneurs colorés*, Paris 1983, p. 129 참조. 여기에 언급된 일반적인 성격의 문제들에 대해서는 N. Z. Davis, *Il ritorno di Martin Guerre*, 이탈리아어 판본, Torino 1984, pp. 143~45의 부록에 실린 나의 "Prove e possibilità" 참조.
4) 필수적인 논문인 K. Meuli, "Scythica"(1935)는 수정 및 추가 작업 이후 다음의 연구서로 재출간되었다. *Gesammelte Schriften* cit., pp. 817~79. 일부 논쟁적인 요소가 있지만 이를 진척시킨 연구로는 E. R. Dodds, *I greci e l'irrazionale*, 이탈리아어 판본, Firenze 1959, pp. 159~209(더불어 모밀리아노A. Momigliano의 서문, p. XI) 참조. 그리스 서사시에 등장하는 샤머니즘의 뿌리에 대한 메울리의 가설은 별다른 재고 없이 다음의 연구에서 다시 인용되고 있다. A. T. Hatto, "Shamanism and Epic Poetry in Northern Asia," *Essays on Medieval German and Other Poetry*, Cambridge 1980, pp. 117~38. (내가 보기에 별로 설득력이 없어 보이는) 메울리의 반박에 대해서는 K. Dowden, "Deux notes sur les Scythes et les Arimaspes," *Revue des études grecques*, 93(1980), pp. 486~92, 그리고 Bremmer, *The Early Greek Concept* cit., pp. 25 이하 참조. 19세기 초반에 포토키가 시베리아 샤먼들과 헤로도토스가 기술한 스키타이족 점술사들의 연관성을 연구했다는 점을 기억해야 한다(J. Potocki, *Voyage dans les steps d'Astrakhan et du Caucase. Histoire primitive des peuples qui ont habité anciennement ces contrées...*,

Paris 1829, p. 171). 그리고 (헤로도토스의 『역사』 제4권 75연과 관련된) 메울리 연구의 핵심은 이미 니부어에 의해 예견된 바 있었다. B. Niebuhr, "Untersuchungen über die Geschichte der Skythen, Geten, und Sarmaten(Nach einem 1811 vorgelesenen Aufsatz neu gearbeitet 1828)," *Kleine historische und philologische Schriften*, Bonn 1828, I, pp. 352~98, 특히 pp. 361~62 참조. 물론 그렇다고 메울리 연구의 독창성이 약해지는 것은 아니다.

5) M. P. Griaznov, "The Pazirik Burial of Altai," *American Journal of Archaeology*, 37(1933), pp. 30~45 참조(메울리는 이 연구서를 알지 못했다); 좀더 폭넓은 차원에서는 S. I. Rudenko, *Frozen Tombs of Siberia*, 영어 판본, Berkeley/Los Angeles 1970, pp. 284~85 참조(이는 메울리의 연구를 인용하지 않았다). 전반적으로는 G. Azarpay, "Some Classical and Near Eastern Motifs in the Art of Pazyryk," *Artibus Asiae*, 22(1959), pp. 313~39 참조. 그 외에도 F. Hančar, "The Eurasian Animal Style and the Altai Complex," *Artibus Asiae*, 15(1952), pp. 180 이하; J. Balázs, "Ueber die Ekstase des ungarischen Schamanen," *Glaubenswelt* cit., pp. 71 이하; G. M. Bongard-Levin & E. A. Grantovskij, *De la Scythie à l'Inde*, 프랑스어 판본, Paris 1981, p. 91 참조. 시베리아와 중앙아시아에서 발견된 산양 모양의 석판(미적인 에세이 A. Tallgren, "Some North-Eurasian Sculptures," *Eurasia Septentrionalis Antiqua*, XII, 1938, pp. 109 이하 참조)은 대마 씨를 태우는 데 사용되는 휴대용 제단이었을 것으로 추정된다. K. Jettmar, "The Slab with a Ram's Head in Rietberg Museum," *Artibus Asiae*, 27(1964~65), pp. 291~300, 특히 p. 295 참조.

6) W. Watson, *Cultural Frontiers in Ancient East Asia*, Edinburgh 1971, pp. 96 이하 참조. 그 외에도 R. Heine-Geldern, "Das Tocharerproblem und die Pontische Wanderung," *Saeculum*, II(1951), pp. 225 이하; H. Kothe, "Die Herkunft der kimmerischen Reiter," *Klio*, 41(1963), pp. 5 이하(앞의 논문과 논쟁적인 구도를 형성한다); G. Vernadsky, "The Eurasian Nomads and Their Impact on Medieval Europe," *Studi medievali*, 3ᵃ s., IV(1963), pp. 401~35, 특히 p. 403; K. Jettmar, "Die Entstehung der Reiternomaden," *Saeculum*, II(1966), pp. 1~11 참조. 기원전 2000년경 중앙아시아의 유목민이 서쪽으로 이동했다는 가설에 대해서는(이 가설은 오늘날 설득력을 상실했다), A. M. Tallgren, "La Pontide pré-scythique après l'introduction des métaux," *Eurasia Septentrionalis Antiqua*, II(1926) pp. 214 이하; J. Wiesner, *Fahren und Reiten in Alteuropa und im alten Orient*, Leipzig 1938("Der alte Orient," 38, Heft 2.-4.), pp. 46 이하; S. Gallus-T. Horváth, *Un peuple cavalier préscythique en Hongrie*, Budapest 1939("Dissertationes Pannonicae," s. II, 9); W. Borgeaud, *Les Illyriens en Grèce en Italie*, Genève 1943, pp. 66 이하 참조. 이 연구는 동부 지역 유목민들이 샤머니즘적 요소가 스며든 문화를 가지고 있었다고 주장한다. 알푈디A. Alföldi의 중요한 연구(본서 제3부 2장 주석 207 참조)는 부분적으로 이러한 주장

들과 유사한 가설을 제안한다.

7) A. M. Khazanov, *Nomads and the Outside World*, 영어 판본, Cambridge 1986, pp. 85 이하 참조.

8) 이는 니부어가 처음으로 주장한 것이다(Niebuhr, "Untersuchungen" cit., pp. 352 이하). 이후의 논쟁은 언어적 소속(스키타이족의 경우 이란어의 기원이 분명하다)과 인종적 소속을 구분하지 못하는 것뿐만 아니라, 명백한 민족 중심적 편견과 인종적 편견 때문에 종종 변질되었다. 이 모든 문제에 대해서는 E. H. Minns, *Scythians and Greeks*, Cambridge 1913(rist. anast. New York 1965), pp. 85, 97 이하 참조. 이후 민스Minns는 스키타이족 중에 몽골어를 사용하는 주민들이 있었다는 사실을 부정했다(E. D. Phillips, "In memoriam Ellis Howell Minns," *Artibus Asiae*, 17, 1954, p. 172). 반면에 민스는 확신을 가지고 스키타이족의 기예가 시베리아에 기원한다고 주장하고 있다. 이에 관해서는 K. Jettmar, "In den Jahren 1955 bis 1962 erschienene Werke zur frühen Nomadenkunst der Asiatischen Steppen," *Kunstgeschichtliche Anzeigen*, V(1961~62), p. 194에서 인용한 'O. Maenchen-Helfen' 참조. 논쟁은 아직도 계속되고 있다. Gimbutas, *Bronze Age Cultures* cit., pp. 528 이하, 특히 pp. 576~77(스키타이족이 아시아에서 유래했다는 주장에 매우 우호적이다); H. Kothe, "Pseudo-Skythen," *Klio*, 48(1967), pp. 61~79 참조(그 주장에 반대한다).

9) H. S. Nyberg, *Die Religionen des alten Iran*, 독일어 판본, Leipzig 1938, pp. 167 이하 참조(p. 177에서 메울리가 제공한 헤로도토스의 『역사』 제4권의 해석을 인용한다). 이 연구는 다음의 연구에 의해 반박되었다. W. B. Henning, *Zoroaster, Politician or Witch-Doctor?*, Oxford 1951. 이러한 논쟁에 대해서는 A. Closs, "Iranistik und Völkerkunde," *Acta Iranica*, 4(1975), pp. 111~21 참조. 뉘베르크Nyberg의 이론에 대한 심화된 연구로는 P. Gignoux, "'Corps osseux et âme osseuse': essai sur le chamanisme dans l'Iran ancien," *Journal asiatique*, 267(1979), pp. 41~79 참조. 그 외에도 W. Nölle, "Iranisch-nordostasiatische Beziehungen im Schamanismus," *Jahrbuch des Museums für Völkerkunde zu Leipzig*, XII(1953), pp. 86~90 참조.

10) Meuli, "Scythica" cit., pp. 824 이하; G. Dumézil, "Les énarées scythiques et la grossesse de Narte Hamye," *Latomus*, 5(1946), pp. 249~55 참조. 그 외에도 W. R. Halliday, in *The Annual of the British School of Athens*, XVII(1910~11), pp. 95~102 참조.

11) 이 모든 내용과 관련해 내가 따른 것은 Meuli, "Scythica" cit., pp. 853 이하; 그 외에도 W. Burkert, *Lore and Science in Ancient Pythagoreanism*, Cambridge(Mass.) 1972, pp. 147~49 참조. 볼튼(J. D. P. Bolton, *Aristeas of Proconnesus*, Oxford 1962)과 브레머르(Bremmer, *The Early Greek Concept* cit., pp. 24 이하)는 반대 의견을 제기했는데, 이는 나의 관점에서 볼 때 설득력이 부족한 것 같다. 그 외에도 볼튼에 대해서는 Eliade, *De Zalmoxis* cit., p. 45, 주석 44 참조. 아리스테아스가 언급한

종족을 확인하려는 시도에 대해서는 E. D. Phillips, "The Legend of Aristeas: Fact and Fancy in Early Greek Notions of East Russia, Siberia, and Inner Asia," *Artibus Asiae*, 18(1955), pp. 161~77; Phillips, "A Further Note on Aristeas," *Artibus Asiae*, 20(1957), pp. 159~62 참조. 그 외에도 Bongard-Levin & Grantovskij, *De la Scythie* cit., pp. 28 이하 참조.

12) 흑해의 그리스 식민지화에 대해서는 A. J. Graham, "The Date of the Greek Penetration of the Black Sea," *Bulletin of the Institute of Classical Studies of the University of London*, 5(1958), pp. 25~42; R. Drews, "The Earliest Greek Settlements on the Black Sea," *Journal of Hellenic Studies*, 96(1976), pp. 18~31 참조. 11세기 그리스의 무역 활동의 시작을 보다 이전 시대로 소급하려는 시도에 대해서는 G. Charachidzé, *Prométhée ou le Caucase*, Paris 1986, pp. 326 이하 참조.

13) 본서, pp. 292~93 참조.

14) Harva(Holmberg), *Les représentations* cit., pp. 247~51 참조. 하지만 이 연구는 오세트족의 먼 조상에 해당하는 스키타이족이 중앙아시아에서 왔을 것이라는 사실을 무시한다. 따라서 아르바가 주장하는 것과는 달리, 그 자신이 지적한 주제들의 '국제적인 특성'이 일치한다고는 보기 힘들다. 사후 세계를 경험한 소슬란의 전설과의 비교는 이것이 매우 구체적인 관계라는 점을 보여준다. Dumézil, *Il libro degli Eroi* cit., pp. 107~31 참조. 하지만 뒤메질은 오세트족의 문화를 주로 인도유럽어권의 관점에서 고찰하려는 성향을 드러낸다. 뒤메질이 메울리의 논문(Meuli, "Scythica" cit., 1935)을 읽은 것은 40년이 더 지난 후이며 그것도 매우 환원적인 의미로 읽었다는 사실은 중요하다. Dumézil, *Storie degli Sciti* cit.(프랑스어 판본은 1978년에 출간되었다), p. 214, 주석 6 참조. 메울리의 연구의 간접적인 영향은 거의 같은 시기에 출판된 뒤메질의 다른 연구들에서 분명히 드러난다. "극적인 통합을 선호하던 마르셀 그라네Marcel Granet에 따르면, 아일랜드 해안에서 만주 해안에 이르는 지역들에는 오직 하나의 문명만이 존재하고 있었다. 그는 이러한 설명을 통해 선사시대 이후 그 어떤 자연적 장애물도 유라시아 북부에 길게 펼쳐진 — 우랄산맥에 의해 가로막혔지만 관통하는 것이 어렵지 않았던 — 평원의 한쪽 끝에서 반대쪽 끝으로 분출 또는 침투적인 소통을 방해하지 않았다는 사실을 제시하고 있다. 인도유럽권의 주민들과 관련하여, 종족의 북부 일족은 피노우그리아어족에서부터 퉁구스족까지 기록되고 관찰되는 만큼 남부 일족에 비해 보다 근원적인 특징들을 나타낸다. 다소 순수한 형태의 샤머니즘적 특징들의 가치에 우리는 특히 매력을 느낀다"(Dumézil, *Gli dei sovrani* cit., 1977, 프랑스어 판본, pp. 168~69). 뒤메질은 이렇게 진술하면서 오딘이라는 인물에게서 발견되는 샤머니즘적 특징들을 부정했던 것과 같은, 특정한 과거의 판단을 넌지시 재검토한다(본서 제2부 2장 주석 109 참조). 보다 일반적으로는, 샤머니즘적 형태들의 존재(하지만 뒤메질은 '침입'이라는 용어를 사용한다)로 특징지어지는 '북부 유라시아 지속론'이라는 가설은 3중의 이데올로기(본서 제3부 2장 주석 228 참조)에 대해 아바에프Abaev와 벌인 논쟁에서도 확인된 바 있는 인도유

럽권의 문화적, 종교적 특수성이라는 논지와 대치된다. 유럽 북부에서 이러한 유라시아 지속론의 흔적을 찾으려는 시도는, 내가 이 책에서 증명하고자 시도한 것처럼 지속 가능하지 않다. 코카서스의 경우 Charachidzé, *Prométhée* cit.; 본서, pp. 450 이하 참조. 조형 분야의 유라시아 지속론을 증명한 것으로는 Leroi-Gourhan, *Documents* cit. 참조.

15) Harva(Holmberg), *Les représentations* cit., pp. 13 이하 참조.

16) 스트라본Strabone은『지리학』제7권 3장 2절, 4장 5절, 5장 1절에서 이 점을 반복적으로 강조한다. 포세이도니오스 역시 '중간 지역'인 '에티오피아 지역'과는 분리된 '스키타이족-켈트족 지역'에 대해 이야기한다(같은 책, 제2권 3장 2절). 일반적으로는 Hoddinott, *The Thracians* cit., pp. 89 이하 참조.

17) 본서, p. 226 참조.

18) Chirassi-Colombo, "The Role of Thrace" cit., pp. 71 이하, 특히 pp. 77~78 참조.

19) M. Rostovtzeff, "Le culte de la Grande Déesse dans la Russie méridionale," *Revue des études grecques*, XXXII(1914), pp. 462~81 참조.

20) 에르미타주 박물관에 소장된 조형 작품이다(스키타이족이 그리스 장인들에게 금으로 제작을 의뢰했다). *L'oro degli Sciti* cit., 그림 24 참조. Dumézil, *La Courtisane* cit., pp. 90~96 참조(그러나 그 유사점을 다루지는 않는다).

21) 메울리는 죽기 2년 전에 쓴 에세이 "Die Baumbestattung und die Ursprünge der griechischen Göttin Artemis," *Gesammelte Schriften* cit., pp. 1083 이하의 여백 부분에 작성한 일련의 메모에서, 그리스의 아르테미스와 민족학자들이 정의한 (어쩌면 선사시대의) '동물들의 귀부인' 사이의 역사적인 중간 고리를 찾아내는 것이 '미래의 임무'라고 말했다(p. 1116). 이러한 방향의 연구로는 W. Burkert, "Heracles and the Master of the Animals," *Structure and History in Greek Mythology and Ritual*, Berkeley 1979, pp. 78~98, 176~87 참조. 민족학적 차원의 '동물들의 귀부인'에 대해서는 다음 연구의 참고문헌 참조. Bremmer, *The Early Greek Concept* cit., p. 129; Brelich, *Paides* cit., p. 132, 주석 49 참조. 조형물에 대해서는 B. Goldman, "Some Aspects of the Animal Deity: Luristan, Tibet and Italy," *Ars orientalis*, 4(1961), pp. 171~86 참조. 또한 그 이전의 연구로는 Leroi-Gourhan, *Documents* cit., pp. 82~84 참조. 특히 Leroi-Gourhan, 그림 335(코카서스의 청동) 및 Goldman, 그림 9(에트루리아인들의 청동) 참조. 기독교 세계에서의 유사 주제에 대한 연구로는 W. Deonna, "Daniel, le 'maître des fauves'...," *Artibus Asiae*, 12(1949), pp. 119~40, 347~74 참조.

22) R. Bleichsteiner, "Zum eurasiatischen Tierstil. Verbindungen zwischen West und Ost," *Asien Arbeitskreises*, Heft 2(1939년 6월), pp. 9~63, 특히 pp. 36, 25 참조.

23) 유라시아 샤먼과 관련된 이러한 상관관계는 다음의 연구에 의해 암시되었다. J. Haekel, "Idolkult und Dualsystem bei den Ugriern(zum Problem des eurasiatischen Totemismus)," *Archiv für Völkerkunde*, 1(1946), pp. 95~163, 특히 p. 156 참조. 이 연구는 블라이히슈타이너의 기존 연구에서 언급된 가설(즉, 서양에서 동양으로의 확산)

을 발전시킨 것이다.

24) 본서, p. 184 참조.

25) Bremmer, *The Early Greek Concept* cit., p. 35 참조.

26) "*Esse viros fama est in Hyperborea Pallene / Qui soleant levibus velari corpora plumis / Cum Tritoniacum noviens subiere paludem. / Haud equidem credo: sparsae quoque membra veneno / Exercere artes Scythides memorantur easdem*"(Met. XV, 356행 이하). 이와 관련하여 게오르크 사비누스Georg Sabinus 는 네우로이족에 대한 헤로도토스의 글 외에도, 농민들에게 붙잡힌 후 프러시아 공작에 의해 감옥에 투옥된 늑대인간에 대한 최근의 사례를 인용했다(P. Ovidio Nasone, *Metamorphoseon libri XV... quibus nunc demum accessit Georgii Sabini interpretatio*, II, Lipsiae 1621, pp. 353). 늑대인간에 대해서는 다음의 연구도 참조. F. Taeger, *Charisma*, II, Stuttgart 1957, p. 170, 주석 228. 일반적으로 다음의 연구에 나오는 뵈머의 주석을 보라. F. Bömer, *Metamorfosi*, libri XIV~XV, Heidelberg 1986, pp. 346~48.

27) Hoddinott, *The Thracians* cit., p. 96 참조.

28) Vernadsky, "The Eurasian Nomads" cit., pp. 82 이하 참조.

29) 아일랜드의 늑대인간에 대해서는 본서, p. 282 참조. 켈트족의 영웅 전설에서 드러나는 샤머니즘적인 요인들에 대해서는 Beneš, "Spuren von Schamanismus" cit., pp. 309~34 참조. 아서왕 이야기와 오세트족의 서사시가 일치하는 것에 대해서는 Grisward, "Le motif de l'épée" cit., pp. 476~77 참조. 이 연구는 (스키타이족의 후예인) 알란족이 5~6세기에―지금의 프랑스 북서부 지역, 즉 브르타뉴에 해당하는―아르모리카에 정착한 것에 별다른 중요성을 부여하지 않는다. 이와 관련해서는 B. Bachrach, "The Alans in Gaul," *Traditio*, 23(1967), pp. 476~89; B. Bachrach, *A History of the Alans in the West*, Minneapolis 1973, pp. 110 이하 참조. 동일한 접점에 근거한다면 아서왕 전설은 기원전 175년경에 사르마티아 지역의 군인들을 통해 영국에 소개되었을 것으로 추정되는 오세트족 전통에서 유래했을 것이다. C. Scott Littleton & A. C. Thomas, "The Sarmatian Connection. New Light on the Origin of the Arthurian and Holy Grail Legend," *Journal of American Folklore*, 91(1978), pp. 513~27; C. Scott Littleton, "The Cauldron of Annwyn and The Nartyamonga. A Further Note on the Sarmatian Connection," *Journal of American Folklore*, 92(1979), pp. 326~33; C. Scott Littleton, "From Swords in the Earth to the Sword in the Stone," in *Homage to Georges Dumézil*, E. C. Polomé 편집, *Journal of Indo-European Studies Monographs*, n. 3, s.l. 1982, pp. 53~67 참조. 가설의 모순은 다음의 연구에 의해 밝혀졌다. R. Wadge, "King Arthur: A British or Sarmatian Tradition?," *Folklore*, 98(1987), pp. 204~15.

30) (1936년에 개정된) 유명한 논문인 N. S. Trubetzkov, "Gedanken über das Indoger-

manenproblem," *Acta Linguistica*, 1(1939), pp. 81 이하 참조. 당시의 인종차별적 왜곡을 암시하면서, 니콜라이 트루베츠코이는 '인도유럽어족' '인도유럽어족의 발원지' 등과 같은 표현이 개념적으로 어리석은 것이라고 단정했다(이 경고는 오늘날에도 여전히 유효하다). 트루베츠코이의 연구와 프레이저에 대한 비트겐슈타인의 동시대 연구에 포함된 형태론적 고찰(본서, p. 38 참조)의 공통점은 중요해 보인다. 이 공통점이 직접적 접촉에 의한 것인지 혹은 간접적 접촉에 의한 것인지는 알 수 없다.

31) U. Drobin, "Indogermanische Religion und Kultur?," *Temenos*, 16(1980), p. 10 참조. 트루베츠코이의 연구에서는 과도한 계보학적 방법론에 대한 논쟁과 함께, (실제로는 명확하게 드러나지 않는) 유전학적 관점의 정당성을 유지하기 위한 노력이 엿보인다. 반면, 계보학과 기원의 구분은 다음의 연구에서 분명하게 드러난다. E. Pulgram, "Proto-Indo-European Reality and Reconstruction," *Language*, 35(1959), pp. 421~26. (드로빈에 의해서도 언급된) 이 연구는 트루베츠코이의 연구와 다소 거리가 있다.

32) 중요한 연구서인 Charachidzé, *Prométhée ou le Caucase* cit.의 결론은 여기서 논의된 것과 다른 영역과 관점에서 부분적으로 유사한 문제들을 다루고 있는데 이는 그리스 신화와 코카서스 신화의 일치에 대해 네 가지 가능한 설명을 제시한다. (1) 공동의 유산, (2) 둘 다 외부 모델로부터 만들어졌다는 점, (3) 우연한 수렴 또는 유형학적 수렴, (4) 한 방향 또는 다른 방향에서의 차용(p. 322). 내 생각에 '파생'이 '유전'의 대체어라면 — 두 용어 모두 생물학적이고 문화적이기 때문에 — (2)는 (1)의 특수한 사례로 간주될 수 있다. '인간 정신의 구조적인 특징들'은 샤라시제 스스로가 별로 분명하지 않다고 판단한(p. 323) 용어인 '유형학적 수렴'보다 선호될 수 있는 용어다.

33) O. Buhociu, "Thèmes mythiques carpato-caucasiens et des régions riveraines de la Mer Noire," *Ogam - Tradition celtique*, VIII(1956), pp. 259~78 참조. 크랄리체(본서, p. 337 참조)가 (아나톨리아 북동부 지역에 위치한 헬레니즘 왕국으로 문화적으로나 인종적으로는 이란계 페르시아에 속하는 것으로 알려진) 폰투스-이란 문화권에서 유래했다는 주장은 Kuret, "Frauenbünde" cit., p. 344에서 인용된 M. Gušic을 참조.

34) B. Munkácsi, "Alanische Sprachdenkmäler im ungarischen Wortschatze," *Keleti Szemle*, 5(1904), pp. 304~29; H. Sköld, *Die ossetischen Lehnwörter im Ungarischen*, Lund/Leipzig 1924(나는 읽지 못했다); H. Sköld, "Woher stammen die ossetischen Lehnwörter im Ungarischen?," *Zeitschrift für Indologie und Iranistik*, 3(1925), pp. 179~86; J. Harmatta, *Studies in the History and Language of the Sarmatians*, Szeged 1970, p. 62 참조. 하르마타의 연구는 밀러V. Miller와 아바에프V. I. Abaev의 연구를 언급한다.

35) 예를 들어 알란족의 종교적 개념과 스반족과 같은 코카서스 언어권 주민들의 종교적 개념의 관계에 대해서는 G. Charachidzé, *La mémoire indo-européenne du Caucase*, Paris 1987 참조.

36) 첫번째 방향에 대해서는 "Steppe, culture," M. Bussagli 편집, *Enciclopedia Univer-*

sale dell'Arte, XII, Venezia/Roma 1964, coll. 905~44(방대한 참고문헌); K. Jettmar, *I popoli delle steppe*, 이탈리아어 판본, Milano 1964 참조. 구체적인 연구들은 앞으로 언급될 것이다.

37) 이 사례들은 다음의 연구에서 가져왔다. E. C. Bunker, C. B. Chatwin & A. R. Farkas, *'Animal Style' Art from East to West*, New York 1970, 그림 69, 89, 40, 11, 139, 142, 143, 144 그리고 관련 항목들 참조. 비록 이후의 연구로 인해 더 이상의 가치는 상실했지만 다음의 연구는 전반적인 상황을 이해하는 데 크게 도움이 된다. M. I. Rostovtzev, *The Animal Style in South Russia and China*, Princeton 1929.

38) 다음 연구의 어휘학적 가설을 확인시켜준다. V. Brøndal, "Mots 'scythes' en nordique primitif," *Acta Philologica Scandinavica*, III(1928), pp. 1 이하.

39) '동물 양식'이 시베리아 북부에서 기원한다는 주장에 대해서는 G. Borovka, *Scythian Art*, London 1928, pp. 30 이하 참조. 이 연구는 실제로 '스키타이-시베리아의 동물 양식'(p. 40)에 대해 이야기하고 있다. 동일한 결론은 다음의 연구에서도 볼 수 있다. E. H. Minns, "The Art of the Northern Nomads," *Proceedings of the British Academy*, 1942, pp. 47~93; 그 외에도 Hančar, "The Eurasian Animal Style" cit. 참조. 그리고 양식에 대한 연구로는 O. Sudzuki, "Eastern Origin of Scythian Art," *Orient*, 4(1967), pp. 1~22 참조. E. Jacobson, "Siberian Roots of the Scythian Stag Image," *Journal of Asian History*, 17(1983), pp. 68~120도 참조. 과거에 중동 가설을 지지한 바 있었던 제트머(K. Jettmar, "Ausbreitungsweg und sozialer Hintergrund des eurasiatischen Tierstils," *Mitteilungen der anthropologischen Gesellschaft, Wien*, XCII, 1962, pp. 176~91)는 최근 고고학 발굴의 결과에 근거해 중앙아시아 기원설에 힘을 실었다. 이에 관해서는 E. C. Bunker, in *'Animal Style'* cit., p. 13 참조. 논쟁은 아직 해소되지 않았다.

40) 스키타이족-켈트족 관계의 중요성(N. Kondakov, J. Tolstoï & S. Reinach, *Antiquités de la Russie méridionale*, Paris 1891, pp. 330~31; Rostovtzev, *The Animal Style* cit., p. 65)을 강조한 것은 Minns, "The Art of the Northern Nomads" cit., pp. 79 이하. 야콥스탈은 스키타이족 예술보다는 알타이, 시베리아, 중국 예술에 설명할 수 없는 유사성이 있다는 점을 지적하며, 켈트 예술의 기원을 '수수께끼'라고 불렀다(Jacobsthal, *Early Celtic Art* cit., p. 158; 그 외에도 pp. 51, 156 이하, p. 162 참조). 문제를 다루는 방식에 대한 야콥스탈의 불만에 대해서는 다음의 연구 참조. C. Hawkes, *Celtic Art in Ancient Europe. Five Protohistoric Centuries. Proceedings of the Colloquy held in 1972...*, P.-M. Duval & C. Hawkes 편집, London/New York/San Francisco 1976, pp. 58~59. 또한 Bunker, *'Animal Style'* cit., pp. 153~55 참조.

41) 각각 T. G. E. Powell, "From Urartu to Gundestrup: the Agency of Thracian Metal-Work," *The European Community in Later Prehistory. Studies in Honour of C. F. C. Hawkes*, J. Boardman, M. A. Brown & T. G. E. Powell 편집, London 1971, pp.

183~210; G. S. Olmsted, *The Gundestrup Cauldron*, Bruxelles 1979 참조. 후자의 연구는 가마솥에 묘사된 켈트족 전설의 장면들이 지닌 도상학적 관계를 밝히고자 했다.

42) A. Alföldi, "Die theriomorphe Weltbetrachtung in den hochasiatischen Kulturen," *Jahrbuch des deutschen archäologischen Instituts*, 46(1931), coll. 393~418, 특히 coll. 400 이하 참조. 이러한 것들의 상징적 가치를 다룬 것으로는 F. Fettich, "Die Tierkampfszene in der Nomadenkunst," *Recueil d'études dediées à la mémoire de N. P. Kondakov*, Prague 1926, pp. 81~92, 특히 p. 84 참조. 샤머니즘 예술과 동물장식 예술의 관계는 다음 연구에서 비평적이지 않은 방식으로 검토되었다. C. B. Chatwin, "The Nomadic Alternative," *Animal Style* cit., pp. 176~83. 그러나 다음 연구의 냉철한 언급도 참조. Bunker, *Animal Style* cit., pp. 13~15.

43) 다음의 훌륭한 연구들을 참조하라. S. Reinach, *La représentation du galop dans l'art ancien et moderne*, Paris 1925(처음 게재된 지면은 다음과 같다. *Revue archéologique*, 1900~1901); E. C. Bunker, "The Anecdotal Plaques of the Eastern Steppe Regions," *Arts of the Eurasian Steppelands*, P. Denwood 편집, London 1977, pp. 121~42, 특히 p. 123; I. B. Jaffe(with G. Colombardo), "The Flying Gallop: East and West," *The Art Bulletin*, LXV(1983), pp. 183~200(무엇보다 서양에서의 모티프의 회귀라는 새로운 요인들을 포함한다).

44) 마이브리지(E. Muybridge, *Animal Locomotion*, Philadelphia 1872~87)의 사진 연구와 비교를 통해 드러난 이러한 특징은 레나크가 특별히 강조한다.

45) Reinach, *La représentation* cit., pp. 82~83 참조. 이 연구는 보스포루스 해협의 키메르족 예술에 드러난 미케네인들의 흔적을 다룬다. 그 외에도 Charachidzé, *Prométhée* cit., pp. 334~35 참조. 이는 '에게해' 층위와 코카서스 문화의 동질성을 추정하게 해주는 언어적 특징들에 대한 연구다.

46) M. J. Mellink, "Postscript on Nomadic Art," *Dark Ages and Nomads c. 1000 B. C. Studies in Iranian and Anatolian Archaeology*, M. J. Mellink 편집, Istanbul 1964, pp. 63~70, 특히 pp. 67~68 참조(이 연구서 전체가 매우 가치 있다).

47) 상당히 면밀하게 진행된 일련의 연구에서 콜린더B. Collinder는 가능성 차원에서 인도유럽어와 우랄어의 유사성을 신빙성이 높다고 평가하면서, (완전히 언어적인 차원에서) '인도-우랄'의 가설을 도입하는 것이 정당하다는 사실을 증명하려고 노력했다. *Indo-Uralisches Sprachgut. Die Urverwandschaft zwischen der Indoeuropäischen und der Uralischen (Finnischugrisch-Samojedischen) Sprachfamilie*, Uppsala 1934; B. Collinder, *Sprachverwandschaft und Wahrscheinlichkeit*, B. Wickman 편집, Uppsala 1964 참조. 이 문제의 역사에 대해서는 A. J. Joki, *Uralier und Indogermanen. Die älteren Berührungen zwischen den uralischen und indogermanischen Sprachen*, Helsinki 1973, pp. 373~74 참조. 이 연구는 다소 설득력이 떨어지는 어휘들에 근거하여 우랄어와 인도유럽어를 말하는 종족들 간의 관계에 대한 가설을 형성하며,

언어적 영역을 넘어선다. 다소 다른 관점에 대해서는 P. Aalto, "The Tripartite Ideology and the 'Kalevala'," *Studies in Finno-Ugric Linguistics in Honor of Alo Raun*, D. Sinor 편집, Bloomington(Indiana) 1977, pp. 9~23 참조.

48) Bongard-Levin & Grantovskij, *De la Scythie à l'Inde* cit. 참조. 두 연구자는 상당히 다른 그리고 덜 위험한 방식으로 발 강가다르 틸라크Bâl Gangâdhar Tilak가 20세기 초반에 주장한 논지를 공식화한다(pp. 12~14 참조). 틸라크는 인도 독립을 위한 투쟁에 매우 적극적으로 참여한 것 외에도(호의적인 전기로는 D. V. Athalye, *The Life of Lokamanya Tilak*, Poona 1921 참조) 두 권의 저서를 집필했다. 그는 저서에서 a) 베다 경전의 구성과 관련하여 통상적으로 수용되던 날짜를 그 안에 포함된 천문학적 지표를 기반으로 2천 년 전(기원전 4500년)으로 앞당겼으며, b) 고대의 아리인들이 간빙기에 북극권 가까운 지역에서 유래했다고 주장했다(Bâl Gangâdhar Tilak, *The Arctic Home in the Vedas, Being Also a New Key to the Interpretation of Many Vedic Texts and Legends*, Poona/Bombay 1903; Bâl Gangâdhar Tilak, *Orion, or Researches into the Antiquity of the Vedas*, 1893. 나는 두번째 책은 읽지 못했다). 유사한 가설은 보다 모호한 방식으로 이미 제안된 바 있었다. J. Rhŷs, *Lectures on the Origin and Growth of Religion...*, London 1898 참조. 이 연구는 워런의 매우 놀라운 가설(W. F. Warren, *Paradise Found. The Cradle of the Human Race at the North Pole*, London 1885. 여러 차례 재출간되었다)을 발전시켰는데, 이에 따르면 간빙기의 극지방은 전 인류의 요람이었다고 한다. 워런은 다윈의 주장에 대항하여 구약성서와 과학을 중재하고자 했다. 특히 그가 연구한 것은 지상의 모든 식물이 기원하는 장소가 극지방이라는 (히어O. Heer의 연구로부터 영향을 받은) 식물학 연구였다. (틸라크의 연구에 기반한) 다음의 소책자에서 드러나듯이 이 문제에 대한 중재는 수년간 지속되었다. G. Biedenkapp, *Der Nordpol als Völkerheimat*, Jena 1906 참조. 이후 인도유럽족이 북극에서 기원한다는 이론은 나치즘 치하에서 다시 고개를 들었다. 최근에는 다음의 연구에서 또다시 등장했다. J. Haudry, *Les Indo-Européens*, Paris 1981, pp. 119~21 참조(틸라크의 연구를 인용했다). 이 연구에 대한 엄격한 비판에 대해서는 B. Sargent, "Penser – et mal penser – les Indo-Européens," *Annales E.S.C.*, 37(1982), pp. 669~81, 특히 p. 675 참조. 어쨌든 문명의 기원이 북쪽이라는 생각, 즉 인도인들과 그리스인들(처음에는 그리스인들만이)이 오래전에 중앙아시아 또는 아시아 북부에 살았던 상당히 문명적인 종족으로부터 문화유산을 상속했을 것이라는 생각은 매우 오래되었다. 18세기의 이론들(F. Bailly, C. Dupuis 등)에 대해서는 C. Dionisotti, "Preistoria del pastore errante," *Appunti sui moderni*, Bologna 1988, pp. 157~77 참조. 베이(Bailly, *Histoire de l'astronomie ancienne...*, Paris 1775, pp. 323 이하 참조)는 루드베크(O. Rudbeck, *Atlantica*, Uppsala 1679~1702, 4 voll.)가 아틀란티스는 실제로 스웨덴, 즉 웁살라에 있었다는 사실을 증명하기 위해 수집한 많은 문서들을 다른 목적에 사용했다(J. Svenbro, "L'idéologie 'gothisante' er l''Atlantica' d'Olof Rudbeck," *Quaderni di*

storia, 11, 1980, pp. 121~56 참조). 루드베크의 영향은 다음의 연구에서 다시 나타 난다. Rhŷs, *Lectures* cit., p. 637 참조. 모든 논쟁은 아틀란티스에 대한 논쟁의 한 지류 로 간주될 수 있다. P. Vidal-Naquet, "L'Atlantide et les nations," *Représentations de l'origine, Cahiers CRLH-CIRAOI*, 4(1987), pp. 9~28(*La démocratie grecque vue d'ailleurs*, Paris 1990, pp. 139~59) 참조.

49) Charachidzé, *Promethée* cit., pp. 323 이하; p. 340, 주석 1 참조. 이 연구는 이러한 가 설이 감크렐리체T. Gamkrelidze와 이바노프V. Ivanov의 언어학적 연구(1984)를 통해 강화되었다는 사실을 주목한다. 그 외에도 브뢴달V. Brøndal은 중앙아시아와 에게해로 부터 문화-언어적인 요인들이 유입되었고, 그 이후에는 유럽의 북부와 중부의 주민들과 우랄-핀란드 주민들에게로 확산되었다는 '전 지구적 교차로'의 존재를 가설로 설정했다 (Brøndal, "Mots 'scythes'" cit., p. 22).

50) 본서, pp. 346~47 참조(후속 연구에 의해 부정될 가능성이 있는 임시적인 결론이다).

51) 드로빈의 예민한 연구(Drobin, "Indogermanische Religion und Kultur?" cit.)는 유전 학적 계보에 대한 슐라이허J. Schleicher의 연구에 뒤메질의 연구와 같은 개념적인 근거 를 제공한다(p. 3 참조).

52) 앞의 주석 47에 인용된 콜린더의 연구 참조.

53) C. Renfrew, *L'Europa della preistoria*, 이탈리아어 판본, Bari 1987, pp. 109 이 하; C. Renfrew, "The Great Tradition versus the Great Divide: Archaeology as Anthropology?," *American Journal of Archaeology*, 84(1980), pp. 287~98, 특히 p. 293 참조. 가볍게 논의된 이 연구는 '확산' 개념에 적용된 '의미 없는meaningless'이 라는 형용사처럼 약간은 요약적인 성급한 표현들로 기술되었다[*Approaches to Social Anthropology*, Cambridge(Mass.) 1984, p. 114].

54) 이와 관련하여 레비-스트로스의 명석한 관찰을 참조하라. Lévi-Strauss, "Le dédou- blement de la représentation dans les arts de l'Asie et de l'Amérique," *Anthropologie structurale* cit., pp. 269~94, 특히 p. 284: "même si les reconstructions les plus ambitieuses de l'école diffusionniste étaient vérifiées, il y aurait encore un problème essentiel qui se poserait, et qui ne relève pas de l'histoire Pourquoi un trait culturel, emprunté ou diffusé à travers une longue période historique, s'est il mantenu intact? Car la stabilité n'est pas moins mysterieuse que le changement. [⋯] Des connexions externes peuvent expliquer la transmission; mais seules des connexions internes peuvent rendre compte de la persistance. Il y a là deux ordres de problèmes entièrement différents, et s'attacher à l'un ne préjuge en rien de la solution qui doit être apportée à l'autre." 레비-스트로스가 자신의 저서에서 언급한 문제(중국의 고대 예술과 미국 북서부 해안 지역 예술 간의 유사성)에 대해서는 이후 확산주의적 관점에서 연구되었다. Badner, *The Protruding Tongue* cit., 그리고 Heine-Geldern, *A Note on Relations* cit. 참조. 후자의 연구는 제29회 미국학 학술대

회(1949)에서 레비-스트로스의 미출간 연구를 언급한다. 그러나 1944~45년에 발표된 "Le dédoublement" cit.를 인용하지 않은 것은 의외다.

2장
뼈와 가죽

1

프랑스의 한 인류학자는 아메리카 원주민들의 신화에 대한 방대한 4부작 연구서를 절반 가까이 집필했을 때 중요한 무언가를 간과했다는 것을 깨달았다.[1] 그는 앞의 연구에서 다른 수많은 신화들과 함께, 아마존의 원주민 부족(테레노Tereno)의 신화를 기술하고 분석했는데, 최근에서야 그 중요성을 알게 된 세부 사항을 빠뜨린 것이다. (그가 이 신화를 알게 된 것은 삼중의 여과 장치를 거쳐서, 즉 포르투갈어로 글을 쓰는 독일인 민속지학자, 포르투갈어를 구사하는 원주민 통역사, 그리고 테레나 부족의 언어만 할 줄 아는 원주민 정보원을 통해서였다.[2]) 문제가 된 것은 '아주 작은' 세부 사항이었다. 담배의 기원에 관한 신화에서 주인공이 부인의 주술로 절름발이가 되었다는 것. 프랑스 인류학자는 절름발이가 테레노의 의식에도 등장한다는 사실을 알게 된다. 뿐만 아니라 이는 대부분의 신화들, 특히 아메리카, 중국, 유럽, 지중해에서 기록으로 그 흔적이 남아 있는 의식들에도 등장한다. 그는 이 모든 의식이 계절의 변화와 관련이 있다고 생각한다. 이처럼 방대한 지역에서 발견되는 문화 전이의 연관성은 그 상세한 원인들에 대한 분명한 설명으로 이어지지는 않는다. 절름발이 춤 의식에 대해 구석기시대까지 추적하고 싶지 않다면(인류학자는 이것이 의식의 존속이 아니라 지리적 분포를 설명하는 것이라고 말한다), 적어도 가설 차원에서 구조적 질서하의 설명을 찾아보아야 할 것이다.[3] 인류학자는 아메리카의 기록 증거들이 거의 남아 있지 않다는 사실을 잘 알면서도 이를 설명하려는 위험을 감수한다. 만약 이러한 의식들을 통해 제기된 문제가 한 계절을 다른 계절을 위해 단축하는 것 *écourter*, 계절의 변화를 촉진하는 것이라면 절름발이 춤은 그에 상응하는 무엇, 다시 말해 불균형의 염원이라는 완벽한 도식을 제공한다. 몽테뉴Michel de Montaigne는 절름발이에 대한 자신의 유명한 저서에서, 한 해의 기간을 단축했던 교황 그레고리오 13세의 달력 개혁으로부터 자신의 출발점을 찾지 않았던가?[4]

2

지중해에서 아메리카 대륙에 이르는 방대한 지역에서 나타난 현상을 몽테뉴의 글을 인용하면서 설명하는 것은 (연구) 방법에 대한 선의를 불신하게 만들 위험이 있다―인류학자는 꾸밈없이 관찰한다. 하지만 그의 논지가 분명히 적절하지 않더라도, 이러한 결과를 초래한 질문(어째서 절름발이를 주제로 하는 신화와 의식 들이 그토록 이질적인 문화들에서 나타나는 것일까?)은 매우 현실적이다. 이와 유사한 질문에 대한 좀더 만족스런 해답을 찾는 것은 이 연구에서 미해결의 상태로 남아 있는 일련의 어려움들에 다시금 직면하게 되는 것을 의미한다. 이미 연구된 바 있는 주제들이 이전과는 다른 새로운 환경에서 불현듯 우리 앞에 다시 모습을 드러낼 것이다.

3

인류학자는 신화와 의식에 등장하는 절뚝거림의 문화 전이가 지닌 중요성을 지적했던 반면, 이와 관련하여 오이디푸스 신화를 떠올리는 것이 적절하다고 보지는 않았다. 그럼에도 불구하고 그는 처음은 아니지만 큰 열정을 가지고 오이디푸스의 이름에 내포된(그의 할아버지 이름인 랍다코스Labdacus, 즉 '절름발이'처럼), 걸을 때의 불편함에 대한 은유의 중요성을 강조했다.[5]

한 예언에 따르면, 테베의 왕 라이오스Laius의 장차 태어날 아들이 아버지를 죽이고 어머니와 혼인할 것이라고 한다. 이러한 비극적인 운명을 방지하기 위해 신생아는 출생 직후 곧바로 버려진다. 하지만 이에 앞서 왕은 갓난아이의 발목에 구멍을 낸다. 이 때문에 그의 이름은 오이디푸스, 즉 '부어오른 발'이었다.[6] 이것은 고대부터 공식화된 설명이다. 하지만 이미 당시에 누군가는 이러한 설명이 충분하지 않다고 주장했다. 어째서 도망갈 능력도 없는 신생아에게 그토록 잔인한 행동을 했을까? 소포클레스Sophocles의 『오이디푸스 왕Oedipus Rex』에 주석을 붙인 작가는 그 누구도 양육할 생각조차 하지 못하게 할 목적으로 어린아이의 외모를 추하게 만들었을 것이라고 추정한다.[7] 신화의 취지와는 무관하지만 합리적인 가설이다. 왜 훼손되었는지 그 이유를 알 수 없는 발의 특징이 오이디푸스의 이름이 암시하듯이 후대에 추가된 것이라는 가설*

---

* 오이디푸스의 이탈리아식 이름인 Edipo를 '그리고'와 '이후'의 합성어, 즉 '그리고 그 이후에'로 해석한 것을 일컫는다.

은 더더욱 설득력이 없어 보인다.[8]

이것은 틀림없이 특별한 이름이지만, 아무래도 영웅이나 신에게 어울리는 이름은 아니다. 그의 이름과 유사한 사례로는 테살리아 지역의 예언가이자 치유자인 멜람푸스Melampus, 즉 '검은 발'이라는 이름이 있다. 한 신화에 따르면 태어난 직후 그는 숲에 버려졌는데, 태양이 그의 발가벗은 발을 태워버렸다고 한다. 그래서 이런 별명이 붙었다.[9] 오이디푸스와 멜람푸스의 이미지는 지하의 신들과 관계가 있다. 그리고 이들의 특징인 추한 외모에서는 지하 세계 동물들을 대표하는 뱀의 검고 부푼 몸에 대한 완곡한 은유가 풍겨난다. 후자의 가설은 명백히 터무니없어 보인다.[10] 하지만 오이디푸스와 멜람푸스는 모두 예언가라는 사실 외에도 노출된 발이 변형되었다는 공통점을 가지고 있다. 이러한 일치는 앞으로 살펴보겠지만 결코 우연한 것이 아니다.[11]

멜람푸스의 이야기는 잠시 접어두고, 지금은 오이디푸스 이야기로 돌아가보자. 부모의 불행에 대한 무의식적 매개물인 그의 이름과 역할은 거의 절반은 지워진 핵심적인 우화의 잔재로 해석되었다.[12] 그가 누구인지는 주술을 다루는 우화의 전형적인 기본 플롯을 통해 확인된다. 즉, 그는 특별한 수단들을 이용해 불가능한 임무를 수행한 후에(때로는 늙은 왕을 죽인 후에) 공주와 결혼하는 영웅이다. 신화의 현존하는 판본에 따르면, 라이오스 왕을 죽이는 것은 어려운 임무, 즉 스핑크스의 수수께끼를 푸는 것보다 시기적으로 우선한다.[13] 그 이외에도 고아로 버려진 영웅은 낯선 왕국으로 가는 대신 자신의 집으로 돌아가는데, 이것은 존속살해와 근친상간을 암시한다. 오늘날 우리가 오이디푸스의 핵심 줄거리로 알고 있는 이러한 최종적인 변화는, 비극 시인들의 작품을 통해 매우 오래된 우화의 플롯을 근본적으로 변형시킨 후대의 첨삭

이었을지도 모른다.[14]

한 신화의 내부에서 여러 층위들을 구분해내려는 시도는 불가피하게
도 거의 추측일 뿐이다. 그럼에도 '좀더 오래되었다는 것'이 '좀더 신빙
성 있는 것'(신화는 이를 채택하는 문화에 의해 항상 일괄 수용되기 때문
에)도, '독창적인 것'(정의상 신화의 원본이란 수용 불가능하기 때문에)도
의미하지 않는다는 점은 강조되어야 한다.[15] 하지만 우리가 원칙적으로
여러 층위들을 구분해내는 것이 가능하다면, 오이디푸스의 훼손된 발
은 우화의 핵심 줄거리에 속하는 것이지, 이후에 추가된 내용과는 무관
할 것이다. 수많은 문화에 널리 퍼져 있는 스핑크스의 수수께끼("아침
에는 네 발로 걷고, 낮에는 두 발로, 저녁에는 세 발로 걷는 동물은 무엇인
가?")는 보편적인 인간을 언급한 것이지만, 발에 외상을 입고 나이 들
어 장님의 지팡이에 의존할 운명에 처한 오이디푸스와 같은 한 개인에
게 적용되는 순간 매우 특별한 의미를 획득한다.[16] 하지만 소포클레스
의 『오이디푸스 왕』을 보면, (발의) 훼손은 좀더 간접적인 방식으로 이
루어졌다. 즉, 주인공의 진정한 정체성이 점진적으로 드러나는 상황에
서 훼손의 중요성은 부차적인 셈이다.[17] 어쩌면 이처럼 느리고 우회적이
며 극적인 전략은 예술적인 선택 외에도, 신화의 전통으로부터 상속했
지만 이제는 이해할 수 없게 된 한 가지 특징을 설명하는 데 따르는 어
려움을 암시하는 것이었을지도 모른다.

이러한 특징은 먼 과거의 입회의식을 반영한 것으로서, 이에 근거하
여 신출내기는 처음에 상징적인 상처를 입고, 나중에는 격리 기간을 경
험했을 것으로 추정된다. 오이디푸스의 경우 이러한 두 단계는 구멍 뚫
린 발, 그리고 목자들과 함께 보낸 어린 시절에 해당할지 모른다.[18] 그
리스에는 이러한 관습들의 흔적이 희미하고 간접적으로만 남아 있었

다.[19] 하지만 이러한 특징들은 보다 방대한 지역의 문화권들로 확산되며 주술을 다룬 우화들에 지울 수 없는 흔적을 남겼다. 주술을 다룬 우화들에는 반복적인 구조가 존재한다. 즉 영웅은 (입회의식의 신화적 요인에 비유되는) 죽은 자들의 세계에 갔다가, 여왕과 혼인하기 위해 지상으로 돌아온다. 오이디푸스 신화의 가장 오래된 판본(이미 말했듯이, 주술을 다룬 우화로 확인되었다)에서 발의 상처, (상처의) 노출, 그리스 키타이론 고지대의 도시국가 변방에서 보낸 기간, (훗날 수수께끼의 해답을 찾음으로써 종식된) 스핑크스와의 싸움 등은 사후 세계로 떠나는 첫 번째 여행의 단계들을 나타낸다고 추정할 수 있다.[20] 이러한 해석은 번영과 죽음을 중의적으로 예고하는 지옥의 신 에리니에스Erinyes와 결탁한 지하 세계의 영웅 오이디푸스를 통해 이미 언급된 사실들을 통합하고 수정함으로써 확인시켜주는 것처럼 보인다.[21] 에리니에스를 언급한 비문들에는 -pous*로 끝나는 명칭들이 매우 빈번하게 등장한다. 에우리피데스의 『포이니케 여인들Fenicie』(1543~45행)에서 오이디푸스는—장님이 된 후에—자기 자신을 유령에, 죽은 사람에 비유한다.[22] 그리고 스핑크스는 죽음의 동물임이 확실하다.[23]

4

그럼에도 이러한 추측들은 오이디푸스의 발에 생긴 훼손의 독특한 형태가 드러나기 전에는 그에 대해 설명해주지 않는다.[24] 상처의 독특한 형태는 이전과는 달리, 존속살인과 근친상간까지도 포함하면서 신화를 전체적인 맥락에서 고려하는 또 다른 해석에 의해 간접적으로 드

---

* '발'을 뜻하며 영어의 피트feet처럼 길이를 나타내는 단위로 사용된다.

러났다.[25] 이렇게 해서 오이디푸스 이야기는 북극 지방에서 마다가스카르에 이르는 지역을 포함하여, 유럽에서 북아프리카를 지나 아시아 동남부 지역에 이르는 방대한 지역의 신화와 영웅 전설 모두에 삽입되었다.[26] 모든 신화와 영웅 전설은 근본적으로 유사한 구조에 근거한다. 한 늙은 왕—경우에 따라 아버지, 할아버지, 삼촌, 양아버지 또는 장인일 수도 있다—은 한 젊은 왕자가 왕위 찬탈을 위해 자신을 죽일 것이라는 사실을 신탁을 통해 알게 된다. 예언을 저지하기 위해 젊은 왕자는 고국에서 추방된다. 하지만 그는 수많은 모험을 겪은 후에 고국으로 돌아와 늙은 왕을 (의도적으로 또는 비의도적으로) 살해하고 죽은 왕의 딸이나 부인과 혼인하면서 왕위를 차지한다. 전체적으로든 부분적으로든 이러한 이야기를 반영하는 그리스 신화들은 다음의 네 그룹으로 나누어볼 수 있는데, 이 중 두 그룹은 각기 하위 그룹으로 세분할 수 있다.

I. 1. (**흔치 않은 형태의 고의적 존속살인**): 크로노스Kronos(우라노스Uranos를 거세)와 제우스(크로노스의 권력을 빼앗거나 거세).

I. 2. (**비고의적 존속살인**): 오이디푸스(라이오스 살해), 테세우스Theseus(아이게우스Aegeus의 자살 유도), 텔레고노스Telegonus(율리시스 살해).

II. 1. (**고의적인 삼촌 살해**): 이아손Iason(신화의 원본에서 펠리아스Pelias 살해), 아이기스토스Aegisthus(부친 티에스테스Thyestes의 형제인 아트레우스Atreus 살해), 텔레포스Telephus(모친 아우게Auge의 형제들을 살해), 티로의 자식들 및 티로의 삼촌 시시포스Sisyphus(그들 아버지의 형제이자 어머니의 부친인 살모네우스Salmoneus 살해).[27]

II. 2. (**비고의적 삼촌 살해**): 페르세우스Perseus(간혹 부친 프로이토스Proitos의 형제로 묘사되는 아크리시오스Acrisius 살해).

III. **(조부 살해)**: 또다시 아이기스토스(모친 펠로피아Pelopia의 아버지 아트레우스 살해), 또다시 페르세우스(보편적으로 모친 다나에Danae의 아버지로 묘사되는 아크리시오스 살해)

IV. **(장래의 장인 살해)**: 펠롭스Pelops(히포다메이아의 부친인 오이노마오스Oenomaus를 죽음에 이르게 함), 또다시 제우스(다른 판본에 따르면 여동생 레아Rhea와 몸을 섞은 후 크로노스의 권력 박탈).

이러한 일련의 (불완전한) 신화들은 대체되거나 다소 완화된 형태로 표현된 유사한 구조를 가지는데, 이는 고의적인 존속살인과 모친과의 자발적인 근친상간을 예견하는 급진적 가설의 형태로 시작된다.[28] (당연히 불멸하는) 천상의 신들의 거세 또는 권력 상실은 위 목록의 다른 사례들에서 볼 수 있듯이, 고의적 존속살인의 완화된 형태로 간주될 수 있다. 이와 유사하게, 비고의적으로 이오카스테Iocaste와 몸을 섞은 오이디푸스, 마지막 순간에 간신히 아우게와의 혼인을 피한 텔레포스, 키르케의 아들로 계모인 페넬로페Penelope와 혼인한 텔레고노스(그와 매우 닮은 페넬로페의 아들 텔레마코스Telemachus는 키르케와 혼인했다) 등의 경우는 모친과의 고의적 근친상간을 점진적으로 완화시켜 표현한 판본들로 여겨진다.[29] 이러한 신화들은, 때로는 보다 구체적인 특징의 집합점들로 보강된, 구조적 질서의 유사성들로 매우 촘촘하게 짜여진 망과 밀접한 관계에 있는 것처럼 보인다. 몇 가지 사례를 살펴보자. 이제는 장님이 된 오이디푸스가 콜로노스에 갔을 때, 유배지에서 함께 보낸 어린 시절을 기억하는 테세우스의 환영과 보호를 받는다. 그러나 마찬가지로 소포클레스의 작품을 보면 두 신화의 공통적인 요소가 살짝 드러난다. 두 주인공은 모두 출산 금지령을 위반하고 태어난 자식들이었다(금지령은 라이오스의 경우 절대적인 것이었던 반면, 아이게우스의 경우에는 한시적인 조치였다). 두 인물은 운명의 예언을 피하기 위해 부친의 집에서 추방되었다. 두 사람 모두 스핑크스나 미노타우로스와 같은 괴물들과의 대결에서 승리했다. 또한 두 인물 모두 의도한 것은 아니지만 부친의 죽음에 원인을 제공했다. 두 사람 모두 아들을 갖지 못하게 되는 저주의 기간이 연장된다.[30] 페르세우스의 신화와 텔레포스의 신화에서도 다른 일치점들이 발견되는데, 예를 들면 두 인물의 모친들은 일상의 예언에서 벗어나기 위해 고독하게 살아오다가 (각각 제우스와 헤라클레스Heracles의) 유혹에 빠진 후에 (상자 혹은 바구니에 담긴 채) 바다에 버려지고 말았다.[31] 어린 제우스를 식인 습관을 가진 부친으로부터 피신시켜 크레타섬의 동굴에서 양육하던 동물들(꿀벌, 곰, 염소)은 텔레포스에게 젖을 먹인 암사슴 혹은 아이기스토스를 키운 산양*aix* 등과 정확하게 대응한다.

5

이러한 유사성 중에서 지금까지 단지 부분적, 파편적으로만 언급되었던 한 가지 특징이 두드러진다. 이러한 일련의 신화들에 등장하는 주인공들의 과반수가 보행과 관련된 특징을 가지고 있다는 점이다.[32] 그 예는 다음과 같다. 발에 구멍이 난 오이디푸스, 신탁에 나온 대로 왕위 찬탈자인 삼촌 펠리아스 앞에 샌들 한 짝만 신은 채 나타난 이아손, 고르곤과 전투를 벌이기 전에 헤르메스Hermes로부터 샌들 한 짝을 받은 페르세우스, 삼촌 알레오스Aleos의 자식들을 살해한 후에 아킬레우스Achilleus에 의해 왼쪽 다리에 부상을 입은 텔레포스, 고국에 돌아오는 길에 바위 밑에서 신원을 확인하게 해줄 칼과 아이게우스의 금장식 샌들 한 쌍을 발견한 테세우스, 괴물 티폰Typhon이 손과 발의 신경을 끊어 동굴에 숨기는 일을 당한 제우스(그의 팔다리 신경들은 나중에 발견된다).[33]

이 신화 속 인물들은 a) 발이나 다리에 상처를 입거나 기형이고, b) 한쪽 발에만 샌들을 신거나, c) 두 발에 샌들을 신는다. a)의 특징은 때로는 다른 신체적 결함(애꾸눈, 작은 키, 말더듬증)을 동반하거나 그것으로 대체되기도 했는데, 이러한 특징들은 특히 그리스 영웅들 사이에서 매우 빈번했다. 사모사타의 루키아노스Lucianus di Samosata의 것으로 추정되는 풍자극 『트라고도포다그라Tragodopodagra』에서 이미 이러한 특징들이 발견되었다.[34] b)의 특징에 대해서는 잠시 후에 이야기할 것이다. c)의 특징은 얼핏 보기에 평범한 상황에 해당하는 것처럼 보인다.

실제로 샌들의 특징은 테세우스 신화의 경우에 지극히 복합적인 함의를 가진다. 테세우스가 부친의 샌들을 차지하기 위해 거대한 돌을 들어 올린 것은 그가 막 성인이 되었음을 보여주는 진정한 입회의식으로 여겨진다.[35] 이와 더불어 오이디푸스의 구멍이 난 발도 입회의식의 흔적이라는 사실을 기억할 필요가 있다. 잠시 후에 언급하겠지만, 이아손과 페르세우스가 신고 있는 한 짝의 샌들도 동일한 위상의 것이다. 오이디푸스 이야기에서 드러난 입회의식의 절차, 즉 상징적인 상처들, 험난한 자연으로의 추방, 괴물들과의 투쟁 등은 앞서 언급된 일련의 다른 신화들에도 다소 각색된 형태로 재등장한다.

이들 중 몇 가지 신화에서는 극한의 시험을 발견할 수도 있는데, 이는 오이디푸스 신화에서는 감지하기 힘든 흔적으로만 남았다. 그것은 죽은 자들의 세계로의 여행이다.[36] 아이게우스가 바위 밑에 놓아둔 샌들과 칼에는 우화의 주제가 숨어 있다. 이것들은 영웅이 사후 세계로 가는 데 도움을 주는 마법의 도구다. 신화의 전통에 따라 테세우스에게 주어진 시험들 중에는 죽은 자들의 신에게 납치된 페르세포네Persephone를 지상으로 데려오기 위한 하데스로의 여행도 있다.[37] 한 발에만 샌들을 신고 아나우로스강에서 나온 이아손은 금빛 양털을 찾기 위해 콜키스를 향해 원정을 떠난다. 원정 길에서 그는 여성 주술사 메데이아의 도움을 받아 지하 세계로 간다.[38] 헤르메스가 선물한 주술의 샌들을 신고 괴물 고르곤과 싸우는 (그래서 모노크레피데monocrepide, 즉 한 발에만 샌들을 신은 자로 불렸던) 페르세우스 역시 지하 세계와 관련이 있다.[39]

6

운명이 정해진 어린아이, 보행과 관련된 특징들, 그리고 죽은 자들의 세계를 잇는 삼중의 연결 고리는 아킬레우스라는 인물을 통해 극명하게 드러난다. 어떤 신화는 그를 실패할 운명을 타고난 아이로 소개한다. 즉 제우스는 테티스Thetis와 동침하지 않기로 결정했는데 그 이유는 예언에 따르면, 그녀가 낳는 아들은 아버지를 제거할 운명을 쥐고 태어날 것이기 때문이었다.[40] 테티스가 '은색 발pié d'argento'이라는 별명으로 불린 것은 기형의 발을 가진 대장장이 신 헤파이스토스Hephaestus가 뒤를 따라가면서 겁탈할 기회를 엿보다가 던진 망치에 발이 비틀어졌기 때문이다.[41] 이러한 비정상적 걸음걸이는 '빠른 발pié veloce'로 불린 아킬레우스가 출생 직후에 입을 신체의 훼손을 암시한다. 아킬레우스의 부모는 아들을 불완전하게나마 상처 입지 않는 존재로 만들기 위해 스틱스강에 담그거나 (다른 판본에 따르면) 불에 넣어 무적의 인물로 만들었으며 이때 불에 타버린 아킬레우스의 뒤꿈치는 매우 빠른 거인의 뒤꿈치로

교체된다.[42]

　지하 세계의 강, 즉 스틱스강과의 관계를 통해 암시된 죽은 자들의 의미는 다른 기록 증언들을 통해 확인되었다. 영웅 아킬레우스 이전에는—호메로스가 알지 못했던 한 전통에 따르면, 흑해의 북쪽 해안가 올비아의 맞은편에 위치한 레우카섬(오늘날에는 뱀들의 섬으로 알려져 있다)에 묻힌—죽은 자들의 신인 좀더 고대의 아킬레우스가 있었다. 올비아섬은 스키타이족 영토 안에 있는 그리스 식민지였다. 기원전 7세기 말 알카이오스Alcaeus는 오늘날 오직 한 줄만이 남아 있는 시에서 아킬레우스를 '스키타이족의 군주'로 불렀다. 화가 소시아Sosia가 거대한 잔에 그린 그림에서 아킬레우스가 치료해주는 인물로 묘사된 부상당한 파트로클로스Patroclus의 얼굴에서는 스키타이족의 특징이 확실하게 드러난다.[43] 어쨌든 알카이오스의 시는 그리스 영웅들의 가장 대표적인 전형인 아킬레우스의 관습적 이미지에 색다른 요소를 추가한다.

7

　어린 아킬레우스를 불에 넣은 것은 다음의 두 가지 의식과 관련이 있다. 첫째는 호메로스의 「데메테르 찬가」(231~55행)에 기술되어 있고, 둘째는 600년대 초 키오스섬에서 실제로 있었던 의식이었다. 데메테르 여신은 어린아이 데모폰Demophon을 불멸의 존재로 만들기 위해 신들의 음식인 암브로시아를 발라 고통을 달래주면서 불에 넣기를 반복했다. 그러나 데모폰의 모친이 공포에 질려 하자 데메테르는 분노에 차 어린아이를 다시 인간의 온전한 모습으로 되돌려놓았다.[44] 학자 레오네 알라치에 따르면, 키오스섬의 주민들은 크리스마스와 공현축일 사이의 기간에 출생한 신생아의 발밑에서 풀을 태우는 의식을 거행했는데,

그 이유는 신생아가 같은 기간에 지하 세계를 떠나 지상 세계를 배회하는 기형의 영혼들인 칼리칸차로이가 되지 않도록 하기 위한 것이었다.[45] 만약 이러한 그리스 신화의 인물들이 고대의 켄타우로스에 기원한다는 가설을 수용한다면, 아킬레우스―테티스처럼 말의 특징을 지닌 여신의 아들로서 켄타우로스인 케이론Chiron에 의해 양육되었다―와의 유사성은 쉽게 이해할 수 있다.[46] 우리는 키오스섬의 어린아이들을 비참한 운명으로부터 구하려는 노력을 통해, 과거에는 그 대상인 인간에게 초인적인 조건을 부여하기 위한 입회의식의 성격을 내포한 화해의식을 재해석해볼 수 있게 된다. 기형 또는 비대칭 보행은 여기에서도 죽은 자들의 세계와 산 자들의 세계 사이를 떠도는 존재들(신, 인간, 영혼 등)을 구분해주는 표식이다.

8

이아손이 아킬레우스처럼 켄타우로스인 케이론에 의해 양육되었다는 것을 우연의 일치로 볼 수는 없다. 우리는 지금까지 살펴본 신화들의 영역 바깥에서도 발이 부었거나 기형이거나 불에 태워지거나 또는 맨발인 경우와 같은 등가의 상징들을 수없이 목격한다.

지난 19세기 초, 다마스쿠스에서 한 발에만 샌들을 신고 있는 나체 여신의 청동상이 발견되었다. 이후 몇십 년이 지나 청동 여신의 정체는 장례의 여신인 아프로디테 네메시스Aphrodite Nemesis로 밝혀졌다. 그런데 다른 숭배의식이나 신화에 등장하는 한 짝의 샌들은 태양의 신화와 연관된 것으로서 당시에는 필수적인 요소였다.[47] 이후 이러한 도상학적인 특이성들은 사람들의 기억에서 사라졌지만 20세기 초반에 다른 맥락에서 독자적으로 재등장했다. 로마에서 퀴리날레 언덕*에 터널을 건설하는 도중에 실제 크기보다 약간 작게 제작된 고대의 소년 동상이 발굴된 것이다. 콘세르바토리 궁Palazzo dei Conservatori의 박물관에는 이보다 질 낮은 복제품이 전시되어 있다. 그 제작 시기는 안토니니Antonini 황제 시대로 거슬러 올라간다. 소년은 새끼 돼지를 팔에 안고 있다(새끼 돼지는 이후의 시대에 추가된 것이기에 최근에 제거되었지만 유사한 다른 조각품들에서도 반복적으로 등장한다). 첫번째 동상의 기둥에 묘사된 은매화와 두번째 동상의 새끼 돼지는(데메테르는 둘 다 신성시했다), 소년이 엘레우시스Eleusis 밀교에 가입했다는 사실을 암시한다. 그러나 퀴리날레 언덕에서 발굴된 동상의 경우 남아 있는 한쪽 발, 즉 오른발에 샌들이 없는 반면, 콘세르바토리 궁의 박물관에 소장된 복제품의 경우 오른발은 맨발이고 왼발에는 샌들을 신고 있다(그림 16~17). 이러한 사실에 기초할 때, 샌들을 한쪽 발에만 신는 관습은 의식과 관련된 것이며 땅과의 보다 직접적인 접촉을 통해 지하 세계의 세력과 관계를 맺으려는 노력이었을 것으로 짐작된다. 이러한 가설은 몇 가지 문헌 기록을 통해 뒷받침되었다. 아이네이아스Aeneas로부터 버림받은 디도Dido는 자살하려는 순간에 샌들을 벗었으며(*unum exuta pedem vinclis*, 『아이네이스Aeneas』 제4권 517행), 메데이아도 사후 세계와 관련이 있는 헤카테 여신을 불러내는 순간에 같은 행동을 했다(*nuda pedem*, 『변신』 제7권 182행)고 한다.[48] 세르비우스Servius는 베르길리우스Vergilius의 작품에 주석을 달면서 공감을 불러일으키는 주술의 제스처, 즉 다른 사람의 의지를 좌절시키거나 실현시켜주기 위해 샌들을 신고 벗는 것이라는 가설을 제시했다.[49] 하지만 전반적으로는 장례식과 관련된 정황을 암시한

---

* 오늘날 이탈리아 대통령 관저가 위치하고 있는 구릉 지역.

다. 입회의식은 의식 차원의 죽음이었다. 즉, 폼페이의 신비의 저택villa pompeiana dei Misteri 벽화에 묘사된 입회의식 장면을 보면 누워 있는 모습의 디오니소스는 오른발에 샌들을 신고 있지 않다(그림 19).[50]

하지만 외발 샌들에 대한 지중해 지역의 다른 사례들을 보면 상황은 더욱 복잡해진다. 투키디데스Thucydides에 따르면(『펠로폰네소스 전쟁사』 제3권 22장), 기원전 428년 겨울, 플라타이아인들이 왼발에만 샌들을 신은 채 달빛도 없는 깜깜한 어둠을 틈타 스파르타인들을 공격했다. 에우리피데스의 작품으로 그 일부만이 현존하는 『멜레아그로스 Meleagros』에는 칼리돈Calidonio의 멧돼지를 사냥하기 위해 모인 영웅들의 명단이 기록되어 있다. 그중에서 테스티오스Thestius의 아들들은 오른쪽 발에만 샌들을 신고 있었다.[51] 베르길리우스(『아이네이스』 제7권 678행 이하)는 프라이네스테Preneste*를 건설한 신화적 인물인 카이쿨루스Caeculus가 왼발은 맨발이고 오른발에는 투박한 장화를 신고 있는 군인들을 이끌었다고 묘사했다. 이러한 문헌들에 기술된 내용의 모호한 부분은 저자들 자신이나 고대 주석가들의 주석을 통해 극복되었다기보다는 오히려 악화되었다. 투키디데스는 플라타이아 도시 주민들이 한 발에만 샌들을 신고, "진흙땅에서 더욱 안전하게 전진하려고 했다"고 주장했다. 하지만 당시에 이들은 무슨 이유로 맨발로 걷지 않았을까? 에우리피데스에 따르면, 테스티오스의 자식들은 다리의 움직임을 좀더 편하게 할 목적으로 아이톨리아Aetolia족의 습관을 모방했다고 한다. 그러나 아리스토텔레스는 이 경우에 샌들을 신은 발이 왼발이었을 것이라는 반론을 제기한 바 있었다.[52] 세르비우스는 베르길리우스에 대한

---

* 지금의 팔레스트리나. 이탈리아 라치오주의 자치 도시로 로마 인근에 위치해 있다.

주석에서 전투를 시작할 때면 항상 왼발부터 앞으로 내디뎠다는 사실에 주목했다. 오른발과는 달리 왼발은 방패에 의해 보호되었으며 따라서 신발을 신지 않아도 되었다는 것이다. 마크로비우스Macrobius는 이 구절(『사투르날리아』제5권, 18행)에 대해 논쟁하면서 인종에 관련한 색다른 주장을 전개한다. 즉, 에우리피데스가 기술한 아이톨리아족과 프라이네스테를 건설한 카이쿨루스의 후손인 헤르니키Hernici인 모두 그리스의 펠라스기족에서 기원했다는 것이다(마크로비우스는 플라타이아 주민들에 대해 투키디데스가 기술한 내용을 알지 못하고 있었다). 실제로 테스티오스의 자식들인 플레시포스Plessippus와 토세오스Tosseus는 그들의 조카이자 살인자인 멜레아그로스Meleagros와 마찬가지로, 아이톨리아족이 아니라 쿠레테스Kouretes족이었다.[53] 하지만 의심, 합리적으로 설명하려는 시도, 또는 아주 먼 과거의 전통에 대한 언급은, 이미 기원전 5세기에 불가해하다고 여겨졌던 신화적, 의식적 내용을 해독할 수 없다는 것을 분명히 보여준다.

내용은 한 가지 이상이다. 하지만 이 모든 경우에 유사한 의미가 숨겨져 있을 가능성을 선험적으로 배제할 수는 없다. 플라타이아 주민들의 의식으로 추정되는 외발 샌들의 의미를 이아손의 신화에 접근시킴으로써 명확히 밝히려는 시도가 이루어졌다. 두 경우 모두 성년의 군인, 중무장 보병의 행동과는 거리가 먼 청년들의 행동 모델로부터 영향을 받은 것으로 보인다.[54] 그럼에도 이러한 접근은 비록 설득력은 있어 보이지만 어려움을 해결해주는 것이 아니라 잠시 늦추는 조치에 지나지 않는다. 무슨 이유로 청년 이아손은 한 발(즉 오른발)에만 샌들을 신었을까?[55] 그 해답은 한쪽 발에만 샌들을 신는다는 점뿐 아니라 좀더 보편적으로는 보행과 관련한 특징을 지닌 신화적 인물들로 구성된, 보다 방대한 그룹 속에 청년 이아손을 포함시킴으로써 찾을 수 있다.[56] 이아손과 필록테테스Philoctetes의 대칭적인 관계는 곧바로 드러난다.[57] (이아손이 이끄는) 아르고함의 원정에 참여한 필록테테스는 림노스섬에 도착했다. 이 섬에서 그는 여신 크리세Chryse의 제단에 접근하다가 뱀에 발을 물리고 말았다. 필록테테스의 이름을 제목으로 삼은 소포클레스의 비극 작품에서, 필록테테스는 동료들이 부상당한 자신의 발에서 풍기는 심한 악취를 참지 못하고 황량한 림노스섬에 자신을 "보모로부터 버림받은 아이처럼"(『필록테테스』 5행, 702~703행) 진짜 "버리고" 떠났다는 사실을 이야기하고 있다. 율리시스는 아킬레우스의 어린 아들인 네오프톨레모스Neoptolemus를 대동하고, 술책을 써서 필록테테스의 활(신탁에 따르면, 그리스인들이 이 활을 사용해야 트로이전쟁에서 이길 수 있다고 했다)을 차지하기 위해 이 섬에 상륙한다. 필록테테스가 삶과 죽음의 경계 그리고 인간과 동물의 경계에 처한 상황은 네오프톨레모스가 청년의 시기에 치른 입회의식에 비유되었다. 다시 말해 한 사람이 시민사회로 재편입된 것은 다른 사람이 성인으로서 이룬 성취에 비견되었다.[58] 그럼 이제 이아손에 대해 이야기해보자. 핀다로스Pindaros는 자신의 저서 『피티아 송가Pythica』 제4권(108~16행)에서 이아손의 부모는 왕위 찬탈자인 삼촌의 폭력으로부터 자식 이아손을 지키기 위해 아이가 태어나자마자 죽은 것처럼 울부짖는 연기를 했으며, 켄타우로스인 케이론에게 아들의 신변 보호를 은밀하게 부탁했다고 기술한다. 왼발에 샌들을 신지 않은 채 아나우로스강에서 나온 청년 이아손은 반인반수의 상태로 야생의 동굴에서 젊은 시절을 보낸 후에 비로소 죽음의 그늘에서 벗어난다. 필록테테스의 부상당한 발처럼 이아손이 신은 한쪽 발의 샌들은 입회의식, 즉 상징적인 죽음을 암시한다.

카이쿨루스는 죽은 자들의 신이었다. 테르툴리아누스(『모든 국민에게ad Nationes』 제2권 15장)에 따르면 그의 눈은 쳐다보는 사람이 의식을 잃을 정도로 끔찍했다고 한다. 이 카이쿨루스 신과 프라이네스테의 설립자인 같은 이름의 카이쿨루스가 동일하다는 것은 의심할 여지가 없다.[59] 『아이네이스』에서 카이쿨루스를 따르던 헤르니키인들은 머리에 늑대 가죽으로 만든 황갈색 모자를 쓰고 있었는데 전통에 따르면 이것은 에트루리아의 사후 세계를 관장하는 신 하데스가 쓰던 것과 유사하다.[60] 아무것도 신지 않은 왼쪽 발을 강조한 것은 실제로 죽은 자들의 이미지를 대변하는 듯하다. 이러한 이미지는 훗날 타키투스Tacitus가 게르만 종족인 하리족을 언급하며 기술한 바 있는 '죽은 자들의 군대exercitus feralis'에 비유될 수 있다.[61] 투키디데스가 묘사한 플라타이아 주민들의 맨발도 이와 유사한 암시로 보인다.

<h1 style="text-align:center">9</h1>

카이쿨루스의 유년 시절에 대한 전설들은 그가 로물루스Romulus나 오이디푸스처럼 버려진 아이였다고 말한다. 첫번째 비교는 불가피하다. 즉 카이쿨루스에 대한 신화들은 그가 여성이 난로의 불꽃으로 잉태한 아들이었고(따라서 불카누스Vulcanus의 자식이었고), 도적단의 두목이었으며, 도시 프라이네스테를 건설했다는 점에서 카이쿨루스를 로마를 건설한 로물루스의 대항마로 간주한다.[62] 반면 또 다른 비유는 모호해 보일 수 있지만 실상은 전혀 그렇지 않다.

프라이네스테를 건설한 카이쿨루스의 유년 시절에 대한 신화들은 키루스Cyrus, 모세, 로물루스, 어떤 점에서는 예수, 그리고 도시와 제국과 종교를 창설한 수많은 인물들의 유년 시절에 대한 이야기들과 매우 비숫하다. 이러한 이야기들 간의 유사성은 정신분석, 신화 연구, 역사, 그리고 마지막으로 서사론 등, 보통은 접점이 없는 다양한 관점에서 여러 차례 분석된 바 있다.[63] 이러한 인물 전기에서 가장 빈번하게 지적되는 요소로는 군주에게 불행을 가져올 출생에 관한 예언이 있는데, 여기서 영웅은 종종 친족 관계로 연결되어 있다. 그 이외에도 예언에 등장하는 모친이 외딴 장소에 구금되는 것(출생은 이 모든 것에도 불구하고 대개는 신에 의한 것으로 여겨졌다), 야생의 환경이나 열악한 장소에 신생아를 버려 죽이려는 시도, 어린아이를 보살피며 양육하는 동물이나 목동 또는 둘 다의 보호, 특별한 시험을 동반한 고국으로의 귀환, 승리를 거두지만 불리한 운명의 갑작스러운 개입으로 마침내 죽음에 이르고, 경우에 따라 영웅의 시신이 사라지는 경우 등이 있다. 오이디푸스, 테세우스, 텔레포스의 유년 시절과 같은 신화들은 부분적으로 이러한 구도에 충실하다.[64] 이러한 유사성은 선전용으로 활용될 수 있었다. 텔레포스와 로물루스의 유사성은 로마와 페르가몬이 우호 관계를 유지하던 기간(기원전 3~2세기)에 강화되었다.[65] 플루타르코스는 파비우스 픽토르Fabius Pictor가 재편집한 로마 기원에 대한 이야기가 어쩌면 그리스 역사가인 페파레투스 출신의 디오클레스Diocles da Peparethos가 썼지만 현존하지 않는 작품을 통해, 역시 현존하지 않는 비극 작품인 소포클레스의 『티로Tiro』의 내용을 반영한 것일 수 있다고 기술했다. 이 작품은 티로와 포세이돈 사이에서 태어난 쌍둥이 자식들인 넬레우스Neleus와 펠레우스Peleus의 인생 역정을 기술하고 있다. 즉 로물루스와 레무스Remus처럼, 이들은 강물에 버려진 채 물길을 따라 흘러가다가 개와 당나귀에게 발견되어 양육되었다.[66] 예언자들이 언급했듯이, 처녀의 몸에서 출생한 예수도, 유대의 왕이 될 운명을 타고난 어린아이에 대한 헤롯의 분노도, 죄 없는 어린아이들의 참사도, 그리고 이집트로의 피신도 이란고원과 지중해 사이의 지역에 폭넓게 확산되어 있던 이야기 구도에 해당한다.

10

우리는 다음의 요인들로 구성된 세 영역을 살펴보았다.

a) 죽을 운명의 아들(또는 조카, 손주, 사위)에 대한 신화
b) 어떤 방식으로든 보행과 관련된 신화와 의식
c) 영웅의 탄생에 대한 신화와 전설

단지 부분적으로 겹치기는 하지만, 이 모두는 어쩌면 상징적 죽음으로 이해되는 입회의식의 공통된 성향에서 기인하는 일련의 유사성들과 연결되어 있다.[67] 한 가지 사례를 들어보자. '부은 발' 오이디푸스가 스핑크스의 위협으로부터 테베를 해방시킨 것처럼, 멜레아그로스는 괴물 멧돼지의 위협으로부터 칼리돈*을 구원했다. 한쪽 발에만 샌들을 신은 이아손처럼 그리고 다리 부상을 입은 텔레포스처럼, 멜레아그로스는 잡은 멧돼지의 가죽을 나누어 가지는 과정에서 삼촌들을 죽임으로써 예언을 실현한다. 살해된 형제들의 복수를 위해 멜레아그로스의 모친 알타이아Altea는 출생 당시부터 자식의 생명과 연결되어 있던 불 꺼진 나뭇조각을 불 속에 던져버린다. 이와 반대로 데모폰과 아킬레우스는 불멸의 삶을 위해 불 속에 던져졌다. 에우리피데스, 아리스토텔레스

---

* 아이톨리아 지역의 아켈로스강과 에베노스강 사이에 위치한 고대 그리스 도시.

그리고 핀다로스(『피티아 송가』 제4권 75행)는 아이톨리아인들이 보통은 한 발에만 샌들을 신었다는 사실에 동의한다. 따라서 아이톨리아 왕의 젊은 아들인 멜레아그로스도 비대칭 보행 또는 기형적 보행의 표식을 가진 영웅들에 속한다.

제국이나 종교를 창시한 인물들의 어린 시절에 대한 전설에서 이러한 표식은 매우 드물게 나타난다.[68] 하지만 야곱이 늦은 밤 얍복강 근처에서(「창세기」 32장 23~33절) 이름 없는 존재(야훼? 천사? 악마?)와 벌인 야간 전투에서 대퇴골이 탈골된 절름발이가 되고, 그래서 새로운 이름인 이스라엘로 불리게 되었다는 게 우연인 것 같지는 않다.[69] 카이쿨루스의 추종자들(그리고 더 넓은 의미로는 카이쿨루스 자신)은 샌들을 신지 않은 맨발로 행군하고 있었다. 이러한 특징은 얼핏 생각하면 그냥 지나칠 수 있지만 이 연구를 통해 구체적으로 드러나는 사실들에 비추어 보면 예상 밖의 중요성을 지닌다. 한 발에만 샌들을 신고 있고 눈이 잘 보이지 않는(카이쿨루스라는 이름의 뜻이기도 하다) 영웅은 절름발이 장님 영웅, 즉 오이디푸스의 약화된 대응자로 간주할 수 있다.[70]

11

스트라본의 이야기에 따르면, 키루스는 왕국을 차지하기 전에 도적들kardakes과 함께 살았다. 그리고 로물루스는 전통에 따르면 범죄자들과 사악한 자들latrones에 둘러싸인 채 살았으며, 에우트로피우스Eutropius(『로마사 개요』 제1권 1~2절)에 따르면 가축을 훔치는 도적에 불과했다. 두 전설 사이에 존재하는 많은 공통점 중에서 이것은 이란고원과 라치오 지역에서 남성 집단이 가지고 있던 특징이었고 이는 중요한 증거로 여겨졌다.[71] 추정하건대, 오이디푸스가 라이오스의 말을 훔친 사실에 대한 에우리피데스의 지적(『포이니케 여인들』, 32행 이하)에서도 드러나듯이, 이것은 보편적인 이야기 구도와 관련된 특징일 것이다.[72] 젊은 영웅에 대한 전설적인 전기에서 같은 또래의 동료들과 함께 가축을 훔친 것은 의무적인 절차이며 거의 입회의식이나 다름없었다. 이것은 아주 오래된 신화적 모델, 즉 괴물 같은 존재의 가축들을 훔치기 위한 사후 세계로의 여행이라는 인도유럽 문화권에서 널리 기록된 모델의 반복인 셈이다.[73]

이 신화는 공동체에 사냥물을 제공하기 위해 탈혼 상태에서 죽은 자들의 세계로 여행하는 샤먼들의 이야기를 재편집한 것으로 볼 수 있다.[74] 우리는 오세트족의 부르쿠드자우타, 발트해의 늑대인간, 프리울리 베난단티들의 야간 활동을 분석하는 과정에서 이와 유사한 결론에 도달했다. 사냥꾼들의 사회에서 형성된 것으로 추정되는 신화의 구조는 목축이나 농업에 종사하는 여러 사회에서 수용되었다(그리고 부분적인 변화를 겪었다). 이러한 문화적 전이의 연결 고리들은 드러나지 않는다. 하지만 그리스 지역 신화의 주요한 주인공인 헤라클레스가 스키타이족의 세계에 한층 다양한 방식으로 연결되어 있는 것으로 밝혀졌다는 사실은 매우 중요하다. 헤로도토스가 언급한 신화에 따르면(『역사』제4권 8~10연), 헤라클레스는 게리온Gerione의 소들을 차지한 후에 당시에는 황량한 지역이었던 스키타이에 나타나 절반은 여성이고 절반은 뱀인 그 지역의 신과 동침하여 스키타이족의 기원이 되었다. 그의 스승인 궁수 테우타로스Teutaros(본래 헤라클레스는 곤봉이 아닌 활로 무장하고 있었다)는 때로는 스키타이족의 의복을 입은 모습으로 등장했다. 중국에서 헤라클레스와 유사한 모험을 겪은 신화적 영웅이 등장하는 것은 잠정적으로 스키타이족의 매개적인 역할을 입증한다.[75]

12

멜람푸스가 이피클레스Iphicles의 암소들을 되찾은 것(『오디세이아』 제 11권 287~98행, 제15권 225행 이하)도 사후 세계에서의 가축 절도를 주 제로 하는 신화들과 유사하다.[76] 이피클레스에게 포로로 잡힌 멜람푸 스는 아주 작은 소리까지 들을 수 있는 능력 덕택에 좀벌레들이 대들보 를 갉아먹는 소리를 듣고 감옥이 붕괴되기 직전 탈출에 성공할 수 있었 다. 이것은 멜람푸스의 고유한 이미지를 형성하는 수많은 우화적인 요 소들 중 하나다. 예를 들어 두 마리의 뱀이 혀로 그의 귀를 깨끗하게 닦 아주었고 이렇게 해서 그가 새들의 말을 알아들을 수 있게 되었다고 전 해진다. 두 마리의 뱀이 교배하는 것을 보았다는 이유로 7년 동안 여성 으로 변한 채 살아야만 했던 장님 예언가 티레시아스Tiresias도 같은 능 력을 가지고 있었다.

　지금까지 우리는 '부은 발' 오이디푸스와 '검은 발' 멜람푸스가 어떤 유사성을 가지고 있는지 살펴보았다. 멜람푸스와 티레시아스 그리고 티 레시아스와 오이디푸스의 유사성도 명백하게 드러났다. 소포클레스의 비극 『오이디푸스 왕』의 한 유명한 장면을 보면 오이디푸스는 테베에 전 염병을 퍼뜨린 자의 감춰진 정체를 티레시아스로부터 전해 듣고 난 후 에 공포에 질려 피신한다. 두 사람의 대화는 의도적인 대칭 관계가 숨겨 진 대조법으로 진행된다. 한쪽에는 장님 예언가가 있고, 다른 한쪽에는 무지라는 은유적 어둠에서 벗어나 앞이 보이지 않는 암울한 현실의 세 계로 옮겨 갈 운명을 가진 죄인이 있다. 오이디푸스가 티레시아스의 예 언처럼, 유배되어 지팡이에 몸을 의지한 채 낯선 땅에서 가난뱅이로 떠 돌아다니던 당시의 불안한 걸음걸이는 아테나Athena가 선물한 장님용 지팡이에 몸을 의지한 티레시아스 자신의 모습을 연상시킨다.[77]

티레시아스와, 그리고 무엇보다 멜람푸스는 (치유자, 점쟁이, 주술사, 탈혼 상태에 빠진 자와 같은) 아시아 중북부 지역의 샤먼들과 유사한 그리스 장님 치유자들의 신화적 원형이다.[78] 이들 중에는 실제로 존재했지만 전설로 포장된 인물들도 있었다. 이를테면, 황금 넓적다리를 가진 피타고라스, (분화구 바닥에서 쑥 올라온 청동 샌들이라는) 한 가지 흔적만 남기고 에트나산 속으로 사라져버린 엠페도클레스Empedocles가 그렇다.[79] 겉보기에 별것 아닌 듯 보이던 것들이 비교라는 마법 지팡이에 닿자 갑작스럽게 스스로의 비밀스러운 특징을 드러낸 셈이다.[80]

13

그리스에서 비대칭 보행은 매우 특별한 방식으로 신과 관련되어 있었다. 헤로도토스(『역사』 제2권 49연)에 따르면, 멜람푸스에 의해 숭배되기 시작한 디오니소스가 그렇다.[81] 디오니소스는 제우스의 넓적다리에서 태어났다고 알려졌다.[82] 델포이의 성소에서는 디오니소스 스팔레오타스Sphaleotas, 일명 '비틀거리게 하는 자'가 숭배되고 있었다. 한 신화는 이 별명을 다음과 같이 설명한다. 트로이로 향하던 그리스 함대가 길을 잘못 들어 미시아에 도착했다. 전투 중에 아킬레우스는 이 지역의 군주인 텔레포스와 마주치게 되었다. 디오니소스는 미시아 지역이 자신에게 충분한 경의를 표하지 않은 것에 분노하고 있었기에 텔레포스를 포도밭 넝쿨에 걸려 넘어지게 만들었고 아킬레우스는 그의 다리에 부상을 입혔다. 허약한 발꿈치의 영웅, 다리에 부상을 입은 영웅, (영웅을) 비틀거리거나 넘어지게 만든 신, 즉 신화에 등장하는 세 주인공의 특징에서 우리는 똑같은 상징적 내용이 서로 다른 형태로 달라진 것을 목격한다. 우리는 이와 관련한 의식으로 아스콜리아모스askōliasmos, 즉 (디

오니소스 레나이아를 기리는 축제에서) 한 발로 균형을 잡고 껑충껑충 뛰는 놀이를 알고 있다.[83]

아스콜리아자인askōliazein은 한 발로 몸을 곧게 세우는 학의 습관을 가리키는 말이었다.[84] 이 경우에도 의식에 대한 암시가 드러난다. 델로스와 크레타섬에서는 밤에 '학춤'을 추었다. 기원후 2세기에 플루타르코스는 이 의식이 여전히 지속되고 있는 관습이라고 했다. 전통에 따르면, 소년 소녀 들이 추는 춤은 테세우스가 미노타우로스를 죽인 후에 아리아드네Ariadne의 도움으로 벗어났던 꾸불꾸불한 미로를 모방한 것이었다. 춤의 명칭은 각 춤꾼들의 움직임과 학이 걷는 방식 간의 유사성을 강조하는 듯하다.[85] 이와 같은 의식은 이미 언급한 바 있는 테세우스의 모험이 갖는 입회의식의 성격과 양립하는 것처럼 보인다. 미로가 죽은 자들의 세계를 상징한다는 점과 미로의 군주 아리아드네가 장례식의 여신이라는 점은 그럴싸한 짐작 이상의 것이라 할 수 있다.[86] 아테네에서 거행된 디오니소스와 아리아드네의 혼인은 매년 안테스테리아Anthesteria 축제(죽은 자들의 영혼이 지상으로 돌아오는 기간과 일치하는 고대의 봄 축제로서, 죽은 자들의 영혼은 선과 악을 동반해 오기에 물과 볶은 곡식으로 달래주어야 한다)의 두번째 날에 기념되고 있었다.[87] 델로스의 학춤이 때로는 대칭적으로 때로는 정반대로 디오니소스와 매우 밀접하게 연결되어 있는 아폴로 신의 신전에서 거행되었음을 우리는 알고 있다.[88] 기원전 300년경 델로스에서 카리스티오스Karystios라는 인물은 남근 상 밑에 학이 새겨진 대리석 기둥을 디오니소스에게 바쳤다.[89]

디오니소스와 학춤의 관계는 단지 가설에 불과하다. 그렇지만 디오니소스라는 인물의 지하 세계적, 장례적 성격들에 발이 걸려 넘어지거나 껑충껑충 뛰는 것을 연결하는 일은 충분히 가능하다. 헤라클레이토스

Heraclitus는 "하데스와 디오니소스는 하나와 같다"고 말했다.[90)]

14

기원전 4세기 중국의 춘추전국시대에 도교 철학자인 갈홍葛洪은 소위 '우왕의 걸음걸이 춤'에 대해 매우 상세하게 기술했다. 이 춤의 동작은 때로는 왼쪽으로, 때로는 오른쪽으로 몸을 밀면서 반대편 다리를 껑충 드는 움직임을 계속하면서 나아가는 것이었다. 이 춤의 기원이 된 전설의 영웅으로, 관료이자 하나라의 설립자인 우왕은 몸이 반쯤 마비된 상태였다. 그는 곰으로 변하거나 홍수를 조절하는 등의 샤머니즘적인 능력을 가지고 있었다. 중국의 여러 지역에서는 불과 얼마 전까지만 해도 작은 손수건으로 얼굴을 가린 채 탈혼 상태(또는 무아지경trance)에 빠질 때까지 우왕의 걸음걸이 춤을 추는 여성 샤먼들이 존재하고 있었다.[91)] 본래 이 춤은 (어쩌면 원숭이와 관련이 있을지 모르는) 동물 춤의 일부였는데, 이는 다리가 하나인 신화 속 새들의 이름을 딴, 역시나 비대칭적인 춤들과 비슷했다. 그 새들로는 불의 전조가 되는 필방畢方과 비의 전조인 상양商羊, 그리고 우왕의 상징적 대응물인 사람의 얼굴을 가진 꿩 등이 있다.[92)]

'흰색 학들'의 이름을 딴 고대 중국의 춤도 비대칭의 특징을 가지고 있었는지는 확실히 알 수 없다. 전설에 따르면, 오나라의 왕 합려闔閭(기원전 514~495년)의 딸은 부친이 절반을 먹고 남긴 생선을 자신에게 주자 모욕감을 느끼고 목숨을 끊었다. 합려는 죽은 딸을 지하 통로를 통해 들어갈 수 있는 무덤에 묻어주었다. 흰색 학들의 춤이 끝나자 그는 춤꾼들과 구경꾼들을 지하 통로로 들어가게 한 다음 이들을 산 채로 묻어버렸다.[93)] 이 신화에서도 마치 크레타섬의 신화처럼, 학춤은 지하 통로와 인간 제물과 관련되어 있다. 아마도 이 둘은 너무 멀리 떨어진 데서 일어난 현상이어서 하나에서 다른 하나가 유래했다고 보기도, 이들 공통의 기원을 설정하기도 불충분할 것이다.[94] 고립된 정체성들은 우연의 산물일 수 있다. 완전한 유질동상에 근거한 다수의 유사점들은 더욱 난해한 질문들을 제기한다. 우왕의 걸음걸이 춤은 죽은 자들의 영혼을 위한 기간에, 검은색과 붉은색으로 반반씩 장식된 옷을 입고 새로운 한 해를 열기 위한 의식에 참여하는 사람들 곁에서 행해졌다. 이 의식은 악마와 질병을 상징하는 열두 동물 십이지十二支를 추방하기 위해 치러졌다.[95] 두 경우 모두에서 비대칭 보행은 죽은 자들의 세계와의 소통과 관계가 있는 듯 보인다. 유럽에서도 역시 죽은 자들의 영혼이 크리스마스와 공현축일 사이의 12일 동안, 특히 연말 연초에 산 자들 사이를 배회한다고 여겨졌다.[96] 앞서 살펴보았듯이, 그리스의 칼리칸차로이와 리보니아의 늑대인간이 배회하던 것도 바로 이 기간이었다. 절름발이인 '위대한 칼리칸차로스'가 한 집단을 이끌었고, 절름발이 소년이 다른 집단을 이끌었다.[97]

15

언뜻 보기에 이러한 현상들과 관련된 중국, 그리스, 발칸 지역의 달력은 신화-의식에 나타난 절뚝거림이 계절 변화와 관련한 문화 전이의 현상일지 모른다는 (논쟁적인 방식으로 제기된) 가설을 뒷받침한다. 유럽 민간신앙의 몇 가지 의식에서 이러한 연관성은 매우 명확하게 드러난다. 예를 들어 브란덴부르크주의 마르카 지역에서는 끝나가는 겨울을 상징하는 인물이 절름발이의 걸음걸이를 흉내 낸다. 마케도니아의 경우 한 무리의 소년들이 '절름발이 2월'에 악담을 퍼부으면서 다가오는 3월을 기념한다.[98)] 하지만 이와 같은 설명은 직관적이고 표면적인 특징들에 근거하여 하나의 대상(신화적, 의식적 절뚝거림)으로 제한할 때만 수용 가능하다.[99)] 심오한 유질동상에 대한 연구는 비대칭 보행에 대한 실제적 또는 상징적 언급으로 연결된 완전히 다른 현상들을 나란히 놓음으로써 절뚝거리는 것, 부상당한 다리를 끄는 것, 허약한 뒤꿈치를 가지는 것, 한 발에 샌들을 신지 않고 걷는 것, 넘어지듯 휘청거리는 것, 한 발로 껑충 뛰는 것 등으로 우리의 시야를 확장시켜준다. 설명하려는 대상explanandum의 형식적 특성을 다시 정의하는 대부분의 경우 해석을 위한 기존 가설의 신빙성은 크게 약화된다. 오이디푸스의 신화부터 시작해서 지금까지 분석된 신화들 전체를 계절 변화와 결부시키는 것은 분명 어리석은 짓일 것이다.[100)]

우리는 헤르메스나 디오니소스 같은 신, 또는 이아손이나 페르세우스 같은 영웅을 특징짓는 신체적 비대칭을 통해, 좀더 극단적인 이동이라는 상징, 즉 죽은 자들의 세계와의 영속적 또는 일시적 연결을 확인했다.[101)] 이러한 연결은 늑대인간과 칼리칸차로이가 들판과 마을을 배회하는 12일 동안에 벌어지는 밤의 장례식에서도 드러난다. 하지만 이러한 주장은 그 자체로는 충분하지 않다. 도대체 어떻게 해서 유사한 신화와 의식이 그리스와 중국 같은 상당히 이질적인 문화들을 배경으로 그처럼 지속적으로 재등장할 수 있다는 말인가?

16

물론 준비된 해답이 없는 것은 아니다. 신화적-의식적 절뚝거림에서는 하나의 원형을 확인할 수 있는데, 이는 인류의 무의식적인 심리적 유산의 일부라고 할 수 있는 기본적인 상징이다.[102)] 민족지학적 증거의 확산을 통해 문화의 보편성이라 정의될 수 있는 한정된 현상들을 찾아보려는 시도를 통해서도 유사한 결론이 도출되었다. 예를 들어 다리, 팔, 눈 등이 하나만 있는 일측성一側性 신화 또는 반인半人 신화는 다양한 문화권에서 나타났는데, 이는 인류의 무의식적, 심리적 성향에서 발생한 원형일 수 있다.[103] 누군가는 이러한 원형들에 한 발에만 샌들을 신은 자 또는 오직 한 발로 껑충껑충 뛰는 자를 추가할지도 모른다. 분명히 이러한 확대는 원형 개념 속에 내재된 이론적 야심을 꺾어버릴 것이다. 인간 정신(프시케)에서 고정 불변하는 어떤 핵심을 파악하려는 생각은 두 가지 상반된 경향에 의해 거부되는 듯하다. 이를테면, 하나는 지금 막 기술된 내용에서처럼 매우 제한된 단위들로 잘게 쪼개지는 것이고, 다른 하나는 민족중심주의적 심리로부터 촉발된, 대모Grande Madre라는 거대한 범주에 편입되는 것이다.[104] 두 경우 모두 자명하고 보편적인 상징들, 즉 그 의미를 직관적으로 파악할 수 있는 원형들의 존재를 전제로 한다.

우리가 수행하는 연구의 전제들은 각기 다르다. 연구 대상은 저절로 주어지지 않기 때문에 형태적 유사성에 따라 재구성되어야 한다. 그리고 그 의미는 투명하게 드러나지 않기 때문에 맥락에 대한 분석을 통해, 더 좋게는 적절한 맥락에 대한 분석을 통해 판독되어야 한다. 다른 방법론이 때로는 (똑같은 설득력을 가지지는 않더라도) 유사한 결과를 도출할 수 있는 것은 물론이다. 절뚝거림이라는 추정상의 원형에 대한 심리학적 연구는 이것이 입회의식의 구성 요소라는 사실을 보여주었다. 반인에 대한 민족지학적 연구에서는 아시아 대륙과 보르네오, 그리고 캐나다에서 이러한 추정상의 원형이 무엇보다도 인간의 세계와 영혼과 신의 세계를 중재한다는 의미일 가능성이 논의되어왔다. 하지만 결국 이러한 가설은 특정 사례들에 대한 깊이 있는 분석도, 좀더 확대된 비교도 모두 반인을 중심으로 하는 신화-의식들에 대한 통일된 해석으로 이어지지 않는다는 이유로 배제되었다.[105) 결국 원형은 원형일 뿐인 것이다. 말하자면, 거의 직관적인 차원에서 확인된 내용은 보다 깊이 있는 분석의 대상이 될 수 없다.

실제로는, 비교가 동어반복적인 결론을 넘어설 수 있게 해준다. 아프리카의 이보Ibo족, 캘리포니아의 미워크Miwok족, 그리고 아마존의 보로로Bororo족 중에서 몸에 검은색과 흰색을 반반씩 수직으로 칠하고 의식에 참가한 자들은 의인화된 영혼의 상징이다. 보르네오섬의 북쪽 지역에서 하늘로 날아올라 벼를 발견한 문화 영웅은 반인이다. 시베리아 야쿠트족 사이에서도 반쪽 샤먼들이 회자된다.[106) 또한 시베리아 사모예드족의 특별한 우화에서 비밀에 싸인 적대자에 의해 네 차례나 죽임을 당한 영웅은 팔과 다리, 눈이 하나씩밖에 없는 노인에 의해 네 차례 모두 부활하는데, 그 노인은 해골들과 말 못하는 괴물들이 득실거리는 지하 세계로 들어가는 입구를 알고 있었다. 이 지하 세계에서 한 할머니는 재로 변한 뼈들 위에서 잠을 자면서 죽은 자들에게 생명을 불어넣는다.[107) 따라서 전반적인 경향은 명확하다. 그리고 여기에는 우리 시대에 매우 가까운 문화적 전통에서 유래하는 증언들, 즉 아서왕 이야기도 포함된다. 모두 은으로 만들어졌으며 금과 보석으로 장식된 외발을 가진 한 남자(크레티앵 드 트루아Chrétien de Troyes의 작품『퍼시벌』에 등장하는 두 주인공 중 한 사람인 고뱅Gauvain이 만난 사람이다)는 오래전에 죽었다고 알려진 인물들이 머무는, 강으로 둘러싸인 성의 입구에 말없이 앉아 있다.[108) 중세의 일드프랑스를 지나 아프리카에서 시베리아에 이르기까지 반인들은 절름발이들과 한 발에 샌들을 신은 자들처럼, 산 자들의 세계와 죽은 자들 또는 영혼들의 세계를 중재하는 인물로서 등장한다. 외형에 대한 제약은 전혀 다른 문화적 자료를 만들어내고, 이들을 이미 존재하는 상대적으로 적은 수의 유형들로 걸러낸다고 말할 수 있을 것이다.

인도네시아의 몰루카 제도에 위치한 스람섬에서 수집한 인류의 기원에 관한 신화에 따르면, 돌은 인간이 팔 하나, 다리 하나, 눈 하나만을 가지고 불멸의 존재가 되기를 원했던 반면 바나나 나무는 인간이 두 팔, 두 다리, 두 눈을 가지고 종족을 이어갈 수 있기를 원하고 있었다. 논쟁에서 바나나 나무가 이겼지만 돌은 인간들이 죽음의 운명을 짊어져야 한다고 주장했다. 이 신화에서는 대칭적인 구도를 통해 인간들의 특징을 알 수 있게 해준다.[109] 여기에 보다 구체적으로 직립 자세라는 인간의 특징(물론 인간이 전유한 것은 아니지만)을 보탠다면 우리는 대칭적인 두 다리를 가진 존재와 마주하게 된다.[110] 신체적 비대칭을 중심으로 하는 신화와 의식의 문화적 확산은 십중팔구 인류가 자기 자신, 즉 자신의 육체적 이미지에 대해 가지고 있는 최소한의 기본적인 인식 속에 심리적 근원으로 자리하는 셈이다. 따라서 문자적 또는 은유적 차원에서 이러한 이미지를 변화시키는 것은 모두 인간의 한계를 초월하는 경험, 즉 입회의식 또는 탈혼 상태에서 전개되는 죽은 자들의 세계로의 여행을 표현하는 데 특히 적합해 보인다. 이러한 특징들의 유질동상을 주목하는 것은 전혀 유사성이 없는 신화와 의식 전체를 획일적으로 해석하는 것을 의미하지 않는다. 오히려 그보다는 예측 가능한 연관성들의 존재를 추측하는 것을 의미한다. 예를 들어, 오세트족 서사시의 영웅들 중 하나인 소슬란이 산 채로 사후 세계를 방문했다는 내용을 읽을 때, 우리는 출생 당시에 나르티족 대장장이의 집게에 붙잡힌 무릎

(또는 엉덩이)을 제외한 그의 육신이 불멸이 되었을 것이라고 생각할 수 있다.[111]

17

이렇게 해서 원형 개념이 극적으로 재구성되었다. 이 개념이 신체에, 좀더 정확하게 말하자면 신체의 자기표현에 단단히 고정되었기 때문이다.[112] 우리는 원형 개념이 인간 종의 신체적 특성과 결부된 경험을 재구성하여 보편적인 상징적 형태로 옮길 수 있게 하는 형식적 본성의 매개 사례로서, 일종의 도식으로서 작동한다고 추측할 수 있다.[113] 이 같은 논리로 문제를 바라본다면 우리는 이미 살펴보았듯이, 원형을 찾으려는 사람들이 습관적으로 범하는 실수, 즉 고립된 채로 다소 널리 퍼져 있는 특정 상징들을 '문화적 보편성'으로 잘못 판단하는 실수를 방지할 수 있을지 모른다. 우리의 분석은 보편적인 요소가 각각의 단위들(절름발이, 반인, 외발 샌들)이 아니라, 이들을 포함하는 (의미상 열려 있는) 일련의 연속성에 의해 대표된다는 사실을 보여준다. 보다 정확하게 설명한다면, 상징의 구체성에 의해서가 아니라 앞으로 살펴볼 구체적인 (육체적) 경험들을 재구성하는 정언적 활동에 의해 대표된다는 것이다. 이러한 정언적 활동에는 다른 그 무엇보다 본연의 육체적 경험, 다시 말해 죽음을 포함시킬 필요가 있다.[114]

18

정의定意는 문자 그대로 받아들여져야 한다. 직접적인 경험을 통해 죽음을 설명할 수 있는 사람은 없다. 죽음이 있으면 우리는 있을 수 없고, 그 반대 또한 마찬가지다.[115] 하지만 사후 세계로의 여행은 수천 년 동안 신화, 시, 탈혼 상태, 의식 들에 양분을 제공했다.[116] 아메리카 대륙의 일부와 유라시아의 전 지역에 확산된 서사 형식은 이 주제를 중심으로 공고화되었다. 실제로, 영웅들의 긴 여정을 핵심 주제로 하는 주술 우화의 기본 구조가 죽은 자들의 세계로 떠난 (영혼의, 초심자의, 주술사의) 여행에 관한 주제를 따른다는 사실이 확인되었다.[117] 이것은 우리가 밤의 여신을 따르는 탈혼 상태의 행렬에서, 탈혼 상태에서 벌이는 풍요를 위한 전투에서, 의식을 거행하는 행렬과 전투에서, 절름발이와 한쪽 발에만 샌들을 신은 자 그리고 반인에 관한 신화와 의식 들에서 재발견한 신화적 핵심 그 자체다. 악마의 잔치에 대한 민간 풍속의 층위를 밝히기 위한 모든 여정은 한 지점으로 수렴된다. 죽은 자들의 세계로의 여행이 바로 그것이다.

19

주술 우화와, 마녀와 주술사로 고발당한 남녀들의 자백 사이에 유사성이 존재한다는 것은 일견 명백해 보인다. 보통 이러한 유사성은 의식적 모방 때문에 생겨난다. 재판관의 고문이나 정신적 압박을 받은 피고인들은 어린 시절에 들었던 우화나 길거리에서 들었던 이야기 등을 떠올리면서 일련의 공통된 이야기를 진술했을 것이다. 이러한 가설은 몇몇 경우에는 그럴듯해 보이지만, 유사성이 보다 심층적인 차원에 도달했을 때에는 더 이상 유효하지 않다. 우리는, 후에 악마의 잔치로 흘러들어간 민간전승과 관련된 신화나 의식을 분석하면서 호전적인 이야기(주술사, 죽은 자 등이 벌이는 전투)와 비호전적인 이야기(방랑하는 죽은 자들의 무리) 사이에 근본적인 차이가 드러나는 것을 목격했다. '적대자와의 투쟁'이라는 기능을 포함하는 주술 우화와 이러한 기능을 배제하는 주술 우화 간에는 공통된 구조 내부에서의 유사한 차이가 확인되었다.[118] 이러한 유질동상을 즉흥적이고도 표면적인 전이의 결과로 보는 것은 분명 어리석은 발상일 것이다. 우리는 주술 우화와 마녀들이 벌인 악마의 잔치의 민간전승적인 핵심 사이에서 더욱 심오한 친연성을 발견한다. 이는 혹시 서로가 서로를 조명해주는 것은 아닐까?

20

한 세기 전 즈음에는 우화 또는 동화의 보편적인 특징들과, 우화적인 요인들(그중에서 가장 중요한 것은 사후 세계로의 여행)로 가득한 몇몇 신화의 보편적인 특징들이 꿈속에서 몸과 영혼이 분리되는, 역시 보편적인 경험에서 유래했다고 여겨졌다.[119] 그리고 우리는 꿈과 우화의 중간적 개념으로서 샤머니즘적인 탈혼 상태를 가정함으로써 이 주제를 좀 더 단순하게 표현하고자 하는 유혹을 받는다.[120] 하지만 전 세계 우화의 유사성은 오늘날까지도 미해결의 과제로 남아 있다.[121] 우화들은 우리가 지난 연구 과정에서 직면했던 딜레마를 과장된 형태로 다시금 부각시키고 있다.

우리에게 남은 과제는 특정 동화인 신데렐라 이야기를 분석함으로써 이 도전을 받아들이는 것이다. 동화의 여러 특징들과 엄청난 확산(지도 4 참조) 때문에, 이 선택은 불가피하다.[122]

21

유럽에서 가장 잘 알려진 판본에 따르면, 학대받던 의붓딸 신데렐라는 계모가 가지 못하게 하여(금지) 왕자의 연회에 참석할 수 없는 상황이었지만 우여곡절 끝에 의상과 신발 등을 제공받아(조력자가 선물한 주술 도구) 왕자의 연회에 참석했고(금지에 대한 저항), 도망치다 신발을 잃어버렸으나 후에 왕자의 요청으로 다시 신발을 신고(여주인공으로 인정받기까지의 어려운 과제), 의붓자매들은 같은 신발을 신어보지만 실패하며(근거 없는 주장을 늘어놓는 가짜 여주인공), 결국 신데렐라는 자신의 적대자였던 의붓자매들의 정체를 밝혀내고 왕자와 혼인하게 된다. 이 플롯은 주술 우화들에서 발견되는 구성을 반복한다. 이러한 기능들 중 하나인 남자 또는 여자 주인공의 몸에 새겨진 표식은 잃어버린 신발이라는 결정적인 특징에서 쉽게 확인할 수 있다.[123] 신데렐라의 외발 샌들은 죽은 자들의 세계(왕자의 궁전)를 방문한 인물의 특징적인 기호다.[124]

지금까지 우리는 신데렐라 이야기의 매우 다양한 변주를 무시한 채 하나의 완전한 단위로서 살펴보았다. 그럼 이제 여자 주인공이 왕자의 연회에 갈 수 있도록 선물을 준 주술 조력자라는 인물을 분석해보자. 샤를 페로Charles Perrault의 신데렐라 판본을 보면 조력자는 신데렐라의 대모인 요정이다. 이 같은 임무는 종종 식물이나 여주인공의 보호를 받은 동물(암소, 양, 염소, 황소, 물고기)이 수행했다. 이러한 이유로 동물은 계모에 의해서 또는 계모의 사주를 받아 살해되었다. 이 동물은 죽기 전에 여주인공에게 자신의 뼈를 거두어 묻어주고 그 위에 물을 뿌려줄 것을 당부한다. 어떤 경우에는 뼈가 주술을 통해 선물로 변하고, 다른 경우에는 여주인공이 나무가 자라난 무덤 위에서 선물을 발견한다.[125] 세 가지 판본에서는 동물 조력자(스코틀랜드의 경우 양 또는 새끼양, 인도의 경우 암소 또는 물고기)가 뼈를 통해 부활하여 여주인공에게 주술의 선물을 제공한다.[126]

지금까지 살펴보았듯이, 가죽에 싸인 뼈가 죽은 동물을 다시 부활시키는 수단으로 사용된 신화와 의식은 지리적으로 상당히 방대하고 이질적인 환경을 배경으로 한다. 그 분포는 유럽 대부분의 지역(영국에서 알프스까지), 아시아 대부분의 지역(라플란드 지역에서 베링 해협, 코카서스, 이란고원에 이르는 아북극 지역), 북아메리카, 아프리카 적도 지역을 아우른다.[127] 일반적으로 시신이 소멸되는 것에 부여된 중요성 때문에 이러한 신화와 의식은 태평양을 포함하는 보다 방대한 지역에서 볼 수 있는 이중의 매장이라는 관습과 연결된다.[128] 좀더 구체적으로 뼈의 수습은 무덤 위에서 자라는 주술의 나무라는, 특히 유라시아 지역의 전설 주제와 관련이 있다.[129] 이미 살펴보았듯이 신데렐라 동화에서는 뼈와 주술 나무라는 두 요소가 번갈아 나타난다. 뼈의 수습이 언급된 동화 판본들은 중국, 베트남, 인도, 러시아, 불가리아, 키프로스, 세르비아, 달마티아, 시칠리아, 사르디니아, 프로방스, 브르타뉴, 로렌 지역, 스코틀랜드, 핀란드에서 발견된다.[130] 이토록 방대하고 다양한 지역에 확산되었다는 사실은 우화의 플롯에서 뼈의 수습이라는 주제가 우연한 결과일 가능성을 배제한다.[131] 그렇다면 다음과 같은 가설이 가능하다. 죽은 동물의 부활을 포함하는 판본은 오직 세 가지의 사례에서만 발견됨에도 불구하고, 가장 완전한 판본이라는 것이다.

이것이 가장 오래된 판본임은 분명하다. 18세기 중반 무렵 라플란드 지역의 샤먼은 희생 제물로 바쳐진 동물들의 뼈를 최대한 조심스럽게 수습해야 한다는 내용을 덴마크 선교사들에게 설명한 바 있었다. 이러한 방식으로 희생 제물을 바치면 신 호라갈레스는 이들을 이전보다 더 건장한 모습으로 부활시킨다. 라플란드 지역의 호라갈레스는, 『에다』에 실린 그 유명한 이야기에서 죽은 숫염소들의 뼈를 잘 수습한 다음 자신의 주술 망치로 충격을 주어 다시 부활시키는 켈트-게르만족의

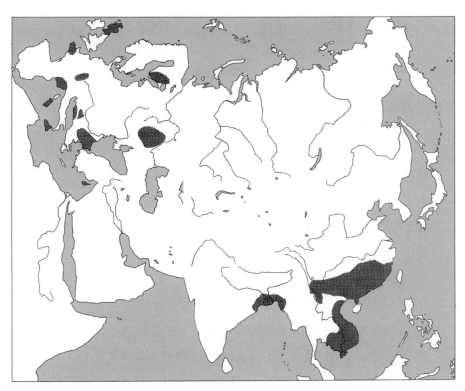

지도 4
뼈를 수습해 묻은 후에 주술 조력자(모친, 대모, 동물)가 되살아나는 '신데렐라' 판본
들의 분포(지도에 표시된 지역).

신 토르에 상응하는 신으로 확인되었다.[132] 계속해서 『에다』에 실린 이 야기에 따르면, 숫염소들 중의 한 마리는 한쪽 다리를 절뚝거린다. 토르 는 이 사실을 알고 부주의하게 동물의 허벅지 뼈를 부러뜨린 농부를 꾸 짖는다. 이와 동일한 이야기가 (기적을 일으키는 자의 이름만 바뀐 채) 알 프스 서부에서 티롤에 이르는 지역들의 여러 전설에서도 되풀이된다. 이러한 이야기는 상당히 간접적이기는 하지만 동물과 인간의 비교적 완 벽한 부활을 보장하기 위해 동원된 방편들을 기술하고 있는 여러 문화 권의 신화와 의식에서 유사하게 반복된다. 셈족의 지역에서 십자가에 처형된 예수(「요한복음」 19장 36절)와 관련해 반복되는, 부활절 양의 뼈 를 부러뜨리지 말라는 금지(「출애굽기」 12장 46절)는 분명 이러한 민간 신앙과 결부된 것이다.[133] 그 외에도 14세기 말 롬바르디아 지역에서는 오리엔테의 추종자들이 밤의 연회에서 잡아먹은 소의 뼈들을 한곳에 모으고 나머지 잃어버린 뼈들을 딱총나무 가지들로 대신했다. 티롤의 한 영웅 전설에서 산산이 찢긴 후 갈빗대 위치에 오리나무의 가지를 채 워 부활한 소녀는 '오리나무 마녀'로 불렸다. 코카서스의 압하지아인들 은 숲의 신 아다그와Adagwa가 야생 짐승을 잡아먹으면서 뼈를 삼킨 것 을 알게 되면 이것을 나뭇조각으로 대체해놓는다고 전한다. 시베리아의 라프족은 사냥으로 잡은 동물의 뼈가 사라지면 이를 잡아먹은 개의 뼈 로 대신한다. 일본 열도의 북부에 위치한 섬들에 사는 아이누족은 만약 곰이 인간을 잡아먹었다면 곰들의 우두머리로 하여금 뼈들을 핥아 부 활시키도록 강제했고, 곰이 인간의 새끼손가락 뼈를 먹었다면 나뭇가 지로 대체하도록 했다.[134] 문화적으로는 이질적이지만 형태적으로는 일 관성을 가지는 이러한 일련의 이야기들에는 뼈의 수습과 뒤이은 부활의 이야기가 담긴 신데렐라 동화의 두 가지 스코틀랜드 판본도 포함된다.

두 판본 모두에서 부활한 동물인 암컷 양과 새끼 양은 다리를 절뚝거렸다. 첫번째 판본에서 여주인공은 발굽을 수습하는 것을 잊어버렸고 두번째 판본에서는 뒷다리 정강이뼈 중 하나가 사라졌다.

토르의 숫염소와의 유사성은 분명하게 드러난다.[135] 그러나 절뚝거리는 동물에 대한 켈트족 판본은 이미 살펴보았듯이, 좀더 방대한 신화적, 의식적 맥락에 맞게 변화했다. 이는 13세기 초 틸버리의 거베이스 Gervasio di Tilbury가 기술한 것처럼, 늑대인간은 다리 한쪽이 절단될 경우 즉시 인간의 모습을 회복한다는 믿음을 일반화할 수 있게 해준다.[136] 지하 세계로 가거나 돌아온 자는 (인간이든 동물이든 그 혼종이든) 비대칭의 표식을 가지고 있었다. 우리는 지금까지 재구성한 이야기를 통해서 부활한 동물의 절뚝거림과 신데렐라가 신발을 잃어버린 것 간의 상징적인 등가를 확인할 수 있다. 조력자들(동물, 대모-요정, 또는 친모)과 도움을 받는 자 사이에는 숨겨진 상응 관계가 존재한다.[137] 신데렐라 역시 (토르, 성 제르마노, 오리엔테처럼) '동물들의 귀부인'의 부활로 간주될 수 있다.[138] 뼈들에 대한 신데렐라의 자비로운 행동(뼈를 묻어주고 물을 뿌려주는 것)은 토르의 망치나 오리엔테의 지팡이의 주술과 비슷한 효력을 가진다. 조금은 축소된 형태로 부활이라는 주제를 다루고 있는 (크로아티아 서남부에 위치한 도시인) 스플리트의 우화에서는 그 유사성이 더욱 강조된다. 즉, 막내딸이 죽은 모친의 뼈들을 감싼 손수건을 지팡이로 건드려 이들에 목소리를 되찾아준다.[139]

신데렐라 줄거리의 핵심인 여성의 아담한 발에 대한 예찬은 어린 나이 때부터 발을 심하게 조여 변형을 유도하는 중국 상류층의 전족과 연결되어 있다. 이것은 개연성 있는 추측이다.[140] 한편 현존하는 가장 오래된 신데렐라 판본은 학식이 높은 신하인 단성식段成式(800~863)이 중국 남부 출신의 한 노예로부터 전해 듣고 기록한 것이다. 여주인공 엽한葉限은 계모가 죽인 기적의 물고기 뼈들을 수습한 후에 금으로 만든 샌들 한 켤레와 물총새 깃털로 만든 의복을 얻어 축제에 참석해 왕을 만난다. 중국 남부 토착민들 사이에서 그다지 일반적이지 않았음 직한 샌들은 오히려 샤먼들 의복의 가장 전형적인 요소였다. 여주인공에게 붙은 별명인 '천상의 존재처럼 아름다운 여성'과 그녀가 동굴축제에 가기 위해 입은 물총새 깃털 의상은, 아마도 아시아 북부 지역에서 유래했을 샤머니즘적 성격의 백조-소녀 동화를 암시할 것이다.[141] 이러한 조심스런 가설들은 우리가 밝혀낸 핵심적인 주술에 근접해 있기에 더욱 큰 설득력을 가진다. 물론 여주인공과 친모, 계모, 의붓자매들, 미래의 신랑감 등의 관계는 이 연구에서 다루지 않는다. 하지만 우리는 신데렐라 이야기를 오이디푸스 신화를 중심으로 설정한 가설로 확대해야 할 듯하다. 즉, 가족 관계에 얽힌 긴장 묘사는 이미 아주 오래전에 주술 우화 서사의 핵심에 접목되어 있었던 것이다.[142] 『신데렐라』와 우화 『당나귀 가죽Pelle d'asino』의 줄거리가 유사하다는 사실을 통해 알 수 있듯이, 이 같은 접목이 전적으로 근거가 없는 것은 아니다.[143] 두 우화의 여주인공들은 굴욕적이고 힘든 노동에 시달릴 수밖에 없었다. 『신데렐라』의 여주인공은 계모에게 학대를 받았기 때문이고, 『당나귀 가죽』의 여주인공은 아버지가 딸을 지나치게 사랑한 나머지 끈질기게 결혼을 종용하자 동물로 변장한 후 집에서 탈출했기 때문이다. 두 우화의 유사한 시작 부분은 부분적으로 포개질 수 있다. 이를테면 『당나귀 가죽』의 러시아 판본에서 여주인공이 자신의 몸을 감싼 동물 가죽(이 판본에서는 돼지가죽)을 벗어 던지고 구두를 잃어버렸던 왕궁으로 달려갔다는 등의 줄거리가 그러하다.[144] 그런데 『당나귀 가죽』의 시작 부분은, 정반대의 형태로 오이디푸스 신화의 서사를 재현한다. 『당나귀 가죽』에서는 아무것도 모른 채 어머니와 혼인하는 아들 대신, 계획적으로 딸과 결혼하려는 아버지가 등장한다. 후자의 주제는 『당나귀 가죽』과 『신데렐라』와 형태적으로 관련된 다른 플롯에서도 축소된 형태로 이어진다. 즉 아버지는 그의 딸들 중에서 누가 자신을 더 사랑하는지 확인하기 위해 경쟁을 부추긴다(이는 『리어 왕King Lear』의 우화적 핵심이기도 하다).[145]

22

오이디푸스의 절뚝거림에서 신데렐라의 작은 신발에 이르기까지 전진과 후퇴로 가득한 우여곡절 많은 여정은 형식적 유사성에 따라 전개된다. 무척 다양한 맥락 속에서 유래한 신화와 의식 들을 서로 연결시켜주는 근본적인 유사성을 재구성함으로써 연구 과정에서 도저히 설명될 수 없고 극히 예외적인 것처럼 보이던 특징들이 의미 있는 것으로 전환되었다. 이를테면 리보니아 늑대인간들의 무리를 이끄는 절름발이 소년, 오리엔테에 의해 되살아난 동물들이 그것이다. 하지만 이러한 신화와 의식의 복잡한 맥락 속에서 어떤 지리적인 구분을 하자면, 대략적이나마 우리는 대비되는 윤곽을 그려볼 수 있다. 반인 또는 죽은 동물을 부활시키기 위한 뼈의 수습 같은 주제는 유라시아, 북아메리카, 그리고 아프리카 대륙에서 목격된다. 반면 부족한 뼈를 나무나 다른 뼈로 대체하는 다른 형태의 주제는 아프리카 대륙에서는 거의 찾아볼 수 없다.[146] 신데렐라 이야기가 얼마나 확산되었는가에 대한 분석도 마찬가지의 결론에 도달한다. 이 우화의 수많은 유사 판본들은 영국에서 중국까지 아우르는 여러 지역에서 발견되며, 지중해 남부 해안들과 이집트와 모로

코에 이르는 지역들에서는 주요한 부가적 이야기들이 발견된다. 이 이야기들은 어쩌면 북아메리카에 도달했을지도 모르지만 아프리카 대륙 내부로는 전해지지 않았다. 아프리카에 극소수의 예외가 존재하는 것은, 추정하건대 근래 유럽 문화와의 접촉에 의한 결과일 것이다.[147] 아프리카 대륙은 아직 언급되지 않은 또 다른 현상에서도 제외된 것으로 보이는데, 그것은 희생된 동물(특히 숫양)의 견갑골을 가지고 점을 치거나 예언을 하는 것이다. 이런 현상은 동쪽으로는 베링 해협, 서쪽으로는 영국의 섬들, 남쪽으로는 북아프리카를 둘러싼 지역들에서 발견된다.[148]

동화(신데렐라), 신화(분실된 뼈), 숫양의 견갑골로 점을 치는 것. 세번째 경우는 중앙아시아, 아마도 몽골 지역에서 유래된 것으로 보인다.[149] 첫번째와 두번째는 어쩌면 좀더 북쪽 지역에서 유래했을지도 모른다. 그러나 이토록 확산되었고 내적으로 연결된 문화적 특징들이 아프리카 대륙에서 발견되지 않은 것이 우연일 리는 없다. 우리는 이것이 유라시아와 (좀더 축소된 형태로) 북아메리카에서 발견된 샤머니즘 현상이 아프리카의 같은 지역에서 역시나 발견되지 않았다는 점과 관련 있다고 생각한다. 실제로 아프리카 대륙에서는 빙의 현상이 발견되는데, 이는 샤먼의 영혼이 사후 세계를 여행할 때 수반되는 탈혼 상태와는 다르다. 샤먼은 영혼들을 지배하고, 빙의된 자는 영혼들의 힘에 휘둘리며 지배를 받는다.[150] 우리는 이러한 극단적인 대조의 이면에서 상당히 오래된 것으로 추정되는 문화적 차이를 목격한다.

23

죽은 동물의 뼈 수습에 근거하는 신화와 의식은, 엄격한 의미의 샤머니즘 현상이 나타나지 않는 문화권에도 존재한다. 하지만 이것은 샤먼이 자신의 소명을 수용할 때 겪는 마음의 고통스런 여정을 모방한 것처럼 보이는데, 몸이 산산조각 나는 경험, 자신의 해골을 응시하는 경험, 새로운 삶으로 다시 태어나는 경험이 그것이다.[151] 유라시아 대륙에서 이러한 경험들은 (독점적이라고는 할 수 없지만) 분명히 샤머니즘적 특징을 가진 요인, 즉 분실된 뼈나 잃어버린 신발을 통해 암시된 사후 세계로부터의 귀환을 포함한다. 이것은 그리스인이 스키타이족의 중재를 통해 중앙아시아의 문화와 접촉한 흔적이다. 아킬레우스를 '스키타이족의 군주'로 지목한 알카이오스의 수수께끼 같은 언급은 이러한 배경하에서 이해될 수 있다.[152] 또 다른 사례는 숫양의 견갑골로 점을 치는 것과 뼈를 통한 부활의 결합이 함께 나타나는 펠롭스의 신화에서 볼 수 있다.[153]

펠롭스는 자신의 아버지 탄탈로스에 의해 살해되어 여러 조각으로 잘려 큰솥에 넣고 끓여진 후에 신들의 전능함을 시험할 목적에 따라 음식으로 제공되었다. 유일하게 함정에 빠진 데메테르는 소년의 어깨 부분을 먹었다. 펠롭스의 육신은 다시 조합되어 부활했지만 (펠롭스의) 어깨 부분은 상아 조각으로 대체되었다. 이것은 부족한 뼈를 나뭇조각이나 다른 뼛조각으로 대체했던 유라시아 신화와 의식과의 유사성을 증명한다.[154]

펠롭스를 기념하여 매년 반복되는 복잡한 의식에서는 검은 숫양이 산제물로 바쳐졌다. 의식은 전차 경주가 열리는 순간에 올림피아에서 거행되었다. 사실 또 다른 신화에 따르면 펠롭스는 전차 경주에서 미래의 장인인 오이노마오스를 물리치고 급기야 죽게 만든 후에 신부인 히포다메이아와 혼인한다. 앞으로 언급하겠지만, 신이 예견한 미래의 장인의 죽음은 펠롭스의 신화 역시 오이디푸스 신화에 상응하는 일련의 유사 신화들 중 하나에 해당한다는 사실을 암시한다.[155] 그의 모습은 적어도 겉으로는 오이디푸스, 이아손 또는 페르세우스와 같은 운명을 가진 영웅들의 예외적인 특징을 가지고 있지 않은 것처럼 보인다. 하지만 실제로, 절단되어 살해된 희생물이 네발짐승일 경우에는 견갑골의 결핍은 절뚝거림을 암시하게 된다. 펠롭스와 올림피아에서 그를 기려 제물로 바친 숫양 사이에는 분명한 등가 관계가 존재한다.[156]

24

그리스인들은 두 가지의 유사한 신화, 즉 탄탈로스의 신화와 리카온의 신화에 대해 알고 있었다. 두 경우 모두에서 인간들은 속임수를 써서 자식의 시신을 때로는 다른 짐승의 고기와 섞어서 신들에게 제물로 바쳤다. 물론 두 경우 모두에서 신들은 속임수를 알아차리고, 죄인을 벌한 후 훼손된 인간 제물을 소생시킨다. 인간들과 신들이 식사를 공유한다는 것은 식인 풍습과 함께, 이와 대조적으로 제3의 신화, 즉 산 제물을 바친 프로메테우스를 생각나게 한다.[157] 헤시오도스Hesiodos의 『신통기Teogonia』(535~61행)에 기록된 것처럼 여기에도 겉으로만 성공한 것처럼 보이는 속임수가 있다. 프로메테우스는 제물로 결정된 거대한 소를 두 토막으로 나눈다. 고기와 내장은 인간들을 위한 것으로 삼고, 뼈는 신들을 위한 것으로서 제단에서 태우고자 한 것이다. 제우스는 먹음직스러운 살코기가 붙어 있는 뼈들을 보면서 속임수에 넘어간 척 연기한다. 이 경쟁은 불의 에피소드, 즉 프로메테우스가 인간에게 주기 위해 불을 훔치는 에피소드로 이어지고, 제우스는 가장 아름답지만 불길한 운명을 지닌 판도라를 지상으로 내려보내 복수를 하며, 코카서스의 바위에 묶인 프로메테우스의 간을 독수리가 쪼아 먹는 형벌(오직 헤라클레스만이 제우스의 동의를 얻어 프로메테우스를 이 끔찍한 고통으로부터 해방시킬 수 있다)로 마무리된다.[158]

프로메테우스가 제우스에게 제안했던 제물의 분할이 역사적으로 라플란드 지역, 시베리아 또는 코카서스의—죽은 짐승들의 뼈를 신들에게 바쳐 부활시키려는—(종교)의식들로부터 유래했을지 모른다는 가능성은 오래전부터 제기되었다.[159] 이를 좀더 신빙성 있어 보이게 하려면 프로메테우스에 관한 그리스 신화들과 아미라니에 대한, 특히 조지아 지역의 신화들 사이의 관계를 들추어볼 필요가 있다. 이미 살펴보았듯이 이를 근거로 기원전 2000년 무렵에 인도유럽어권 주민들과 코카서스어권 주민들이 빈번하게 접촉했다고 추정해볼 수 있다.[160] 하지만 이러한 가상의 접촉은 그보다 훨씬 가까운 시기에 다시 활성화되었을 가능성이 높다. 방대한 고고학 사료들은 기원전 7~4세기에 스키타이족이 코카서스 지역을 관통했음을 증명한다. 스키타이족은 조지아 중서부 지역과 압하지아인들의 거주 지역, 그리고 오늘날에도 이란어를 사용하는 오세트족이 거주하는 지역들로 이주한 것이다.[161] 만약 영웅 아미라니에 대한 전설들(정확하게 위 지역들로 전승되었다)과 프로메테우스에 대한 일련의 전설들의 비교를 산제물 관습에 대한 신화들로까지 확대한다면, 코카서스족과 스키타이족과 그리스인들의 문화적 밀접성은 훨씬 가까운 것으로 밝혀질 수 있을 것이며, 그리스의 정교한 이야기의 독창성은 훨씬 더 의미 있는 것으로 밝혀질 것이다.[162]

그런데 헤시오도스의 이야기에서 드러나는 무언가가 있다. 『신통기』에 기술된 프로메테우스와 제우스의 불화는 일반적으로 그리스의 산제물 의식을 가리키는 것으로 당연시되었다. 그럼에도 신화와 실제 의식은 결코 완벽하게 상응하지 않는다. 헤시오도스는 산제물에서 중요한 부분을 차지하는 내장splanchna에 대해서는 아무런 언급 없이 뼈와 살을 대치시켜 표현한다.[163] 그 외에도 "살과 지방이 풍부한 내장enkata을 〔……〕 소의 배 속에" 숨겼다가 후에 "이들을 가죽에 담아 내놓은"[164] 프로메테우스의 행동은 산제물 의식, 적어도 그리스의 산제물 의식과 전혀 부합하지 않는다. 하지만 스키타이족의 산제물 의식을 비교 기준으로 삼을 경우 예상치 못한 일치점을 찾을 수 있다. 헤로도토스(『역사』 제4권 61연)에 따르면, 스키타이족은 소(또는 다른 짐승)의 "배 속에 모든 살을 넣은" 후에 물에 넣어 끓였다.[165] 이것은 스키타이족과 중앙아시아 목축 유목민이 문화적으로 상당히 가까운 상태였다는 사실을 말해준다. 부랴트족 역시 동물들을 요리할 때 가죽 속에 물과 뜨거운 돌을 넣어 요리하는 관습을 가지고 있었다.[166]

이처럼 전혀 다른 두 개의 텍스트가 존재한다. 헤시오도스의 이야기는 그리스의 산제물 의식의 토대를 설명해준다. 헤로도토스는 오늘날 이른바 민족지학적이라고 부르는 관점에서 외부 종족들, 심지어는 유목민들의 산제물 의식에 대해 이야기한다. 후자의 경우, 전자와 마찬가지로 그리스의 산제물 의식이 때로는 의식적인, 때로는 무의식적인 비교 기준을 지속적으로 제공한다. 헤로도토스는 여러 가능한 산제물 중에서 소를 선택했는데 이것은 스키타이족의 관행을 적극적으로 드러내기 위한 것이었다.[167] 그러나 스키타이족이 제물의 고기를 다루는 기술은, 그리스의 산제물 의식에서는 관련 내용을 전혀 발견할 수 없기 때문에, 헤로도토스가 추정한 것으로 볼 수는 없다.[168] 한편, 헤시오도스가 이러한 이야기를 기술한 목적은 헤로도토스의 그것과 정확하게 일치하지 않는다.[169] 따라서 다음과 같은 결론이 불가피하다. 헤시오도스의 시대로 계승된 전통은 스키타이족의 산제물 의식에 대한 기억을 포함하지만, 프로메테우스와 제우스의 경쟁을 통해 그리스 산제물 의식의 결정적인 새로움을 드러내기 위해 신화적으로 재포장되었다.

25

산제물 의식은 한편으로는 인간과 신을, 다른 한편으로는 인간과 짐승을 명확하고 불가역적으로 구분했다. 산제물 의식을 중심으로 형성된 도시의 종교는 각각 피타고라스 추종자들과 디오니소스 추종자들이 옹호하는 급진적 형태의 종교성에 나타난, 이 같은 구분의 양 측면에 대한 이중적인 논쟁을 야기했다. 피타고라스의 추종자들은 때로는 단호하게, 때로는 융통성을 발휘하면서 인간이 신에게 다가가는 데 필요한 완벽함을 저해하는 육류 소비를 비판했다. 반면 디오니소스의 추종자들은 살아 있는 동물을 여러 조각으로 자른 후에 날것으로 먹는 잔인한 관습을 통해 인간과 동물의 거리감을 극복하려고 했다.[170] 익힌 고기에 대한 선호(프로메테우스는 인간들에게 불을 선물한 자이기도 하다)에 상응하는 산제물 의식의 신화에서, 비록 전혀 다른 맥락에서 삽입된 것이기는 하지만, 중앙아시아의 유목민들이 거행하던 산제물 의식의 흔적이 발견된다. 유사하게 다듬어진 두 이야기는 고기를 거부하든 불에 익히기를 거부하든 전통적인 산제물 의식에 반대하는 사람들에게서 부분적으로 수렴하는 방식으로 존재하는 것일지도 모른다.

두 입장의 공통분모는, 한편으로는 디오니소스 의식들에 대한 기록에 오르페우스Orpheus가 등장한다는 것, 다른 한편으로는 디오니소스가 이른바 오르페우스교 서적들에서 중요한 비중을 차지한다는 것으로 설명된다. 오르페우스교파는 결코 존재하지 않았다. 다만 이미 기원전 6세기부터 여러 인물들이 오르페우스의 이름과 명성으로 위장하고 쓴 거짓 비문 유형의 시들이 존재하고 있었다.[171] 이러한 시들 중 하나는 주로 그리스계 기독교 저자들(알렉산드리아의 클레멘테Clemente d'Alessandria)과 라틴계 기독교 저자들(피르미쿠스 마테르누스Firmicus Maternus, 아르노비우스Arnobius)의 후기 증언들을 통해 알려진 신화를 언급하고 있었다. 신화의 주제는 티탄족의 손에 어린 디오니소스(때로는 크레타 출신의 신화적인 사냥꾼인 자그레우스Zagreus로 확인되었다)가 살해된 것이었다. 얼굴에 온통 회칠을 한 티탄족은 팽이, 주사위, 거울 그리고 다른 장난감 들로 디오니소스의 주의를 분산시킨 후, 그를 살해하여 여러 조각으로 잘라 큰솥에 넣고 끓인 다음 꼬챙이에 끼워 불에 구웠다. 그들의 이러한 행동은 제우스가 알게 될 때까지 계속되었다. 디오니소스가 티탄족에게 잡아먹혔다는 이야기로는 몇 가지 판본이 더 있다. 다른 판본들에 따르면 디오니소스가 아테나의 도살자가 꺼내준 심장이나 데메테르 또는 레아가 다시 맞추어준 사지를 통해 부활했다고 한다.[172]

여성 주술사 메데이아는 이아손의 젊음을 되찾아주고, 왕위를 찬탈한 그의 삼촌 펠리아스를 함정에 빠뜨려 죽이기 위해 사지를 절단하여 물이 끓는 큰솥에 넣는다.[173] 사지 절단, 물에 넣어 끓이기, 사지의 재구성 그리고 부활은 앞으로 살펴보겠지만, 펠롭스의 이야기에서도 그대로 반복된다. 그리고 데모폰과 아킬레우스는 불멸의 삶을 위한 의식에 따라 불 속에 던져지지만 실패한다. 이러한 신화들과 디오니소스의 살해에 대한 신화들 사이에 존재하는 유사성은 입회의식의 공통적인 요인으로 거슬러 올라간다.[174] 이러한 해석은 (그 순서는 반대지만) 전통적인 그리스 산제물에 대한 명시적 참조(이미 의사pseudo-아리스토텔레스적 문제로 언급되었다)가 내포된 신화의 산제물 의식을 간과한다는 비판을 받아왔다. 사실 디오니소스는 먼저 물에 끓여진 후 불에 구워졌던 반면, 산제물 의식에서 사람들은 먼저 꼬챙이에 끼워진 희생자의 내장을 먹고 나서 물에 끓인 고기를 먹었다.[175] 그러나 이상의 두 가지 해석이 반드시 양립하지 않는 것은 아니다. 즉, 디오니소스의 경우 산제물 의식은 부활로 이어졌기 때문에 입회의식의 과정을 상징할 수 있다. 이미 언급했듯이, 몇 가지 판본의 신화에서 부활은 희생자의 심장을 끄집어내면서 실현되었고, 다른 판본들에서는 사지를 재구성하면서 가능했다.[176] 후자의 경우, 신화 속에서 디오니소스의 육신이 절단되었을 뿐만 아니라 두 번에 걸쳐 익혀졌으며 심지어는 음식으로 소비되기까지 한 것을 볼 때, 뼈의 수습과 재구성에 대한 암시가 내포되어 있다고 할 수 있다.[177]

살해-사지 절단-물에 끓이기-불에 굽기-뼈의 재구성-부활이라는 일련의 과정에서, 디오니소스에 관한 오르페우스교적 신화가 유라시아의 신화와 의식에 영향을 주었을지 모른다는 주장은 단지 가설일 뿐이다. 좀더 정확히 말하면 수많은 가설들의 총합이라 할 것이다. 하지만 우리는 디오니소스의 성소가 기원전 6세기까지 흑해 부근의 그리스 식민지인 올비아, 즉 스키타이족이 살던 지역 인근에 있었다는 사실을 알고 있다. 헤로도토스(『역사』 제4권 78~80연)는 이러한 지리적, 문화적 접촉이 촉발한 수용과 거부를 잘 보여주는 이야기를 기술했다. 스킬라스는 유목민인 스키타이족의 왕이지만 그리스어를 구사하는 모친의 영향으로, 오랜 기간 종적을 감춘 채 몰래 그리스인들의 의복을 착용하고 그들의 의식을 따르곤 했다. 그는 어떤 의미에서는 디오니소스의 비의祕儀를 따르려고 했다. 정보원을 통해 소식을 들은 스키타이족은 자신들의 왕이 신에 홀려 바쿠스의 디오니소스를 추종하는 무리들과 어울리

면서 올비아의 거리들을 활보하는 것을 보고 격분하여 그에게 반기를 들었다. "사람들을 미치게 만드는 신을 상상하는 것은 어리석기 그지없는 일이다."[178] 스킬라스가 심취한 숭배의식은 오늘날 알려지지 않았다. 올비아의 디오니소스 성소와 그 주변 지역들에서 발굴된 고고학 유물들 중에는 때로는 한쪽 면이, 때로는 두 면이 다듬어진 뼈로 제작된 손바닥 크기의 사각형 명판들이 많다. 때로는 비문이 포함되어 있기도 하다. 그중에서 기원전 5세기의 것으로 추정되는 명판에는 다음과 같은 기록이 있었다. "삶-죽음-삶|진실|-A-[지그재그 형태의 기호 두 개]-|디오[니소스]-오르피코이."[179] 우리는 이 문구가 의식에 사용되었을 것으로 추정할 뿐 정확하게 무엇인지 알지 못한다. 다만 살해당한 신이 수습되어 재구성된 자신의 뼈들을 통해 부활했다는 디오니소스 신화와 관계가 있다는 주장은 지나치지 않아 보인다.

26

산제물 의식에서 물에 끓이는 것과 불에 굽는 것 사이에 우선순위가 있다는 의사-아리스토텔레스적인 문제는 디오니소스의 살해에 대한 신화를 노래한, 오르페우스에게 바쳐진 시의 제목 「입회의 의식(들) Rito(Riti) d'iniziazione(Teletē, Teletai)」에서도 언급되고 있다.[180] 이 신화에 입회의식의 핵심적인 내용이 존재한다는 것은 분명하다.[181] 피타고라스 또는 디오니소스의 추종자들은 입회자들에게 개별적인 금욕주의 모델들을 제시했다. 그 모델들은 확실히 매우 다양했지만 도시의 종교라는 완전히 공적인 차원과는 무관하다는 공통점을 지녔다. 헬레니즘 시대에 이러한 종교적 경험의 형태들을 알레고리적 의미로 해석하려는 충동과 함께 그에 대한 관심이 강화되었다. 플루타르코스는 티탄족이 디오니소스를 살해한 내용의 신화가 '재탄생의 신화*eis tēn palingbenesian*,' 그리고 내적 혁신을 추구하는 신화라고 기술했다.[182] 결국 신화와, 그리고 이에 동반된 의식은 디오니소스 추종자들에게 자신들이 따르는 신의 죽음과 부활을 확인할 수 있는 가능성을 제공하고 있었다.

이러한 신화-의식의 복합체는 샤머니즘적인 입회의식을 반영했을 것이다. 그리스인들은 이 현상을 올비아에서, 그리고 보다 일반적으로는 스키타이족과의 관계를 통해 접할 수 있었다.[183] 디오니소스의 부활에 대한 신화가 뼈의 수습과 관련한 유라시아의 의식에 영향을 주었을 가능성은 이러한 가설의 신빙성을 더욱 높여준다. 물론 그 관계는 일어나기 힘든 것이었다. 디오니소스의 비의를 따르고자 했던 왕 스킬라스에 대해 신하들이 느낀 분노는 낯선 관습들에 대한 스키타이족의 배타적인 태도를 확실히 자극하고 있었다(이에 대해서는 다른 사례들도 존재한다).[184] 게다가 헤로도토스가 기록한 비난의 표현, 즉 "사람들을 미치게 만드는 신을 상상하는 것은 어리석기 그지없는 일이다"는 스키타이족이 어느 정도는 알고 있었던 샤머니즘적인 탈혼 상태와 디오니소스적 빙의 사이에 거리감이 있음을 알려준다.[185] 하지만 프로콘네소스의 아리스테아스 같은 인물은 그리스-스키타이의 종교적 접촉이 가능했음을 분명하게 밝혀준다.[186]

대개 이러한 샤머니즘적인 인물들은 이페르보레아족의 땅처럼 먼 지역이나 트라키아 같은 원시적인 지역들에서 유래했다. 그럼에도, 사후세계로 인도하는 길과 동물들의 언어를 알고 있던 트라키아의 음악가 오르페우스의 경우는 샤머니즘적인 인물과 주제 들이 일단 그리스 지역에 소개된 이후 완전히 다른 특징들로 발전했음을 보여준다.[187] 플라톤 시대에 순회 성직자들과 선지자들은 산제물 의식이 어떻게 거행되는

지 설명하고 있는 유명한 오르페우스교 서적들을 읽기 시작했다. 사제들에게 맡겨졌던 구전 전통의 환경에 문자가 본격적으로 영향을 미치기 시작한 것이다.[188]

27

6세기에 등장한 종교운동들과 종교-철학적 성격의 집단들은, 경우에 따라 추종자들에게 금욕주의 모델이나 신비적 쾌락 모델을 제시했다. 디오니소스처럼 지하 세계와 밀접한 관련이 있는 고대의 신에 부여된 새로운 중요성은 호메로스 시대의 신들이 죽음을 거부한 것과 상충되었다. 어쩌면 이러한 근본적인 변화는 사후 세계를 전문적으로 중재하는 인물을 내포하는 문화들과의 접촉에 의해 촉진되었을지도 모른다.[189] 하지만 이러한 접촉의 흔적은 미미할 뿐만 아니라 거의 남아 있지 않다. 그리스 문명에 존재하는 변화된 샤머니즘적 요인들은 거의 밖으로 드러나지 않는 현상들에서 찾아야 할 것이다. 이러한 현상들 중에서 가장 대표적인 것은 신화와 의식에 나타난 비대칭 보행이다. 비대칭 보행을 통해, '절뚝거리는' 신의 이름(디오니소스 스팔레오타스), 또는 전통에 따르면 황금 넓적다리를 가진 철학자-주술사의 이름(피타고라스)에서 산제물 의식에 근거하는—혹은 반대하는—그리스 신화의 주인공들을 확인하는 것은 의미심장한 일이다.[190]

하지만 신화에 따르면 산제물 의식을 만들었다는 프로메테우스는 비틀거리지도 황금 넓적다리를 가지고 있지도 않았고, 더구나 절름발이도 아니었다. 이것은 사실이다. 하지만 다리가 비틀린 대장장이 신 헤파이스토스와 불의 신 프로메테우스 사이에는 호환된다고 할 정도로 긴밀한 관계가 존재한다. 누군가는 헤파이스토스가 프로메테우스를 추방하고 올림푸스산에 정착했다고 주장했다(반면 그 반대의 가설도 존재한다).[191] 헤파이스토스의 신체적 비대칭은 프로메테우스의 이미지에서 거의 지워졌거나 잠재된 특징을 다시금 분명하게 드러낸 것이었을까? 일견 그럴듯해 보이는 이 가설을 지지하기 위해서는 전혀 예상치 못한 비교를 시도해볼 필요가 있다.

반세기 전 코카서스의 스반Svani족으로부터 수집된 전설에 따르면 (이미 언급한 바와 같이 프로메테우스의 그것과 상당히 유사한) 아미라니의 행적에 대한 조금은 이례적인 판본이 존재한다. 어느 시점에 이르러 아미라니는 자신이 불을 가지고 있지 않다는 사실을 깨닫게 된다. 그는 반경 수 킬로미터 이내에 지하 세계의 악마들(절름발이 한 명을 포함한 아홉 명의 형제들)이 유일하게 불을 가지고 있다는 사실을 알게 된다. 아미라니는 그들의 집에 들어가 절름발이를 제외한 다른 형제들을 폭력으로 제압한 후에 불을 가지고 돌아온다. 코카서스 신화에서 절름발이가 드물다는 사실은 절름발이 신인 헤파이스토스의 대장간에서 불을 훔친 프로메테우스 신화와의 비교를 제안한다. 이토록 정확하고 구체적인 일치는, 코카서스의 아미라니 전설과 그리스의 프로메테우스 전설 사이의 일반적인 관계를 특징짓는 추상의 수위와 대비된다. 따라서 a) 절도에 의해 피해를 입은 두 명의 절뚝거림은 분명히 전이에 의한 것이었고, b) 전이의 방향은 필연적으로 그리스에서 코카서스로 향했다.[192]

두 결론 모두 논쟁의 여지가 있다. 조지아 신화의 주인공이 다리가 비틀린 샤먼이었다거나 또는 아홉 명의 악마 형제(한 명은 절름발이)에 대한 신화가 최면 상태에 빠진 샤먼들에 의해 밝혀졌다는 것을 알게 되었을 때, 우리는 절뚝거림이 코카서스 주민들의 신화에서 지금까지 재구성된 것들과 다르지 않은 중요성과 의미를 가질 것이라고 생각하게 된다.[193] 만약 절뚝거림을 좀더 넓은 의미의 비대칭 영역 안에 포함할 수 있다면 아미라니도 그 안에 포함될 것이다. 스반족의 전설에 따르면, 용은 불을 훔친 아미라니를 즉시 잡아먹고 지하 깊은 곳으로 들어가버린다. 간신히 용의 배 속에서 빠져나오는 데 성공한 아미라니는 수많은 모험 끝에 독수리를 만난다. 열두 쌍의 소와 그만큼에 해당하는 빵을 대가로 자신을 지상으로 데려다 달라는 아미라니의 제안을 받아들인 독수리는 고기와 빵을 먹으면서 지하 세계의 모든 구역을 벗어나기 위해 선회비행을 시작한다. 아미라니는 아직 두 구역이 남은 시점에서 독수리에게 줄 음식이 동났다는 사실을 알게 된다. 그러자 그는 "자신의 몸에서 살점 한 조각을 잘라내 독수리의 입에 넣어준다. 독수리는 이전에 먹은 것들보다 훨씬 맛있다는 사실에 고무되어 한 번도 쉬지 않고 비행하여 지상에 도달한다. 아미라니가 내리자 독수리는 그에게 자신의 깃털 하나를 주면서 상처에 문지르도록 한다. 그러자 상처는 곧바로 치유된다."[194] 코카서스의 전설은 아미라니가 자신의 살을 스스로 도려낸 것에 대해 별다른 언급을 하지 않는다. 이에 대해 더 알기 위해서는 약 20년 전에 기록으로 남겨진 만토바의 우화 『스바딜론*Sbadilon*』을 참고해야 한다.[195]

스바딜론은 어깨에 삽을 메고 두 명의 친구와 함께 세상을 돌아다니는 육체노동자다. 온갖 모험 끝에 그들은 공주가 납치된 한 나라를 지난다. 그들은 초원에서 묘비를 보게 된다. 스바딜론은 두 손가락으로 그 묘비를 들어내고 그 속의 구멍으로 줄을 내려 땅 밑으로 내려간다. 지하 세계에 도착한 그는 삽으로 다섯 명의 주술사를 죽이고 공주를 발견한다. 공주는 감사의 표시로 그에게 결혼을 약속한다. 스바딜론은 두 친구에게 공주를 지상으로 끌어올리게 한다. 그러나 그가 뒤따라 지상으로 올라가는 도중에 친구들은 밧줄을 끊어버리고 공주를 데려간다. "배신당한 스바딜론이 지하 세계로 떨어지자, 다른 문이 열리고 그곳에서 독수리 한 마리가 나왔다. '오! 젊은이 여기서 뭐하는가?' 스바딜론은 자신이 공주를 구했다는 이야기를 하면서 '어떻게 지상으로 올라가죠?'라고 묻는다. 독수리는 '젊은이, 만약 자네가 고기를 가지고 있다면 지상으로 데려다주지'라고 말한다. '물론 있고말고요! 주술사의 고기를 좋아하나요?' 독수리는 '물론이지'라고 답한다. 이렇게 해서 스바딜론은 주술사 두 명의 시신을 어깨에 메고 독수리 등에 올라탄다. '내가 너에게 고기 한 조각을 달라고 하면 고기 한 조각을 다오.' 이후 독수리는 계속해서 '고기 한 조각을 다오, 고기 한 조각을 다오'라고 말한다. 그런데 지상에 거의 도착했을 무렵에는 더 이상 고기가 남아 있지 않았다. 독수리가 '고기 한 조각을 다오'라고 하자, 그는 '더 이상 고기가 없어요'라고 말하는 대신 자신의 발뒤꿈치를 잘라내어 주었다. 이렇게 해서 그는 지상에 도착한다. 지상에 도착하여 그가 '여기 발뒤꿈치가 잘려 나갔어요'라고 말하자, 독수리는 '침착해라, 침착해. 내게 뒤꿈치를 자라게 하는 약이 있다'라고 말한다. 그리고 독수리가―이거 정말 우화잖아?!―병에 들어 있는 내용물을 발라주자 거짓말처럼 뒤꿈치가 다시 자랐다. 그는 독수리와 인사를 나누고……"[196]

28

만토바 외곽 지역인 체솔레에 거주하는 이야기꾼은 굉장한 사건에 대해 이야기하던 것을 잠시 끊고 "이거 정말 우화잖아?!"라고 말했다.[197] 하지만 그는 거의 40년 전에 다른 이야기꾼이 1000년 이상의 오래된 양식을 따라 수천 킬로미터 떨어진 코카서스 산악 지역에서 있었던 동일한 기적을 동일한 어휘들로 이야기한 것을 알지 못했다. 우리는 이러한 이야기들이 특이하지만 견고한 논리에 근거한 것이며 우화인 점을 고려할 때 구체적으로 언급되지 않은 아미라니의 절단된 부위를 스바딜론의 잘려 나간 뒤꿈치로 대신할 수 있다.[197 bis]

　두 에피소드의 본질적 정체성은 프로메테우스라는 매개를 포함하지 않았기에 더욱 놀랍다. 프로메테우스가 지하 세계로 내려간 후에 자신의 뒤꿈치를 잘라내 먹이로 주면서 독수리의 등을 타고 지상으로 올라왔다는 신화의 존재는, 그리스 신화에서 독수리가 항상 부정적인 기능을 했다는 사실을 고려할 때(반면 코카서스에서는 독수리가 그 반대의 기능을 했다) 연역적으로 있음 직하지 않다.[198] 세대를 거치면서 코카서스와 파다나 평원 사이의 지역들에서 수많은 언어로 된 동일한 이야기를 또는 다른 수많은 이야기들에 끼워 넣어진 동일한 에피소드들을 이야기해오던 남녀 이야기꾼들은 프로메테우스 신화를 알지 못했다. 설사 알고 있었다고 할지라도 이를 무시했다. 하지만 정체성 차원에서 유질동상의 차원으로 옮겨 간다면 우리의 결론도 바뀐다. 프로메테우스는 오늘날 현존하는 문서들에서는 언급되지 않은 비대칭 보행을 순전히 우연하게 특징으로 가졌을 가능성이 매우 높다. 프로메테우스는 잘려 나간 뒤꿈치 대신에 헤파이스토스처럼 비틀린 다리를 가지고 있었을지도 모른다. 아니면 아미라니처럼 죽은 거인이 묻혀 있는 수정 탑을 무너뜨리는 데 필요한 늑대의 슬개골을 가지고 있었을지도 모른다.[199] 아미라니와 스바딜론의 잘려 나간 뒤꿈치도 만토바의 우화에서는 묘비를 들어 올린 후에 들어가 죽은 자들의 세계로 지하 여행을 하는 자의 표시다. 아미라니는 몇 가지 샤머니즘적인 특징을 가지고 있다.[200] 제우스와 인간을 중재하는 신 프로메테우스의 경우, 이러한 샤머니즘적인 특징은 거의 지워졌다. 하지만 우리가 알고 있는 프로메테우스에 대해서는 좀더 신중할 필요가 있다.

우리의 연구는 아미라니가 절름발이 악마의 머리털을 하나도 건드리지 않고 불을 차지한 코카서스 전설과 프로메테우스가 절름발이 헤파이스토스로부터 불을 훔친 신화의 대칭적인 관계에서 시작되었다. 이것은, 실제로 절도의 희생자이자 주체라는 이중의 대칭, 즉 서로가 마치 거울에 비추어진 관계로 연결되어 있음을 시사한다.[201] 단순히 말해 이것은 동일한 인물에 대한, 두 개씩 쌍을 이룬 네 가지 변수라고 할 수 있을 것이다. 이들 중에서 세 개는 서로 다른 비대칭 보행의 특징을 가진다. 늑대의 슬개골로 된 무릎(아미라니), 절뚝거림(악마), 비틀어진 다리(헤파이스토스). 프로메테우스의 경우는 가설의 수준에 머물 수밖에 없다. 하지만 절름발이들, 특히 일반적으로 비대칭 보행의 특징을 가진 인물들은 표면적인 요소로 간주될 수 없으며 따라서 전이로 간주되어야 한다.[202]

29

우리는 악마의 잔치의 민속학적 근원을 연구하면서, 시베리아 샤먼들의 그것과 유사한 탈혼 상태의 경험(주술 비행과 동물로의 변신)을 가진 남녀들에 대한 일련의 기록과 마주했다. 일부 문화적이고 인종적인 관계가 분명히 있었던 (오늘날 스웨덴에 해당하는) 라플란드 지역과 헝가리의 경우는 제외하더라도, 이러한 현상이 어떻게 유럽에 존재했는지를 설명하기 위해서는 두 가지 전제가 필요했다. 첫번째는 (언어를 제외한) 문화적 친연성을 가진 주민들, 이를테면 처음에는 그리스인과(기원전 7세기), 나중에는 켈트족과(기원전 4세기) 흑해 연안에서 무역을 한 스키타이족 같은 스텝 지역의 유목민들이 만든 관계라는 전제다. 두번째는 스키타이족이 그리스인과 켈트족과 접촉하면서 수백 년, 어쩌면 수천 년 전부터 축적되었던 요인들이 다시 활성화되었다는 전제다. 전자와는 달리 후자의 가설은 관련 문서들에 근거하지 않는다. (증명할 수 없는) 가정의 형태로 이를 다시 제기하는 이유는 샤머니즘적인 특징들이 유럽 대륙을 가로질러 매우 널리 확산되어 이후 악마의 잔치의 전형에 결합된 것이 스키타이족과의 비교적 제한된 접촉에 의한 것이었다고 보기 힘들다는 사실에 근거한다. 기원전 2000년, 흑해와 카스피해 사이에 위치한 지역에서 인도유럽어를 사용하던 주민들과 코카서스어를 사용하던 주민들이 오랜 기간 접촉했으리라는 가설은, 중앙아시아의 (샤머니즘 문화의) 기마인들이 침입했기 때문이라는 근래 유행했던 가설을 대체했다.[203] 하지만 두 경우 모두 가설의 한계를 벗어나지는 못한다.

반면 비대칭 보행에 근거한 신화와 의식 분석을 통해 드러난 유라시아의 통일적인 신화들에 내포된 지하 층위에 대해서는 상당히 많은 증거들이 남아 있다. 우리는 중세 유럽에 집중하여, 신화 속 여왕 페도크 Pédauque의 오리발, '거대한 발 베르타'의 지나치게 큰 발(페르히타의 변형된 형태 중 하나), 시바Sheba 여왕의 물갈퀴 발 또는 당나귀 모양의 발(솔로몬에게 수수께끼를 내는 시바의 여왕은 오이디푸스와 상반된 인물이다), 러시아 바바-자가baba-jaga의 정강이뼈 등이 어떻게 악마의 오리발, 말발굽 또는 절뚝거림으로 대체되었는지 밝혀내는 데 연구를 집중할 것이다(그림 19).[204] 겉으로 보기에 부차적인 것처럼 보이는 특징의 많은 변형들에는 수천 년의 역사가 내포되어 있다.

30

우리는 오랜 연구의 끝자락에서 이러한 특징을 단서로 또다시 동물들을 부활시키는 밤의 여신의 이미지와 마주한다(제2부 1~2장 참조). 마찬가지로 주변적인 여정을 따라갈 때, 우리는 다른 차원에서 야간 전투와 가면 의식 같은 현상들을 목격하게 된다(제2부 3~4장 참조). 우리는 지금까지 의미의 실체적 연관성이 형태의 지속성에 상응한다는 점을 살펴보면서, 신화와 의식의 특징을 상당히 이질적인 맥락에서 분석했다. 그럼 지금부터는 그 반대의 상황, 즉 서로 다른 내용들이 거의 동일한 형태에 상응하는 경우들을 살펴보자. 형태는 왜 유지되었을까?

오늘날 시베리아 서부 지역에 정착한 보굴-오스탸크Voguli-Ostjaki족은 13세기까지 우랄산맥의 경사지에 위치한 페름 주변의 방대한 지역을 차지하고 있었다. 한 신화에 따르면, 오래전 숲에서 돌아온 몇 명의 사냥꾼이 먹을거리를 준비하고 있었다. 그때 이들은 갑자기 한 무리의 적대적인 사람들이 접근하는 것을 목격했다. 사냥꾼들 일부는 아직 익지 않은 고기를 들고 도망쳤다. 남아 있던 사냥꾼들은 큰솥에 고기를 넣고 요리하기 시작했다. 하지만 이들은 고기가 익기 전에 적들의 공격을 받아 코가 부러지고 말았다. 고기를 날로 먹는 자들의 후손인 모스-춤Mos-chum족(즉, 신을 닮은 자들)은 지적이고 친절하며 착한 사람들로 간주되었다. 그리고 고기를 반쯤 익혀 먹는 자들의 후손인 포르-춤Por-chum족은 어리석고 거칠고 사악한 인간들로 묘사되었다. 이들은 각자의 성소와 고유한 숭배의식을 가지고 있으며 동식물은 경우에 따라, 모스Mos(예를 들어 오리 또는 자작나무) 또는 포르Por(예를 들어 곰 또는 낙엽송)로 분류되었다. 모스와 포르는 족외혼의 풍습을 가진 고대 그리스의 두 종족이다. 즉, 이들은 오직 다른 부족의 구성원들하고만 혼인할

수 있다. 신화는 이러한 이중적인 체계와 관련 있는 영웅 형제에 대해서도 언급하고 있다.[205]

지중해 연안에서도 이와 유사한 이야기가 전해진다(오비디우스, 『축제의 노래Fasti』 제2권 361행 이하). 주인공은 로물루스와 레무스 형제다. 파우누스Faunus 신에게는 의식에 따라 몇 마리의 염소가 산제물로 바쳐졌다. 사제들이 버드나무 막대기에 끼운 제물을 준비하는 동안 로물루스와 레무스는 옷을 벗고 다른 젊은이들과 함께 승부를 펼친다. 그때 갑작스럽게 한 목자가 경보를 알린다. 도적 떼가 어린 소들을 도둑질하고 있다는 것이었다. 젊은이들은 무기도 없이 도적들을 추적한다. 레무스는 전리품을 가지고 귀환한 후에 꼬챙이에서 빼낸 고기를 파비우스 무리와 나누어 먹는다. "당연히 이 고기들은 승리자의 몫이다." 그때 실망한 모습으로 돌아온 로물루스는 고기는 없고 뼈만 남은 것ossaque nuda을 보고는 웃으면서, 레무스와 파비우스 무리가 거둔 승리와 자신이 속한 퀸크틸리아 무리의 패배를 안타까워한다. 이러한 먼 과거의 사건을 기념하여 매년 2월 15일에는 로마에서 루페르칼리아 축제가 열렸다. 루페르키 퀸크티알레스luperci Quinctiales와 루페르키 파비아니luperci Fabiani가 팔라티노 언덕 주변 지역을 알몸으로 뛰면서 경쟁한 것이다.

로마의 가장 오래된 몇 가지 전설은 전투에 의해 중단된 산제물 의식에 대해 이야기한다. 그러나 그보다 훨씬 더 유사한 것은 오비디우스 이야기와 도적 카쿠스Cacus 신화다. 카쿠스가 소 떼를 훔치자, 헤라클레스는 이를 되찾아오면서 카쿠스를 죽이고 아라 막시마Ara Massima에서 숭배의식을 거행하고 두 귀족 가문인 포티치아 가문Potitii과 피나리오 가문Pinarii의 대표들에게 산제물 의식을 위임한다. 피나리오 가문의 대표는 늦게 도착했는데, 이때는 이미 모든 제물이 소비되고 없었기 때문에 자신의 후손들과 더불어 숭배의식에서 배제되었다.[206) 그러나 이 모든 것은 보굴-오스탸크족의 신화와 거의 2000년 전에 기록된 루페르칼리아의 기원 신화 간의 그야말로 당혹스러운 유사성을 밝혀주지 않는다.[207) 가축 도둑의 침입으로 중단된 식사(또는 산제물 의식)에 관한 두 이야기가 독자적인 수렴의 결과라는 주장은 받아들이기 어렵다. 그렇다면 이제 두 개의 가설이 남는데, 이는 공동의 모델 또는 전이에 의해 유래되었다는 주장이다.[208) 두 가설 모두 이러한 이야기 구도가 수 세기를 거치면서 오랫동안, 심지어는 수천 년 동안 변화 없이 유지되었음을 암시한다. 각각의 맥락 분석을 통해 어떻게 이것이 가능했는지를 이해할 수 있어야 할 것이다. 우선 기본적으로 중앙아시아와 일치하는 지역에서는 아래와 같은 사실들이 발견된다. a) 이중적인 군주정 또는 이중적인 권력인 경우가 많았고, b) 보통은 '뼈'(부친 계통)와 '살'(모친 계통)로 확인된 두 개의 큰 범주에 따라 친족관계가 분류되었으며, c) 결혼 제도는 모친 쪽 사촌 간의 혼인(누이의 아들이 남동생의 딸과 결혼)을 선호한다는 암시가 매우 빈번했다.[209) 다른 한편, 라치오 지역의 경우 a)는 그 흔적이 남아 있는 반면 b)와 c)는 완전히 사라졌다.[210) 두 신화에서 족외혼의 계층과 살/뼈의 대립은 분리되었다. 보굴-오스탸크족의 신화에서는 첫번째만을, 오비디우스가 기록한 신화에서는 두번째만을 볼 수 있다. 물론 이러한 분리를 라치오 지역에서도 선사시대에는 족외혼이 존재했다는 증거로 간주하는 것은 어리석기 짝이 없는 일이다. 두 신화가 서로 다른 사회에 매우 다른 수준으로 존재하는 이중적인 요소들을 해석한 것으로 보는 게 좀더 그럴듯하다. 구약성서에서도 쌍둥이인 에서와 야곱의 적대 관계는 각각의 후손인 에돔과 이스라엘 간의 관계를 예고하고 정당화한다. 또한 이 경우에도 야곱의 우월함은 음식에 대

한 포기에서 나타난다. 야곱은 에서에게 콩 수프를 주고 장자의 권리를
얻는다(「창세기」 25장 29~34절).

31

대부분의 이원론적 사회는 아시아, 아메리카 대륙, 오스트레일리아
에서 목격된다(아프리카에서는 극히 드물다). 이 사회들의 공통적인 특
징 중 여러 요소들은 보굴-오스탸크족의 건국 신화에서도 나타난다. 혼
인뿐만 아니라 경제적 또는 종교적 교류와 관련한 절반의 족외혼, 모계
혈통, 신화에서 형제나 쌍둥이에게 부여된 중요한 지위, 많은 경우에 서
로 다른 기능을 하는 두 우두머리의 권력 분배, 대립 관계의 쌍으로 인
간과 사물을 구분하는 것, 경쟁과 결속력이 공존하는 절반의 족외혼들
간의 관계가 드러나는 오락이나 경기 등이 그것이다.[211] 이토록 유사한
특징들을 가진 사회의 확산은 다양한 방식으로 해석되었다. 역사적 관
점의 지지자들은 확산이 하나의 구체적 지점(또는 사실)에서 시작된다
는 쪽으로 기울고, 구조적 관점의 지지자들은 타고난 인간 본성의 독자
적 행위라고 상정한다. 이러한 이유들로 인해 이원론적 사회의 기원은
역사와 구조의 관계를 논하는 매우 중요한 사례 연구로 여겨져왔다.[212]
우리는 다시 한번 이 모든 연구를 관통하는 주제를 발견한다. 하지만
이미 확보된 결과들이 하나의 해결책을 제시해준다. 만약 이원론적 사
회들이 중앙아시아의 어느 구체적인 지역에서 시작되어 확산되었음이
밝혀진다고 할지라도(물론 이것은 가상의 사례다), 이들이 확산되고 지
속된 이유는 불가해한 상태로 남을 것이다. 이 시점에서는 이원론적 사
회의 잠재적(실재하지 않는) 존재와 관련하여 구조적 질서에 대한 고려
가 필요하다. 이러한 사회들의 이분법적인 특성은 호혜성의 결과, 여성

교환을 포함하는 상호 보완 관계의 결과, 경제활동의 결과, 장례의식 또는 다른 의식의 결과다. 결론적으로 교류는 일련의 대립 관계들이 형성됨으로써 생겨난다. 생물학적인 관계들을 대립 체계의 형식으로 표현하는 능력은 우리가 문화라고 부르는 것의 구체적인 특징이다.[213]

이원론적 사회들의 기본 특징은 보다시피, 상당히 일반적인 본성에 대한 고찰을 촉구한다. 하지만 아직은 이러한 방향의 연구를 좀더 진행해볼 필요가 있다.

32

인류 역사의 가장 오래된 단계는 전통적으로, 사용하는 도구의 재료에 근거하여 구분된다. 돌(뗀석기, 간석기), 철, 청동. 이것은 외적 요인들에 기초한 관습적인 분류다. 하지만 도구 사용이 결정적이기는 해도, 인간 종만의 차별화*differentia specifica* 요인이 아님은 이미 알려진 사실이다. 비록 제한적이기는 하지만, 도구를 사용하는 다른 동물 종도 있다. 반면 오직 인간만이 유일하게 무언가를 의미하는 기능을 지닌 대상들(신이나 죽은 자에게 바치는 제물, 무덤에 넣는 장례 부장품, 유골, 예술 작품, 박물관에 보관되는 자연의 진기한 물품이나 수집품)을 (경우에 따라) 수집하고, 생산하고, 축적하거나 파괴하는 습성을 가지고 있다. 일반 **사물**들과는 달리 의미를 동반하는 물품이나 의미 전달체*semiophores*는 보이는 것과 보이지 않는 것 사이에서—시공간적으로 멀리 떨어진 사건이나 사람들과 함께, 아니면 두 영역 어디에도 속하지 않는 존재들(죽은 자, 조상, 신)과 함께—소통하는 특권을 지닌다. 즉각적인 감각의 영역을 초월하는 능력은 언어와 함께 좀더 일반적인 차원의 인류 문화를 구분하는 특징이기도 하다.[214] 이러한 능력은 부재하는 것에 대한 정교화를 통해 만들어진다.

인간의 지적 발전 단계에서 이러한 정교화는 이미 상당히 어릴 때, 즉 사물들의 세계를 인지하는 기간에 시작되어 상징을 만들어가는 활동으로 지속된다.[215] 어쩌면 이것은 개체 발생이 계통 발생을 되풀이한다—개인으로서의 인간이 종으로서 가로지른 단계를 반복한다—는 오래전의 주장을 다시 한 번 반복하는 것일지 모른다. 현재를 관찰하면 사라져버린 과거를 파악할 수 있다. 18개월 된 어린아이가 실에 연결된 실패를 집어던졌다가 곧바로 다시 잡으면서 (어쩌면) 어머니가 없다가 다시 돌아올 때의 반응을 재생하는 행동에서는 과거의 통제되고 강제되지 않은 상징적 반복의 모델이 확인되었다. 하지만 어린아이의 심리에서 신화적–의식적 상징의 근원을 찾으려는 것은 과연 정당한 것일까?[216]

우리는 어린아이가 실패를 의미 전달체로 사용한다는 것을 알고 있다. 이때 어머니를 가리키는 실패가 바로 어머니**이다.** 개인과 종 간의 유사성이 가지는 잠재력과 한계를 보여주는 한 가지 사례를 살펴보자. 죽은 동물을 부활시키기 위해 뼈를 수습하는 관습은 물론 신화적, 의식적 증거들의 지리적 분포(유라시아, 아프리카, 아메리카)를 통해서도 알 수 있듯이 상당히 오래된 것이다. 그렇다면 a) 그 수가 제한된 b) 척추동물에 속하는, c) 다른 동물들의 d) 죽음으로부터 자신이 살아남을 많은 수단을 확보하는 e) 동물 종을 가정해보자. 이 종은 늦건 빠르건 죽은 동물들의 뼈를 의미 전달체로 활용할 가능성이 매우 높다.[217] 하지만 이미 언급된 조건들 외에도 결정적인 조건이 추가되어야 한다. 그것은 문제의 그 종이 호모사피엔스*homo sapiens*에게만 독점적으로 부여된 상징의 능력을 가져야 한다는 것이다. 이것으로 원은 닫힌다. 당연히

그 기원도 배제된다.[218)

게다가 이 같은 종류의 의식이 구석기시대에 (추정된 바와 같이) 거행되고 있었는지는 확실하지 않다.[219) 하지만 죽은 동물을 되살리기 위해 처음으로 뼈를 수습한 사냥꾼들이 누구였든 간에 이들의 행위에 내포된 의미는 명확하다. 보이는 것과 보이지 않는 것 사이에서 소통하기, 모든 것이 부족한 감각적 경험의 세계와 동물들로 가득한 수평선 너머 사후 세계 사이에서 소통하기. 각각의 개인(각각의 먹이)이 죽음을 초월하여 사후 세계에서도 지속되는 것은 뼈의 수습에 근거한 주술의식의 효력을 증명하는 것이었다. 수평선에 모습을 드러내는 모든 동물은 부활한 동물이었다. 따라서 살아 있는 동물들은 죽은 자들과 깊이 동일시되었고, 이 둘은 타자에 대한 두 가지 표현이 되었다. 처음에 사후 세계는 문자 그대로 다른 어떤 곳이었다.[220) 죽음은 부재의 특별한 단계로 간주될 수 있다.

33

(아무래도 신화적이라기보다는 신화 창조적이라고 할 수 있는) 이러한 고찰은 이원론적 사회의 확산과 지속에 대한 단서를 제공한다. 입회의식을 거친 자들과 그렇지 못한 자들의 관계는, 특히 사회가 두 집단으로 양분되어 있는 모든 상황에서 죽은 자들과 산 자들의 극단적인 대립 관계의 표현으로 나타났다.[221) 이처럼 일반화된 주장은 신중하지 못한 것처럼 보일 수 있다. 하지만 우리는 유럽에서 목격된 탈혼 상태의 현상을 조사함으로써 정확히 동일한 결론에 도달했다. 베난단티, 부르쿠드 자우타, 늑대인간, 탈토시, 크레스니키, 마체리가 탈혼 상태 또는 꿈속에서 벌인 전투에 대한 묘사의 이면에서는 이들과 그 적들 간의 암묵적

인 유사성이 드러난다. 한편으로는 탈혼 상태를 통해 죽은 자들과 유사해진 산 자들이 있고, 다른 한편으로는 경우에 따라 죽은 자, 주술사 같은 성인 집단의 다른 구성원들이 있었다. 탈혼 상태에서 벌이는 전투 의식에 필적할 만한 것으로는 루페르칼리아 축제가 있었다. 이는 죽은 자들을 추모하기 위해 매해 벌어지는 축제로서, 입회의식을 치른 유사한 두 집단이 풍요의 기원이라는 명백한 목적을 가지고 경쟁하는 축제였다.[222] 오비디우스가 『축제의 노래』에서 루페르칼리아의 기원으로 지목한 중단된 산제물 의식에 대한 설명에서 알 수 있듯이, 이들은 서로 상응하지만 대칭적이지는 않다. (경우에 따라) 생고기나 뼈와 같이, 별로 식욕을 자극하지 않거나 먹지 못할 것 같은 음식은 계급이 높은 존재들에게 속한다. 보굴-오스탸크족은 신을 닮은 인간들인 모스-춤에게 그 음식을 바쳤고, 라치오 지역에서는 사후에 퀴리누스Quirinus로 신격화된 미래의 왕 로물루스에게 바쳤다.[223] 우리는 훗날 하느님에 의해 선택받을 야곱이 자신의 콩 수프를 포기한 것과 프로메테우스의 산제물 의식에서 인간들에게 고기와 내장이, 신들에게 뼈가 제공된 것의 중요성을 이미 언급한 바 있다.

34

우리는 동물과 죽은 자들을 '타자에 대한 두 가지 표현'으로 정의했다. 여기에서도 조금은 성급해 보이지만 이미 획득한 결과들을 통해 하나의 공식을 제안할 수 있다. 리켈라처럼 반半짐승의 상태 또는 (고대 '동물들의 여왕'의 먼 상속자인) 오리엔테처럼 짐승들에 둘러싸인 상태 같은 신들의 장례적 함의에 대해서는 더 이상 이야기할 필요가 없다. 디아나와 페르히타와 홀다의 추종자들은 무엇인지 정확히 알 수 없는 짐승들의 잔등이에 올라탄 채 하늘을 가로질렀으며, 베난단티들은 강경증 상태에서 활력을 상실한 육신으로부터 쥐나 나비의 모습으로 빠져나왔다. 탈토시들은 종마나 황소와 유사한 외모를, 늑대인간들은 늑대와 유사한 외모를 가지고 있었다. 그리고 마녀와 주술사 들은 숫염소의 잔등이를 타거나 고양이, 늑대, 산토끼의 모습으로 변신하여 악마의 잔치에 참가했다. 매년 첫날에 치러진 의식들에 참가한 사람들은 사슴이나 어린 암소의 가면을 썼으며 샤먼들은 탈혼 상태의 여행을 위해 깃털로 만든 의복을 입었다. 주술 우화에 등장하는 영웅은 각종 동물의 잔등이에 올라타고 머나먼 신비의 왕국으로 떠나거나, 단순히 시베리아의 이야기에서처럼 쓰러진 나무 몸통을 뛰어넘어 곰의 모습으로 변한 후 죽은 자들의 세계로 들어갔다.[224] 변신, (짐승의) 잔등이에 올라타기, 동물의 모습으로 영혼이 몸 밖으로 벗어나는 탈혼 상태는 단 하나의 목적지에 도달하는 여러 갈래의 길인 셈이다. 동물과 영혼 사이에, 동물과 죽은 자 사이에, 그리고 동물과 사후 세계 사이에는 심오한 연관성이 존재한다.[225]

35

로도스의 아폴로니오스는 『아르고함의 원정』(기원전 250년경)에서 이아손의 동료를 태운 배가 키르케아로 불린 콜키스의 해안에 도착했다고 기술하고 있다(제3권 200~209행). 이곳에는 능수버들과 버드나무가 많이 자라고 있다. 나무 꼭대기에는 시체들이 매달려 있다. 심지어 오늘날에도, 콜키스의 주민들은 사람이 죽으면 시신을 무두질하지 않은 가죽에 싸서 도시 밖의 나무에 매달아 둔다고 아폴로니오스는 설명한다. 반면 여성의 시신은 매장한다. (고대의 콜키스가 위치하고 있던) 코카서스에서는, 그리고 특히 오세트족은 불과 수십 년 전까지도 이러한 매장 풍속을 유지하고 있었다. 지난 18세기에 몇 명의 여행가들은 중앙 아시아의 야쿠트족이, 이제는 거의 사라진 이러한 풍속을 유지하고 있었다는 사실을 기록으로 남긴 바 있다.[226]

시신을 나무에 매달거나 조금 높고 평평하게 만든 무덤에 넣고 매장 하는 관습은 중앙아시아와 북아시아의 대부분과 아프리카 일부 지역 을 포함하는 방대한 지역에서 지속되고 있다.[227] 하지만 죽은 자의 시신 을 동물 가죽으로 감싸거나 꿰매는 것은 상당히 독특한 관습이다. 그리 고 죽은 동물의 가죽으로 감싸 뼈들을 수습하는 것에 근거한 유라시아 부활 의식과의 유사점이 분명하게 드러난다. 이 의식은 코카서스의 전 설들에서만 찾아볼 수 있는 한 가지 난해한 특징을 해독할 수 있게 해 준다. 오세트족 사이에서는 소슬란이 의도적으로 도살한 소의 가죽을 덮고 죽은 척하는 전략을 구사하여 도시를 공략하는 데 성공했다는 이 야기가 회자된다. 이러한 특징은 어쩌면 과소평가된 것인지도 모른다. 동일한 전설을 바탕으로 하는 치르카시아 주민들의 여러 이야기들에 서 소슬란은 마치 진짜로 죽은 것처럼 심한 조롱을 받는다. "어이, 다리 가 비틀린 주술사, 벌레들이 자네 몸을 덮는다네." 어린 시절 불멸의 존 재가 되기 위한 시도가 실패하면서 무릎이 허약해진 소슬란은 사실 샤 먼의 일종인 주술사로서, 산 채로 사후 세계에 다녀오는 능력을 가지고 있었다. 이러한 능력 덕분에 그는 자신을 감싼 소가죽을 통해 부활할 수 있었다.[228]

하지만 뼈의 수습에 근거한 의식과의 유사성은 충분하지 않다. 동물 가죽의 의미를 확인하기 위해서는 절름발이의 경우에 적용된 전략과 유사한, 보다 간접적이고 포괄적인 전략을 구사해야 한다.

36

현자 아리Ari il Saggio는 1130년경에 저술한 『아이슬란드인들의 서 *Islendigabók*』에서 입법가 토르게이르Thorgeir가 망토를 쓴 채 아무 말도 없이 하루를 보낸 후에 자신의 모든 동향인들과 함께 기독교로 개종할 것을 결심했다고 말하는데, 바로 이 행위에서 샤머니즘 의식을 엿볼 수 있다.[229] 우리는 이러한 행위를 여러 다른 특징들과 함께 12~14세기에 쓰인 아이슬란드의 영웅 전설들에서 다시금 발견한다.[230] 한 가지 예로 『하바르다르 영웅 전설*Hávardar Saga*』에서 주술 전문가 집단에 속해 있던 한 전사는 전투 직전, 망토를 머리끝까지 덮은 채 땅바닥에 드러눕고 싶을 정도로 갑작스런 졸음을 느낀다. 바로 그 순간 한 적군이 크게 한숨을 쉬면서 잠에 빠져들기 시작한다. 강경증에 빠진 두 전사의 영혼은 결투를 벌이고, 결국 전자가 승리한다.[231] 동물로 변장한 샤먼들의 결투라는 주제는 일반적으로 라플란드 지역을 배경으로 하는 것이 분명하다.[232] 하지만 라플란드 지역에서 탈혼 상태는 천이나 가죽을 휘감은 채 마음을 집중하는 방식으로 진행되는 아이슬란드의 경우와는 달리, 샤먼들이 북을 계속해서 울리는 방식으로 실현된다.[233] 북극의 다른 지역들의 경우 위의 두 가지 기술은 서로 연결되어 있었다. 1565년 1월 1일, 영국 상인 리처드 존슨Richard Johnson은 북극권의 경계를 넘어 사모예드에 도착한 후에 페코라 강가에서 주술의식을 목격했다. 얼마 후 그는 자신이 본 내용을 보고서에 다음과 같이 기록했다. 주술사(샤먼)는 얼굴을 동물의 이빨과 뼈로 장식된 모직물로 감은 채, 짐승과 같은 소리를 지르면서 체와 비슷하게 생긴 거대한 북을 망치로 내려치고 있었다. 그러던 어느 순간 주술사는 감각을 상실한 채 마치 죽은 사람처럼 얼마 동안 부동의 자세로 움직이지 않았다. 그러고는 다시 움직이면서 산제물 의식을 지시하고 노래를 시작했다.[234] 그는 얼굴을 가린 채 혼수상태에서 이 같은 행동을 했는데, 이것은 아이슬란드의 영웅 전설들에서 볼 수 있는 것과 동일한 장면이었다. 그럼 왜 얼굴을 가린 것일까?

　아이슬란드에서는 (프리슬란트 북부의 섬들에서처럼) 양막에 싸인 채로 출생한 자들이 제2의 눈을 가지고 있었다고 한다.[235] 아이슬란드의 영웅 전설들에 따르면, 이들은 보이지 않는 동물의 모습으로 육신을 빠져나가는 외부의 영혼인 필기아*fylgia*들이 '영혼의 상태에서' 벌이는 전투를 볼 수 있는 유일한 자들이었다.[236] 필기아라는 개념은 활력을 의미하는 하밍야*hamingja*라는 개념과 연결되어 있었다. 하밍야는 좀더 오래된 용어인 함겡야*Hamgengja*(동물로 변신하는 능력)에서 유래된 것으로 추정되며, 감싼다는 뜻의 함르*hamr*와도 관련이 있어 보인다. 이중적인 의미를 가진 함르는 (일반적으로 늑대, 황소, 곰, 독수리 같은 동물) 영혼의 형태와 태아를 감싸는 외피, 즉 태반을 뜻한다.[237] 영웅 전설들에 따르면, '곰의 외피'를 뜻하는 베르세르키르*Berserkir*는 짐승의 격분 같은 발작을 주기적으로 겪는다.[238] 이러한 의미들은 외피를 두른 채(즉, 양막으로 싸인 채) 출생한 자들이 샤먼이 된다(다시 말해 동물로 변하는 제2의 가죽 또는 피부를 가진다)고 믿는 사모예드족의 민간신앙과 큰 차이를 보이지 않는다.[239]

　우리는 상당히 방대하지만 문화적인 관점에서는 동질성을 유지하고 있는 지역, 즉 아이슬란드에서 시베리아에 이르는 북극 지역으로 이동했다. 하지만 다들 기억하겠지만, 양막에 싸인 채로 태어난 신생아의 샤머니즘적인 운명에 대한 민간신앙은 상당히 방대한 지역으로 확산되어 있었다. 양막에 싸인 채로 태어난 신생아들은 러시아에서는 늑대인간이 되고, 프리울리에서는 베난단티가, 달마티아에서는 크레스니키가

된다. 스웨덴의 남부 지역들에서는 임신부가 나체 상태로 망아지의 양막을 짓밟으면 출산의 고통 없이 늑대인간이나 (딸일 경우) 마라Mara, 즉 동물이나 인간의 또 다른 모습으로 변할 수 있는 존재를 출산한다고 한다.[240] 이들은 탈혼 상태를 통해 죽은 자들의 세계로 들어가는 존재들로서, 1578년 프랑스의 의사 로랑 주베르Laurent Joubert가 주장한 양막과 수의의 평행 관계를 확인시켜주는 듯하다.[241]

죽은 자의 얼굴을 덮는 것은 자연스러운 행위다. 죽기 전에 머리를 베일로 덮은 소크라테스Socrates와 폼페이우스Pompeius, 그리고 카이사르Caesar의 경우는 상징적으로 신성한 것과 세속적인 것을 (어쩌면 조금은 단순하게) 구분할 필요성에 따른 것이었다.[242] 죽은 자와 비슷해졌기에 얼굴을 천으로 가린 자들은, 신성한 봄Ver sacrum으로 불렸던 이탈리아 반도의 고대 풍속에 따르면, 20년 전 그들이 출생 시에 했던 서약을 이행하는 차원에서 식민지 건설을 위해 파견되었다.[243] 고대 아이슬란드의 법을 보면 죽은 자의 얼굴을 천으로 가리는 의무를 이행하지 않은 자는 추방되었다.[244] 독일의 신화에서처럼 그리스에서는 가죽 또는 털로 만든 모자, 투구, 망토 등을 쓰는 자—하데스, 페르세우스, 오딘-보탄의 경우처럼—는 영혼의 불가시성을 보장받았다.[245] 우리는 두 가지의 상징적 등가물이 드러나는 것을 볼 수 있는데, 그것은 다음과 같다. a) 양막이나 막/동물 가죽/망토, 또는 얼굴을 가리는 모자나 베일, b) 베난단티 또는 크레스니키/늑대인간/샤먼/죽은 자. 베난단티인 바티스타 모두코의 '꿈'에 나타난 '인간을 닮은 어떤 보이지 않는 존재'는 "너는 나와 함께 가야 한다. 왜냐하면 너는 나의 (특징적인) 것 하나를 가지고 있기 때문이다"라고 명령했다. "나의 (특징적인) 것"은 바티스타가 태어날 때 목에 감고 있던 '양막'이었다.[246] 양막은 죽은 자들의 세계 또는 태어나지 않은 자들의 세계에 속하는 것이다.[247) 경계에 있는 애매모호한 사물은 경계에 위치한 인물들을 특징짓는 요소다.

동물의 겉가죽뿐만 아니라 좀더 일반적으로 둘러싸고, 감싸고, 휘감는 것은 다른 문화권들에서도 어떤 방식으로든 죽음과 관련이 있다. 이러한 사실은 언어적 차원에서, 율리시스가 사랑한 여신 칼립소Calypso의 이름이 '덮고 있는 그녀' '감싸고 있는 그녀'를 뜻한다는 점을 생각하면 명확해진다.[248) 우리는 칼립소와 연관된 또 하나의 사례로 신비스러운 여성을 들 수 있다. 삭소 그라마티쿠스Saxo Grammaticus의 이야기에 따르면, 덴마크의 왕 하딩구스Hadingus가 독미나리 한 다발을 들고 불가에 웅크리고 앉아 있는 신비의 여성을 보고는 깜짝 놀라 이 추운 겨울에 그 식물을 어디서 구했는지 묻자 그녀는 자신의 망토로 왕을 감싸고 죽은 자들이 머무는 지하 세계로 데려간다.[249) (두말할 나위 없이 하딩구스 왕은 절뚝거렸으며 한쪽 다리에 반지 모양의 고리를 달고 있었다.)[250) 인도유럽권을 벗어난 지역들에서도, 헝가리어 '레이트*rejt*'(숨다)와 고대 헝가리어 '뤼트*rüt*' '뢰트*röt*' '뢰이트*röjt*'(감각을 잃어버리다, 탈혼 상태에 빠지다)의 관계와 같은 동일한 연관성들이 발견된다. 즉, 레괴시*rëgos*들은 젊은이들로 구성된 집단(두세 명에서 20~30명에 이르는)으로, 크리스마스와 공현축일 사이의 12일 동안 고성방가를 하고 사후 세계의 소식과 죽은 자들의 소원을 전하면서 여러 마을을 돌아다녔다.[251) 그 이상의 확증은 가면과 죽은 자들의 영혼 간의 거의 보편적인 연관성에서 얻었다. 라틴어 '라르바*larva*'는 두 가지 모두를 의미한다. 즉, 중세 시대의 '라르바투스*larvatus*'는 가면을 쓴 사람 혹은 악마에 사로잡힌 사람을 의미한다. 마스카*Masca*는 루마니아어로 가면이나 탈을 의미하며 이미 로타리 칙령(643년)에서 사용된 바 있는 용어인데, 이후 이탈리아

북부에서 마녀를 가리키는 방언으로 사용되었다.[252]

37

죽음에 관계된 신화와 의식에서는 산 자들의 세계로 돌아온다는 관념과 부활이라는 관념이 지속적으로 등장한다. '감싸다' 또는 '감추다'와 같은 용어들은 자궁의 은유를 통해 소멸을 표현한다. 우리에게 차츰 드러난 표현들—양막에 싸인, 망토로 휘감긴, 소의 가죽에 꿰매진, 가면을 쓴, 베일을 쓴 등—을 통해 우리는 절름발이의 경우에서처럼, 실체적 인물의 가장 중요한 경험을 재발견한다.

기본적으로 인간과 관련이 있기에 초문화적일 수 있는 이러한 특성은 일련의 신화와 의식 들의 놀라운 전이 가능성과 무관하지 않을 것이다. 그럼에도 이러한 부류의 결론은 곧바로 난관에 봉착한다. 개인들의 무의식에서는 매우 일찍부터, 심지어 태아기부터의 경험들이, 일종의 생물학적인 각인imprinting에 의해 특권적인 지위를 가진다고 생각해 볼 수 있다.[253] 만약 이러한 가설을 신화와 의식으로 확대한다면 우리는 반드시 갈림길에 서게 된다. 즉 신화와 의식에 나타난 사회적 현상들의 특징을 부정하든지, 아니면 집단 무의식의 존재를 설정하든지 해야 하는 것이다.[254] 그러나 지금까지 얻은 결론들이 이러한 이중의 함정을 피할 수 있게 해준다. 이미 살펴보았듯이 이 연구의 시작부터 언급한 신화적, 의식적 유질동상은 서로 다른 문화들 간의 교류와 접촉 그리고 파생으로 귀결된다. 이러한 역사적 관계는 유질동상의 현상이 발생하는 필요조건이다. 그러나 역사적 관계는 그 현상의 확산과 보존을 설명하기에 불충분하다. 확산과 보존은 신화와 의식의 견고함을 보장하는 형식적 요인들에도 의존한다. 신화와 의식이 끊임없이 재구성된다는 것은 역사와 형태론의 혼합 현상을 명확하게 보여준다. 절름발이-외발 샌들-한 발로 껑충 뛰는 자들과 같은 변이체들의 이면에서 우리가 목격하는 사회적 행위자들의 창의력은 신화 또는 의식의 내부 형식 안에서 매우 명확한 한계를 가진다. 언어의 심층 구조들의 전이와 마찬가지로, 이러한 창의력의 전이는 무의식적이다(물론 그렇다고 집단 무의식의 존재를 암시하는 것은 아니다). 역사적인 경로를 통해 전이된 신화나 의식은 재구성의 형식적 규칙들을 암묵적으로 포함한다.[255] 상징적인 활동을 조절하는 무의식의 범주들 중에서 은유는 가장 중요한 지위를 갖는다. 절름발이-외발 샌들-한 발로 껑충 뛰기……, 양막-가죽-망토-가면……이라는 두 가지 계열 속에서 각각의 변이체들의 관계처럼, 죽는 것과 감싸지는 것의 관계는 은유적이다. 이제 수사적 기법들 중에서 은유는 모든 합리적인 작시법들을 통해 드러난 편협성을 설명해주는 특별한 지위를 갖는다. 다른 경험 영역과 다른 규범에 속하는 현상들을 같게 만드는 은유(당연히 되돌릴 수도 있다)는 이성적 질서의 계급화된 세계를 뒤집어버린다. 우리는 은유를 수사학적인 차원에서, 정상적인 논리의 영역에 무의식 체계의 논리를 침투시키는 '대칭' 원리의 등가로 간주할 수 있다. 은유가 널리 보급되면서 꿈과 신화 사이에 그리고 시와 신화 사이에 지극히 긴밀한 관계가 생겨났다.[256]

우리가 확보한 자료들은 모든 합리적인 의심을 뛰어넘어 유라시아 신화의 저변에 존재하는 층위, 즉 수천 년간 축적된 문화적 관계들의 결실을 입증한다. 이제 우리는 지금까지 밝혀낸 내적인 형식들이 역사적으로 관련이 없는 문화들의 내부에서 유질동상의 의식들과 신화들을 어느 정도까지 만들어낼 수 있는지를 반드시 자문해보아야 한다. 불행히도 마지막 조건, 즉 두 문화 사이에 역사적 관계의 형태들이 전혀 존재하지 않는다는 것은 증명할 수 없다.[257] 우리는 항상 인간의 역사에 대해 거의 아는 것이 없으며 앞으로도 그럴 것이다. 반론의 증거가 없는 상황에서 우리가 유일하게 할 수 있는 일은, 지금까지 조사한 문화적 접점의 현상들 배후에 형태론과 역사의 뒤섞임—자연적으로 존재하는 것과 관례적으로 존재하는 것 사이의 오랜 차이를 다시 공식화하거나 변형시키는 것—이 있다고 가정하는 것이다.

미주

1) C. Lévi-Strauss, *Du miel aux cendres*(*Mythologiques*, II), Paris 1966, pp. 395 이하(이 탈리아어 판본, *Dal miele alle ceneri*, Milano 1982, pp. 501 이하) 참조.

2) H. Baldus, "Lendas dos Indios Tereno," *Revista do Museu Paulista*, n.s., IV(1950), pp. 217 이하, 특히 pp. 220~21(독일어 판본: *Die Jaguarzwillinge*, Kassel 1958, pp. 132~35); Lévi-Strauss, *Il crudo e il cotto* cit., pp. 139~40 참조.

3) Baldus, *Dal miele* cit., pp. 506 이하. 이 연구는 20년 전의 자료를 다시 인용하고 있다(본 서 제3부 1장 주석 54 참조).

4) Michel de Montaigne, *Essais*, A. Thibaudet 편집, Paris 1950, pp. 1150 이하(III, II: 'Des boyteux') 참조.

5) Lévi-Strauss, "La structure des mythes," *Anthropologie structurale* cit., pp. 227~55, 특히 p. 236 참조(이 저술에서는 같은 요인이 '왼손잡이'라는 뜻의 라이오스라는 이름에 서 반복된다고 추정한다). '퍼시벌' 유형의 신화들과 관련된 동일 주제에 대한 레비-스 트로스의 다른 연구들을 참조하라. Lévi-Strauss, "Elogio dell'antropologia"(1959), *Antropologia strutturale due* cit., pp. 56 이하; Lévi-Strauss, "Le Graal en Amérique"(1973~74), *Paroles données* cit., pp. 129 이하; 가장 최근의, 역설적인 실 마리는 C. Lévi-Strauss, *La vasaia gelosa*, 이탈리아어 판본, Torino 1987, pp. 180 이 하 참조. 인용된 연구서들 중에서 첫번째("La structure des mythes")는 지속적으로 참 고할 만한 가치를 가지고 있지만, 오이디푸스 신화를 토착민과 성적 생식 간의 모순을 해 결하기 위한 시도로 해석하는 것은 이구동성으로 배제되었다. 델쿠르는 다른 관점에서 랍다코스의 비대칭 보행에 관해 주장한 바 있다. M. Delcourt, *Œdipe ou la légende du conquérant*, Liège 1944, pp. 16 이하(레비-스트로스에 의해 상기되었다); C. Robert, *Oidipus*, I, Berlin 1915, p. 59 참조. 마지막으로 J.-P. Vernant, *Le Tyran boiteux: d'Œdipe à'Périandre*(1981); J.-P. Vernant & P. Vidal-Naquet, *Œdipe et ses mythes*, Paris 1988, pp. 54~86; M. Bettini, "Edipo lo zoppo," *Edipo. Il teatro greco e la cultura europea*, Roma 1986, pp. 215 이하 참조.

6) 이러한 어원학에 대해서는 이미 폭넓은 합의가 존재한다. O. Höfer, "Oidipus," W. H. Roscher, *Ausführliches Lexikon der griechischen und römischen Mythologie*, III, I, Hildesheim 1965(rist. anast. dell'ed. 1897~1902), coll. 700~46, 특히 740~43 참조.

같은 논리는 랍다코스와 '절름발이'를 동일한 의미로 간주하는 경우에도 유효하다. 하지만 레비-스트로스가 의심스럽게 제시한 라이오스('왼손잡이')의 어원은 수용될 수 없다. 회퍼(Höfer, "Oidipus" cit., col. 742)는 '라이오스'('공중pubblico')가 하데스의 많은 별명들 중의 하나인 '아게실라오스Agesilao'('많은 사람을 모이게 하는 자colui che raduna molta gente')와 유사하다고 주장한다.

7) 같은 책, coll. 741~42.

8) 반면, 이러한 의미에 대해서는 L. Edmunds, "The Cults and Legends of Œdipus," *Harvard Studies in Classical Philology*, 85(1981), pp. 221~38, 특히 p. 233 참조.

9) D. Comparetti, *Edipo e la mitologia comparata*, Pisa 1867, pp. 81~82 참조. 이 연구는 오이디푸스와 멜람푸스를 지적 능력을 갖춘 영웅으로 간주한다. Delcourt, *Œdipe* cit., pp. 166~67. 이 연구는 '거의 알려지지 않은' 두 이름이 유사한 것이라고 판단한다. Edmunds, "The Cults" cit., pp. 230~31. 이 연구는 두 어원이 있음 직하지 않다고 보지만 더 이상 이 문제를 심도 있게 분석하지는 않는다. 멜람푸스에 대해서는 Wilamowitz-Moellendorff, "Isyllos von Epidauros" cit., pp. 177 이하, 주석 33; K. Hanell, *Megarische Studien*, Lund 1934, pp. 101~105; Nilsson, *Geschichte* cit., p. 613, 주석 2; J. Schwartz, *Pseudo-Hesiodeia*, Leyden 1960, pp. 369~77, 546; J. Löffler, *Die Melampodie*, Meisenheim am Glan 1963, pp. 30 이하; P. Walcot, "Cattle Raiding, Heroic Tradition and Ritual; the Greek Evidence," *History of Religions*, 18(1979), pp. 326~51, 특히 pp. 342~43 참조.

10) P. Kretschmer, *Die griechischen Vaseninschriften...*, Gütersloh 1894, p. 191, 주석 3; P. Kretschmer, "Oidipus und Melampus," *Glotta*, XII(1923), pp. 59~61 참조; 같은 견해로는 Höfer, "Oidipus" cit., coll. 741 이하; 반대의 견해로는 L. R. Farnell, *Greek Hero Cults and Ideas of Immortality*, Oxford 1921, p. 332, 주석 참조. 로베르트C. Robert는 오이디푸스를 지하 세계의 신으로 해석했다.

11) F. Wehrli, "Oidipus," *Museum Helveticum*, 14(1957), p. 112. 이 연구는 수수께끼들을 해결하는 역할의 오이디푸스와 점쟁이인 칼칸테Calcante와 몹소Mopso의 경쟁(지금은 존재하지 않는 시 「멜람포디아Melampodia」에 기술되어 있다)을 비교한다. 두 이름 (*Melam-pous*, *Oidi-pous*)이 한쪽 발만 암시한다는 점을 주목해야 한다. 유사한 비대칭은 고대 이집트 제6왕조의 첫번째 파라오인 테티Teti의 피라미드에서 발견된 아르기로페자*argyropeza*(은으로 된 다리에서 유래)와 같은 별칭들에서 암시되었다(아래 주석 41 참조). 오이디푸스와 멜람푸스의 비교는 Bettini, "Edipo lo zoppo" cit., p. 231 참조 (이 연구는 여기서 논의된 것과 비슷한 문제의식에서 출발하지만 전혀 다른 결론에 도달한다).

12) 이 사실을 가장 먼저 주목한 학자는 콤파레티였다(Comparetti, *Edipo* cit., pp. 63 이하). 닐슨은 이 연구를 언급하지 않았다. Nilsson, "Der Oidipusmythos," *Opuscula selecta* cit., I, pp. 335~48(L. Edmunds, "The Sphinx in the Œdipus Legend,"

Œdipus: a Folklore Casebook, L. Edmunds & A. Dundes 편집, New York/London 1981, p. 149) 참조. 테사우로의 저술(E. Tesauro, *Edipo*, Padova 1987, pp. 13~14) 서문에서 오솔라C. Ossola는 콤파레티를 프로프보다 앞선 인물로 언급했다.

13) 종종 오이디푸스는 스핑크스를 죽이는 인물로 묘사되었다. Höfer, "Oidipus" cit., coll. 715 이하 참조. 논지는 다르지만 통찰력이 풍부한 저술(Edmunds, "The Sphinx" cit.) 에서는 스핑크스가 후대에 덧붙여진 것이라고 주장한다. 실제로 스핑크스는 영웅에 의해 패배를 당한 괴물의 이미지와 결혼을 약속한 왕비의 이미지('투란도트Turandot' 유형의 우화에서는 구혼자에게 수수께끼를 내는 인물로 묘사된다)를 가지고 있다.

14) V. Propp, *Edipo alla luce del folclore*(1944), 이탈리아어 판본, Torino 1975, pp. 85 이하 참조(또한 같은 의미에서 Comparetti, *Edipo* cit.; Nilsson, "Der Oidipusmythos" cit. 참조). 나는 여기서 프로프 저술의 가장 취약한 부분을 고려하지 않았다. 다시 말해 프레이저에게 크게 영향을 받아, 왕위 계승을 보장해주었을 것으로 추정되는 고대 풍속의 존속살인에 관한 주제와 연관지으려는 시도를 고려하지 않았다.

15) 이러한 구분은 레비-스트로스가 채택한 엄격한 공시적 관점에 의해 무시되었다. 레비-스트로스는 이러한 관점에 따라 "독창적 또는 원시적"(Lévi-Strauss, *Anthropologie Structurale* cit., p. 240)이라는 특정 차원을 구분하려는 모든 노력을 배제하면서, 신화의 여러 판본들을 동일한 차원에서 고려한다. 반면 다음의 연구도 참조하라. J. Bremmer, "Oedipus and the Greek Oedipus Complex," *Interpretations of Greek Mythology*, J. Bremmer 편집, London 1987, pp. 41~59.

16) 베르낭은 첫번째 관점을 강경하게 주장한다. J.-P. Vernant, "Ambiguità e rovesciamento. Sulla struttura enigmatica dell' 'Edipo re'," in J.-P. Vernant & P. Vidal-Naquet, *Mito e tragedia nell'antica Grecia*, 이탈리아어 판본, Torino 1976, pp. 100~101; 또한 Edmunds, "The Sphinx" cit., pp. 18~19 참조. 스핑크스의 수수께끼와 비슷한 수수께끼들은 매우 널리 퍼져 있다. A. Aarne, *Vergleichende Rätselforschungen*, II, Helsinki 1919(FF Communications No. 27), pp. 1 이하 참조.

17) Vernant, "Ambiguità" cit., p. 101 참조. 그 외에도 P. G. Maxwell-Stuart, "Interpretations of the Name Œdipus," *Maia*, 27(1975), pp. 37~43 참조.

18) Propp, *Edipo* cit., pp. 103~104 참조. 이 연구는 오이디푸스의 구멍 뚫린 발이 신원 확인을 위해서일 것이라는 로베르트C. Robert의 주장을 거부한다.

19) Brelich, *Paides e Parthenoi* cit. 참조. 그 외에도 Calame, "Philologie et anthropologie structurale" cit.; 매우 비판적인 논의로는 C. Sourvinou-Inwood, in *The Journal of Hellenic Studies*, XCI(1971), pp. 172~78 참조. 전반적으로는 Gernet, *Anthropologie de la Grèce* cit., pp. 188~90 등 참조.

20) 나는 프로프의 연구(Propp, *Le radici storiche* cit.)를 활용하여 2년 전에 출간된 (희한하게도 미완성 상태였던) 오이디푸스에 대한 연구의 결론을 보완하고자 했다. 이미 알려진 바와 같이 프로프의 연구는 아파나시예프Afanasjev가 수집한 일련의 러시아 우화들

에 근거했다. 하지만 이러한 우화들의 해석적 맥락과 결론은 매우 방대하며, 심지어 보편적이다.

21) A. L. Brown, "Eumenides in Greek Tragedy," *The Classical Quarterly*, 34(1984), pp. 260 이하, 특히 pp. 276 이하 참조. 브라운에 따르면, *Edipo a Colono*의 에우메니데스(복수의 여신)들은 역시 복수의 여신을 의미하는 에리니에스로 밝혀지거나 지하 세계와 연관되지 않은 것으로 추정된다.

22) Edmunds, "The Cults and the Legends" cit., pp. 229 이하 참조.

23) Delcourt, *Œdipe* cit., pp. 108~109, 119 이하 참조. 이 연구는 다음의 연구를 다시 언급한다. L. Malten, "Das Pferd im Totenglauben," *Jahrbuch des deutschen archäologischen Instituts*, XXIX(1914), pp. 179~255.

24) 이는 에드먼즈(Edmunds, "The Sphinx" cit., p. 22) 역시 강조한 것인데, 앞으로 살펴보겠지만 그는 전혀 다른 해법을 제시한다.

25) 이하 서술에 관해서는 다음의 훌륭한 논문을 참조하라. S. Luria, "Ton sou huion phrixōn"(Die Oidipussage und Verwandtes), *Raccolta di scritti in onore di Felice Ramorino*, Milano 1927, pp. 289~314(그러나 "죽을 운명의 아기enfant fatal'라는 주제의 중요성은 이미 콤파레티가 파악한 바 있다. Comparetti, *Edipo* cit.). 루리아에 대해서는 A. Momigliano, *Terzo contributo alla storia degli studi classici e del mondo antico*, II, Roma 1966, pp. 797 이하 참조. 비록 자주 인용되기는 하지만, 루리아의 연구에는 매우 제한적인 반향만 있었다(Edmunds, "The Sphinx" cit., pp. 22~23 참조). 오랜 구상을 거쳐(1927년 7월 15일에 작성된 서론 참조) 1년 후에 출간된 프로프의 저술(*Morfologia della fiaba*)에서 프로프가 받아들인 것과 유사한, 엄격한 형태론적 관점에서 이 부분은 논의되었다. 나아가 루리아는 프로프가 괴테에게서 영향을 받은 것처럼, 프로프에게 영향을 받아 이를 인류사의 가장 오래된 부분Urzeit이라고 주장하면서 신화의 원본 판본Urform, Urredaktion의 형태를 재구성하려고 시도했다. 하지만 민족학과 종교사와 정신분석에 의지하는 것은 시작할 때부터 폐기되었다. 루리아에 따르면, 악순환에서 벗어나는 유일한 길은 역사적-신화적 범주의 내부로부터 얻어진다. 이 같은 선언에서 우리는 ('순수하게 문학적인') 형식주의의 반향과 당시 러시아 문화에서 구스타프 시페트Gustav Špet를 통해 드러난 후설Edmund Husserl의 존재를 느낄 수 있다. P. Steiner, *Russian Formalism*, Ithaca, New York 1984, p. 18, 그리고 E. Holenstein, "Jakobson and Husserl: A Contribution to the Genealogy of Structuralism," *The Human Context*, 7(1975), pp. 62~63 참조. 베르낭도 독자적으로, 오이디푸스 왕에 대한 프로이트 방식의 해석과 관련한 '악순환'에 대해 이야기한 바 있다. Vernant, "Edipo senza complesso," in Vernant & Vidal-Naquet, *Mito e tragedia* cit., pp. 65~66 참조. (전혀 다른 정치적, 문화적 배경에서 쓰인) 오이디푸스에 관한 저술(1944)에서 프로프는 불완전하게 인용한 루리아의 연구로부터 자신의 연구를 위한 동기를 발견한다(Propp, *Edipo*, p. 91 참조): "루리아는 예언들이 이미 민속 문화에서 항상 구현되고 있

다는 사실을 주목했다"(Luria, "Ton sou huion" cit., p. 290). 루리아의 또 다른 연구 "La casa nel bosco"는 Propp, *Edipo* cit., 주석 42에서 언급되고 있으며 다음의 연구 에서도 논의된다. Propp, *Le radici storiche* cit., pp. 87~88.

26) Luria, "Ton sou huion" cit., p. 292 참조. 태평양 연안으로 오이디푸스 주제를 넓힌 것 은 레사의 연구 덕분이었다. W. A. Lessa, *Tales from Ulithi Atoll: A Comparative Study in Oceanic Folklore*, Berkeley/Los Angeles 1961, pp. 49~51, 172~214 참조(그리고 Edmunds & Dundes 편집, *Œdipus: a Folklore Casebook* cit., pp. 56 이하 참조). 미 첼의 반론도 참조하라. R. E. Mitchell, "The Œdipus Myth and Complex in Oceania with Special Reference to Truk," *Asian Folklore Studies*, 27(1968), pp. 131~45. 레 사가 분석한 신화에는 실현된 예언이라는 주제가 나타나지 않는다.

27) 이것은 히기누스에 의해 (필사 전통의 차이로 인해) 불완전한 형태로 기록된 신화의 전 체다(*Fabulae*, rec. H. J. Rose, Lugduni Batavorum 1963, n. LX, p. 47; Roscher, *Ausführliches Lexikon* cit., IV, col. 962 참조).

28) 이러한 일련의 신화들과 오이디푸스 신화의 유사성은 이미 루리아의 연구 이전에 (Comparetti, *Edipo* cit., p. 75: '오이디푸스와 텔레포스' 참조) 또는 그것과는 별도 로 로베르트C. Robert가 기술한 내용에 근거해 지적된 바 있다(Delcourt, *Œdipe* cit., p. 85: '오이디푸스와 제우스' 참조; F. Dirlmeier, *Il mito di Edipo*, 이탈리아어 판본, Genova 1987, pp. 15 이하: '오이디푸스와 제우스, 오이디푸스와 크로노스, 오이디푸스 와 텔레고노스' 참조). 또한 크레타의 왕이었으나 예언에 따라 자신의 아들 알타이메네 에 의해 살해된 카트레오 신화(Apollodoro, *La biblioteca*, III, 2, 1; Diodoro Siculo, *Biblioteca storica*, V, 59, 1~4)는 오이디푸스 신화(C. Robert, *Die griechische Heldensage*, I, Berlin 1920, pp. 371~72 참조)와 테세우스 신화(C. Sourvinou-Inwood, *Theseus as Son and Stepson*, London 1979, pp. 14 이하 참조)와 비교된다. 그 외에 멜레아그로스의 신화 참조.

29) 오이디푸스 신화의 루마니아 판본은 텔레포스와 그의 어머니의 경우처럼, 근친상간이 실패로 돌아간 상태로 끝난다(Vernant, *Le Tyran boiteux* cit., pp. 79~86 참조). 베 티니는 오이디푸스처럼 텔레포스도 '허약해진 존재'라고 말한다. Bettini, "Edipo lo zoppo" cit., p. 219.

30) A. Green, "Thésée et Œdipe. Une interprétation psychoanalytique de la Théséide," *Il mito greco* cit., pp. 137~89 참조(그러나 결론은 불필요해 보인다).

31) J. Schmidt, in Roscher, *Ausführliches Lexikon* cit., V, col. 275 참조.

32) O. Gruppe, *Griechische Mythologie und Religionsgeschichte*, München 1906, pp. 1332~33, 주석 4 참조. 크로노스, 텔레고노스, 아이기스토스, 그리고 티로와 시시포 스의 이름을 알 수 없는 자식들의 경우는 부정적인 사례에 해당한다. 하지만 크로노스 와 동일 인물로 밝혀진 라틴 세계의 신 사투르누스가 종종 나무로 된 다리를 가지고 있 다고 묘사되었음을 주목해야 한다. E. Panofsky, F. Saxl & R. klibansky, *Saturn and*

Melancholy, London 1964, pp. 206~207; 이탈리아어 판본, Torino 1983 참조. 이 연구자들은 별다른 증거를 제시하지 못한 채 동양의 불특정한 어떤 곳에서 유래된 특징들을 지적하고 있는데, 이로 인해 크로노스가 거세를 당했다는 무의식적인 기억이 유래했을 것이다. 하지만 루치아노가 크로노스를 통풍*podagros*에 걸린 늙은이로 기술한 것은 관계가 없지 않을 것이다(『사투르날리아』 제7권). 티로와 시시포스의 자식들에 대해서는 아무것도 알려진 것이 없고, 텔레고노스에 대해서도 거의 알려진 것이 없다. 그 외에도 펠롭스에 대해서는 본서, pp. 441~42 참조. 사지의 비대증, 즉 궁극적으로 비정상적 보행은 자신의 부친을 비고의적으로 살해한 알타이메네Altaimene가 헤르메스에 의해 겁탈을 당한 여동생 아페모시네Apemosyne를 죽일 때 취한 발차기 동작에서 암시되는 듯하다(Apollodoro, *La biblioteca*, II, 2, 1; 그리고 앞의 주석 28 참조).

33) Apollodoro, *La biblioteca*, I, 6, 3; Esiodo, *Teogonia*, vv. 820 이하 참조(어쩌면 오래전에 가필된 것일지 모른다). 이것들은 히타이트 신화(여기서 신은 심장과 눈을 빼앗겼다)와 후리티hurriti족의 신화들을 수정한 것이다. W. Porzig, "Illujankas und Typhon," *Kleinasiatischen Forschungen* I(1930), pp. 379~86; P. Meriggi, "I miti di Kumarpi, il Kronos currico," *Athenaeum*, 31(1953), pp. 101~57; F. Vian, "Le mythe de Thypée et le problème de ses origines orientales," *Éléments orientaux dans la religion grecque ancienne*, F. Vian 편집, Paris 1960, pp. 17~37 참조; 또한 *Edipo. Il teatro greco* cit., pp. 231~32에서 C. Brillante의 언급을 참조. 제우스의 신체 절단이 삽입된 것은, 내가 잘못 생각한 게 아니라면 델쿠르가 제기한 질문(M. Delcourt, *Héphaistos ou la légende du magicien*, Paris 1957, pp. 122 이하, 136 참조)에 대한 응답이다.

34) 이러한 고찰에 대해서는 A. Brelich, *Gli eroi greci*, Roma 1958, pp. 243~48, 287~90 참조. 별로 중요하지 않은 연대기적 오기에 의해 오이디푸스의 절뚝거림은 '희생제물의 표시'로 해석되었다(Girard, *Il capro espiatorio* cit., pp. 47, 54 등 참조). 브레머르(J. Bremmer, "Medon, the Case of the Bodily Blemished King," *Perennitas. Studi in onore di Angelo Brelich*, Roma 1980, pp. 67~76)가 강조한 바와 같이, 인도유럽 문화권에서 왕이 육체적으로 완벽해야 한다는 사실은 대조적인 상황을 중심으로 하는 신화들의 의미에 대한 재해석의 필요성을 제기한다. 루키아노스의 작품으로 추정되는 『트라고도포다그라*Tragodopodagra*』는 다음의 연구에 의해 거부되었다. P. Maas, in *Deutsche Literaturzeitung*, 1909, coll. 2272~76 참조. 오늘날에는 세티〔G. Setti, "La 'Tragodopodagra' di Luciano," *Rivista di filologia*, XXXVIII(1910), pp. 161~200)에 의해 처음 제기되었던 반대의 주장이 설득력을 얻고 있다. 다른 신화들에서 우리는 절름발이 텔레고노스를 볼 것이라고 예상하지만, 반대로『트라고도포다그라』의 목록에서는 날카로운 것에 발을 찔린 오디세우스를 보게 된다(vv. 262 이하 참조). 뢰머에 따르면, 다른 신화에서 오디세우스는 텔레고노스의 화살에 발을 맞아 죽었다고 한다〔A. Roemer, "Zur Kritik und Exegese von Homer etc.," *Abhandlungen*

der philosophisch-philologischen Klasse der königlichen bayerischen Akademie der Wissenschaften, 22(1905), p. 639, 주석 1]. 반면 A. Hartmann, *Untersuchungen über die Sagen vom Tod des Odysseus*, München 1917, pp. 161~62 참조. 앞으로 언급할 이유들 덕분에 죽은 자들을 깨우기 위해 하데스에 간 오디세우스가 다리에 상처를 입었다는 사실은 그리 놀랍지 않다(*Odissea*, XIX, 386 이하 참조).

35) 이러한 해석은 카생이 테세우스의 샌들에서 확인한 요인과 모순되지 않는다. E. Cassin, *Le semblable et le différent*, Paris 1987, pp. 298 이하(제르네L. Gernet를 언급하고 있다). 테세우스의 입회의식적 함의에 대해서는 Jeanmarie, *Couroi et Couretes* cit., pp. 227 이하 참조. 그 외에도 P. Saintyves(É. Nourry), *Les contes de Perrault et les récits parallèles*(Propp, *Le radici storiche* cit., p. 86 등에서 재인용) 참조. "왜 절뚝거림에서 시작하는가?" "왜 입회자는 '다리미'로 화상을 입었는가?"와 같은 질문은 림슈나이더에 의해 제기되었다. 하지만 발을 '풍요의 은밀한 표현'으로 단순하게 동일시함으로써 어리석은 결론에 도달했다(M. Riemschneider, *Miti pagani e miti cristiani*, 이탈리아어 판본, Milano 1973, pp. 99 이하 참조).

36) 텔레포스와 펠롭스에 대해서는 앞으로 더 살펴볼 것이다. 죽음의 동물, 스핑크스에 대해서는 Delcourt, *Œdipe* cit., pp. 109 이하 참조.

37) Gruppe, *Griechische Mythologie* cit., p. 585 참조.

38) 같은 책, pp. 1332~33, 특히 주석 4 참조. 그리고 전반적으로는 아래 주석 48에서 인용된 외발 샌들에 대한 연구 참조.

39) J. H. Croon, "The Mask of the Underworld-Daemon. Some Remarks on the Perseus-Gorgon Story," *Journal of Hellenic Studies*, 75(1955), pp. 9 이하 참조. 이 연구는 다음의 연구를 발전시킨 것이다. F. Altheim, "Persona," *Archiv für Religionswissenschaft*, XXVII(1929), pp. 35 이하 참조. "한 발에만 샌들을 신고 있는" 메르쿠리우스에 대해서는 K. Schauenburg, *Perseus in der Kunst des Altertums*, Bonn 1960, p. 13; S. Reinach, *Catalogue illustré du Musée des Antiquités Nationales au Château de Saint-Germain-en-Laye*, II, Paris 1921, p. 168(생 세브랭의 니에브르에서 발견된 갈로로망스의 작은 조각상) 참조.

40) B. K. Braswell, "Mythological Innovation in the '*Iliad*'," *The Classical Quarterly*, n.s. XXI(1971), p. 23 참조. 또 다른 예언에 따라(Esiodo, *Teogonia*, 894~98) 제우스와 메티스의 아들은 아버지의 권력을 박탈했고, 이로 인해 제우스는 메티스를 잡아먹었다.

41) 신화는 리코프로네Licofrone의 *Alessandra*의 주해에서 언급되었다(v. 175). U. Pestalozza, *Religione mediterranea*, Milano 1970(재판), p. 96, 주석 30 참조. 아킬레우스의 발꿈치와의 유사성(그리고 앞으로 언급할 다른 신화들과의 유사성)은 다음의 연구에서 강조되었다. V. Pisani, "Ellēnokeltikai" cit., pp. 145~48. 그럼에도 피사니Pisani는 그것들을 "명확하지 않다"고 판단한다.

42) Dumézil, *Le problème des Centaures* cit., p. 185, 주석 3; 그 외에도 Cassin, *Le semblable* cit., pp. 301~302, 주석 57 참조.

43) B. Bravo, "Une lettre sur plomb de Berezan. Colonisation et modes de contact dans le Pont," *Dialogues d'histoire ancienne*, 1(1974), pp. 111~87, 특히 pp. 136~37(알카이오스의 시에 대해서) 참조. 일반적인 내용에 대해서는 H. Hommel, "Der Gott Achilleus," *Sitzungsberichte der heidelberger Akademie der Wissenschaften*, 1980, 1; 더불어 H. Hommel, *Sebasmata*, I, Tübingen 1983, p. 209; G. Ferrari Pinney, "Achilles Lord of Scythia," *Ancient Greek Art and Iconography*, Madison 1983, pp. 127~46 참조. 아킬레우스의 죽음을 통해 드러나는 특징들을 순전히 어원학적 차원에서 분명하게 확인한 것으로는 P. Kretschmer, "Mythische Namen. I: Achill," *Glotta*, IV(1913), pp. 305~308.

44) Jeanmaire, *Couroi et Couretes* cit., pp. 297 이하; H. Jeanmaire, *Dioniso*, 이탈리아어 판본, Torino 1972, pp. 385~86; *The Homeric Hymn to Demeter*, N. J. Richardson 편집, Oxford 1974, pp. 231 이하 참조. 로도스의 아폴로니오스 (*Argonautica*, IV, 868 이하)는 아킬레우스를 데모폰을 대신하는 인물로, 테티스를 데메테르를 대신하는 인물로, 그리고 펠레우스를 데모폰의 어머니를 대신하는 인물로 설정하여 동일한 신화를 설명한다.

45) W. R. Halliday, "Note on the Homeric Hymn to Demeter, 239 ff." *The Classical Review*, 26(1911), pp. 8~11; Dumézil, *Le problème des Centaures* cit., pp. 185~86; C.-M. Edsman, *Ignis divinus*, Lund 1949, pp. 224~29 참조.

46) 로슨Lawson의 가설(본서, pp. 303~304 참조)은 다음의 연구들을 통해 다른 학자들에게 수용되었다. Dumézil, *Le problème des Centaures* cit., p. 53, 그리고 Gernet, *Anthropologie* cit., p. 170 참조. 켄타우로스*Kentauros*라는 용어는 스키타이족에서 기원한 것이고, 켄타우로스 신화는 중앙아시아 스텝 지역에서 유래한, 기마 유목민들의 이미지가 수정된 것으로 추정된다. J. Knobloch, "Der name der Kentauren," *Serta Indogermanica. Festschrift für Günter Neumann zum 60. Geburtstag*, J. Tischler 편집, Innsbruck 1982, pp. 129~31 참조.

47) L. Mercklin, *Aphrodite Nemesis mit der Sandale*, Dorpat 1854는 다음 연구의 논의를 교묘하게 피해간다. H. Usener, "Kallone," *Rheinisches Museum*, XXIII(1868), pp. 362~63. 외발 샌들의 상징에 암시된 에로틱하고 장례적인 분위기의 극단적인 대조에 대해서는 아이트렘의 피상적인 주석을 보라. S. Eitrem, *Hermes und die Toten*, *Christiania* 1909, pp. 44~45 참조; 페르세포네와 아프로디테의 관계에 대해서는 Zuntz, *Persephone* cit., pp. 174~75 참조. 이 문제 전체에 대해서는 우수한 연구인 W. Fauth, "Aphrodites Pantoffel und die Sandale der Hekate," *Grazer Beiträge*, 12~13(1985~86), pp. 193~211 참조.

48) 이 모든 것에 대해서는 W. Amelung, "Di alcune sculture antiche e di un rito

del culto delle divinità sotterranee," *Dissertazioni della Pontificia Accademia Romana di Archeologia*, s. II, IX(1907), pp. 115~35 참조; 여전히 기본이 되는 연구로는 W. Helbig, *Führer durch die öffentlichen Sammlungen klassischer Altertümer in Rom*, II, Tübingen 1966, pp. 318~19 참조. 아멜룽Amelung의 연구는 다음의 연구와 맥을 같이한다. Gruppe, *Griechische Mythologie* cit., pp. 1332~33, 특히 주석 4(1년 전에 발표되었다). 하지만 아멜룽이 소위 '간청하는 바르베리니supplice Barberini'를 디도와 동일시한 것은 수정되어야 한다. 다음 연구에서 증명되었듯이 그 인물은 칼리스토일 것이다. J. N. Svoronos, "Explication de la 'suppliante' Barberini," *Journal international d'archéologie et numismatique*, XVI, 1914, pp. 255~78 참조. 아멜룽이 제안한 지하 세계의 해석(하지만 아멜룽은 외발 샌들의 특징을 설명하지 못했다)은 다음 연구들에서 뒷받침되었다. W. Deonna, "Essai sur la genèse des monstres dans l'art," *Revue des études grecques*, 28(1915), pp. 288 이하; W. Deonna, "Monokrēpides," *Revue de l'histoire de religions*, 112(1935), pp. 50~72(이전 연구를 확장한 판본이다). 두번째 연구는 J. Brunel, "Jason 'monokrēpis'," *Revue archéologique*, II(1934), pp. 34 이하의 피상적인 주석에 논쟁을 제기한다. 그 외에도 O. Weinrich, *Archiv für Religionswissenschaft*, XXIII(1925), p. 70; W. Kroll, "Unum exuta pedem—ein volkskundliches Seitensprung," *Glotta*, XXV(1937), pp. 152~58 참조. 크롤은 처음에 아멜룽의 해석에 우호적이었지만 나중에는 입장을 바꾸었다. 더 많은 정보는 『아이네이스*Eneide*』(Cambridge, Mass. 1935, pp. 432~33) 제4권에 대한 피즈A. S. Pease의 주해 참조. 중요한 관찰을 보여준 A. Brelich, "Les monosandales," *La nouvelle Clio*, VII~IX(1955~57), pp. 469~84도 참조. 그 외에도 P. Vidal-Naquet & P. Lévêque, "Epaminondas pythagoricien ou le problème tactique de la droite et de la gauche," *Le chasseur noir* cit., pp. 95 이하, 특히 pp. 101~102, 115 이하 참조. 이 문제를 더 많은 참고문헌과 함께 재고찰한 것으로는 L. Edmunds, "Thucydides on monosandalism(3.22.2)," *Studies Presented to Sterling Dow on His Eightieth Birthday*, Durban(N.C.) 1984, pp. 71~75 참조(하지만 이 연구는 해석적 차원에서 완결되지 않았다). 근동의 외발 샌들에 대해서는 Cassin, *Le semblable* cit., pp. 67 이하, 294 이하 참조.

49) *Servii Grammatici qui feruntur in Vergilii carmina commentarii recensuerunt G. Thilo et H. Hagen*, II, rec. G. Thilo, Lipsiae 1884, p. 183 참조. 이 연구는 프레이저에 의해 재인용되었다(J. G. Frazer, *The Golden Bough*, III: *Taboo and the Perils of the Soul*, London 1911, pp. 311 이하). 하지만 프레이저는 아멜룽의 연구를 언급하지 않았다.

50) L. Curtius, *Die Wandmalerei Pompeijs*, Darmstadt 1960(1929년 초판), p. 356 참조. 이 연구는 Brelich, "Les monosandales" cit.에서 언급되었다. 꽤 운 좋게도 에드먼즈는 『전쟁과 평화』의 주인공 피에르 베주호프 역시 프리메이슨 입회의식 때 신발을 벗어야만

했다는 것을 기억했다(Edmunds, "Thucydides" cit., p. 72, 주석 14).

51) *Euripidis Tragoediae*, A. Nauck 편집, III, Lipsiae 1912, n. 534. 테스티오스의 자식들을 살해한 것에 대해서는 Ovidio, *Met.* VIII, 434 이하 참조.

52) *Aristotelis qui ferebantur librorum fragmenta*, collegit V. Rose, Lipsiae 1886, n. 74 참조.

53) 이것은 부차적인 요소가 아니다. 멜레아그로스의 신화는 수평적인 관계(어머니-형제)와 수직적인 관계(어머니-자식)의 반목, 즉 쿠레테스-아이톨리아의 대칭 관계를 중심으로 전개된다. 브루넬(Brunel, "Jason 'monokrēpis'" cit.)은 이아손과 관련하여 "전사의 모습으로 한 발에만 샌들을 신고 있는" 아이톨리아인들이 인용되고 있는 핀다로스(Pindar, *Pyth.* IV, 75)의 주석을 언급한다. 또한 R. Goossens, "Les Étoliens chaussés d'un seul pied," *Revue belge de philologie et d'histoire*, 14(1935), pp. 849~54 참조. 이 연구는 브루넬을 교묘히 피해 플라타이아인들에 대한 투키디데스의 글을 언급한다. 만약 내가 본 게 정확하다면 외발 샌들은 멜레아그로스의 신화를 묘사한 로마 석관에 등장하지 않는다(그 외에도 G. Koch, *Die mythologischen Sarkophage*, VI: *Meleager*, Berlin 1975; G. Daltrop, *Die kalydonische Jagd in der Antike*, Hamburg-Berlin 1968 참조).

54) Vidal-Naquet & Lévêque, "Epaminondas Pythagoricien" cit., pp. 116~17 참조. 이 연구는 그리스 신화의 이아손과 관련하여 다음의 연구를 상기시킨다. Vidal-Naquet, "Le chasseur noir et l'origine de l'éphébie athénienne," *Le chasseur noir* cit., pp. 154~55. 에드먼즈(Edmunds, "Thucydides" cit.)에 따르면 플라타이아인들의 외발 샌들과 헤르니키인들의 외발 샌들은 별개의 사례에 해당한다.

55) Pindaro, *Pythiche*, IV, 97 참조.

56) 이러한 논리 전개(그 배경은 그리스로만 국한되지 않는다)는 Brelich, "Les mono-sandales" cit.에서 이미 제기된 바 있다. 이 연구는 설득력은 없지만 일반적인 차원의 해결책을 제시했다(한 발에만 샌들을 신은 인물들은 혼돈에 맞서 우주를 대표하는 것처럼 보인다). 보다 덜 엄격한 관점에 대해서는 Deonna, "Monokrēpides" cit., 특히 p. 69 참조. 확장된 차원의 비교 연구에 대한 브렐리히의 제안은 다음의 연구에서 또다시 제기되었다. Vidal-Naquet & Lévêque, in *Le chasseur noir* cit., p. 102, 주석 31 참조. 지하 세계로의 통로와 다소 직접적으로 관련된 켈트족의 유사 사례는 다음의 연구에서 인용되었다. P. MacCana, "The Topos of the Single Sandal in Irish Tradition," *Celtica*, 10(1973), pp. 160~66(참고문헌 포함) 참조. 이 연구를 알려준 엔리카 멜로시Enrica Melossi에게 고마움을 전한다.

57) 필록테테스, (앞서 살펴본) 텔레포스, 그리고 이아손의 관계에 대해서는 Gruppe, *Griechische Mythologie* cit., p. 635; L. Radermacher, "Zur Philoktetsage," *Mélanges H. Grégoire*, I, Paris 1949, pp. 503~509; C. Kerényi, *Gli dei e gli eroi della Grecia*, 이탈리아어 판본, II, Milano 1963, p. 320 참조. 카신은 근동 지역의 텍스트와 문서 들

을 분석하면서 절뚝거림과 외발 샌들 간에 긴밀한 관계가 있음을 보여주었으며(Cassin, *Le semblable* cit., pp. 16 이하, 50 이하, 294 이하 참조), 또한 비대칭의 좀더 보편적인 개념들과의 관계를 강조했다(특히 p. 84 참조). 이와 유사한 결론에 대해서는 본서, pp. 429~30 참조. 발 또는 발자국에 대한 다른 상징적 암시들에 대해서는 W. Speyer, "Die Segenskraft des 'göttlichen' Fusses," *Romanitas et Christianitas. Studia Iano Henrico Waszink... oblata*, Amsterdam/London 1973, pp. 293~309 참조.

58) 나는 뛰어난 연구인 P. Vidal-Naquet, *Il 'Filottete' di Sofocle e l'efebia*(in Vernant & Vidal-Naquet, *Mito e tragedia* cit., pp. 145~69)를 참조했다. 또한 나는 앞의 주석 48에서 인용된 동일한 저자의 다른 연구들을 일부 결합시켰다. M. Massenzio, "Anomalie della persona, segregazione e attitudini magiche. Appunti per una lettura del 'Filottete' di Sofocle," *Magia. Studi di storia delle religioni in memoria di Raffaela Garosi*, Roma 1976, pp. 177~95. 이 연구는 '주술사'에 비유되는 필록테테스가 "하데스에 도달한 사람의 상태와 같은"(v. 861) 깊은 잠에 주기적으로 빠져들었음을 강조했다. 하지만 그는 샤머니즘에 대한 특정 연구(p. 185, 주석 2)에 의존했다.

59) 그의 정체성은 비소바G. Wissowa에 의해 부정되었다(Roscher, *Ausführliches Lexikon* cit., I, col. 844, '카이쿨루스' 참조). 그 대신 W. F. Otto, "Römische 'Sondergötter'," *Rheinisches Museum*, 64(1909), pp. 453~54 참조. 무엇보다도 A. Brelich, *Tre variazioni romane sul tema delle origini*, Roma [1955], pp. 9~47, 특히 pp. 34 이하 참조. 다른 정보들에 대해서는 A. Alföldi, *Die Struktur des voretruskischen Römerstaates*, Heidelberg 1974, pp. 184~85 등; A. Alföldi, *Römische Frühgeschichte*, Heidelberg 1976, p. 25 참조. 두번째 연구에서 카이쿨루스와 불카누스(에트루리아어로 벨카노스*Velchanos*)의 관계는 로마가 에트루리아인들의 지배를 극복했다는 증거로 간주된다. Bremmer & Horsfall, *Roman Myth* cit., pp. 49~62 참조(하지만 카이쿨루스의 외발 샌들에 대한 연구는 보이지 않는다).

60) "*Hunc [Caeculum] legio late comitatur agrestis (...) / Non illis omnibus arma / Nec clipei currusve sonant; pars maxima glandes / liventis plumbi spargit, pars spicula gestat / bina manu, fulvosque lupi de pelle galeros / tegmen habent capiti; vestigia nuda sinistri / instituere pedis, crudus tegit altera pero.*" K. Meuli, "Altrömischer Maskenbrauch," *Gesammelte Schriften* cit., pp. 269~70 참조. 하지만 이 연구는 카이쿨루스가 이끄는 무리의 원시적인 성격에 대해서만 지적한다. 갈레루스*galerus*는 그리스의 쿠네*Kuneē*, 즉 하데스의 투구 또는 암흑의 투구를 가리킨다. 하데스의 모자에 대해서는 본서, p. 283 참조.

61) 본서, p. 343 참조.

62) 이 모든 것에 대해서는 Brelich, *Tre variazioni* cit. 참조. 카이쿨루스와 도적(그리고 식인 거인으로 알려진) 카쿠스가 동일한 인물인지에 대해서는 논쟁이 계속되고 있다. 다음 연구의 참고문헌 참조. J. P. Small, *Cacus and Marsyas in Etrusco-Roman Legend*,

Princeton(N. J.) 1982, p. 33, 주석 98(부정적인 견해를 드러낸다).

63) 무엇보다 O. Rank, *Il mito della nascita dell'eroe*, 이탈리아어 판본, Milano 1987(초 판은 1909년에 출판되었으며 내용 보강을 거쳐 여러 차례 재출간되었다); Lord Raglan, *The Hero. A Study in Tradition, Myth and Drama*, London 1936; G. Binder, *Die Aussetzung des Königskindes. Kyros und Romulus*, Meisenheim am Glan 1964(카 이쿨루스에 대해서는 pp. 30~31) 참조. 서로 무관한 앞의 두 연구에 대해서는 날카로 운 논문인 A. Taylor, "The Biographical Pattern in Traditional Narrative," *Journal of the Folklore Institute*, I(1964), pp. 114~29 참조. 이 논문은 프로프의 연구(*Morfologia della fiaba*)도 논쟁의 대상으로 간주한다(하지만 루리아의 연구는 무시했다). 반면 다 음의 연구는 매우 피상적이다. D. Skeels, "The Psychological Patterns Underlying the Morphologies of Propp and Dundes," *Southern Folklore Quarterly*, 31(1967), pp. 244~61. 이 모든 것에 대해서는 Bremmer & Horsfall, *Roman Myth* cit., pp. 27~30 참조.

64) 루키아노스는 이미 이러한 사실을 지적한 바 있으며, 이와 관련하여 암캐에 의해 양육 된 키루스의 이야기를 언급하고 있다(*Sui sacrifizi*, 5). 그 외에도 폭넓게 기술하고 있 는 Cl. Eliano, *Varia Historia*, II, 42 참조. 오이디푸스와 모세의 관계에 대해서는 다음 의 가설을 보라. S. Levin, "Jocasta and Moses' Mother Jochebed," *Teiresias*, suppl. 2(1979), pp. 49~61; 전반적으로는 M. Astour, *Hellenosemitica*, Leiden 1965, pp. 152~59, 220~24 참조.

65) I. Kertész, "Der Telephos-Mythos und der Telephos-Fries," *Oikumene*, 3(1982), pp. 203~15, 특히 pp. 208~209 참조.

66) Apollodoro, *La biblioteca*, I, 9, 8; Binder, *Die Aussetzung* cit., pp. 78 이하 참 조. 이 연구는 다음의 연구에 근거한다. C. Trieber, "Die Romulussage," *Rheinisches Museum*, 43(1888), pp. 569~82(그리고 Momigliano, *Terzo contributo* cit., I, p. 62 참조). 그 외에도 Pauly-Wissowa, *Real-Encyclopädie* cit., col. 1090에서 'Romulus' 항목 참조.

67) 청년들의 신화적 모델로서 왕의 유년 시절에 대해서는 Jeanmaire, *Couroi et Couretes* cit., pp. 371 이하 참조(Vidal-Naquet, *Il 'Filottete'* cit., p. 157도 참조). 오이디푸스의 어린 시절과 영웅의 어린 시절에 대한 신화의 관계에 대해서는 Propp, *Edipo* cit., pp. 104~105, 116 참조. 키루스의 이야기와 킵셀로스Kypselos의 이야기 간의 유사성(궁극 적으로 오이디푸스의 이야기와 연관된다)에 대해서는 Vernant, *Le tyran boiteux* cit. 참 조. 전자가 먼저이거나 양측 모두 이전 모델의 영향을 받았다는 가설을 설정한 연구로는 Wehrli, "Oidipus" cit., pp. 113~14 참조.

68) 이리저리 분산된 자료들을 잘 검토하면 육체적 결함에 대한 암시들을 통합할 수 있을 것 이다. Rank, *Il mito* cit., p. 99; Binder, *Die Aussetzung* cit., p. 15 참조. 후자의 연 구는 신화에서 어린아이들이 현실에서보다 더욱 자주 노출되고 있었다는 점을 주목한

다. 이러한 연관성에 대해서는 W. V. Harris, "The Theoretical Possibility of Extensive Infanticide in the Graeco-Roman World," *Classical Quarterly*, 32(1982), pp. 114~16 및 참고문헌 참조.

69) 다음 연구의 가벼운 논의를 보라. S. Sas, *Der Hinkende als Symbol*, Zürich 1964, pp. 117~20. 일화에 담긴 민속적 암시에 대해서는 E. Meyer, *Die Israeliten und ihre Nachbarstämme*, Halle a. S. 1906, pp. 51 이하 참조. 같은 맥락에서 H. Gunkel, "Jakob," *Preussische Jahrbücher*, 176(1919), pp. 339 이하, 특히 p. 349; H. Gunkel, *Das Märchen im Alten Testament*, Tübingen 1921, pp. 66 이하 참조. 후자의 연구는 수탉이 울 때까지 세 시간 동안 흡혈귀와 싸움을 벌인 후 부상을 입고 집으로 돌아오는 인간에 대한 보스니아 우화를 인용한다. 군켈이 강조한 병의 원인에 대한 암시(좌골 신경을 먹는 것에 대한 금지; 「창세기」 32장 33절)는 이야기의 의미를 충분히 설명하지 못한다. 「열왕기상」 18장 26절(바알 예언자들의 절름발이 춤)과의 비교에 대해서는 W. O. E. Oesterley, *The Sacred Dance. A Study in Comparative Folklore*, New York 1923, pp. 11~114 참조. 다른 연구들은 텍스트의 복잡한 지층 구조를 강조한다. F. van Trigt, "La signification de la lutte de Jacob près du Yabboq...," *Oudtestamentische Studien*, XII(1958), pp. 280~309; 참고문헌에 대해서는 R. Martin-Achard, "Un exégète devant 'Genèse' 32, 23~33," *Analyse structurale et exégèse biblique*, Neuchâtel 1971, pp. 41~62 참조. 같은 책(pp. 27~39)에서 롤랑 바르트R. Barthes가 별다른 어려움 없이 프로프의 범주를 성경에서 발견한 것은 중요하다. 나보다 먼저 야곱에 대해 연구한 스테파노 레비 델라 토레에게 고마움을 표한다.

70) 세르비우스(*Commentarii* cit., p. 181)는 카이쿨루스의 이름을 그의 탄생 배경과 관련지으려 한다("*quia oculis minoribus fuit: quam rem frequenter efficit fumus*"). 눈을 잃은 영웅인 오라치오 코클리테Orazio Coclite와 손이 잘린 영웅인 무치오 세볼라 Muzio Scevola 간의 구조적인 상관관계에 대해서는 G. Dumézil, "'Le Borgne' and 'Le Manchot': The State of the Problem," *Myth in Indo-European Antiquity*, G. J. Larson 편집, Berkeley 1974, pp. 17~28 참조. (불카누스의 성소인 불카날에 동상이 있는) 코클리테와 카이쿨루스의 관계에 대해서는 Brelich, *Tre variazioni* cit., pp. 34 이하 참조. 카이쿨루스와 오이디푸스의 관련성에 대한 논의가 제시된 바 있는지는 확인할 수 없다.

71) A. Alföldi, "Königsweihe und Männerbund bei den Achämeniden," *Heimat und Humanität. Festschrift für Karl Meuli zum 60. Geburtstag*, Basel 1951, pp. 11~16 참조(이 연구는 회플러O. Höfler, 바이저-알L. Weiser-Aall 등의 남성 집단 *Männerbünde* 연구를 언급하고 있다. 이에 대해서는 본서 제2부 3장 주석 2 참조). 그 외에도 Binder, *Die Aussetzung* cit.; Bremmer, "The 'suodales'" cit., pp. 144~46 등; 다른 유익한 정보에 대해서는 A. Napoli, "I rapporti tra Bruzi e Lucani," *Studi e materiali di storia delle religioni*, XXXVII(1966), pp. 61 이하 참조(추가로 D.

Briquel, "Trois études sur Romulus," *Recherches sur les religions de l'antiquité classique*, R. Bloch 편집, Genève 1980, p. 289 참조).

72) 다마스쿠스의 니콜라우스Nicola di Damasco의 저술에서도 드러나는 세부 사항은『오디세이아』(제11권 287행 이하)를 넌지시 암시한다. 이에 대해서는 W. Pötscher, "Die Oidipus-Gestalt," *Eranos*, 71(1973), pp. 23~25 참조. 다음의 연구가 제기한 혼란은 따라서 부적절해 보인다. J. Rudhardt, "Œdipe et les chevaux," *Museum Helveticum*, 40(1983), pp. 131~39.

73) Gernet, *Anthropologie* cit., pp. 154~71 참조. 이 연구는 돌론Dolone이 그리스의 들판으로 떠난 야간 여행(『일리아스』 제10권)을 다룬다. 더불어 다음의 분석을 유념해야 한다. A. Schnapp-Gourbeillon, *Lions, héros, masques*, Paris 1981, pp. 112 이하. 그 외에도 H. J. Rose, "Chthonian Cattle," *Numen*, I(1954), pp. 13~27; C. Gallini, "Animali e al di là," *Studi e materiali di storia delle religioni*, XXX(1959), pp. 65 이하, 특히 p. 81; B. Lincoln, "The Indo-European Cattle-Raiding Myth," *History of Religions*, 16(1976), pp. 42~65; Walcot, "Cattle Raiding" cit.; B. Bravo, "Sulan," *Annali della Scuola Normale Superiore di Pisa*, Classe di lettere, ecc., III, 10(1980), pp. 954~58; F. Bader, "Rhapsodies homériques et irlandaises," *Recherches sur les religions* cit., pp. 9~83 참조.

74) Burkert, "Heracles and the Master of Animals" cit., pp. 78 이하 참조.

75) O. Maenchen-Helfen, "Herakles in China," *Archiv Orientalní*, 7(1935), pp. 29~34 참조.

76) Burkert, "Heracles" cit., pp. 86~87 참조.

77) *Edipo re*, vv. 300~462 참조. 티레시아스의 지팡이에 대해서는 Kerényi, *Gli dei* cit., II, p. 102 참조.

78) 멜람푸스에 대해서는 Nilsson, *Geschichte* cit., pp. 615 이하 참조. 그리스 샤머니즘에 대해 말할 가능성에 대해서는 Meuli, "Scythica" cit.; Dodds, *I Greci e l'irrazionale* cit., pp. 159 이하 참조. 좀더 신중한 연구로는 W. Burkert, "GOES. Zum griechischen Schamanismus," *Rheinisches Museum*, 105(1962), pp. 36~55; W. Burkert, *Weisheit und Wissenschaft*, Nürnberg 1962, pp. 123 이하 참조. 날카로운 비평으로는 Bremmer, *The Early Greek Concept* cit. 참조. 부르케르트에 가까운 중간적 입장으로는 I. P. Couliano, *Esperienze dell'estasi dall'Ellenismo al Medioevo*, 이탈리아어 판본, Bari 1986, pp. 19 이하 참조. 레비-스트로스의 오이디푸스가 스타이너(G. Steiner, *After Babel*, Oxford 1975, p. 29)에 의해 '절름발이 샤먼'으로 불린 것은 주목할 만하다.

79) Diogene Laerzio, *Vite dei filosofi*, VIII. 11과 VIII. 69 참조. 여기에서 서술된 해석은 피타고라스와 관련하여 부르케르트가 제시한 것을 발전시키고 있다(Burkert, *Weisheit* cit., p. 134 참조; 부르케르트는 제우스의 허벅지에서 출생한 디오니소스와의 연관성을 추측한다. 아래 주석 82도 참조); Burkert, "Das Proömium des Parmenides und die

Katabasis des Pythagoras," *Phronesis*, XIV(1969), pp. 1~30도 참조. 후자의 연구는 종종 프리기아-아나톨리아의 대모와 연관된 허벅지 상처가 샤먼들의 상징적 절단처럼, 입회의식의 가치를 가지고 있음을 보여준다. 엠페도클레스의 모습에서 드러나는 샤머니즘적 요소에 대해서는 다음의 반대되는 의견을 참조하라. Dodds, *I Greci* cit., pp. 182 이하. 그리고 C. H. Kahn, "Religion and Natural Philosophy in Empedocles' Doctrine of the Soul," *Archiv für Geschichte der Philosophie*, 42(1960), pp. 30~35. 그 외에도 Couliano, *Esperienze* cit., pp. 26~27 참조.

80) 블로크는 이러한 비교를 '수맥 찾는 사람의 쇠막대기'에 비유했다(M. Bloch, "Pour une histoire comparée des sociétés européennes," *Mélanges historiques*, I, Paris 1963, p. 22).

81) 이에 대해 나는 다른 관점에서 수집된 문서들을 주로 참조했다. M. Detienne, *Dioniso a cielo aperto*, 이탈리아어 판본, Bari 1987, pp. 63~81. 그 외에도 J.-P. Vernant, "Le Dionysos masqué des 'Bacchantes' d'Euripide," *L'homme*, XXV(1985), pp. 31~58 참조.

82) Burkert, *Greek Religion* cit., p. 165 참조. 부르케르트는 입회의식의 함의가 있음을 주목한다. 논누스Nonnus는 『디오니소스 이야기*Dionisiache*』(IX, vv. 8~22)에서 시라쿠사의 방언 '니소스*nysos*'가 절름발이를 의미한다는 사실에 주목하면서, 디오니소스의 이름을 '절름발이 제우스'로 해석한다(이 사실을 알려준 가브리엘 살라Gabriel Sala에게 고마움을 전한다).

83) K. Latte, "Askoliasmos," *Hermes*, 85(1957), pp. 385~91 참조(드티엔에 의해서도 언급되었다). 그 외에도 W. Deonna, *Un divertissement de table 'à cloche-pied*,' Bruxelles 1959, pp. 28~29, 36~39 참조.

84) Latte, "Askoliasmos" cit., pp. 385~86 참조(Eliano, *De natura animalium*, 3, 13을 인용했다).

85) 이러한 가설을 언급한 것으로는 H. Diels, "Das Labyrinth," *Festgabe von Fachgenossen und Freunden A. von Harnack zum siebzigsten Geburtstag...*, Tübingen 1921, pp. 61~72, 특히 p. 67, 주석 2. 그 외에도 U. Wilamowitz-Moellendorff, *Griechische Verskunst*, Berlin 1921, p. 29; K. Friis Johansen, *Thésée et la danse à Délos*, København 1945, p. 12; P. Bruneau, *Recherches sur les cultes de Délos*, Paris 1970, pp. 29 이하, 특히 p. 31 참조. H. von Petrikovits, "Troiaritt und Geranostanz," *Beiträge zur älteren europäischen Kulturgeschichte, Festschrift für Rudolf Egger*, I, Klagenfurt 1952, pp. 126~43도 참조. 다음 연구는 방대한 자료를 수집했지만 비평적 감각은 부족하다. H. Lucas, *Der Tanz der Kraniche*, Emsdetten 1971. 다음 연구의 전반적인 해석은 설득력이 약하다. M. Detienne, "La grue et la labyrinthe," *Mélanges de l'Ecole Française de Rome, antiquité*, 95(1983), pp. 541~53.

86) D. C. Fox, "Labyrinth und Totenreich," *Paideuma*, I(1940), pp. 381~94 참조. 주

로 성상 연구를 다룬 자료들에 대해서는 H. Kern, *Labirinti*, Milano 1981 참조.

87) Jeanmaire, *Dioniso* cit., pp. 46~54; Bremmer, *The Early Greek* cit., pp. 108~23; Burkert, *Greek Religion* cit., pp. 237~40 참조.

88) 델피 성소에서의 디오니소스의 존재, 그리고 두 신의 관계에 대해서는 전반적으로 Jeanmaire, *Dioniso* cit., pp. 187~98 참조.

89) Lucas, *Der Tanz* cit., p. 6, tav. 1 참조.

90) *I presocratici*, A. Pasquinelli 편집, Torino 1958, pp. 189~90; Jeanmaire, *Dioniso* cit., pp. 46~54 참조. 스칸디나비아 문화에서 넘어지는 행동을 죽음의 전조로 간주한 것에 대해서는 B. Almqvist, "The Death Forebodings of Saint Oláfr, King of Norway, and Rögnvaldr Brúsason, Earl of Orkney," *Béaloideas*, 42~44(1974~76), pp. 1~40 참조(우수하지는 않다). 레비-스트로스는 완전히 독자적으로, 넘어지는 행동을 의사소통의 결점에 대한 상징으로 보고 있다(Lévi-Strauss, "Mythe et oubli," *Le régard éloigné* cit., pp. 253 이하, 특히 p. 259).

91) M. Granet, "Remarques sur le Taoïsme ancien," *Asia Major*, 2(1925), pp. 146~51; M. Granet, *Danses et légendes de la Chine ancienne*, Paris 1926, II, pp. 466 이하, 549 이하; M. Kaltenmark, "Ling-Pao: Note sur un terme du Taoïsme ancien," *Mélanges publiés par l'Institut des Hautes Etudes Chinoises*, II, Paris 1960, pp. 559~88, 특히 pp. 572~73; M. Kaltenmark, "Les danses sacrées en Chine," *Les danses sacrées*, Paris 1963, p. 444; W. Eberhard, *The Local Cultures of South and East China*, 재판, Leiden 1968, pp. 72~80, 특히 pp. 74~75 참조. 샤머니즘 의식을 거행하는 도중에 얼굴을 가리는 관습에 대해서는 본서, pp. 467 이하 참조.

92) Granet, *Danses* cit., II, pp. 550, 주석 3, pp. 552 이하, pp. 575~76; Eberhard, *The Local Cultures* cit., p. 74 참조.

93) Granet, *Danses* cit., pp. 221~22 참조.

94) 하이네-겔데른(Heine-Geldern, "Das Tocharerproblem" cit., p. 252)은 암스트롱이 제기한 확산 이론을 신중하게 소개했다. E. A. Armstrong, "The Crane Dance in East and West," *Antiquity* 17(1943), pp. 71~76. 최근 레비-스트로스는 그리스 신화(예를 들어 미다스 신화)와 일본의 전설이 보여주는 몇 가지 유사성을 설명하기 위해 중앙아시아 공통의 기원의 유사성을 제안했다.

95) Granet, *Danses* cit., I, p. 326, 주석 1, 그리고 Kaltenmark, "Ling-Pao" cit., p. 578 참조; 열두 동물 십이지의 의식에 대해서는 본서, pp. 349~50 참조.

96) J. G. Frazer, *The Golden Bough, IX: The Scapegoat*, New York 1935, pp. 324 이하 (참고문헌 포함) 참조. 프레이저는 음력과 양력 사이에 12일을 삽입시키는 이론을 따른다. A. Van Gennep, *Manuel de folklore français contemporain*, I, VII, 1: *Cycle des Douze Jours*, Paris 1958, pp. 2856 이하, 특히 pp. 2861~62. 여기서 방주네프는 12일 주기의 슬픈 속성보다 축제적 속성을 설명하는 데 실패했기 때문에 장례의 요인들을 중

심으로 하는 해석들을 획일적으로 판단하면서 여러 해석에 대해 논하고 있다. 이러한 표면적인 평가는 풍요와 불행을 동시에 가져다주는, 죽은 자들의 모순적인 특징들을 무시하는 것처럼 보인다. 이러한 평가는 양가성이라는 개념과 마주쳤을 때 신뢰를 잃게 된다 (방주네프의 연구에서 흔한 현상이다).

97) 본서, pp. 280~81, 303 참조. 두 현상의 유사성을 주목한 것으로는 B. Schmidt, *Das Volksleben der Neugriechen und das hellenische Alterthum*, I, Leipzig 1871, p. 154, 주석 1 참조.

98) 소콜리체크가 무질서하게 수집한 자료를 참조하라. F. Sokoliček, "Der Hinkende in brauchtümlichen Spiel," *Festgabe für Otto Höfler zum 65. Geburtstag*, II, Wien 1968, pp. 423~32. 그 밖의 자료들은 R. Stumpfl, *Kultspiele der Germanen als Ursprung des mittelalterlichen Dramas*, Berlin 1936, pp. 325 이하 참조. 이 연구는 회플러의 연구로부터 많은 영향을 받았다. D. Strömbäck, "Cult Remnants in Icelandic Dramatic Dances," *Arv*, 4(1948), pp. 139~40도 참조(절름발이 말의 춤은 17세기 말과 18세기 초 사이의 기록으로 증명되었다).

99) 레비-스트로스가 신화적, 의식적 절뚝거림의 문제를 공식화하는 과정에서 범한 실수는 아이러니하게도, 그 자신보다는 프레이저에게 더 큰 영향을 주었다고 할 수 있다.

100) 닐슨(Nilsson, "Der Oidipusmythos" cit.)은 로베르트C. Robert가 오이디푸스를 '1년 주기의 신*Jahresgott*'으로 해석한 것을 분명하게 거부했다.

101) 헤르츠R. Hertz가 매장 의식 분석을 통해 이동 의식의 범주를 발견한 것은 큰 의미를 가진다.

102) Sas, *Der Hinkende als Symbol* cit. 참조(융의 심리학적인 분석으로부터 분명한 영향을 받았다). 이와 유사하지만 독자적인 관점으로는 T. Giani Gallino, *La ferita e il re. Gli archetipi femminili della cultura maschile*, Milano 1986, pp. 37~46 참조. 이 연구는 상당히 논쟁적인 논의를 전개하며 신화 속의 절뚝거림을 월경과 연결시킨다(예를 들어 p. 43 참조).

103) R. Needham, *Primordial Characters*, Charlottesville 1978을 발전시킨 연구인 R. Needham, "Unilateral Figures," *Reconnaissances*, Toronto 1980, pp. 17~40 참조. (pp. 45~46에서 융의 가정과 관련하여 부분적인 차이점들을 제한하는 것은 별로 설득력이 없어 보인다).

104) E. Neumann, *Die grosse Mutter*, Zürich 1956 참조. 이러한 개념의 경험적 기반에 대한 비판으로는 P. Y. Ucko, *Anthropomorphic Figurines of Predynastic Egypt and Neolithic Crete...*, London 1968 참조.

105) Needham, *Reconnaissances* cit., pp. 34 이하 참조.

106) 같은 책. 니덤이 인용한 연구들 중에서 내가 읽은 것은 다음과 같다. D. Zahan, "Colors and Body-Painting in Black Africa: The Problem of the 'Half Man'," *Diogenes*, 90(1975), pp. 100~19; A. Szabó, "Der halbe Mensch und der Biblische

Sündenfall," *Paideuma*, 2(1941~43), pp. 95~100; A. E. Jensen, "Die mythische Vorstellung vom halben Menschen," *Paideuma*, 5(1950~54), pp. 23~43. 위의 연구들 중에 처음 두 연구서의 내용은 깊이가 없고, 두번째와 세번째는 유럽중심주의적 형이상학에 의해 변형되었다. 다른 자료들에 대해서는 D. J. Ray, *Eskimo Masks*, 1967, pp. 16, 187~88 참조.

107) A. Castrén, *Nordische Reisen und Forschungen*, 독일어 판본, IV, St. Petersburg 1857, pp. 157~64(니딤은 다음 연구를 통해 이를 인용했다. G. Hatt, *Asiatic Influences in American Folklore*, København 1949, pp. 87~89). 특정 문화권들에서 획일적인 인간의 이미지가 다른 중요성을 가질 가능성은 확실히 배제될 수 없다. J. Galinier, "L'homme sans pied. Métaphores de la castration et imaginaire en Mésoamérique," *L'homme*, XXIV, 1984, pp. 41~58. 이 연구가 제안하는 것과 같은 정신분석학적 해석은, 스스로 한 다리를 일시적으로 없애고 여성으로 변신하기 전에 새의 모습으로 날아가는 멕시코의 오토미Otomi족이 사실상 샤먼이라는 점에 별다른 의미를 부여하지 않는다(pp. 45~46).

108) C. Foulon, "Un personnage mystérieux du roman de 'Perceval le Gallois': l''eschacier' dans la seconde partie du 'Perceval'," *The Legend of Arthur in the Middle Ages. Studies Presented to A. H. Diverres*, P. B. Grout 등 편집, Cambridge 1983, pp. 66~75 참조. 이 논문은 루미스의 연구(R. S. Loomis, *Arthurian Tradition and Chrétien de Troyes*, New York 1949, pp. 443~47)를 효과적으로 반박한다. 이 연구에 따르면 'eschacier'(다리가 하나인 남자)는 크레티앵이 혹은 그가 가져온 자료가 'eschaquier'(체스판)를 잘못 해석한 결과로 추정된다. 실제로 『갈리아인 퍼시벌*Perceval le Gallois*』의 세 가지 필사본에서 드러나듯이(루미스는 다르게 해석한다) 'eschaquier'가 읽기 쉽다*lectio facilior*. 루미스의 가설을 따른 것으로는 Riemschneider, *Miti pagani* cit., pp. 34~35. 다리가 하나인 사람이 켈트족 문화권에서 기원했다는 점은 중요하다. S. M. Finn, "The 'Eschacier' in Chrétien's Perceval in the Light of Medieval Art," *The Modern Language Review*, XLVII(1952), pp. 52~55; P. MacCana, *Branwen*, Cardiff 1958, pp. 39 이하; J. Le Goff, *Il meraviglioso* cit., p. 126, 주석 73 참조. H. Wagner, "Studies in the Origins of Early Celtic Civilisation," *Zeitschrift für celtische Philologie*, 31(1970), p. 26, 주석 32. 이 연구는 신들과 신체의 일부가 변형된 포모리안*Fomorians*들이 하늘에서 벌이는 전투를(시 「투레드 평원의 전투Mag Tured」에서 묘사된 것처럼) 비를 몰고 오는 북부의 황소가 가뭄을 몰고 오는 손과 다리와 눈이 하나씩인 악마와 대적해 구름 사이에서 전투를 벌이는 (레티살로T. Lehtisalo가 묘사한) 사모예드 신화에 근거해 밝히려고 한다(이와 관련하여 앞의 주석 107에서 언급한 사모예드 우화 참조). 은으로 된 다리를 가진 남자의 샤머니즘적인 함의는 다음의 연구에서 강조되었다. C. Corradi Musi, "Sciamanesimo ugrofinnico" cit., p. 60. 아서왕의 전설에서 묘사된 다른 세계로의

여행이라는 주제에 대해서는 본서, pp. 197~98 참조.

109) 플라톤이 『향연Simposio』에서 언급한 신화, 즉 둘로 쪼개진 인간이 하나로 결합하는 것이 사랑이라는 이야기를 주목한 사보(A. Szabó, "Der halbe Mensch" cit., p. 97)의 접근은 핵심에서 벗어난 것이다.

110) 이런 이유로 곰과 원숭이처럼 직립보행 능력을 가진 다른 종들을 통해 인류에게 다의적인 반응이 제기되었다. 인류의 진화에서 직립보행이 갖는 중요성은 A. Leroi-Gourhan, *Le geste et la parole. Technique et langage*, Paris 1964(이탈리아어 판본, *Il gesto e la parola*, Torino 1977).

111) Dumézil, *Storie degli Sciti* cit., p. 94 참조. 소슬란에 상응하는 치르카시아족 인물, 즉 모든 것을 변형시키는 능력을 가진 일종의 샤먼은 '비틀린 다리를 가진 주술사'로 풍자적으로 정의되었다(같은 책, p. 271).

112) 벤야민W. Benjamin은 1937년 8월 5일 숄렘G. Scholem에게 보낸 서신에서, 융의 심리학을 "극악스러운 것"이며, 이에 "선의의 주술로 맞서기를" 원한다고 말했다(W. Benjamin & G. Scholem, *Teologia e utopia. Carteggio 1933~1940*, 이탈리아어 판본, Torino 1987, p. 232).

113) 이 모든 것에 대한 성찰에 유용한 요인들에 대해서는 J. Fédry, "L'expérience du corps comme structure du langage. Essai sur la langue sàr(Tchad)," *L'homme*, XVI(1976), pp. 65~107 참조. 전반적으로는 G. R. Cardona, *I sei lati del mondo*, Bari 1985 참조.

114) R. Jakobson, "Segno zero," *Universali linguistici*, F. Ravazzoli 편집, Milano 1979, pp. 85~95 참조.

115) 다음의 뛰어난 운문 참조. Lucrezio, *De rerum natura*, III, vv. 830 이하.

116) 영웅이 사후 세계로 여행하는 것을 다룬 서사시 주제와 우화의 관계에 대해서는 L. Radermacher, *Das Jenseits im Mythos der Hellenen*, Bonn 1903, pp. 28~29, 주석 2 등, 그리고 특히 K. Meuli, *Odyssee und Argonautika. Untersuchungen zur griechischen Sagengeschichte und zum Epos*, 1921(rist. anast. Utrecht 1974), 특히 pp. 22~23 참조. 호이슬러(A. Heusler, "Altnordische Dichtung und Prosa von jung Sigurd," *Sitzungsberichte der preussischen Akademie der Wissenschaften*, phil.-hist. Klasse, 1919, I, p. 163)는 아래 주석 119에서 인용된 폰 데어 라이엔F. von der Leyen의 연구에 간접적으로 의지한다. 주술 우화와 신화의 관계에 대해서는 프로프의 연구(Propp, *Morfologia* cit., pp. 96, 106~107) 외에도, 다음의 연구에서 분석된 내용을 참조. W. Benjamin, "Il narratore. Considerazioni sull'opera di Nicola Leskov," *Angelus Novus*, 이탈리아어 판본, Torino 1962, pp. 253~54.

117) 주술 우화의 구조와 영혼이 사후 세계를 순례한다는 신앙 간의 역사적인 연결 고리에 대한 프로프의 가설(Propp, *Morfologia* cit., pp. 112~13)은 Propp, *Le radici storiche delle fiabe di magia* cit.에서 발전되었으며, 그 과정에서 의식적 맥락과의 관

계가 드러났다. 이러한 관점의 변화는 책이 출간될 때의 정치적 분위기에 일정 부분 영향을 받은 데서 비롯된 듯하다. 어쨌든 두 연구서는 비록 차이가 크기는 하지만, 같은 프로젝트의 일부였으며, 이 같은 사실은 다음 연구의 부록에 회고적 논평으로 실렸다. Propp, *Morfologia della fiaba*(원래 제목은 *Morfologia della fiaba di magia*이다) cit., pp. 208~10 참조. 프로프에 대해서는 R. Breymayer, "Vladimir Jakovlevič Propp(1895~1970), Leben, Wirken und Bedeutsamkeit," *Linguistica Biblica*, 15~16(April 1972), pp. 36~77; I. Levin, "Vladimir Propp: an Evaluation on His Seventieth Birthday," *Journal of the Folklore Institute*, 4(1967), pp. 32~49; A. Liberman 서문, V. Propp, *Theory and History of Folklore*, Minneapolis 1984 참조. *Le radici storiche* cit.에서 폭넓게 논의된 여러 우화들에 입회의식의 주제가 있다는 점은, 다음의 연구가 (당시로서는 유행이 지난 태양 신화에 영향을 받은 관점으로서) 앞서 제안한 바 있었다. P. Saintyves [E. Nourry], *Les contes de Perrault et les récits parallèles...*, Paris 1923, pp. xx, 245 이하(Pollicino), 374 이하(Barbablú) 등. 프로프는 이 책을 읽고 인용했지만, 다음의 중요한 연구는 참조하지 않았다. H. Siuts, *Jenseitsmotive in deutschen Volksmärchen*, Leipzig 1911. 이 연구는 폰 데어 라이엔(von der Leyen, "Zur Entstehung des Märchens" cit.)의 몇 가지 관측들을 독창적인 방식으로 발전시킨 것이다.

118) Propp, *Morfologia* cit., pp. 107~10 참조. 이 연구서는 두 유형이 그 기원에서부터 역사적으로 구분되었을 (증명 불가능한) 가능성을 배제하지 않는다.

119) 이는 타일러E. B. Tylor의 이론으로, 폰 데어 라이엔의 연구(von der Leyen, "Zur Entstehung des Märchens" cit.)에서 인용된 많은 문서 자료들의 도움으로 다시 제시되었다[*Archiv für das Studium der neueren Sprachen und Literatur*, 113(1903), pp. 249~69; 114(1904), pp. 1~24; 115(1905), pp. 1~21, 273~89; 116(1906), pp. 1~24, 289~300에 수록]. 이 연구에서 폰 데어 라이엔은 이전의 매우 짧은 판본(von der Leyen, "Traum und Märchen," *Der Lotse*, 1901, pp. 382 이하. 나는 이 책을 보지 못했다)에서와 마찬가지로, 서신을 주고받았던 프로이트의 『꿈의 해석』을 언급하고 있다. *The Complete Letters of Sigmund Freud to Wilhelm Fliess*, J. Moussaieff Masson 편집, Harvard(Mass.) 1985, pp. 444~46(1901년 7월 4일 자 서신) 참조. 로데(E. Rhode, *Psyche*, Berlin 1893)와 (그보다 앞서) 라이스트너(L. Laistner, *Das Rätsel der Sphinx*, 2 voll., Berlin 1889)에 영향을 받은, (군트람 왕의 영웅 전설 이야기로 시작하는) 폰 데어 라이엔의 연구는 본서에서도 논의된 소재들에 부분적으로 근거하고 있다(이에 대해서는 본서, p. 252 참조). 해석은 종종 환원주의적이 되었다. 예를 들어 영혼의 이미지가 쥐로 묘사된 것은 'muscle'이라는 단어의 어원('mus'에서 'mouse'가 만들어졌다)에서 유래했다(von der Leyen, "Zur Entstehung" cit., 1904, p. 6).

120) R. Mathieu, "Le songe de Zhao Jianzi. Étude sur les rêves d'ascension céleste

et les rêves d'esprits dans la Chine ancienne," *Asiatische Studien – Études asiatiques*, XXXVII(1983), pp. 119~38 참조.

121) Propp, *Morfologia* cit., pp. 23~24 참조.

122) 서지학적 검토를 위해서는 다음 연구에서 '신데렐라' 항목 참조. *Enzyklopädie des Märchens* cit., III, coll. 39~57(R. Wehse 편집). 여전히 필수적인 출발점이 되는 연구로는 M. R. Cox, *Cinderella. Three-hundred and Forty-five Variants*, London 1893(A. Lang 서문); A. B. Rooth, *The Cinderella Cycle*, Lund 1951 참조. 매우 유용한 자료로는 *Cinderella. A Casebook*, A. Dundes 편집, New York 1982가 있다. 이 책에서는 무엇보다 A. B. Rooth, *Tradition Areas in Eurasia*(pp. 129~47)의 지도 설명과 A. Taylor, *The Study of Cinderella Cycle*(pp. 115~28)의 주석 달린 참고문헌 참조. 그리고 특정 측면에서 참조할 가치가 있는 연구들은 다음과 같다. E. Cosquin, "Le 'Cendrillon' masculin," *Revue des Traditions Populaires*, XXXIII(1918), pp. 193~202; D. Kleinmann, "Cendrillon et son pied," *Cahiers de Littérature orale*, 4(1978), pp. 56~88; B. Herrnstein Smith, "Narrative Versions, Narrative Theories," *Critical Inquiry*, 7(1980), pp. 213~36.

123) Propp, *Morfologia* cit., pp. 31 이하 참조. 표식은 기능 17번(p. 57)과 상응한다.

124) 헤르만 우제너는 놀라운 통찰력으로 신데렐라를, 파리스Paris가 그녀의 미모 때문에 선택한 아프로디테와 나란히 비교했으며, 두 인물의 장례적 특징들을 강조했다(Usener, "Kallone" cit., pp. 362~63). 그루페는 우제너의 관점을 존중하면서 신데렐라를 페르세우스, 이아손 등이 속한 범주에 포함시킨다(Gruppe, *Griechische Mythologie* cit., p. 1332, 주석 4). 같은 의미에서 R. Eisler, *Weltenmantel und Himmelszelt*, I, München 1910, p. 166, 주석 3 참조. 내가 이해하기로는, 신데렐라에 대한 이후의 연구들은 (가능한 한 가지 예외를 제외하고는) 이러한 해석을 무시했다. 프로이트는 자신의 연구에서 코델리아Cordelia와 신데렐라를 장례적인 아프로디테와 연관된 죽음의 여신이 부활한 인물들로 파악했다(S. Freud, "Il motivo della scelta degli scrigni," *Opere*, VII, 이탈리아어 판본, Torino 1982, pp. 207~18). 헤르만 우제너의 연구의 간접적인 영향은 로셔의 신화 사전을 통해 프로이트로 이어졌을 것이다(하지만 이것은 증명이 필요한 추측일 뿐이다). 1913년 7월 7일 페렌치Sándor Ferenczi에게 보낸 서신에서 프로이트는 자신이 쓴 저서의 자전적인 암시들을 강조한 바 있었다(같은 책, p. 205; 프로이트에게 많은 사랑을 받은 안나Anna는, 신화와 우화에서 죽음을 예고하는 셋째 딸이었다).

125) 콕스가 분석한 신데렐라 우화 판본들이 (비록 불완전하지만) 유효하다고 간주한다면 (유형적으로 관련된 것들로 구별했다), 319개 중에 16개(5퍼센트)가 조력자의 뼈를 수습하는 주제를 드러낸다.

126) J. G. Campbell, *Popular Tales of the West Highlands*, Edinburgh 1862, II, pp. 286 이하; K. Blind, "A Fresh Scottish Ashpitel and Glass Shoe Tale," *Archaeological*

Review, III(1889), pp. 24~27; "Aryan Folk-Lore," *The Calcutta Review*, LI(1870), pp. 119~21 참조(*The Bombay Gazette*에 실린 더욱 긴 판본의 요약본은 구할 수 없었다. 다른 판본에서 익명의 편집자는 종교적인 이유로 암소를 물고기로 대체했다. 그는 캠벨이 출간한 우화와의 유사성을 강조했다). 루스(Rooth, *The Cinderella Cycle* cit., p. 57)는 암소가 등장하는 우화가 인도차이나에서 인도로 전해졌다고 주장했지만 이것은 아직 증명되지 않은 가설이다. 인도차이나의 판본에서는 중국 판본에서와 마찬가지로, 암소와 새와 물고기가 교대로 등장한다(물고기는 가장 오래된 판본에 등장한다). W. Eberhard, *Typen chinesicher Volksmärchen*, (FF Communications, n. 120), Helsinki 1937, pp. 52~54; A. Waley, "The Chinese Cinderella Story," *Folk-Lore*, 58(1947), pp. 226~38; Nai-Tung Ting, *The Cinderella Cycle in China and Indo-China*, (FF Communications, n. 213), Helsinki 1974, pp. 47 이하 참조.

127) 참고문헌이 상당히 많다. 앞서 인용된 연구들 이외에도(본서 제2부 2장 주석 78 참조), 다음의 연구들을 참조하라. A. Friedrich, "Die Forschung über das frühzeitliche Jägertum," *Paideuma*, 2(1941~43), pp. 20~43; A. Friedrich, "Knochen und Skelett in der Vorstellungswelt Nordasiens," *Wiener Beiträge zur Kulturgeschichte und Linguistik*, 5(1943), pp. 189~247; H. Nachtigall, "Die Kulturhistorische Wurzel des Schamanenskelettierung," *Zeitschrift für Ethnologie*, 77(1952), pp. 188~97; Gignoux, "Corps osseux" cit. 북아메리카에 대해서는 Hertz, *Sulla rappresentazione* cit., p. 79. Friedrich, "Die Forschung" cit., p. 28에서는 내가 접근할 수 없었던 아프리카 현상들에 대한 두 가지 연구를 인용했다.

128) Hertz, "Contribution" cit. 참조. 뼈의 수습이라는 주제와의 관계에 대해서는 C. Lévi-Strauss, "L'art de déchiffrer les symboles," *Diogène*, n. 5(1954), pp. 128~35 참조(루스의 저술을 다룬다).

129) V. Propp, "L'albero magico sulla tomba. A proposito dell'origine delle fiabe di magia"(1934), *Edipo alla luce del folklore* cit., pp. 3~39 참조. 이 연구는 신데렐라에도 이 주제가 포함된다는 사실을 암시한다.

130) 중국의 사례에 대해서는 Waley, "The Chinese Cinderella Story" cit. 참조. 콕스의 연구(Cox, *Cinderella* cit.)에서 가져온 다음의 참고문헌들을 참조했다. 베트남의 사례에 대해서는 A. Landes, *Contes et légendes annamites*, Saigon 1886, n. XXII, pp. 52~57; G. Dumoutier, "Contes populaires Tonkinois. Une Cendrillon annamite," *Archivio per lo studio delle tradizioni popolari*, XII(1893), pp. 386~91(이야기는 기원전 4세기의 마지막 왕인 홍Hung 왕의 시대를 배경으로 한다); 인도(캘커타) 사례는 "Aryan Folk-Lore" cit.; 러시아의 사례는 A. N. Afanasjev, *Antiche fiabe russe*, 이탈리아어 판본, Torino 1953, pp. 515~17("Briciolina-trasandata"); 세르비아의 사례는 *Serbian Folklore*, W. Denton 편집, London 1874, pp. 59~66; V. Karajich, *Serbian Folk-Tales*, Berlin 1854, n. XXXII; 시칠리아의 사례는 G. Pitré, *Fiabe*,

novelle e racconti popolari siciliani, I, Palermo 1870, pp. 366~67; 사르디니아(누오로Nuoro)의 사례는 P. E. Guarnerio, "Primo saggio di novelle popolari sarde," *Archivio per lo studio delle tradizioni popolari*, II(1883), pp. 31~34; 프로방스(멘토네Mentone)의 사례는 J. B. Andrews, *Contes ligures*, Paris 1892, pp. 3~7; 브르타뉴의 사례는 P. Sébillot, *Contes populaires de la Haute-Bretagne*, I, Paris 1880, pp. 15~22. 하지만 이 연구에서는 매장 의식에 뼈의 수습이 나타나지 않았다; 대신 같은 책에서 "La petite brebiette blanche," pp. 331~32; 로렌 지역의 사례는 E. Cosquin, *Contes populaires de Lorraine*, I, pp. 246~47 참조(이 연구에서는 신발을 잃어버리는 이야기가 빠져 있다); 스코틀랜드 글래스고의 사례는 Blind, "A Fresh Scottish Ashpitel" cit.; 스코틀랜드 웨스트 하일랜드의 사례는 Campbell, *Popular Tales* cit. 참조. 그 외에도 Saintyves, *Les contes* cit., pp. 142~51도 참조.

131) 루스(Rooth, *The Cinderella Cycle* cit.)는 다른 논리로 유사한 결론에 도달한다. 루스는 다음과 같은 두 개의 플롯을 구분한다. A) 계모는 동물 조력자에 의해 몰래 양육된 어린아이들을 굶게 한다. 동물 조력자가 죽임을 당했을 때 어린아이들은 그 뼈를 수습해 태운 다음 그 재를 항아리에 모았는데, 이 항아리에서 어린아이들을 돌봐주는 식물이 피어난다(다른 판본에서 어린아이들은 동물의 내장에서 귀중한 물품을 발견한다). B) 잃어버렸다가 우연히 다시 찾은 물건(일반적으로 한 짝의 샌들)은 남자 주인공으로 하여금 여자 주인공의 자취를 추적하게 한다. 신데렐라 동화에 상응하는 A 플롯과 B 플롯의 혼합, 즉 AB 플롯은 A와 B 각각의 플롯보다 시기적으로 앞선다(이 점은 던디스Dundes가 Rooth, *Cinderella. a Casebook* cit.의 서문에서 잘못 이해한 것이다). 형태론적 방식으로 재구성된 이러한 상대적인 연대는 증언들의 절대적인 연대와 일치하지 않는다는 점은 강조되어야 한다. 즉 B 플롯의 가장 오래된 증언(스트라본이 언급한, 나우크라티스에서 멤피스로 날아가는 독수리가 하녀 로도피스Rhodopis의 샌들을 젊은 왕의 무릎에 던지는 이야기)은 단성식段成式(800~863)이 작성한 가장 오래된 AB 플롯의 판본보다 800년 정도 앞선다. 이 중국 판본은 일본인 민속학자 미나카타K. Minakata의 신데렐라 동화와 함께, 제임슨R. D. Jameson의 번역으로 서양에 처음 소개되었다. 제임슨은 뼈를 수습하는 것의 의식적 함의를 분명하게 부정했다. R. D. Jameson, "Cinderella in China," *Three Lectures on Chinese Folklore*, Peiping(Beijing) [1932] pp. 45~85, 특히 p. 61, 주석 참조. 다양한 모티프의 확산을 지도상으로 재정리한 것으로는 Rooth, *Tradition Areas in Eurasia* cit., 특히 p. 137, 시리즈 o, 지도 A와 B 참조.

132) 본서, pp. 245~46 참조.

133) J. Henninger, "Zum Verbot des Knochenzerbrechens bei den Semiten," *Studi orientalistici in onore di Giorgio Levi Della Vida*, Roma 1956, I, pp. 448~58 참조. 이 연구는 같은 저자의 다음의 연구에서 보다 강화되었다. Henninger, "Neuere Forschungen" cit. 참조.

134) 무엇보다 시베리아의 관습들에 대해서는 Propp, "L'albero magico" cit.(Bertolotti, "Le ossa" cit.에서도 역시 다루어졌다)와 Harva(Holmberg), *Les représentations* cit., pp. 298~307 참조. 그 외에도 토르 신화를 포르알베르크의 영웅 전설과 나란히 두고 비교한 Mannhardt, *Germanische Mythen* cit., p. 58; Röhrich, "Le monde surnaturel" cit., pp. 25 이하, 텍스트 n. 13(Alpe de la Vallée), nn. 14~15(Tirol); Dirr, "Der kaukasische Wild- und Jagdgott" cit., p. 140; Meuli, "Griechische Opferbräuche," *Gesammelte Schriften* cit., p. 235, 주석 5; Paproth, *Studien* cit., p. 36(Ainu) 참조. 다음의 연구는 별 도움이 되지 않는다. R. Bilz, "Tiertöter-Skrupulantismus. Betrachtungen über das Tier als Entelechial-Doppelgänger des Menschen," *Jahrbuch für Psychologie und Psychoterapie*, 3(1955), pp. 226~44.

135) 토르의 숫염소와의 유사성을 지적한 것은 Campbell, *Popular Tales* cit.; 최근에 이를 다시 언급한 것은 L. Schmidt, "Der 'Herr der Tiere' in einigen Sagenlandschaften Europas und Eurasiens," *Anthropos*, 47(1952), p. 522. S. Thompson, *Motif-Index of Folk Literature*, Copenhagen 1955 이하; E 32("Resuscitated eaten animal"); E 32, 3("Dismembered pigs come alive again if only bones are preserved"); E 33("Resuscitation with missing member")도 참조.

136) Gervasio di Tilbury, *Otia imperialia*, in *Scriptores rerum Brunsvicensium*, G. G. Leibniz 편집, I, Hanoverae 1707, p. 1003 참조.

137) 발칸반도의 여러 판본들에서 기적의 뼈들은 여동생들에 의해 죽임을 당하여 잡아먹힌, 여자 주인공의 어머니의 것이다(한 판본에서는 암소로 변한 이후에 비극적인 운명을 맞이한다). 이에 관해서는 Cox, *Cinderella* cit., nn. 31, 53, 54, 124 참조. 이 주제는 그리스에서도 찾아볼 수 있다. M. Xanthakou, *Cendrillon et les soeurs cannibales*, Paris 1988 참조(내용은 빈약하다).

138) Lévi-Strauss, *Anthropologie structurale* cit., p. 250 참조.

139) Cox, *Cinderella* cit., pp. 416 이하 참조. 사르디니아 우화의 황금 뿔이 달린 암소는 여자 주인공에게 자신의 뼈를 손수건에 싸줄 것을 요청한다(Guarnerio, "Primo saggio" cit., p. 33).

140) P. P. Bourboulis, in A. Dundes 편집, *Cinderella. a Casebook* cit., pp. 99 이하 참조.

141) 이 모든 것에 대해서는 Waley, "The Chinese Cinderella story" cit. 참조. 웨일리가 소개한 백조-소녀 우화의 중국 판본(기원전 8세기)로부터 (샤머니즘적 특징을 매우 강조하는) 다음 연구는 많은 영감을 얻었다. A. T. Hatto, "The Swan-Maiden: a Fork-Tale of North-Eurasian Origin?," *Essays* cit., pp. 267~97. 이 우화의 부랴트족 판본과 중국 판본의 유사성에 대한 발견은 다음의 연구로 거슬러 올라간다. Harva(Holmberg), *Les représentations* cit., pp. 318~19 참조.

142) 본서, p. 403 참조. 사실상 신데렐라 우화의 오이디푸스적 요인들로 제한된 분석에 대해서는 매우 피상적인 다음의 연구 참조. D. Pace, "Lévi-Strauss and the Analysis of

Folktales," A. Dundes 편집, *Cinderella. a Casebook* cit., pp. 246~58(레비-스트로스를 언급한 부분은 완전히 부적절하다).

143) 이들은 각각 아르네-톰슨Aarne-Thompson의 분류(S. Thompson, *The Types of the Folktale*, Helsinki 1961 참조)에 따르면 유형 510 A와 510 B에 해당한다. 이들의 유형적 친연성은 이미 언급된 바 있다(Cox, *Cinderella* cit. 참조).

144) 아파나시예프Afanasjev가 수집한 『당나귀 가죽』의 러시아 판본에 대해서는 W. R. S. Ralston, "Cinderella," A. Dundes 편집, *Cinderella. a Casebook* cit., pp. 44~45 참조.

145) A. Dundes, "'To Love My Father All': A Psychoanalytic Study of the Folktale Source of King Lear," *Cinderella. a Casebook* cit., pp. 230 이하 참조.

146) Paproth, *Studien* cit., pp. 25 이하 참조(p. 36, 주석 57에서는 Schmidt, "Der 'Herr der Tiere'" cit.에서 인용된 아이누족에 관한 사례에 반론을 제기한다. 이 연구에 따르면 잃어버린 뼈라는 모티프는 중앙아시아 또는 동북아시아에서 찾아볼 수 없다).

147) 그 외에도 Rooth, *Tradition Areas* cit., p. 137, 시리즈 o, 지도 A와 B; W. Bascom, *Cinderella in Africa*, A. Dundes 편집, *Cinderella. a Casebook* cit., pp. 148~68; D. Paulme, "Cendrillon en Afrique," *Critique*, 37(1980), 288~302 참조. 프로프 (Propp, "L'albero magico" cit., p. 36)가 신데렐라를 인도-유럽권에서만 볼 수 있는 우화로 정의한 것은 당연하게도 위에서 인용된 연구서들을 기반으로 수정되어야 한다. 레비-스트로스(Lévi-Strauss, "L'art de déchiffrer" cit.)는 루스가 북아메리카 판본(신데렐라는 소년이었다)을 포함하지 않았다고 비판했다. 하지만 그가 연구한 구도에 따르면(Lévi-Strauss, *Anthropologie structurale* cit., pp. 250~51), 이러한 판본들은 신발이라는 주제를 포함하지 않는다.

148) R. Andree, "Scapulimantia," *Boas Anniversary Volume*, New York 1906, pp. 143~65; *Handwörterbuch des deutschen Aberglaubens*, VIII, Berlin/Leipzig 1936~37, coll. 125~40, 'Spatulimantie'라는 표제의 글 참조; 그 외에도 A. M. Hocart, *Kings and Councillors*, Chicago 1970(초판 1936), pp. LXXIII 이하의 니덤R. Needham의 서론 참조. 유대인들이 제물 음식을 나누어주는 것을 중요하게 간주한 것에 대한 간접적인 언급으로는 「창세기」 48장 22절 참조.

149) Andree, "Scapulimantia" cit. 참조.

150) 다음 연구는 이러한 구분을 효과적으로 주장했다. L. de Heusch, "Possession et chamanisme," *Pourquoi l'épouser? et autres essais*, Paris 1971, pp. 226~44; 이어서 저자는 항상 설득력이 있는 방식은 아니지만, 두 현상의 연속성을 강조하면서 자신의 견해를 다시 공식화했다(de Heusch, "La folie des dieux et la raison des hommes," *Pourquoi l'épouser? et autres essais* cit., pp. 245~85). 샤머니즘과 무언가에 홀린 상태를 구분하거나 심지어 반목의 관계로 간주하는 경우 '극적인 최면trance drammatica' 상황이라는 난제에 직면하게 된다(샤머니즘에서는 '강경증적 최면'이 동

반된다). 극적인 최면의 상황에서 다양한 동물로 변장한 샤먼은 겉으로 보기에 자신의 정체성을 상실하고 다른 정체성을 획득한다(Lot-Falck, "Le chamanisme" cit., p. 8 참조; 그리고 Eliade, "'Chamanisme' chez" cit., pp. 85, 93, 99 등 참조). 앞서 분석한 바 있는 베난단티, 탈토시 등과 같은 현상들에서 '극적인 최면'은 드러나지 않으며 홀린 상태와의 관계도 전혀 제기되지 않는다.

151) 샤머니즘과의 관계에 대해서는 Friedrich, "Knochen" cit., pp. 207 이하; Nachtigall, "Die Kulturhistorische" cit.; K. Jettmar, "Megalithsystem und Jagdritual bei den Dard-Völkern," *Tribus*, 9(1960), pp. 121~34; Gignoux, "Corps osseux" cit. 참조, 좀더 신중한 것으로는 Eliade, "'Chamanisme' chez" cit., pp. 160~65 참조. 또한 메울리(Meuli, "Die Baumbestattung" cit., pp. 1112~13)는 펠롭스와 관련하여 샤머니즘과의 '유형적 관계'를 말하고 있다.

152) 레우카섬의 아킬레우스 숭배의 지역적 영향에 대해서는 M. Rostovzev, *Skythen und der Bosporus*, I, Berlin 1931, p. 4 참조(그러나 이 연구는 트라키아 문화를 염두에 두고 있다).

153) Burkert, *Homo necans* cit., pp. 80~85 참조.

154) 이러한 주제의 확산에 대해서는 아주 훌륭한 다음의 연구를 참조하라. L. Schmidt, "Pelops und die Haselhexe," *Laos*, 1(1951), pp. 67 이하; Schmidt, "Der 'Herr der Tiere'" cit., pp. 509~38. 보다 포괄적으로는 Burkert, *Homo necans* cit., p. 85 참조.

155) 본서, p. 406 참조.

156) 펠롭스와 그를 추모하여 목을 잘라 죽인 양 사이의 '이상한' 관계에 대해서는 Burkert, *Homo necans* cit., p. 84 참조.

157) 탄탈로스와 리카온에 대해서는 같은 책, pp. 73 이하 참조. 이 연구는 두 신화 간의 상호 영향에 대한 가설을 언급하고 있다(가설들의 관계에 대해서는 H. D. Müller, *Mythologie der griechischen Stämme*, I, Göttingen 1857, pp. 110 이하 참조). 리카온의 식인 풍습에서 묘사된 희생물에 대해서는 Detienne, *Dioniso* cit., pp. 159~60, 주석 38 참조.

158) Vernant, "À la table des hommes. Mythe de fondation du sacrifice chez Hèsiode," Detienne & Vernant, *La cuisine* cit., pp. 37~132 참조.

159) 이러한 유의 연구가 시작된 것은 A. Thomsen, "Der Trug des Prometheus" cit.(1907년 덴마크에서 발표한 논문을 재수정한 것이다). 이를 발전시킨 중요한 연구는 Meuli, "Griechische Opferbräuche," *Gesammelte Schriften* cit., pp. 907~1021. 다른 정보에 대해서는 A. Seppilli, *Alla ricerca del senso perduto*, Palermo 1986, pp. 61 이하 참조. 한편, 뼈를 수습하는 의식이 선사시대의 것이었다는 메울리(그리고 메울리로부터 영향을 받은 Burkert, *Homo necans* cit.)의 주장은 논쟁적인 듯하다. 아래 주석 219 참조. 메울리에 대한 또 다른 반론에 대해서는 Detienne(본서, p. 42); Vidal-Naquet, "Caccia e sacrificio nell'*Orestea*'," *Mito e tragedia* cit., p. 124; G. S.

Kirk, "Some Methodological Pitfalls in the Study of Ancient Greek Sacrifice (in Particular)," *Le sacrifice dans l'antiquité*, J. Rudhardt & O. Reverdin 편집, Genève 1980, pp. 41 이하 참조.

160) Charachidzé, *Prométhée* cit., pp. 333 이하 참조.

161) M. N. Pogrebova, "Les Scythes en Transcaucasie," *Dialogues d'histoire ancienne*, 10(1984), pp. 269~84 참조.

162) 샤라시제(Charachidzé, *Prométhée* cit., p. 335, 주석 3)는 (내가 알기로 아직 출간되지 않은) 한 연구를 언급했다. 그 연구는 로도스의 아폴로니오스의 『아르고함의 원정』(제4권 463~81행)에 나오는 한 구절을 분산의 주제와 관련해 조지아의 신화와 압하지아의 신화를 중심으로 해석한다(이러한 해석에 대한 의견은 M. Delcourt, "Le partage du corps royal," *Studi e materiali di storia delle religioni*, 34, 1963, pp. 3~25, 그리고 H. S. Versnel, "A Note on the maschalismos of Apsyrtos," *Mnemosyne*, 26, 1973, pp. 62~63 참조. 후자의 의견은 그리 설득력이 있어 보이지 않는다). 그러나 그는 제물을 두고 프로메테우스와 제우스가 경쟁한 것에 대한 논의를 예상하지 못한다(이 주제는 샤라시제의 연구에서 거의 언급되지 않는다). 아미라니 전설의 확산에 대해서는 Charachidzé, *Prométhée* cit., pp. 14~16 참조.

163) Vernant, "À la table des hommes" cit., p. 45, 주석 참조. 그리고 J. Rudhardt, "Les mythes grecs relatifs à l'instauration du sacrifice: les rôles corrélatifs de Prométhée et de son fils Deucalion," *Museum Helveticum*, 27(1970), p. 5, 주석 13 참조.

164) Esiodo, *Teogonia*, vv. 538~39(G. Arrighetti 번역, Milano 1984).

165) Erodoto, *Le storie*(L. Annibaletto 번역, Milano 1982). 헤로도토스(『역사』 제4권 59~62연)에 대해서는 Hartog, "Le boeuf 'autocuiseur' et les boissons d'Arès," in Detienne & Vernant, *La cuisine* cit., pp. 251~69 참조.

166) K. Neumann, *Die Hellenen im Skythenlande*, I, Berlin 1855, pp. 263~64 참조. 이 연구는 18세기 중반 크멜린J. Gmelin이 출판한 여행 보고서에서 긴 구절을 인용했다. 노이만 저술의 중요성은 스키타이족이 몽골에서 기원한다는 주장의 수용 여부와 상관없이 결코 평가절하되지 않는다(다른 구절과 관련해서는 Dumézil, *Légendes* cit., pp. 161~62 참조). 노이만이 언급한 문화적 연계는 메울리가 예견한 것이다(메울리는 그의 연구를 거의 참조하지 않았다).

167) Hartog, "Le boeuf" cit., p. 264 참조.

168) 요리법에 대해서는 『신통기*Teogonia*』에 대한 웨스트M. L. West의 주해(Oxford 1978, p. 319)를 참조하라.

169) 대신 Hartog, "Le boeuf" cit., pp. 262~63 참조: "Sans doute Prométhée recouvre-t-il les chairs et les entrailles lourdes de graisse du ventre du boeuf, mais il s'agit d'une action de tromperie: donner à la part en fait la meilleur un

aspect immangeable..." 같은 맥락이지만 좀더 주의가 요구되는 해석에 대해서는 베르낭도 동의한다: "Décrivant les modalités du sacrifice chez les Scythes, Hérodote nous apporte des informations qui, plus encore peut-être que sur les moeurs de ce peuple, nous éclairent sur l'imaginaire grec concernant la *gastér*..."(같은 책, p. 93).

170) 이 모든 것에 대해 나는 다음 연구에 대한 베르낭의 서문을 따랐다. Detienne, *I giardini di Adone*(1972), in *Mito e società* cit., pp. 135~72, 특히 pp. 166~69.

171) 이 모든 것에 대해서는 M. L. West, *The Orphic Poems*, Oxford 1983, pp. 1~26 참조.

172) Jeanmaire, *Dioniso* cit., pp. 371~89; Detienne, "Il Dioniso orfico e il bollito arrosto," *Dioniso* cit., pp. 123~64; West, *The Orphic Poems* cit., pp. 140~75 참조. 웨스트는 흉악한 티탄족들로부터 인류가 기원한다는 주제가 후기 신플라톤주의적 주제를 구성한다고 주장한다(pp. 164~66). 드티엔(Detienne, *Dioniso* cit., pp. 143 이하)에 따르면 그것은 그보다는 오르페우스 신화의 일부다.

173) A.-F. Laurens, "L'enfant entre l'épée le chaudron. Contribution à une lecture iconographique," *Dialogues d'histoire ancienne*, 10(1984), pp. 203~52, 특히 pp. 228 이하에 나오는 증언들 참조.

174) Jeanmaire, *Dioniso* cit., pp. 385 이하 참조. 이 연구는 데모폰과 아킬레우스를 언급한다. 펠롭스를 빼닮은 인물인 펠리아스에 대해서는 Gruppe, *Griechische Mythologie* cit., I, p. 145 참조. 펠롭스와 어린 시절 디오니소스의 비교는 Gernet, *Anthropologie* cit., pp. 75~76 참조.

175) Detienne, "Il Dioniso orfico" cit., 특히 p. 139의 해석을 따른 것이다. 이 문제의 전반에 대해서는 Burkert, *Homo necans* cit., p. 237, 주석 29 참조.

176) 가다라의 필로데무스Filodemo di Gadara와 디오도로스에 의해 전해진 마지막 판본은 드티엔(Detienne, "Il Dioniso orfico" cit., p. 144)이 고의적으로 간과했다. 하지만 Jeanmaire, *Dioniso* cit., p. 381 참조.

177) 이와 관련하여 루드베크(본서 제3부 1장 주석 48 참조)가 토르에 의한 숫염소의 부활과 데메테르에 의한 디오니소스의 부활을 다른 종족들 사이에서 확산된 북극의 신화들에 접목시킨 것을 기억할 필요가 있다. Rudbeck, *Atlantica* cit., II, p. 30 참조.

178) Jeanmaire, *Dioniso* cit., pp. 87~89; Hartog, *Le miroir* cit., pp. 81 이하 참조.

179) West, *The Orphic Poems* cit., pp. 17~19; M. L. West, "The Orphics of Olbia," *Zeitschrift für Papyrologie und Epigraphik*, 45(1982), pp. 17~29 참조. 이 연구는 세 개의 명판을 분석한다. (본문에서 언급한) 첫번째 명판의 뒷면에는 다음과 같이 쓰여 있다. "*bios-thanatos-bios-alētheia-A*-[지그재그 형태의 기호 두 개]-*Dionisos-orphikoi*"; pp. 21~22에서는 '오르피코이orphikoi'의 마지막 두 알파벳에 대한 판독을 정당화한다. 두번째 명판의 뒷면에는 다음과 같이 쓰여 있다. "*eirēnē-polemos-alētheia-pseudos-Dio(nisos)*-[지그재그 형태의 기호 하나]-A"(평화-전쟁-진실-속

임수-디오니소스-A). 세번째 명판의 뒷면에는 다음과 같이 쓰여 있다. "*Dio(nisos)-aletheia-(...)ia-psychē-A*"(디오니소스-진실-?-영혼-A). 웨스트는 첫번째 명판에 문자를 쓴 사람이 다음의 세 가지 용어(*bios-thanatos-bios*)를 줄을 바꾸지 않고 같은 줄에 쓰려고 노력했는데, 이는 이 용어들이 하나의 계열이었음을 강조하는 것이었다고 말한다. 이러한 세 요소의 계열과 두번째 명판의 대립 쌍의 관계는 분명하지 않다.

180) Detienne, "Il Dioniso orfico" cit., p. 131, 주석 35 참조.

181) 드티엔은 이 견해에 반대한다(같은 책, p. 139 참조).

182) Plutarco, *De esu carnium*, I, 996.

183) West, *The Orphic Poems* cit., pp. 143~50 참조. Jeanmaire, *Dioniso* cit.는 이러한 맥락의 해석을 따르고 있었다; 디오니소스의 형상에서 샤머니즘적인 요인을 강조하는 Gernet, *Anthropologie* cit., p. 89의 비평도 참조.

184) Dumézil, *Storie degli Sciti* cit., pp. 348~54 참조.

185) 이러한 구분에 대해서는 앞의 주석 150에서 인용된 허쉬L. de Heusch의 연구 이외에도 좀더 구체적인 다음의 연구들을 참조. Dodds, *I Greci* cit., p. 177; Couliano, *Esperienze* cit., pp. 15~17; 장메르는 스킬라스에 대한 스키타이족의 배타적인 태도가 의미하는 중요성을 감지한다(Jeanmaire, *Dioniso* cit., p. 98). 하지만 스키타이족의 샤머니즘에 관한 문제를 심도 있게 분석하지는 않는다. 스킬라스의 에피소드에 대한 아르토의 연구(Hartog, *Le miroir* cit., pp. 82~102)는 헤로도토스(『역사』 제4권 73~75연)에 대한 메울리의 해석을 생략했기 때문에 가치가 떨어진다(본서 제3부 1장 주석 4 참조).

186) 본서, pp. 371~72 참조.

187) 내가 알기로 오르페우스의 지옥 여행과 (라플란드 지역) 샤먼들의 탈혼 상태(예를 들어 라플란드인들)를 최초로 나란히 연구한 사람은 루드베크다. Rudbeck, *Atlantica* cit., III, p. 434 참조.

188) '혁명'에 대해 말하는 Burkert, *Greek Religion* cit., p. 296 참조.

189) 나는 다음의 연구에 실린 제언들을 발전시켰다. Gernet, *Anthropologie* cit., pp. 68~69. 전반적인 상황에 대해서는 Burkert, *Greek Religion* cit., pp. 290 이하 참조. 다음의 연구도 매우 중요하다. Dodds, *I Greci* cit. 참조.

190) 본서, p. 422 참조.

191) 이 모든 것에 대해서는 Charachidzé, *Prométhée* cit., pp. 238~40 참조.

192) 같은 책, pp. 249 이하.

193) 같은 책, pp. 260, 268~69. 하지만 오세트족의 영웅 소슬란도 참조(본서, pp. 429 이하).

194) 같은 책, pp. 251~52.

195) *Ventisette fiabe raccolte nel Mantovano*, G. Barozzi 편집, Milano 1976, pp. 466~73 참조(서술자인 알다 페치니 오토니Alda Pezzini Ottoni는 pp. 463~65에서 자신의 삶의 역사를 이야기한다). 이 연구의 스바딜론 우화에 관한 부분을 알려준 마

우리치오 베르톨로티Maurizio Bertolotti에게 고마움을 전한다.

196) 같은 책, p. 473(나는 사본의 오류를 수정했다).

197) 같은 책, p. 469; 그리고 다음의 연구 참조. G. Barozzi, "Esperienze di un ricercatore di fiabe," *Ventisette fiabe* cit., p. 22(이 연구는 약간 다른 내용의 사본을 활용한다).

197 bis) 하지만 다른 가능성도 존재한다. (러시아 또는 보굴-오스탸크족의) 전설에 따르면 곰-영웅은 식량이 모두 소진되자 자신의 살점을 떼어 자신을 태워 옮겨주는 독수리의 굶주림을 덜어준다. W. Bogoras, "Le mythe de l'Animal-Dieux(!), mourant et ressuscitant," *Atti del XXII congresso internazionale degli americanisti*, Roma 1928, pp. 35 이하, 특히 p. 38 참조. 이 연구는 안타깝게도 정확한 지리적 정보를 제공하지 않는다(유라시아 문화의 단일체라는 단순하고도 충격적인 주장은 마우리치오 베르톨로티가 다시 한 번 내게 언급해주었다).

198) Charachidzé, *Prométhée* cit., 특히 p. 287의 논평 참조; 코카서스의 전설에서는 독수리가 아닌 날개 달린 개가 자주 언급된다. 스바딜론의 모험은 아미라니의 경우와 마찬가지로 전적으로 육체적 힘에 근거한다. '예언하는 자'인 프로메테우스는 전혀 다른 특징을 가진다.

199) 같은 책, pp. 33~34 참조(에피소드 속의 입회의식적 뉘앙스를 강조한다). 또한 거인 암브리Ambri는 죽어 있지도 살아 있지도 않은 인물로, 쓸 수 없는 다리 하나를 가지고 있다(pp. 50 이하 참조).

200) 같은 책, pp. 46~47 참조.

201) 이 점은 심오한 신화적 특성을 나타낸다(풍요를 위한 탈혼 상태의 전투를 벌이는 두 무리 사이의 유질동상과 병치된다. 본서, pp. 463~64 참조).

202) 반면 Charachidzé, *Prométhée* cit., p. 269 참조. 프로메테우스의 비대칭 보행은 다음의 연구자가 직관적으로 알아낸 것이다(하지만 논쟁적인 방식으로 논의되었다). C. A. P. Ruck, "Mushrooms and Philosophers," in R. G. Wasson 외, *Persephone's Quest*, New Haven/London 1986, pp. 151~77. 이 연구는 아리스토파네스의 『새』(1553~64행)를 중점적으로 다룬다. p. 174에서는 그리스 문화에서 절름발이의 샤머니즘적인 특징들을 확인했다.

203) 마지막 가설은 지난 1940~50년대의 정치이념적인 환경과 무관하지 않았을 것이다. (E. D. Phillips, *The Royal Hordes. Nomad Peoples of the Steppes*, London 1965)의 서론에서 피고트S. Piggott는 가장 오래된 켈트족 영웅 전설들에 등장하는 목가적 요소들을 지적하면서 첫번째 가설을 언급한다.

204) 바바-자가baba-jaga에 대해서는 Propp, *Le radici storiche* cit., pp. 323~29 참조. 다른 인물들은 민속 전통 속으로 녹아들었다. Lebeuf, "Conjectures sur la Reine Pedauque," *Histoire de l'Académie Royale des Inscriptions et Belles-Lettres*, XXIII(1756), pp. 227~35; K. Simrock, *Bertha die Spinnerin*, Frankfurt a. Main 1853; W. Hertz, "Die Rätsel der Königin von Saba," *Zeit-Schrift für deutsches*

Alterthum, XXVII(1883), pp. 1~33, 특히 pp. 23~24 참조; 전반적으로는 A. Chastel, "La légende de la reine de Saba" 참조. 이 연구는 다음에 추가되어 재출간되었다. *Fables, Formes, figures*, Paris 1978, I, pp. 53 이하(오이디푸스에 대한 정확한 지적은 p. 79 참조). 민속적 배경의 주제의 지속에 대해서는 C. Arbry & D. Arbry, "Des Parques aux fées et autres êtres sauvages...," *Le monde alpin et rhodanien*, 10(1982), p. 258 참조. 중세 프랑스 문헌에서 '거대한 발 베르타*Berthe aux grands pieds*'(카롤루스 마그누스의 어머니로 밝혀졌다)의 두 다리가 모두 삐뚤어진 것으로 나타난 것은 중요하다. 하지만 *Reali di Francia*(V, 1)에서는 한 다리만 삐뚤어진 것으로 나타났다. 후자의 특징은 출처를 알 수 없지만 분명히 민속 전통에 더욱 가깝다 (P. Rajna, *Ricerche intorno ai Reali di Francia*, Bologna 1872, pp. 238~39 참조. 그러나 이 연구가 베르타-페르히타의 유사성에 의문을 제기한 것은 잘못된 것이다). 그 외에도 다음의 연구에서 'Fuss' 항목 참조. *Handwörterbuch des deutschen Aberglaubens*, III, Berlin/Leipzig 1930~31, coll. 225~26.

205) J. Haekel, "Idolkult und Dualsystem bei den Ugriern(zum Problem des eurasiatischen Totemismus)," *Archiv für Völkerkunde*, I(1946), pp. 95~163, 특히 pp. 123 이하 참조. 다음의 연구에서도 부분적으로 인용되었다. Alföldi, *Die Struktur* cit., pp. 146~47. 알푈디는 문카시B. Munkási와 함께 연구를 진행하기도 했다(나는 읽지 못했다).

206) Alföldi, *Die Struktur* cit., pp. 141~46 참조. 그리고 『축제의 노래』에 대한 프레이저의 주해 참조(J. G. Frazer, *Fasti*, London 1929, II, p. 365). 그 외에도 J. Hubaux, "Comment Furius Camillus s'empara de Véius," *Académie Royale de Belgique. Bulletin de la classe de lettres etc.*, 5ᵉ s., 38(1952), pp. 610~22; J. Hubaux, *Rome et Véies*, Paris 1958, pp. 221 이하, 특히 pp. 279 이하 참조.

207) 두 신화의 유사성에 주목한 첫번째 연구인 Alföldi, *Die Struktur* cit., pp. 141~46 참조. 이 연구서(메울리와 미카엘 로스톱체프M. Rostovzev에게 헌정되었다)에서 알푈디는 지난 50년간의 연구를 개괄하며 발전시켰다. 매우 탁월한 통찰들이 (예를 들면 삼자 관계 이데올로기와 모계사회, 양자 관계 이데올로기와 부계사회 간의 연관성 같은) 수용하기 어려운 낡은 아이디어들과 섞여 있다. 모밀리아노의 신랄한 서평 참조. 그럼에도 모밀리아노는 초안을 '훌륭한 연구'라고 평했다(A. Momigliano, *Sesto contributo alla storia degli studi classici e del mondo antico*, Roma 1980, II, pp. 682~85 참조. 이는 다음의 두 연구에 관한 것이다. A. Alföldi, *Die Struktur: Quarto contributo...*, Roma 1969, pp. 629~31; A. Alföldi, *Die trojanischen Urahnen der Römer*, Basel 1957).

208) Alföldi, *Die Struktur* cit., p. 146. 이 연구는 두 신화의 비교를 통해 드러나는 '관례적 유사성'에 대해 조금은 애매모호하게 기술하고 있다. 말하자면 이는 이중적 군주제라는 주제에 대한 분명한 암시다(pp. 151~62). 나아가 그는 유라시아 스텝 지역

과 지중해 사이에서 인도-이란권 세계와의 접촉 가능성을 확인한 반면(p. 161), 스키타이족에 대해서는 거의 언급하지 않는다. 그는 중앙아시아 사회와 고대 로마 사회의 유사성을 설명해줄 공동의 기원이라는 가설에 대해 거듭 주장한다. 이는 기원전 1000년 이전에 동양에서 서양으로 향했다는 또 다른 가설인 이동설을 넌지시 확신하는 듯하다(본서 제3부 1장, 주석 6 참조). 일반적인 수준에서 Lévi-Strauss, *Le cru et le cuit*를 언급한 알푈디는 이중적 체계에 대한 민족지학자들의 논쟁을 무시하는 것 같다. 다음 연구들의 비평적 관점 참조. J. Poucet, "Un héritage eurasien dans la Rome préétrusque?," *L'Antiquité classique*, 44(1975), pp. 645~51; R. Werner, *Gymnasium*, 83(1976), pp. 228~38.

209) 일반적인 교류에 대해서는 C. Lévi-Strauss, *Les structures élémentaires de la parenté*, Paris 1949, pp. 486~87 등 참조; 인도, 티베트, 중국, 몽골, 시베리아에서 찾아볼 수 있는 '뼈'와 '살'의 대립적인 구조에 대해서는 pp. 459~502 참조. 이들 사이에는 과거에 강력한 문화적 결속이 있었을 것으로 추정된다(같은 책, pp. 462~63 참조). 이들은 오세트족이 '동일한 뼈의*Ju staeg*' 관계들과 '동일한 피의*ju tug*' 관계들을 구분했기 때문에, 서쪽으로 계속 연구를 확장했을 것이다. Vernadsky, "The Eurasian Nomads" cit., p. 405 참조. 하지만 이 연구는 이러한 용어들의 중요성에 대해 설명하지 않는다. 뼈에 정확한 문화적 의미를 부여하는 '견갑골로 점을 치는 것 scapulimancy'과 같은 관행도 기억해둘 만한데, 이는 특히 중앙아시아에서 확산되었다(앞의 주석 148 참조). 어쩌면 두번째 사례에서도 역사적 확산을 상정하는 니덤의 재치 있는 표현("숫양의 견갑골로 점을 치는 게 가능하다면, 관례적 동맹은 왜 안 되는가if scapulimancy, why not prescriptive alliance?")은 생각보다 역설적이지 않다 (Hocart, *Kings* cit., p. LXXXV의 서론 참조).

210) 알푈디의 견해와 달리, 라치오 지역에 족외혼이 존재하지 않았다는 것에 대해서는 Momigliano, *Sesto contributo* cit., p. 684 참조.

211) Lévi-Strauss, *Les structures* cit., pp. 87~88 참조. 나는 여기서의 논지를 거의 그대로 따랐다.

212) Hocart, *Kings* cit., pp. LXXXIV~LXXXVIII의 니덤의 서론 참조. 구조주의적 논지는 호카트Hocart의 전형적 명료성을 따라 형성되었다(pp. 262~89).

213) 여기에서 나는 레비-스트로스가 프레이저와 팽팽하게 논쟁을 벌인 상당한 분량의 연구 (Lévi-Strauss, *Les structures* cit., p. 175)를 (역순으로) 좀더 쉽게 표현했다. 결론은 훨씬 최근에 작성된 텍스트에 반영되었다(Lévi-Strauss, *L'homme nu*, pp. 539~40). 호카트는 상호작용이 사회적 이분법을 설명하며 그 반대는 아니라고 강조했다(Hocart, *Kings* cit., pp. 289~90). 레비-스트로스(Lévi-Strauss, *Paroles données* cit.)는 이중적 체계에 대한 논쟁을 재정리하면서(pp. 262~67), "이미 구조주의적인 호카트의 사상"을 언급한다(p. 263).

214) 이러한 내용에 대해서는 훌륭한 연구인 K. Pomian, "Collezione," *Enciclopedia*

Einaudi, 3, Torino 1978, pp. 330~64 참조.

215) J. Piaget, *La construction du réel chez l'enfant*, Neuchâtel 1950, pp. 36 이하; J. Piaget, *La formation du symbole chez l'enfant*, Neuchâtel 1945 참조. 이러한 결과와 정신분석적 관점 간의 가능한 차이는, 내가 틀리지 않다면 프로이트(Freud, *La negazione*, 1925)에게서 비롯한다. 또한 이 연구서에서는 다음의 내용을 볼 수 있다. "본래 쾌락-자아는 모든 선을 지향하고, 스스로 모든 악을 멀리한다. 모든 악한 것, 나의 내면의 밖에 존재하는 것, 나와는 무관한 것들은 처음에는 (선과) 다르지 않다. [⋯] 한때 실제의 만족을 가져다주었던 대상들이 상실되었다는 사실은 현실의 증거를 찾아내기 위한 전제 조건이 된다"(번역 출간된 *Il corpo*, 1, 1965, pp. 1~4에서 인용했다). 이 구절에 대해서는 J. Hyppolite, "Commento parlato sulla 'Verneinung' di Freud," in J. Lacan, *Scritti*, 이탈리아어 판본, Torino 1974, II, pp. 885~93 참조.

216) 어린아이는 프로이트의 손자였다. "Al di là del principio del piacere," *Opere*, IX, 이탈리아어 판본, Torino 1977, pp. 200~203 참조. 이 에피소드는 불쾌한 상황을 반복하는 충동을 묘사한 것이다. 프로이트에 따르면 그 행위는 "기억 자체가 즐겁거나 불쾌한 것과 무관하게 전용을 향한 충동"에서 비롯하는데, 이는 그다지 개연성 있는 가설이 아니다. 마르티노는 앞서 *Il mondo magico*에서 공식화된 "실재의 상실"이라는 생각을 다시 독해하기를 넌지시 제안하며 프로이트의 가설을 발전시켰다(E. De Martino, *Furore simbolo valore*, Milano 1962, pp. 20~22 참조).

217) 포미안Pomian이 제안한 **사물들**과 **의미 전달체**semiofori의 구분은 개념 차원에서 유효하지만 중간적인 사례들의 존재를 배제하지 않는다. 의미하는 것을 유일한 목적으로 가지는 사물의 생산 이전 단계에서는 특히 그러하다.

218) [J. Potocki], *Essai sur l'histoire universelle et recherches sur celle de la Sarmatie*, Varsovie 1789, p. 89: "*ainsi le pilote qui sonde à des grandes profondeurs et voit sa corde filer jusqu'à la dernière brasse, n'en conclud point qu'il a trouvé le fond, mais qu'il ne doit point espérer de l'atteindre.*"

219) A. Leroi-Gourhan, *Les religions de la préhistoire*, Paris 1976, pp. 15 이하의 신중한 태도는 좀더 구체적인 차원에서 다음의 연구에 반영되었다. L. R. Binford, *Bones. Ancient Men and Modern Myths*, New York 1981, pp. 35 이하(이 연구는 구석기 시대 때의 부러진 동물들의 뼈 더미에 인간이 개입했음을 증명하기가 어렵다는 점을 기술하고 있다). 전반적으로는 H.-G. Bandi, "Zur Frage eines Bären- oder Opferkultes im ausgehenden Altpaläolithikum der alpinen Zonen," *Helvetia Antiqua(Festschrift Emil Vogt)*, Zürich 1966, pp. 1~8 참조.

220) "Animals came from over the horizon. They belonged *there* and *here*. Likewise they were mortal and immortal. An animal's blood flowed like human blood, but its species was undying and each lion was Lion, each ox was Ox. This — maybe the first existential dualism — was reflected in the treatment of animals.

They were subjected *and* worshipped, bred *and* sacrificed"(J. Berger, *About Looking*, New York 1980, pp. 4~5; 그다음에는 농민들이 자기 가축들에게 갖는 양가적 감정이 기술된다).

221) Lévi-Strauss, "Le Père Noël supplicié" cit.; 그리고 본서 제2부 4장 주석 11 참조.

222) 본서, p. 352 참조.

223) Dumézil, *La religione romana* cit., pp. 224 이하 참조. 다음의 해석은 이치에 맞지 않다. R. Schilling, "Romulus l'élu et Rémus le réprouvé," *Revue des études latines*, 38(1960), pp. 182~99. 레무스의 행동이 신성모독이라는 주장에 따르면, 오비디우스는 의도적으로 그를 나쁘게 보이게 하여 살인을 정당화했을 것이라고 한다.

224) L. Delaby, "Mourir pour vivre avec les ours," *L'Ours, l'Autre de l'homme. Études mongoles*, 11(1980), pp. 17~45, 특히 pp. 28 이하 참조.

225) Propp, *Le radici storiche* cit., pp. 11 이하, pp. 120 이하 참조. 추가적인 자료들은 비교역사적, 비교종교적 관점에서 다음의 연구자에 의해 제시되었다. Gallini, "Animali e al di là" cit. 참조.

226) M. Marconi, "Usi funerari nella Colchide Circea," *Rendiconti del R. Istituto Lombardo di scienze e lettere*, LXXXVI(1942~43), pp. 309 이하 참조. 위에서 인용된 참고문헌 외에도 J. Jankó, in E. de Zichy, *Voyages au Caucase et en Asie centrale*, Budapest 1897, I, pp. 72~73 참조(소나 들소의 가죽에 죽은 사람을 넣고 꿰매어 걸어두는 오세트족의 관습에 대한 내용). 야쿠트족에 대해서는 J.-P. Roux, *La mort chez les peuples altaïques anciens et médiévaux*, Paris 1963, p. 138 참조; 뒤메질은 아바에프V. I. Abaev와의 논쟁(아래 주석 228 참조)에서 이러한 연구들에 대한 언급 없이 로도스의 아폴로니오스의 구절들에 대해 논평한다(Dumézil, *Storie degli sciti* cit., p. 274).

227) H. Nachtigall, "Die erhöhte Bestattung in Nord- und Hochasien," *Anthropos*, 48(1953), pp. 44~70; 그 외에도 Propp, *Le radici storiche* cit., pp. 363~69; Meuli, "Die Baumbestattung" cit.; Roux, *La mort* cit., pp. 137 이하 참조. 아프리카 자료들에 대해서는 P. M. Küsters, "Das Grab der Afrikaner," *Anthropos*, 16~17(1921~22), pp. 927~33 참조.

228) V. I. Abaev, "Le cheval de Troie. Parallèles Caucasiens," *Annales E.S.C.*, 18(1963), pp. 1041 이하 참조. 아바에프는 샤머니즘적인 요인을 강조하고, 뒤메질은 이를 부정한다(Dumézil, *Storie degli Sciti* cit., pp. 268~77). 다음의 새로운 견해는 한계에 가닿는다. Dumézil, "Encore la peau de boeuf," *La Courtisane* cit., pp. 139~46. 뼈의 수습에 근거한 부활 의식은 비록 두 연구자에 의해 무시되었지만, 한편으로는 아바에프 연구에 정당성을 부여하고, 다른 한편으로는 뒤메질이 환기시킨 로도스의 아폴로니오스(제3권 200~209행)의 구절의 중요성을 부각시킨다. 유라시아 사냥꾼들이 동물로 변장하는 것에 대한 아바에프의 관찰은 보다 포괄적이다(구석기시대부터 베링해

너머로 이러한 풍속이 확산된 것에 대해서는 B. Anell, "Animal Hunting Disguises among the North American Indians," *Lapponica*, A. Furumark 편집, Lund 1964, pp. 1~34 참조). 로도스의 아폴로니오스가 묘사한 관습이 죽은 자의 부활을 의미한다는 사실은 이미 다음의 연구에서 지적된 바 있었다. S. Ferri, "Kirke I Kirke II Kirke III. Mitologia lessicale o psicologia 'medievale'?," *Letterature comparate, problemi e metodo, Studi in onore di Ettore Paratore*, I, Bologna 1981, pp. 57~66, 특히 p. 60; 그 외에도 S. Ferri, "Problemi e documenti archeologici II(XI). Stele daunie—Una nuova figurazione di Erinni," *Accademia dei Lincei. Rendiconti della classe di scienze morali*, s. VIII, XXVI(1971), fasc. 5~6, pp. 341 이하 참조.

229) J. Hnefill Aðalsteinsson, *Under the Cloak. The Acceptance of Christianity in Iceland...*, Uppsala 1978, pp. 80~123 참조(『아이슬란드인들의 서』의 두번째 판본만이 현존한다). 린도가 제기한 가설(J. Lindow, *Ethnologia Scandinavica*, 1979, pp. 178~79)은, 망토를 두르고 명상을 하는 것이 단순히 연극의 한 장면이었다는 사실에 따르면 입증하기가 어렵다. 어쨌든 이것은 위에서 전개된 해석을 해치지는 않는다.

230) H. R. Ellis(후에는 Ellis Davidson), *The Road to Hell*, Cambridge 1943, p. 126; P. Buchhold, *Schamanistische Züge in der altisländischen Ueberlieferung*, Bamberg 1968; H. R. Ellis Davidson, "Hostile Magic in the Icelandic Sagas," *The Witch Figure*, V. Newall 편집, London 1973, pp. 20~41 참조.

231) Ellis Davidson, "Hostile Magic" cit., p. 32; D. Strömbäck, "The Concept of the Soul in the Nordic Tradition," *Arv*, 31(1975), pp. 5~22(여기에서 그는 1935년 출간한 자신의 핵심 연구였던 『세이드*Sejd*』를 다시 언급한다); Hnefill Aðalsteinsson, *Under the Cloak* cit., pp. 119~21 참조.

232) 본서, pp. 306~307 참조.

233) Ellis Davidson, "Hostile Magic" cit., p. 37 참조(Holtved, "Eskimo Shamanism," *Studies in Shamanism* cit., p. 26를 다시 언급한다).

234) R. Hakluyt, *The Principal Navigations, Voyages, Traffiques and Discoveries of the English Nation...*, I, London 1599, pp. 283~85 참조. 레티살로(Lehtisalo, *Entwurf einer Mythologie* cit., pp. 157~58)가 지적한 구절은 다음의 연구에서 언급되었다. Balázs, "Ueber die Ekstase des ungarischen Schamanen," *Glaubenswelt* cit., pp. 70 이하 참조.

235) M. Bartels, "Isländischer Brauch und Volksglaube in Bezug auf die Nachkommenschaft," *Zeitschrift für Ethnologie*, 32(1900), pp. 70~71 참조.

236) Boyer, *Le monde* cit., pp. 39 이하 참조. 그 외에 다음의 연구들도 유익하다. M. Rieger, "Ueber den nordischen Fylgienglauben," *Zeitschrift für deutsches Altertum und deutsche Litteratur*, 42(1898), pp. 277~90; W. Henzen, *Ueber die*

Träume in der altnordischen Sagalitteratur, Leipzig 1890, pp. 34 이하 참조. 추가
적인 참고문헌은 E. Mundal, *Fylgjemotiva i norrøn litteratur*, Oslo 1974 참조. 전반
적인 영웅 전설에 대해서는 다음의 연구가 유익하다. J. L. Byock, "Saga Form, Oral
Prehistory, and the Icelandic Social Context," *New Literary History*, XVI(1984),
pp. 153~73. 다음 연구는 필기아를 '예지 능력'의 역사적 선행 사례로 여긴다. W.-
E. Peuckert, "Der zweite Leib," *Niederdeutsche Zeitschrift für Volkskunde*,
16(1938), pp. 174~97 참조. 이 연구는 다음 연구의 정신분석적 관점을 비판한다. K.
Schmeïng, "'Zweites Gesicht' und 'Zweiter Leib'," *Niederdeutsche Zeitschrift für
Volkskunde*, 19(1941), pp. 85~87(그러나 나는 다음의 연구를 보지 못했다. *Das
Zweite Gesicht in Niederdeutschland*, Leipzig 1937).

237) Belmont, *Les signes* cit., pp. 52 이하, 그리고 G. Chiesa Isnardi, "Il lupo mannaro
come superuomo," *Il superuomo*, E. Zolla 편집, III, Firenze 1973, pp. 33 이하 참조.
이 연구는 다음의 연구를 참조했다. de Vries, *Altgermanische Religionsgeschichte*
cit., pp. 222 이하(다음의 연구도 참조. E. Mogk, *Germanische Mythologie*, Leipzig
1907, pp. 42~43). 또한 Boyer, *Le monde* cit., pp. 39 이하 참조.

238) Güntert, *Ueber altisländische* cit.; Dumézil, *Heur et malheur du guerrier* cit. 참조.

239) Lehtisalo, *Entwurf* cit., p. 114 참조. 파나마의 쿠나족 중에서 예언자*nele*들은 양
막*kurkin*에 덮여 태어난 자들이다. C. Severi, "The invisible path. Ritual Repre-
sentation of Suffering in Cuna Traditional Thought," *RES, Anthropology and
Aesthetics*, 14(Autumn 1987), p. 71 참조.

240) C.-H. Tillhagen, "The Conception of the Nightmare in Sweden," *Humaniora.
Essays in Literature-Folklore-Bibliography Honoring Archer Taylor on His
Seventieth Birthday*, W. D. Hand & G. O. Arlt 편집, Locust Valley(N.Y.) 1960, pp.
316~29 참조; 그 외에도 Jakobson & Szeftel, "The Vseslav Epos" cit., p. 61, 주석
30 참조.

241) 이 구절은 벨몬트의 저술(Belmont, *Les signes* cit., p. 19) 시작 부분에서 인용되었다.
하지만 이 저술은 이 관점에 대해서 숙고하지 않는다. 어린아이의 배내옷과 수의의 유
사성에 대한 언급은 W. Deonna, "Les thèmes symboliques de la légende de Pero
et de Micon," *Latomus*, 15(1956), p. 495 참조.

242) Reinach, "Le voile de l'oblation," *Cultes, mythes* cit., I, p. 298 이하 참조. 전반적으
로는 H. Freier, *Caput velare*, Tübingen 1963 참조.

243) J. Heurgon, "Le 'Ver sacrum' romain de 217," *Latomus*, 15(1956), pp. 137~58 참
조. "*Perductos in adultam aetatem velabant atque ita extra fines suos exigebant*"
라는 구절은 페스투스Festus가 언급한 베리우스 플라쿠스Verrius Flaccus의 한 구절
에서 볼 수 있다. Ferri, "Kirke I" cit., p. 59 참조(하지만 오르페우스교에 대한 언급은
불필요해 보인다).

244) Bartels, "Isländischer Brauch" cit., pp. 70~71; J. Hoops, "Das Verhüllen des Haupts bei Toten, ein angelsächsisch-nordischer Brauch," *Englische Studien*, 54(1920), pp. 19~23 참조.

245) Delcourt, *Héphaistos* cit., 128~29 참조. 이 연구는 다음의 연구를 좀더 발전시킨 것이다. H. Güntert, *Der arische Weltkönig und Heiland*(나는 이 저서를 읽지 못했다). 양막*pilleus*, 모피 모자*galerus* 등과 이것들에 대한 암시에 대해서는 Meuli, "Altrömischer Maskenbrauch," *Gesammelte Schriften* cit., II, pp. 268~70 참조. 양막에 싸여 출생하는 것과 관련해서 이 주제가 가지는 중요성에 대해서는 Belmont, *Les signes* cit., p. 195 참조. 아마도 켈트족 출신인, 작은 모자를 쓴 텔레스포루스 Telesphorus의 사례는 논쟁의 여지가 있다. 텔레스포루스는 종종 아스클레피오스 Asclepius와 나란히 나오는데, 이에 대한 다양한 해석(남근 숭배의 악마, 장례의 악마, 또는 잠을 수호하는 정령)에 대해서는 W. Deonna, *De Télesphore au 'moine bourru.' Dieux, génies et démons encapuchonnés*, Bruxelles 1955 참조.

246) *I benandanti* cit., p. 226 참조.

247) "나는 태어나지 않은 자들의 세계에서는 물론 죽은 자들의 세계에서도 잘 지내기 때문에 (그 누구도) 나를 지상에 잡아둘 수 없다." 이 구절은 파울 클레Paul Klee의 무덤에서 읽을 수 있다(그의 일기에서 가져온 구절이다). F. Klee, *Vita e opera di Paul Klee*, 이탈리아어 판본, Torino 1971, p. 82 참조. 다음의 연구는 사후 세계를 "죽은 자와 태아들의 왕국"으로 여긴다. G. Lüling, *Die Wiederentdeckung des Propheten Muhammad*, Erlangen 1981, pp. 297 이하. 이 연구는 (양막과도 비교되는) 마호메트의 망토의 상징적 의미를 분석하면서, 다른 경로를 거쳐 여기서 공식화한 것과 유사한 결론에 도달한다(이 내용을 알려준 메츨러D. Metzler에게 따뜻한 감사 인사를 전한다). 샤머니즘적인 탈혼 상태와의 비교는 다음의 연구에서 자세하게 이루어진다. J. R. Porter, "Muhammad's Journey to Heaven," *Numen*, XXI(1974), pp. 64~80 참조.

248) Güntert, *Kalypso* cit. 참조(매우 박식하고 지적인 연구서다).

249) Saxo Grammaticus, *Gesta Danorum*, J. Olrik & H. Raeder 편집, I, Hauniae 1931, p. 30(I, 8, 14) 참조; 이 내용이 노르웨이 또는 아이슬란드의 모델로부터 유래했을 가능성에 대해서는 같은 책, pp. XXIV~XXV 참조(뮐러의 논평도 참조. P. E. Müller, Hauniae 1858, pp. 65~66). (베르길리우스로부터 마르티아누스 카펠라에 이르는) 라틴권 작가들의 기억과 함께, 지하 세계 묘사에 나타나는 오딘과 같은 인물의 존재는 다음의 연구에서 강조되었다. P. Herrmann, *Die Heldensagen des Saxo Grammaticus*, II, Leipzig 1922, pp. 102~103; 같은 의미에서 다음의 연구서도 참조. Dumézil, *Du mythe au roman* cit., p. 107, 주석 1. 하딩구스의 지하 세계 여행에 드러난 샤머니즘적 암시는 다음의 연구에서 확인되었다. A. Closs, "Die Religion des Semnonenstammes," *Wiener Beiträge zur Kulturgeschichte und Linguistik*, IV, 1936, p. 667 참조.

250) Saxo Grammaticus, *Gesta Danorum* cit., I, 37 참조; 그 외에도 Riemschneider, *Miti pagani* cit., p. 47 참조(하지만 저자의 전반적인 해석은 수용할 수 없다).

251) Balázs, "Ueber die Ekstase" cit., pp. 56 이하; Viski, *Volksbrauch der Ungarn* cit., pp. 15 이하 참조. 이러한 환경에서 인도유럽 이전 시대의 층위를 떠올릴 가능성에 대해서는 Güntert, *Kalypso* cit., pp. 44~54 참조.

252) Meuli, "Altrömischer Maskenbrauch" cit., p. 268(전반적으로는 Meuli, "Die deutschen Masken," *Gesammelte Schriften* cit., I, pp. 69 이하; Meuli, "Schweizer Masken und Maskenbräuche" cit., I. pp. 177 이하); F. Altheim, *Terra Mater*, Giessen 1931, pp. 48~65; P. Toschi, *Le origini del teatro italiano*, Torino 1976, pp. 169~72; 마스카*masca*와 탈라마스카*talamasca*에 대해서는 L. Lazzerini, "Arlecchino, le mosche, le streghe e le origini del teatro popolare," *Studi mediolatini e volgari*, XXV(1977), pp. 141~44 참조(논문 전체는 정보와 암시 들로 가득하다). 이러한 맥락에는 아를레키노Arlecchino, 즉 할리퀸(어릿광대) 무리의 모자도 포함될 것이다. 이에 대해서는 Schmitt, *Religione* cit., pp. 226~27 참조. 변장과 이중적 조직 간의 필수적 연관성이라는 논지는 다음의 연구자에 의해 반박되었다. A. Kroeber & C. Holt, "Masks and Moieties as a Culture Complex," *Journal of the Royal Anthropological Institute*, 50(1920), pp. 452~60 참조. 하지만 이러한 현상들의 의미심장한 일치(위에서 고찰된 내용과 관련하여 그 중요성은 배가된다)는 부정할 수 없는 것처럼 보인다. 이 사례에 대해서 우리는 사실상 슈미트의 연구에 동의할 수밖에 없다(같은 책, pp. 553 이하).

253) I. Matte Blanco, *L'inconscio come insiemi infiniti*(1975), 이탈리아어 판본, Torino 1981, p. 201 참조. 이 저술은 베르낭의 요청에 간접적으로 응답한다. 베르낭은 "언어학자, 논리학자, 수학자 들이 결핍하고 있는 수단인 신화를 공급함으로써 이진법적이지 않은 논리의 구조주의적 모델을, 로고스의 논리와는 다른 논리의 구조주의적 모델"을 이야기했다(Vernant, "Ragioni del mito," *Mito e società* cit., p. 250 참조). B. Bucher, "Ensembles infinis et histoire-mythe. Inconscient structural et inconscient psychoanalytique," *L'homme*, XXI(1981), pp. 5~26의 경우 마테 블랑코의 연구를 적용하려고 시도했다. 위에서 인용된 베르낭의 구절은 다음의 연구에서 제사로 실렸다. Derrida, "Chôra," *Poikilia* cit., pp. 265~96 참조.

254) Lévi-Strauss, *La vasaia* cit., pp. 169 이하 참조.

255) Lévi-Strauss, *L'homme nu* cit., pp. 581~82 참조: "s'il s'agit d'une application particulière d'un procédé tout à la fois fondamental et archaïque, on peut concevoir qu'il se soit perpétué, non par l'observation consciente des règles, mais par conformisme inconscient à une structure *mythique* intuitivement perçue d'après des modèles antérieurs élaborés dans les mêmes conditions"(나는 '신화적인*mythique*'을 '시적인*poétique*'으로 대체했다). 레비-스트로스는 고대의 시에 나타

난, 철자를 바꾼 애너그램anagram의 중요성에 대한 이론과 관련하여 페르디낭 드 소쉬르가 제기한 난제에 대해 이야기한다. 그 난제란 그들이 사용하고 있는 이론가들 또는 시인들에 관한 구체적인 증거가 부족하다는 것이다.

256) 마테 블랑코(Matte Blanco, *L'inconscio* cit., pp. 44~45 등)에 따르면, 무의식 체계에서는 모든 관계가 대칭적으로 처리되는 원리가 작동한다. 예를 들어 아버지는 아들을 낳고, 아들은 아버지를 낳는다. 그러나 치료적인 관점에서 이러한 원리는 항상 제한된 상태로 적용되었다. "**대칭의 원리는 어떤 구체적인 시점에 나타나며, 마치 강력한 염산처럼 그것이 적용되는 영역의 모든 논리를 해체한다. 하지만 논리적인 구조의 잔재는 변하지 않은 상태로 남는다**"(p. 62, 고딕 부분은 원문의 강조: 이러한 고찰은 신화로까지 확대될 수 있을 것이다). 대칭을 유지하는 방식에 대한 분석(하지만 뷔셰는 '대칭화하려는 경향'에 대해 이야기할 것을 제안한다. Bucher, "Ensembles" cit., p. 21)은 어쩔 수 없이 부적당한 용어를 사용하더라도 우리가 무의식 체계의 기능을 기술할 수 있게 해준다. 은유에 대해서는 Jakobson, "Due aspetti del linguaggio e due tipi di afasia," *Saggi di linguistica generale* cit., pp. 22~45 참조. 야콥슨은 은유의 극과 환유의 극이 형성하는 대조(제유법을 포함하여)를 (프로이트를 언급하며) 꿈에서 재발견한다(p. 44). 프로이트는 『꿈의 해석』에서 어느 시점(이탈리아어 판본, cit., p. 319)에 이르자, 졸면서 쓴 글의 어색한 부분을 교정할 것을 생각하면서 나뭇조각을 대패로 밀고 있는 자신을 보는 한 작가의 사례를 인용한다. 레비-스트로스는 이 구절을 다루면서 다음과 같이 언급한다. "은유는 길들여진 사고가 작용하는 제유법을 잠시 동안 무효화시키는 야생적인 사고가 수행하는 퇴행적인 작용을 말한다"(Lévi-Strauss, *La vasaia* cit., p. 177 참조).

257) 구석기시대에는, 그 어떤 기록으로도 남지 않았지만 문화적 접촉이 있었을지 모른다. 레비-스트로스는 수차례에 걸쳐 이와 같은 견해를 드러낸 바 있다. Lévi-Strauss, *Paroles données* cit., p. 134 참조. 역사의 부정적인 응답들(Lévi-Strauss, "Le dédoublement" cit., p. 273 참조: "Si l'histoire, sollicitée sans trêve(et qu'il faut solliciter *d'abord*), répond non...")은 결코 절대적일 수 없다.

결론

1

이 연구는 하나의 사건, 즉 지난 14세기 후반 알프스 서부 지역에 출현한 악마의 잔치라는 이미지에서 시작되었다. 민속학적 구성 요인들을 밝혀내려는 시도는 우리를 매우 먼 시공간으로까지 인도했다. 하지만 그 덕분에 유럽 문화유산의 중요한 부분이—대체로 우리가 잊어버린 경로들을 통해—시베리아의 사냥꾼, 아시아 중북부 지역의 샤먼들 그리고 스텝 지역의 유목민으로부터 유래한다는 사실을 밝혀낼 수 있었다.[1]

이러한 점진적인 축적이 없었다면 악마의 잔치라는 이미지는 드러나지 않았을지 모른다. 샤머니즘 신앙과 관습은 알프스 지역에서도 발견된다. 우리는 동물들을 부활시키는 여신, 그라우뷘덴의 푼키아두르스가 풍요를 기원하는 의식으로 벌이는 전투에 대해 이야기했다.[2] 최근 몇 세기 동안 민속학자들이 수집한 증거 자료들은 피에몬테 계곡의 발도파 사이에서—늑대인간과 요정 그리고 죽은 자들의 행렬에 대한 이야기들뿐 아니라—파올로 부제가 언급한 군트람 왕의 전설에 대한 다양한 이야기가 회자되고 있었음을 보여준다. 벌레(나비, 호박벌, 말파리)가 육체적 활력을 잃은 사람의 입에 들어가 그 사람에게 다시 활력을 불어넣는다는 것은 아마도 가장 오래된 샤머니즘적 특징일 것이다.[3]

14세기 중반경 중앙아시아의 스텝 지역에서 유래된 흑사병 세균들[4]이 유럽에 상륙하면서 일련의 연쇄반응이 일어났다. 음모에 대한 강박관념, 반-이단적 고정관념 그리고 샤머니즘적 특징들이 서로 혼합되면서 마녀 집단의 위협적인 이미지가 출현했다. 오래된 민간신앙들은 악마적인 방향으로 변형되며 수십 년 동안 알프스산맥을 따라 확산되었다. 1438년 발텔리나 지역의 모르베뇨에서는 도미니크 수도회 소속인 루이노의 크리스토포로Cristoforo da Luino가 '선량한 집단, 즉 악마'와 관계를 맺으며 주술을 행하고 즐거워했다고 의심되는 사람들을 투옥했다. 1456년 키아벤나의 부유한 의사인 발다사레 페스탈로치Baldassarre Pestalozzi는 24년 전에 "주술사, 또는 흔히 말하는 선량한 집단에 가담했다"는 고발로부터 자신을 방어해야만 했다.[5] 계속해서 1480년경에는 발텔리나 출신의 두 '사악한' 여성인 도메네가Domenega와 콘테시아 Contessia가 이름 없는 '놀이의 귀부인domina ludi'을 숭배했다는 이유로, 의도적으로 간략하게 작성된 판결문을 통해 목에 칼을 차고 3년간 추방되는 형벌을 받았다.[6]

2

오랫동안 마녀 집단은 자신들의 존재가 처음으로 목격된 지역에서 지속적으로 모임을 가지고 있었다. 1440년 3월 23일 피렌체 공의회에서는 교황 에우제니오 4세가 몇 달 전에 대립 교황으로 선출된 (세상에는 아메데오 디 사보이아로 알려진) 펠리체 5세에 대해 "악마의 유혹에 빠져 구원자를 부정하고 사탄에 의지하는 사악한 남자들과 여자들(특히 그의 고향에는 작은 마녀들*stregulae*이나 주술사, 발도파가 많았다)"[7]의 마법에 현혹되어 교회의 권위에 감히 도전하고 있다고 비난했다. 『교회규범』의 기본적인 내용(*retro post Sathanam conversi daemonum illusionibus seducuntur*)은 토착 용어의 사용(발도파를 뜻하는 '*Waudenses*' 그리고 마녀를 뜻하는 '*strigae*'를 대신하여 지소사 형태의 '*stregulae*'가 사용되었다)으로 강조된, 특정 상황에 관한 새로운 현실을 소개하고 있었다. 하지만 몇 년 전부터 새로운 집단이 이미 알프스 너머의 지역들에서 확산되고 있었다. 요하네스 니더는 종교회의에 참석하기 위해 바젤에 모인 신부들 앞에서 자신의 작품인 『개미둑』을 공개적으로 낭독했다.[8] 물론 그보다 전부터 프란체스코 수도회 소속인 시에나의 베르나르디노(훗날 성인으로 추대되었다)는 지칠 줄 모르는 왕성한 설교 활동을 벌이고 있었다. 그의 순회 설교는 주술 박해에 결정적인 역할을 했다.[9]

"공현축일 날 밤에 헤로이다와 함께 모임에 간다*in cursio cum Heroyda in nocte Epiphanie*"고 말한 "노파들*vetule re(n)cagnate*"에 대한 언급은 이미 1423년 베르나르디노가 파도바에서 설교한 내용을 모은 『치품천사 세라핌에 대하여*De Seraphim*』에서 발견된다.[10] 헤로이다(즉 에로디아데)를 추종하는 이 무리는 불행을 예견할 뿐만 아니라 악에 영혼을 빼앗긴 어린아이, 임산부, 병자 들을 구원하고 있었다. 이들의 "모임에 간다는 것*andare in cursio*"은, 비록 베르나르디노가 『교회규범』에 따라 이들을 악마에 사로잡힌 자들이라고 주장하기는 했지만, 아직까지는 "악마의 잔치 참가"를 뜻하는 것은 아니었다. 2년 후인 1425년 베르나르디노는 자신의 말을 경청하는 시에나 자치도시의 여성들에게 모욕적인 언사를 섞어가면서("당신은 트라발레의 마법사를 찾아가는 악마에 씐 여성이다") 설교 시간 대부분을 주술사들과 악마의 유혹자들에 할애했다.[11] 그러나 아직 이들은 고립된 사람들, 즉 대부분 여성들이었다. 이후 얼마 시간이 지나지 않아 베르나르디노의 삶의 결정적인 순간에 어떤 변화가 나타났다.

예수에 대한 헌신을 주제로 한 베르나르디노의 설교는 그에게 매우 큰 성공을 가져다주었지만, 다른 한편으로는 많은 사람들로부터 이단으로 고발되는 계기가 되기도 했다. 1427년 봄 교황 마르티노 5세는 구비오에 머물고 있던 베르나르디노에게 설교를 중단하고 즉시 로마로 올 것을 명령했다. 그가 로마로 가던 4월 말은 긴장감이 상당히 고조되어 있던 시기였다. 훗날 베르나르디노는 당시를 "어떤 자는 나를 기름에 튀기길 원했고, 어떤 자는 나를 불에 굽기를 원했다"고 풍자적으로 회상했다. 교황과 신학자들이 참석한 가운데 열린 심문은 피고인에 대한 우호적인 분위기에서 전개되었다. 그는 자신에 대한 모든 고발 혐의를 벗고 설교의 권한을 회복했다. 그럼에도 교황은, 아우구스티누스 수도회의 안드레아 빌리아Andrea Biglia의 논쟁적인 소논문(*Liber de institutis*)에서도 알 수 있듯이, 베르나르디노에게 예수의 이름이 모노그램으로 새겨진 명판을 신도들에게 보이지 말라고 명령했다.[12] 어쨌든 사태는 일단락되었다. 상황은 베르나르디노가 대략 1427년 5월 초에서 7월 말 사이에 로마에서 행한 설교 덕분에 순조로워졌다.[13] 설교의 내용은 전해지지 않지만 베르나르디노가 같은 해 8월 15일부터 시에나의 캄포 광장에서 행한 설교들을 통해 부분적으로나마 재구성해볼 수 있다. 베르나르디노는 로마에서 마녀와 주술사 들을 계속해서 비난했고, 그의 설교를 듣던 청중들을 엄청난 충격에 빠뜨렸다. "나는 주술과 마녀 그리고 다른 유사 행위 들에 대해 설교했지만 그들은 내가 말한 것을 마치 내가 꿈을 꾼 것인 양 취급했다." 처음에는 의심스런 자들을 고발하라는 권고가 별다른 효과를 거두지 못했지만, 이후에는 달랐다. "누구라도 그런 것들(주술 행위)을 할 줄 아는 사람을 알면서 고발하지 않으면 그들과 같은 죄를 짓는 것이라고 말했다. 내가 설교한 후에 마녀들과 주술사들이 수없이 고발되었다."[14] 교황과의 회담이 있은 후에는 훨씬 심각한 죄를 지었다고 판단되는 자들에 대해서만 재판을 열겠다는 결정이 내려졌다. 이들 중 피니첼라Finicella는 (스테파노 인페수라Stefano Infessura의 연대기에 나와 있듯이) "악마처럼 수많은 생명체를 죽였으며 많은 사람들에게 주술을 걸었고 로마의 모든 사람들이 그녀를 보러 갔다"는 이유로 화형에 처해졌다.[15] 그녀는 아마도 베르나르디노가 시에나 설교에서 언급한 마녀였을 것이다. "그들 중 한 여성이 〔……〕 전혀 고문을 받지 않은 상태에서 어린아이 30명을 피를 빨아 죽였다고 자백했다. 그녀는 어린아이들 중 60명을 풀어주었다고도 말했다. 〔……〕 계속해서 그녀는 자신의 어린 아들을 죽여 가루를 낸 다음 그중 일부는 그런 목적으로 사람들에게 나누어 주었다고 자백했다."[16]

베르나르디노는 피고인의 입장에서 미신 행위에 대한 고발자로 돌아선 이후 절반의 승리를 거두었다. 아우구스티누스 수도회 소속으로 인문주의자였던 안드레아 빌리아는 로마 설교 직후 기록을 남기면서 베르나르디노가 전파한 예수의 이름을 향한 예배가, 마술사와 주술사, 마법사 들의 활동과 다르지 않아서 상징과 상징화된 현실 사이에서 신성모독적 교환을 불러일으킨다고 보았다.[17] 그로부터 25년 후 또 다른 위대한 인문주의자인 니콜라우스 쿠자누스는 물질적 이득을 얻기 위해 그리스도와 성인들에게 의지하는 것이 이미 우상숭배 행위를 저지르는 것이라고 브레사노네의 신자들에게 말했다.[18] 이러한 내용을 통해 엿볼 수 있는 엄격하고 난해한 종교는 베르나르디노가 성공한 이유들을 간접적으로 시사한다. 그는 마술사와 주술사 들의 무대에서 그들과 크게 다르지 않은 무기를 가지고 싸운 것이다. 그가 로마 캄피돌리오의 한 장소에서 "도박 테이블, 노래, 부적의 주문, 제비뽑기, 머리카락"을 불태우라고 주문한 것은[19] 예수의 이름이 새겨진 명판을 위해 현장을 깨끗이 정리하고자 했기 때문이다.

그러나 베르나르디노의 발언이 불러일으킨 충격("그들은 내가 말한 것을 마치 내가 꿈을 꾼 것인 양 취급했다")은 단순히 마녀와 주술사에 대한 전통적인 반론만으로 일어난 것은 아니었다. 1427년 여름 시에나에서 행한 연설을 보면, 베르나르디노가 정체를 알 수 없는 한 집단의 난잡한 잔치와 소름 끼치는 의식에 대한 최신 정보를 입수했음을 알 수 있다. "이 사람들은 피에몬테에 거주하고 있으며, 이미 다섯 명의 이단 심문관들이 악을 제거하기 위해 이곳에 갔지만 사악한 사람들에 의해 죽임을 당했다. 그리하여 이곳에 가서 임무를 수행하겠다는 이단 심문관을 더 이상 찾을 수 없다. 이들이 어떻게 불리는지 아는가? 이들은 바릴로토barilotto, 즉 통의 무리로 불린다. 이처럼 불린 이유는 (이들이) 1년에 한 차례 어린 소년을 붙잡은 다음, 죽을 때까지 이 사람에서 저 사람으로 돌려가며 던지기 때문이다. 소년이 죽으면 무리의 사람들은 그를 빻아서 가루로 만든 다음 작은 통에 넣어 (무리의 구성원들) 각자에게 마시도록 나누어 준다. 그들은 이렇게 하는 이유가 나중에 자신들이 한 짓을 절대로 폭로할 수 없도록 하기 위해서라고 말했다. 우리 교단에 속한 한 명의 수사가 한때 그 무리의 일원이었는데, 내게 모든 것을 이야 기해주었다. 또한 그들은 내 생각에 누구라도 취할 수 있는 가장 부정직 한 태도를 가지고 있었다."[20]

우리는 위의 내용에서 '새로운 집단들과 금지된 의식들' 중 하나의 특 징을 알아볼 수 있는데, 그것은 1409년 프란체스코 수도회 소속 이단 심문관인 퐁세 푸게롱에 의해 밝혀진 알프스 서부 지역에 존재하는 의 식이다.[21] 악마에게 속아 몸에 동물 기름을 바른 후에 고양이로 변신했 다고 믿는 마녀들에 대한 충격적인 이야기도 기원이 같을 것이다.[22] 베 르나르디노는 이들에 대해서는 일말의 동정할 가치도 없다고 경고했다. "따라서 나는 이렇게 말하고자 한다. 어디에서라도 여자 마법사나 주술 사, 남자 마법사, 마녀 등이 발견된다면, 반드시 그들의 씨를 말려 절멸 시키도록 하라."[23] 베르나르디노에게 있어 마녀와 통의 무리는 확연하 게 구분되는 존재들이었다. 하지만 얼마 지나지 않아 이들은 더 이상 구 분되지 않게 되었다. 1428년 3월 20일 토디에서는, 데루타 근처의 리파 비앙카 마을에 살던 마테우치아 디 프란체스코Matteuccia di Francesco가 마녀로 고발되어 화형을 당했다. 이 마을의 지도자였던 로렌초 데 수르 디스Lorenzo de Surdis가 작성한 장문의 판결문에는 유령을 쫓는 운문 형 식의 주문(*Omne male percussiccio / omne male stravalcaticcio / omne male fantasmaticcio* 등), 육체의 고통에 대처하는 운문 형식의 주문 (*Lumbrica lumbricaia / che tieni core et anima / che tieni polmoncelli / che tieni fecatelli* 등), 불임을 위한 혹은 임신을 피하기 위한 주문 등 이 등장한다. 이 마을 마녀의 자백에서는 뜻밖의 이야기가 드러난다. 마 테우치아는 몸에 독수리 기름, 박쥐의 피와 젖먹이 아이의 피를 바르고 악마 루치벨로Lucibello를 불러낸다. 숫양의 모습으로 그녀 앞에 나타난 루치벨로는 파리로 변신한 마테우치아를 등에 태우고 번개처럼 빠르게 날아올라, 대악마 루시퍼를 따르는 수많은 마녀들과 악마들의 모임 장소인 베네벤토의 호두나무로 데려간다.[24] 여기서 디아나를 따르는 집단의 무해한 주술적 특성들이 통의 무리가 지닌 잔인무도하고 공격적인 특성으로 대체되었다. 베르나르디노가 1429년 이후에 행한 것이 틀림없는 연설에서, 디아나의 추종자들을 지칭하기 위해 사용한 "지극히 잔인한 사람들*crudelissimae*"이라는 문구는 이러한 변화를 보여준다.[25] 사실 이러한 변화는 알프스 서부 지역에서 이미 확인된 바 있었다. 토디에서 재판이 열렸던 1428년에 루체른 출신의 연대기 작가인 요한 프륀트는 헤니피어스와 헤렌스 계곡에서 있었던 마녀재판을 근거로, 악마의 잔치와 상당히 유사한 묘사를 기록으로 남겼다.[26] 하지만 토디의 재판에서도 베르나르디노가 했던 연설의 영향이 발견된다. 판결문에서는 베르나르디노가 1426년 토디에서 설교하기 전에 마테우치아가 주술을 걸었다고 두 번이나 강조하고 있다.[27]

베르나르디노의 설교는 향후에 재판관들이 주술을 행했다고 기소된 피고인들에게 던질 질문들의 내용을 제시한 것일지도 모른다. 어쩌면 토디에서도—로마의 경우처럼 초기의 혼란스러운 상황이 지나간 후에—베르나르디노의 금지 명령들을 떠올리면서, 마테우치아를 고발하거나 불리한 증언을 하기로 마음먹은 사람이 있었을지 모른다. 마녀들을 절멸시키고자 하는 선동은 공권력은 말할 것도 없이 세속에서도 동조적인 환경이 조성되면서 대단히 강력해졌다.

3

우리는 악마의 잔치 이미지에서 기원이 다른 두 개의 문화적 흐름을 구분했다. 하나는 이단 심문관들과 세속 재판관들이 만들어낸 것으로, 적대적인 사회집단이나 무리가 꾸민 음모라는 것이며, 다른 하나는 주술 비행 또는 동물로의 변신과 같이 이미 민속 문화에 뿌리 내리고 있던 샤머니즘이다. 그러나 둘을 이렇게 병치시키는 것은 지나치게 도식적이다. 두 흐름의 융합이 그토록 견고하고 지속적이었던 것은 이들 사이에 근본적이고 암묵적인 유사성이 존재하기 때문이라는 사실을 인정해야 한다.

죽은 자들은 산 자들의 사회에 불완전하게 적응한 자들에 의해서만 구현될 수 있다고 일컬어진다.[28] 이러한 원리는 코카서스의 조지아인들 Xevsur이 거행하던 도기Doghi라는 장례의식에서 완벽하게 드러난다. 즉, 이 장례의식에서 여성과 죽은 자는 모두 내부인인 동시에 외부인이고, 가문의 구성원인 동시에 이방인인 만큼 암묵적으로 동화되었다.[29] 한편 마녀와 주술사 들의 역사적 선조에 해당하는 인물들도 음모론과 샤머니즘적 중재자의 측면에서 볼 때, 소외와 불완전한 동화라는 특징을 공유한다. 딱따기, 색칠된 바퀴, 양막, 그리고 여분의 치아는 나병환자, 유대인, 이단자들, 베난단티, 탈토시 등에게 낙인이 되었고, 이렇게 해서 이들은 경우에 따라 사회적 공존과 배척의 경계, 믿음과 불신의 경계, 그리고 산 자들의 세계와 죽은 자들의 세계의 경계에 위치하는 존재들로 여겨지고 있었다. 1321년에는 나병환자들이 자신들을 멸시한 건강한 자들에게 병을 전염시키려고 했다는 이유로 기소된 바 있었다. 이로부터 2년 전 아르미어인 아르노 젤리스는 죽은 자들이 살아 있는 모든 남녀들이 죽기를 원하고 있다고 말했다.[30] 음모의 냄새가 묻어나는 이미지의 이면에는, 비록 새로운 용어들로 재포장되었음에도 불구하고 상당히 오래된 주제, 즉 산 자들의 사회에서 소외된, 근래 죽은 자들의

적대감이 존재하고 있었다.[31]

많은 문화권에서는 비둘기, 올빼미, 족제비, 뱀, 도마뱀, 산토끼 등의 특정 동물들이 젖소나 염소의 젖(그리고 경우에 따라서는 인간 여성의 젖)을 빨아 먹는다는 통념이 존재한다. 유럽의 경우 이러한 동물들은 통상 마녀나 요정과 관련되어 있었다. 하지만 우유의 이미지 이면에는 피가 있었고, 마녀나 요정의 이미지 이면에는 죽은 자들이 있었다. 쏙독새의 독일어 명칭(헥서*Hexe*, 마녀)과 죽은 자들의 영혼이 쏙독새로 변신하여 산 자들의 피를 빨아 먹는다는 남아메리카 투카나*Tukana*족의 확신이 수렴한다는 것은 심오한 사실을 알게 해준다.[32] 우리는 이러한 사실을, 산 자들에 대한 죽은 자들의 증오, 죽은 자들의 목마름, 새(또는 벌이나 나비)의 형상으로 묘사된 영혼의 모습이 스트릭스*strix*, 즉 밤에 젖먹이의 피를 찾아 다니는 새의 신화적인 이미지와 융합되어 있는 라틴 문화권에서 발견할 수 있다.[33] 스트릭스라는 용어는 오비디우스가 언급한 스키타이족의 주술사들과 마찬가지로, 새의 모습으로 변신할 수 있는 여성들을 가리키기도 했다.[34] 이러한 의미론적인 중의성은 이제는 더 이상 낯설지 않은 하나의 관념을 반영한다. 죽은 자들과의 의사소통을 위해서는 적어도 일시적으로나마 그들의 일원이 될 필요가 있었다는 것이다. 과학적 개념 혹은 종교적 개념은 이러한 구도를 변화시키고 복잡하게 만들었다. 13세기 초반 틸버리의 거베이스는 라미에*lamiae*(또는 마스체*mascae* 또는 스트리에*striae*)가 여성들과 함께 집집마다 돌아다니면서 요람에 누워 있는 갓난아이들을 훔치는 유명한 민간 신앙에 대해 이야기함으로써, 이들의 출현이 단지 망상에 지나지 않는다는 의사들의 주장과 대치되는 견해를 피력했다. 끝으로 그는 남편과 함께 잠을 자는 동안 마녀(라미에)들을 따라 빠르게 비행하여 바다를 건너가는 이웃 여성들에 대해 언급했다.[35) 수십 년 후에 부르봉의 스테파노Stefano di Bourbon는 스트릭스를 나이 많은 노파의 모습으로, 밤에 늑대의 잔등이를 타고 돌아다니면서 젖먹이들을 죽이는 악마의 모습으로 묘사했다.[36) 이미 언급했듯이, 이러한 발상은 다른 발상으로 대체되었는데, 그에 따르면 마녀는 뼈와 살을 가진 실제 여성이며 악마의 도구를 다룰 줄 알았다고 한다. 이와 같은 논지의 주장은 유대인들이 의식에 어린아이들의 피를 이용한다는 고발에 의해서도 뒷받침되었다. 세속 권력과 종교 권력에 의해 제기되고 확산된 이러한 음모의 이미지는 적어도 부분적으로나마 민속 문화에 뿌리를 내렸다. 이는 그 이미지가 굉장히 성공적으로 자리 잡은 이유이기도 하다.

만약 매장이 죽은 자들에 **반하는** 의식이었음을 인정한다면 우리는 마녀와 주술사 들을 화형시키는 것에 부여된 정화의 가치를 이해할 수 있을 것이다. 비록 마녀재판에 회부된 피고인들 중에 여성이 차지하는 비율은 지역에 따라 다양했지만, 알다시피 화형에 처해진 대다수는 여성이었다.[37) 이러한 현상을 이단 심문관들의 여성 혐오로 해석하는 것은 지나친 단순화다. 즉 이미 증거가 뚜렷하고 만연해 있는 여성 혐오로 설명하는 것은 동어반복의 오류에 빠지는 것이다. 물론 주술을 행했다고 기소된 사람들 중에서 여성들(특히 미혼일 경우 사회적으로 보호받지 못했다)이 가장 소외된 자들이었음은 쉽게 짐작할 수 있다. 그러나 이러한 소외는 약함을 뜻하는 데서 그치는 게 아니라, 어쩌면 생명을 낳는 자와 죽은 자/태어나지 않은 자들의 무형의 세계의 근접성을 희미하게나마 반영하고 있는지도 모른다.[38)

4

베르나르디노의 로마 설교를 통해 완벽하게 형성된 마녀 집단의 이
미지를 강제적으로 이식하려는 시도는 유럽 안팎에서 크고 작은 성공
을 동반하면서 수없이 반복되었다. 우리가 프리울리 또는 스코틀랜드
와 같이 이질적이고 멀리 떨어진 지역들에서 그 흔적을 발견했던, 기존
의 민간신앙들과 혼합되는 교배 현상은 그리 흔하게 나타나지 않았다.
비록 모든 또는 거의 대부분의 선결 조건들이 존재했다고 할지라도, 악
마의 잔치가 구체적으로 드러난 경우는 거의 드물었던 것이 사실이다.
1492년 8월, 수사 계곡에 위치한 (피에몬테 서부 지역의) 오울스의 성당
참사회원인 바르톨로메오 파스칼리Bartolomeo Pascali는 움브리아 출신의
두 신부를 (종교)재판에 회부했다. 그들은 자신들이 (심문 기록에 나와
있듯이) 바르베barbae 또는 발도파의 순회 설교자라고 주장했다. 두 피
고인 중 한 명인 피에트로 디 야코포Pietro di Jacopo는 자신들이 세상을
돌아다니면서 설교를 했고 집단 구성원들의 고해성사를 들었다고 진
술했다. 이후 그는 피에몬테와 도피네에 있는 계곡들의 이름을 말했는
데, 그 지명은 발 키소네, 발 제르마나스카, 발 펠리체, 발 프레시니에레
스, 발 라르젠티에레, 발 푸테였다. 그는 자신과 동료들이 "야바위꾼들,
과도하게 명성이 높거나 촌스러운 수사들, 아첨꾼들, 위선자들 그리고
민중을 기만하는 자들charretani, alias fratres de grossa opinione, vel barlioti,
adulatores, fraudatores et deceptores populi"로 불렸다고 말했다. 모욕적인 언
사를 열거하면 다음과 같다. 신성 모방자(당시 움브리아의 체레토 마을
주민들의 전통적인 특징으로 여겨진 태도), ('명망de opinione' 있다기보다
는 '과분한 명성de grossa opinione'이라는) 부정적인 의미가 강조된 청빈형
제회Fraticelli, (1466년 청빈형제회에 쏟아진 치욕적인 비난들로부터 유래

524

된) 통의 수사들frati del barlotto, 위선자들, 거짓말쟁이, 사기꾼.[39)] 피에트로 디 야코포가 무슨 이유로 이러한 자기 폄하적인 태도를 드러냈는지 그 원인은 분명하지 않다. 그는 이후의 심문 과정에서 "자신들의 은어in eorum gergono"로 통의 수사들, 상스러운 발도파라고 불렸고, 이탈리아에서는 '명망' 있는 수사들, 즉 청빈형제회로 불렸다고 말했다. 이러한 정의들의 상호 교환성은 집단들에 대한 낡은 구분이 거의 명목상으로만 남아 있을 뿐인 유동적인 상황을 반영하는 것처럼 보인다. 반면 피에트로 디 야코포와 그의 동료가 발도파 무리의 거주지 또는 모임에서 난교를 벌였다는 이단 심문관들의—조작되었을 가능성이 높은—주장이 관철된 것은 기존의 맥락(또는 전통)에 부합하는 것이었다. 무리의 구성원들이 자신들의 거주지에서 숭배하고 있던 "바코와 바콘으로 불리는 우상quoddam ydolum vocatum Bacum et Bacon"을 강조한 것은 전혀 근거가 없는 날조된 이단의 냄새를 풍긴다. 하지만 곧바로 뒤따라 나온 이름들—"시빌라와 요정et etiam Sibillam et Fadas 역시"—은 다른 의미를 가진다.[40)] 아펜니노산맥의 시빌라가 (피에트로 디 야코포와 같이) 스폴레토 인근 마을(카스텔 달바노)에서 출생한 자의 입을 통해 언급된 것은 충분히 타당해 보인다. 요정들이 이단 재판에 등장하는 것은 완전히 터무니없는 일인데도, 이와 같은 일이 실제로 일어난 것이다.[41)] 한 세기 후에 동일한 요인들이 그것도 바로 똑같은 지역들에서, 처음으로 악마의 잔치 이미지와 혼합된 것으로 밝혀졌다. 이때 혼합된 것은 민속 문화와 해체 과정에 있던 이단들, 난교에 대한 거의 신빙성 없는 자백들, 그리고 죽은 자들의 세계와 연결된 신비의 여성들이었다. 유예 상태에 있던 이러한 요인들은 최소한의 자극으로도 다시 형태를 갖출 준비가 되어 있었다. 하지만 통의 수사들에 대한 상반된 이야기들은 오울스의 성당참사회원들에게 아무런 반향도 불러일으키지 못했다.

5

이러한 비정상적인 재판은 명백히 평범한 진실을 떠올리게 한다. 즉 피고인들의—때로는 자발적이었지만 대부분은 강제와 강요에 의했던—자백과 그 자백 내용을 수용하려는 재판관들의 의지가 결합된 것은 악마의 잔치를 구체화하는 데 있어 필수적인 요인이었다는 점이다.[42] 구체화는 물론 상상의 산물이다. 하지만 이것만으로 악마의 잔치를 다 설명할 수 있을까?

14세기 초반 샤리바리들의 시끌벅적한 행렬에 참가한 자들은 구경꾼들의 눈에 헤르레치누스가 이끄는 배회하는 죽은 자들의 무리처럼 보였다. 이것은 때로는 명확하고, 때로는 잠재적인 유질동상의 한 사례로서, 우리가 지금까지 분석했던 신화와 의식 들에 연결된다. 반세기가 더 지나 등장한 사악한 악마의 잔치는, 이러한 대칭적 구도의 형태를 더 이상 알아볼 수 없을 정도로 변형되어버렸다. 재판관들은 이전보다 더 빈번하게, 악마의 잔치를 물리적이고 실제적인 사건들로 간주했다. 오랜 기간 동안 유일하게 존재했던 반대의 목소리는 『교회규범』을 상기시키면서 마녀와 주술사 들이 악마적 환영의 희생물이라고 생각했던 사람들에게서 나왔다. 16세기의 카르다노Cardano나 델라 포르타와 같은 학자는 다른 견해를 피력했다. 즉 동물로의 변신, 비행, 악마의 출현 등이 끓인 채소나 동물 기름에 함유된 환각 물질의 사용이나 영양실조의 결과였다는 것이다. 이러한 설명에 의한 암시는 아직도 유효한 상태로 남아 있다.[43] 그러나 그 어떤 사유화의 형태도, 그 어떤 근원도, 그리고 탈혼 상태에 빠져드는 그 어떤 기술도 이토록 복잡한 경험들의 재출현을 야기할 수는 없다. 모든 생물학적 결정론에 대항하기 위해서 우리는 이러한 체계화된 반복의 열쇠가 오직 문화에 있음을 재확인할 필요가 있다. 그럼에도 불구하고, 향정신성 물질들의 고의적 사용이 밤의 여신, 늑대인간 등의 추종자들이 경험하는 탈혼 상태를 설명하지는 못하더라도, 탈혼 상태가 반드시 신화적인 차원에서만 일어나는 현상은 아니라는 주장에 힘을 실어줄 수 있을지도 모른다.[44] 이러한 의식 틀의 존재를 밝히는 것은 가능할까?

6

그럼 두 가지 가설을 살펴보자. 첫번째는 새로운 것이 아니다(단지 증명을 시도한다는 점에서만 새롭다). 이 가설의 근거는 맥각균claviceps purpurea이다. 이는 비가 자주 오는 봄과 여름에 잘 자라는 버섯으로, 특히 호밀을 거무스름한 균핵으로 덮으며 자라난다. 따라서 호밀 가루를 섭취하면 맥각 중독ergotism(영어와 프랑스어로 버섯을 나타내는 어휘 'ergot'에서 유래했다) 증세를 일으킨다. 이 병의 증상으로는 두 가지가 알려져 있다. 첫번째는 주로 서유럽에서 나타난 것으로 심각한 괴저를 일으켰다. 중세 시대에는 이 증상이 '성 안토니오의 불'로 알려져 있었다. 두번째는 주로 유럽 중북부 지역에 확산된 것으로, 간질과 유사한 상태의 매우 격렬한 경련을 일으켜 6~8시간 동안 의식을 잃고는 했다. 괴저와 경련이라는 두 형태는 모두 (척박한 환경에서 밀보다 훨씬 잘 자라는) 호밀이 유럽에 확산되어 있었기 때문에 상당히 빈번하게 일어났다. 특히 이 병의 원인이 맥각균이라는 게 밝혀지기 전인 17세기에는 이 병이 종종 죽음의 원인이 되기도 했다.[45]

이 모든 것은 마녀보다는 사악한 주술의 희생자들을 생각나게 한다.[46] 하지만 지금까지 살펴본 구도는 아직도 완전하지 못하다. 발아된 맥각은 민간에서 임신중절을 목적으로 널리 이용되고 있었다. 아담 로니처Adam Lonicer는 『식물지Krauterbuch』(1582)에서 여성들이 자궁 통증을 일으키기 위해 균핵 적당량을 여러 차례 반복 복용하고 있었다는 사실을 관찰해 기록했다.[47] 약 한 세기가 지난 후 튀링겐의 바우히누스J. Bauhinus는 이 식물이 지혈제로 사용되었다고 지적했다.[48] 산파들이 산모의 분만을 촉진하기 위해 맥각(민중들 사이에서는 무테르콘Mutterkorn, 즉 '호밀 어머니'로 불렸다)의 생성물을 사용했다는 사실은 이미 알려진 바 있다. 어떤 경우에는 (1778년 하노버에서 그랬듯) 당국이 이러한 맥각 사용을 금지시켰다. 하지만 19세기 초반 의학계는 이 가루가 임산부의 출산을 촉진하는 효과를 가지고 있다고 공식적으로 인정했다.[49]

맥각은 매우 오랫동안 (대개 여성들과 관련되어) 민간 의학에서 널리 사용되고 있었다. 이것은 맥각의 몇 가지 성질이 알려지고 확인되었음을 의미한다. 맥각의 다른 효능은 발작을 일으키는 맥각 중독 증상에 대한 기술에서 밝혀졌다. 1723년 안드레아스J. G. Andreas는 비텐베르크에서 발표한 의학박사학위 논문에서 몇 년 전 실레지아를 덮친 전염병에 대해 언급했다. 전염병의 증세는 환자들에 따라 상당히 다양하게 나타나고 있었다. 어떤 환자들은 매우 고통스런 근육 수축을 호소했고, 어떤 환자들은 "탈혼 상태와 비슷한 깊은 잠에 빠져들었다. 발작이 멈추면 다시 잠에서 깨어나 자신이 본 여러 가지 환영에 대해 이야기했다." 이미 3년 전부터 고통을 받고 있던 리그니츠의 한 여성은 주변 사람들의 주장에 따르면, 악마에게 영혼을 빼앗긴 것 같았다. 아홉 살의 한 소년은 간질 증세와 같은 발작을 일으키곤 했으며 깨어나면 자신이 보았던 환영에 대해 이야기했다. 사람들은 이 모든 증상을 초자연적인 원인에 의한 것으로 여겼다.[50] 오늘날 우리는 특정한 종류의 맥각균이 다량의 맥각 알칼로이드(에고노빈)를 함유하고 있다는 사실을 알고 있다. 1943년에는 이 맥각균으로 엘에스디lysergic acid diethylamide가 만들어졌다.[51]

호밀은 이미 고대부터 알프스 지역과 중부 유럽 대부분의 지역에서 널리 재배되고 있었으며 그리스와 같은 지역에서는 대용품으로 알칼로이드를 함유한 다른 종류의 맥각균이 재배되고 있었다.[52] 하지만 잠재적인 환각 물질에 쉽게 접근할 수 있다는 것이 이를 의도적으로 사용했다는 것을 의미하지는 않는다.[53] 민간에서 맥각균을 지칭하는 데 사용된 몇 가지 용어들, 예컨대 프랑스어의 '술에 취한 호밀seigle ivre'과 독일어의 '미친 밀Tollkorn'은 식물의 효능에 대한 고대의 인식을 보여주는 듯하다.[54] 19세기 후반 무렵 독일 농촌의 아이들은 '호밀 늑대Roggenwolf' 또는 '호밀 개Roggenbund'와 같은 무서운 존재들의 이야기를 듣고 자랐다. 이 용어들은 '호밀 어머니Roggenmutter' '늑대Wolf,' 또는 가늘고 긴 모양 때문에 '늑대 이빨Wolfzahn' 등으로 불린 맥각균의 신화적 변형이었을 것이다. 특정 지역에서 전해지는 이야기들에 따르면 맥각균의 거무스름한 물질이 철 성분으로 변하기 때문에 아이들에게 호밀 어머니를 빨게 해 죽게 만들기도 했다고 한다. 호밀 늑대Roggenwolf와 늑대인간 Werwolf 사이에는 상당히 밀접한 관계가 있어서, 사람들은 "늑대인간이 밀 한가운데 앉아 있다"고 말하곤 했다.[55]

맥각이 의식을 잃게 하거나 변화시킬 목적으로 사용되었을 것이라는 가설은 이처럼 풍부한 신화적 요인들이 더해지면서 더 큰 신빙성을 얻게 되었다.[56] 이러한 가설은 '맥각ergot'과 같이 기원이 분명치 않은 어휘와 독일어의 '바르크warg'(추방자 또는 늑대인간을 의미한다) 사이에 연관성이 존재하는지 확인할 수만 있다면 분명하게 입증될 수 있을 것이다. 그러나 불행히도 이를 입증할 수는 없다.[57]

7

늑대인간과 향정신성 물질 간의 완전히 독립적인 상관관계는 전혀 다른 언어적, 문화적 영역에서 가설로 설정될 수 있었다. 이를 통해 우리는 두번째 가능성을 마주하게 된다. 이란의 문헌들에서는 아케메네스 제국의 왕가를 의미하는 어휘 '사카 하우마바르카*saka haumavarka*'가 "하오마*haoma*에 취해 늑대인간으로 변한 인간"을 의미한다고 여겨졌다. 이것은 남성 비밀조직들의 전형적인 특징으로 여겨져온 전사들의 광적인 정신 상태라고도 할 수 있겠지만 그럼에도 이러한 해석은 전혀 사실이 아니다.[58] 더욱이 하오마가 무엇인지는 정확하게 알 수 없다. 조로아스터교의 성전인 『아베스타*Avesta*』에서는 적어도 그 기원이 소마*soma*와 같은 식물로 언급되고 있다. 베다 경전의 시에서 고상한 어조로 묘사된 물약은 이 소마에서 추출한 것으로 보인다. 소마와 하오마가 어떤 식물인지를 확인하려는 수많은 노력이 실패한 이후(둘 중의 하나 또는 두 식물 모두와 관련된 주장에는 기장, 포도, 대황, 인도 대마 등이 포함된다), 텍스트에 포함된 내용에 완벽하게 부합하는 듯한 가설이 제기되었다. 그에 따르면, 소마는 '광대버섯*amanita muscaria*'일 것으로 추정된다. 이 버섯을 섭취하거나 즙을 짜서 (때로는 물과 함께 섞어) 마신 자, 또는 이 버섯을 먹은 자의 오줌을 마신 자는 탈혼 상태와 같은 최면 상태에 빠지거나 유사 증세를 일으킨다(후자의 경우에는 효과가 특별히 강했던 것으로 보인다). 시베리아의 주민들은 (알타이족은 제외하고) 이 버섯을 광범위하게 사용한다. 특히 샤먼들은 탈혼 상태에 빠지기 위해 이것을 복용한다. 아프가니스탄과 인더스강 계곡 사이에 위치한—유라시아의 북부 지역 이주민들이 기원전 2000년에 정착했던—지역들에서 이 버섯은 흔하게 찾아볼 수 있었다. 광대버섯은 전나무나 자작나무에서만 자란다. 사제들은 어쩌면 이를 다른 것으로 대체하려고 노력했을 것이다. 그러나 베다 경전의 시들은 고대의 숭배에 대한 매우 생생한 기억을 전해주었다.[59]

탈혼 상태에 빠지기 위해 광대버섯을 사용한 것은 상당히 오래전부터였다. 언어적 증거들은 우리를 공통의 우랄어가 존재하던 기원전 4000년으로 데려다준다. 나아가 피노우그리아 언어*와 사모예드 언어에서 광대버섯, 일반적인 버섯, 의식 상실, (샤먼들이 사용하는) 북을 지칭하는 어휘들은 'pon'라는 하나의 어근에서 유래했음이 틀림없다. 인도-이란계의 사람들은 금기 때문에 소마와 하오마를 이 어근에서 나온 어휘들로 대체했을 것이다.[60] 하지만 교체된 이 어근은 아리아어가 아닌 산스크리트어에서 다시 등장하는데, 가설적으로 이 어근은 인도의 여러 방언들의 기원이 되었을 것으로 추정되는 산스크리트어 파갈라 *paggala*(미친 사람 또는 광란)와 관련이 있다. 문제의 산스크리트어 판구 *pangü*는 '절름발이, 지체장애인'을 의미한다.[61]

샤먼들이 탈혼 상태에 도달하기 위해 사용한 버섯과 절뚝거림 사이에 연관성이 존재한다는 것은 지금 시점에서 원칙적으로 생각하기 힘들 것이다. 하지만 이러한 접점이 단지 하나의 사례에 불과한 것은 아니다. 프랑스의 몇몇 지역에서 흔히 발견되는 주름진 버섯들(예를 들면 광대버섯)은 'bot'(지체장애)와 'bot'(두꺼비)를 상기시키는 'bò'(오트손주)

---

* 러시아 북부에 기원하지만 후에 핀란드와 동쪽 방면에까지 진출하여 살던 종족의 언어.

또는 '*botet*'(루아르주)와 같은 명칭을 가지고 있다. 여기에서 버섯, 두꺼비, 비대칭 보행의 세 가지 요소로 얽힌 매듭의 형상이 드러난다.[62] '지체장애인*pied bot*'을 뜻하는 형용사 '*bot*'과 두꺼비를 뜻하는 명사 '*bot*'의 일치는 착각의 결과다. 그 이유는 두 용어가 서로 다른 어원(전자는 '둔화되다'라는 뜻의 '*butt*'에서, 후자는 '부풀다'라는 뜻의 '*bott*'에서 유래했다)을 가지고 있기 때문이다.[63] 그러나 이탈리아 북부의 방언에서 두꺼비라는 명칭이 '신발scarpa' '실내화ciabatta' 등의 명칭과 같다는 사실은—물론 외적 유사성으로는 추론될 수 없는—의미론적 연관성을 보여주는 듯하다.[64] 비록 잘 알려져 있지는 않지만 버섯과 두꺼비의 연관성에 대해서는 이론의 여지가 없다. 광대버섯은 중국에서 '두꺼비 버섯'으로, 프랑스에서는 크라포딘*crapaudine*('crapaud'는 두꺼비를 뜻한다)으로 불린다.[65] '두꺼비 빵'을 뜻하는 '*pin d'crapâ*'는 노르망디에서 재배되는 주름버섯(광대버섯도 포함된다)의 이름이다.[66] 베네토주에서 '로스페르 잘로*rospèr zalo*'는 '애광대버섯*Amanita mappa*'을 가리키고, 특히 트레비소에서 '푼고 로스페르*fungo rospèr*'는 독버섯인 '마귀광대버섯 *Amanita pantherina*'이다.[67] 먹을 수 없는 버섯인 '두꺼비 버섯*žabaci huby*' 또는 '두꺼비와 유사한 것*zhabjachyi hryb*'은 각각 슬로바키아(타트라 산악 지역)와 우크라이나에서 사용되고 있는 용어들이다.[68] 그 외에 '두꺼비 의자toadstool' '두꺼비 모자toad hat' 등을 뜻하는 용어는 영어, 아일랜드어, 웨일스어, 브르타뉴어, 프리지아어, 덴마크어, 독일 서부 지역의 언어, 노르웨이어로 버섯을 의미한다. 못생기고 불쾌하며 심지어 사악하다고 여겨지는 두꺼비가 이처럼 버섯과 밀접하게 연관된 것은 버섯에 대한 켈트 문화권의 적대적인 태도를 보여주는 듯하다.[69] 그러나 이미 살펴보았듯이, 버섯과 두꺼비의 언어적 근사성, 특히 광대버섯과 두꺼비의 언어적 근사성은 켈트 문화권을 벗어난 지역, 심지어 중국에서도 등장했다. 만약 두꺼비에 대한 부정적인 함의가 나중에 추가된 것이고 피상적이라는 이유로 배제한다면 다른 설명이 가능해진다. 이탈리아 북부로부터 독일, 우크라이나, 폴란드에 이르는 지역들에서 두꺼비는 '요정' '마녀' '주술사'를 가리키는 말로 사용되었다.[70] 이탈리아어의 '두꺼비rospo'는 라틴어 '아루스펙스haruspex'에서 유래하는데, 이는 라틴인들이 에트루리아에서 차용한 용어로 '주술사' '점쟁이'를 뜻한다.[71] 두꺼비도 '광대버섯'과 비대칭 보행과 마찬가지로, 많은 문화권에서 비가시적인 것과 관련된 상징적 매개물로 작용하고 있었다. 이러한 사실이 두꺼비 피부의 분비물에 함유된 물질인 뷰포테닌의 향정신성 효능에 따른 것인지 여부는 확신할 수 없다(이 주제에 대한 견해들은 논쟁적이다).[72]

우리는 광대버섯이 유럽의 산악 지역에서 상당히 많이 자라는 전나무와 자작나무와 같은 나무들에 기생한다고 말했다. 그리고 알프스, 쥐라산맥, 피레네산맥의 지역들에서 마녀재판이 특히 빈번했다는 사실은 이미 알려진 바와 같다. 피고인들 대부분의 자백은 의식적으로나 무의식적으로 이단 심문관들이 제시한 모델을 그대로 반영하고 있었다. 하지만 샤머니즘적인 탈혼 상태에 대한 내용이 드러난 소수의 예외적인 재판들에서도 광대버섯의 존재는 언급되지 않는다.[73] 롬바르디아, 베네토, 에밀리아의 방언들에서 광대버섯을 가리키는 '코흐 마트cocch matt' '코코 마토coco mato' '오볼 마트ovol matt' '볼레 마트bolé mat'와 같은 용어들이 의식장애 상태와 연관성을 가진다는 점은 재판 문서들에서 확인되지 않는다.[74] 단지 몇몇 사례에서만 의심의 여지가 있어 보인다. 우리는 14세기 말 피에몬테의 이단 재판에서 키에리 근교의 안데제노에 사는 빌리아 라 카스타냐라는 여성이 난교 의식에 참석한 사람들에게 음료를 나누어 주었다고 언급한 바 있다.[75] 그 음료는 빌리아가 자신의 침대 밑에서 고기와 빵과 치즈를 먹여 키우던 거대한 두꺼비의 배설물로 만들어졌다고 언급되었다*fama erat*. 이러한 혐오스럽고 기이한 특징들은 부분적으로 이단 심문관 측의 오해로 만들어졌을 것이다. 유럽에서 아메리카 대륙에 이르기까지 버섯은 종종 동물의 오줌똥 또는 헛배 부름을 떠올리게 하는 어휘들로 불렸는데, '개 오줌' '늑대 방귀' '여우 똥' '표범 똥'이 그 예다.[76] 안데제노는 버섯이 나는 지역이 아니다. 하지만 자백을 한 인물인 안토니오 갈로스나는 설교를 하면서 피에몬테 계곡을 돌아다녔다. 빌리아 라 카스타냐의 '두꺼비 배설물'은 (프랑스와 그 외의 지역들에서 광대버섯을 의미하는 두꺼비 버섯인) '크라포딘' '두꺼비 빵*pain de crapault*'과 관련된 용어들이 곡해된 결과는 아니었을까?

안토니오 갈로스나의 자백이 있고 수십 년이 더 지난 어느 날, 알프스의 반대편 지역에서 한 젊은이가 베른의 판사인 페터 폰 그라이에르츠에게 마녀 집단의 구성원이 되려는 자들이 참여하는 섬뜩한 입회의 식에 대해 진술했다(페터 폰 그라이에르츠도 이 이야기를 니더에게 전했다). 가죽 술병에 담긴 죽음의 음료를 마신 자는 "갑자기 자기 자신 속에 우리의 기술과 우리 집단의 주요 의식들에 대한 이미지를 받아들이고 보존하는 느낌을 받았다."[77] 이러한 인용문이 (마신 음료에 함유된) 환각 물질이 유도한 탈혼 상태의 경험을 변형시켜 전달했을 가능성은 상당히 희박하다. 우리는 집단에 속한 자들과는 달리 그들의 의식에 대해 잘 알지 못한다는 사실을 인정해야 한다. 게다가 우리는 이들이 존재했을 것이라고 말하지도 않았다.

8

반면, 악마의 잔치에 영향을 미친 신화들을 하나로 묶어주는 근본적인 유사성은 분명 존재한다. 이 모든 이야기의 공통 주제는 사후 세계로 가는 것과 사후 세계에서 돌아오는 것이다. 이러한 기본적인 서사의 핵심은 수천 년 동안 인류와 함께 존재했다. 이 이야기들은 사냥, 목축, 농업에 의존하는 수없이 다양한 사회들에 무수히 변화하며 소개되었지만 이야기의 근본적인 구조는 결코 바뀌지 않았다. 그럼 이러한 근본적인 구조는 왜 아무런 변화 없이 지속되었을까? 어쩌면 대답은 상당히 간단하다. 이야기한다는 것은 (문자 그대로든 은유적으로든) 과거의 시공간에서 유래한 권위를 가지고 지금 여기에서 말하는 것을 의미한다.[78] 우리는 산 자들의 세계와 죽은 자들의 세계에, 보이는 영역과 보이지 않는 영역에 참여함으로써 이미 인간 종의 고유한 특성을 확인했다. 우리가 이 책을 통해 분석하고자 했던 것은 여러 이야기들 중의 하나가 아니라 가능한 모든 이야기들의 모체였다.

미주

1) N. S. Troubeckoj, *L'Europa e l'umanità*, 이탈리아어 판본, Torino 1982 참조.

2) 본서. pp. 243~45, 344~46 등 참조.

3) M. Bonnet, "Traditions orales des vallées vaudoises du Piemont," *Revue des traditions populaires*, XXVII(1912), pp. 219~21; J. Jalla, *Légendes et traditions populaires des vallées vaudoises*, 개정증보판, Torre Pellice 1926, pp. 38~39 참조. 이 연구서에서 '말벌*galabroun*'은 '마녀'를 의미하는 '*masc*'로 불렸다(두 텍스트를 내게 알려주고 보내준 다니엘레 트론Daniele Tron에게 따뜻한 감사 인사를 전한다). 군트람 에 대해서는 본서, p. 252 참조. 샤머니즘적인 현상들과의 비교는 다음의 연구서에서 여 러 차례 등장한다. R. Christinger & W. Bourgeaud, *Mythologie de la Suisse ancienne*, Genève 1963; 롯팔크E. Lot-Falck는 서문에서 스위스가 여러 문명들 간의 진정한 교차 점이라고 강조한다(p. 11).

4) 이것은 나중에 '중세 페스트균*Pasteurella pestis medievalis*'으로 불렸던 것의 일종이다. Le Roy Ladurie, "Un concept: l'unification microbienne" cit., pp. 50 이하 참조.

5) Giorgetta, "Un Pestalozzi accusato di stregoneria" cit. 참조.

6) Giorgetta, "Documenti sull'Inquisizione a Morbegno nella prima metà del secolo xv," *Bollettino della società storica valtellinese*, XXXIII(1980), pp. 59~83, 특히 pp. 81 이하 참조. 두 여성은 다음과 같이 자발적으로 자백했다. "*malleficiatrices et in fide defficientes... a diabolo fore seductas et longo tempore in heretica pravitate extitisse et diabolicis suasionibus et serviciis obedivisse una cum certa mulierum quantitate eundo coram quadam appellata domina ludi, qui demon est, et cum ea certis nocturnis horis conversationem habuisse et in eius societate perseverasse, nonnulla committendo que manifestam sapiunt heresim*, que pro presenti non veniunt publicanda..."(강조는 필자)

7) *Monumenta conciliorum generalium saeculi decimi quinti, Concilium Basileense*, III, 1, Vindobonae 1886, p. 483 참조. 그 외에도 J. Gill, *Il concilio di Firenze*, 이탈리 아어 판본, Firenze 1967, pp. 377~78 참조.

8) 정확하게 이런 사실을 주장하고 있는 것으로는 P. Paravy, "Faire croire. Quelques hypothèses de recherche basées sur l'étude des procès de sorcellerie en Dauphiné

au xve siècle," *Faire croire*, Roma 1981, p. 124 참조.

9) R. Manselli 편집, *Dizionario biografico degli italiani*에서 "Albizzeschi, Bernardino degli"라는 주제의 참고문헌 참조. 최근 연구들 중에서 특히 다음의 연구를 참조하라. *Bernardino predicatore nella società del suo tempo*(Convegni del Centro di studi sulla spiritualità medievale, XVI), Todi 1976.

10) Lazzerini, "Arlecchino" cit., p. 100 참조(파두아 출신의 다니엘레 데 푸르칠리스 Daniele de Purziliis가 녹취한 것을 라틴어로 번역한 것이다). '모임에 간다는 것andare in corso'이라는 표현은 앞서 보카치오의 『데카메론』 여덟번째 날, 아홉번째 이야기에 나왔다. Bonomo, *Caccia* cit., pp. 59 이하 참조.

11) san Bernardino da Siena, *Le prediche volgari. Predicazione del 1425 in Siena*, C. Cannarozzi o. f. m. 편집, I, Firenze 1958, pp. 3, 5, 55~66 참조.

12) B. de Gaiffier, "Le mémoire d'André Biglia sur la prédication de Saint Bernardin de Sienne," *Analecta bollandiana*, LIII(1935), pp. 308~58 참조. 베르나르디노 를 상대로 한 심문은 1426년이 아닌 1427년에 있었으며 다음의 연구에서 설득력 있게 기술되었다. E. Longpré, "S. Bernardin de Sienne et le nom de Jésus," *Archivum Franciscanum Historicum*, XXVIII(1935), pp. 460 이하 참조. 그러나 연구 전체가 매 우 중요하다. 같은 책, pp. 443~76; XXIX(1936), pp. 142~68, 443~77; XXX(1937), pp. 170~92 참조. 그럼에도 베르나르디노 시성을 두고 열린 공판 중 하나에서 레오나 르도 벤볼리엔티Leonardo Benvoglienti가 증언한 것에 따르면 이 심문은 전년도(1426 년)에 일어났다. D. Pacetti, "La predicazione di San Bernardino in Toscana...," *Archivum Franciscanum Historicum*, XXXIII(1940), pp. 299~300; 좀더 결정적 인 것으로는 C. Piana, "I processi di canonizzazione...," *Archivum Franciscanum Historicum*, XLIV(1951), pp. 397~98, 주석 3, 4, 그리고 p. 420, 주석 2 참조; 같은 의미에서 불충분하지만 M. Bertagna 편집, *Enciclopedia Bernardiniana*, IV, L'Aquila 1985, p. XVIII 참조. 하지만 (1448년에 20여 년 전의 사건을 이야기한) 벤볼리엔티는 1426년에 로마에서 설교를 들었다고 잘라 말했다(이 정보는 다른 문헌들을 통해서도 알 려졌다. Longpré, "S. Bernardin" cit., 1935, p. 460 참조). 롱프레가 베르나르디노에 대한 심문이 1426년이 아니라 1427년에 있었다고 주장하는 이유는 벤볼리엔티의 증언 에도 불구하고 여전히 타당한데, 그 이유는 로마와 페루자에서 베르나르디노에 의해 화 형에 처해진 '여러 마녀들nonnullas sortilegas'에 대한 언급이 적어도 첫번째 경우에는 1427년이었기 때문이다(페루자에 대한 언급은 검증되지 않았다). 아래 주석 15 참조.

13) Longpré, "S. Bernardin" cit., 1936, pp. 148~49, 주석 6 참조; 베르나르디노는 성베 드로 대성당에서 80일 동안 설교했다.

14) san Bernardino da Siena, *Le prediche volgari*, P. Bargellini 편집, Roma 1936, pp. 784 이하 참조(이 전집은 1884년 출간된 반치L. Banchi의 판본에 따라 1427년 여름 시 에나에서 행한 설교문을 담고 있다). 이 설교집의 이 구절과 다른 구절들의 중요성을 강

조한 것으로는 Miccoli, "La storia religiosa" cit., pp. 814~15 참조.

15) S. Infessura, *Diario della città di Roma*, O. Tommasini 편집, Roma 1890, p. 25 참조. 이는 1424년 7월 8일(7월 28일일 수도 있다)을 배경으로 한다. 무라토리L. A. Muratori의 원고에 따르면 또 다른 날짜인 6월 28일이었다. 하지만 롱프레(Longpré, "S. Bernardin" cit., 1935, pp. 460~61, 주석 5)에 따르면 이 기간에 베르나르디노는 시에나에 머물고 있었다. 아무튼 1424년에 대한 언급은 연대기적 오류에 의한 결과일 가능성이 매우 높으며, 이 같은 오류는 인페수라의 연대기 전반에 걸쳐 빈번하게 나타난다(O. Tommasini, "Il diario di Stefano Infessura...," *Archivio della Società Romana di Storia Patria*, XI, 1888, pp. 541 이하 참조). 마녀 피니첼라Finicella는 베르나르디노가 1427년 여름 설교에서 시간적 순서에 구애받지 않고 말하는 과정에서 언급한 두 명의 로마인 마녀 중 한 명으로 밝혀졌다("나는 로마에서 무엇을 했는지 말하기를 원한다Ho vi voglio dire quello che a Roma si fece..."; san Bernardino, *Le prediche* cit., p. 784 참조). 따라서 이는 가장 최근의 사건을 언급했을 것으로 보인다. 1424년을 1427년으로 수정하는 것이 논리적이라 생각된다. 또한 1426년의 경우도 그해 4월 초 로마에서 설교를 행한 베르나르디노가 6월과 7월 사이에 몬테팔코와 스폴레토에 갔다는 점을 고려할 때, 배제되어야 하겠다(Longpré, "S. Bernardin" cit., pp. 460~61, 주석 5 참조). 밀리오M. Miglio가 롱프레의 저서에 대해 호평한 후에, 피아나C. Piana가 제안한 연대기를 따르면서 별다른 설명 없이 인페수라가 제시한 1424년을 1426년으로 수정한 것을 주목해야 한다. 하지만 이후 그는 이와 모순되게, 로마 설교를 한 지 '몇 달 후'라고 말하면서 1427년 여름의 시에나 설교를 인용하고 있다. 일관성을 위해서는 '1년 후'라고 써야 했을 것이다("Il pontificato e S. Bernardino," *Atti del convegno storico Bernardiniano...*, Teramo 1982, pp. 237~49, 특히 pp. 238~39 참조).

16) san Bernardino, *Le prediche* cit., p. 785 참조.

17) de Gaiffier, *Le mémoire* cit., p. 318 참조: "*Aut unde magos, ariolos, praestigiatores reprehendimus et dampnamus, nisi quod quibusdam caracteribus fide adhibita, demonum responsa atque auxilia eliciunt? Totumque hoc genus sacrilegii est, pro rebus figuras amplecti.*" R. Fubini, "Poggio Bracciolini e S. Bernardino...," *Atti del convegno* cit., p. 157; 미콜리G. Miccoli에 대해서는 앞의 주석 9에서 언급된 같은 제목의 전집(*Bernardino predicatore...*) 참조. 빌리아가 쓴 소논문의 날짜에 대해서는 Longpré, "S. Bernardin" cit., 1936, pp. 147~48 참조.

18) 본서, p. 176 참조.

19) Infessura, *Diario* cit., p. 25 참조(7월 21일; 다른 출처에서는 6월 21일).

20) san Bernardino, *Le prediche* cit., pp. 607~608 참조(pp. 1140~41의 주석 33, 35에서 바르젤리니Bargellini는 이전 판본 편집자인 반키Banchi의 잘못된 해석을 반복하고 있다. 그것은 '작은 통barlotto'을 '어리석은 자di cervel grosso'로 해석하면서 발도파의 '바르베티barbetti'와의 혼동을 암시한 것인데, 이는 근거가 없는 해석이다). 콘의 연

구(Cohn, *Europe's Inner Demons*, pp. 49~50)에서도 해당 내용이 등장하지만, 악마의 잔치가 출현한 지역에 대한 언급을 강조하지는 않는다. 나아가 콘은 이단자들과 유대인을 적극적으로 탄압한 인물인 조반니 다 카페스트라노Giovanni da Capestrano(후에 성인으로 추대되었다)에게 '바를로토Barlotto 의식들'에 대한 이야기를 전해주었고, 1466년 로마에서(또는 그보다 앞서 1449년 파브리아노에서) 청빈형제회에 자백을 강요한 인물이 베르나르디노였다고 주장한다(pp. 50~54).

21) 본서, pp. 127~29 참조.

22) san Bernardino, *Le prediche* cit., pp. 785 이하 참조: "(그들은) 자신들이 그릇에 담긴 연고를 늘 하던 방식으로, 온몸에 바르자 (암)고양이가 된 것 같다고 말했다. 실제로 그들의 육신은 다른 형태로 변하지 않은 채 그대로였는데 다만 그들 스스로 그렇게 믿었을 뿐이다." 여기서 내가 참조한 것(p. 786)은 『교회규범』에 대한 내용이다.

23) 같은 책, p. 788.

24) 판결문은 여러 차례 출판되었다. 가장 최근에 출간된 D. Mammoli, *Processo alla strega Matteuccia di Francesco. 20 marzo 1428*, Todi 1983(특히 pp. 16, 18, 20, 30, 32) 참조.

25) Lazzerini, "Arlecchino" cit., p. 101 참조. 이 연구는 다음의 문헌을 언급하고 있다. san Bernardino da Siena, *Opera omnia*, I, ad Claras Aquas, Florentiae 1950, p. 117; 1429년과 1436년 사이의 날짜에 대해서는 pp. XVIII~XIX 참조.

26) 본서, p. 135 참조.

27) Mammoli, *Processo* cit. 외에도 Longpré, "S. Bernardin" cit., 1935, p. 458 참조.

28) Lévi-Strauss, "Le Père Noël supplicié"(이탈리아어 판본 cit., p. 262) 참조.

29) Charachidzé, *Le système* cit., pp. 369 이하, 특히, pp. 398~99 참조.

30) Duvernoy, *Le registre d'Inquisition de Jacques Fournier* cit., I, p. 135 참조: "*Dixit etiam quod mortui, prout audivit ab aliquibus ex eis, vellent quod omnes homines et mulieres viventes esse mortui.*" 또한 본서, p. 83 참조.

31) Hertz, *Sulla rappresentazioni collettive* cit. 참조.

32) R. Riegler, "Caprimulgus und Verwandtes," *Wörter und Sachen*, VII(1912), pp. 136~43 참조. 이 연구는 주제에 대한 전반적인 암시들을 매우 잘 파악하고 있지만 마녀와 같은 층위를 확인하는 본격적인 작업에는 이르지 못한다. 레비-스트로스는 유럽에서 쏙독새가 갖는 장례의식적 함의를 간략하게 언급하는 대신, (부분적으로 유사한) 남아메리카의 사례(Lévi-Strauss, *La vasaia* cit., pp. 33~35)와 북아메리카의 사례(같은 책, pp. 55 이하)를 집중적으로 다룬다. 동물과 죽음의 관계(본서, p. 463 참조)에 대해서는 전반적으로 R. Riegler, "Lo zoomorfismo nelle tradizioni popolari," *Quaderni di semantica*, II(1981), pp. 305 이하 참조. 그 외에도 M. Alinei, "Barbagianni, 'zio Giovanni' e altri animali-parenti: origine totemica degli zoonimi parentelari," *Quaderni di semantica*, pp. 363~85, 특히 p. 371 참조(엄격한 토테미즘적 경향 때문

에 미심쩍은 부분이 있긴 하지만, 많은 자료와 관측이 돋보인다).

33) 새와 나비 등의 형상으로 묘사된 영혼에 대한 참고문헌은 매우 방대하다. 여기서는 다음의 몇 가지 연구만을 참조한다. G. Weicker, *Der Seelenvogel in der alten Litteratur und Kunst*, Lepzig 1902; O. Tobler, *Die Epiphanie der Seele in deutscher Volkssage*, Kiel 1911; O. Waser, "Uber die äussere Erscheinung der Seele in den Vorstellungen der Völker, zumal der alten Griechen," *Archiv für Religionswissenschaft*, 16(1913), pp. 336~88; Güntert, *Kalypso* cit., pp. 215 이하; M. Haavio, "Der Seelenvogel," *Essais folkloriques*, in *Studia Fennica*, 8(1959), pp. 61~81; M. Bettini, *Antropologia e cultura romana*, Roma 1986, pp. 205 이하. 스트릭스*strix*를 특별한 밤의 새로 확인하는 것이 불가능하다는 점에 대해서는 F. Capponi, "Avifauna e magia," *Latomus*, XL(1981), pp. 301~304 참조. 다음의 연구들은 별로 신뢰할 만하지 않다. S. G. Oliphant, "The Story of the Strix: Ancient," *Transactions and Proceedings of the American Philological Association*, XLIV(1913), pp. 133~49; Oliphant, "The Story of the Strix: Isidorus and the Glossographers," *Transactions and Proceedings of the American Philological Association*, XLV(1914), pp. 44~63. 후자의 연구는 박쥐 쪽으로 기울었다. 다른 의견에 대해서는 A. Scobie, "Strigiform Witches in Roman and Other Cultures," *Fabula*, 19(1978), pp. 74~101; Alinei, *Barbagianni* cit., pp. 379~80 참조.

34) 본서, pp. 376~77 참조. 오비디우스에 대해서는 *Ars amandi*, I, 8, 13 이하; I, 14, 40(새로 변한 포주 딥사스Dipsas에 대하여); *Fasti*, 6, 131 이하 참조. 이 구절에서 뵈머 (Bömer, *Metamorfoses*, II, pp. 344~45)는 오비디우스가 민중신앙을 받아들인다고 판단한다.

35) Gervasio di Tilbury, *Otia* cit., pp. 987 이하. *Opera omnia*, M. Lequien 편집, Parisiis 1712, I, p. 473에 실린 조반니 다마셰노Giovanni Damasceno가 쓴 글의 일부 (VII~VIII sec.)는 Tartarotti, *Apologia* cit., p. 160에서 인용되었다. 타르타로티는, 민중신앙에 따르면 집 주변을 날아다니고 빗장 걸린 문을 드나들며 요람에 누워 있는 신생아의 내장을 꺼내는 (스트린가이*stryngai* 또는 겔로우데스*gheloudes*라 불린) 여성들에 대해 언급하고 있다.

36) A. Lecoq de la Marche, *Anecdotes historiques... tirés du recueil inédit d'Étienne de Bourbon*, Paris 1877, pp. 319 이하 참조. 그리고 Schmitt, *Religione* cit., pp. 212~13 참조.

37) 아이슬란드는 매우 이례적인 사례일 것이다. 이와 관련하여 과거 연구(O. Davidsson, "Islandische Zauberzeichen und Zauberbücher," *Zeitschrift des Vereins für Volkskunde*, 13, 1903, p. 151)의 내용이 정확하다면, 1554년과 1720년 사이에 모두 125번의 마녀재판이 있었는데, 피고인 중에 여성은 단 아홉 명이었다. 프리울리 종교재판소의 기록은 상당히 다른데, 2세기 동안(1596~1785년) 주술을 행한 죄로 고발

된 남녀의 수는 대략 비슷하다(남성 386명과 여성 391명). 다음 연구의 도표 참조. E. W. Monter & J. Tedeschi, "Toward a Statistical Profile of the Italian Inquisition. Sixteenth and Seventeenth Centuries," *The Inquisition in Early Modern Europe*, G. Henningsen & J. Tedeschi 편집, Dekalb(Ill.) 1986, p. 135. 주술을 행한 죄로 사형을 당한 사람들을 조사해도 차이는 발생할 것이다. 보주에서는 1581년부터 1620년까지 모두 970건의 사형 선고가 있었는데, 이 중에서 325명(34.2퍼센트)은 남성이고 624명(65.8퍼센트)은 여성이었다(21건은 확인이 불가능하다). P. Kamper, "La chasse aux sorciers et aux sorières dans le Pays de Vaud," *Revue historique vaudoise*, 1982, pp. 21~33 참조. 1561년에서 1684년 사이에 독일 남서부 지역에서는 대대적인 마녀 박해가 일어났는데, 이때 여성 1050명과 남성 238명이 사형 선고를 받았다. Midelfort, *Witch-Hunting* cit., pp. 180~81 참조. 그러나 뷔르츠부르크의 재판(1627~29년)에서는 보다 복잡한 구도가 드러난다(같은 책, pp. 172 이하 참조). 유럽권의 사례를 일반화하기 위해 (무작위로 선택된 사례들의) 이 같은 차이를 무시하는 것은 그리 효과적이지 않은 듯하다.

38) 본서 제3부 2장 주석 247 참조.

39) '야바위꾼들'에 대해서는 B. Migliorini, "I cerretani e Cerreto," *Romance Philology*, 7(1953~54), pp. 60~64 참조. 이 단어가 15세기에 '돌팔이 의사medicastro' 또는 '사기꾼saltimbanco'이라는 뜻으로 사용된 것과 관련해, 15세기 증거들의 다양한 의미를 기록하고 있다(첫번째 증거는 우리가 분석하고 있는 재판이 일어나기 바로 직전인 1477년의 것이다).

40) Cambridge University Library, ms Dd. 3. 26(H6), c. IX*v*: "*et eorum lege consueverunt adorare [canc.: quandam ydolam] quoddam ydolum vocatum Bacum et Bacon [canc.: et fade consueverunt facere] et etiam Sibillam et Fadas. Et quod illi Bacon et Fade consueverunt facere dictas congregationes in quibus nullus habetur respectus de filia ad patrem nec de commatre prout tamen habetur extra dictam sinagogam...*" 이러한 재판들에 대해서는 Cohn, *Europe's* cit., pp. 40~41 참조. 이 연구는 재판관들이 이러한 자백들을 완전히 억지로 끌어내고 조작한 것이라고 확증하면서 바쿠스, 즉 디오니소스의 존재에 대해서만 강조한다. E. Cameron, *The Reformation of the Heretics. The Waldenses of the Alps(1480~1580)*, Oxford 1984. 카메론은 피고인이 발도파가 아닌 청빈형제회라는 것을 약간 과도하게 강조한 후(p. 15), '난처한 수용'에 대해 말하며 다른 우상들을 열거했다(p. 112; 색인에서 'Jacopo, Pietro di' 항목 참조); 그는 자기폄하적인 요인은 깊이 다루지 않는다. 이러한 심문이 재판관들에 의해 조작되었다는 가설은 다음의 연구에서 먼저 제기되었다. M. Vulson, *De la puissance du Pape*, Geneve 1635, p. 207 참조(Cameron, *The Reformation* cit., p. 236도 참조).

41) 시빌라에 대해서는 본서, pp. 199 이하 참조.

42) 베난단티인 올리보 칼도Olivo Caldo에 대한 재판(*I benandanti* cit., pp. 193~97)은 악마의 잔치와 관련한 자백에 대한 재판관들의 회의적인 태도를 보여주는 대표적인 사례다.

43) P. Camporesi, *Il pane selvaggio*, Bologna 1980, pp. 123 이하 참조. 다른 암시들에 대해서는 Duerr, *Traumzeit* cit., pp. 165~73 참조.

44) 나는 *I benandanti* cit., pp. 26~30에서 제시했던 관점을 좀더 발전시켰다.

45) G. Barger, *Ergot and Ergotism*, London 1931 참조. 1630년 처음으로 확인된, 괴저성 맥각 중독과 호밀 균핵의 연관성은 점차적으로 설득력을 얻고 있다. J. K. Brunner, "De granis secalis degeneribus venenatis," *Miscellanea curiosa sive ephemeridum medico-physicarum Germanicarum Academiae Caesareo-Leopoldinae naturae curiosorum decuriae III*, II, Lipsiae 1695, pp. 348~49. 브루너는 독일 남서부 삼림지대인 슈바르츠발트에 살 때 맥각 중독에 걸렸는데, 그 지역 의사라면 분명 진단했을 병이었음에도 원인을 파악하지 못했다. 괴저성 맥각 중독과 경련성 맥각 중독의 차이가 무엇 때문인지는 분명하지 않다. V. A. Bauer, *Das Antonius-Feuer im Kunst und Medizin*, Basel 1973(호프만A. Hofmann의 서문 포함) 참조.

46) 캐포라엘은 1692년 당시 악마에 씌인 병이라고 해석된 세일럼의 전염병 현상이, 실제로는 경련성 맥각 중독이었을지 모른다고 주장했다. L. R. Caporael, "Ergotism: The Satan Loosed in Salem?," *Science*, vol. 192, n. 4234, April 2, 1976 참조. 반대 견해에 대해서는 N. P. Spanos & J. Gottlieb, "Ergotism and the Salem Village Witch Trials," *Science*, vol. 194, n. 4272, December 24, 1976 참조. 캐포라엘의 가설은 나마 자하비Naama Zahavi가 예루살렘 히브리 대학 석사학위 논문을 통해 유럽의 맥락에서 재검토했다(지도교수는 미카엘 헤이드Michael Heyd). 나는 자신의 연구 요약본을 제공해준 자하비 박사에게 고마움을 전하며 아울러 그의 연구 내용이 이 저술에 간접적으로 영향을 주었음을 밝혀둔다.

47) Barger, *Ergot* cit., p. 7 참조. 저자는 여러 번 반복되어 나타난 0.5그램이라는 적당량이 오늘날 사용되는 용량과 같음을 확인했다.

48) J. Bauhinus - J. H. Cherlerus, *Historia plantarum universalis*, II, Ebroduni 1651, p. 417 참조.

49) Barger, *Ergot* cit., p. 10, 주석; A. Hofmann, *Die Mutterkorn-Alkaloide*, Stuttgart 1964, p. 11; Mannhardt, *Mythologische Forschungen* cit., pp. 314~15 참조.

50) *De morbo spasmodico populari hactenus in patria sua grassante... praeside... Christiano Vatero... exponet Joannes Gotofredus Andreas*, Witenbergae 1723, pp. 6, 8, 26 참조.

51) R. G. Wasson 외, *The Road to Eleusis*, New York/London 1978, pp. 25 이하 참조. 이 저술에 언급된 과학자 호프만A. Hofmann은 자기 자신을 대상으로 LSD의 환각 효과를 실험했다.

52) 예를 들어 호프만(같은 책, pp. 33 이하)은 물참새피*Paspalum distichum*라는 풀에서 자라나는 맥각병 곰팡이*claviceps paspali*를 언급한다. 호밀은 인류가 가장 최근에 재배한 곡물로서, 선사시대 때 중국, 일본, 이집트에는 알려지지 않았고 슬라브 지역과 독일 그리고 켈트 지역에서 경작되었다(O. Janicke, *Die Bezeichnungen des Roggens in den romanischen Sprachen*, Tübingen 1967, p. 7 참조).

53) 반대 의견에 대해서는 I. P. Couliano, *Eros e magia nel Rinascimento*, 이탈리아어 판본, Milano 1987, p. 380 참조. 화학자 호프만은 아래에 인용한 관측에서 상당한 역사적 감수성을 보여준다.

54) Hofmann, in Wasson 외, *The Road* cit., p. 26 참조. 다른 사례들에 대해서는 Camporesi, *Il pane* cit., pp. 120 이하 참조.

55) W. Mannhardt, *Roggenwolf und Roggenhund. Beitrag zur germanischen Sittenkunde*, Danzig 1866, pp. 23~24, 43 등 참조. 신화에 따르면——고대 그리스 신화에서 새의 몸에 여자의 머리를 한 괴물로 어린아이들의 영혼을 유괴하는——하르피이 아들도 젖먹이들을 독살하기 위해 젖을 먹였다. '호밀 늑대'와 호밀 균핵이 같은 것이라는 사실은 만하르트가 수집한 자료들에 근거하여 거스타인이 주장했다. M. R. Gerstein, "Germanic Warg: The Outlaw as Werewolf," *Myth in Indo-European Antiquity* cit., pp. 131~56, 특히 pp. 147~48 참조(본서 제2부 3장 주석 26도 참조). 수집된 풍부한 자료들에 대해서는 다음 저술에서 표제어 'Korndämonen' 참조. *Handwörterbuch des deutschen Aberglaubens*, V, Berlin/Leipzig 1932~33, coll. 249~314.

56) 흥미롭게도 뒤어는 신화적인 요인들을 진부한 것이라고 일축한다(Duerr, *Traumzeit* cit., p. 173, 주석 25).

57) 다음 연구의 제안을 참조. Gerstein, "Germanic Warg" cit., pp. 150~55. 거스타인은 맥각의 잠재적 환각 기능과의 언어 외적인 연관성을 무시하는 듯하다. 그러나 그녀는 언어적 측면에서 이를 증명할 수 없음을 인정한다("whatever the exact linguistic relationships may be": p. 155 참조). 암브로시니Riccardo Ambrosini 교수 역시 (입증할 수 없는 언어적 금기로 인해 무효화된 관계의 가능성을 배제하지는 않으면서) 같은 결론에 도달했다고, 1982년 10월에 보내온 편지에 썼다. 나의 질문에 친절하게 답변해준 암브로시니 교수에게 고마움을 전한다.

58) S. Wikander, *Der arische Männerbund. Studien zur indo-iranischen Sprach- und Religionsgeschichte*, Lund 1938, pp. 64 이하 참조. 이 연구는 앞에서 인용된 회플러의 연구를 언급한다(본서 제2부 3장 주석 2). 그 외에도 M. Eliade, "Les Daces-loups," *Numen*, 6(1959), p. 22 참조. 그러나 H. Kothe, "Der Skythenbegriff bei Herodot," *Klio*, 51(1969), pp. 77 이하 참조.

59) 이 모든 것에 대해서는 R. G. Wasson, *Soma. Divine Mushroom of Immortality*, s.l.n.d. (Verona 1968) 참조; pp. 95~147에서 언급된 W. Doniger O'Flaherty, *The Post-Vedic History of the Soma Plant* 참조. 소마와 광대버섯을 동일시하는 것은 산스

크리트어 학자인 브러J. Brough와 같은 연구자들에게 받아들여지지 않았다. 하지만 그는 이 책과는 무관한 주제들을 두고 왓슨과 논쟁했다. 전반적으로는 Lévi-Strauss, "Les champignons dans la culture," *L'homme*, X(1970), pp. 5~16 참조(상당히 우호적이다).

60) Wasson, *Soma* cit., pp. 164 이하 참조(이 부분은 문카치B. Munkácsi, 레티살로T. Lehtisalo, 발라즈J. Balázs의 연구에 근거하는데, 일부는 부록에 번역되어 있다. pp. 305 이하 참조).

61) R. L. Turner, *A Comparative Dictionary of the Indo-Aryan Languages*, Oxford 1966, nn. 7643, 7647 참조. 이 연구는 왓슨(Wasson, *Soma* cit., p. 169, 주석)에 의해 언급되었는데, 그는 어근 'poṇ'와의 가능한 연관성들을 가설로 다룬다. 그 외에도 Joki, *Uralier* cit., pp. 300~301 참조.

62) Wasson, *Soma* cit., p. 189. 이를 더욱 강조한 것으로는 Wasson, in *Persephone's Quest* cit., pp. 80~81 참조.

63) J. Hubschmid, "Romanisch-germanische Wortprobleme: franz. bouter und it. buttare," *Zeitschrift für romanische Philologie*, 78(1962), pp. 111~26, 특히 pp. 122 이하 참조.

64) 이 기준은 "어떻게 해도 성공하기 때문에 무용하다. 이 개념은 '문화적 적절성'으로 대체되어야 한다." M. Alinei, "Rospo aruspice, rospo antenato," *Quaderni di semantica*, VIII(1987), pp. 265~96, 특히 p. 294 참조. 이 연구서에는 '발' 또는 '나막신'과 같은 두꺼비에 대한 도상학적 증거들이 소개되어 있다. '두꺼비-실내화' 등에 대해서는 H. Plomteux, "Les dénominations des batraciens anoures en Italie: le crapaud," *Quaderni di semantica*, III(1982), pp. 203~300, 특히 pp. 245~53 참조.

65) 왓슨(Wasson, *Soma* cit., p. 189)은 악마가 '절름발이*le bot*'라는 명칭으로 불렸다고 말한다. 그러나 그는 산스크리트어 '판구*pangú*'를 언급하지는 않는다(앞의 주석 61 참조). '크라포딘'에 대해서는 같은 책, pp. 10, 35 등 참조.

66) C. Joret, *Essai sur le patois normand du Bessin...*, Paris 1881, p. 75 참조. '두꺼비 빵*pain de crapault*'은 16세기 프랑스에서 야생 버섯을 가리키는 일반적인 용어였다. Wasson, *Soma* cit., pp. 186~87 참조.

67) O. Penzig, *Flora popolare italiana*, I, Genova 1924, pp. 231, 467 참조(이것을 포함한 다른 지칭들은 툴리오 텔몬Tullio Telmon 교수가 친절하게 내게 알려주었다).

68) Wasson, *Soma* cit., p. 193.

69) 같은 책, pp. 185 이하.

70) Plomteux, "Les dénominations" cit., pp. 287~90(만토바 등에서는 *fada*); Alinei, "Rospo aruspice" cit., p. 289 참조.

71) 같은 책, pp. 265 이하 참조. 이 연구는 특정 문화권에서 찾아볼 수 있는 두꺼비의 샤머니즘적 암시와 관련해, 논리가 다소 혼란스러운 다음의 연구를 언급한다. A. B.

Kennedy, "Ecce Bufo: the Toad in Nature and in Olmec Iconography," *Current Anthropology*, 23(1982), pp. 273~90(이탈리아어 판본, in *Quaderni di semantica*, VIII, 1987, pp. 229~63).

72) Duerr, *Traumzeit* cit., p. 166: Kennedy, "Ecce Bufo" cit., pp. 250 이하 참조.

73) 광대버섯이 유럽의 마녀재판에서 언급되지 않은 것에 대해서는 Wasson, *Soma* cit., p. 176 참조.

74) Penzig, *Flora popolare* cit., p. 27 참조.

75) 본서, p. 144 참조.

76) Lévi-Strauss, "Les champignons" cit., p. 15 참조.

77) *Malleorum* cit., I, p. 718 참조: "*Postremo de utre bibit supradicto: quo facto, statim se in interioribus sentit imaginem nostrae artis concipere et retinere, ac principales ritus hujus sectae.*"

78) Benjamin, "Il narratore" cit., p. 246 참조. "그는[이야기꾼은] 죽음을 빌려 자신의 권위를 내세운다"(논문 전체를 보라. 이 논문은 내가 이 부분의 집필을 마치고 참조한 다음의 연구에도 영향을 준 듯하다. G. Swift, *Waterland*, London 1983, p. 47 참조).

옮긴이 후기

　어느덧 시간이 흘러 『밤의 역사』의 번역 후기를 쓰고 있다. 돌아보니 먼 여정이었다. 20여 년 전 카를로 긴즈부르그의 『치즈와 구더기*Il formaggio e i vermi*』(1976)의 한국어판이 출간되던 그때가 기억난다. 『밤의 역사』를 번역하고 싶다는 마음을 가진 것이 그 당시였기 때문이다.

　『치즈와 구더기』를 번역하면서 나는 이 책이 중세에 기원하는 공공 기록물의 역사적, 문화적 활용이라는 학문 전통과 접목되어 있다는 사실을 알게 되었다. 당시 학계는 이 책을 '밑으로부터의 역사'라는 점에서 20세기 역사학의 대표적 성과로 간주되는 미시사 연구의 상징적인 저술로 평가했다. 동시에 이 책은 기록된 과거의 흔적들인 역사기록물을 '기록물과 이를 생산한 주체(기관)의 유기적 관계'에 따라 정리된 상태로 관리(보존과 활용)하는 이탈리아 기록물관리 전통과 이를 토대로 지난 18~19세기부터 시작된 역사 연구 전통의 산물이기도 하다. 『치즈와 구더기』의 학술적 가치를 보다 온전하게 이해하기 위해서는 역사학의 시선과 더불어 역사기록물관리의 지적 전통을 함께 통찰할 필요가 있다. 긴즈부르그에게 '실마리Clues'는 역사기록물(즉, 문서들)의 문서들 내부에 형성된 '원질서의 유기적인 관계들'이자 해당 역사 연구 주제에 대한 문자 그대로의 미시적 접근이었다.

『치즈와 구더기』의 독자들이 메노키오 재판의 내용들을 마치 생중계처럼 읽을 수 있었다면 그것은 그에 대한 모든 재판 기록물이 당시 종교재판소가 설치된 도시들의 기록물보관소에 온전하게 남아 있었기 때문이다. 이런 기록물이 없었다면 긴즈부르그가 이를 열람하고 판독하여 수백 년 이전에 살았던 한 개인의 삶을 생생하게 재구성하고 당대 민중 문화의 원류를 설명해내는 일은 불가능했을지도 모른다.

한편, 『밤의 역사』를 번역하는 과정에서 나는 수천 킬로미터 밖의 시베리아에까지 도달하는 방대한 역사 담론의 지평을 목격했다. 긴즈부르그는 '16세기 한 방앗간 주인(메노키오)의 고약한 세계관'(『치즈와 구더기』)에서 출발해, 유럽 기독교 문명의 저변에 윤하潤下된 유럽 민중 문화의 지층을 발견했다(『밤의 역사』). 그리고 이것이 '확산의 가설'이 아닌 '유사성의 추론'에 근거해 유라시아 시공의 샤머니즘으로 거슬러 올라간다는 역사 담론에 도달했다. 위의 두 번역 작업에 모두 참여한 당사자로서 『치즈와 구더기』가 있었기에 『밤의 역사』가 가능했다는 생각을 했다. 반대의 경우는 결코 불가능했을 것이다.

그럼 유럽의 샤머니즘 민중 문화의 원류를 찾아 시베리아의 초원에 도달한 긴즈부르그의 여정은 어떤 것이었을까? 그의 연구의 주된 동기는 유럽의 곳곳에 남아 있던 악마의 잔치의 흔적들이 어디에서 유래되었는지에 대한 호기심이었다. 14세기 전반, 유럽 기독교 문명은 나병환자와 유대인 그리고 무슬림에 대한 배타적인 적대감과 증오심을 분출했다. 교회와 종교재판관들의 탄압과 폭력은 빠르게 확산되었고 증거는 조작되거나 부풀려졌다. 대부분이 고문에 의한 강제 자백이었고 화형당하기에 앞서 피고발자들이 내뱉은 증언이었다. 이들의 강제된 실토에는 마녀들의 무아지경 상태, (동물로의) 변신 또는 심야의 야간비행 등에 대한 내용들이 부분적으로 남아 있었다. 긴즈부르그는 종교재판의 기록들, 악마론, 설교집, 다양한 민속 자료들에 대한 세심한 연구를 통해 피고발자들의 자백이 엄청난 시공간의 간극에도 불구하고 고대 샤머니즘 문화 원형의 파편들과 유사성을 가진다고 판단했다. 고대 샤머니즘 기원으로 추정되는 증거들은 유럽 기독교 문명의 신화와 민속에 잔존했는데, 거기에는 반인반수 신화, 탈혼 상태에서 벌이는 전투, 죽은 자의 영혼에 접근하는 의식, 풍년을 기원하는 축제, 마을의 젊은 이들이 동물 가면을 쓰고 벌이는 의식 등이 있다. 『밤의 역사』의 제3부는 긴즈부르그 연구의 종합판이자 결론에 해당한다. 기독교 문명의 새로운 지층에 덮인 유럽 지역의 민속 전통과 고대 시베리아 샤머니즘 전통의 유사성을 발견하기 위한 저자의 오랜 추적은 시베리아의 스키타이족과 트라키아족을 유럽의 켈트족과 연결하는 고대 문명로에서 마감된다.

번역에 많은 시간이 걸렸다. 『밤의 역사』를 번역하면서 세상에 혼자할 수 있는 것은 없다는 사실을 새삼 느낄 수 있었다. 사람들의 고마움을 생각하면 미안한 기억이 먼저 떠오른다. 가장 먼저 문학과지성사의 최대연 선생님에게 감사함을 전한다. 전화선으로 전달되는 차분함이 그나마 더 이상의 '시간 낭비'를 막아준 것 같다. 이 글을 쓰는 지금 나에겐 왜 이렇게 스승이 많을까 하는 생각도 든다. 지나친 겸손함이 아니다. 수사학적 장식도 아니다. 출판사에 넘겨준 번역 초고를 거의 리모델링 수준으로 교정해준 이름을 알 수 없는 그분에게도 머리 숙여 고마움을 전한다. 또한 번역의 오랜 시간, 천의무봉天衣無縫의 노력을 재촉해주신 주변의 많은 인연들에게도 지면을 빌려 꼭 진솔한 감사 인사를 드리고 싶다.

남산동 캠퍼스에서
김정하

찾아보기